FORSCHUNGEN ZUR KAISER- UND PAPSTGESCHICHTE
DES MITTELALTERS
BEIHEFTE ZU J. F. BÖHMER, REGESTA IMPERII

46

HERAUSGEGEBEN VON DER

ÖSTERREICHISCHEN AKADEMIE DER WISSENSCHAFTEN
– REGESTA IMPERII –

UND DER

DEUTSCHEN KOMMISSION FÜR DIE BEARBEITUNG DER
REGESTA IMPERII
BEI DER AKADEMIE DER WISSENSCHAFTEN UND DER
LITERATUR · MAINZ

WIRTSCHAFT, KRIEG UND SEELENHEIL

Papst Martin V., Kaiser Sigismund und das Handelsverbot gegen die Hussiten in Böhmen

von

Alexandra Kaar

2020

BÖHLAU VERLAG WIEN · KÖLN · WEIMAR

Der Wissenschaftsfonds.

Veröffentlicht mit Unterstützung des
Austrian Science Fund (FWF): PUB 638-G28

Die Publikation wurde einem anonymen, internationalen Peer-Review-Verfahren unterzogen.

Bibliografische Information der Deutschen Nationalbibliothek:
Die Deutsche Nationalbibliothek verzeichnet diese Publikation in der
Deutschen Nationalbibliografie; detaillierte bibliografische Daten sind
im Internet über http://dnb.d-nb.de abrufbar.

Umschlagabbildung:
Einzug Papst Johannes' XXIII. in Konstanz (Detail, gespiegelt), Ulrich von Richenthal, Chronik des Konstanzer Konzils, Národní knihovna České republiky, Sign. VII.A.18, fol. 6v (Handschrift von 1470–1480)

Karten: Jaroslav Synek, Prag
Korrektorat: Constanze Lehmann, Berlin
Umschlaggestaltung: Michael Haderer, Wien
Satz: Michael Rauscher, Wien
Druck und Bindung: Generaldruckerei, Szeged
Gedruckt auf chlor- und säurefrei gebleichtem Papier
Printed in the EU

Vandenhoeck & Ruprecht Verlage | www.vandenhoeck-ruprecht-verlage.com

ISBN 978-3-205-20940-9

INHALT

VORWORT

Die vorliegende Monografie stellt eine überarbeitete, aktualisierte und ergänzte Fassung meiner 2017 am Institut für Geschichte der Universität Wien angenommenen Dissertation dar[1]. Die Österreichische Akademie der Wissenschaften und die Wiener Arbeitsstelle der Regesta Imperii haben sich bereit erklärt, diese Arbeit in die Reihe der Beihefte zu J. F. Böhmer, Regesta Imperii aufzunehmen, wofür ich ihnen herzlich danke, ebenso wie dem Fonds zur Förderung der wissenschaftlichen Forschung für die finanzielle Unterstützung der Drucklegung.

Eine Reihe weiterer Institutionen hat über die Jahre hinweg die Entstehung dieser Monografie gefördert. An erster Stelle sind das Institut für Österreichische Geschichtsforschung und das Institut für Geschichte der Universität Wien zu nennen, an denen ich von 2012 bis 2016 als Universitätsassistentin „prae doc" beschäftigt war. Weitere Förderung erfuhren meine Forschungen durch ein Marietta Blau-Stipendium des Österreichischen Bundesministerium für Wissenschaft, Forschung und Wirtschaft, welches mir Aufenthalte als Gastwissenschaftlerin am Medieval Research Centre der Universität Leicester und am Centre for Medieval Studies des Philosophischen Instituts der Akademie der Wissenschaften der Tschechischen Republik/der Karlsuniversität Prag ermöglichte, sowie durch ein Abschlussstipendium der Universität Wien. Die Vorbereitung des Manuskripts für den Druck wurde schließlich möglich gemacht durch die Akademie der Wissenschaften der Tschechischen Republik, deren Historischem Institut ich von 2018 bis 2019 angehörte.

Über reine finanzielle Förderung hinaus habe ich von allen genannten Institutionen umfassende wissenschaftliche und institutionelle Unterstützung erhalten. In diesem Zusammenhang sind darüber hinaus die beiden Arbeitsstellen der Regesta Imperii am Institut für Mittelalterforschung der Österreichischen Akademie der Wissenschaften in Wien und am Department of Auxiliary Historical Sciences and Archive Studies der Masaryk Universität in Brünn besonders zu erwähnen. Dasselbe gilt für alle Institutionen und Fördergeber, die mich durch Einladungen zu Vorträgen oder durch die Förderung von Konferenzteilnahmen unterstützt haben. Erwähnt werden müssen an dieser Stelle schließlich auch jene Archive, die ich entweder persönlich aufgesucht habe oder die mir Reproduktionen von Archivalien aus ihren Beständen zur Verfügung gestellt haben. Allen diesen Institutionen gilt mein herzlicher Dank.

1 Alexandra Kaar, Eine Frage des Seelenheils. Wirtschaft, Krieg und das Handelsverbot gegen die Hussiten in Böhmen (1420–1436) (ungedr. Diss., Universität Wien 2017).

Zuvorderst aber waren es unzählige Menschen, innerhalb und außerhalb der genannten Institutionen, die durch ihre vielfältige wissenschaftliche und menschliche Unterstützung die Entstehung dieser Arbeit möglich gemacht haben. Ich möchte hier zumindest einigen von ihnen explizit meinen Dank aussprechen. An erster Stelle zu nennen ist der Betreuer meiner Dissertation, Philippe Buc, der stets großzügig mit seinen Rückmeldungen war und immer an dieses Projekt geglaubt hat, auch wenn ich selbst Zweifel hatte. Weiterer Dank geht an meine Kolleginnen und Kollegen am IÖG, besonders an Elisabeth Gruber, die mich auf den ersten Schritten des langen Weges zur Entstehung dieser Arbeit ermutigt hat, und Katharina Kaska, die eine unermüdliche und unerbittlich kritische Leserin war. Ebenso danke ich den Kolleginnen und Kollegen an den beiden Institutionen, an denen ich im Zuge meines Marietta Blau-Stipendiums zu Gast war. Norman Housley war ein enthusiastischer Gastgeber, dem ich für sein Interesse an meiner Arbeit ebenso danke wie für seine Initiative, den Kontakt mit Stefan Stantchev herzustellen, der seinerseits wichtige Anregungen gab. Die Kolleginnen und Kollegen am CMS haben mich herzlich in ihrer Mitte aufgenommen und Prag zu einer zeitweiligen Heimat gemacht, was eine willkommene Fortsetzung durch die Kolleginnen und Kollegen am HIU gefunden hat. Aus dem Prager Kollegenkreis danke ich insbesondere Robert Novotný, der sich der Mühe unterzogen hat, Teile der Arbeit kritisch zu lesen und wertvolle Hinweise zu geben, sowie Dušan Coufal und Ondřej Vodička, die mich auf unzählige wertvolle Quellen hingewiesen haben. Von allen Fachkolleginnen und -kollegen am meisten zu danken habe ich schließlich Petr Elbel. Er stand diesem Projekt von Anfang an mit Rat und Tat zur Seite und ist mir in Fachkompetenz und Großherzigkeit gleichermaßen seit vielen Jahren ein Vorbild.

Abseits dieses Kreises habe ich vielen weiteren Menschen für ihre stetige Unterstützung zu danken. Der „Mittagsrunde“ am IÖG bin ich mit ebenso tiefempfundenem Dank verpflichtet wie meinen Peer-Kolleginnen aus dem interdisziplinären Curriculum „Karriereplanung“ der Abteilung Personalwesen und Frauenförderung der Universität Wien. Meine Schreibgruppe hat den Entstehungsprozess dieser Arbeit jahrelang mit menschlicher Wärme und stärkendem Feedback begleitet. Vor allem aber habe ich meinen Freundinnen und Freunden zu danken, namentlich ganz besonders meiner Schwester.

Am Ende möchte ich schließlich auch meinen Eltern danken. Ihr habt mir die Freiheit und das Selbstvertrauen gegeben, das zu tun, was ich tun möchte. Danke, dass Ihr mir Möglichkeiten gegeben habt, die Euch so nie gegeben worden sind.

Alexandra Kaar Wien, September 2019

EINLEITUNG

Dieses Buch nahm seinen Ausgang von einer einzelnen mittelalterlichen Urkunde, die ich vor etwa acht Jahren im Rahmen meiner damaligen Tätigkeit in der Arbeitsgruppe Regesta Imperii am Institut für Mittelalterforschung der Österreichischen Akademie der Wissenschaften regestiert habe. Damals fiel mir die Aufgabe zu, die Urkunden und Briefe des ungarischen, römisch-deutschen und böhmischen Königs Sigismund, die in Archiven und Bibliotheken der historischen Länder Oberlausitz, Niederlausitz und Schlesien verwahrt werden, zu regestieren. Sigismund hatte die fragliche Urkunde am 6. November 1422 in Wien ausstellen lassen[2]. Sie ist adressiert an Bürgermeister, Ratmannen und Bürger von Zittau, einer Stadt, die zu Sigismunds Zeit Teil des Böhmischen Kronlandes Oberlausitz war und ihm als böhmischem König direkt unterstand. Sigismund befahl seinen Zittauer Untertanen, die vielen „neuen Straßen und Steige", die rund um Zittau errichtet worden waren, und auf denen den böhmischen Hussiten Vorräte zugeführt wurden, zu sperren und dafür zu sorgen, dass seine hussitischen Feinde auf diesem Weg keine Hilfe mehr erhielten[3]. Aus der Warte meiner damaligen Beschäftigung mit der Herrschaft Sigismunds ergaben sich für mich aus dieser Urkunde eine Reihe von Fragen[4]: Was konnte der König über den angeblich illegalen Warenverkehr in der Hunderte von Kilometern von seinem Aufenthaltsort entfernten Oberlausitz wissen? Wie konnte er über die räumliche Entfernung hinweg sicherstellen, dass sein Verbot umgesetzt wurde? Warum sollten umgekehrt die Menschen in Zittau einem weit entfernten König zuliebe ein Handelsverbot einhalten, das sie von ihren unmittelbaren Nachbarn trennte und mutmaßlich ihren wirtschaftlichen Interessen diametral entgegenstand? Und konnte ein Handelsverbot gegen die böhmischen Hussiten unter diesen Umständen überhaupt jemals eine Wirkung erzielen?

---

2 Die Urkunde, die heute nur noch als Kopialüberlieferung existiert, ist schon mehrfach gedruckt und regestiert worden. Vgl. Collectanea 27, fol. 5v–6v; Carpzov, Analecta 4, 147; Urkundliche Beiträge 1, hg. Palacký Nr. 241, 265f.; CDLS II,1, hg. Jecht 127; RI XI, Nr. 5366 (fehlerhaft); UB Zittau 1, hg. Prochno Nr. 1433, 181.

3 Vgl. mein Regest im Regestenanhang zu meiner Magisterarbeit, Kaar, Kaiser Sigismund Nr. 11, 129, http://othes.univie.ac.at/8525/ (letzter Zugriff: 06.08.2019), sowie hier im Folgenden, passim, bes. Kap. 5.1.1.

4 Das zwischen 2008 und 2012 am Institut für Mittelalterforschung der Österreichischen Akademie der Wissenschaften durchgeführte Projekt (FWF-Projekt-Nr. P21198-G18) beschäftigte sich besonders mit Fragen der praktischen Herrschaftsausübung in Sigismunds räumlich weit ausgedehntem Herrschaftsgebiet, vgl. Projektbericht „Der ferne Kaiser".

Wie sich rasch zeigte, kratzten meine damaligen Fragen lediglich an der Oberfläche eines viel umfassenderen Phänomens. Das Handelsverbot gegen die böhmischen Hussiten war keineswegs nur eine Angelegenheit König Sigismunds. Vielmehr handelt es sich bei dem antihussitischen Handelsverbot um eine Manifestation der im 12. Jahrhundert einsetzenden Tradition kirchlicher Verbote von wirtschaftlichen Kontakten zwischen Christen und Nicht-Christen im Allgemeinen. Als solche schrieb sich das böhmische Fallbeispiel ein in eine umfassende Tradition des Kreuzzuges und des Kampfes gegen Häretiker und andere – angebliche – Feinde der Christenheit.

Diese Monografie hat sich zum Ziel gesetzt, zu versuchen, dieses antihussitische Handelsverbot einer umfassenden Analyse zu unterziehen, die erstmals seinen größeren ideengeschichtlichen Kontext miteinbezieht und damit in der Lage ist, die ganze Komplexität des Phänomens zu fassen. Einerseits werden die Quellen zum antihussitischen Handelsverbot herangezogen, um neue Erkenntnisse zur Wirtschaftsgeschichte des spätmittelalterlichen Mitteleuropa zu gewinnen. Andererseits wird das Handelsverbot als symbolisch-kommunikativer Prozess untersucht. Dabei wird sich der Fokus auf die Propagierung und Legitimierung des antihussitischen Handelsverbotes richten, dessen praktische Umsetzung sowie die Hindernisse, auf die diese Umsetzung stieß. Darüber hinaus wird nach der Wahrnehmung und den Mentalitäten jener Menschen gefragt, die das Verbot vor Ort umsetzen sollten. Durch die Berücksichtigung dieser Aspekte möchte ich versuchen, eine mögliche Antwort auf die eben bereits angeklungene Frage zu geben, die mich seit vielen Jahren beschäftigt: Wie funktionierte päpstliche oder königliche Herrschaft im Mittelalter in der Praxis und wie gelang es einem Herrscher, in weit entfernten Regionen seinen Willen tatsächlich durchzusetzen?

Bevor ich im Folgenden das antihussitische Handelsverbot untersuche, sind an dieser Stelle noch einige editorische Vorbemerkungen voranzuschicken:

Die im Folgenden wörtlich zitierten Quellen werden prinzipiell stets nach dem Original/der kopialen Überlieferung zitiert, soweit mir dieselbe zugänglich war. In der Edition wird grundsätzlich klein geschrieben, Kürzungen werden stillschweigend aufgelöst, *u* und *v* werden normalisiert und Worttrennung und Zeichensetzung heutigem Gebrauch angepasst. In den Anmerkungen werden neben dem Archivort stets Editionen und Regestenwerke angeführt, in denen das betreffende Stück bereits veröffentlicht wurde. Dabei wird nicht nach Vollständigkeit gestrebt; aus Gründen der Praktikabilität werden vielmehr vor allem bei wiederholten Erwähnungen nur die wichtigsten Editionen genannt. Unterbleibt der Verweis auf die archivalische Überlieferung, bedeutet dies, dass das entsprechende Stück lediglich in Edition verwendet wurde. Bei wörtlichen Zitaten wird in diesem Fall die Schreibweise der jeweiligen Edition übernommen. Unterbleibt der

Verweis auf die Edition, bedeutet dies, dass das Stück bisher nicht (vollständig) ediert ist bzw. mir keine Edition bekannt ist.

Im Sinne der Einheitlichkeit und Übersichtlichkeit werden Orts- und Personennamen prinzipiell in der deutschen Form verwendet, soweit eine solche Form existiert. Die Ortsnamenkonkordanz im Anhang weist die moderne tschechische, polnische, slowakische oder ungarische Bezeichnung der genannten Orte aus. Bei den Personennamen wird dieses Prinzip an jenen Stellen durchbrochen, wo auch das derzeit maßgebliche Werk zur Geschichte der Hussitischen Revolution, František Šmahels gleichnamige „Hussitische Revolution“, sich dazu entschieden hat, in der deutschen Übersetzung die tschechische Namensform beizubehalten[5].

Akteurs- und Berufsbezeichnungen werden prinzipiell in der männlichen Pluralform verwendet. An dieser Stelle soll jedoch ausdrücklich betont werden, dass diese Formen als Inklusivbezeichnungen zu verstehen sind, die auch den zahlreichen historischen Akteurinnen Rechnung tragen möchten, die im hier behandelten Zeitraum in Landwirtschaft, Handel und Gewerbe, als hussitische oder katholische Gläubige und als Angehörige städtischer und dörflicher Gemeinschaften aktiv waren. Als Käuferinnen und Verkäuferinnen, Häretikerinnen und Schwarzhändlerinnen, Hussitinnen und Katholikinnen waren sie ebenso selbstverständlicher Teil der „kulturellen Praxis“ des antihussitischen Handelsverbotes wie ihre männlichen Zeitgenossen.

Schließlich ist Klarheit hinsichtlich der möglicherweise missverständlichen Verwendung zweier Termini zu schaffen: Der Begriff „polizeilich“ wird im Folgenden in seiner spätmittelalterlich-frühneuzeitlichen Bedeutung als „dem Erhalt der guten Ordnung eines Gemeinwesens dienlich“ verwendet[6], wobei im vorliegenden Zusammenhang vor allem Maßnahmen zur Sicherung des von den Hussiten militärisch bedrohten Gemeinwohles einer (städtischen) Gemeinschaft gemeint sind. Weiters wird bewusst durchgehend im Plural von „den Hussitenkriegen“ gesprochen, wenn vom ereignisgeschichtlichen Kontext des antihussitischen Handelsverbotes die Rede ist. Diese Wortwahl soll der Komplexität der damaligen kriegerischen Auseinandersetzungen in Böhmen und seinen Nachbarländern Ausdruck verleihen. Gemeint sind damit stets die relevanten Vorgänge, die sich zwischen 1420 und 1436 in Böhmen und seinen Nachbarländern ereigneten. Sobald die Darstellung sich auf die Ereignisse der Zeit Georgs von Podiebrad bezieht, wird vom „Zweiten Hussitenkrieg“ im Gegensatz zum hier behandelten „Ersten Hussitenkrieg“ gesprochen.

5 Vgl. das Personenregister bei Šmahel, Hussitische Revolution 3, 2215–2256 zusammen mit den Vorbemerkungen zur deutschen Übersetzung ebd. 1, VIf.

6 Vgl. Köbler, Polizei.

1. DAS ANTIHUSSITISCHE HANDELSVERBOT IN SEINER HISTORISCHEN TRADITION

Gegenstand dieses Buches ist ein historisches Phänomen, das die Forschungsliteratur zur böhmischen Wirtschaftsgeschichte bzw. zur Hussitischen Revolution üblicherweise als „Handelsblockade", „Boykott" oder „Embargo" gegen das hussitische Böhmen bezeichnet. Diese Bezeichnung enthält eine Reihe begrifflicher Unschärfen. Diese müssen zunächst in einem ersten Untersuchungsschritt präzisiert werden, bevor das Fallbeispiel „antihussitisches Handelsverbot" in einem zweiten Schritt in den breiteren Kontext der Forschung zu Handelsverboten im Allgemeinen gestellt werden kann. Das dritte Unterkapitel verfolgt die Genese des Rechtskonzeptes „Handelsverbot" und ordnet das antihussitische Handelsverbot in die historische Tradition mittelalterlicher Handelsverbote ein.

1.1 Der Untersuchungsgegenstand: Begriffsverwendung und Definitionen

Als problematisch an den in der Forschungsliteratur bisher gebräuchlichen Bezeichnungen des Untersuchungsgegenstandes erweist sich zunächst einmal der sowohl in der Alltags- als auch in der Fachsprache oft nicht trennscharfe Gebrauch verschiedener Begriffe wie „Blockade", „Boykott", „Sanktionen" und „Embargo" und deren Assoziation mit anderen Termini wie „Wirtschaftskrieg" oder „Handelskrieg"[7]. Begriffe wie „Blockade"[8], „Boykott"[9] oder „Embargo"[10] evozieren das Bild eines genau definierten,

7 Als Beispiel für unreflektierte Begriffsverwendung in der rezenten Mittelalterforschung vgl. etwa Schmidt, Waffenembargo. Auch in der politikwissenschaftlichen Forschung existieren terminologische Unschärfen, vgl. Førland, ‚Economic Warfare'; Stantchev, Origins 375–377. Der von Tor Egil Førland verwendete Begriff „Wirtschaftskrieg" wird hier bewusst gänzlich vermieden, da das antihussitische Handelsverbot nur sehr bedingt als solcher angesprochen werden kann.

8 Blockade (Abstraktum zu Franz. „bloquer" „mit einem Fort versehen") ist ein neuzeitlicher Begriff, der „im Völkerrecht die Absperrung jeglicher Zufuhr durch räumlich wirkende Maßnahmen, besonders im Verhältnis von Staaten [bezeichnet]", Blockade. *Brockhaus*; stark auf das Seekriegsrecht fixiert Fahl, Blockade; für das Mittelalter Goetze, Blockade. Vgl. auch Blockieren. *Etymologisches Wörterbuch.*

9 Boykott (entlehnt aus Engl. „boycott" „Ächtung") ist ein neuzeitlicher Begriff, der „die freiwillige und gezielte Absperrung einer Person oder Personengruppe [...] von sozialen und wirtschaftl[ichen] Beziehungen durch eine Personengruppe [...] auf Veranlassung eines Dritten [...] [bezeichnet]", Irsigler, Boykott. Vgl. auch Boykott. *Brockhaus*; Boykott. *Etymologisches Wörterbuch.*

10 Embargo (von Span. „embargar" „beschlagnahmen", „behindern") ist ein neuzeitlicher Begriff, der „[z]u-

zweckrationalen Kriegsmittels, dessen Einhaltung staatlich sanktioniert und kontrolliert wird, um die Handelsbeziehungen zwischen klar abgegrenzten, souveränen Staaten einzufrieren. Diese Assoziationen, ebenso wie die Verknüpfung mit „Krieg", verstärken ein unangemessenes Bild von der antihussitischen „Blockade" als totaler Unterbrechung wirtschaftlicher Beziehungen, die exakt messbare wirtschaftliche und/oder politische Auswirkungen hatte. Unter den Bedingungen spätmittelalterlicher Herrschaft war jedoch zu keinem Zeitpunkt eine großräumige, systematische Kontrolle von Handel und Wirtschaftstätigkeit möglich, ebenso wenig wie eine vollständige Abriegelung von Grenzen, gerade bei einem inmitten des europäischen Festlandes gelegenen Land wie Böhmen. Auch ist es der Mittelalterforschung noch weniger möglich, Effizienz und Auswirkungen der gegen die Hussiten gerichteten wirtschaftlichen Maßnahmen exakt zu bestimmen, als der Politikwissenschaft hinsichtlich aktueller Wirtschaftsembargos[11].

Angesichts dieser modernen Assoziationen wird hier bewusst von der bisherigen, wenig reflektierten Begriffsverwendung der Fachliteratur Abstand genommen. Der Untersuchungsgegenstand wird nicht als „Blockade" oder „Embargo" bezeichnet, sondern als „antihussitisches Handelsverbot". Damit orientiert die Arbeit sich einerseits am Wortgebrauch der mittelalterlichen Quellen. Andererseits soll die Begriffswahl insbesondere die Natur des gegen die böhmischen Hussiten gerichteten Handelsverbotes als normative Maßnahme hervorheben. Darüber hinaus soll die Akzentuierung des Wortes „Verbot" auch sensibilisieren für die mit der vorliegenden Untersuchung einhergehenden, bisher oft unberücksichtigt gebliebenen methodischen Schwierigkeiten[12].

Als nächster Punkt ist hier zu klären, was die vorliegende Arbeit unter dem politisch und verfassungsrechtlich mehrdeutigen Begriff „hussitisches Böhmen" versteht.

Aufgrund ihrer Vielschichtigkeit und Komplexität stellen die Hussitenkriege ein faszinierendes Beispiel für einen spätmittelalterlichen Konflikt dar, in welchem einander nicht vormoderne Staaten und deren Heere gegenüberstanden (etwa das Heilige Römische Reich gegen das Königreich Böhmen), sondern, in wechselnden Frontstellungen und Allianzen, inner- und außerböhmische (Bürger-)Kriegsparteien, die sich über ihre religiöse, politische und ethnische Zugehörigkeit definierten[13]. Die Fronten verliefen dabei quer durch jene Gruppe von staatsrechtlich zusammengehörigen Länder, die man

nächst das staatliche Festhalten ausländischer Schiffe in heimischen Häfen und Gewässern [bezeichnet], dann verallgemeinert [...] das Verbot des Ausführens von Waren (insbesondere, um wirtschaftlichen Druck auf andere Staaten auszuüben)", Embargo. *Etymologisches Wörterbuch*; Vgl. auch Embargo. *Brockhaus* für die moderne völkerrechtliche Perspektive; für das Mittelalter GOETZE, Embargo.

11 Vgl. zu dieser Problematik im Folgenden, passim, etwa Kap. 1.2 und 6.1.

12 Vgl. dazu ausführlich im Folgenden Kap. 2.6.

13 Zur Charakterisierung der Auseinandersetzung und zur Ereignisgeschichte vgl. im Folgenden, Kap. 2.2.

gewöhnlich als die „Böhmischen Länder“ bezeichnet: Während große Teile des Königreichs Böhmen und der Markgrafschaft Mähren sich dem hussitischen Widerstand gegen König Sigismund anschlossen, blieben die Ober- und Niederlausitz sowie (mit wenigen Ausnahmen) die ebenfalls der Böhmischen Krone inkorporierten schlesischen Fürstentümer papst- und königstreu.

Aus praktischen Gründen wird im Folgenden, ungeachtet der unterschiedlichen verfassungsmäßigen Stellung und der politischen Zersplitterung der beiden Länder, die Bezeichnung „Böhmen“ – so nicht anders angegeben – stets auf die beiden böhmischen „Kernländer“, d. h. das Königreich Böhmen und die Markgrafschaft Mähren bezogen, welche beide zu großen Teilen hussitisch dominiert waren. Die Oberlausitz, die Niederlausitz und Schlesien werden hingegen als katholische Nachbarländer des so verstandenen „Böhmen“ behandelt, obwohl die staatsrechtliche Zusammengehörigkeit der Böhmischen Länder während der gesamten Hussitenzeit zumindest theoretisch unangefochten blieb.

Wie im Folgenden darzulegen sein wird, bildete weiters ein religiös-moralisches Wertesystem die Basis des antihussitischen Handelsverbotes[14]. Seine Idee ruhte auf einer – theoretisch – scharfen Trennung zwischen rechtgläubigen Christen, die der päpstlich-katholischen Kirche anhingen, und „Ketzern“ und „Häretikern“, die der hussitischen „Irrlehre“ verfallen waren. Für die Zwecke dieser Arbeit werden diese beiden Seiten vereinfachend als „Hussiten“ und „Katholiken“ bezeichnet. Nur bei gegebenem Anlass wird zwischen den einzelnen innerhussitischen Strömungen differenziert; auch über die tatsächliche religiöse Überzeugung der Handelnden kann keine Aussage getroffen werden[15]. Diese Scheidung ist notgedrungen vereinfachend und verschleiert die komplexe innere Struktur der Hussitischen Revolution und die vielfältigen Parteiungen, die vor allem innerhalb der hussitischen Seite existierten. Sie entspringt dem Erkenntnisinteresse dieser Arbeit, welches die katholische, papst- und königstreue Seite in den Mittelpunkt stellt. Gleichzeitig reflektiert sie aber auch praktische arbeitstechnische Notwendigkeiten, ebenso wie die simplifizierende Dichotomie der zeitgenössischen Quellen. Bei Bedarf unterschied die katholische Seite zwar sehr genau zwischen den verschiedenen hussitischen Strömungen. Die auf das Handelsverbot bezogenen Quellen verzichten allerdings völlig auf solche Differenzierungen und sprechen allgemein von einander gegenüberstehenden „frommen Christen“ und „Häretikern“ bzw. „Ketzern“.

---

14 Vgl. im Folgenden Kap. 1.3.2.

15 So werden etwa die böhmischen Städte in „hussitische“ und „katholische“ geschieden, wobei damit selbstverständlich nur die politisch-religiöse Zugehörigkeit der innerstädtisch führenden Gruppen erfasst wird.

Da der Fokus dieser Arbeit auf der katholischen Seite liegt, ist weiters zu betonen, dass darunter nicht nur die außerböhmischen Gegner der Hussiten zu verstehen sind. Die innere Spaltung des Königreichs hatte zur Folge, dass auch innerhalb Böhmens eine bedeutende katholische Partei existierte, die im kontinuierlichen Kleinkrieg mit den verschiedenen hussitischen Fraktionen lag oder umgekehrt von deren inneren Zerwürfnissen profitierte. Handel der katholischen Nachbarterritorien mit diesen innerböhmischen Katholiken war nicht nur erlaubt, sondern sogar erwünscht, da sich die papst- und königstreuen Bewohner Böhmens im Verlauf der kriegerischen Auseinandersetzungen ihrerseits von Embargomaßnahmen der hussitischen Seite betroffen sahen und auf Unterstützung der außerböhmischen katholischen Kräfte angewiesen waren[16]. Das Handelsverbot galt also nie dem Königreich Böhmen an sich, sondern stets nur der hussitischen Bevölkerung Böhmens.

Zuletzt muss an dieser Stelle noch geklärt werden, wie die Arbeit „Handel" bzw. dessen Verbot definiert.

Im Folgenden werden unter „Handelsbeziehungen" jene Kontakte zwischen Katholiken und Hussiten verstanden, die vorrangig wirtschaftliche Transaktionen zum Inhalt hatten, insbesondere den Tausch von Gütern gegen Geld, andere Güter oder sonstige materielle Benefite. Wird in den Quellen davon gesprochen, den Hussiten werde „zugeführt", „zugeliefert" oder sie würden „gestärkt", wird dies als Beleg für solche wirtschaftliche Beziehungen gewertet, selbst wenn diese Termini semantisch nicht ausschließlich Transaktionen umfassen, bei denen Leistungen der einen Seite eine direkte Gegenleistung in Form einer Bezahlung der gelieferten Waren und Güter gegenüberstand[17]. Der Tausch von kriegswichtigen Gütern, namentlich Waffen, und menschlicher Arbeitskraft (mutmaßlich) nicht gegen Geld, sondern gegen nicht monetär messbaren politischen Einfluss oder die Aussicht auf Beute, steht solchen kommerziellen Transaktionen inhaltlich nahe. Vor allem lassen sich Beziehungen dieser Art oft nicht mit der gewünschten Schärfe von ersteren trennen. Daher werden sie im Folgenden grundsätzlich ebenfalls als Gegenstand des Handelsverbotes behandelt. Unberücksichtigt bleiben hingegen Maßnahmen, die zum regulären Vorgehen der spätmittelalterlichen Kriegsführung gehörten, etwa die Unterbindung der Lebensmittelversorgung einer Burg im Zuge einer Belagerung.

Wie im Folgenden darzulegen sein wird, war das antihussitische Handelsverbot Ausfluss eines viel weitergehenden Verbotes, als rechtgläubiger Christ irgendeine Form von

---

16 Vgl. im Folgenden Kap. 3.4.4.2.

17 Nicht berücksichtigt wird hingegen das Wortfeld „zulegen" im Sinne von „helfen, unterstützen", da hier die Komponente „geschäftliche Beziehungen" semantisch schon sehr stark im Hintergrund steht.

Kontakt mit Häretikern zu unterhalten. Es handelte sich daher um ein totales Handelsverbot, welches sowohl den Verkauf von Gütern an die Hussiten betraf als auch umgekehrt den Ankauf von durch dieselben feilgebotenen Waren. Herrschaftsträger in grenznahen Territorien waren nicht nur verpflichtet, den spezialisierten Handel mit Waffen und kriegswichtigen Waren und die Routen des internationalen Fernhandels zu kontrollieren, sondern auch den alltäglichen Nah- und Kleinhandel ihrer Untertanen[18]. Das antihussitische Handelsverbot war damit keine Frage, die nur für eine kleine Gruppe spezialisierter Fernhändler Relevanz besaß. Vielmehr war es – zumindest theoretisch – von Bedeutung für jeden rechtgläubigen Christen[19].

1.2 Handelsverbote als Thema der Forschung

Die Erforschung von Handelsverboten ist traditionell nicht nur Gegenstand der historischen, sondern auch der politikwissenschaftlichen Forschung. Da die Methodik der vorliegenden Arbeit – den rezenten Ansätzen des US-amerikanischen Mediävisten Stefan K. Stantchev folgend – auch auf Anregungen aus der Politikwissenschaft basiert, soll an dieser Stelle zunächst kurz auf die bisherige politikwissenschaftliche Auseinandersetzung mit dem Thema „Handelsverbot" eingegangen werden[20].

Die Politikwissenschaft fasst Handelsverbote als eines von mehreren Instrumenten staatlicher Außenpolitik auf und behandelt sie hauptsächlich unter dem inhaltlich weiter gefassten Begriff „Sanktionen". Dieser beinhaltet sowohl Handelsverbote als auch andere, nicht ausschließlich wirtschaftliche Zwangsmaßnahmen; auch müssen Sanktionen nicht zwangsläufig mit kriegerischen Handlungen einhergehen[21]. Seit dem Zweiten Weltkrieg versucht die Politikwissenschaft unter dem – nicht immer auch ausgesprochenen – Anspruch, praktisches Orientierungswissen und Entscheidungsgrundlagen für die Politik zu liefern, eine „Theorie der Wirtschaftssanktionen" zu entwickeln. Diese Theorie kreiste in ihrem Kern lange Zeit um die Frage der Wirksamkeit, wie Tor Egil Førland im Hinblick auf die implizite Handlungsorientierung der politikwissenschaftlichen Forschung feststellte: „Let me first observe that the crucial question ‚does economic warfare work?' is really the futurologists' ‚will it work?' disguised in the present

---

18 Zu dieser methodischen Scheidung vgl. im Folgenden Kap. 2.1.

19 Vgl. im Folgenden Kap. 1.3.2.

20 Zu Stantchevs Arbeiten, auf die ich mich hier stütze, vgl. im Folgenden, Anm. 34. Für den folgenden Überblick über die politikwissenschaftliche Forschung zu Handelsverboten vgl. Førland, ‚Economic Warfare'; Ders., History; Baldwin, Sanctions Debate; Stantchev, Embargo; Giumelli, Coercing.

21 Vgl. die Typologie bei Giumelli, Coercing 13f.

tense."[22] Sanktionen wurden also zunächst hauptsächlich als instrumentelles Mittel aufgefasst, das eingesetzt wird, um ein bestimmtes politisches, militärisches oder wirtschaftliches Ziel zu erreichen. Die politikwissenschaftliche Beschäftigung mit diesem Thema sollte vorrangig der Politik bei der Entscheidung helfen, ob und welche Art von Sanktionen in einem bestimmten Fall angewandt werden konnten, um ein bestimmtes Ziel zu erreichen.

Wissenschaftliche Kritik an der mangelnden Effizienz von Sanktionen ebenso wie humanitäre Kritik an deren mangelnder Zielgenauigkeit und an den Auswirkungen auf die Zivilbevölkerung führten ab den 1990er-Jahren zur Suche nach einer komplexeren „Sanktions-Theorie", die vermehrt die unterschiedlichen „Logiken" von Sanktionen in den Blick nahm. Die Politikwissenschaft beschäftigt sich seither nicht mehr ausschließlich mit der Effizienz und den Auswirkungen von Sanktionen auf die embargierte Partei, sondern verfolgt ein holistischeres Konzept, bei dem verstärkt nach den Konzeptionen und Motiven derjenigen gefragt wird, die Sanktionen verhängen. Nach dieser „komplexen Sanktions-Theorie" können Sanktionen als Mittel zur Ausübung politischen Drucks entweder die Absicht verfolgen, das „Ziel" dazu zu bringen, sein Verhalten im Sinne des „Senders" zu ändern („coercing"), ein gewisses, vom Sender unerwünschtes Verhalten zu unterlassen („constraining"), oder aber die ablehnende Haltung des Senders hinsichtlich des Verhaltens des Zieles auszudrücken („signalling")[23]. Dabei muss das Zielpublikum dieser Demonstration nicht notwendigerweise die Bevölkerung des Ziellandes der Sanktionen sein. „Signalling" kann ebenso auf die Bevölkerung des Senderlandes abzielen oder Mittel der Kommunikation mit Dritten sein, die in ihren Positionen gestärkt oder aber eingeschüchtert werden sollen. So sieht etwa Roland Götz die im Jahr 2014 im Zug der Krim-Krise verhängten Wirtschaftssanktionen der EU und der USA gegen Russland als ein Beispiel für maßgeschneiderte, „intelligente" Sanktionen, die weniger eine wirtschaftliche Beeinträchtigung Russlands zum Ziel hatten als vielmehr die „Signalling"-Wirkung für die europäische und US-amerikanische Bevölkerung[24].

Zusammenfassend lässt sich festhalten, dass die Politikwissenschaft in jüngerer Zeit neben dem ursprünglich vorherrschenden, vorrangig instrumentellen Verständnis von Handelsverboten als Mittel zur Schwächung der Wirtschaft des gegnerischen Landes verstärkt ein Verständnis von Sanktionen als kommunikativer, auch nach innen auf die eigene Bevölkerung gerichteter Prozess propagiert und die Motive der „Sender" stärker berücksichtigt.

---

22 FØRLAND, History 160. Zu den methodischen Implikationen der Handlungsorientierung der entsprechenden Forschung vgl. auch BALDWIN, Sanctions Debate 81f.

23 GIUMELLI, Coercing 32–39.

24 GÖTZ, Coercing 28.

Für die Geschichtsforschung – unter Einschluss der Mediävistik – andererseits stellen Handelsverbote allein schon aufgrund der zahlreichen historischen Beispiele für solche wirtschaftliche Zwangsmaßnahmen ebenfalls seit geraumer Zeit ein selbstverständliches Thema dar. Handelsverbote wurden und werden häufig in Untersuchungen über die Handels- und Wirtschaftsbeziehungen zwischen verschiedenen Institutionen bzw. Ländern thematisiert. Die Beschäftigung mit dem Phänomen erfolgt dabei tendenziell auf einer außenpolitisch-ereignisgeschichtlichen Ebene, etwa in Form einer taxativen Zusammenstellung historischer Handelsverbote wie bei Tilmann Schmidt[25], Sophia Menache[26] oder Stefan Stantchev[27], oder anhand von Fallbeispielen, die in ihren jeweiligen historisch-politischen Kontext eingeordnet oder auf ihre konkreten wirtschaftlichen Auswirkungen hin untersucht werden[28]. Im Unterschied zur politikwissenschaftlichen Forschung behandelt die mediävistische Forschung das Thema allerdings üblicherweise eher theoriefern und häufig als bloßes Anhängsel zu Studien, die sich eigentlich auf andere Themen konzentrieren[29]. Dies veranlasste Stefan Stantchev dazu, pointiert von einer bisherigen Behandlung von Handelsverboten durch Historiker als bloße „footnotes to either trade or crusade" zu sprechen[30].

Zugespitzt lässt sich also der Befund aufstellen, dass die Geschichtswissenschaft ihren Untersuchungen bisher ebenfalls ein vorrangig instrumentelles Verständnis von Han-

25 Schmidt, Waffenembargo.

26 Menache, Attempts.

27 Stantchev, Origins 385–396.

28 Vgl. für Fallstudien zu Handelskriegen und Handelsverboten im Spätmittelalter z. B. Roon-Bassermann, Handelssperre; Reitemeier, Handelsverbot; Hlaváček, Hospodářská válka; Stantchev, Conflict; für das hier als Vergleichsbeispiel besonders interessante Handelsverbot Sigismunds von Luxemburg gegen die Republik Venedig Heimpel, Handelspolitik; Stromer, Kontinentalsperre; Ders., Landmacht; Štefánik, Obchodná vojna; Ders., King; zuletzt die laufenden Forschungen Eileen Bergmanns.

29 Typisch für die häufig eher vorwissenschaftlich-unreflektierte Verwendung von Begrifflichkeiten und Konzepten etwa Stromer, Kontinentalsperre; ergänzt und geringfügig verändert nochmals abgedruckt als Ders., Landmacht. Stromer bezeichnet darin das Handelsverbot Sigismunds gegen Venedig als der napoleonischen Kontinentalsperre gegen Großbritannien vergleichbar, siehe Ders., Kontinentalsperre 65, unter Bezugnahme auf Aloys Schulte, der denselben Vergleich schon im Jahr 1900 formulierte. Das antivenezianische Handelsverbot, das Kaufleuten aus dem Reich sämtliche Geschäfte mit Venedig verbot, ist jedoch schon allein insofern nicht mit der napoleonischen Kontinentalsperre vergleichbar, als Napoleon den Import britischer Waren verbot, während der Export französischer Waren nach Großbritannien sogar gefördert wurde. Ausgehend von merkantilistischen und bullionistischen Wirtschaftstheorien sollte so durch die Unterbindung von Exporten bei parallelem Abfluss von Edelmetallen durch Importe der wirtschaftliche Zusammenbruch Großbritanniens durch ein nicht absetzbares Überangebot von Exportwaren bei gleichzeitigem Edelmetallmangel, und in weiterer Folge der Zusammenbruch des gesamten politischen Systems Großbritanniens herbeigeführt werden, vgl. Førland, History 157f.

30 Stantchev, Embargo 8.

delsverboten zugrunde legte, das sich auf die Frage nach deren Wirksamkeit im Sinne der Erreichung von wirtschaftlichen, politischen oder militärischen Zielen konzentrierte[31]. Wie im Folgenden zu zeigen sein wird, gilt dies auch für die bisherige Behandlung des antihussitischen Handelsverbotes in der Forschungsliteratur[32].

Neuere Ansätze, die Handelsverbote und deren Umsetzung unter einem eher kulturhistorischen Blickwinkel betrachten, werden in der Geschichtsforschung erst seit einigen Jahren verstärkt verfolgt. Zu nennen sind hier insbesondere aktuelle Forschungen zum Handel zwischen Christen und Muslimen im Mittelmeerraum, welche wirtschaftliche Kontakte und Konflikte zwischen Angehörigen beider Religionen als interkulturelle und interreligiöse Praktiken in den Blick nehmen[33]. Bedeutender für die vorliegende Monografie sind allerdings die rezenten Arbeiten des schon genannten Stefan Stantchev zur Ideengeschichte mittelalterlicher Handelsverbote[34]. Darin nahm der Autor Anregungen der Politikwissenschaft auf und machte sie für die historische Untersuchung von Handelsverboten fruchtbar. Insbesondere in seiner 2014 erschienen Monografie zu „Spiritual Rationality. Papal Embargo as Cultural Practice" unternimmt Stantchev – inspiriert unter anderem von den erwähnten neueren politikwissenschaftlichen Ansätzen – den Versuch, nicht mehr länger ausschließlich nach der Effizienz und den Effekten der im Mittelalter regelmäßig vor allem gegen die Muslime des Mittelmeerraums verhängten kirchlichen Handelsverbote zu fragen. Vielmehr richtet der Autor den Blick auf die Ideenwelt des mittelalterlichen Papsttums, das diese Verbote propagierte, und zeichnet das Bild eines viel größeren „papal embargo", das heißt der Idee eines von „spiritueller Rationalität" geleiteten, sich nach und nach entwickelnden universellen Verbotes des Handels zwischen Christen und Nicht-Christen[35]. Stantchevs Konzeption dieses „papal embargo" als

31 Repräsentativ für diese Fokussierung auf die instrumentelle Komponente ist etwa der Eintrag zum Stichwort „Embargo" im Lexikon des Mittelalters, Goetze, Embargo: „Anwendung und Durchsetzung des E[mbargos] setzen straffe Staatlichkeit und intensive Kontrolle der Handelstätigkeit voraus. […] Ziel des E[mbargos] ist die Ausübung wirtschaftl[ichen] Druckes für polit[ische] Zwecke."

32 Vgl. dazu ausführlich im Folgenden Kap. 2.3.

33 Vgl. z. B. Contact, hg. Chrissis/Carr; Carr, Boundaries; Ders., Crusaders 119–142; unter anderem Blickwinkel Halevi, Religion. Eine Reihe gegenwärtig laufender Forschungen zum Thema „Handelsverbote" wurde am International Medieval Congress 2016 unter dem Titel „Crossing Cultural and Religious Boundaries" präsentiert, vgl. IMC 2016 Sessions. Ich danke Mike Carr für Anregungen und für die Zurverfügungstellung von Literatur.

34 Vgl. u. a. Stantchev, Embargo; Ders., Origins und bes. Ders., Spiritual Rationality. Vgl. dazu auch meine diesbezügliche Rezension, Kaar, Rezension.

35 Vgl. ausführlich im Folgenden, Kap. 1.3.2. Zur Bezeichnung dieses Konzepts wird im Folgenden Stantchevs Begriff „papal embargo" verwendet, ohne dass eine Übersetzung des sehr weit gefassten Begriffs ins Deutsche versucht wird.

„kulturelle Praxis" wird im Folgenden noch ausführlich zu diskutieren sein[36]. An dieser Stelle ist festzuhalten, dass der Gegenstand dieser Arbeit – das Handelsverbot gegen die Hussiten in Böhmen – eine Manifestation dieses umfassenden „papal embargo" ist. Im Folgenden sollen daher Genese und rechtliche Fundierung des „papal embargo" seit der Antike nachgezeichnet werden.

1.3 Die rechtlichen Grundlagen des antihussitischen Handelsverbotes

1.3.1 Spätantike und Frühmittelalter: Handel mit dem Feind als Hochverrat

Von konkreten kriegerischen Auseinandersetzungen oder einzelnen Belagerungen losgelöste, dauerhaft gültige strategische Ausfuhrbeschränkungen im Gesetzesrang sind erstmals aus der Spätantike überliefert. Neben dem *Codex Theodosianus* stellt auch Justinians *Corpus Iuris Civilis* ältere Bestimmungen zusammen, die aus strategischen Erwägungen die Ausfuhr bestimmter Güter verbieten. Durch ihre Kodifikation im justinianischen Gesetzeswerk bildeten diese vom konkreten Anlass abstrahierten legislativen Maßnahmen einen Referenzrahmen für die folgende mittelalterliche Tradition. Die Kanonisten des Hochmittelalters griffen diese Maßnahmen auf und adaptierten sie für ihre eigenen Zwecke, wodurch sie Bestandteil der für das antihussitische Handelsverbot einschlägigen Bestimmungen des Kirchenrechts wurden. Sie sollen daher im Folgenden etwas ausführlicher dargestellt werden[37].

Die älteste überlieferte Erwähnung einer Beschränkung des Exports von strategischen Gütern im *Codex Iuris Civilis* findet sich in den Digesten und stammt aus der Zeit um 230 n. Chr. Laut dem römischen Rechtsgelehrten Paulus sollte auf den Verkauf von Schleifsteinen, die zur Bearbeitung von Eisen benötigt wurden, an *hostes*, d. h. Feinde des römischen Staates, dieselbe Strafe – nämlich die Todesstrafe – stehen, wie auf den Verkauf von Eisen, Getreide und Salz an dieselben[38]. Im Vergleich dazu spiegelt sich in den im *Codex Iustinianus* zusammengestellten spätantiken Kaiserreskripten die mit dem Wandel der politischen Situation einhergehende Veränderung der Bedrohung für das Imperium Romanum. Nun erscheinen statt der *hostes* „Barbaren" als feindliches Gegenüber, gegen das Handelsverbote verhängt werden. So dokumentiert ein im Titel 4.63

36 Vgl. im Folgenden, passim, bes. Kap. 2.4.2.

37 Ich folge hier den Darstellungen Schmidts und Stantchevs, vgl. Schmidt, Waffenembargo 23–25; Stantchev, Origins 378–380; Ders., Spiritual Rationality 24–26, 68–71, bes. die Tabelle ebd. 71.

38 Dig. 39.4.11.pr., CIC 1, hg. Krüger/Mommsen 606: *Cotem ferro subigendo necessariam hostibus quoque venundari, ut ferrum et frumentum et sales, non sine periculo capitis licet.*

De commerciis et mercatoribus überliefertes Reskript den Versuch, „Barbaren" daran zu hindern, Gold in ihren Besitz zu bringen. Zu diesem Zweck wurde die Bezahlung von Sklaven oder anderen Waren, die von „Barbaren" bezogen wurden, mit Gold unter Todesstrafe gestellt[39]. Dieselbe Strafe wurde einige Jahrzehnte später für die Weitergabe von Fachwissen über den Bau von Schiffen an angeblich „unwissende Barbaren" angedroht[40]. Die Schwere der Strafe, nämlich die Todesstrafe als schwerste Form der Bestrafung überhaupt, erklärt sich dabei aus dem Charakter des Vergehens als Verrat strategischer Geheimnisse an den Feind.

Dieselbe Stoßrichtung liegt auch dem ausdrücklich mit *Quae res exportari non debeant* überschriebenen Titel 4.41 des *Codex Iustinianus* zugrunde. Dort ist ein Verbot, Wein, Öl oder sonstige Flüssigkeiten *ad barbaricum* auszuführen[41] zusammengestellt mit einem Reskript, das den Verkauf von Waffen sowie von verarbeitetem oder unverarbeitetem Eisen an „Barbaren", gleich welcher Herkunft, zum Gegenstand hat[42]. Den Hintergrund für diese Maßnahme bildete nach Ausweis des Textes die Anwesenheit von nicht für vertrauenswürdig befundenen Nicht-Römern innerhalb des Reiches, da hier nicht von einem Export *ad barbaricum* gesprochen wird, sondern von Geschäften mit ausländischen Gesandten in Rom selbst oder an anderen Orten des Reichs. Konstitution 4.41.1 über das Exportverbot für Wein und Öl gibt keine Strafe für einen Verstoß

39 Cod. Iust. 4.63.2 *(ad a. 347)*, CIC 2, hg. Krüger 188: *Non solum aurum barbaris minime praebeatur, sed etiam si apud eos inventum fuerit, subtili auferatur ingenio. si ulterius aurum pro mancipiis vel quibuscumque speciebus ad barbaricum fuerit translatum a mercatoribus, non iam damnis, sed suppliciis subiugentur, et si id iudex repertum non vindicat, tegere ut conscius criminosa festinat.* Englische Übersetzung bei Stantchev, Spiritual Rationality 69.

40 Cod. Iust. 9.47.25 *(a. 419)*, CIC 2, hg. Krüger 392: *His, qui conficiendi naves incognitam ante peritiam barbaris tradiderunt, capitale supplicium proponi decernimus.*

41 Cod. Iust. 4.41.1 *(a. 370–375)*, ebd.: *Ad barbaricum transferendi vini et olei et liquaminis nullam quisquam habeat facultatem ne gustus quidem causa aut usus commerciorum.* Englische Übersetzung bei Stantchev, Spiritual Rationality 68.

42 Cod. Iust. 4.41.2.pr.–1 *(a. 455–457)*, CIC 2, hg. Krüger 178f.: *Nemo alienigenis barbaris cuiuscumque gentis ad hanc urbem sacratissimam sub legationis specie vel sub quocumque alio colore venientibus aut in diversis aliis civitatibus vel locis loricas et scuta et arcus sagittas et spathas et gladios vel alterius cuiuscumque generis arma audeat venumdare, nulla prorsus isdem tela, nihil penitus ferri vel facti iam vel adhuc infecti ab aliquo distrahatur. perniciosum namque Romano imperio et proditioni proximum est barbaros, quos indigere convenit, telis eos, ut validiores reddantur, instruere. 1. Si quis autem aliquid armorum genus quarumcumque nationum barbaris alienigenis contra pietatis nostrae interdicta ubicumque vendiderit, bona eius universa proscribi protinus ac fisco addici, ipsum quoque capitalem poenam subire decernimus.* Englische Übersetzung bei Stantchev, Spiritual Rationality 68f. Hinzuweisen ist in diesem Zusammenhang auch auf Dig. 50.16.41.pr., CIC 1, hg. Krüger/Mommsen 858, wo „Waffen" wie folgt definiert werden: *„Armorum" appellatio non utique scuta et gladios et galeas significat, sed et fustes et lapides.*

vor. Die folgende Konstitution 4.41.2 stellt hingegen den Verkauf von Waffen und Eisen ausdrücklich unter Todesstrafe. Als Begründung wird angegeben, es sei so gut wie Hochverrat (*proditio*), „Barbaren", die diese Dinge selbst nicht besäßen, die genannten strategischen Güter zu verkaufen, da dieselben dadurch in ihrer Kampfkraft gestärkt würden, was verderblich für das Imperium sei. Aus diesem Grund sollten auf Verstöße gegen dieses Verbot dieselben Strafen stehen wie auf Verrat an sich: der unverzügliche Verfall des gesamten Besitzes des Täters an den Fiskus und der Verlust des Lebens. Die Editoren des *Codex Iustinianus* stellten die Konstitution über das Verbot des Exports von Wein und Öl – d. h. von Lebensmitteln und begehrten Qualitätsprodukten, die Plünderer anlocken konnten – ins feindliche Ausland bewusst mit der Konstitution über die Wertung des Verkaufs strategischer Güter als Hochverrat zusammen. Die beiden Vergehen wurden also zusammengehörig angesehen, die in Konstitution 4.41.2 festgelegten Strafen galten auch für Verstöße gegen das Handelsverbot in Konstitution 4.41.1. Beide waren als Kollaboration mit dem Feind und Hochverrat zu bestrafen[43].

In denselben Bereich der Maßnahmen gegen Landesverrat und zum Schutz der eigenen Sicherheit gehört auch eine zweite Konstitution aus dem bereits zitierten Titel 4.63, die das gegenseitige Misstrauen zwischen den beiden Mächten Rom und Persien im frühen 5. Jahrhundert reflektiert[44]. Darin werden Bestimmungen eines Friedensvertrages referiert, die den gegenseitigen Schutz vor Spionage unter dem Deckmantel des Handelsverkehrs zum Inhalt hatten. Der Verkehr zwischen römischen und persischen Kaufleuten wurde zu diesem Zweck auf ausgewählte Grenzorte beschränkt, jegliche Geschäfte, die auf eigene Faust außerhalb dieser Orte getätigt wurden, waren nichtig. Als Strafe sollten sowohl die illegal gehandelten Güter als auch der dafür erzielte Erlös dem römischen Fiskus verfallen, die Täter selbst die Verbannung erleiden. Für die Umsetzung dieser Bestimmungen hatten lokale Amtsträger zu sorgen, denen Bußzahlungen angedroht wurden, falls sie solche illegalen Geschäfte nicht unterbanden.

43 Zum Tatbestand des Hochverrats im römischen Recht und zu seinem frühmittelalterlichen Weiterwirken vgl. Cavanna, Majestätsverbrechen; Weitzel, Hochverrat; Roth, Majestätsverbrechen.

44 Cod. Iust. 4.63.4.pr.–2 *(a. 408–409)*, CIC 2, hg. Krüger 188: *Mercatores tam imperio nostro quam Persarum regi subiectos ultra ea loca, in quibus foederis tempore cum memorata natione nobis convenit, nundinas exercere minime oportet, ne alieni regni, quod non convenit, scrutentur arcana. 1. Nullus igitur posthac imperio nostro subiectus ultra Nisibin Callinicum et Artaxata emendi sive vendendi species causa proficisci audeat nec praeter memoratas civitates cum Persa merces existimet commutandas: sciente utroque qui contrahit et species, quae praeter haec loca fuerint venumdatae vel comparatae, sacro aerario nostro vindicandas et praeter earum ac pretii amissionem, quod fuerit numeratum vel commutatum, exilii se poenae sempiternae subdendum. 2. Non defutura contra iudices eorumque apparitiones per singulos contractus, qui extra memorata loca fuerint agitati, triginta librarum auri condemnatione, per quorum limitem ad inhibita loca mercandi gratia Romanus vel Persa commeaverit.* Teilübersetzung ins Englische bei Stantchev, Spiritual Rationality 69.

Den unter Justinian gesammelten Gesetzen zum Handel mit Feinden des Imperiums liegen fundamentale militärisch-strategische Erwägungen zum Umgang mit feindlichen Mächten zugrunde. Es verwundert daher nicht, dass sich ähnliche Verbote auch in der bei Stefan Stantchev und Tilmann Schmidt auszugsweise zusammengestellten karolingischen Gesetzgebung finden[45]. Der Verkauf von Waffen und anderen strategischen Gütern, namentlich Sklaven und Pferden, an Empfänger außerhalb des Reiches wird in unterschiedlichen karolingischen Gesetzestexten untersagt. Zuwiderhandelnden werden königliche Zwangsmaßnahmen (*bannus*) und die Beschlagnahme der illegal gehandelten Güter angedroht[46].

Mit dem Wandel der politischen Verhältnisse im Frankenreich stellte sich dann ähnlich wie im römischen Reich der Spätantike das Bedürfnis ein, den Verkauf strategischer Güter an Feinde, die sich innerhalb der Reichsgrenzen aufhielten, zu verhindern. Ein bekanntes Beispiel für diesbezügliche Regelungen stellt das umfangreiche Kapitel 25 des sogenannten Edikts von Pîtres (846) dar[47]. Karl der Kahle legte darin unter expliziter Berufung auf die von seinen Vorgängern aufgestellten Verbote des Waffenexports fest[48], dass Normannen, die feindlich in sein Reich eingedrungen waren, weder Panzer noch andere Waffen noch Pferde übergeben werden durften, weder als Lösegeld für Gefangene noch gegen Bezahlung. Zuwiderhandelnden wurde die Todesstrafe angedroht. Von Interesse ist hier die Begründung für diese im Vergleich zu den vorangehenden Kapitularien deutlich schärfere, bewusst an die spätantike Gesetzgebung anknüpfende Gangart gegen Handel mit dem Feind[49]. Diese erklärt sich aus der Wertung der Normannen nicht mehr

45 Für das Folgende vgl. SCHMIDT, Waffenembargo 25f.; STANTCHEV, Origins 382f.; DERS., Spiritual Rationality 26f.; vgl. auch JOHANEK, Handel.

46 Vgl. z. B. Kapitular von Herstal (779), MGH Capit. 1, Nr. 20, 51, c. 20: *De brunias, ut nullus foris nostro regno vendere praesumat*; Kapitular von Mantua (781?), ebd., Nr. 90, 190, c. 7: *Ut nullus mancipia Christiana vel pagana nec qualibet arma vel amissario foris regno nostro vendat, et qui hoc fecerit, bannum nostrum conponere cogatur* […]; Kapitulariensammlung des Ansegis (827), MGH Capit. N.S. 1, 572f., c. 3,6: *De negotiatoribus, qui partibus Sclavorum et Avarorum pergunt, quousque procedere cum suis negotiis debeant:* [es folgt eine Aufzählung bestimmter Orte zwischen Elbe und Donau]; *et ut arma et brunias non ducant ad venundandum. Quod si inventi fuerint portantes, omnis substantia eorum auferatur ab eis, dimidia quidem pars partibus palatii, alia vero medietas inter iam dictos missos et inventorem dividatur*; ebd. 607f., c. 3,75: *Constitutum est, ut neque episcopus neque abba aut abbatissa vel quislibet rector ecclesiae bruniam vel gladium sine nostro permisso cuilibet homini extraneo* [= jemand, der kein Gefolgsmann der Vorgenannten ist] *aut dare aut vendere praesumat, nisi tantum vassallis suis.*

47 MGH Capit. 2, Nr. 273, 321, c. 25. Zum Edikt von Pîtres und dessen Kontext vgl. zuletzt HILL, Edict, bes. 69–76.

48 Das Edikt zitiert ausdrücklich Kapitel 3,6 und 3,75 der Kapitulariensammlung des Ansegis, siehe oben, Anm. 46.

49 Nach NELSON, Images, ist das gesamte Edikt von Pîtres als bewusste *imitatio imperii* Karls der Gesetzgebung der spätantiken Kaiser, speziell dem *Codex Theodosianus*, nachgebildet. Im Hinblick auf Kapitel 25

als anonyme „Fremde“ außerhalb der Reichsgrenzen, sondern als feindliche „Heiden“, welche dem Reich, dem christlichen Volk und insbesondere der Kirche schwere Schäden zufügen würden. Das Edikt zieht diese Untaten als Begründung dafür heran, warum es ein besonders verwerfliches Vergehen darstelle, den Normannen aus Habgier die von ihnen begehrten Waren zu verkaufen und sie damit zum Schaden des Reiches, der Kirche und der Gläubigen zu stärken, noch dazu, wie das Edikt wegwerfend formuliert, für geringes Geld[50]. Durch ihre Handlungen machten die Verkäufer sich schuldig als Verräter sowohl an der *patria* als auch der Christenheit, welche sie der Zerstörung durch die Heiden auslieferten. Als solche seien sie mit dem Tod zu bestrafen[51].

Vor dem Hintergrund einer militärischen Bedrohung setzte das Edikt von Pîtres also neuerlich Handel mit dem Feind mit Hochverrat gleich und rechtfertigte die Strafe für ersteres Delikt – Vermögensverlust und Tod – durch diese Gleichsetzung. In diesem Sinn blieb das Verbot der Unterstützung des Feindes mit Waffen und anderen strategischen Materialien das ganze Mittelalter hindurch Teil bewaffneter Auseinandersetzungen und strategisches Kriegsmittel[52]. Das Edikt von Pîtres illustriert jedoch mit seiner Qualifikation der Normannen als „Heiden“ noch eine zusätzliche Komponente, die im Zusammenhang mit der Grundlegung mittelalterlicher Handelsverbote und speziell für das Verständnis des antihussitischen Handelsverbotes von Bedeutung ist: die Frage nach der moralischen Qualifikation des Feindes und damit auch des Handelsverbotes, das gegen denselben verhängt wird. Eben diese moralische Qualifikation bildete das Fundament des sich ab dem 12. Jahrhundert herausbildenden „papal embargo“.

---

stellt sie fest, dieses sei „surely“ von Cod. Theod. 7.16.3 (*Saluberrima sanctione decrevimus, ne merces inlicitae ad nationes barbaras deferantur*), „inspiriert“, ebd. 94f. Auch wenn keine direkte Übernahme vorliegt, erscheint Nelsons Argumentation mit Blick auf den Gesamtzusammenhang des Edikts zumindest wahrscheinlich.

50 MGH Capit. 2, Nr. 273, 321, c. 25: *quia* […] *eis [Nortmannis] a nostris bruniae et arma atque caballi* […] *pro pretii cupiditate venundantur cum* […] *pro pauco pretio venundantur, per hoc auxilium illis contra nos praestitum et regni nostri maximum fit detrimentum et multae Dei ecclesiae destruuntur et quamplurimi christiani depraedantur et facultates ecclesiasticae et regni exhauriuntur.*

51 Ebd.: *sicut proditor patriae et expositor christianitatis ad perditionem* [sic] *gentilitati sine ulla retractione vel redemptione de vita componat.*

52 Vgl. die Beispiele bei Schmidt, Waffenembargo 30–33 und, unter anderem Blickwinkel, Stantchev, Origins 392–396.

1.3.2 Die Ausbildung des „papal embargo“ ab dem 12. Jahrhundert: Handel mit dem Feind als Häresie

Wie das Handelsverbot Karls des Kahlen gegen die Normannen richtete sich auch das antihussitische Handelsverbot gegen Feinde des christlichen Glaubens. Bei den Hussiten des spätmittelalterlichen Böhmen handelte es sich jedoch nicht um Heiden, sondern – zumindest in den Augen der päpstlichen Kirche – um einen noch gefährlicheren Feind: um Häretiker, die sich bewusst vom rechten Glauben abgewandt hatten.

Die Angst vor Glaubensspaltung und Häresie begleitete das Christentum von Anfang an. Abweichungen wurden dabei stets als negativ aufgefasst und sollten möglichst unterbunden werden[53]. An Strafmaßnahmen stand der Kirche zunächst nur der Ausschluss des Betreffenden aus der Gemeinschaft, also die Exkommunikation, zur Verfügung. Sobald sich allerdings in der Spätantike das Christentum mit der Staatsmacht verband, machte dieselbe sich die Verfolgung von Häretikern zur Aufgabe. In seiner Untersuchung der antihäretischen weltlichen Gesetzgebung des Mittelalters unterscheidet Sascha Ragg die spätantiken Strafandrohungen für Häresie in vier verschiedene Kategorien, die sich auch für die Beschreibung späterer Stadien der antihäretischen Gesetzgebung eignen: religiös-oppressive, materiell-repressive, sozial-repressive und schließlich physische Maßnahmen. Konkret handelte es sich bei den beiden ersten Kategorien um ein breites Bündel potentieller Strafen, von Versammlungsverboten über Bücherverbrennungen, Güterkonfiskationen und Verbannung. Diese gehen über in die physischen Strafmaßnahmen der Leibesstrafen und sogar der Todesstrafe. Weiters schlossen eher sozial-repressive Maßnahmen Glaubensabweichler zunehmend vom öffentlichen Leben aus, bis, mit den Worten Robert Ian Moores, der Genuss der Bürgerrechte untrennbar an orthodoxe Rechtgläubigkeit geknüpft war[54]. In der Praxis bedeutete das, dass Häretiker von öffentlichen Ämtern ausgeschlossen werden und der Infamie anheim fallen sollten, d. h. weder Zeugnis vor Gericht ablegen noch selbst Klagen einbringen konnten. Sie sollten das Recht zu testieren und Güter an ihre Kinder zu vererben verlieren, weiters das Recht Testamente anzutreten und Schenkungen entgegenzunehmen.

Mit diesen Einschränkungen der Rechtsfähigkeit hängt auch eine im vorliegenden Zusammenhang bedeutsame Bestimmung der Kaiser Arkadius und Honorius zusammen, die ursprünglich gegen Manichäer und Donatisten gerichtet war und Eingang in den allgemein gegen Häretiker gewandten Titel 1.5 des *Codex Iustinianus* fand. Konstitution 1.5.4.3 entzog den Genannten die *facultas* zu schenken, zu kaufen, zu verkaufen

---

53 Vgl. für das Folgende Moore, Persecuting Society 11–13; Schindler, Häresie, bes. 337f.; Noethlichs, Revolution; Kéry, Ketzer Sp. 1720; Ragg, Ketzer 8–30.

54 Moore, Persecuting Society 12.

und Verträge abzuschließen, mit einem Wort, die Geschäftsfähigkeit[55]. Im Nebengang zu ihrem Ausschluss vom öffentlichen Leben im Allgemeinen wurden sie damit auch vom Wirtschaftsleben im Speziellen ausgeschlossen.

Für die Beschäftigung mit Handelsverboten bedeutungsvoll ist schließlich auch eine weitere, im selben Titel des *Codex* aufscheinende sozial-repressive Bestimmung, die eine allgemeinere Tendenz abbildet. Konstitution 1.5.4.7 bestimmt, dass dieselben Strafen wie für Häretiker auch für diejenigen gelten sollten, die sie beschützten, indem sie sie in ihre Häuser aufnahmen[56]. Unterstützer von Häretikern begingen also in den Augen der Verteidiger der Orthodoxie eine der Häresie gleichgestellte Tat, die mit denselben Strafen zu bestrafen war wie Häresie selbst. Das Mittelalter übernahm diese Ansicht, wo sie Ausdruck fand etwa in den Statuten des 3. Laterankonzils von 1179 bzw. in denen des 4. Laterankonzils von 1215 über den Umgang mit Häretikern[57]. Wie im Folgenden zu zeigen sein wird, ist diese Gleichsetzung von Häretikern und ihren Helfern symptomatisch für eine generelle Tendenz der mittelalterlichen Rechtsgelehrten, Begrifflichkeiten und Rechtssätze auszudehnen und sie per Analogieschluss auf andere Fälle zu übertragen. Zunächst muss jedoch auf die bedeutsamen Veränderungen eingegangen werden, die die Verfolgung von Häretikern im europäischen Hochmittelalter erlebte.

Wie bereits vielfach dargestellt wurde, trug die in der Spätantike gelegte Saat ihre volle Frucht im 12. Jahrhundert, als es in der abendländischen Christenheit zu einer massiven „Wiederentdeckung" des Phänomens „Häresie" kam. Nach Robert Ian Moores 1987 in seinem einflussreichen Buch „The Formation of a Persecuting Society" formulierter These verschwanden Häresie bzw. deren Verfolgung zwischen der Spätantike und dem 11. Jahrhundert nahezu vollständig aus der abendländischen Geschichte. Die sich ab dem 12. Jahrhundert wieder intensivierende Verfolgung von Häresien war ihm zufolge nicht der damaligen Zunahme von religiösem Dissent geschuldet, sondern einer „Wiederentdeckung" von Häresie als Problem. Die neue, institutionalisierte Kirche des Hochmittelalters ebenso wie die Gesellschaft, deren Spiegelbild die Kirche darstellte, wurden, so

---

55 Cod. Iust. 1.5.4.3 *(a. 407)*, CIC 2, hg. Krüger 51: *Praeterea non donandi, non emendi, non vendendi, non postremo contrahendi cuiquam convicto [haeretico] relinquimus facultatem.*

56 Cod. Iust. 1.5.4.7 *(a. 407)*, ebd.: *In eos etiam auctoritatis aculei dirigantur, qui eos [haereticos] domibus suis damnanda provisione defendent.*

57 3. Laterankonzil, Kan. 27, *Sicut ait*, COD, hg. Alberigo u. a. 224f., hier 224; X 5.7.8, CIC 2, hg. Friedberg Sp. 779f., hier 780, inklusive des Verbotes von Handelsbeziehungen mit den Genannten. 4. Laterankonzil, Kan. 3, *Excommunicamus*, COD, hg. Alberigo u. a. 233–235, hier 234; X 5.7.13, CIC 2, hg. Friedberg Sp. 787–789, ebd. § 5, 788 jene Formulierung, die zur Standardformulierung des Kirchenrechts wurde: *credentes, receptores, defensores et fautores haereticorum* sind gleich Häretikern zu behandeln. Vgl. auch hier im Folgenden.

Moore, zunehmend zu einer „persecuting society", die andersartige Elemente, gleich ob es sich um Häretiker, Juden oder Leprakranke handelte, als Problem wahrnahm, das die Einheit der katholischen Christenheit bedrohte und deshalb auszumerzen war[58].

Sophia Menache und Stefan Stantchev brachten kürzlich Moores These mit dem ebenfalls im 12. Jahrhundert aufkommenden Phänomen der kirchlichen Regulation des wirtschaftlichen Umgangs mit Muslimen in Zusammenhang[59]. Ihnen zufolge begann die Kirche damals, sich unter dem Blickwinkel der potentiellen Bedrohung der Christenheit auch mit der Frage auseinanderzusetzen, wie das Verhältnis zwischen Christen und Muslimen zu gestalten war. Vor dem Hintergrund der „commercial revolution" und der europäischen Expansion im Mittelmeerraum stellte Handel ein Feld des intensiven Kontaktes zwischen Christen und Muslimen dar. Speziell angesichts des als allgemeine gesellschaftliche Notwendigkeit empfundenen Kampfes um das Heilige Land wurden diese Kontakte von der Kirche zunehmend als regelungsbedürftig empfunden.

Die gesetzlichen Bestimmungen, die in diesem Prozess entstanden, waren nicht nur wesentlich für die Regelung wirtschaftlicher Kontakte zwischen Christen und Muslimen. Wie Stantchev für den Bereich des Kirchenrechts und Amnon Linder für den Bereich der Kreuzzugsliturgie gezeigt haben, begannen damals Ideen, die auf eine bestimmte Kategorie von Nicht-Christen bezogen waren, ihren engeren, wortwörtlichen Bedeutungsrahmen zu verlassen[60]. In diesem Prozess wurden die spätantiken Kategorien von Nicht-Christen – „Heiden", „Juden" und „Häretiker" – untereinander austauschbar. Dabei wurden im rechtlichen Bereich entweder Regelungen, die ursprünglich eine bestimmte Kategorie von Nicht-Christen betrafen, explizit auf eine andere Kategorie von Nicht-Christen ausgedehnt oder im Prozess der Kommentierung ergänzt und neu ausgelegt. Weiters kam es zur stillschweigenden Anwendung von Rechtssätzen auf analoge Situationen. Ein letzter Weg zu dieser von Stantchev als „conflation" bezeichneten Vermischung der Kategorien von Nicht-Christen war schließlich die Simplifizierung theoretischer Bestimmungen für deren Anwendung in der praktischen Seelsorge[61]. Aufgrund der prinzipiellen, strukturellen Ambiguität der kanonischen Bestimmungen wurde Recht, das für eine Kategorie von Nicht-Christen galt, auf die anderen übertragbar, ebenso wie die Begriffe für einzelne Kategorien von Nicht-Christen semantisch austauschbar wurden. Stantchev argumentiert daher überzeugend, dass der oft nur im Hinblick auf den Handel mit den

---

58 Vgl. Moore, Persecuting Society mit dem Nachwort zur zweiten Auflage von 2015, ebd. 172–196. Zur kritischen Auseinandersetzung mit Moores Thesen, speziell im Hinblick auf die Verfolgung von Ketzern vgl. etwa Ubl, Verbrennung, passim, bes. 62–65 mit der dort genannten Literatur.

59 Menache, Attempt; eher implizit Stantchev, Spiritual Rationality.

60 Stantchev, Muslims; Ders., Spiritual Rationality 46f., 104–110; Linder, Raising Arms, passim, bes. 121–123. Ich danke Norman Housley für diesen Hinweis.

61 Stantchev, Muslims 66.

Muslimen des Mittelmeerraums wahrgenommene Maßnahmenkomplex des „papal embargo" vielmehr ein universelles Mittel war, das wirtschaftliche Kontakte von Christen mit allen Nicht-Christen betraf. Parallel zu den gegen Muslime gerichteten Bestimmungen gab es nämlich seit dem 12. Jahrhundert eine Reihe von päpstlichen Dekreten, die sich gegen Handel mit Exkommunizierten, „ungehorsamen" Christen, d. h. politischen Gegnern des Papsttums, Häretikern und Schismatikern richteten[62]. Diese Gruppen unterlagen alle durch ihren Status als Exkommunizierte den mit einer Exkommunikation einhergehenden sozial-repressiven Beschränkungen. Das Verbot des wirtschaftlichen Kontakts mit ihnen rührte dabei aus der Sorge her, Gläubige vor einer „Ansteckung" mit Häresie bzw. dem Überspringen der *ipso facto*-Exkommunikation durch Kontakt mit Exkommunizierten zu schützen. Aus diesen Gründen war rechtgläubigen Christen jeder Kontakt mit Häretikern und damit auch Handel, egal mit welchen Gütern, prinzipiell und dauerhaft verboten[63].

Das Kirchenrecht zum Handel mit Nicht-Christen wurde von Bestimmungen dominiert, die ursprünglich gegen Muslime gerichtet gewesen waren. Im Ergebnis machte aber, so Stantchev, spätestens im 15. Jahrhundert die päpstliche Praxis klar, „[that] anyone [who was] out of bounds was to be cut from some or all business contact with Christians", egal wer in den einschlägigen Kanones des Kirchenrechts konkret genannt wurde[64]. Rechtgläubige Christen hatten den Kontakt mit allen Nicht-Christen zu meiden; Handel mit Hussiten war sowohl durch deren Status als Häretiker als auch durch das „papal embargo" automatisch verboten. Es überrascht daher nicht, dass Papst Martin V. in seinen *litterae* vom 24. November 1424 über das antihussitische Handelsverbot die Strafen gegen diejenigen, die den Hussiten zuführten, explizit mit den etablierten kanonischen Strafen gegen den Handel mit „Sarazenen" gleichsetzte[65].

---

62 Vgl. die Überblickstabelle ebd. 94; detailliert Ders., Spiritual Rationality 93–95, 98–101.

63 Zur mittelalterlichen Exkommunikation und deren kultureller Dimension Lange, Excommunication, bes. 66–75; Jaser, Ecclesia, bes. 334–347 zu Verkehrsverbot und Ansteckungsdynamik, ebd. 369–373 zu spätmittelalterlichen Bestrebungen, *ipso facto*-Exkommunikationen durch Kontakt mit Exkommunizierten einzudämmen. Vgl. dazu auch Rosenblieh, Limiter 67–69 mit einem Beispiel für ein aus der Exkommunikation der Anhänger Felix' V. durch Eugen IV. folgendes Handelsverbot und dessen Konsequenzen. Ich danke Émilie Rosenblieh für die Zurverfügungstellung von Literatur.

64 Stantchev, Muslims 95f., Zitat 95.

65 Urkundliche Beiträge 1, hg. Palacký Nr. 317, 367–369, hier 368; Acta 2, hg. Eršil Nr. 1274, 515f., Martin V. an die Bischöfe von Regensburg, Passau, Olmütz, Meißen und Bamberg, 1424, November 24, Rom: *Et nichilominus si predictas res ad ipsos hereticos deferencium quemquam capi contigerit, instar eorum, qui Saracenis subsidia huiusmodi ministrant,* [...] *[tractare] censemus et declaramus auctoritate apostolica.*

An dieser Stelle soll nun die rechtliche Struktur dieses „papal embargo“ in etwas größerer Ausführlichkeit nachgezeichnet werden, um die Grundlage zu legen für die in späteren Kapiteln folgende Auseinandersetzung mit der praktischen Umsetzung des antihussitischen Handelsverbotes. Die Darstellung folgt dabei eng derjenigen Stefan Stantchevs, da dieser methodische Fragen berücksichtigt, die von der bisherigen Forschung zum päpstlichen Verbot des Handels mit Muslimen stark vernachlässigt wurden. Stantchev bettet weiters die einschlägigen päpstlichen und Konzilsdekrete konsequent in ihren eigentlichen mittelalterlichen Wirkungszusammenhang, das Kirchenrecht und dessen Kommentare, ein[66].

Stantchev identifiziert vier maßgebliche Texte, die durch ihre Aufnahme in Raimund von Peñafortes *Liber extra* von 1234 zur Basis der kanonischen Gesetzgebung im Hinblick auf den Handel mit Nicht-Christen wurden[67]. Es handelt sich um Kanon 24 des 3. Laterankonzils von 1179, beginnend mit den Worten *Ita quorumdam*[68], eine Passage aus einem Brief Clemens' III. an Genua von 1187/88, beginnend mit den Worten *Quod olim*[69], eine Passage aus einem Brief Coelestins III. an den Bischof von Ancona von

66 Vgl. für das Folgende Stantchev, Spiritual Rationality 44–71. Zu methodischen Fragen Ders., Muslims 71f., 96.

67 Spätere Kirchenrechtssammlungen wie der *Liber Sextus* (1298) und die *Constitutiones Clementinae* (1317) enthielten keine relevanten neuen Kanones, allerdings erlangten im Spätmittelalter einige einschlägige päpstliche Bullen vergleichbaren Status, vgl. Stantchev, Spiritual Rationality 87, Anm. 236 und hier im Folgenden.

68 COD, hg. Alberigo u. a. 223; X 5.6.6, CIC 2, hg. Friedberg Sp. 773: *Ita quorumdam animos occupavit saeva cupiditas, ut cum glorientur nomine christiano, Sarracenis arma ferrum et lignamina galearum deferant et pares eis aut etiam superiores in malitia fiant, dum ad impugnandos christianos arma eis et necessaria subministrant. Sunt etiam qui pro sua cupiditate in galeis et piraticis Sarracenorum navibus regimen et curam gubernationis exercent. Tales igitur a communione ecclesiae praecisos et excommunicationi pro sua iniquitate subiectos, et rerum suarum per saeculi principes catholicos et consules civitatum privatione mulctari et capientium servos, si capti fuerint, fore censemus. Praecipimus etiam ut per ecclesias maritimarum urbium crebra et solemnis excommunicatio proferatur in eos.* Eine deutsche Übersetzung Dekrete, hg. Wolmuth u. a. 224, englisch Menache, Attempts 239; Stantchev, Spiritual Rationality 45. Zur rechtlichen Form der Bestimmung als Generalexkommunikation Jaser, Ecclesia 364.

69 X 5.6.11, CIC 2, hg. Friedberg 775: *Quod olim praeceptum fuit* [...]*: Sane, licet hoc fuerit in concilio Lateranensi districte inhibitum, nos tamen* [...] *omnes illos excommunicationi supponimus, qui iam amplius cum Sarracenis mercimonium habuerint, vel per se vel per alios navibus, seu quocunque alio ingenio, eis aliqua rerum subsidia seu consilia, quamdiu inter nos et illos guerra duraverit, duxerint, impendenda. Vestrae igitur discretioni mandamus atque districte praecipimus, quatenus nec per vos, nec per vestras naves, nec alio quocunque modo aut ingenio, eis mercimonia, consilia vel alia subsidia transmittatis, ne, si forte aliqui in sua malitia indurate secus agre praesumpserint, non solum ipso iure incidant in excommunicatinem illam, verum etiam illi iram Dei viventis incurrant.* Eine englische Übersetzung Stantchev, Spiritual Rationality 52f.

1193/94, beginnend mit den Worten *Significavit nobis*[70] und schließlich um Kanon 71 des 4. Laterankonzils von 1215, beginnend mit den Worten *Ad liberandam*[71]. Darin wandten die genannten Päpste sich gegen den Verkauf strategischer Waren, insbesondere aller Formen von Waffen, Pferden, Eisen, für den Schiffsbau geeigneten Holzes sowie von Schiffen und dem Dienst auf Schiffen im Allgemeinen, an nicht näher definierte „Sarazenen". Zuwiderhandelnde wurden mit den aus der Häretikergesetzgebung bekannten religiös-oppressiven, materiell- und sozial-repressiven Strafen der Exkommunikation, Güterkonfiskation und Verlust der persönlichen Freiheit bedroht.

Durch das, was Stantchev den „textbasierten Ansatz der Juristen" nennt, wurden diese jeweils anlassbezogenen Dekrete, die auf eine konkrete geopolitische Ausgangslage oder eine Phase intensivierter Kreuzzugspläne zurückgingen, auf ihrem Weg durch verschiedene Dekretalensammlungen und Kommentare zu vom Einzelfall abstrahiertem Kirchenrecht. In diesem Prozess griffen Legisten und Dekretalisten die oben dargestellten Bestimmungen des spätantiken Kaiserrechts zum Handel mit Feinden des Imperiums auf und adaptierten sie für ihre eigenen Zwecke. Das spätantike römische Recht ging auf diesem Weg in das kanonische Recht ein, wurde jedoch in neue Zusammenhänge gestellt

70 X 5.6.12, CIC 2, hg. Friedberg Sp. 775: *Significavit nobis tua fraternitas, quomodo aliqui civium tuorum in Alexandriam valeant proficisci pro recuperandis concivibus suis, qui illic in captivitate tenentur. Hoc arbitramur licite posse fieri, dummodo nihil in mercibus suis vel alio modo secum illuc deferant, unde possit Sarracenis, excepto redemptionis articulo, aliquod commodum aut subsidium provenire, quod etiam coram te prius iuramento firmabunt. Illi quoque qui post treugam in transmarinis partibus factam cum commercio Alexandriam adiverint, si tulerint merces prohibitas causa lucrandi, excommunicationis vinculum non evadunt, sicut nec illi, qui, in personis propriis non euntes, merces eis per nuncios destinarunt. Ad ultimum illos, qui iuraverunt, se amplius in terram Sarracenorum cum mercibus non ituros, nisis pax esset inter Christianos et ipsos, et post treugam factam venerunt illuc, conditio illa de pace aut treuga habenda ab excommunicatinois vinculo non absolvit.* Eine englische Übersetzung Stantchev, Spiritual Rationality 50.

71 COD, hg. Alberigo u. a. 267–270, hier 270; X 5.6.17, CIC 2, hg. Friedberg Sp. 777f.: *Ad liberandam terram sanctam* [...] *Excommunicamus praterea et anathematizamus illos falsos et impios christianos, qui contra ipsum Christum et populum christianum Saracenis arma, ferrum et lignamina deferunt galearum; eos etiam qui galeas eis vendunt vel naves, quique in piraticis Saracenorum navibus curam gubernationis exercent vel in machinis aut quibuslibet aliis aliquod eis impendunt consilium vel auxilium in dispendium Terrae sanctae, ipsarum rerum suarum privatione mulctari, et capientium servos fore censemus. Praecipientes ut per omnes urbes maritimas diebus dominicis et festivis huiusmodi sententia innoventur, et talibus gremium non aperiatur ecclesiae, nisi totum quod ex substantia tam damnata perceperint et tantundem de sua in subsidium praedictae Terrae transmiserint, ut aequo iudicio in quo deliquerint, puniantur. Quod si forte solvendo non fuerint, alias sic reatus talium castigetur, quod in poena ipsorum aliis interdicatur audacia similia praesumendi.* Eine deutsche Übersetzung Dekrete, hg. Wolmuth u. a. 270, englisch Menache, Attempts 243. Vgl. dazu z. B. ebd. 243f.; Constable, Clothing 284–289. Nach Meinung Stantchevs wurde die Relevanz von *Ad liberandam* für die Geschichte des „papal embargo" bisher überschätzt, Stantchev, Spiritual Rationality 58.

und unter dem Blickwinkel des hochmittelalterlichen Christentums interpretiert[72]. Stantchev argumentiert weiter, dass die Natur des „papal embargo“ als „textbook embargo“, d. h. als Gegenstand des theoretischen Diskurses der Rechtsgelehrten, dafür verantwortlich zeichnet, dass die Bestimmungen, welche Waren von dem Handelsverbot betroffen sein sollten, weniger lebensweltliche Realitäten ihrer Entstehungszeit spiegeln als vielmehr die Form generalisierender Aussagen unter Rezeption der genannten römischrechtlichen Bestimmungen annahmen[73].

Diese erste Formierungsphase des „papal embargo“ im 12. und in der ersten Hälfte des 13. Jahrhunderts wurde in der zweiten Hälfte des 13. Jahrhunderts durch eine neue Entwicklungsstufe abgelöst, die durch die zunehmenden Probleme der Kreuzfahrerstaaten und den schlussendlichen Verlust des Heiligen Landes beschleunigt wurde. Diese Phase wird oft als das „eigentliche“ „papal embargo“ aufgefasst. Ziel war nun nicht mehr ein selektives Embargo gegen anonyme „Sarazenen“, sondern ein totales Embargo gegen ein spezifisches Ziel, das mamelukische Ägypten[74].

In seiner Analyse der legislativen Gestalt des „papal embargo“ in dieser Zeit diskutiert Stantchev die diesbezüglich fundamentalen Dekrete des Zweiten Konzils von Lyon und der avignonesischen Päpste[75]: *Constitutiones pro zelo fidei*, erlassen 1274 vom Zweiten Konzil von Lyon, *Multa mentis*, erlassen 1289 von Nikolaus IV., sowie *Olim*, erlassen 1291 von demselben Papst. Letztere Bulle war insofern von Bedeutung, als sie die älteren Bestimmungen zur Bestrafung derjenigen, die den päpstlichen Anordnungen zuwider handelten, ausdrücklich um die zu diesem Zeitpunkt schon lange etablierten kanonischen Strafen für Unterstützer von Häretikern erweiterte. Dadurch entstand ein fester Kanon von materiell- und sozial-repressiven Strafen für Schwarzhändler, der sie eng mit Häretikern und deren Unterstützern assoziierte: Infamie, Verlust der Fähigkeit, öffentliche Ämter auszuüben oder zu testieren, Güterkonfiskation, öffentliche Denunziation[76]. Diese

---

72 Vgl. dazu etwa Stantchevs Darstellung der Auslegung von *Ita quorumdam* durch den bedeutenden spätmittelalterlichen Dekretalisten Panormitanus († 1445), Stantchev, Spiritual Rationality 48.

73 Vgl. Stantchev, Spiritual Rationality 68–71, bes. die Übersichtstabelle ebd. 71.

74 Vgl. Housley, Avignon Papacy 199–213; Schein, Fideles crucis 77–83; Menache, Attempts 245f.

75 Vgl. für das Folgende Stantchev, Spiritual Rationality 120–126, dort auch die entsprechenden Belege.

76 Der Text der Strafbestimmungen in Annales ecclesiastici 23, hg. Baronius u. a. Nr. 27, 97: *Qui contra hujusmodi statutum nostrum quomodolibet venire praesumpserint, praeter poenas preadictas* […], *quas illos ipso facto incurrere volumus, perpetuo sint infames et intestabiles habeantur* […]. *Et insuper ad successiones tam ex testamento, quam ab intestato sint prorsus et reddantur inhabiles, nec ad publica quaelibet admittantur officia, sintque illis omnes actus legitimi penitus interdicti, et tanquam excommunicati hostesque Catholicae fidei, postquam de ipsorum hujusmodi temeritate constiterit, diebus Dominicis et festivis publice nuntientur, et in fiscum bona eorum omnia devolvantur*. Vgl. Stantchev, Spiritual Rationality 122. Siehe die Nikolaus’ Formulierungen zugrunde liegenden Bestimmungen des 4. Late-

im Prinzip als soziales „Todesurteil“ konzipierten Strafen waren jedoch Gegenstand der Anpassung an lebensweltliche Realitäten. Im Fall des unerlaubten Handels mit Muslimen des Mittelmeerraumes wurden üblicherweise Strafzahlungen zum Wohl des Heiligen Landes oder der Kirche an sich verhängt. Diese Praxis entsprang einem juristischen, vor allem aber pastoralen Diskurs über das „papal embargo“, der sich um Intentionen, Reue und die Möglichkeit, sich von eventuellen Vergehen freizukaufen bzw. von vornherein Lizenzen für den Handel mit Muslimen zu erwerben, drehte. Diese Lizenzen, die nach Stantchev nicht, wie bisher oft, als bloßes finanzpolitisches Mittel des Papsttums verstanden werden können[77], öffneten ein weites Feld der Interaktion zwischen der Kirche und den Gläubigen, welches gegenwärtig lebhafte Aufmerksamkeit in der Forschung findet[78]. Für den Handel mit den Hussiten konnten allerdings bisher keine solchen Lizenzen gefunden werden[79].

Nikolaus' IV. *Multa mentis* und *Olim* wurden von seinen Nachfolgern zusammengeführt, modifiziert und regelmäßig erneuert. Unter Gregor IX. wurde die *ipso facto*-Exkommunikation von Kontrabandisten auch Teil der damals erstmals Form annehmenden Praxis der *in coena Domini*-Bullen[80]. Bei diesen jeweils am Gründonnerstag zunächst in Rom verkündeten und dann in den einzelnen Diözesen zu publizierenden Bullen handelte es sich um eine Sammlung päpstlicher Generalsentenzen, mit denen *ipso facto*-Exkommunikationen für eine stetig wachsende Zahl von Vergehen gegen die Christenheit im Allgemeinen und gegen das Papsttum im Speziellen publiziert wurden[81]. Die in der

---

rankonzils, Kan. 3, vgl. oben, Anm. 57. Für den Umgang mit Häretikern und deren Unterstützern vgl. allgemein Titel 5.7 *De haereticis* des *Liber extra*, CIC 2, hg. Friedberg Sp. 778–790.

77 So etwa Housley, Avignon Papacy 206–213; Menache, Attempts 249.

78 Siehe aus der rezenten Forschung Esch, Handel; Stantchev, Spiritual Rationality 55–58 (mit dem bezeichnenden Titel „Bridging Principle and Practice: Trade Licences“), 145–161; Carr, Boundaries; Ders., Crusaders 132–142; aus der älteren Forschung Housley, Avignon Papacy 206–213.

79 Die einschlägigen Sammlungen päpstlicher Quellen zur Geschichte des hussitischen Böhmen enthalten keine Hinweise auf Handelslizenzen. Erst aus der Zeit des Zweiten Hussitenkrieges ist zumindest für Nürnberg die regelmäßige Einholung päpstlicher Indulgenzen für den Handel mit dem hussitischen Böhmen bezeugt, vgl. Kraus, Stadt 26f. Eine systematische eigene Auswertung der Supplikenregister, in welchen eventuelle Bitten um Ausnahmen vom antihussitischen Handelsverbot zu erwarten wären, konnte im Rahmen der vorliegenden Arbeit nicht unternommen werden.

80 Jaser, Ecclesia 382f.; Stantchev, Spiritual Rationality 101–104, 123f., 164f. Allerdings handelte es sich bei der in die Abendmahlbulle eingegangenen Form des „papal embargo“ bezeichnenderweise nicht um das totale Embargo aus *Multa mentis*, sondern um eine Abwandlung des gegen anonyme „Sarazenen“ gerichteten älteren Embargos des Kirchenrechts: *Item excommunicamus et anathematizamus omnes illos, qui equos, arma, ferrum vel lignamina deferunt Sarracenis, quibus Christianos impugnant*, Jaser, Ecclesia 383.

81 Zur Textgeschichte der Bulle *in coena Domini* Jaser, Ecclesia 382–404; ebd. 359–373 zur rechtlich-historischen Genese der päpstlichen Generalexkommunikation.

sogenannten Abendmahlbulle genannten Vergehen waren jeweils päpstliche Reservatfälle, die ausschließlich vom Papst selbst absolviert werden konnten. Im Bezug auf das „papal embargo“ wurde die zu Beginn des 14. Jahrhunderts noch in Entwicklung befindliche Abendmahlbulle in dieser Hinsicht von der 1308 von Clemens V. publizierten Version von *Multa mentis* überholt, die bereits damals die Absolution von Kontrabandisten ausdrücklich zum päpstlichen Reservatfall machte[82]. Diese Version von *Multa mentis* erfuhr weite Verbreitung und Rezeption, was sich auch darin niederschlägt, dass sie in die sogenannten *Extravagantes Communes* aufgenommen wurde[83].

Mit diesen Bestimmungen hatte das „papal embargo“ jene Ausprägung angenommen, in der es, flexibel für zeitbedingte Adaptionen etwa im Hinblick auf die Bedrohung durch das expandierende osmanische Reich oder den Konflikt mit den Hussiten, bis in die Frühe Neuzeit hinein Bestand hatte[84]. Nach Stantchev blieb das Embargo dabei als Denkfigur äußerst erfolgreich und so gut wie unberührt von der Tatsache, dass seine mangelnde praktische Wirksamkeit gerade angesichts des osmanischen Aufstiegs offensichtlich war. Erst als die Reformatoren sein Fundament, die Heilsnotwendigkeit des Papsttums im Allgemeinen und die päpstliche Autorität in der Beurteilung der Legitimität von Handel im Besonderen, in Frage stellten, verlor es seine Wirkmächtigkeit als „kulturelle Praxis“[85].

Von Bedeutung im Hinblick auf die rechtlichen Grundlagen des antihussitischen Handelsverbotes ist neben der kirchlichen selbstverständlich auch die weltliche Gesetzgebung[86]. Auch hier erweist sich das 12. Jahrhundert als Wendepunkt. Hinsichtlich der Verfolgung von Häretikern und deren Unterstützern, und damit auch derjenigen, die sie

---

82 Stantchev, Spiritual Rationality 125.

83 Extravag. Comm. 5.2.1, CIC 2, hg. Friedberg Sp. 1289f., hier 1290: *Nos igitur* [...] *praesentium tenore statuimus, ut nullus arma, equos, ferrum, lignamina, victualia et alia quaecunque mercimonia in Alexandriam, vel alia loca Sarracenorum terrae Aegypti deferre, mittere vel portare, seu de portubus eorum, ut eisdem deferantur, extrahere vel extrahi permittere, aut eis alias auxilium vel favorem praestare quoquo modo praesumat*. Vgl. auch hier im Folgenden.

84 Stantchev, Spiritual Rationality 163–201. Unter Martin V. und Eugen IV. erscheinen in der Abendmahlbulle Spezialsentenzen, die ausdrücklich auf wirtschaftliche Beziehungen mit den Hussiten Bezug nehmen, vgl. Göller, Pönitentiarie 263f. (Abendmahlbulle Martins V., 1426, Rom [die vatikanischen Register geben den Angaben bei Göller zufolge offenbar lediglich das Regierungsjahr, nicht jedoch das genaue Tagesdatum an]); ebd. S. 270f. (Abendmahlbulle Eugens IV., 1434, April 24, Rom), Zitate im Folgenden, Anm. 114 und 386.

85 Vgl. Stantchev, Spiritual Rationality 202–211. Repräsentativ für die entgegengesetzte Auffassung des Großteils der übrigen Forschung von der Wirkung des antimuslimischen Embargos im späten Mittelalter Menache, Attempts, bes. 257f.

86 Vgl. für das Folgende Moore, Persecuting Society 8f.; Chiffoleau, Crime; Ragg, Ketzer 101–188.

wirtschaftlich unterstützten, ist zunächst das demonstrative gemeinschaftliche Agieren Friedrichs I. Barbarossa mit Papst Lucius III. im November 1184 in Verona zu nennen. Lucius' damals erlassenes Dekret mit den Eingangsworten *Ad abolendam* verpflichtete die weltlichen Autoritäten zur Verfolgung von Häretikern. Durch seine Aufnahme in den *Liber extra* bildete *Ad abolendam* eine der Grundlagen der kanonischen Häretikergesetzgebung[87]. Jeder weltliche Machthaber war damit offiziell zur aktiven Bekämpfung von Häretikern verpflichtet; die Verweigerung der Kooperation konnte zur Absetzung als Helfer und Unterstützer derselben Häretiker führen[88]. Friedrich kam dieser Pflicht nach, indem er damals wahrscheinlich ebenfalls ein gegen Häretiker gerichtetes Gesetz erließ, dessen Text nicht überliefert ist[89]. Sollte es dieses Gesetz tatsächlich gegeben haben, hatte es nach Peter Diehls Ansicht wahrscheinlich die Form der feierlich erklärten Reichsacht (*bannus imperialis*), einer materiell- und sozial-repressiven Maßnahme, die die davon Betroffenen für vogelfrei erklärte und ihre Güter konfiszierte[90].

Eine neue Qualität erreichten diese Maßnahmen in den antihäretischen Gesetzen Friedrichs II. Diese nahmen die Bestimmungen des 4. Laterankonzils in das Kaiserrecht auf und verschärften sie sukzessive weiter[91]. Durch ihren Eingang in offizielle Rechtssammlungen fanden sie weite Verbreitung und Rezeption, wobei sie über die Häretikergesetzgebung Papst Innozenz' IV. auch in das Kirchenrecht zurückkehrten. Damit wurden Friedrichs Gesetze, so Ragg, auch im kanonischen Recht zur Grundlage der Ver-

---

87 RI IV,4,4,2, Nr. 1247, 1184, Mitte Oktober – November 4; X 5.7.9, CIC 2, hg. FRIEDBERG Sp. 780–782. Das Dekret enthält u. a. eine Klausel zum Verbot von Handel mit Städten, die sich bei der Verfolgung von Häretikern unkooperativ zeigten, CIC 2, hg. FRIEDBERG Sp. 781. Vgl. STANTCHEV, Spiritual Rationality 100f.

88 Die Absetzung unkooperativer weltlicher Amtsträger ist bereits in *Ad abolendam* angelegt und wurde weitergeführt von Innozenz' III. Dekretale *Vergentis* von 1199, X. 5.7.10, CIC 2, hg. FRIEDBERG 782f. Vgl. auch oben, Anm. 57 und 76.

89 MGH DD F I,4, Nr. *1188, 486, 1184, Mitte Oktober – Mitte November, Verona. Vgl. dazu DIEHL, Ad abolendam.

90 Ebd. 5.

91 MGH Const. 2, Nr. 85, 106–109, 1220, November 22, Petersdom, hier §§ 6f., 108f.: Kaiserlicher Bann gegen Häretiker und deren Unterstützer; gegenüber *Excommunicamus* ergänzt um aus *Vergentis* stammende Bestimmungen zur Konfiskation der Güter der Erben von Häretikern. Von Friedrich erneuert und ergänzt in ebd. Nr. 157, 194f., 1232, Februar 22, Ravenna; ebenso ebd. Nr. 158, 195–197, 1232, März, Ravenna, hier bes. zusätzlich § 8, 197 (Verlust aller weltlichen Ämter und Lehen bis in die zweite Generation: *eorundem hereticorum, receptatorum, fautorum et advocatorum suorum heredes et posteros usque ad secundam progeniem beneficiis cunctis temporalibus, publicis officiis et honoribus imperiali auctoritate privantes* [...] *vere scientes*.); nochmals erneuert in ebd. Nr. 211, 284f., 1238, Mai 14, Cremona. Vgl. RAGG, Ketzer 120–136, 168–173. Eine Sonderstellung nehmen die sogenannten Konstitutionen von Melfi ein, MGH Const. 2, suppl., hier I § 1f., 148–152. Vgl. RAGG, Ketzer 152–159, bes. ebd. 159 zum Aufgriff derselben in der Häretikergesetzgebung Karls IV.

folgung von Ketzern und ihrer Unterstützer. Der Transfer dieser Gesetze auch in die Gesetzgebung städtischer Kommunen war ein weiteres Anliegen dieses Papstes, der damit nach dem Vorbild des Kaisers Maßnahmen, die eigentlich gegen Ketzer gewandt waren, für die Bekämpfung politischer Gegner nutzbar zu machen trachtete[92].

Die Häretikergesetzgebung Friedrichs II. ist nämlich besonders insofern von Bedeutung, als in ihr die hochmittelalterliche Wiederbelebung und Transformation des antiken Majestätsverbrechens hin zu einer Gleichsetzung von Häresie und Verrat kristallisiert. Diese Gleichsetzung war schon 1199 ausdrücklich in Innozenz' III. einflussreicher Dekretale *Vergentis* formuliert worden[93]. Nach Jacques Chiffoleau gewann das Majestätsverbrechen durch die Interpretation der Kanonisten damals eine neue Qualität, welche es in der Spätantike noch nicht besessen hatte[94]. Häresie wurde jetzt als Verrat nicht nur am rechten Glauben, sondern auch an der königlichen Majestät aufgefasst, ebenso wie umgekehrt Verrat eine Art von Häresie darstellte. Es war also nicht nur die Qualität des Gegenübers als Häretiker, die dessen Unterstützung zu einem häretischen Akt machte. Auch die Tat selbst, die als Kollaboration mit Feinden des Glaubens und damit des Gemeinwohls eine Häresie darstellte, war auch von der weltlichen Macht als solche zu verfolgen.

Dies musste insbesondere auf wirtschaftliche und logistische Unterstützung zutreffen, die sich leicht mit eher „politischen" Auffassungen von Verrat verbinden konnte. Die Verfolgung von Kollaborateuren, Verrätern und Schädigern des Gemeinwohls hatte, wie oben gezeigt wurde, eine lange Tradition im weltlichen Recht, die sich ab dem Hochmittelalter zusätzlich auf die Rezeption des spätantiken römischen Kaiserrechts stützte[95]. Dazu kamen Ideen des Friedens- und Eidbruches, die Häretiker ebenso wie Kollaborateure aus der (städtischen) Friedensgemeinschaft ausschlossen, und die *ex officio*-Verfolgung durch die zuständigen Amtsträger erforderlich machte[96]. Gerade im Fall der Hussiten, bei denen es sich in den Augen des Thronprätendenten Sigismund von Luxemburg um Rebellen gegen seine königliche Majestät handelte, ist zusätzlich das *crimen laese maiestatis* im römischrechtlichen, auf die Person des Herrschers und der ihm geschuldeten Treue bezogenen Sinn als mögliche Grundlage für die Verfolgung derjenigen,

92 Ebd. 75f.

93 Vgl. Cod. Iust. 9.8.5 *(a. 369)*, CIC 2, hg. KRÜGER mit X 5.7.10, CIC 2, hg. FRIEDBERG 782f. Zur Rezeption der *Lex Iulia* in *Vergentis* HAGENEDER, Studien 144f.; RAGG, Ketzer 138–141.

94 CHIFFOLEAU, Crime 194f. Vgl. auch RAGG, Ketzer 29f., 95f., 123 und passim, mit einer starken Betonung der Funktion von antihäretischen Gesetzen als Instrument gegen politischen Dissens.

95 Vgl. oben, Kap. 1.3.1. Vgl. etwa die bei CHIFFOLEAU, Crime 193 zitierte weitverbreitete Glosse des Legisten Azo von Bologna († 1220) zu Cod. Iust. 9.8.5, die unter den Fällen, in denen das Gesetz zur Anwendung kommen sollte, u. a. erklärt: *est autem crimen maiestatis ubicunque* [...] *quod hostes qualiter cunque iuvat, vel armis, vel pecunia, vel consilio.*

96 Vgl. dazu KASKA, Urfehdebriefe 61–63.

die dem antihussitischen Handelsverbot zuwider handelten, nicht zu vernachlässigen. Unterstützung der Hussiten konnte von Sigismund und dessen Amtsträgern mit einiger Berechtigung als Landesverrat, Angriff auf seine Majestät und seine rechtmäßige Herrschaft in Böhmen gedeutet werden[97].

Die primäre rechtliche Grundlage für die Verfolgung derjenigen, die dem antihussitischen Handelsverbot zuwider handelten, bildete jedoch das Kirchenrecht. Wie zu zeigen sein wird, wiederholte die königliche Gesetzgebung im Hinblick auf das antihussitische Handelsverbot dessen Bestimmungen und schärfte sie ein. Ragg hat weiters darauf aufmerksam gemacht, dass darüber hinaus im Reich bei der Bekämpfung von Häretikern – und damit auch bei der Bekämpfung von deren Unterstützern in der Form von Kontrabandisten – neben der kaiserlichen noch eine weitere Ebene zu beachten ist: diejenige der Territorialfürsten und städtischen Magistrate. Diese griffen jedoch im Allgemeinen ebenfalls die bestehenden Regelungen des Kirchenrechts auf[98]. Die weltliche Gesetzgebung wirkte also im Reich mit der kirchlichen in ähnlicher Weise zusammen, wie sie es laut Stantchev generell tat, seit das „papal embargo“ als „kulturelle Praxis“ an Einfluss zu gewinnen begann. Weltliche Autoritäten erließen seit dem 12. Jahrhundert regelmäßig der päpstlichen Legislatur nachgebildete Maßnahmen gegen den Handel mit Nicht-Christen. Teilweise geschah dies sicherlich auf Initiative oder unter Druck der Kurie[99]. Teilweise kann jedoch, wie Stantchev zeigt, auch eigene Initiative der Betreffenden vorausgesetzt werden, selbst wenn die verhängten Verbote den eigenen wirtschaftlichen Interessen der Kommunen unmittelbar zuwiderliefen[100].

Herauszuarbeiten, inwieweit dies auch auf das antihussitische Handelsverbot zutraf, wird eines der Anliegen der folgenden Kapitel sein. Davor sei an dieser Stelle noch einmal der rechtliche Rahmen des Handelsverbotes gegen die Hussiten, wie er sich in der ersten Hälfte des 15. Jahrhunderts darstellte, überblicksartig zusammengefasst. Zu diesem Zweck wird exemplarisch eine Bulle Papst Martins V. an alle Gläubigen vom 9. Jänner 1431 herangezogen, da diese das Ergebnis der hier vorgestellten Entwicklung des „papal embargo“ systematisch auf den Punkt bringt und dessen Auslegung durch einen leidenschaftlichen Gegner der Hussiten illustriert[101].

---

97 Vgl. dazu auch die Ergebnisse von Bar, Propaganda. Für das Majestätsverbrechen in den Quellen zum antihussitischen Handelsverbot vgl. unten, Kap. 3.4.3 sowie 4.3.3.

98 Ragg, Ketzer 180–188.

99 Vgl. etwa Menache, Attempts 247f., die die dort aufgelisteten Verbote des Handels mit Muslimen durch weltliche Autoritäten als mehr oder weniger willkürliche Akte von Opportunismus interpretiert. Differenzierter Stantchev, Spiritual Rationality, passim, z. B. 79–81, 133–145.

100 Ebd., passim, bes. 126–128, 181–189 zu Venedigs Embargo-Gesetzgebung.

101 Monumenta 2, hg. Theiner Nr. 367, 209; Acta, hg. Eršil 2, Nr. 2236, 829f., 1431, Jänner 9, Rom,

Der Papst erklärt darin zunächst, er sei von König Sigismund informiert worden, dass eine beträchtliche Menge von Gläubigen (*nonnulli catholici*) unter Missachtung Gottes und des christlichen Glaubens den böhmischen Häretikern Lebensmittel und andere *res necessarias* zuführten und die Häretiker dadurch unterstützten. Deshalb habe Sigismund ihn gebeten, mit den gesetzmäßigen Strafen (*penis a iure edictis*) und anderen geeigneten Maßnahmen gegen die Helfer der Häretiker vorzugehen.

Martin V. verweist daraufhin auf die von seinen Vorgängern überkommenen Bestimmungen, worunter vermutlich Clemens' V. *Multa mentis* von 1308 zu verstehen ist, deren Text der Bulle von 1431 zugrunde liegt[102]. Laut dieser Bestimmungen seien alle, die den Ungläubigen (*infideles*) Waffen, Pferde, Eisen, Holz zum Schiffsbau, Lebensmittel sowie irgendwelche anderen Güter verkaufen würden, zu bestrafen[103]. Diese Bestimmungen werden im nächsten Satz selbstverständlich auf Häretiker ausgedehnt, für die dies umso mehr gelte, da sie schlimmer seien als Ungläubige[104]. Deshalb verbietet der Papst, den Hussiten zu Hilfe zu kommen oder sie zu fördern (*auxilium vel favorem* […] *prestare*), oder ihnen eine Reihe von namentlich genannten Gütern und überhaupt *alia quecumque mercemonia* zu verkaufen, Güter von ihnen zu kaufen und ganz generell irgendwelchen geschäftlichen Umgang (*aliud commertium*) mit ihnen zu pflegen[105]. Es handelte sich also bei dem antihussitischen Handelsverbot um ein totales Embargo; jeder wirtschaftliche Kontakt war verboten, da sowohl Kauf als auch Verkauf als Begünstigung und Unterstützung der Häretiker aufgefasst wurden.

Das Schreiben fährt fort, nach dem Muster von *Multa mentis* die Strafbestimmungen gegen Zuwiderhandelnde aufzulisten: Als Erstes wird die *ipso facto*-Exkommunikation angeführt, von der nur der Papst und die von ihm dazu Befähigten absolvieren konnten[106]. Ausnahmen sollten nur gewährt werden *in articulo mortis*, oder falls die Schuldigen zur Buße so viel von ihren Gütern zur Unterstützung jener Städte, Länder oder Orte, die durch ihre Handlungen Schaden erlitten hatten, aufwenden würden, als denselben

---

teilweise basierend auf Orig. SHStA, 10001 Ältere Urkunden, Nr. 6012, Martin V. an alle Gläubigen, 1426, Jänner 15, Rom. Ich danke Stefan Stantchev für Anregungen zur Interpretation dieser Quelle.

102 Vgl. oben, Anm. 83.

103 Monumenta 2, hg. Theiner Nr. 367, 209: *qui deferentes infidelibus arma, equos, ferrum, lignamina, victualia et alia quecunque mercemonia in nonnullas penas et sentencias incidere statuerunt.* Vgl. *Multa mentis*, Extravag. Comm. 5.2.1, CIC 2, hg. Friedberg Sp. 1290.

104 Monumenta 2, hg. Theiner Nr. 367, 209: *cum dicti heretici omnem Christi doctrinam pervertere machinantes, deteriores quam infideles christianorum hostes existant.*

105 Zur Interpretation dieser und vergleichbarer „Embargolisten" vgl. ausführlich im Folgenden, Kap. 2.6.5. Zu der einigermaßen bemerkenswerten Liste von Gütern, die Katholiken nicht von Hussiten kaufen sollten, vgl. ebenfalls im Folgenden, Kap. 3.3.3.

106 Ausdrücklich genannt wird der damalige päpstliche Legat, Kardinal Giuliano Cesarini.

Orten Schaden entstanden war[107]. Hier handelt es sich um eine nicht unbedeutende Anpassung der Bußbestimmungen von *Multa mentis* an die zeitgenössischen Umstände[108].

Es folgen wörtlich die in Nikolaus' V. *Olim* für Schwarzhandel etablierten Strafen nach dem Vorbild der kanonischen Strafen für Häretiker und ihre Unterstützer[109] sowie Bestimmungen über den Verlust der persönlichen Freiheit (*in servitute et captivitate* [...] *esse volumus*)[110] und die Beschlagnahme aller Güter der Schuldigen, welche ausdrücklich zur Bekämpfung der Häretiker aufgewendet werden sollten[111]. All diese Strafen sollten *ipso facto* eintreten. Dies ist hier insofern von Bedeutung, als betont werden muss, dass die Strafen automatisch und ohne vorangehenden Prozess eintraten. Im Hinblick auf die Untersuchung des antihussitischen Handelsverbotes bedeutet dies, dass nicht damit zu rechnen ist, dass Exkommunikationssentenzen oder andere kirchliche Strafen aufgrund eines Verstoßes gegen das Handelsverbot jeweils individuell von kirchlichen Würdenträgern verhängt und dokumentiert wurden. Entsprechend wurden auch keine diesbezüglichen Quellen produziert.

Die Bulle schließt mit Bestimmungen zur öffentlichen Denunziation der Schuldigen an Sonn- und Feiertagen als Interdizierte, Exkommunizierte und Glaubensfeinde (*interdicti,* [...] *excommunicati hostesque catholice fidei*)[112], sowohl in Böhmen selbst als auch in den umliegenden Ländern, und zur Publikation des Schreibens durch alle dafür zuständigen Erzbischöfe und Bischöfe und durch dessen Veröffentlichung in Rom. Damit sollte sichergestellt werden, dass niemand sich darauf berufen konnte, dass ihm die in der Bulle zusammengestellten Anordnungen unbekannt gewesen wären[113]. Der rechtliche Rahmen war abgesteckt und wurde immer wieder durch Mittel wie etwa die Abendmahlbulle in Erinnerung gerufen[114]. Es fällt daher schwer, etwa einem Nürnberger

---

107 Monumenta 2, hg. Theiner Nr. 367, 209: *nisi tantum de bonis propriis in civitatum, terrarum et locorum, quibus dampna intulerunt, subsidium convertendum exsolverint, quanti detrimenti et dampni civitatibus, terris et locis huiusmodi attulerunt.*

108 *Multa mentis*, Extravag. Comm. 5.2.1, CIC 2, hg. Friedberg Sp. 1290: *nisi tantum de bonis propriis in dictae terrae [sanctae] subsidium convertendum exsolverint, quantum ad partes praedictas detulerint vel miserint.* Vgl. Stantchev, Spiritual Rationality 121 sowie im Folgenden, Kap. 3.4.3.

109 Vgl. oben, Anm. 76.

110 Vgl. *Multa mentis*, Extravag. Comm. 5.2.1, CIC 2, hg. Friedberg Sp. 1290.

111 Monumenta 2, hg. Theiner Nr. 367, 209: *in prosecutione adversus dictos hereticos fienda bona eorum omnia devolvantur* gegenüber *in fiscum bona eorum omnia devolvantur* in *Olim*, oben, Anm. 76.

112 Vgl. *Olim*, oben, Anm. 76, nach *Ad liberandam*, oben, Anm. 71. Zahlreiche Beispiele für konkrete Ausführungsbestimmungen hinsichtlich der Publikation von Exkommunikationen bei Lange, Excommunication, etwa ebd. 64.

113 In anderen Fällen lässt eine solche Publikation sich auch tatsächlich konkret nachweisen, vgl. im Folgenden, Kap. 3.4.2.

114 Die Abendmahlbulle Eugens IV. von 1434, die eine Spezialsentenz gegen Hussitenhändler enthält,

Bürger Glauben zu schenken, der im Winter 1428 behauptete, das Verbot, Harnische nach Böhmen zu liefern, sei ihm unbekannt gewesen[115].

Die Bulle Martins V. kann schließlich auch als Quelle für die Begründung des Papstes für die hier diskutierten Maßnahmen gegen Schwarzhändler gelesen werden. Damit steht sie exemplarisch für die Auffassung, die die spätmittelalterliche Kirche im Rahmen der Idee des „papal embargo“ von dem antihussitischen Handelsverbot hatte. Den Strafbestimmungen vorangesetzt ist ein programmatisches Bekenntnis des Papstes zu seiner seelsorgerischen Pflicht, für das Wohl seiner Herde gegen das Übel der Häresie zu kämpfen[116]. Wie gezeigt wurde, waren nach spätmittelalterlicher Auffassung diejenigen, die mit den hussitischen Häretikern geschäftlichen Umgang pflegten, nicht nur deren Helfer und Unterstützer. Sie machten sich ihnen auch gemein in ihrer Häresie, was zu ihrem spirituellen Untergang führen musste. Handel mit den Hussiten bzw. dessen Unterlassung war mithin – zumindest in der Rhetorik der kirchlichen Amtsträger – eine eminent religiös-spirituelle Angelegenheit, eine wahre Frage des Seelenheils.

Inwieweit diese Auffassung die Sphäre des Kirchenrechts und der päpstlichen Schreiben transzendierte, ist eine der Fragen, denen diese Studie in späteren Kapiteln nachgehen wird. Davor soll nun der konkrete Untersuchungsgegenstand, das Handelsverbot gegen die Hussiten in Böhmen, in seinen historischen Zusammenhang eingebettet und Forschungsstand, Quellen, Fragestellung, Methodik und Ziele der Arbeit vorgestellt werden.

---

weist eine „Embargoliste“ auf, die jener der hier besprochenen Bulle seines Vorgängers auffallend nahesteht, was vermutlich auf die gemeinsame Vorlage in *Multa mentis* zurückzuführen ist, vgl. Göller, Pönitentiarie 271, 1434, April 24, Rom: *Item exc[ommunicamus] et anath[ematizamus] omnes et singulos* […], *qui perfidis hereticis, Wiclefistis et Husistis, arma, equos, ferrum, plumbum, lignamina, sal, oleum, vinum, vestes, victualia et alia quecunque ad usum hominum pertinentia aut quevis alia presidia publice vel occulte subministrant*. Ebd. 270f., Anm. 2 zufolge blieb die Formel bis zur Abendmahlbulle Papst Pauls II. in Gebrauch. Vgl. dazu auch Stantchev, Spiritual Rationality 164f. mit einem Beispiel für die Publikation dieser Form der Abendmahlbulle im Jahr 1437 in der Erzdiözese Riga.

115 StAN BB Nr. 8, fol. 93r, der Nürnberger Rat an Johann von Pfalz-Neumarkt/den Landschreiber zu Sulzbach, 1428, Dezember 2, Nürnberg. Vgl. dazu auch im Folgenden, Kap. 4.2.2.

116 Monumenta 2, hg. Theiner Nr. 367, 209: *[N]os, qui ex debito pastoralis officii catholice fidei defensionem et veprium ex agro dominico extirpationem omnibus studiis procurare debemus, tam pernitiosam heresim et abhominandam pestem in visceribus christianorum existentem, deo auctore, abolere cupientes* […]. Vgl. für dieses Verständnis des antihussitischen Handelsverbotes als Instrument zur Rettung von Seelen auch im Folgenden, Kap. 5.2.

2. Das antihussitische Handelsverbot: Stand der Forschung und Aufbau der Untersuchung

2.1 Die Struktur der Handelsbeziehungen Böhmens mit seinen Nachbarländern bis zum Ausbruch der Hussitenkriege

Seit dem späten 14. Jahrhundert versuchte eine breite Reformbewegung in Böhmen, die böhmische, und in weiterer Folge die gesamte katholische Kirche von innen heraus zu reformieren. Nachdem ihr Wortführer Jan Hus 1415 auf dem Konzil von Konstanz als Häretiker verurteilt und hingerichtet worden war, gewann diese Reform solches Momentum, dass sie sich schließlich ab dem Sommer 1419 zu einer regelrechten Revolution auswuchs. Die damalige Verselbstständigung der politischen und religiösen Ereignisse gipfelte in die sogenannten Hussitenkriege, die in den folgenden 15 Jahren ganz Mitteleuropa erschütterten[117]. In diesen Kriegen versuchte die katholische Seite, die als Bedrohung für die Christenheit angesehenen hussitischen „Häretiker" zurück zur päpstlichen Kirche zu führen, oder aber sie zu vernichten, so sie sich weigerten. Angesichts dieser Situation war – zumindest in der Theorie – der hussitische Teil des Königreichs seit Ausbruch der Hussitischen Revolution schlagartig nicht nur vom politischen, sondern auch vom Wirtschaftsgefüge des päpstlich-katholischen Europa ausgeschlossen[118]. Die an Böhmen grenzenden, papst- und königstreuen Territorien standen dem Königreich mit einem Mal feindlich gegenüber; in langen Jahren gewachsene politische, wirtschaftliche und persönliche Beziehungen wurden, wie weiter oben formuliert, zu einer Frage des Seelenheils.

Die Vorgeschichte und der Verlauf der hier geschilderten Ereignisse sind im Lauf der vergangenen rund 150 Jahre bereits vielfach dargestellt und ausführlich analysiert worden[119].

---

117 Zur Diskussion um die Benennung und Charakterisierung dieser Ereignisse vgl. die knappe Zusammenfassung bei Soukup, Religion 19–21.

118 Siehe im Folgenden, Kap. 2.2, aber auch Kap. 2.6.3 zum Beginn des antihussitischen Handelsverbotes.

119 Die Historiografie zur Hussitischen Revolution ist opulent. Den Standard der deutschsprachigen Forschung bildet seit ihrem Erscheinen 2002 die dreibändige „Hussitische Revolution" František Šmahels, welche eine aktualisierte und ergänzte Übersetzung von dessen erstmals 1993 unter dem Titel „Husitská revoluce" veröffentlichtem vierbändigen Werk in tschechischer Sprache darstellen. Šmahel bietet darin in einem Einleitungskapitel auch eine kommentierte Geschichte der traditionsreichen hussitischen Historiografie, vgl. Ders., Hussitische Revolution 1, 1–84. Obwohl im Jahr 2000 und damit vor Šmahels „Hussitischer Revolution" erschienen, stellt der tschechischsprachige 5. Band der Reihe „Große Geschichte der Böhmischen Kronländer" von Petr Čornej daher die jüngste große Überblicksdarstellung

Im Folgenden werden daher die Fakten weitgehend als bekannt vorausgesetzt; dargestellt werden soll vielmehr die Gestalt jener politischen, wirtschaftlichen und persönlichen Beziehungen zwischen Böhmen und seinen Nachbarländern, welche das antihussitische Handelsverbot durchtrennen wollte. Dazu sollen auf der Grundlage der bisherigen Forschung die Hauptakteure des Fern- und Nahhandels in vorhussitischer Zeit vorgestellt werden, ebenso wie die wichtigsten Import- und Exportgüter von und nach Böhmen[120].

Ein gesondertes Thema stellen dabei die wirtschaftlichen Beziehungen Böhmens und Mährens zu den anderen Ländern der Böhmischen Krone, d. h. der Ober- und der Niederlausitz sowie den schlesischen Fürstentümern, dar. Die genannten Territorien gelangten im Lauf des 14. Jahrhunderts nach und nach unter die Herrschaft der Luxemburger und wurden schließlich von Karl IV. mittels des staatsrechtlichen Konstrukts der Böhmischen Krone mit den Kernländern Böhmen und Mähren zusammengefasst[121]. Bis zum Jahr 1419 handelte es sich daher bei den wirtschaftlichen Beziehungen zwischen Böhmen, Schlesien und den Lausitzen um Binnenhandel innerhalb des Verbandes der Böhmischen Kronländer. Eine herausgehobene Stellung kam dabei insbesondere der schlesischen Metropole Breslau zu. Die Stadt an der Oder war ein überregionales Wirtschaftszentrum mit einem starken Kaufmanns- und Finanzbürgertum, das über enge Verbindungen zum königlichen Hof und der dortigen „Hochfinanz" verfügte. Breslau war entsprechend nach Prag die zweitwichtigste Stadt der Böhmischen Krone[122]. Beim

zum Zeitalter der Hussitenkriege dar, die auch die Rolle der königstreuen Böhmischen Kronländer berücksichtigt. Mit einem auf ein breiteres Publikum abzielenden Ansatz kürzlich Husitské století, hg. Cermanová u. a.; unter einer vergleichenden Perspektive neu und kompakt Soukup, Religion. Ereignis- und personengeschichtlich orientierte Abrisse finden sich weiters in jeder Handbuchdarstellung zur böhmischen Geschichte im Allgemeinen sowie zu den Hussitenkriegen im Speziellen, vgl. etwa Seibt, Zeit; Heymann, Crusades; Housley, Later Crusades 249–259; Moraw, Mittelalter; Hoensch, Böhmen 114–153; Klassen, Hus. Zur Vorgeschichte der revolutionären Ereignisse vgl. über die Genannten hinaus etwa Kaminsky, Hussite Revolution; Lambert, Häresie 294–336; Fudge, Magnificent Ride 5–59, ebenso wie die zahlreichen rezenten Veröffentlichungen anlässlich von Hus' 600. Todestag im Jahr 2015, vgl. im Folgenden, Anm. 351.

120 Für eine ausführlichere Diskussion der Forschung zur mittelalterlichen böhmischen Wirtschaftsgeschichte sei hier verwiesen auf das Folgende, Kap. 2.3.2. Zur Ausgangssituation in vorhussitischer Zeit speziell Graus, Handelsbeziehungen mit einer Auswertung der älteren Literatur, sowie die Bemerkungen von Janáček, Aussenhandel 39–43. Siehe weiters auch unten, Karte 1 mit einer schematischen Darstellung der internationalen Haupthandelswege.

121 Zusammenfassend Seibt, Zeit 403–407; Šmahel, Hussitische Revolution 1, 86–122. Vgl. für die Geschichte der Böhmischen Kronländer besonders die Forschungen Lenka Bobkovás, aus denen etwa die Publikationsreihe „Die Kronländer in der Geschichte des böhmischen Staates" hervorging.

122 Zur Rolle Breslaus allgemein Stromer, Wirtschaftsbeziehungen; Myśliwski, Venice; Ders., Wirtschaftsleben; Dvořák, Císař 2, 38–43; Czechowicz, Dvě centra; dagegen Čapský, Postavení; weiters Ders., Význam. Zu den Verbindungen der Breslauer Elite mit den luxemburgischen Königen etwa

Ausbruch der Hussitischen Revolution erklärten sich alle drei Kronländer loyal zu Sigismund und zur päpstlichen Kirche und stellten in den folgenden Jahren einen wichtigen Rückhalt für den präsumtiven Thronfolger dar. Damit trennte das antihussitische Handelsverbot auch Länder, die verfassungsrechtlich zum selben Herrschaftskomplex gehörten; wirtschaftliche Kontakte Böhmens mit Schlesien und den Lausitzen sind ab diesem Zeitpunkt als Außenhandel zu betrachten[123].

Die wirtschaftlichen Beziehungen zwischen dem vorhussitischen Böhmen und seinen Nachbarterritorien finden seit geraumer Zeit die Aufmerksamkeit der wirtschaftsgeschichtlichen Forschung. Diese widmet sich traditionell entweder der Wirtschafts- und Sozialgeschichte einer einzelnen Stadt – insbesondere der Prager Städte – oder der böhmischen Städte im Allgemeinen[124], fokussiert auf ein bestimmtes Produkt und dessen Im- bzw. Export[125] oder nimmt den auf Nürnberg und die oberdeutschen Städte konzentrierten internationalen Fern- bzw. Transithandel und dessen Akteure in den Blick[126]. Synthetisierende Überblicksdarstellungen hingegen sind eher rar.

Unter einem systematischen Blickwinkel muss weiters in Fern- bzw. Transithandel und lokalen Nah- bzw. Kleinhandel unterschieden werden[127]. Das Augenmerk der Forschung liegt traditionell vor allem auf Ersterem. Der nahräumliche Einzelhandel zwischen Böhmen und seinen Nachbarländern wurde hingegen – abgesehen von einzelnen, im regionalen Handel bedeutenden Grenzstädten – von der Forschung bislang eher vernachlässigt[128]. Dies erklärt sich einerseits durch die Quellenlage, da Fernhandel

---

Moraw, Räte 291f.

123 Zu den durch die Hussitische Revolution ausgelösten zentrifugalen Tendenzen innerhalb der Länder der Böhmischen Krone vgl. etwa Šmahel, Hussitische Revolution, passim, z. B. 1, 88, 122; Čornej, Dějiny 5, 455f.; Moraw, Mittelalter 164f.; Bahlcke, Stellung, bes. 12f. sowie auch hier im Folgenden, Kap. 6.1.

124 Zur Geschichte des Handels im 14. und 15. Jahrhundert aus der Perspektive der böhmischen Städte vgl. allgemein etwa Kejř, Städte, bes. 234–298; Šmahel, Hussitische Revolution 1, 344–350, 3, 1718–1732; zuletzt für die Hussitenzeit knapp Musílek, Města 329f. sowie neu Ders., Handelskontakte. Spezialisierte Literatur zu einzelnen Städten wird hier jeweils an den entsprechenden Stellen genannt.

125 Vgl. dazu die im Folgenden genannten Studien etwa zum Salz-, Getreide-, Wein- und Edelmetallhandel.

126 Vgl. hier im Folgenden, Anm. 134.

127 Auf die Notwendigkeit dieser methodischen Scheidung wies schon Janáček, Aussenhandel 43–47 hin. Tendenziell wurde und wird „Geschichte des böhmischen Handels“ allerdings – unausgesprochen – hauptsächlich als „Geschichte des böhmischen Fernhandels“ verstanden, vgl. etwa schon Winter, Dějiny, oder die in der zweiten Hälfte des 20. Jahrhunderts entstanden Arbeiten von Autoren wie František Graus, Josef Janáček, Hans Schenk, Wolfgang von Stromer u. a. Dieses Verständnis dominiert auch noch in jüngerer Zeit, vgl. etwa Dvořák, Císař 1–2.

128 Vgl. allerdings die im Folgenden in Anm. 150 zusammengestellten, regionalgeschichtlich orientierten Arbeiten zum böhmisch-österreichischen Raum. Eine Würdigung der Bedeutung des regionalen Nah-

mit seinen aufwendigen Transaktionen und seiner Logistik eine vergleichsweise größere Chance hat, Niederschlag in den Quellen – etwa in Kaufmannsbüchern oder in Niederlags-, Stapel- und Jahrmarktprivilegien – zu finden, als der alltägliche Nah- und Einzelhandel. Andererseits spiegelt diese Tatsache auch den Umstand, dass die Erforschung von Fernhandel eng mit der Erforschung von dessen Trägern verbunden ist, der führenden Schicht des städtischen Bürgertums. Diesem Personenkreis wird aufgrund seiner engen Verflechtung mit der Geschichte des luxemburgischen Königtums auch bereits seit längerer Zeit die Aufmerksamkeit der Forschung zuteil[129].

Angesichts dieser Verflechtungen überrascht es nicht, dass die verstärkte Anbindung Böhmens an europäische Wirtschaftsnetzwerke im Fokus der Politik der luxemburgischen Dynastie stand, sobald diese zu Beginn des 14. Jahrhunderts die Herrschaft im Königreich Böhmen erlangte. Die ambitionierten Pläne Kaiser Karls IV., der einmal ein „kaiserlicher Kaufmann“ genannt worden ist, zielten darauf ab, sein Hausmachtterritorium und vor allem dessen Hauptstadt Prag als neues politisches, geistiges, aber auch wirtschaftliches Zentrum Mitteleuropas zu etablieren. So förderte Karl etwa, wie schon seine Vorgänger, die zentrale Position der Prager Agglomeration im böhmischen Wegenetz und als privilegierter Warenumschlagplatz. Für den internationalen Fernhandel bedeutete dies, dass weiterhin theoretisch jede aus den Nachbarländern zum Verkauf nach Böhmen eingeführte oder aber lediglich über Böhmen gehandelte Ware ihren Weg über Prag und den nach venezianischem Vorbild gestalteten Kaufmannshof, den sogenannten Teynhof, in der Prager Altstadt nehmen sollte. Karls Pläne sahen weiters im Einklang mit der generellen Ausrichtung seiner dynastischen und territorialen Politik die großflächige Umleitung der transkontinentalen Transitrouten über Prag vor[130]. Gleichzeitig bestanden jedoch die traditionellen „Handelsnachbarschaften“ der böhmischen Städte mit Nürnberg, Regensburg, Passau, Linz, Freistadt, Wien, Pressburg, Krakau und Breslau selbstverständlich weiter[131].

---

handels auch bei Šmahel, Hussitische Revolution 1, 349f.

129 Vgl. Stromer, Kaufmann; ausführlich Ders., Hochfinanz 1–3; Moraw, Räte; Ders., Monarchie 43–59.

130 Zu den karolinischen Verkehrsprojekten vgl. etwa Stromer, Kaufmann 66–69; Theuerkauf, Brandenburg. Zum einen sollte unter Umgehung Österreichs eine über Prag führende Alternativroute für den West-Ost-Handel auf dem Donauweg geschaffen werden, der Oberdeutschland mit Ungarn und Polen verband. Zum anderen war die Etablierung einer neuen Nord-Süd-Route zwischen den beiden Hauptumschlagsplätzen des mittelalterlichen Welthandels, Venedig und Brügge, geplant, die ebenfalls über Prag verlaufen sollte.

131 Seibt, Zeit 429f., Zitat 430; Dvořák, Císař 2, 16–43; für Mähren vgl. Borovský u. a., Hospodářství 475–479. Dies bedeutet nicht, dass es nicht regelmäßig aus unterschiedlichen Gründen zu Unterbrechungen des Handelsverkehrs kam, vgl. etwa Hlaváček, Hospodářská válka zu einer Auseinandersetzung um den Wiener Stapel und die Vormachtstellung im Venedighandel zwischen österreichischen und böhmischen Kaufleuten in den 1380er-Jahren.

Zur Verwirklichung seiner Pläne stützte der Kaiser sich auf das erwähnte risiko- und investitionswillige Bürgertum in den Reichsstädten und den großen böhmischen Städten. Zum beiderseitigen Vorteil kooperierten diese im Handel, Geld- und Montanwesen engagierten Familien mit den böhmischen Königen und hatten durch ihre Finanzkraft nicht zu unterschätzenden Anteil an der erfolgreichen Etablierung des römisch-deutschen Königtums der Luxemburger ebenso wie an der Schaffung von deren böhmischem Hausmachtkomplex. Diese von Wolfgang von Stromer als „Oberdeutsche Hochfinanz" titulierte Schicht bildete ein von familiären und geschäftlichen Allianzen getragenes internationales Netzwerk, das hoch mobil war und auf vielfältige Weise mit den wichtigsten böhmischen Städten Prag, Kuttenberg, Brünn, Pilsen und Eger verknüpft war[132]. In diesem Netzwerk übernahmen Nürnberger Firmen immer mehr die Führung, vor allem auf Kosten des ursprünglich den Handel mit Prag dominierenden Regensburg[133]. Nürnberg entwickelte sich nämlich in der zweiten Hälfte des 14. Jahrhunderts zu einem Zentrum des Handels, des Finanzwesens und des spezialisierten Metallgewerbes, das starke königliche Förderung erfuhr und Funktionen einer Reichshauptstadt an sich zog[134].

Gegenstand des von dieser Schicht getragenen Fern- und Großhandels von und nach Böhmen waren zum einen hochpreisige Waren, die für einen limitierten Kreis von Abnehmern bestimmt waren, unter denen der Prager Hof eine gewichtige Rolle einnahm: westeuropäische Tuche, Gewürze, Orientwaren, hochwertige Weine und Gewerbeartikel wie Metallwaren und Waffen[135]. Die Konzentration von Kaufkraft in den städtischen Zentren und vor allem in der Metropole Prag machte das Königreich zu einem attraktiven und aufnahmefähigen Markt für diese ausländischen Luxusprodukte, auch weil mit dem Prager Groschen eine hochwertige Währung zur Verfügung stand. Zum anderen darf bei der

132 Vgl. hierzu die Grafik bei Musílek, Handelskontakte 120, die die Herkunftsorte der zwischen 1324 und 1393 von außerhalb Böhmens in die Prager Altstadt zugezogenen Neubürger dokumentiert.

133 Zumindest bis 1419 kam Regensburg allerdings nach wie vor eine wichtige Stellung im Fernhandel, insbesondere mit Wein, zu, Graus, Handelsbeziehungen 96–101; Dvořák, Císař 2, 16–19. Trotz der Einschätzung Fischers, Hochfinanz 216–224 und anderer, der Regensburger Handel habe im 15. Jahrhundert einen beträchtlichen Niedergang erlebt, erscheint mir diese Stadt, ebenso wie Passau, in der stark auf Nürnberg fokussierten Literatur mitunter dennoch etwas unterschätzt. Zur dominierenden Stellung der oberdeutschen Städte im Fernhandel mit Böhmen vgl. aus numismatischer Perspektive auch Zaoral, Nálezy. Ich danke Roman Zaoral für Anregungen und die Zurverfügungstellung von Literatur.

134 Vgl. zum Aufstieg und zur Rolle Nürnbergs z. B. Stromer, Handelsgesellschaft; Ders., Hochfinanz 1–3, passim; Müller, Reichspolitik; Heinig, Reichsstädte, passim, bes. 21–23, 42–44; Dvořák, Císař 2, 18–26; zuletzt Elbel, Prag, passim, bes. 265–271, 281–283; Baumbauer/Fajt, Nürnberg; Kondor, Fox 162–164; Musílek, Handelskontakte 119f.

135 Vgl. exemplarisch die Zusammenstellung von Nürnberger Exportartikeln bei Schenk, Nürnberg 153–159, zusammen mit dem von Neukam, Plattenlieferung ausgewerteten Beispiel einer ausführlich dokumentierten Nürnberger Waffenlieferung für Karl IV.

Konzentration auf diese Luxuswaren jedoch nicht übersehen werden, dass gerade Tuche und Gewürze nicht nur von einer wohlhabenden Klientel nachgefragt wurden, sondern auch für die Bedürfnisse breiterer Bevölkerungsschichten – zum Teil über weite Distanzen hin – von, nach und durch Böhmen hindurch gehandelt wurden. Unter die Kategorie Massenwaren fallen auch einige landwirtschaftliche Produkte, die in großem Stil aus dem Norden, Osten und Süden nach Böhmen importiert wurden: Schlachtvieh, Pferde und Wein aus Ungarn und Österreich[136] sowie die für die mittelalterliche Ernährung sehr bedeutenden Salzfische, die ein Hauptexportgut der Hanse darstellten und über Sachsen, Meißen, Brandenburg, die Lausitzen und Schlesien nach Böhmen gelangten.

Die eben genannten Produkte waren auch Gegenstand des von denselben kapitalstarken Personenkreisen organisierten transkontinentalen Transithandels über Böhmen. Dabei wurden Waren aus Westeuropa gegen Güter aus Polen, Ungarn und dem Einzugsgebiet der Hanse gehandelt, wobei aus den östlichen Territorien vorrangig Bergbauprodukte und landwirtschaftliche Erzeugnisse bezogen wurden. Die primären Transitrouten führten dabei einerseits von Oberdeutschland über Prag und Brünn nach Ungarn, andererseits von Wien über Brünn nach Breslau und von dort weiter entweder Richtung Posen und Thorn oder Richtung Krakau. Obwohl die an Böhmen grenzenden Länder für den europäischen Transithandel geografisch günstiger gelegen waren, entwickelte sich Prag nach Ansicht Dvořáks durch die politische Einflussnahme Karls IV. zu einem Handelsknotenpunkt von gesamteuropäischer Bedeutung[137]. Böhmen wurde aber – im Gegensatz etwa zur Oberlausitz und Schlesien – dennoch nie ein vorrangiges Transitland[138].

Unter den in Böhmen selbst erzeugten und von dort über das Netzwerk der oberdeutschen Unternehmer ausgeführten Waren kam den Bergbauprodukten die bedeutendste Rolle zu. Diese wurden vornehmlich in den Revieren von Kuttenberg und Iglau, im böhmischen Teil des Erzgebirges und in Bergreichenstein gewonnen. Graus nennt für die Zeit vor 1419 an erster Stelle der exportierten Erze Zinn[139]. Unter Karl IV. wurde weiters der Goldbergbau, vor allem in Bergreichenstein, gefördert, der den böhmischen Königen schon seit 1325 die Prägung einer Goldmünze erlaubte[140]. Das Hauptaugenmerk

---

136 Zur Rolle des Weinhandels speziell im Handel mit Österreich Graus, Handelsbeziehungen 102; zur Bedeutung des Pferde- und Viehhandels mit Ungarn Dvořák, Císař 1, 41–44, 2, 7–12.

137 Dvořák, Císař 1–2, passim, bes. die Zusammenfassung ebd. 2, 43–45. Der Autor widerspricht damit der älteren Ansicht von Graus, dass Prag hauptsächlich Ausgangs- und Endpunkt von internationalen Warentransporten war, vgl. Graus, Handelsbeziehungen 81.

138 Kejř, Städte 263.

139 Graus, Handelsbeziehungen 106; Sieber, Zinnbergbau.

140 Dvořák, Císař 1, 22–24, 2, 27; vgl. zu diesem Thema auch Abdullahi, Goldmünze, sowie die noch unveröffentlichte Dissertation des Autors. Ich danke Johannes Abdullahi für die Zurverfügungstellung von Forschungsergebnissen.

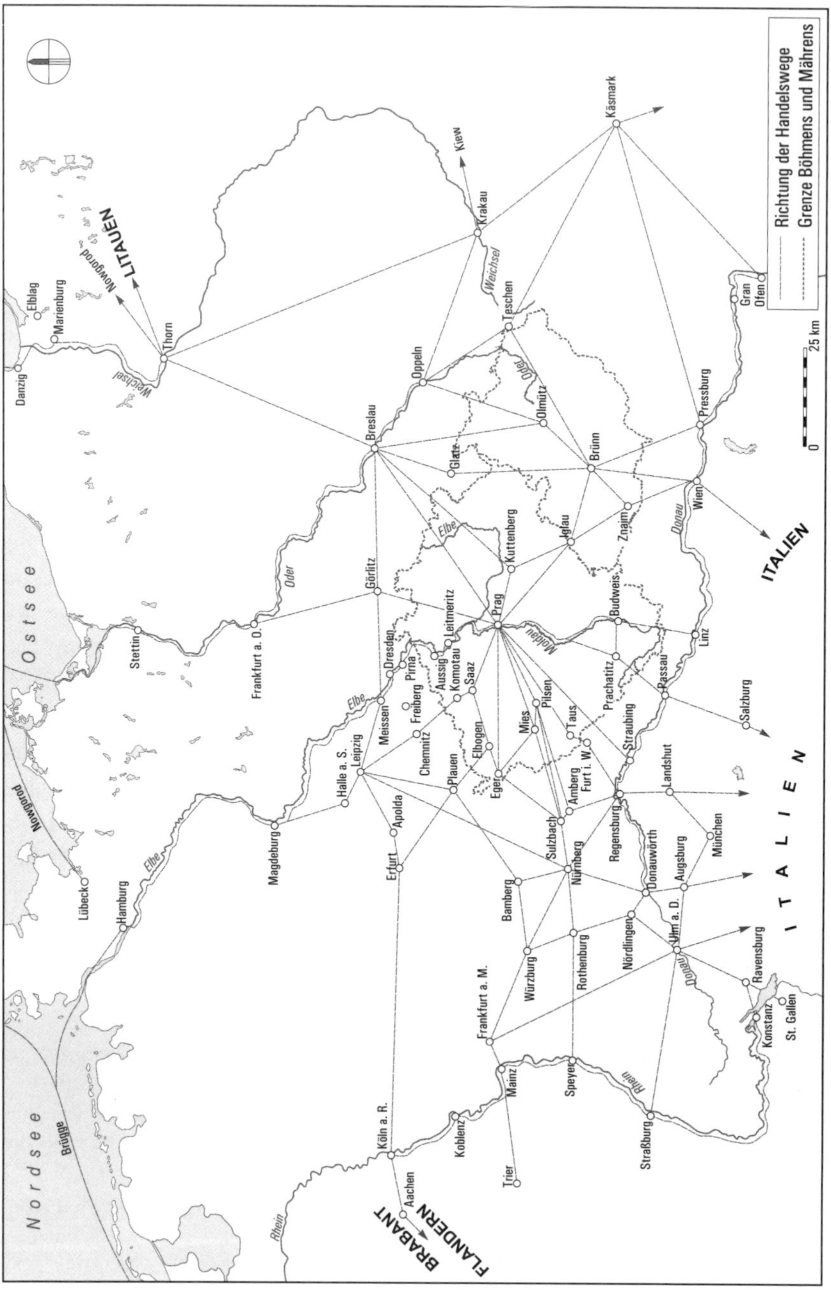

Karte 1: Böhmen im Netz der internationalen Haupthandelswege.
Karte nach GRAUS, *Handelsbeziehungen, Karte II (© Jaroslav Synek, Prag).*

der Forschung liegt jedoch auf dem böhmischen Silber, das hauptsächlich in Kuttenberg gewonnen wurde. Die dortigen Minen, in denen auch hochwertiges Kupfer abgebaut wurde, stellten im 14. Jahrhundert die wichtigste Quelle für Silber in Europa dar, auch wenn die Kuttenberger Silberförderung bereits in den letzten Jahren Karls IV. in eine schwere Krise geriet[141]. Die Ausfuhr von ungemünztem Silber aus Böhmen war durch das königliche Bergregal verboten[142]; der Abfluss von gemünztem Silber aus dem Königreich durch Zahlungen für ins Land gebrachte Güter oder finanzielle Leistungen für das Königtum oder die päpstliche Kammer kann jedoch ebenfalls als eine Art „Silberexport" gesehen werden[143]. An Exportwaren spielten im vorhussitischen Böhmen weiters vor allem landwirtschaftliche Erzeugnisse wie Holz und Wein, besonders aber Getreide eine bedeutende Rolle. Getreide stellte die wichtigste Gegenfracht für den bedeutendsten Importartikel Böhmens, Salz, dar[144]. Es wurde sowohl auf dem Wasser- als auch auf dem Landweg ausgeführt und machte das Königreich zu einem bedeutenden Faktor in der Versorgung der umliegenden Regionen mit Lebensmitteln. Unter den Gewerbeerzeugnissen schließlich wurden vor allem preiswertes Tuch und andere Textilien wie etwa Schleier ins Ausland weiterverkauft, zu einem geringeren Teil auch Produkte des holzverarbeitenden Handwerks sowie Kunstwerke. Allerdings scheint außer dem Tuchmachergewerbe und – freilich in geringerem Ausmaß – den Prager Kunsthandwerkern kein Handwerk erfolgreich im großen Stil für den ausländischen Markt produziert zu haben und damit von Relevanz für den Fernhandel gewesen zu sein[145].

Die hauptsächlichen Exportwaren Böhmens bildeten also in vorhussitischer Zeit landwirtschaftliche Güter sowie Metalle in gemünzter und ungemünzter Form. Diese konnten offenbar entgegen der Ansicht der älteren Forschung durchaus rentabel über

141 Der Kuttenberger Bergbau und seine Bedeutung für die böhmische Geschichte sind ein populäres Thema der Geschichtsforschung. Im vorliegenden Zusammenhang vgl. als Überblick lediglich Spufford, Money, passim, bes. 110f., 124f., 137f., 269f., 343; Majer, Konjunkturen 73–78; Burghardt/Vaněk, Bergbau 230–232. Zur Krise der Kuttenberger Minen und der davon ausgelösten Währungskrise Šmahel, Hussitische Revolution 1, 127–135.

142 Graus, Handelsbeziehungen 99, Anm. 156. Für die ausführliche Beschreibung eines Falles von versuchtem Silberschmuggel, der sich vermutlich 1420 oder spätestens im Frühling 1421 in Kuttenberg ereignete, vgl. Neumann, Schöffensprüche Nr. 4, 124–126, der Magdeburger Schöffenstuhl an die Görlitzer Schöffen, 1421, Juni 7, Magdeburg.

143 Graus, Handelsbeziehungen 107–110.

144 Vgl. dazu unten, Anm. 156 zum Salzhandel. Zur Bedeutung des böhmischen Getreideexports für die Versorgung der Alpenländer vgl. etwa Loibl, Korn; Šimeček, Eisen 212f. und 217f. Zu den Schwierigkeiten, den Umfang des böhmischen Getreideexports quantitativ einzuschätzen, vgl. allerdings Dvořák, Císař 2, 29, Anm. 142.

145 Šmahel, Hussitische Revolution 1, 344–346; Dvořák, Císař 1, 25–32; Musílek, Handelskontakte 120–122. Vgl. dazu im Folgenden, Kap. 3.3.3.

größere Strecken transportiert werden und blieben auch während der Hussitenkriege in den Nachbarländern begehrt[146].

Fragt man nach dieser Betrachtung des Fern- und Großhandels nun nach den Strukturen des lokalen Nah- und Einzelhandels, muss zuerst auf das System von Jahr- und Wochenmärkten sowie Bannmeilenrechten hingewiesen werden, welches das Einzugsgebiet der mittelalterlichen Stadt strukturierte und die Versorgung ihrer Einwohner mit Lebensmitteln und sonstigen Waren des täglichen bzw. des nicht so alltäglichen Bedarfs sicherstellte[147]. Allerdings existierte auch über die relativ eng gezogenen Grenzen des Marktsystems hinaus offenbar ein reger nahräumlicher Austausch von Waren und Dienstleistungen zwischen Böhmen und seinen Nachbarländern. Die dabei hauptsächlich gehandelten Güter waren lokal erzeugte Gewerbeprodukte, Dienstleistungen sowie landwirtschaftliche Produkte, Lebensmittel und Getränke[148]. Gleichzeitig vermittelten im nahräumlichen Einzelhandel tätige Krämer Südwaren, Gewürze und eine Reihe anderer Importwaren zwischen Großhändlern und Konsumenten[149].

Die Forschung stimmt darin überein, dass auf der lokalen Ebene insbesondere die Beziehungen zwischen Südböhmen und Österreich bzw. Westböhmen und Bayern traditionell intensiv waren[150]. Dies lässt sich, so František Graus, im südböhmischen Raum aufgrund des dichten Netzes von Straßen und Städten und der Orientierung dieses Wegenetzes Richtung Süden erschließen, über das wir durch die häufigen Konflikte um privilegierte Straßenzüge informiert sind[151]. Ähnlich umstritten war auch die Kont-

---

146 Dvořák, Císař 1, 53–55. Zu den böhmischen Exporten während der Hussitenkriege vgl. im Folgenden, Kap. 3.3.2, bes. Anm. 662 zur Ausfuhr von Kuttenberger Kupfer.

147 Seidl, Stadt 110–113; Kejř, Städte 239–247, 259–288.

148 Vgl. etwa einen Fall, auf den Zdeněk Šimeček aufmerksam machte, Šimeček, Obchod 685, Anm. 7 (Eintrag in den Freistädter Kammeramtsrechnungen zum Jahr 1418 über die Bezahlung eines Tischlers aus Budweis), aber auch den Kauf von Glockenspeise durch die Stadt Görlitz auf der nordböhmischen Burg Hammerstein, CDLS II,2, hg. Jecht 23, Görlitzer Ratsrechnungen zu 1429, April 3, Görlitz oder die Geschäfte einer Freistädter Krämerin in Krumau, UB Krummau 2, hg. Schmidt/Picha Nr. 17, 4, Geständnis des *Dietl Koch*, vor 1423, April 21, Krumau, vgl. im Folgenden, Anm. 475.

149 Dvořák, Císař 1, 32–38.

150 Graus, Handelsbeziehungen 96, 101–103; Šimeček, Monopolní obchod; Šmahel, Hussitische Revolution 1, 349f. Vgl. weiters rezent auch die Beiträge in dem Ausstellungsband Alte Spuren, hg. OÖ Landesregierung, bes. Šimůnek, Siedlungsentwicklung; Gruber, Verkehrswege. Illustrativ ist in diesem Zusammenhang eine Nachricht über die Geschäfte eines Pilgramer Bürgers in Oberösterreich in vorhussitischer Zeit, auf die Graus aufmerksam machte, Dobiáš, Dějiny 2,1, 106f., Anm. 55. Genannt werden dort neben Pilgramer Kaufleuten Händler aus Sobieslau, Budweis, Aussig an der Lainsitz, Wesseli an der Lainsitz, Neuhaus und aus dem niederösterreichischen Zwettl.

151 Graus, Handelsbeziehungen 102; Roubík, Spory. Grundlegend zum südböhmisch-bayerisch-österreichischen Wegenetz Schmidt, Handelswege.

rolle über die Straßenführung im schlesisch-lausitzisch-nordböhmischen Raum[152]. Unter dem Aspekt dieser regionalen Verkehrsräume ist auch die Ausrichtung des Flusssystems zu berücksichtigen, das z. B. entlang der Elbe in Nordböhmen die Kommunikation mit dem angrenzenden Meißen erleichterte[153]. Darüber hinaus erlauben zentrifugale Tendenzen von Grenzregionen, die im Lauf der Hussitenkriege offensichtlich wurden, etwa im Egerland und dem Gebiet um Aussig und Brüx oder die verstärkte Orientierung von Budweis nach Süden in dieser Zeit gewisse Rückschlüsse auf etablierte ältere wirtschaftliche Nahverhältnisse[154].

Durch die eher geringen Distanzen, die bei diesem Austausch überwunden wurden, und den lokalen Trägerkreis unterscheiden sich diese Beziehungen von den bisher das Interesse der Forschung dominierenden internationalen Fernhandelsbeziehungen. Für eine Analyse und Bewertung des antihussitischen Handelsverbotes sind sie jedoch mindestens ebenso wichtig.

Eine Sonderstellung zwischen den beiden Feldern Fern- und Nahhandel nimmt schließlich der Salzhandel ein. Dieser stellt ein traditionelles Thema der Beschäftigung mit den wirtschaftlichen Kontakten zwischen dem Königreich Böhmen und seinen Nachbarländern dar[155]. Böhmen verfügte im Mittelalter über keine eigene Salzabbaustätte. Salz bildete vielmehr eines der wichtigsten Importgüter aus den umliegenden Territorien. Hauptbezugsquellen waren im Süden die salzburgischen, bayerischen und österreichischen Salzabbaustätten, im Nordwesten der Raum um Halle/Saale und Lüneburg und im Osten die polnischen Salinen bei Krakau. Das Salz wurde auf festgelegten Wegen nach Böhmen transportiert, wobei in einem eingespielten System von Niederlags- und Stapelplätzen an bestimmten Punkten Salz vom Wasser- auf den Landweg und umgekehrt verladen bzw. gegen Gegenfrachten aus dem Landesinneren, vorrangig gegen Getreide, getauscht wurde. Die Hauptrouten verliefen für das Salz aus dem Alpenraum von Passau über Prachatitz nach Prag bzw. von der Donau über Freistadt und Budweis in die böhmische Hauptstadt; das meißnische Salz kam von Halle über Leipzig, Brüx und Laun oder Leipzig, Pirna und Aussig bzw. auf dem Elbweg über Aussig und Leitmeritz nach Prag; auf dem Ostweg gelangte sowohl meißnisches als auch polnisches Salz über Breslau und Glatz nach Ostböhmen bzw. über Troppau nach Nord- und Mittelmähren[156].

152 Vgl. etwa Aurig, Auseinandersetzungen; Němec, Handel, sowie im Folgenden, Kap. 5.1.1.

153 Zum tendenziellen Nahhandelscharakter des Elbhandels Graus, Handelsbeziehungen 92.

154 Vgl. im Folgenden, passim.

155 Vgl. die Überblickdarstellungen bei Volf, Příspěvky 1–2 und Šimeček, Salz, sowie die zahlreichen regionalgeschichtlichen Studien.

156 Vgl. zum „Goldenen Steig" in Bayern und Südböhmen Schmidt, Handelswege 6–14; Praxl, Goldener Steig; Loibl, Korn; Ders., Stadt 105–108; Kubů/Zavřel, Forschungen; Dies., Zlatá stezka 1–4. Zu dem nicht zu vernachlässigenden Weg über die Oberpfalz Hirschmann, Salzhandel. Zum österreichi-

Im Gefüge der wirtschaftlichen Beziehungen nimmt der Salzhandel insofern eine Sonderstellung ein, als er sich unter dem besonderen Schutz landesherrlicher Privilegien abspielte. Ein System von Niederlagen, Stapeln und Zöllen schuf eine Gruppe von privilegierten Salzhandelsstädten, die ihre Sonderrechte eifersüchtig gegen mögliche Konkurrenten verteidigten[157]. Der Salzhandel überschritt dabei seinem geografischen Ausgreifen nach das, was hier unter Nahhandel verstanden wird, seine Trägerschicht bildete jedoch ein stärker lokal gebundener Personenkreis, als es bei dem oben behandelten Fern- und Transithandel mit Erzen und Tuch der Fall war[158].

Hinsichtlich der in vorhussitischer Zeit von und nach Böhmen gehandelten Waren lässt sich nach dem instruktiven Schema bei Graus[159] zusammenfassend festhalten, dass das Königreich neben dem internationalen Fernhandel mit Luxusprodukten bzw. spezialisierten Gütern wie Erzen vor allem durch den Import und Export von nicht ersetzbaren Massengütern (Salz, Salzfisch, Gewürze, Tuche, Wein, Getreide) wirtschaftlich mit seinen Nachbarterritorien verflochten war. Betrachtet man die Entwicklung dieser Handelsbeziehungen abschließend noch unter einem diachronen Blickwinkel, lässt sich zunächst für die Herrschaft Wenzels IV. eine Fortsetzung der Verhältnisse unter Karl IV. feststellen. Dieses Bild beginnt sich um 1400 zu wandeln. Die böhmische Wirtschaft schwächte sich zur Jahrhundertwende offenbar generell ab[160]. Im Hinblick auf den Handel wird dafür von der Literatur einerseits eine Phase der landwirtschaftlichen Überproduktion im Reich verantwortlich gemacht, die dem auf agrarische Produkte ausgerichteten böhmischen Exporthandel schadete[161], andererseits vor allem aber die bereits seit längerem zu beobachtende Verschlechterung des böhmischen Groschens mit all ihren negativen Auswirkungen[162].

---

schen Salzhandel Wagner, Beiträge 1–3; Knittler, Salzniederlagen; Seidl, Stadt 83–110; Haider, Passau; Gruber, Raittung 20–22. Zum Meißner Salz Stempel, Salz. Zum meißnischen und polnischen Salz in Schlesien Wutke, Versorgung; Čapský, Vévodství. Vgl. dazu auch im Folgenden, Kap. 3.3.1.1.

157 Zdeněk Šimeček nennt als Beispiele die reichen Grenzhandelsorte Prachatitz, Budweis, Zlabings, Znaim und Ungarisch Hradisch, die auch das Wegenetz markieren, auf dem Salz aus dem Süden das Königreich erreichte, Šimeček, Salz 138. Auffälligerweise blieben alle diese Städte während der Hussitischen Revolution katholisch bzw. wurden im Fall von Prachatitz von den Hussiten gewaltsam unterworfen.

158 Vgl. im Folgenden, Kap. 3.2.2.

159 Graus, Handelsbeziehungen 106f.

160 Vgl. ebd. 106; Spěváček, Václav IV. 563f.; Čornej, Dějiny 5, 42f.; Šmahel, Hussitische Revolution 1, 347. Dvořák, Císař 1–2, passim, geht eher davon aus, dass der Handel kontinuierlich weiterging, eine systematische Analyse des Aussagewerts der dort zusammengestellten Einzelbelege unterbleibt jedoch.

161 Spěváček, Václav IV. 563; Šmahel, Hussitische Revolution 1, 347f.

162 Detailliert Šmahel, Hussitische Revolution 1, 127–138.

Bedeutende Konsequenzen für die Stellung Prags und damit Böhmens ganz allgemein hatte schließlich die Absetzung Wenzels als römisch-deutscher König im Sommer 1400. Mit dem römisch-deutschen Königshof verlagerte sich damals das überregionale Machtzentrum fort von Prag, und damit gleichzeitig auch ein bedeutender Abnehmer von Konsumgütern. Die Auswirkungen dieser politischen Ereignisse auf die wirtschaftlichen Kontakte scheinen sich im Fall von Nürnberg zunächst in Grenzen gehalten zu haben[163], im Hinblick auf die Handelsbeziehungen mit anderen Reichsstädten äußert sich die Forschung allerdings skeptischer[164]. Es gibt jedenfalls kaum Zweifel, dass der Fernhandel unter der Unsicherheit auf den Straßen litt, die mit den angespannten politischen Verhältnissen innerhalb und außerhalb des Königreichs einherging. Aufschlussreich für diese allgemeine Unsicherheit ist beispielsweise ein von Wilhelm Neukam untersuchter Vorfall aus dem Jahr 1413, bei dem reichsstädtische Kaufleute auf dem Weg nach Eger in markgräflich-brandenburgischem Geleit von niemand Geringerem als dem Landgrafen von Leuchtenberg und dessen Verbündeten beraubt wurden[165]. Auf die hier lediglich angedeuteten Konsequenzen der religiösen und nationalen Auseinandersetzungen innerhalb Böhmens für den Handel wird im Folgenden jedenfalls noch ausführlicher einzugehen sein[166].

Diese innerböhmischen Spannungen gipfelten im Sommer 1419 im sogenannten Ersten Prager Fenstersturz. Im Zuge politisch und religiös motivierter Unruhen in den Prager Städten kamen damals mehrere Neustädter Ratsherren zu Tode. Diese Ereignisse, zusammen mit dem kurz darauf erfolgten überraschenden Tod Wenzels IV., markieren den offenen Ausbruch der Hussitischen Revolution und leiteten die anschließenden Hussitenkriege ein. Da diese Auseinandersetzungen den Hintergrund für das antihussitische Handelsverbot bilden und notwendig für dessen Verständnis und angemessene Interpretation sind, soll im nächsten Kapitel eine Überblicksdarstellung der politischen und militärischen Ereignisse von 1419 bis 1437 unternommen werden.

163 Schenk, Nürnberg 63–72; Polívka, Nürnberg 110.

164 Für Regensburg Graus, Handelsbeziehungen 100; vorsichtig negativ zum Allgemeintrend Šmahel, Hussitische Revolution 1, 347f. Dagegen Dvořák, Císař 1, 81f., 2, 22f., 29f.

165 Neukam, Einbruch. Vgl. auch ein bei Graus erwähntes Bündnis zur Sicherung der Handelsstraßen von 1412, an dem sich neben Regensburg und Prag die westböhmischen Städte Pilsen, Klattau, Mies, Tachau und Taus beteiligten, Graus, Handelsbeziehungen 100.

166 Vgl. im Folgenden, Kap. 2.6.3.

2.2 Die Hussitenkriege: Ereignisse, Akteure, Kriegsverlauf

Nach den erwähnten Ereignissen des Ersten Prager Fenstersturzes und dem Tod Wenzels IV. war die Lage in Böhmen angespannt und unübersichtlich. Es kam zu Ausschreitungen gegen katholische Geistliche und monastische Institutionen; die Haltung des Thronerben, des ungarischen und römisch-deutschen Königs Sigismund, gegenüber der hussitischen Reform war lange Zeit unklar[167]. Angesichts der innerböhmischen Entwicklungen zog dieser es im Spätherbst 1419 vor, nicht nach Prag zu ziehen; stattdessen wurde ein großer Tag in Breslau abgehalten, der vom Jänner bis zum April 1420 dauerte[168]. Im Hinblick auf die böhmische Frage von Bedeutung war die damalige Huldigung Sigismunds durch die Abgesandten der loyalen Kronländer Schlesien, Ober- und Niederlausitz. Vor allem aber fiel in Breslau die definitive Entscheidung für ein militärisches Vorgehen gegen die Hussiten[169]. Im Anschluss an die spektakuläre Hinrichtung einer Reihe von Breslauer und eines Prager Bürgers publizierte der päpstliche Nuntius, Bischof Ferdinand von Lugo, am 17. März die Bulle *Omnium plasmatoris domini*, die zum Kreuzzug gegen die böhmischen Häretiker aufrief[170]. Dadurch wurde der Kampf gegen die hussitischen Böhmen endgültig zu einem Kampf um deren Rückführung oder aber Vernichtung[171]. Der erste Schritt dazu sollte die Belagerung und Unterwerfung des aufständischen Prag sein[172]. Der Feldzug scheiterte jedoch am entschlossenen Widerstand der Prager und der mit ihnen verbündeten südböhmischen Hussiten. Sigismund gelang es gerade noch, sich am 28. Juli auf der Prager Burg zum böhmischen König krönen zu lassen, bevor das Kreuzheer sich auflöste.

Im Anschluss versuchte der König im Herbst 1420 einige Monate lang in Böhmen Fuß zu fassen, bevor ein neuerlicher Angriff auf Prag in der für Sigismund vor allem moralisch verheerenden Niederlage am Vyšehrad endete[173]. Die folgende hussitische Offen-

167 Zu Sigismunds Kampf gegen die Hussiten vgl. neben den genannten Gesamtdarstellungen zur Hussitischen Revolution etwa Hoensch, Sigismund, passim; Wefers, Wirkung; Studt, Kurfürsten; Spengler, Nürnberger Tag. Eine knappe Übersicht über die verschiedenen hussitischen Gruppierungen bei Seibt, Luxemburger 518–531.

168 Zum Breslauer Tag Wefers, System 73–81; Hoensch, Sigismund 287–292; Šmahel, Hussitische Revolution 2, 1071–1075.

169 Über die genauen Umstände, die zur Ausrufung des Kreuzzuges führten, herrscht keine Klarheit. Vgl. dazu die Diskussion bei Bar, Propaganda.

170 Urkundliche Beiträge 1, hg. Palacký Nr. 12, 17–20; Acta, hg. Eršil 1, Nr. 565, 247–249, Martin V. an alle Gläubigen, 1420, März 1, Florenz. Zu diesem Dokument und seiner Bedeutung für das antihussitische Handelsverbot vgl. auch unten, Kap. 2.6.3.

171 Zur Rhetorik des antihussitischen „Ketzerkampfes" Studt, Unglauben 156–160.

172 Zum Verlauf des Ersten Kreuzzuges Heymann, Crusades 594–598; Šmahel, Hussitische Revolution 2, 1071–1108.

173 Ebd. 1109–1123; zu den Folgen der Schlacht für Sigismunds Position Hoensch, Sigismund 294.

sive brachte im Winter und Frühling 1420/21 praktisch das gesamte böhmische Kernland unter die Kontrolle der Heere der Taboriten, Orebiten und des Prager Bundes. Sigismund agierte militärisch weitgehend glück- und erfolglos und musste sich schließlich im März 1421 über Mähren nach Ungarn zurückziehen, während in Böhmen sogar der Prager Erzbischof den Vier Hussitischen Artikeln beitrat[174]. Der unter der Führung der Hauptstadt einberufene Tschaslauer Landtag erklärte Sigismund schließlich im Juni 1421 der böhmischen Krone für verlustig und bot diese zum wiederholten Mal dem polnischen König Wladislaw II. Jagiello oder dessen Vetter, Großfürst Witold von Litauen, an[175]. Die beiden Jagiellonen sahen das böhmische Angebot als eine Möglichkeit, politischen Druck auf ihren langjährigen Rivalen Sigismund auszuüben, gleichzeitig wollten sie sich aber nicht offen gegen die Kurie stellen, das hussitische Angebot blieb daher vorerst ungehört[176]. In den folgenden Jahren versuchten Wladislaw und Witold immer wieder, sich als Vermittler zwischen den Hussiten und der päpstlichen Kirche zu positionieren, um so mehr als einmal Sigismunds Position ernsthaft zu gefährden[177].

Der königlichen Seite verblieben nach den Verlusten des ersten Kriegsjahres neben einigen Festungen im Landesinneren praktisch nur die hauptsächlich deutsch besiedelten Randgebiete im Westen und Süden Böhmens[178]. Durch die politischen und religiösen Umstürze kam es auch zur Flucht oder gewaltsamen Vertreibung von Bürgern, die sich weigerten, sich zum neuen Glauben zu bekennen, aus den Städten der hussitischen Partei. Tendenziell handelte es sich dabei um die gehobene Schicht des deutschen Bürgertums und damit um genau jene Personen, die bis zu diesem Zeitpunkt den internationalen Fernhandel getragen hatten[179]. Dadurch wurde ein bedeutender Teil der althergebrachten politischen, wirtschaftlichen und persönlichen Verbindungen gewaltsam unterbrochen;

---

174 Šmahel, Hussitische Revolution 2, 1140–1172.

175 Zum Tschaslauer Landtag ebd. 1171–1183.

176 Zu den damaligen politischen Manövern Sigismunds, Wladislaws und Witolds Hoensch, Sigismund 296–298; Kras, Church Reform 232.

177 Ebd. 231–234. Mit besonderem Augenmerk auf die Rivalitäten zwischen Wladislaw und Witold Nikodem, Polska 205–440 mit der englischen Zusammenfassung 497–501. Vgl. dazu speziell auch im Folgenden, Kap. 4.3.2.

178 Sigismunds Partei in Böhmen und Mähren war von 2015 bis 2017 Gegenstand eines Forschungsprojekts unter der Leitung von Petr Elbel. Vgl. dazu die Projektskizze in Ders., Nobility sowie Projektbeschreibung „Zikmundova strana v husitských Čechách“. Zu den königstreuen Städten in Böhmen Polívka, Sigismund; Kaar, Stadt.

179 Vgl. als Beispiel für die internationalen Verbindungen dieser Flüchtlinge ebenso wie für die unter ihnen offensichtlich verbreitete Überzeugung, dass es sich bei ihrem Exil nur um einen vorübergehenden Zustand handle, die Belege für Prager und Kuttenberger Exilanten in Wien in Quellen, hg. Uhlirz. Dass der Fernhandel auch in kleineren, relativ unbedeutenden Städten vorwiegend in der Hand der dortigen deutschen Bürger lag, vermutet Šmahel, Hussitische Revolution 1, 347.

es kann daher tatsächlich für die Jahre von 1419 bis 1421 von einem Einschnitt in den wirtschaftlichen Beziehungen zwischen den hussitischen Teilen Böhmens und deren Nachbarländern gesprochen werden.

Die beiden wichtigsten politischen Kräfte des katholischen Lagers im Königreich bildeten fortan der sogenannte Pilsner Landfrieden, ein Bündnis königstreuer westböhmischer Adeliger und Städte rund um die strategisch bedeutsame Stadt Pilsen[180], sowie der südböhmische Herr Ulrich II. von Rosenberg, der sich jedoch für Sigismund als nicht immer einfacher Verbündeter erwies[181]. In Mähren wiederum standen der Bischof von Olmütz und dessen Besitzungen sowie die großen katholischen königlichen Städte Brünn, Znaim, Iglau und Olmütz dem tendenziell hussitisch gesinnten Adel gegenüber[182].

Nach dem unrühmlichen Scheitern des Ersten Kreuzzuges ergriffen die Kurfürsten in Zusammenarbeit mit dem neuen päpstlichen Legaten, Kardinal Branda da Castiglione, die Initiative für einen neuerlichen Kreuzzug[183], da bereits damals erste Zweifel an der Aufrichtigkeit von Sigismunds Kampfeswillen gegen die Hussiten existierten[184]. Der geplante gleichzeitige Vorstoß von allen Seiten im Sommer 1421 scheiterte jedoch am verspäteten Aufbruch Sigismunds, der erst über Mähren nach Böhmen vorrückte, als die meisten Kontingente aus dem Reich nach relativ kleinen Scharmützeln in Nordböhmen bei Brüx und in Westböhmen bei Saaz bereits wieder auf dem Rückzug waren[185]. Sigismunds eigener Vorstoß verlief schleppend, es kam zu keinem neuerlichen Angriff

180 Bis dato existiert keine systematische monografische Untersuchung zum Pilsner Landfrieden. Vgl. vorerst die Bemerkungen z. B. bei Polívka, Plzeň 274–276; Novotný, Allies sowie die in RI XI NB 2 gesammelten Quellen.

181 Zu Ulrich von Rosenberg vgl. zusammenfassend nur das Kurzporträt Novotnýs, Oldřich. Zu den Beziehungen Sigismunds und Ulrichs vgl. bes. die jüngste (Teil-)Edition der Korrespondenz der beiden in RI XI NB 3.

182 Zur Geschichte des hussitischen Mähren vgl. z. B. Válka, Hegemonie; Čornej, Dějiny 5, 455–468; Jurok, Příčiny 112–132; Elbel, Brno 128–173; Ders., Morava; Kaňák, Město.

183 Wefers, System 81–93; Šmahel, Hussitische Revolution 2, 1204–1209, 1222–1228; Hoensch, Sigismund 298–300; Studt, Kurfürsten 117f. Zu Branda da Castiglione und dessen Legationen Dies., Martin V. 479–538.

184 Zu diesen Gerüchten siehe Sigismunds emphatische Verteidigung in Urkundliche Beiträge 1, hg. Palacký Nr. 127, 136–139; DRTA 8, Nr. 63, 76–78; RI XI Nr. 4578; RI XI NB 4, Sigismund an Branda da Castiglione, 1421 Juli 19, Pressburg. Vgl. dazu auch die Bemerkungen Windecks über offenbar weithin kursierende Verdächtigungen, Sigismunds böhmische Ratgeber würden den König zugunsten der Hussiten beeinflussen, Windeck, Denkwürdigkeiten, hg. Altmann §§ 152–156, 132–134, zu 1420, Sommer. Dazu jetzt Elbel, Nobility.

185 Zum Zweiten Kreuzzug vgl. Heymann, Crusades 602–606; Šmahel, Hussitische Revolution 2, 1228–1233; jüngst Hardy, Account.

auf Prag. Der König verbrachte vielmehr zunächst etliche Wochen damit, Mähren (vermeintlich) zu pazifizieren, bevor er nach Kuttenberg vorrückte, das sich im Sommer dem Prager Städtebund angeschlossen hatte. Nach der scheinbaren Rückeroberung der Stadt wendete sich jedoch das Blatt zuungunsten Sigismunds und das königliche Heer erlitt im Jänner 1422 eine katastrophale Niederlage bei Kuttenberg, das neuerlich von den Hussiten übernommen wurde, und Deutsch Brod[186]. Nach einigen Wochen des anschließenden erfolglosen Operierens in Mähren zog Sigismund sich im Frühling 1422 aus den Böhmischen Ländern zurück, um dieselben 14 Jahre lang praktisch nicht mehr zu betreten.

Angesichts dieser schwierigen militärischen Lage ernannte Sigismund im März 1422 seinen Schwiegersohn, Herzog Albrecht V. von Österreich, zu seinem Statthalter in Mähren. Schon zuvor hatte Albrecht die mährischen Städte Iglau, Znaim, Jamnitz und Pohrlitz sowie das böhmische Budweis verpfändet bekommen[187]. Mit den Verpfändungen bzw. der schlussendlichen faktischen Übergabe Mährens an Albrecht im Oktober 1423 entledigte der König sich einerseits finanzieller Verpflichtungen seinem Schwiegersohn gegenüber, andererseits der Pflicht, selbst für den militärischen Schutz und die finanzielle Unterstützung der unter ständiger hussitischer Bedrohung stehenden Orte zu sorgen. Durch solche Transaktionen wurde der jeweilige Pfandnehmer noch stärker in den Kampf gegen die Hussiten involviert. Gleichzeitig boten Pfandherrschaften den Pfandnehmern die Gelegenheit für langfristige territoriale Machtgewinne. Dieses Zusammenwirken der Interessen lässt sich auch bei der Verpfändung anderer Städte und Burgen an Gefolgsleute Sigismunds beobachten, insbesondere bei der Verpfändung der nordböhmischen Städte Brüx und Aussig an den kurz zuvor in den Kurfürstenrang erhobenen wettinischen Markgrafen Friedrich I. von Sachsen im Frühling 1423[188].

In Böhmen war es inzwischen zu neuen Entwicklungen gekommen, an denen die Herrscher Polen-Litauens nicht unwesentlichen Anteil hatten. Mit dem deklarierten Ziel, die Hussiten zurück in den Schoß der katholischen Kirche zu führen, entsandte Großfürst Witold von Litauen im April 1422 – sehr zum Missfallen Sigismunds – seinen Neffen, den litauischen Prinzen Sigmund Korybut, in seinem Namen als provisorischen Landesverweser nach Böhmen. Zusammen mit dem neuerlichen Krieg Polens gegen den Deutschen Orden führte diese Politik zu ernsthaften Spannungen zwischen dem römischen

186 Heymann spricht im Zusammenhang mit der Schlacht von Deutsch Brod von der schlimmsten Niederlage Sigismunds seit Nikopolis Ders., Crusades 606.

187 Zu diesen Vorgängen zuletzt Elbel/Bárta/Ziegler, Heirat.

188 Zu den territorialen Ambitionen der Wettiner in Nordböhmen Šmahel, Hussitische Revolution 3, 1715f. Für weitere Verpfändungen böhmischer königlicher Städte durch Sigismund vgl. Kaar, Stadt 275f.; allgemein für Sigismunds Verpfändungen in Böhmen etwa Bárta, Sigismund.

König und den Jagiellonen, die erst bei einem Treffen Sigismunds mit Wladislaw Jagiello im März 1423 in Käsmark vorübergehend beigelegt wurden. Infolge dieses Treffens zog Witold seine Zusage, die böhmische Krone anzunehmen, vorerst zurück und berief auch seinen Statthalter Korybut aus Böhmen ab; dieser kehrte jedoch im Frühling 1424 dorthin zurück und versuchte in den folgenden Jahren, auf mehr oder weniger eigene Rechnung die Herrschaft in Böhmen zu erringen[189].

Korybuts Aktionen verkomplizierten die zwischen den konservativen und den radikalen Fraktionen schwelenden Konflikte innerhalb Böhmens noch zusätzlich. Diese innere Uneinigkeit verhinderte trotz der Erfolge gegen die Kreuzheere vorerst eine weitere Expansion der Bewegung. Die blutigen Konflikte hielten bis in die Mitte der 1420er-Jahre an und banden die Kräfte der Hussiten, von einigen kleineren Ausfällen in den Grenzregionen abgesehen, hauptsächlich im Innern Böhmens[190]. Die Erfolge der Hussiten gegen die Kreuzheere und in den innerböhmischen Eroberungszügen riefen jedoch bereits damals in den Nachbarterritorien Sorge und Furcht vor möglichen hussitischen Agitatoren und Spionen hervor[191]. Gleichzeitig nahm die Bereitschaft ab, sich neuerlich in der militärischen Offensive zu engagieren. Symptomatisch für den nachlassenden kreuzfahrerischen Elan ist ein im Juli 1422 auf Initiative der Kurfürsten und Kardinal Brandas nach Nürnberg einberufener Tag[192]. Dieser beriet über ein neuerliches militärisches Vorgehen gegen die böhmischen Häretiker und den Entsatz der von den Hussiten belagerten symbolisch bedeutsamen königlichen Festung Karlstein. Der aus diesem Treffen resultierende, schwach beschickte Dritte Kreuzzug verlief der deutlichen Kriegsmüdigkeit wegen jedoch im Oktober 1422 rasch und erfolglos im Sand[193].

Die offensichtliche Erfolglosigkeit von Sigismunds böhmischer Politik, für die er gleichzeitig kontinuierlich Ressourcen aus dem Reich forderte, führte schließlich im Winter 1423/24 dazu, dass die Kurfürsten sich im sogenannten Binger Kurverein im Namen des Reiches gegen den König zusammenschlossen und Sigismund mehr oder weniger unverhohlen mit der Absetzung drohten[194]. Sigismund konnte jedoch im Laufe

189 Zum Käsmarker Treffen und dessen politischem Kontext Hoensch, Sigismund 296–298, 312–314; Šmahel, Hussitische Revolution 2, 1277f.; Kras, Church Reform 232. Zum Schicksal Sigmund Korybuts zusammenfassend Seibt, Luxemburger 521f.

190 Šmahel, Hussitische Revolution 2, 1234–1365; Hoensch, Sigismund 315–318.

191 Vgl. im Folgenden, Kap. 4.2.1.

192 Zum Nürnberger Tag Wefers, System 93–110; Hoensch, Sigismund 303–310; Studt, Kurfürsten 118f. Vgl. auch im Folgenden, Kap. 4.3.1.

193 Zur Ereignisgeschichte Heymann, Crusades 608–610; Šmahel, Hussitische Revolution 2, 1273–1276. Für die strukturellen Gründe des nachlassenden Engagements der Reichsstände Spengler, Nürnberger Tag 48.

194 Zum Binger Kurverein Mathies, Kurfürstenbund 137–158; Wefers, System 120–133; Hoensch,

Karte 2: Die Hussitenkriege (1420–1436).
Karte nach Sigismundus, hg. TAKÁCZ u. a. 57 (© Jaroslav Synek, Prag).

des Jahres 1424 seine Position gerade durch die wachsende Bedrohung durch die Hussiten und eine erfolgreiche Außenpolitik wieder konsolidieren. Die Vorgänge zeigen allerdings deutlich die potentiell gefährlichen Rückwirkungen der böhmischen Verhältnisse

---

Sigismund 320–325; STUDT, Kurfürsten 122. Vgl. zu Sigismunds damaligem Einsatz des antihussitischen Handelsverbotes als Instrument zur Abwehr der Bedrohung seines Königtums im Folgenden, Kap. 4.3.4.

auf Sigismunds römisches bzw. ungarisches Königtum, die sich in ähnlichen Konstellationen noch mehrfach wiederholen sollten.

Die Drohung eines neuen Kreuzzuges im Sommer 1426 veranlasste die inzwischen konsolidierten Kräfte der radikalen hussitischen Bruderschaften nach den kleineren Scharmützeln der vorangegangenen Jahre zu offensiven Gegenmaßnahmen. Ein vereinigtes hussitisches Heer schlug am 16. Juni 1426 bei Aussig ein sächsisch-thüringisches Heer, das die sächsischen Pfandbesitzungen schützen wollte, vernichtend[195].

Die Schlacht von Aussig stellt den Auftakt zu einer neuen hussitischen Politik der Offensive dar, in der der Krieg in den sogenannten „Herrlichen Feldzügen" (*spanilé jízdy*) zunehmend nach außen getragen wurde[196]. Die Feldarmeen der Taboriten, Orebiten und Waisen unternahmen in diesen Jahren erste strategische Offensiven in die Nachbarländer Böhmens: 1427 wurden die Oberlausitz, 1428 Oberungarn, Schlesien, die Oberpfalz und Österreich Opfer von Feldzügen[197]. Der im Gegenzug von katholischer Seite organisierte Vierte Kreuzzug scheiterte im Sommer 1427 ohne greifbare Erfolge vor Mies und Tachau; bei der Verfolgung der fliehenden Kreuzfahrer nahmen die hussitischen Truppen dann mit diesen beiden strategisch wichtigen Städten auch noch zwei der letzten Stützpunkte der katholischen Partei in der Region ein[198]. Auch andere Versuche etwa des neuen päpstlichen Legaten, Kardinal Heinrich Beaufort, den Hussiten mit den Mitteln einer allgemeinen Steuer für den Häretikerkampf beizukommen, scheiterten in den folgenden Jahren an strukturellen Problemen[199].

Die anhaltenden Misserfolge der Kreuzfahrer, die hussitischen Feldzüge und die Furcht, die diese in allen umliegenden Ländern verbreiteten, führten Sigismund vor Augen, dass er nicht in der Lage war, einen Mehrfrontenkrieg gegen Hussiten und Osmanen aufrechtzuerhalten, seine auf eine Spaltung der polnisch-litauischen Union abzielende Außenpolitik erfolgreich fortzuführen und gleichzeitig auch noch seine Kaiserkrönung

195 Čornej, Bitva; Šmahel, Hussitische Revolution 2, 1382–1392. Vgl. dazu auch im Folgenden, Kap. 4.1.2.

196 Heymann, Crusades 619f.; Šmahel, Hussitische Revolution 2, 1434–1439, 1447f.; zu den mutmaßlichen wirtschaftlichen Hintergründen der „Herrlichen Feldzüge" bes. Čornej, Křižovatka 66–69. Vgl. auch hier, Karte 2.

197 Zu den einzelnen betroffenen Regionen siehe Jecht, Hussitenkrieg 1, 125–138; Grünhagen, Hussitenkämpfe 97–292; Wünsch, Krisenmanagement 178–181; Machilek, Schlesien 131–134; Čapský/Prix, Slezsko 355–360; Petrin, Hussitenkrieg 8–13; Bleicher, Herzogtum 158.

198 Zum Vierten Kreuzzug Heymann, Crusades 612–618; ebd. 618 bes. zur strategischen Rolle Tachaus als Basis für die vorangegangenen Kreuzzüge; Šmahel, Hussitische Revolution 2, 1417–1427. Vgl. dazu auch unten, Karte 4.

199 Zum Frankfurter Tag von 1427 und der Hussitensteuer Wefers, System 144–156; Hoensch, Sigismund 329–331; Studt, Kurfürsten 122. Zu Heinrich Beaufort und dessen Legationen Dies., Martin V. 636–659; Whelan, Papacy.

voranzutreiben. Im April 1429 kam es daher – nach ersten Friedensbemühungen schon im Frühling 1424 – in Pressburg zu einem ersten persönlichen Zusammentreffen mit einer hussitischen Delegation um Prokop den Kahlen[200]. Sigismund wünschte, einen allgemeinen Waffenstillstand zu erreichen und die Möglichkeit der Lösung der hussitischen Frage auf dem geplanten Konzil von Basel auszuloten. Das erste Treffen zeitigte jedoch keine konkreten Ergebnisse, vielmehr hatte sich Sigismund im Reich und an der Kurie neuerlich mit der Kritik auseinanderzusetzen, Häretiker zu begünstigen. Die Zeichen standen weiter auf Konfrontation; die katholische Seite propagierte einen neuen Kreuzzug, die hussitischen Offensiven gingen in noch größerem Stil weiter[201].

Im September 1429 kam es zu einer groß angelegten Expedition, die Meißen, die beiden Lausitzen und Schlesien zum Ziel hatte[202]. Nach diesem Zug sammelten sich die Hussiten für den großen Winterzug von 1429/30, der sie nach Meißen, Sachsen, Thüringen, ins Vogtland, die Oberpfalz, Franken und bis nach Nürnberg führte; darauf folgten weitere Heerfahrten nach Schlesien, in die Lausitzen und Oberungarn; speziell in Schlesien erhielten die Hussiten auch Unterstützung durch einheimische und polnische Kräfte[203]. Trotz punktueller Erfolge der Verteidiger waren die meisten dieser Feldzüge erfolgreich und den Hussiten gelang es einerseits, beträchtliche Mengen materieller Beute zu machen, andererseits von den Städten und Fürsten sogenannte „Brandschatzungen", d. h. Abschlagszahlungen um ein Territorium zu verschonen, zu erpressen. Im sogenannten Beheimsteiner Vertrag erlangten sie im Februar 1430 sogar die Zusage Markgraf Friedrichs von Brandenburg, sich für eine öffentliche Diskussion der Vier Hussitischen Artikel einzusetzen[204].

Über die „Herrlichen Feldzüge" hinaus gingen die Hussiten damals auch dazu über, an strategischen Punkten in den umliegenden Territorien Stützpunkte mit einer ständigen Besatzung anzulegen. Diese dienten zur dauerhaften Sicherung bestimmter Verkehrs- und Versorgungswege und zur systematischen Eintreibung von Kontributionen, ebenso wie zur Schwächung der Widerstandskraft der betreffenden Regionen gegen weitere Überfälle der Feldheere. Bedeutende hussitische Festungen waren etwa Nimptsch (1430–1435) und Ottmachau (1430–1435) in Schlesien, Löbau (1431) in der Oberlausitz

200 Zu den Pressburger Gesprächen Hoensch, Sigismund 355–357; Šmahel, Hussitische Revolution 2, 1452–1457. Zu Sigismunds Verhandlungsbereitschaft Hoensch, Sigismund 331f.; Studt, Kurfürsten 121–123.

201 Vgl. Šmahel, Hussitische Revolution 2, 1467–1480, 1487–1496.

202 Jecht, Hussitenkrieg 1, 226–243.

203 Heymann, Crusades 624–627; Grünhagen, Hussitenkämpfe 193–217; Wünsch, Krisenmanagement 181–186. Zum Winterzug von 1429/30 vgl. im Speziellen auch Krzenck, Heerfahrt; Bleicher, Herzogtum 73; Machilek, Hus 207–210.

204 Vgl. dazu lediglich Coufal, Polemika 247–256.

und Tyrnau (1432–1435) in Oberungarn; es gab jedoch in unzählige weitere Burgen und Städte, die sich zumindest zeitweise in hussitischer Hand befanden[205].

Die mit dieser Politik einhergehenden Erschütterungen, die Drohung eines weiteren großen Einfalles in Reichsgebiet und der wiederholte Versuch Papst Martins V., statt des zögerlichen Sigismund den polnischen König Wladislaw Jagiello für eine Rückführung der Hussiten zur katholischen Kirche zu benutzen, veranlassten Sigismund 1430 nach acht Jahren wieder persönlich ins Reich zu ziehen[206]. Er beabsichtigte, dort einen „täglichen Krieg" gegen die Hussiten zu organisieren, d. h. laufende kleinere Operationen um militärischen Druck aufzubauen und die böhmischen Nachbarländer zu schützen, an Stelle eines neuen großen, kaum erfolgversprechenden Feldzuges. Vermutlich aufgrund der kaum absehbaren Kosten eines solchen „täglichen Krieges" gaben Fürsten und Städte jedoch im Frühling 1431 auf einem Tag in Nürnberg, Sigismunds Wünschen zuwiderlaufend, einem neuerlichen Kreuzzug den Vorzug[207]. Dieses Unternehmen unterstützte auch der neue päpstliche Legat, Kardinal Giuliano Cesarini, der die Hussiten militärisch niederringen wollte, bevor das Basler Konzil seine Arbeit aufnahm[208]. Nach dem Scheitern neuerlicher Friedensverhandlungen in Krakau und Eger rückten die Kreuzheere von Westen kommend ins Land ein[209]. Bevor es allerdings bei Taus zur Schlacht kam, ergriffen die zahlenmäßig überlegenen Kreuzfahrer am 14. August 1431 in Panik vor den heranrückenden Hussiten die Flucht.

Das Scheitern des fünften und letzten antihussitischen Kreuzzuges ebnete den Weg zu der seit langem von den Hussiten verlangten öffentlichen Anhörung vor dem Basler Konzil, obwohl nach dem Tod Martins V. am 20. Februar 1431 mit Eugen IV. ein den Hussiten gegenüber kaum milder gesinnter Mann den päpstlichen Thron bestieg. Trotz der Einigung über die Bedingungen der Teilnahme am Basler Konzil hielten die Feldheere jedoch auch in den folgenden Jahren den Druck auf die umliegenden Länder aufrecht[210]. Nach dem Triumph von Taus zogen Heeresabteilungen nach Schlesien, Österreich und Oberun-

205 Zum System der hussitischen Festungen Čornej, Křižovatka 69; Šmahel, Hussitische Revolution 3, 1486f., sowie hier, Karte 3. Vgl. zu den Kontakten zwischen den dortigen Besatzungen und der lokalen Bevölkerung bes. unten, Kap. 3.1.2, 3.2.2 sowie 3.3.1.3.

206 Wefers, System 167–174; Hoensch, Sigismund 359–362.

207 Zum Nürnberger Tag Wefers, System 174–176; Hoensch, Sigismund 363–366; Šmahel, Hussitische Revolution 3, 1507f.; Studt, Kurfürsten 123f. Die hier vorgetragene Darstellung folgt der Interpretation Spenglers, Nürnberger Tag 69–73.

208 Zu Giuliano Cesarini und dessen Legation Studt, Martin V. 682–704.

209 Zu den Egerer Verhandlungen und dem Fünften Kreuzzug Heymann, Crusades 630–640; Hoensch, Sigismund 367–369; Šmahel, Hussitische Revolution 3, 1509–1523; Whelan, Walter of Schwarzenberg.

210 Heymann, Crusades 641–643; Šmahel, Hussitische Revolution 3, 1500f., 1511f., 1523–1529, 1537f., 1573–1578.

Karte 3: Hussitische Festungen in Mähren und in den böhmischen Nachbarländern, ca. 1425 bis ca. 1435. Karte nach Jurok, Příčiny 115 und 135 sowie Elbel, Morava 208 (© Jaroslav Synek, Prag).

garn; davor hatte bereits die Oberlausitz unter Angriffen zu leiden gehabt. Im März 1432 erfolgte u. a. ein Heerzug gegen die Niederlausitz und Brandenburg bis Frankfurt/Oder, im Frühling 1433 in die Zips; hussitisch-polnische Verbände operierten weiters regelmäßig in Schlesien. Den letzten Höhepunkt der spektakulären Züge der Feldheere stellte schließlich die Heerfahrt der Waisen ins Baltikum im Sommer 1433 dar, als ein mit Polen verbündetes hussitisches Heer ins Land des Deutschen Ordens einfiel[211]. Erst die durch die Verhandlungen mit dem Basler Konzil wieder offen zu Tage tretenden innerhussitischen Konflikte und die Konzentration der radikalen Partei auf die symbolträchtige Belagerung Pilsens verschafften den umliegenden Ländern eine gewisse Ruhe[212].

Sigismund befand sich inzwischen seit September 1431 auf seinem seit langem beabsichtigten Romzug, von dem er erst im Sommer 1433 zurückkehrte, um auf dem Konzil von Basel vor allem die böhmische Frage voranzutreiben[213]. Unter der kräftigen Mitwirkung seiner innerböhmischen Anhänger und der Konzilsabgesandten spitzte sich daraufhin in Böhmen der von der allgemeinen Kriegsmüdigkeit genährte Konflikt zwischen gemäßigten und radikalen Hussiten über die Zukunft der Bewegung derartig zu, dass es am 30. Mai 1434 beim nordostböhmischen Lipany zur Schlacht zwischen der Prager Altstadt und den verbündeten katholischen und utraquistischen Herren einerseits und den Heeren der Taboriten und Waisen andererseits kam, die mit der Niederlage der letzteren endete[214]. Diese Niederlage, die die Hegemonie des radikalen Flügels brach, führte zwar nicht zum sofortigen Ende der unzähligen Kleinkriege oder der unmittelbaren Räumung der hussitischen Festungen in den Nachbarländern, sie ebnete jedoch den Weg für die lange angestrebte Inbesitznahme Böhmens durch Sigismund. Nach weiteren schwierigen Verhandlungen kam es im Juli 1436 in Iglau zur Proklamation der so genannten Iglauer Kompaktaten und zur offiziellen Anerkennung Sigismunds als böhmischer König[215]. Am 23. August 1436 konnte er endlich feierlich in Prag einziehen und die reguläre Regierungstätigkeit einschließlich der umfänglichen Verleihung und Bestätigung von Privilegien an ehemals oppositionelle Städte und Adelige aufnehmen.

---

211 Šmahel, Hussitische Revolution 3, 1578–1582.

212 Zur Ereignisgeschichte und zur Beurteilung der Belagerung von Pilsen und ihrer Konsequenzen Polívka, Böhmen; Šmahel, Hussitische Revolution 3, 1592–1641.

213 Zu Sigismunds Romzug und Kaiserkrönung Wefers, System 186–201; Hoensch, Sigismund 371–399; zu seinem Wirken auf dem Konzil von Basel Wefers, System 201–213; Hoensch, Sigismund 405–428, bes. 411–413 zu den böhmischen Angelegenheiten.

214 Zur Schlacht von Lipany und ihren Konsequenzen vgl. lediglich Šmahel, Hussitische Revolution 3, 1630–1641.

215 Hoensch, Sigismund 430f., 441–448; Šmahel, Hussitische Revolution 3, 1641–1680. Zu diesem Vertragswerk und seiner Bedeutung für das Ende des antihussitischen Handelsverbotes vgl. auch unten, Kap. 2.6.3.

Abgesehen davon blieb jedoch allen Bemühungen zum Trotz die Spaltung des Landes in Katholiken und Hussiten bestehen, beide Konfessionen koexistierten in einem Zustand der mehr oder weniger erzwungenen gegenseitigen Toleranz, allerdings nicht ohne beständige Reibereien[216]. Diese Spannungen verschärften sich im Herbst des Jahres 1437 so sehr, dass Sigismund beschloss, Prag zu verlassen und sich nach Ungarn zu begeben. Auf der Reise dorthin starb er am 9. Dezember 1437 in Znaim, woraufhin sein Schwiegersohn Albrecht V. trotz erheblicher innerböhmischer Widerstände am 27. Dezember 1437 zum böhmischen König gewählt wurde[217].

2.3 Das antihussitische Handelsverbot in der Forschung zur böhmischen Geschichte des 15. Jahrhunderts

2.3.1 Ausgangslage

Das antihussitische Handelsverbot findet zwar in zahlreichen Darstellungen zur böhmischen Geschichte der ersten Hälfte des 15. Jahrhunderts Erwähnung, es wird dabei allerdings üblicherweise als Randnotiz in Arbeiten abgehandelt, die eigentlich einem anderen Gegenstand gewidmet sind, etwa der politischen, religiösen oder sozialen Geschichte der Hussitischen Revolution, der Geschichte der wirtschaftlichen Beziehungen zwischen Böhmen und seinen Nachbarländern im Allgemeinen oder der Geschichte eines bestimmten Wirtschaftszweiges. Eine ausführliche, komplexe Behandlung des antihussitischen Handelsverbotes als eigenständiger Untersuchungsgegenstand wurde bis dato nicht unternommen.

Die Gründe für die bisherige Vernachlässigung dieses Phänomens in einem Forschungsfeld, das prinzipiell so dicht besetzt ist wie das Thema „Hussitentum“, sind vielfältig. Den möglicherweise gewichtigsten Grund stellt die vorherrschende inhaltliche Ausrichtung der Forschung dar. Die tschechische Mediävistik, zu deren Kernthemen die Geschichte des Hussitismus zählt, konzentriert sich traditionell auf die Erforschung der hussitischen Seite des Konflikts. Die katholische Seite findet deutlich weniger Beachtung[218]. Diese Ausrichtung wurde in der Vergangenheit namentlich etwa von der angel-

216 Zu den Spannungen in Böhmen und dem zunehmenden Widerstand gegen Sigismunds Regierung Hoensch, Sigismund 449–452, 459f.; Šmahel, Hussitische Revolution 3, 1680–1690; zum Nebeneinander der Konfessionen z. B. Eberhard, Weg.

217 Zu Sigismunds Tod und Albrechts Nachfolge Hoensch, Sigismund 460–464.

218 Vgl. dazu den oben in Anm. 119 genannten Überblick über die Historiografie bei Šmahel, Hussitische Revolution 1, 1–84 sowie hier im Folgenden. Zu den böhmischen Katholiken bzw. den Parteigängern Sigismunds vgl. allerdings in den letzten Jahren die Arbeiten des Forschungsprojektes „Zikmundova

sächsischen Literatur weitgehend übernommen. Die existierenden englischsprachigen Synthesen nehmen – abgesehen von den antihussitischen Kreuzzügen – so gut wie keine Rücksicht auf die Politik der katholischen Seite[219]. In der deutschsprachigen Forschung wiederum gibt es zwar eine alte Tradition der Beschäftigung mit den Versuchen des Reichs, die böhmische Häresie zu unterdrücken[220]. Diese Untersuchungen widmen sich allerdings üblicherweise vor allem den Rückwirkungen der Hussitenkriege auf die politische bzw. die Verfassungsgeschichte des Reichs und weniger den Beziehungen zwischen den Hussiten und ihren katholischen Nachbarn an sich[221].

Die skizzierte traditionelle Ausrichtung der Hussitenforschung hat zwei Ursachen: die Einordnung der Hussitenkriege als grundsätzlich böhmisches Thema und deren Klassifizierung als Religions- und Bürgerkrieg. Diese Betrachtungsweise rückt die Frage nach den (wirtschaftlichen) Beziehungen zwischen den Hussiten und ihren katholischen Nachbarn inner- und außerhalb Böhmens tendenziell in den Hintergrund. Erst in den vergangenen beiden Jahrzehnten erschienen vermehrt Untersuchungen, die den Blick auch auf jene Kontakte zwischen Böhmen und seinen Nachbarländern richteten, die sich abseits der Ebene der „hohen" internationalen Politik abspielten. Die umfangreiche Monografie Birgit Studts zu Martin V. und dessen Legaten etwa untersucht die Reaktion dieses Papstes auf die hussitische Forderung nach Reform der Kirche und die Umsetzung der päpstlichen Reformpolitik im Reich[222]. Auf hussitischer Seite stehen in diesem Zusammenhang schon seit längerem die Aktivitäten der Hussiten zur Verbreitung ihrer Reformideen außerhalb Böhmens im Mittelpunkt der Aufmerksamkeit[223]. Andere Arbeiten, etwa von Karel Hruza, Pavel Soukup oder Přemysl Bar stellen kommunikations-

---

strana v husitských Čechách" an der Masaryk Universität Brünn, siehe oben, Anm. 178 oder Themenheft „Konfession". *Bohemia.*

219 Vgl. etwa die ereignisgeschichtlich ausgerichtete Überblicksdarstellung HEYMANNS, Crusades; noch stärker auf die hussitische Perspektive fokussiert KLASSEN, Hus; FUDGE, Magnificent Ride.

220 Vgl. die klassische Synthese BEZOLDS, Sigmund 1–3, der neben der Reichsgeschichte auch die innerböhmischen Verhältnisse, die Kurie und die Politik Polen-Litauens berücksichtigte. Von landesgeschichtlicher Seite vgl. aus der älteren Literatur z. B. GRÜNHAGEN, Hussitenkämpfe; JECHT, Hussitenkrieg; ERMISCH, Dresden; STÖLLER, Österreich.

221 Vgl. neben der oben in Anm. 167 genannten Literatur zu Sigismunds Kampf gegen die Hussiten vor allem WEFERS, System; HOENSCH, Sigismund, sowie die deutschsprachige Handbuchliteratur zur böhmischen bzw. zur Reichsgeschichte, MORAW, Mittelalter; SEIBT, Zeit; HOENSCH, Geschichte Böhmens 114–153. Zu den Rückwirkungen der Hussitenkriege auf das Basler Konzil etwa KEJŘ, Otázka; POLÍVKA, Böhmen.

222 STUDT, Martin V.; vgl. auch DIES., Verknüpfung.

223 MACHILEK, Deutsche Hussiten; ŠMAHEL, Hussitische Revolution 3, 1913–1966; PJECHA, God's Law. Vgl. auch im Folgenden, Anm. 1004.

geschichtliche Aspekte in den Vordergrund[224]. Aufmerksamkeit findet seit einiger Zeit vermehrt auch das Problem der Koexistenz von Hussiten und Katholiken innerhalb des Königreichs[225]. Auch aus landesgeschichtlicher Perspektive wurden neue Untersuchungen vorgelegt, die die Auswirkungen der Hussitenkriege auf einzelne Territorien in den Mittelpunkt stellten, und teilweise auch die ökonomischen Aspekte der Auseinandersetzungen in den Blick nahmen[226]. Eine solche Berücksichtigung wirtschaftsgeschichtlicher Komponenten ist allerdings bislang insgesamt eher die Ausnahme; eher stehen Fragen im Vordergrund, die mit dem Charakter der Hussitenkriege als religiös legitimierte Auseinandersetzung zusammenhängen.

Ein zweiter Grund für die bisher fehlende Beschäftigung mit dem antihussitischen Handelsverbot liegt sicherlich in der komplexen Quellenproblematik und den damit zusammenhängenden, im Folgenden noch ausführlich zu erörternden methodischen Schwierigkeiten einer Beschäftigung mit (Nicht-)Handel[227]. Der Nachweis, dass wirtschaftliche Beziehungen absichtsvoll unterbrochen wurden bzw. dass Kaufleute ein Handelsverbot umgingen, ist quellenmäßig schwierig zu führen. Auch muss bei einer Untersuchung des antihussitischen Handelsverbotes ein sehr großer geografischer Raum berücksichtigt werden. Ganz generell stellt sich bei der Beschäftigung mit einem Handelsverbot das Problem, dass das Thema gleichsam „quer“ zu dem liegt, was an Quellen seinen Weg in die Archive fand, d. h., dass die Quellenbasis fragmentarisch ist und viele Interpretationen auf indirekte Schlüsse angewiesen sind.

Einen dritten Grund für das bisherige Desinteresse an einer komplexen Auseinandersetzung mit dem Thema „antihussitisches Handelsverbot“ stellt schließlich die mangelnde Berücksichtigung von dessen breiterem, kultur- und mentalitätsgeschichtlichen Rahmen dar. Praktisch die gesamte bisherige Forschungsliteratur sieht das antihussitische Handelsverbot vorrangig als spezifisch für diesen Anlassfall konzipiertes Verbot, das Papst und König individuell anlässlich des Konflikts mit den Hussiten verhängt

224 Von hussitischer Seite Hruza, Hussitische Manifeste; zur katholischen Seite Soukup, Preaching; Bar, Propaganda; Ders., Protihusitská propaganda.

225 Vgl. etwa Eberhard, Weg; Garkisch, Běžný život; Hlaváček, Beginnings; Novotný, Konfessionalität; Ders., Šlechta 306–312; Ders., Allies; Kaar, Stadt; Šimůnek, Tolerance; Elbel, Dohody; Kalhous, Outpost; sowie die Beiträge in Themenheft „Konfession“. *Bohemia*.

226 Hervorgehoben sei hier insbesondere die alltagsgeschichtlich ausgerichtete Dissertation Michaela Bleichers zum Herzogtum Niederbayern-Straubing, Dies., Herzogtum. An rezenteren landesgeschichtlichen Studien sind weiters zu nennen etwa Jánský, Kronika 1–2; Krzenck, Heerfahrt; Machilek, Hus zur Oberpfalz, Franken und Teilen Österreichs; Wünsch, Krisenmanagement; Machilek, Schlesien zu Schlesien; Metzig, Korrespondenz; Kaar, Kaiser Sigismund zur Oberlausitz; Lysý, Husitská Revolúcia zur Slowakei und Ungarn.

227 Vgl. dazu im Folgenden, Kap. 2.5 und 2.6.

hätten[228]. Dieser Blickwinkel lässt jedoch das in Kapitel 1.3.2 herausgearbeitete Wesen des antihussitischen Handelsverbotes als Manifestation des viel breiteren „papal embargo“ außer Acht, was den Blick auf dessen Charakter als komplexe „kulturelle Praxis“ verstellt[229]. Mutmaßlich erschien es den mit der böhmischen Geschichte befassten Forschern auch aus diesem Grund bisher überflüssig, sich eingehender als nur in einer Randnotiz mit den praktischen und kulturellen Mechanismen des antihussitischen Handelsverbotes zu beschäftigen.

Stellt man nun die Arbeiten zusammen, die das antihussitische Handelsverbot in der Vergangenheit erörtert haben[230], zeichnen sich drei unterschiedliche Wege ab, sich dem Thema zu nähern. Der Umgang mit der Problematik „Handelsverbot“ wird dabei vorrangig davon bestimmt, in welchem Zusammenhang die Autoren das Thema berühren. Der folgende Forschungsüberblick ist daher nach den drei großen inhaltlichen Zugängen gegliedert, innerhalb derer das antihussitische Handelsverbot bislang von der Forschung thematisiert wurde: Arbeiten zur böhmischen Wirtschaftsgeschichte, Arbeiten zur Geschichte der Hussitischen Revolution und schließlich einige Spezialstudien, die sich ausgehend von einzelnen Quellen mit bestimmten Aspekten des antihussitischen Handelsverbotes befassten. Da die Arbeiten der zweiten und dritten Kategorie auf den Ergebnissen der wirtschaftsgeschichtlichen Forschung aufbauen, werden letztere zunächst in etwas größerer Ausführlichkeit erörtert. Angesichts des mengenmäßigen Umfanges der Literatur zur Hussitischen Revolution kann hingegen in dieser Kategorie lediglich ein selektiver Überblick über wichtige Arbeiten aus diesem Bereich geboten werden, der sich vor allem auf die Forschung der vergangenen Jahrzehnte konzentriert.

---

228 Eine gewisse Ausnahme bildet bezeichnenderweise der Rechtshistoriker Jiří Kejř, der sehr wohl auf den Hintergrund des antihussitischen Handelsverbotes im kanonischen Recht hinwies, allerdings lediglich, um die Gleichsetzung von „Hussiten“ mit „Sarazenen“ durch die katholische Kirche zu kritisieren, Kejř, Husité 70.

229 Zu dem von Stefan Stantchev postulierten Verständnis des „papal embargo“ als „kulturelle Praxis“ vgl. ausführlich im Folgenden, Kap. 2.4.2.

230 Im Folgenden wird keine erschöpfende Auflistung der – meist nur knappen – Erwähnungen des antihussitischen Handelsverbotes in der Forschungsliteratur angestrebt, da eine solche angesichts des Charakters der bisherigen Auseinandersetzung mit dem Thema wenig sinnvoll erscheint. Ich beschränke mich auf Arbeiten, die für die vorliegende Untersuchung von Bedeutung sind, und die zumindest eine gewisse inhaltliche Auseinandersetzung mit dem Handelsverbot bieten.

2.3.2 Das antihussitische Handelsverbot in der Forschung zur böhmischen Wirtschaftsgeschichte

Von den wirtschaftsgeschichtlichen Arbeiten, die das antihussitische Handelsverbot berühren, ist an Überblickswerken zur Geschichte der Handelsbeziehungen Böhmens mit seinen Nachbarterritorien[231] zunächst die 1906 erschienene Monografie Zikmund Winters zur „Geschichte des Handwerks und des Handels in Böhmen im 14. und 15. Jahrhundert" zu nennen[232]. Sie ist insbesondere deswegen noch heute von Bedeutung, weil der Autor Quellen verarbeitete, die im Zuge des Zweiten Weltkrieges verloren gingen. Da er allerdings nicht immer genaue Belege angibt, ist es in manchen Fällen unmöglich, bei ihm überlieferte Nachrichten auf konkrete Quellen zurückzuführen, selbst wenn diese vielleicht noch existieren würden[233]. Winters Darstellung übte im Folgenden beachtlichen Einfluss aus; die Forschung verweist regelmäßig auf die bei ihm genannten Beispiele. Auch seine methodische Herangehensweise und seine Argumentation im Bezug auf das antihussitische Handelsverbot wurde von jenen Forschern, die in seiner Nachfolge die Geschichte der Handelsbeziehungen zwischen Böhmen und seinen Nachbarländern darzustellen versuchten, meist implizit übernommen. Aus diesem Grund soll seine Behandlung des Themas hier in etwas größerem Detail nachgezeichnet werden.

Winter strukturierte seine Darstellung chronologisch und widmete dem Handel in der Hussitenzeit ein eigenes Kapitel. Das antihussitische Handelsverbot wird gleich zu Anfang dieses Kapitels abgehandelt[234]. Winter postuliert dort, das päpstliche Verbot habe zu einer „Art von Isolation" des Königreichs geführt, der Transithandel habe Böhmen umgangen, wovon insbesondere Polen profitierte, und der Prager Stapel sei verkümmert. Auf diese knappe, nur ungenügend mit Belegen unterlegte Feststellung folgen beinahe drei Seiten mit Nachrichten zum böhmischen Binnen- und Außenhandel während der Kriegsjahre[235]. Entsprechend kommt Winter zu dem Schluss, dass der böhmische „Außenhandel" auch während der Hussitenkriege – wenn auch eingeschränkt – weiterging, da trotz des Risikos Gewinn winkte[236]. Er versteht das Handelsverbot also als instru-

---

231 Dem zeitgenössischen wirtschaftsgeschichtlichen und politikwissenschaftlichen Verständnis entsprechend wird das Thema meist simplifizierend als „böhmischer Außenhandel" bezeichnet, worunter dann internationale Fernhandelsbeziehungen verstanden werden. Vgl. auch oben, Anm. 127.

232 Winter, Dějiny.

233 Vgl. etwa die nicht weiter belegte Aussage Winters, die Prager Kontakte („spojení") mit Venedig seien auch während der Kriegsjahre aufrecht geblieben, ebd. 894.

234 Ebd. 892.

235 Ebd. 892–895.

236 Ebd. 893f.: „Že i v době války veden obchod zahraniční, to jisto. […]. [S]naha po zisku dovede lidi sváděti v styk přes všecky překážky."

mentelle Maßnahme der Gegner der Hussiten, die jedoch praktisch mehr oder weniger wirkungslos war, wie sich an der nachweisbaren Aktivität böhmischer und ausländischer Kaufleute in Böhmen zeige.

Den nächsten großen Schritt im Hinblick auf die systematische Erforschung der Geschichte der Handelsbeziehungen Böhmens mit seinen Nachbarländern stellt eine im Jahr 1960 veröffentlichte Studie František Graus' dar[237]. Nachdem er unter anderem in einer Arbeit zum böhmischen Tuchhandel in vorhussitischer Zeit die internationalen Handelsbeziehungen Böhmens berührt hatte[238], versuchte der Autor in der erwähnten Studie erstmals einen Überblick über dieses Thema für das 14. und frühe 15. Jahrhundert zu geben. Im vorliegenden Zusammenhang von Bedeutung ist dabei insbesondere der Umstand, dass Graus seine Untersuchung mit den Hussitenkriegen enden lässt. Er begründet diese zeitliche Eingrenzung mit dem Umstand, dass damals ein „Wendepunkt" für die Geschichte des böhmischen Handels erreicht worden sei, indem eine „Handelsblockade" gegen Böhmen verhängt wurde, auch wenn diese den Handel lediglich erschwert und „nicht wirklich" unterbrochen habe[239]. Graus wiederholt damit Winters Ansicht, dass das Handelsverbot kontinuierlich umgangen wurde. Gleichzeitig präsentiert er das Verbot als Zäsur in der böhmischen Wirtschaftsgeschichte; eine Interpretation, die eng verknüpft ist mit der Interpretation der Hussitischen Revolution als Zäsur in der böhmischen Geschichte im Allgemeinen[240].

Nach Graus' systematischem Versuch widmete sich die wirtschaftsgeschichtliche Forschung eher wieder problemorientierten Studien, die auf einzelne Handelsgüter, Städte oder Regionen fokussierten. Erst vor einigen Jahren legte mit Miloš Dvořák wieder ein Autor eine neuere Gesamtdarstellung der böhmischen Handelsgeschichte des 14. und 15. Jahrhunderts vor[241]. Allerdings liegt Dvořáks Fokus auf der Regierungszeit Karls IV. und Wenzels IV. Entsprechend geht er nicht gesondert auf das antihussitische Handels-

---

237 Graus, Handelsbeziehungen. Ebd. 77–80 ein Überblick über die handelsgeschichtliche Forschung bis 1960, der ergänzt wird durch den 1965 veröffentlichten, umfangreichen Forschungsbericht Schenks, vgl. Ders., Problematik.

238 Graus, Obchod.

239 Vgl. Graus, Handelsbeziehungen 81f. Die dort zitierten Belege für die angebliche offizielle „Verhängung" eines Handelsverbotes wurden von der späteren Forschung ohne weitere Thematisierung des tatsächlichen Aussagegehalts der Quellen übernommen, vgl. dazu im Folgenden, Kap. 2.6.3, bes. Anm. 345.

240 Zur Diskussion um die Interpretation des Stellenwerts der Hussitischen Revolution in der böhmischen Geschichte vgl. lediglich Šmahel, Hussitische Revolution 1, 11–71, 3, 2001–2014. Im Hinblick auf das antihussitische Handelsverbot vgl. zu dieser Frage auch im Folgenden, Kap. 6.1.

241 Dvořák, Císař 1–2. Dort auch zahlreiche bibliografische Hinweise auf einzelne Spezialstudien. Für allgemeine Trends in der tschechischen wirtschaftsgeschichtlichen Forschung nach 1989 vgl. auch Čechura, Länder.

verbot ein, nutzt jedoch die diesbezüglichen Quellen, um Rückschlüsse auf frühere Verhältnisse zu ziehen[242]. Eine neue synthetische Überblicksdarstellung der Handelsbeziehungen zwischen Böhmen und seinen Nachbarländern, die die nachfolgende hussitische Epoche in den Blick nimmt, existiert nach Wissen der Verfasserin hingegen bis dato nicht.

Fragt man nun nach der Behandlung des antihussitischen Handelsverbotes in Arbeiten eines eher problemorientierten Zuschnitts, zeigt sich, dass auch dort der am Beispiel Winters und Graus' herausgearbeitete, ein wenig schizophren anmutende „doppelgleisige" Zugang vorherrscht. Als Beispiel lässt sich hier die Forschung zum böhmischen Salzhandel anführen, einem der am häufigsten bearbeiteten Themen der Geschichte der wirtschaftlichen Beziehungen zwischen Böhmen und seinen Nachbarländern[243]. Die mit dem Salzhandel befassten Autoren gehen üblicherweise zum einen davon aus, dass es durch die Hussitenkriege zu bedeutenden Einbußen in diesem Wirtschaftszweig kam. In Ermangelung aussagekräftiger serieller Quellen können die Verfasser als Argument dafür allerdings lediglich die Tatsache ins Treffen führen, dass es erstens ein Handelsverbot gab, und zweitens die Kampfhandlungen zu Unsicherheit auf den Straßen führten[244]. Gleichzeitig stellen dieselben Autoren dann aber ebenfalls Quellennachrichten zusammen, die belegen, dass der Salzhandel während der Kriegsjahre weiterging, und nutzen diese Nachrichten, um die Strukturen dieses Wirtschaftszweiges zu rekonstruieren[245]. Ganz ähnlich wird das Handelsverbot etwa auch in der traditionell lebhaften Forschung zur Rolle Nürnbergs im Handel mit Böhmen behandelt[246]. An dieser Stelle kann daher auf eine weitere detaillierte Erörterung einzelner Arbeiten verzichtet werden, da zumeist nur die Einschätzung der Bedeutung des Verbotes für den untersuchten Sektor, nicht jedoch die prinzipielle Herangehensweise variiert.

242 Zur methodischen Problematik dieses Vorgehens vgl. im Folgenden, Kap. 2.6.1.

243 Vgl. dazu oben, Kap. 2.1, bes. die in Anm. 156 zusammengestellten Arbeiten.

244 Typisch etwa WAGNER, Beiträge 3, passim, hier 12f. Nach der Feststellung, dass es in Südböhmen zu heftigen Kämpfen kam, an deren Ende die Straßen nördlich von Budweis in hussitischer Hand waren, konstatiert der Autor dort – ohne weitere Belege – : „An einen in geordneten Bahnen vor sich gehenden Handelsverkehr […] war unter diesen Umständen natürlich nicht zu denken. Freistadt […] konnte dieses vor wenigen Jahren noch heißbegehrte Produkt [= Salz aus Linz, d. V.] unter diesen Umständen nun nicht mehr an den Mann bringen und war daher gezwungen, es zum guten Teil […] auf dem schwarzen Markt [innerhalb Österreichs] zu verkaufen, um wenigstens teilweise den gewaltigen Einkommensausfall aus seinem darniederliegenden Böhmenhandel auszugleichen." Zur methodischen Problematik dieses Vorgehens vgl. auch im Folgenden, Kap. 2.6.1.

245 So etwa schon VOLF, Příspěvky 2, 35–37.

246 Vgl. etwa KRAUS, Stadt 24f.; SCHENK, Nürnberg 75–82; STROMER, Hochfinanz 1, 235f., 2, 457f. Weitere Arbeiten zu den wirtschaftlichen Beziehungen Nürnbergs mit Böhmen zusammengestellt oben in Anm. 134. Einen anderen Zugang verfolgen die Studien Polívkas, vgl. hier im Folgenden.

Zusammenfassend lässt sich also festhalten, dass die wirtschaftsgeschichtlich orientierte Literatur das Handelsverbot überwiegend als politische Gegebenheit sieht, die durchaus beachtliche Auswirkungen auf ihren Untersuchungsgegenstand hatte, auch wenn gleichzeitig vielfach Belege für die Umgehung des Verbotes vorgelegt werden. Diese Belege stellen weiters oft vorrangig ein Quellenreservoir dar, aus dem die Autoren schöpfen, um ihr eigentliches Thema zu untersuchen, d. h. etwa um Warenströme zwischen verschiedenen Orten oder Konjunkturen von Handelsbeziehungen zu rekonstruieren.

Eine bedeutende Ausnahme bildet lediglich eine schon ältere Überblicksstudie Josef Janáčeks zum böhmischen „Außenhandel" in der zweiten Hälfte des 15. Jahrhunderts von 1962, die hier abschließend gesondert erwähnt werden muss[247]. Janáček, der eine große Geschichte des Prager Handels in der Zeit vor der Schlacht am Weißen Berg verfasste[248], widmete dem antihussitischen Handelsverbot in dieser Studie eingehendere Betrachtung, weil dieses die Vorbedingungen für seinen eigentlichen Untersuchungsgegenstand, die Podiebrad-Ära, schuf[249]. Dabei ging er über das bis dahin Geleistete hinaus und legte Deutungen vor, die einflussreich für weitere Forschungen, etwa Miloslav Polívkas, und speziell auch für die vorliegende Arbeit waren, weshalb seine Argumentation hier etwas ausführlicher nachgezeichnet werden soll.

Auch Janáček geht davon aus, dass das antihussitische Handelsverbot die Kontakte zwischen Böhmen und seinen Nachbarländern nicht vollständig zum Erliegen brachte. Der Autor differenziert jedoch, anders als andere Arbeiten, zwischen den Effekten auf den Fern- und Transithandel und denjenigen auf den nahräumlichen Kleinhandel[250], und arbeitet die unterschiedlichen Folgen für beide Wirtschaftszweige heraus. Seiner Ansicht nach bekamen der Fern- und Transithandel die Auswirkungen der Hussitenkriege deutlich zu spüren. Wegen des Handelsverbotes, vorrangig jedoch wegen der allgemeinen Unsicherheit durch die kriegerischen Ereignisse habe der internationale Transithandel begonnen, Böhmen auf neuen Straßen zu umgehen. Gleichzeitig hielten sich die oberdeutschen Unternehmer mit Fernhandelsgeschäften in Böhmen zurück. Allerdings habe speziell Nürnberg seine böhmischen Interessen nicht aus dem Blick verloren, und auch aus diesem Grund enge Kontakte zu den westböhmischen Städten, insbesondere Pilsen, gepflegt. Angesichts der mutmaßlichen Umgehung des Handelsverbotes durch Nürnberger Kaufleute weist Janáček dann auch darauf hin, dass zwischen der offiziellen Politik einer Stadt und den Interessen einzelner Kaufleute unterschieden werden muss. Der

247 Janáček, Aussenhandel.

248 Janáček, Dějiny.

249 Janáček, Aussenhandel 43–47.

250 Von Janáček als „Grenzhandel" bezeichnet.

Nürnberger Rat sei aus politischer Notwendigkeit gezwungen gewesen, das antihussitische Handelsverbot zu unterstützen, habe aber illegale Aktivitäten seiner Bürger wahrscheinlich stillschweigend geduldet, da diese auch den längerfristigen Zielen der Stadt dienten. Am Ende seiner Darstellung wendet Janáček sich dann dem Nahhandel zu, der seiner Ansicht nach außerordentlich an Bedeutung gewann. Gerade dank des antihussitischen Handelsverbotes hätten sich etliche katholische Städte in den südlichen und westlichen Grenzregionen als Knotenpunkte im Handel mit den umliegenden Territorien etablieren können. Die „außerordentliche Vergrößerung" des angesichts der bewaffneten Auseinandersetzungen risikoärmeren Nahhandels auf Kosten des auf Prag zentrierten Fernhandels sei daher die bedeutendste Folge des antihussitischen Handelsverbotes gewesen und habe zumindest anfänglich die Struktur des Handels in nachhussitischer Zeit geprägt[251].

2.3.3 Das antihussitische Handelsverbot in der Forschung zur Geschichte der Hussitischen Revolution

Der analytische Versuch Janáčeks, die Effekte des antihussitischen Handelsverbotes auf einer strukturellen Ebene zu beschreiben, schlägt die Brücke zur zweiten Kategorie von Arbeiten, in denen das antihussitische Handelsverbot bisher thematisiert wurde: Untersuchungen, deren Fokus auf der Geschichte der Hussitischen Revolution an sich liegt. Arbeiten dieser Kategorie berühren das Handelsverbot üblicherweise im Zuge der Beschäftigung mit der Frage nach den politischen, wirtschaftlichen und sozialen Auswirkungen der Revolution im Allgemeinen. Aus diesem Grund steht hier ebenfalls vor allem die Frage nach dessen Effekten im Mittelpunkt der Auseinandersetzung.

Auch wenn der von materiellem Determinismus geleitete Versuch eines Teiles der kommunistischen Forschung, den Verlauf der Hussitischen Revolution auf rein ökonomischer Basis zu erklären, inzwischen einer komplexeren Sichtweise gewichen ist[252], geht ein großer Teil der Forschung nach wie vor davon aus, dass es während der Hussitenzeit in Böhmen zu einer Reihe negativer wirtschaftlicher Entwicklungen kam, welche Anfang der 1430er-Jahre ihren Höhepunkt erreichten[253]: Der Verfall des böhmischen

---

251 So auch Janáček u. a., České země 470. Vgl. dazu hier auch im Folgenden, Kap. 3.1.2.

252 Vgl. Šmahel, Hussitische Revolution 1, 56f. zur u. a. von František Graus vertretenen Konzeption der Hussitischen Revolution als Äußerung einer „ersten Krise des Feudalismus". Zur kritischen Diskussion dieses Krisen-Konzepts in der neueren tschechischen wirtschaftsgeschichtlichen Forschung Čechura, Länder 53f.

253 Vgl. Čornej, Epidemie; Ders., Křižovatka 58–69, 98f.; Ders., Dějiny 5, passim, bes. 500f., 543, 589–599; Šmahel, Hussitische Revolution, passim, bes. 1, 349, 3, 1611, 1621–1624, 1629, 1771f. Kritisch hingegen Čechura, Mor, vgl. hier im Folgenden.

Groschens setzte sich fort; damit einher ging ein allgemeiner Kaufkraftverlust und ein Anstieg der Preise. Auch bei der Versorgung mit Lebensmitteln und diversen anderen Gütern kam es zu Problemen. Diese wirtschaftliche Krise hatte unmittelbare Auswirkungen auf die politische Geschichte der Hussitischen Revolution: Die Versorgungsschwierigkeiten motivierten einerseits das Ausgreifen der Feldheere in die Nachbarländer ab der Mitte der 1420er-Jahre mit. Andererseits stellte die wirtschaftliche Krise auch einen wichtigen Faktor in jenen innerböhmischen Entwicklungen dar, die schließlich zur Schlacht von Lipany und zum Friedensschluss mit der katholischen Seite führten.

Als Ursachen dieser wirtschaftlichen, gesellschaftlichen und politischen Krise identifiziert die Forschung ein Bündel von Faktoren: die Schäden durch die langjährigen Kampfhandlungen und die allgemeine Unsicherheit im Land, die Überforderung der innerböhmischen Ressourcen, insbesondere der Kuttenberger Minen, durch die dauerhafte Versorgung der stehenden Armeen der radikalen Feldheere sowie eine Serie von extremen Wetterereignissen, Missernten und Seuchen in den frühen 1430er-Jahren. Die – mehr oder weniger großen – Schwierigkeiten im Handelsverkehr durch das antihussitische Handelsverbot stellen unter diesem Blickwinkel einen weiteren Negativfaktor für die wirtschaftliche Entwicklung dar, dessen Gewichtung von Autor zu Autor variiert.

Ausgehend von den Beobachtungen der wirtschaftsgeschichtlichen Forschung zur notorischen Umgehung des Handelsverbotes schätzten etwa der führende deutsche Hussitenforscher der zweiten Hälfte des 20. Jahrhunderts, Ferdinand Seibt, und der tschechische Rechtshistoriker Jiří Kejř in den 1960er- bzw. den 1980er-Jahren unabhängig voneinander die Effizienz des Verbotes als eher beschränkt ein. Entsprechend sahen die Autoren auch dessen Auswirkungen als vernachlässigbar an: Weder seien die Handelsverbindungen mit den Nachbarländern zum Erliegen gekommen, noch habe das Verbot der böhmischen Wirtschaft ernsthafte Schäden zugefügt; eher habe es, zumindest nach Meinung Kejřs, im Gegenteil sogar die Produktion in Böhmen selbst angeregt[254]. Derselbe Autor erblickte in der angeblichen Fähigkeit der böhmischen Wirtschaft, dem antihussitischen Handelsverbot standzuhalten, vielmehr sogar einen Beleg für die Stärke des böhmischen „Staates" der vorhussitischen und der hussitischen Epoche[255].

Mit dieser Einschätzung bilden die genannten Autoren jedoch eher die Ausnahme. Das Gros der übrigen Forschung geht davon aus, dass das antihussitische Handelsver-

254 Seibt, Zeit 564; Kejř, Husité 70; Ders., Otázka 124f.

255 Kejř, Husité 70: „[H]ospodářská izolace nepřivodila vážné problémy. To však je i vysvědčení o významné hospodářské síle a přizpůsobivost českého státu a o vydatnosti jeho domácích zdrojů, když dovedl bez vážných otřesu odolat tak povážlivému prostředku válečného nasazení." Ebd. allerdings auch der Hinweis auf die Schwierigkeiten, aufgrund der überlieferten Quellen zu tragfähigen Aussagen zu gelangen.

bot sehr wohl fühlbare Auswirkungen auf den böhmischen Handel hatte. Im Kapitel zu den wirtschaftlichen und sozialen Effekten des Hussitismus im „Überblick über die tschechoslowakische Geschichte" von 1980 etwa erscheint das Handelsverbot sogar als wichtigster Einzelfaktor unter jenen Gründen, die für die insgesamt negativen wirtschaftlichen Auswirkungen der Hussitischen Revolution verantwortlich gemacht werden[256]. Peter Moraw und Jörg K. Hoensch, zwei andere ausgewiesene deutsche Mitteleuropa-Experten der zweiten Hälfte des 20. Jahrhunderts, schrieben dem Handelsverbot in zwei verbreiteten Überblickswerken der 1990er-Jahre wiederum zu, bedeutenden Anteil an der Entwicklung eines angeblichen „Isolationismus" des hussitischen Böhmen gehabt zu haben[257]. Aus einer zentralstaatlich-Prager Perspektive heraus verweisen sie auch auf die von der wirtschaftsgeschichtlichen Forschung konstatierten Einbußen Prags im Fernhandel zugunsten der katholischen Städte im böhmischen Grenzgebiet und in Mähren bzw. zugunsten der Städte in den katholischen Kronländern, ebenso wie auf die Verlagerung der Hauptrouten des europäischen Transithandels um Böhmen herum. Beide Phänomene werteten sie, basierend auf der ebenfalls stark auf das Königreich Böhmen im engeren Sinne zentrierten Sichtweise der vorangehenden tschechoslowakischen Forschung, als weitere negative Effekte der Hussitischen Revolution[258]. Eine große Rolle kommt dem antihussitischen Handelsverbot schließlich auch nach Meinung des tschechischen Historikers Petr Čornej, des Verfassers einer der beiden schon genannten aktuellen großen Synthesen zur Geschichte der Hussitischen Revolution, zu. Čornej, der sich vor der Abfassung dieses Überblickswerks unter anderem in einer Serie ausführlicher Studien mit der Vorgeschichte, dem Verlauf und den Auswirkungen bedeutender Schlachten der Hussitenzeit auseinandersetzte, vertrat in diesen Arbeiten die Ansicht, dass es vor allem die negativen wirtschaftlichen Begleiterscheinungen der Revolution waren, die jene gesellschaftliche und machtpolitische Dynamik in Gang setzten, die speziell die innerhussitische Konfrontation von Lipany mehr oder weniger unausweichlich machte[259]. Dem antihussitischen Handelsverbot schrieb er dabei maßgeblichen Anteil an der Vertiefung der wirtschaftlichen Krise in Böhmen am Vorabend der Schlacht von Lipany zu[260].

256 Janáček u. a., České země 469. Als zweiter Einzelfaktor für den angeblichen wirtschaftlichen Niedergang Böhmens in den Hussitenkriegen wird die Ausbeutung der Kuttenberger Silberbergwerke durch Sigismund in den ersten Monaten der Hussitenkriege angeführt.

257 Hoensch, Böhmen 150f.; Moraw, Mittelalter 161–175.

258 Hoensch, Böhmen 151; Moraw, Mittelalter 163–175. Vgl. den genannten, die ältere tschechoslowakische Forschung synthetisierenden Handbuchbeitrag von Janáček u. a., České země 470. Kritisch dazu Čechura, Mor 302.

259 Vgl. die oben, Anm. 253 genannten Arbeiten des Autors.

260 Čornej, Epidemie 201f.; Ders., Křižovatka 59. Čornej nimmt z. B. auch als Motiv für die hussitische Eroberung von Aussig 1426 strategische Erwägungen der hussitischen Hauptleute an, die gezielt

Aufbauend auf Winter und Janáček und vor allem auf die hier im Folgenden noch zu besprechenden Arbeiten Miloslav Polívkas ging zwar auch Čornej davon aus, dass das Verbot regelmäßig umgangen wurde. Allerdings habe dies nicht ausgereicht, um einen „untragbaren" Preisanstieg bei Importwaren zu verhindern, der einerseits durch die Verknappung der Einfuhren und andererseits durch das Gewinnstreben der Schwarzhändler und inländischen Spekulanten verursacht wurde[261].

Čornej gewann seine Einschätzung der wirtschaftlichen Situation im hussitischen Böhmen unter anderem aus Preisreihen, für welche er Angaben aus diversen Chroniken und den Rechnungen der königlichen Burg Karlstein, die sich für die Jahre 1423 bis 1434 erhalten haben, zusammenstellte[262]. Seiner Interpretation dieser Daten widersprach der tschechische Wirtschaftshistoriker Jaroslav Čechura einige Jahre später heftig[263]. Methodische Schwächen in Čornejs Argumentation kritisierend warnte er nachdrücklich davor, auf der Grundlage des fragmentarischen Quellenmaterials zu weit gehende Schlüsse zu ziehen. Unter Bezugnahme auf bei Čornej unberücksichtigt gebliebene Quellen wies Čechura zum einen die Vorstellung zurück, das hussitische Böhmen sei wirtschaftlich darniedergelegen. Vielmehr habe es auch in der Hussitenzeit funktionierende Märkte und kaufkräftige Konsumenten gegeben, und sogar Lebensmittelexporte in die Nachbarländer[264]. Zum anderen wies er unter Hinweis auf die Nachrichten gerade aus den Karlsteiner Rechnungen auch die Annahme zurück, das Handelsverbot habe jemals gewirkt, und nannte die „antihussitische Blockade" „eine der Mythen der hussi-

die Auswirkungen des Handelsverbotes kompensieren wollten, indem sie den bedeutenden Weg nach Sachsen und in die Oberlausitz wieder öffneten, vgl. Ders., Bitva 12. Auch andere Autoren brachten das Handelsverbot als Erklärung für Lipany ins Spiel. Winfried Eberhard etwa vermutete, dass es unter anderem die wirtschaftlichen Einbußen durch das Verbot waren, die die Friedensneigung der besonders betroffenen Altstädter Eliten beförderten, und damit in weiterer Folge den Zusammenschluss der gemäßigten gegen die radikalen hussitischen Gruppierungen, vgl. Eberhard, Weg 5f., basierend auf Erklärungsansätzen der kommunistischen Forschung, namentlich Macek, Hus 185.

261 Zitat Čornej, Křižovatka 59: „Tím se nesoustavný husitský obchod se zahraničím neúnosně prodražoval."

262 Čornej, Epidemie 220–222. Zu den Karlsteiner Rechnungen vgl. im Folgenden, Anm. 271.

263 Čechura, Konsumniveau 180–184; Ders., Mor. Vgl. auch hier im Folgenden, Kap. 2.3.4.

264 Čechura, Mor 300f. unter Hinweis auf die Karlsteiner Rechnungen und auf UB Krummau 2, hg. Schmidt/Picha Nr. 118, 32, Ulrich von Rosenberg an den Rat der Stadt Freistadt: empfiehlt seine Leute, die in Linz Weizen und Bier gegen Salz handeln wollen, dem Schutz der Empfänger, 1435, Oktober 6, Krumau. Vgl. dazu weiters die bei Šimeček, Eisen 212 zitierten Nachrichten aus den Freistädter Ungeltregistern der Jahre 1434 bis 1436 über den Import von Bier sowie anderen Lebensmitteln und landwirtschaftlichen Produkten aus Böhmen oder die in den sogenannten Zdicer Vereinbarungen vom Herbst 1424 enthaltene Bestimmung, dass kein Gold, Silber und Getreide (!) außer Landes verkauft werden sollten, Briefe 1, hg. Siegl Nr. 23, 51–56, hier 56, unbesiegelter Vertragsentwurf, 1424, ca. Oktober 16, Zdice. Vgl. dazu auch im Folgenden, Kap. 3.3.1.3.

tologischen Forschung“[265]. Mutmaßlich aufgrund dieser Kritik nahm Čornej in seiner „Großen Geschichte der Böhmischen Kronländer“ aus dem Jahr 2000 seine zugespitzte Einschätzung des Handelsverbotes ein wenig zurück; er spricht dort nur noch davon, dass das Handelsverbot, obwohl es offensichtlich kontinuierlich umgangen wurde, negative Auswirkungen auf die wirtschaftlichen Verhältnisse im hussitischen Teil Böhmens hatte[266].

Die zweite große moderne Synthese zur Hussitischen Revolution schließlich, das gleichnamige dreibändige Werk des vermutlich besten tschechischen Kenners des Hussitentums, František Šmahel, tendiert eher dazu, gesellschaftliche und machtpolitische Faktoren heranzuziehen, um die Ereignisse der 1430er-Jahre zu erklären. Šmahel streift das Handelsverbot und dessen Effekte an verschiedenen Stellen kurz[267], er misst ihnen jedoch ein deutlich geringeres Erklärungspotential für die Entwicklungen innerhalb Böhmens zu als Čornej. Der Autor gibt sich vielmehr prinzipiell skeptisch, welche Aussagen man in Anbetracht der Quellenlage tatsächlich über die Entwicklung der Handelsbeziehungen zwischen Böhmen und seinen Nachbarländern treffen kann[268]. In seiner Darstellung folgt er dann der skizzierten „doppelgleisigen“ Argumentation der Wirtschaftsgeschichte, wonach das Handelsverbot mit Sicherheit Auswirkungen hatte, jedoch mit ebenso großer Sicherheit kontinuierlich umgangen wurde.

Diese eher neutrale Position gegenüber den mutmaßlichen Auswirkungen des antihussitischen Handelsverbotes scheint auch die derzeit gültige Einschätzung der Forschung zur politischen Geschichte der Hussitischen Revolution zu sein: Das Verbot war einer von vielen miteinander verflochtenen Faktoren, die die innerböhmische Entwicklung beeinflussten. Seine Effekte lassen sich jedoch aufgrund der Quellenlage nicht quantitativ messen. Die Gewichtung des möglichen Einflusses des Handelsverbotes auf die politische Geschichte hängt daher von der Einschätzung des/der jeweiligen HistorikerIn ab[269].

---

265 Čechura, Konsumniveau 184; Zitat Ders., Mor 301: „[O]bchodní blokáda „kacířských“ Čech [představuje] jeden z mýtů husitologického bádání.“ Dieser Zuspitzung gegenüber kritisch wiederum Polívka, K „černému obchodu“ 32: „Zmíněná blokáda byla realitou, jež v srovnání s předhusitským obdobím oslabila v sepětí s politickým i válečným soupeřením hospodářské kontakty se zahraničními partnery.“

266 Vgl. Čornej, Dějiny 5, 500f., 594.

267 Vgl. Šmahel, Hussitische Revolution, passim, bes. 1, 346–350, 3, 1529, 1557, 1621f., 1711f., 1728, 1771.

268 Ebd. 1, 348.

269 Vgl. etwa die gemäßigte Position Polívkas, K „černému obchodu“ 32. Die wirtschaftliche und gesellschaftliche Krise der frühen 1430er-Jahre in Böhmen wird in letzter Zeit speziell auch als Fallbeispiel für neuere Ansätze der Klimageschichte herangezogen, die sich mit dem sogenannten Spörerminimum, einer Periode reduzierter Sonnenaktivität während des 15. und 16. Jahrhunderts befassen, vgl. etwa Tagungsbericht „Spörer Minimum“; Camenisch u. a., The 1430s, aber auch bereits ansatzweise bei

2.3.4 Quellengeleitete Spezialstudien zum antihussitischen Handelsverbot

Als dritte und letzte Kategorie von Arbeiten, in denen das antihussitische Handelsverbot bislang thematisiert wurde, sind schließlich die wirtschaftsgeschichtlich orientierten Spezialstudien insbesondere dreier Autoren zu nennen, die sich in den vergangenen Jahrzehnten ausgehend von einzelnen Quellen und Quellenbeständen direkt oder indirekt mit Aspekten des antihussitischen Handelsverbotes befasst haben.

Angeführt werden muss hier zunächst ein Aufsatz Zdeněk Šimečeks, in dem er 1963 den sogenannten Budweiser „Liber vini" auswertete[270]. In diesem Register wurde von 1424 bis 1434 Buch über Einnahmen und Ausgaben geführt, die im Zusammenhang mit dem Weinausschankmonopol anfielen, das der damalige Stadtherr, Albrecht V. von Österreich, dem Rat von Budweis verliehen hatte. Auch wenn der österreichische Wein, über den im „Liber vini" abgerechnet wurde, nicht weiter ins Landesinnere gehandelt wurde, sondern rein für den Ausschank in der Stadt bestimmt war, erlaubt Šimečeks Auswertung einen Blick in die Entwicklung des – nicht dem Handelsverbot unterliegenden – Weinhandels zwischen Österreich und dem katholischen Teil Südböhmens, ebenso wie in die wirtschaftlichen Verhältnisse einer königstreuen Grenzstadt, die in unmittelbarem Kontakt sowohl mit dem katholischen Ausland als auch mit dem hussitischen böhmischen Binnenland stand.

Bereits genannt wurde Jaroslav Čechura, der sich Anfang der 1990er-Jahre mit den die Jahre 1423 bis 1434 umfassenden Rechnungen der Burg Karlstein beschäftigte, dem einzigen erhaltenen Rechnungsbestand einer katholischen Burg im Böhmen der Hussitenzeit[271]. Der Autor wies anhand dieser Quelle nach, dass die katholische Burgbesatzung während dieses Zeitraums offensichtlich praktisch uneingeschränkten Zugang zu Fernhandelsgütern von außerhalb Böhmens hatte, und insbesondere, dass sie diese hauptsächlich auf dem Prager Markt erwarb. Diese Tatsache dient Čechura vor allem als Argument gegen die angebliche geschichtswissenschaftliche „Fiktion" einer antihussitischen „Blockade", da sie belege, dass die wirtschaftlichen Verbindungen Böhmens mit seinen Nachbarländern zu keinem Zeitpunkt unterbrochen waren, und der Warenaustausch auf den Prager Märkten ganz normal funktionierte[272].

Čornej, Epidemie. Ich danke Andrea Kiss für Anregungen und Literaturhinweise in diesem Zusammenhang.

270 Šimeček, Monopolní obchod.

271 Čechura, Konsumniveau 180–184; Ders., Mor 296–303; vgl. auch die rezente Analyse von Garkisch, Běžný život. Die Karlsteiner Rechnungen edierte Pelikán, Účty; Nachträge bei Nový, Doplňky. In jüngster Zeit wertete David Kalhous diese Rechnungen im Hinblick auf die strategische Funktion der Burg als Außenposten Sigismunds im hussitischen Böhmen aus, vgl. Kalhous, Outpost; dort auch ausführlich zu den Finanzen und der Versorgung der Burg.

272 Čechura, Konsumniveau 180–184, Zitat 184; Ders., Mor 300f. Vgl. auch oben, Kap. 2.3.3. Auf die

Von besonderer Bedeutung für die Erforschung des antihussitischen Handelsverbotes sind schließlich die Arbeiten Miloslav Polívkas. Im Anschluss an seine Auseinandersetzung mit der Geschichte Pilsens in der Hussitenzeit[273] begann Polívka ebenfalls ab den 1990er-Jahren intensive Archivforschungen in Nürnberg, wo er bedeutende neue Quellen zur Geschichte der Hussitenkriege identifizierte, die er in einer Serie von Aufsätzen auswertete[274]. Unter anderem gelang es ihm, eine Reihe von Fällen von mutmaßlichem Schwarzhandel zwischen Nürnberger Kaufleuten und deren böhmischen Geschäftspartnern zu rekonstruieren[275]. Hinsichtlich des antihussitischen Handelsverbotes geht Polívka davon aus, dass der Nürnberger Rat das Verbot offiziell unterstützte, inoffiziell jedoch daran arbeitete, die Position der städtischen Kaufleute in Böhmen möglichst zu halten. In einem Aufsatz aus dem Jahr 1994 stellte er weiters die These auf, dass das Handelsverbot anfänglich strenger gehandhabt wurde als in den letzten Jahren des Krieges, da dessen Bestimmungen durch die Macht des Faktischen immer mehr aufgeweicht und immer weniger respektiert worden seien[276].

Die Forschungen insbesondere Zdeněk Šimečeks, Jaroslav Čechuras und Miloslav Polívkas, aber ebenso die unzähligen anderen Arbeiten, die bis dato zur Geschichte des böhmischen Handels bzw. der Hussitischen Revolution veröffentlicht wurden, bilden ein solides Fundament, auf das eine neue, systematische Beschäftigung mit dem antihussitischen Handelsverbot aufbauen kann. Eine solche umfassende Untersuchung, die möglichst viele Komponenten des komplexen Phänomens berücksichtigt, ist das Ziel dieser Arbeit. Im folgenden Kapitel soll dargelegt werden, welche Methodik die Untersuchung anwendet, um dieses Ziel zu erreichen, und welche neuen Forschungsansätze sie einbringt, um die Widersprüche der bisherigen „doppelgleisigen" Argumentation bei der Darstellung des antihussitischen Handelsverbotes zu überwinden.

---

in den Karlsteiner Rechnungen aufscheinenden Importprodukte wies allerdings im Zusammenhang mit der Frage nach der Effizienz des antihussitischen Handelsverbotes schon Graus hin, vgl. Ders., Handelsbeziehungen 81, Anm. 21.

273 Polívka, Plzeň; Ders., Böhmen.

274 Polívka, Nürnberg; Ders., Znovu.

275 Polívka, K „černému obchodu" und bes. Ders., Beziehungen. In diesem einflussreichen Aufsatz findet sich allerdings eine Reihe von nicht durch die Quellen gedeckten Interpretationen, die auf diesem Weg auch in die weitere Forschung eingingen. Vgl. dazu im Folgenden, passim, bes. Kap. 2.6.4.

276 Polívka, K „černému obchodu" 33: „[Die in dem Aufsatz analysierten Beispiele aus den 1430er-Jahren] bestätigen […], daß die am Anfang der hussitischen Revolution erlassenen Maßnahmen allmählich abgebaut wurden."

2.4 Fragestellung, Methodik und Ziele der Untersuchung

Wie im Vorangehenden deutlich geworden sein dürfte, war der Blick der Forschung auf das antihussitische Handelsverbot bislang von einem Verständnis desselben als „hartes", machtpolitisch-strategisches Kriegsmittel dominiert. Das Verbot wurde dabei als beinahe modernes, zweckrationales Mittel der katholischen Seite aufgefasst, mit dem diese versuchte, ihr hussitisches Gegenüber materiell und wirtschaftlich zu schwächen; eine Maßnahme, die sich also „auf die Erreichung eines Zweckes richtet[e], der jenseits der Handlung selbst [lag]"[277]. Eine solche „instrumentelle" Auffassung ist, wie oben in Kapitel 1.2 gezeigt wurde, typisch für die bisher überwiegende Behandlung von Handelsverboten durch die Geschichtswissenschaft. Sie fokussiert vor allem auf die Frage nach der Effizienz und den Auswirkungen eines Handelsverbotes, was im Fall des antihussitischen Handelsverbotes nicht geringe methodische Schwierigkeiten mit sich bringt[278].

Soziales Handeln, wie es die Verhängung und Umsetzung eines Handelsverbotes ist, enthält jedoch neben „instrumentellen" stets auch „symbolische" Aspekte[279]. Die vorliegende Arbeit schlägt daher einen neuen Zugang zum Thema „antihussitisches Handelsverbot" vor. Sie nähert sich ihrem Untersuchungsgegenstand unter einem zweifachen Blickwinkel: Zunächst wird in Kapitel 3, dem ersten Hauptteil dieser Untersuchung, ein eher wirtschafts- und politikgeschichtlicher Ansatz verfolgt, der das Handelsverbot als strategisch-instrumentelles Kriegsmittel in den Blick nimmt und damit als Quelle für die mitteleuropäische Wirtschaftsgeschichte des 15. Jahrhunderts fruchtbar macht. Im zweiten Hauptteil in Kapitel 4 wird das antihussitische Handelsverbot danach unter einem dezidiert kulturhistorischen Blickwinkel als symbolisch-kommunikativer Prozess und „kulturelle Praxis" analysiert. Hier schlägt die Untersuchung neue Wege ein, indem sie das Handelsverbot als soziales Handeln begreift, und nicht mehr, wie bisher in der Forschung üblich, als von den handelnden Menschen eigentümlich abstrahierte, von außen vorgegebene Tatsache.

---

277 Stollberg-Rilinger/Neu, Einleitung 22.

278 Vgl. dazu auch im Folgenden, Kap. 2.6.1.

279 Zum hier zugrunde liegenden (vorrangig deutschsprachigen) Forschungsparadigma der sogenannten „symbolischen Kommunikation" vgl. unter vielen lediglich die theoretische Einführung Barbara Stollberg-Rilingers, Symbolische Kommunikation, sowie die vorläufige Bilanz derselben Autorin in Dies./Neu, Einleitung. Zur Scheidung zwischen „instrumentellen" und „symbolischen" Anteilen menschlichen Handelns vgl. die methodischen Überlegungen bei Köhler, Strategie, bes. 30–36. Unabhängig von der umfänglichen deutschsprachigen Forschungstradition gelangt Stantchev zu einer ähnlichen Scheidung in eine „instrumentelle" Dimension des „papal embargo" im Gegensatz zu dessen Charakter als „kulturelle Praxis", Stantchev, Spiritual Rationality, bes. 3–7 sowie hier im Folgenden.

Zu diesem Zweck werden die Quellennachrichten zum antihussitischen Handelsverbot mittels einer qualitativen Analyse in ihren jeweiligen historischen und politischen Kontext eingebettet und interpretiert, wobei besonderes Augenmerk auf die Aussagemöglichkeiten und -grenzen der Quellen gelegt wird. Methodisch bedient die Arbeit sich dazu der historisch-kritischen Quellenanalyse sowie des Instrumentariums der historischen Hilfswissenschaften.

2.4.1 Das antihussitische Handelsverbot als instrumentelles Kriegsmittel

Obwohl die instrumentelle Dimension des antihussitischen Handelsverbotes schon bisher im Zentrum der wissenschaftlichen Auseinandersetzung mit diesem Thema stand, wurde das Potential dieses Zuganges bis dato nicht systematisch ausgeschöpft. Einer der Gründe dafür liegt in der geschilderten Fixierung der Forschung auf die Frage nach der Effizienz und den Effekten des Verbotes. Da es aller Voraussicht nach nie möglich sein wird, ein seriöses Urteil in dieser Frage zu fällen[280] muss eine Auseinandersetzung mit dem antihussitischen Handelsverbot unter dem Blickwinkel der Wirtschafts- und der politischen Geschichte ein anderes Ziel verfolgen. In Kapitel 3 sollen die Nachrichten zum antihussitischen Handelsverbot deshalb dazu genutzt werden, einen Ausschnitt aus den wirtschaftlichen Beziehungen zwischen den Einwohnern Böhmens und ihren Nachbarn zu rekonstruieren. Abhängig von der Natur der Quellen können aus ihnen nämlich direkt oder indirekt Anhaltspunkte für die Beantwortung verschiedener, vorrangig wirtschaftsgeschichtlicher Fragen gewonnen werden:

Blickt man zunächst auf die räumlich-geografische Dimension des Handelsverbotes, stellt sich die Frage, welche Informationen sich aus der geografischen Verteilung der Nachrichten zum antihussitischen Handelsverbot über regionale Verkehrswege und internationale Fernhandelsrouten und deren Kontrolle bzw. über die räumliche Struktur des lokalen Nahhandels gewinnen lassen. Dieselben Quellen gewähren weiters Aufschluss über die Akteure des Fern- und Nahhandels zwischen Böhmen und dessen Nachbarterritorien, denen sich ein zweites Teilkapitel widmen wird. Ein weiteres Teilkapitel beschäftigt sich mit der Frage nach den gehandelten Waren. Gerade aus den Quellen zu einem Handelsverbot können nämlich Rückschlüsse auf tatsächlich gehandelte Waren gezogen werden, wodurch sich besonders kriegswichtige Güter ermitteln lassen[281]. Ebenso soll ein Blick geworfen werden auf die politischen und diplomatischen Bemühungen, den Handel mit diesen besonders signifikanten Gütern zu kontrollieren. Im Zentrum des letzten Teilkapitels schließlich stehen jene Mittel, mit denen versucht wurde, das antihussiti-

280 Vgl. zu diesem Problem sowohl oben, Kap. 2.3 als auch im Folgenden, Kap. 6.1.

281 Vgl. allerdings zu den damit einhergehenden methodischen Schwierigkeiten im Folgenden Kap. 2.6.5.

sche Handelsverbot praktisch umzusetzen. Dabei wird auch auf die Grenzen einzugehen sein, an die die Umsetzung des antihussitischen Handelsverbotes unter den Bedingungen vormoderner Herrschaft stoßen musste.

Ziel dieses ersten Hauptteiles ist es, durch die Analyse des antihussitischen Handelsverbotes einen Beitrag zur Wirtschaftsgeschichte der Hussitenzeit und zur Geschichte des mitteleuropäischen Handels im frühen 15. Jahrhundert im Allgemeinen zu leisten, indem zum Teil altbekannte Quellen unter einem neuen Blickwinkel für ein tendenziell quellenarmes Thema fruchtbar gemacht werden.

2.4.2 Das antihussitische Handelsverbot als symbolisch-kommunikativer Prozess

Ergänzend zu dieser „instrumentellen“ Lesart verfolgt der zweite Hauptteil einen neuen, dezidiert kulturwissenschaftlichen Zugriff auf das Thema[282]. Das antihussitische Handelsverbot wird dabei als soziales Handeln verstanden, das „einen Sinn [stiftet], der sich bereits im Vollzug der Handlung selbst realisiert und dabei zeichenhaft über sich selbst hinaus auf ein kollektives Bedeutungssystem verweist“[283], d. h., der Zweck der Handlung liegt in der Handlung selbst, deren Vollzug mithilft, ein größeres System von Werten und Ideen, die innerhalb einer Gemeinschaft geteilt werden, fortzuschreiben. Propagierung und Umsetzung des antihussitischen Handelsverbotes stellen sich unter diesem Blickwinkel als soziale Praxis dar, die auf die päpstlich-katholische Seite selbst abzielte, und dabei weniger einen militärischen als vielmehr einen religiös-moralischen Effekt zum Ziel hatte. Dieser wirkte gleichzeitig gemeinschaftsstiftend und konnte zur Legitimierung von Herrschaftsausübung herangezogen werden[284].

Mit dieser Interpretation des antihussitischen Handelsverbotes als soziales Handeln greift die Arbeit Forderungen nach einer vermehrt kulturgeschichtlich informierten Wirtschaftsgeschichte und deren Verbindung mit dem Forschungsparadigma der „symbolischen Kommunikation“ auf[285]. Die hier zugrunde gelegten methodischen Überlegungen

---

282 Ich danke Christina Lutter und Philippe Buc für Anregungen in diesem Zusammenhang.

283 Stollberg-Rilinger/Neu, Einleitung 22. Siehe zum hier zugrunde liegenden theoretischen Konzept der „symbolischen Kommunikation“ oben, Anm. 279.

284 Vgl. dazu die Funktion des „Signalling“, die die Politikwissenschaft als eine der Funktionen von Sanktionen identifiziert hat, z. B. Giumelli, Coercing 148: „Finally, sanctions could simply aim at achieving an agreement among domestic actors to condemn certain policies. […] In other words, the purpose of sanctions would be to send a signal of unity and to shape the identity of the actor that is imposing the measure.“ Die neuere politikwissenschaftliche Forschung wendet sich damit gegen ein älteres, pejorativ-negatives Verständnis dieser Funktion als „bloß“ symbolisch, Baldwin, Sanctions Debate, bes. 102f.

285 Vgl. dazu etwa die Beiträge von Werner Freitag, Tim Neu und Simon Teuscher in der von Stollberg-

fußen jedoch hauptsächlich auf der bereits wiederholt zitierten Monografie Stefan Stantchevs[286]. Unter Bezugnahme auf politikwissenschaftliche Theorien schlägt der Autor darin vor, das „papal embargo" nicht nur als instrumentelles Mittel der „domestic policy" des mittelalterlichen Papsttums oder als Kriegsmittel im Zusammenhang mit den Kreuzzügen zu begreifen. Vielmehr handle es sich bei der päpstlichen Embargopolitik auch, und möglicherweise sogar vorrangig, um einen moralischen Diskurs über die Legitimität von Handel mit Nicht-Christen. Stantchev interpretiert das „papal embargo" dementsprechend als Mittel der Seelsorge ebenso wie der Identitäts- und Gruppenbildung. Unter dieser Prämisse identifiziert er als das eigentliche Ziel des „papal embargo", die „Herde" der Gläubigen zum Wohl ihres Seelenheils spirituell zusammenzuschließen. Zu diesem Zweck wurde mittels normativer Maßnahmen die „Ingroup" gegen religiös „Andere", d. h. Muslime, Juden und Häretiker, abgegrenzt. In einem diskursiven Prozess wurde dabei, so Stantchev, aus einzelnen, anlassbezogenen Maßnahmen eine „kulturelle Praxis" der Identitätsbildung durch Abgrenzung, Einhegung und performative Selbstversicherung der christlich-katholischen Gemeinschaft.

Kapitel 4 testet diese Ansätze an den Quellen zum antihussitischen Handelsverbot. Als Erstes wird dazu untersucht, auf welche Weise Handel mit Hussiten kommunikativ als Sünde und moralisch verwerfliche Tat konstruiert wurde. Danach wird der Blick gerichtet auf die Frage, welche Konsequenzen sich daraus für diejenigen ergaben, gegen die der Vorwurf des Hussitenhandels erhoben wurde, und wie sie versuchten, diesem Vorwurf zu begegnen. Im Weiteren wird die politische Instrumentalisierbarkeit solcher Vorwürfe analysiert und umgekehrt untersucht, wie das antihussitische Handelsverbot von der Kurie, König Sigismund und anderen katholischen Protagonisten als Mittel der herrschaftslegitimierenden Propaganda im politischen Wettbewerb genutzt wurde.

Ziel dieses zweiten Hauptteiles ist es, durch eine Analyse des antihussitischen Handelsverbotes als symbolisch-kommunikativer Prozess dessen Rolle als Propagandainstrument und Mittel der Herrschaftsausübung und -stabilisierung zu beschreiben. Ebenso soll ein Blick geworfen werden auf die Wahrnehmung des Handelsverbotes durch jene Menschen, die es vor Ort umsetzen sollten.

2.4.3 Das antihussitische Handelsverbot als Herrschaftspraxis

Die skizzierte heuristische Scheidung in zwei unterschiedliche Zugänge dient dazu, die Quellennachrichten zum antihussitischen Handelsverbot für unterschiedliche Fragestel-

---

Rilinger, Neu und Brauner vorgelegten Forschungsbilanz, Freitag, Markt; Neu, Symbolische Kommunikation; Teuscher, Herrschaft.

286 Stantchev, Spiritual Rationality. Vgl. dazu auch meine diesbezügliche Rezension, Kaar, Rezension.

lungen fruchtbar zu machen, da man durch diesen doppelten analytischen Zugang „Unterschiedliches am gleichen Gegenstand auffinden und unterscheiden kann“[287]. Ziel der Arbeit ist es, auf diesem Weg ein neues, multidimensionales Bild des antihussitischen Handelsverbotes als wirtschafts- und kulturgeschichtliches Phänomen zu entwerfen. Dazu werden abschließend die Aussagemöglichkeiten beider Konzepte und auch deren Vereinbarkeit kritisch zu reflektieren sein.

Zu diesem Zweck versucht der dritte Hauptteil, beide Analysekonzepte zusammenzuführen, indem das antihussitische Handelsverbot als mittelalterliche Herrschaftspraxis beschrieben wird[288]. Ein Verbot, für dessen Umsetzung die Herrschenden auf die Kooperation der Ausführenden vor Ort angewiesen waren, eignet sich in besonderem Maße für die Untersuchung von Aushandlungsprozessen zwischen Herrscher und Beherrschten. Das antihussitische Handelsverbot wird dabei als komplexes Ineinandergreifen von Top-down- und Bottom-up-Prozessen fassbar. Gleichzeitig macht eine Betrachtung des antihussitischen Handelsverbotes auf der Ebene der Herrschaftspraxis auch das Zusammenspiel von „instrumenteller“ und „symbolisch-kommunikativer“ Dimension des Verbotes sichtbar: Einerseits sollten auf einer instrumentellen Ebene ganz konkret die Hussiten als militärische Gegner geschwächt werden. Andererseits wird das Handelsverbot als Kommunikationsprozess greifbar, der auch die Selbstversicherung der Beteiligten und die Legitimierung von Herrschaft zum Inhalt hatte.

2.5 Quellen zur Erforschung des antihussitischen Handelsverbotes

Aus der Zeit der Hussitenkriege sind aus Böhmen und den umliegenden Ländern nur wenige serielle Quellen erhalten geblieben, die für eine quantitative Untersuchung der Geschichte des Fern- oder Nahhandels aussagekräftig sind[289]. Für die vorliegende Unter-

---

287 Köhler, Strategie 31.

288 Vgl. zu mittelalterlicher Herrschaftspraxis als Forschungsgegenstand etwa Sigismund, hg. Hruza/Kaar; Bauch u. a., Heilige.

289 Dies gilt natürlich nicht für Rechnungen, wie sie etwa aus Wien, Nürnberg, Görlitz, Znaim oder der Burg Karlstein überliefert sind. Diese Rechnungen beinhalten z. T. sehr reichhaltige Nachrichten über wirtschaftliche Beziehungen mit Anhängern des hussitischen Glaubens und sind teilweise auch bereits von der Forschung unter diesem Blickwinkel ausgewertet worden. Dasselbe gilt auch für die verschiedenen erhaltenen Stadtbücher, die etwa den Zuzug von Neubürgern und damit wirtschaftliche Kontakte und Einflusssphären dokumentieren. Aus arbeitsökonomischen Gründen wurde hier jedoch – mit Ausnahme der besonders vielversprechenden sogenannten Görlitzer Ratsrechnungen – auf eine systematische eigenständige Auswertung dieser Quellen verzichtet. Berücksichtigt werden allerdings die Ergebnisse der einschlägigen Forschung. Weiters wurde entschieden, zumindest punktuell eine besonders aussagekräftige Quelle aus dem hussitischen Machtbereich miteinzubeziehen, nämlich eine erhalten

suchung wurde daher ein qualitativer Ansatz gewählt, der dezidiert nicht darauf abzielt, die Veränderung von Warenströmen statistisch nachzuweisen.

Von den existierenden einschlägigen Quellen waren einige, namentlich die umfangreichen Nürnberger Quellen, die Rechnungen der Burg Karlstein und der Budweiser „Liber vini“ bereits Gegenstand wirtschaftsgeschichtlich orientierter Studien[290]. Abgesehen von diesen wertvollen Einzelquellen ist die Überlieferung zum Handel zwischen den Einwohnern Böhmens und ihren Nachbarn im späten Mittelalter jedoch im Allgemeinen lückenhaft und unsystematisch[291]. Generalisierende Aussagen werden etwa erschwert durch die Ungleichmäßigkeit der Überlieferung. Diese ist innerhalb Böhmens besonders gut für die großen Städte Prag, Brünn und Eger sowie für Südböhmen, eher schlecht jedoch z. B. für Pilsen oder für die nordböhmischen Städte[292]. Daher sind, wie Graus für die vorhussitische Zeit feststellte, die Handelsbeziehungen mit dem bayerischen und österreichischen Raum tendenziell besser fassbar als die Beziehungen mit dem Norden und Osten[293]. Auch außerhalb Böhmens ist das Bild hauptsächlich vom Erhaltungszustand und der Überlieferungstiefe der größeren Stadtarchive abhängig. Im Hinblick auf das antihussitische Handelsverbot kommen zu diesen Problemen im Bezug auf die Überlieferungssituation noch Probleme methodischer Natur, auf die im Folgenden in Kapitel 2.6.2 noch näher einzugehen sein wird.

Die Bildung eines Quellenkorpus als Grundlage für die Untersuchung des antihussitischen Handelsverbotes birgt also eine Reihe von Herausforderungen[294]. Es gibt keine systematische, flächendeckende Gesetzgebung zum antihussitischen Handelsverbot. Weiters existieren – soweit derzeit bekannt – für den untersuchten Zeitraum keine Ansuchen um päpstliche Ausnahmegenehmigungen für den Handel mit Hussiten, die den Lizenzen für den Handel mit den Muslimen im mediterranen Raum ähneln würden; auch

---

gebliebene Teilrechnung des Altstädter Rates aus dem Jahr 1429/30, die bereits in Edition vorliegt (vgl. Pátková, Berní knihy), und die sich hinsichtlich der Frage nach der Effizienz des antihussitischen Handelsverbotes zur Ergänzung der Quellen katholischer Provenienz eignet.

290 Vgl. oben, Kap. 2.3.4.

291 Zur Quellenproblematik Schenk, Problematik 417–421; Dvořák, Císař 1, 7f., sowie unter anderem Blickwinkel Polívka, Znovu. Allgemein vgl. den programmatischen Aufsatz Eschs, Überlieferungs-Chance.

292 Für die neuzeitlichen Archivverluste in Pilsen im Gegensatz zur Situation in Eger und Budweis vgl. Kaar, Stadt 290, Anm. 113.

293 Graus, Handelsbeziehungen 80.

294 Bis dato gibt es entsprechend auch keine spezialisierte Quellensammlung und -edition zum mitteleuropäischen Handel in der Hussitenzeit. Eine solche kann vermutlich auch kaum geleistet werden. Das dahingehend ambitionierteste Projekt, die „Quellen zur Handelsgeschichte der Stadt Nürnberg seit 1400“ wurde nach Erscheinen des ersten Teilbandes für die Jahre 1400 bis 1405 nicht weiter fortgesetzt, vgl. Quellen, hg. Biebinger/Neukam.

sind keine systematischen Abrechnungen eines Handelshauses, die etwa dem berühmten Runtingerbuch aus den Jahren um 1400 vergleichbar wären, überliefert[295]. Aus diesen Gründen liegt dieser Arbeit nicht eine einzelne „Leitquelle“ zugrunde. Vielmehr wurde entschieden, eine über die bisher üblicherweise herangezogenen Quellen hinausgehende, breite Mischung verschiedener Quellengattungen zu berücksichtigen, um Aussagen über das antihussitische Handelsverbot zu gewinnen. Gleichzeitig ist es durch diese breite Auswahl möglich, ein differenzierteres Bild des antihussitischen Handelsverbotes zu zeichnen, als wenn man nur einer einzelnen „Leitquelle“ folgen würde.

Unter dem Blickwinkel der historischen Quellenkritik lassen sich die ausgewerteten Quellen in drei Kategorien unterteilen: Eine erste Kategorie bilden Quellen eines normativen Typs. Dazu gehören neben den Bestimmungen des Kirchenrechts vor allem Urkunden des Papstes und seiner Legaten, König Sigismunds sowie diverser anderer Herrschaftsträger, die das antihussitische Handelsverbot einschärften. Einschlägige Bestimmungen erscheinen auch in Landfriedens- und Landesverteidigungsordnungen, Bündnis- und Waffenstillstandsverträgen sowie anderen vergleichbaren Quellen. Eher indirekte Nachrichten finden sich schließlich vereinzelt in Privilegien und Privilegienbestätigungen. Diese normativen Quellen geben Aufschluss darüber, welche Handlungen von ihren Ausstellern erwünscht, bzw. im Fall des antihussitischen Handelsverbotes, welches Verhalten dezidiert unerwünscht war. Sie erlauben keine Aussage über praktische Umsetzung und tatsächliche Effizienz des antihussitischen Handelsverbotes. Als schriftlicher Ausdruck von Politik bieten sie jedoch einen Blick auf Absichten und Ziele sowie konkrete Politikgestaltung der jeweiligen Aussteller[296].

Eine zweite Kategorie bilden Quellen, die keinen rechtssetzenden, sondern eher narrativen Charakter haben. Dazu gehören vor allem städtische Korrespondenzen und chronikalische Berichte über Kreuzzugsvorbereitungen, kriegerische Ereignisse, die Beschlagnahme von Waren unter dem Vorwurf des Schwarzhandels, tatsächliche bzw. vermeintliche hussitische Verschwörungen und Ähnliches. Zu nennen sind weiters die diplomatischen Korrespondenzen der involvierten Herrscher und des Papstes. Diese Quellen geben einerseits Hinweise auf die praktische Umsetzung des antihussitischen Handelsverbotes, dessen Möglichkeiten und Grenzen. Andererseits gewähren sie Einblick in die zeitgenössische Wahrnehmung des antihussitischen Handelsverbotes, dessen

295 Vgl. Runtingerbuch, hg. Bastian.

296 Vgl. zu normativen Quellen als Quelle für königliche Politikgestaltung Kaar, Mittel, sowie allgemein die konzeptionellen Überlegungen der HerausgeberInnen in Bauch u. a., Heilige. Vgl. auch im Folgenden, Kap. 5.1.3.

Deutung und dessen Stellenwert im Hinblick auf den Kampf gegen die vermeintlichen hussitischen „Ketzer“.

Zur dritten Kategorie zählen schließlich Quellen, die ihren Ursprung in städtischer und landesfürstlicher Verwaltungstätigkeit haben. Im Fall des antihussitischen Handelsverbotes handelt es sich dabei neben den hier nur vereinzelt herangezogenen Rechnungen vor allem um Quellen, die im Zuge der mittelalterlichen Strafverfolgung entstanden sind, das heißt um Geständnisse, Urfehdebriefe, Bürgschaftserklärungen und ähnliche justizielle Quellen. In diesen Dokumenten bildet sich – wenn auch nur bruchstückhaft – Art und mutmaßliches Ausmaß der wirtschaftlichen Beziehungen zwischen Katholiken und Hussiten ab. Als Quellen, die einem stark formalisierten Sprachgebrauch unterliegen, und vor allem angesichts der Tatsache, dass diese Dokumente innerhalb eines speziellen Erwartungshorizontes und unter Ausübung von justiziellem Zwang entstanden sind, sind ihre Aussagen allerdings mit besonderer methodischer Zurückhaltung zu behandeln.

Diese Aufstellung macht deutlich, dass sich Nachrichten zum antihussitischen Handelsverbot praktisch in allen Quellenbeständen und -sammlungen zum Zeitalter der Hussitenkriege finden können. Diese Arbeit behandelt außerdem einen sehr großen geografischen Raum, der einerseits Böhmen, andererseits alle seine Nachbarländer umfasst. Aus beiden Gründen kann die Quellenaufnahme keinen Anspruch auf Vollständigkeit erheben[297]. Bei dem Versuch, diesen Problemen methodisch zu begegnen, wurde auf drei einander ergänzenden Ebenen vorgegangen:

Auf einer ersten Ebene wurden ausgewählte thematisch und geografisch spezialisierte Quelleneditionen zur Geschichte der Hussitischen Revolution auf Nachrichten zum antihussitischen Handelsverbot durchsucht. Auf einer zweiten Ebene wurde diese systematische Quellenaufnahme ergänzt um vereinzelte publizierte und unpublizierte Quellen, die anhand der Spezialliteratur ausgeforscht werden konnten. Auf einer dritten Ebene erfolgte die eigenständige Autopsie in ausgewählten Archiven bzw. einzelnen Urkundenbeständen, die via www.monasterium.net online zugänglich sind.

Die hauptsächliche Basis der Quellenaufnahme bildeten die großen einschlägigen Quellensammlungen des 19. Jahrhunderts: František Palackýs „Urkundliche Beiträge zur Geschichte der Hussitenkriege“[298], die entsprechenden Bände der Älteren Reihe der „Deutschen Reichstagsakten“[299], Wilhelm Altmanns „Regesta Imperii XI“ einschließ-

297 An dieser Stelle sei allen KollegInnen gedankt, die die Materialaufnahme durch Hinweise unterstützt haben.

298 Urkundliche Beiträge 1–2, hg. Palacký.

299 DRTA 7–12.

lich der laufenden, nach Bibliotheken und Archiven organisierten Neubearbeitung[300], Jaromír Čelakovskýs „Codex iuris municipalis“[301], Jakob Caros „Liber cancellariae Stanislai Ciołek“[302], Colmar Grünhagens „Geschichtsquellen der Hussitenkriege“[303], Richard Jechts „Urkunden des Oberlausitzer Hussitenkrieges“[304], Karl Siegls „Urkunden und Briefe zur Geschichte der Hussitenkriege“[305] und andere[306]. Als noch unveröffentlichtes Manuskript konnte ein in Vorbereitung befindlicher Supplementband zu Günther Hödls „Regesta Imperii XII“ verwendet werden, in dem künftig Urkunden Herzog Albrechts V. aus den Archiven und Bibliotheken Böhmens und Mährens publiziert werden[307]. Im Hinblick auf Quellen kurialen Ursprungs wurden neben den schon genannten allgemeinen einige ausgewählte spezialisierte (Regesten-)Sammlungen auf Nachrichten zum Handelsverbot hin durchsucht: Karl August Finks „Politische Korrespondenz Martins V.“[308], die einschlägigen Bände des „Repertorium Germanicum“[309], Walter Brandmüllers „Konzil von Pavia-Siena“[310], Jaroslav Eršils „Acta Martini V.“[311], Augustin Theiners „Monumenta“[312] sowie die relevanten Bände des „Bullarium Poloniae“[313]. Im Hinblick auf die antihussitische Politik Martins V. und seiner Legaten wurde weiters Birgit Studts Monografie zur Kirchenreformpolitik dieses Papstes herangezogen, die auf

---

300 RI XI; RI XI NB 1–6. Ich danke Petr Elbel und den Mitarbeitern des Regesta Imperii Branch Office, Department of Auxiliary Historical Sciences and Archive Studies, Masaryk Universität, Brünn, für die Zurverfügungstellung von noch unveröffentlichtem Material.

301 CIM 1–4,1, hg. Čelakovský/Friedrich/Haas.

302 Liber cancellariae 1–2, hg. Caro.

303 Geschichtsquellen, hg. Grünhagen.

304 CDLS II,1–2, hg. Jecht.

305 Briefe 1–2, hg. Siegl.

306 Zu nennen sind vor allem verschiedene regionale Urkundenbücher, siehe z. B. Wirmsberger, Regesten; Quellen, hg. Uhlirz; UB Schlägl, hg. Pichler; UB Krummau 2, hg. Schmidt/Picha; UB Pilsen, hg. Strnad; Beiträge 1–4, hg. Gradl; UB Zittau 1, hg. Prochno; Regesty, hg. Barciak/Müller, etc. Eine Quellenanthologie zur Hussitenzeit in englischer Sprache veröffentlichte vor einiger Zeit Fudge, Crusade. Aufgrund des Umfangs des zu bearbeitenden Materials konnte besonders hier keine Vollständigkeit erzielt werden.

307 RI XII Supp. Vgl. Projektbeschreibung „Herrschaft im Angesicht hussitischer Wagenburgen“. Ich danke Petr Elbel für die Zurverfügungstellung von noch unveröffentlichtem Material.

308 Fink, Korrespondenz.

309 Rep. Germ., hg. Arnold; Rep. Germ. 4, hg. Fink, hier benutzt über die Online-Abfragemaske des DHI Rom, RG Online.

310 Brandmüller, Konzil 2.

311 Acta 1–3, hg. Eršil.

312 Monumenta 2, hg. Theiner.

313 Bullarium Poloniae 4–5, hg. Sułkowska-Kurás u. a. Eine Auswertung der Korrespondenz Martins V. mit Wladislaw Jagiello bei Drabina, Kontakty.

extensiven Quellenstudien der Autorin basiert[314]. Eine vergleichbare Arbeit für das Pontifikat Eugens IV. fehlt bisher; auch der entsprechende Band der „Monumenta Vaticana res gestas Bohemicas illustrantia" liegt für die Zeit Eugens noch nicht vor. Die Register der päpstlichen Pönitentiarie schließlich, in der sich vereinzelte Bitten um Absolution von der Sünde des Hussitenhandels finden, setzen erst mit dem Pontifikat Eugens IV. ein. Die Natur dieser Quelle lässt keine genaue Datierung der dort berichteten Vorfälle zu, sie scheinen jedoch eher aus der Zeit des „Zweiten Hussitenkrieges" unter Georg von Podiebrad zu stammen[315]. Auch konnten für die Zeit des „Ersten Hussitenkrieges" bisher keine päpstlichen Indulte für Handel mit Hussiten ausgeforscht werden, die denjenigen ähneln, die die Stadt Nürnberg ab dem Jahr 1477 systematisch erwarb[316].

Zusätzlich zu diesen Sammlungen urkundlicher Quellen wurden die ebenfalls im 19. Jahrhundert entstandenen Editionen der wichtigsten Chroniken der katholischen Seite gesichtet[317]: Eberhard Windecks „Denkwürdigkeiten"[318], Andreas von Regensburgs „Chronica Husitarum"[319] sowie Bartošek von Drahonitz' „Chronik"[320], welche ergänzt wurden um die „Hussitenchronik" des bedeutendsten hussitischen Geschichtsschreibers, Laurentius von Březová[321]. Diese chronikalischen Quellen erwiesen sich jedoch für das Thema als insgesamt wenig ergiebig. Insbesondere Laurentius erwähnt zwar wiederholt Blockaden im Zuge von Kämpfen um bestimmte feste (hussitische und katholische) Plätze. Diese Vorgänge lassen sich allerdings nicht eigentlich als „Handelsverbote" ansprechen, sondern sind eher ein praktisches Kriegsmittel, das selbstverständlich zur spätmittelalterlichen Kriegstechnik der Belagerung gehörte. Eine Ausnahme im

---

314 Studt, Martin V. Zur Materialgrundlage ebd. 13–23.

315 Vgl. zu dieser Quelle und ihrer Erschließung Schuchard, Regestenwerk. Eine systematische eigene Auswertung der Pönitentiarieregister konnte im Rahmen der vorliegenden Arbeit nicht unternommen werden. Doležalová, Reflections nennt in ihrer Auswertung für die böhmischen Diözesen kein einschlägiges Beispiel. Die bei Esch, Geschichten 185 zusammengestellten Beispiele (RPG 6, Nrr. 2187, 2747, 2827 und 2936) stammen alle aus den 1470er-Jahren; der das Pontifikat Eugens IV. abdeckende erste Band des RPG scheint keine einschlägigen Suppliken zu enthalten.

316 Vgl. Kraus, Stadt 26f.

317 Auf ausführliche biografische und bibliografische Angaben zu den einzelnen Autoren wird im Folgenden verzichtet, da diese der Überblicksliteratur zur Hussitischen Revolution entnommen werden können, vgl. oben, Anm. 119.

318 Windeck, Denkwürdigkeiten, hg. Altmann.

319 Andreas von Regensburg, Sämtliche Werke, hg. Leidinger 343–459; siehe auch dessen *Diarium sexennale*, ebd. 301–342, sowie die Fortsetzung zu dessen *Chronica pontificum et imperatorum Romanorum*, ebd. 461–501, und den *Dialogus de haeresi bohemica*, ebd. 657–691.

320 Bartošek von Drahonitz, Kronika, hg. Goll.

321 Laurentius von Březová, Kronika Husitská, hg. Goll; eine deutsche Übersetzung bietet Laurentius von Březová, Hussiten, hg. Bujnoch.

Hinblick auf die Aussagekraft für das vorliegende Thema bildet allein das Werk des Andreas von Regensburg. Dieses trägt eher den Charakter eines „unter historiographischen Ordnungsprinzipien angelegten[n] Dossier[s] von Dokumenten der zeitgenössischen politischen Kommunikation über Kreuzzug und Reform“[322] und überliefert dadurch zahlreiche andernorts verlorene urkundliche Quellen.

Eigenständige Archivrecherchen wurden angesichts der vielversprechenden lokalen Archivsituation vor allem in Bayern, der Oberpfalz und Westböhmen durchgeführt[323]. Angeschlossen wurde auch an vorangehende Arbeiten der Verfasserin zu den Urkunden Sigismunds aus Archiven und Bibliotheken der Oberlausitz, Niederlausitz und Schlesiens[324]. Darüber hinaus konnte auf Materialien aus den diversen Sammlungen der Regesta Imperii XI-Arbeitsgruppen in Wien und Brünn zurückgegriffen werden[325]. Als besonders ergiebig für das Thema erwiesen sich die mittelalterlichen Urkundenbestände der Stadtarchive Passau, Regensburg, Eger, Bautzen, Görlitz und Wien sowie insbesondere das Archiv der Reichsstadt Nürnberg. Unter den Beständen des Letzteren sind die sogenannten Briefbücher des Inneren Rates hervorzuheben. Bei diesen handelt es sich um die Auslaufregister der Nürnberger Ratskanzlei, die für die Jahre der Hussitenkriege vollständig erhalten geblieben sind und eine unschätzbare, bereits mehrfach ausgewertete Quelle für die mitteleuropäische Geschichte des frühen 15. Jahrhunderts darstellen[326].

Ziel dieser Autopsie war es, die Vollständigkeit und Tiefe der Quellenaufnahme der bisherigen Historiografie anhand der Archivbestände zu überprüfen. Es stellte sich heraus, dass das für die vorliegende Fragestellung relevante urkundliche Material zum überwiegenden Teil bereits durch die genannten Quellensammlungen und die einschlägige Literatur publiziert wurde. Diese Tatsache berechtigt zu der Hoffnung, dass dies zumindest zum überwiegenden Teil auch für jene Quellenbestände und Archive zutrifft, die aus arbeitsökonomischen und sprachlichen Gründen unberücksichtigt gelassen werden mussten.

Zu diesen hier nicht berücksichtigten Quellen gehören vor allem antihussitische Predigten, welche potentiell Nachrichten zum Handelsverbot enthalten könnten. Eine Aus-

322 So die Charakterisierung Studts, Martin V. 10f.

323 Persönlich aufgesucht wurden Archive in München, Nürnberg, Amberg, Bamberg, Passau und Eger.

324 Persönlich aufgesucht wurden Archive in Kamenz, Bautzen, Löbau, Görlitz, Zittau, Potsdam und Breslau.

325 Ich danke den MitarbeiterInnen am Institut für Mittelalterforschung der Österreichischen Akademie der Wissenschaften, Wien, und am Regesta Imperii Branch Office, Department of Auxiliary Historical Sciences and Archive Studies, Masaryk Universität, Brünn, für ihre umfassende Kooperation.

326 StAN BB Nr. 5–12. Schon František Palacký verwendete die Briefbücher für seine „Urkundlichen Beiträge“. Aus dem Blickwinkel der böhmischen Geschichte wurden sie ausführlich untersucht und genutzt von Miloslav Polívka, siehe dessen in Anm. 274 genannte Arbeiten.

wertung der Großteils ungedruckten zeitgenössischen Predigtliteratur hätte allerdings sowohl methodisch als auch arbeitsökonomisch den Rahmen dieser Arbeit gesprengt, weshalb diese potentielle Quellengattung ausgeklammert bleiben musste[327]. Unberücksichtigt blieben auch die gerade für die Zeit der Hussitenkriege bedeutsamen Quellen in alttschechischer Sprache, deren Bearbeitung aus sprachlichen Gründen ebenso wenig möglich war wie eine eingehende Berücksichtigung der polnischen, slowakischen und ungarischen Literatur[328]. Es wurde versucht, diese Fehlstellen so weit als möglich über mir sprachlich zugängliche Literatur zu schließen. Zumindest die Ausklammerung der alttschechischen Materialien ist weiters insofern argumentierbar, als der überwiegende Teil der Quellen aus dem katholischen Machtbereich in deutscher oder lateinischer Sprache abgefasst wurde bzw. in einer neusprachlichen Bearbeitung verwendet werden konnte[329].

Abgesehen von den hier dargelegten Problemen der Quellenüberlieferung, Quellenauswahl und der sprachlichen Zugänglichkeit ergeben sich aus der Erforschung von (Nicht-) Handel, wie diese Monografie sie unternimmt, noch eine Reihe weiterer Probleme. Diese Schwierigkeiten sind vorrangig methodischer Natur. Das folgende Teilkapitel thematisiert einige dieser Probleme; andere werden an gegebener Stelle im Darstellungsteil behandelt.

327 Ich danke Pavel Soukup und Dušan Coufal für ihre diesbezügliche Einschätzung. Für ein Beispiel für die Auswertung antihussitischer Predigten vgl. Soukup, Predigten zu den Kreuzzugspredigten des Wiener Augustiner-Eremiten-Priors Oswald Reinlein von 1426; dort jedoch kein Bezug auf das antihussitische Handelsverbot. Auch die bei Andreas von Regensburg überlieferte Predigt des Augustiner-Eremiten-Provinzials Berthold Puchhauser anlässlich der Verurteilung des Regensburger Priesters Ulrich *Grünsleder* als Hussit 1421 enthält keine Bezüge auf das Handelsverbot, vgl. Andreas von Regensburg, Sämtliche Werke, hg. Leidinger 351–362 sowie hier im Folgenden, Kap. 4.2.1. Auch die Predigten, die im Zuge der im Mai 1420 von der Wiener Universität eingeführten, regelmäßigen antihussitischen Gottesdienste in der Wiener Dominikanerkirche gehalten wurden, waren wohl überwiegend theologisch-dogmatisch ausgerichtet. Vgl. dazu Traxler, Häretikerbekämpfung 124–130. Unter anderem Blickwinkel auch Fuchs, Alltag; dort ebenfalls keine Erwähnung des Handelsverbotes.

328 Insbesondere betrifft dies die auf Ungarisch abgefassten Regesten des gegenwärtig von Iván Borsa, Norbert C. Tóth, Tibor Neumann und Bálint Lakatos herausgegebenen sogenannten Zsigmondkori oklevéltár [Urkundenbuch zum Zeitalter Kaiser Sigismunds]. Diese Regestensammlung erfasst derzeit sämtliche Urkunden aus dem Gebiet des historischen Königreichs Ungarn bis zum Jahr 1426, musste hier jedoch aus sprachlichen Gründen ausgeklammert werden.

329 Eine Reihe alttschechischer Quellen wurde bereits von Palacký in dessen „Urkundlichen Beiträgen" zugänglich gemacht, andere finden sich übersetzt in UB Krummau 2, hg. Schmidt/Picha oder Fudge, Crusade. Für die Korrespondenz Sigismunds mit Ulrich von Rosenberg siehe v. a. jetzt neu RI XI NB 3.

2.6 Die Erforschung von (Nicht-)Handel: Methodische Probleme

2.6.1 Methodische Mängel der bisherigen Forschung

Das antihussitische Handelsverbot fand schon bisher häufig Erwähnung in der Forschungsliteratur zur böhmischen Geschichte der ersten Hälfte des 15. Jahrhunderts. Wie oben in Kapitel 2.3 herausgearbeitet wurde, blieb diese Auseinandersetzung bislang allerdings eher oberflächlich. Ein Symptom für die bis dato fehlende analytische Tiefe stellt der häufig relativ unkritische Umgang mit den Quellen zum antihussitischen Handelsverbot und die mangelnde Reflexion über deren Aussagemöglichkeiten und -grenzen dar. Das derzeitige Bild des Handelsverbotes ist damit von methodisch teilweise fragwürdigen Schlüssen geprägt. Deshalb soll an dieser Stelle zunächst auf zwei besonders problematische Tendenzen der bisherigen Forschung eingegangen werden, bevor einige der darin zum Ausdruck kommenden methodischen Schwierigkeiten der Beschäftigung mit (Nicht-)Handel im Mittelalter systematisch reflektiert werden.

Zum einen zeigt sich – vor allem in eher wirtschaftsgeschichtlich orientierten Arbeiten – eine gewisse Tendenz, Quellennachrichten zum Handelsverbot auf unkritisch-positivistische Weise quasi als „Steinbruch“ für faktografische Darstellungen zur Geschichte der Wirtschaft und des Handels in und um Böhmen zu nutzen. Dabei werden vereinzelte Nachrichten oft mehr oder weniger willkürlich für die Rekonstruktion wirtschaftlicher Zusammenhänge herangezogen. Stellvertretend soll diese Problematik hier anhand eines Aufsatzes von Miloš Dvořák zum Prager Außenhandel unter Karl IV. illustriert werden, der einen der jüngsten größeren Beiträge zur mittelalterlichen Geschichte des böhmischen Handels darstellt[330]. In dieser Studie stellt der Autor, nach einzelnen Warengattungen geordnet, eine Fülle von Materialien zusammen, die seine These von einer gezielten und nachhaltigen Förderung des böhmischen Handels und dessen Konzentration in Prag durch Karl IV. belegen sollen. In diesem Zusammenhang zieht Dvořák wiederholt auch Quellen heran, die das antihussitische Handelsverbot betreffen. Er stützt sich dabei unter anderem auf ein im Folgenden noch eingehender zu besprechendes Dekret des Konzils von Pavia-Siena vom November 1423, das allen Gläubigen verbot, Handel mit den böhmischen „Häretikern“ zu treiben[331], und ein Mandat Sigismunds vom Mai 1424, mit dem der König allen Städten in Schlesien die Exekution der antihussitischen Bestimmungen des Sieneser Dekrets befahl[332]. Der Autor zieht das Konzilsdekret heran, um den mittel-

330 Dvořák, Císař 1–2.

331 Brandmüller, Konzil 2, Nr. 3, 20–22, hier 21, 1423, November 8, Pavia; Vgl. dazu im Folgenden, Kap. 2.6.5.

332 Orig. AP Wrocław, Fond Dokumenty miasta Wrocławia, sign. 1587; Urkundliche Beiträge 1, hg. Pala-

alterlichen Warenverkehr zwischen Prag und Nürnberg (!) zu rekonstruieren, Sigismunds Mandat, das die Umsetzung desselben Dekrets anordnet, hingegen für die Rekonstruktion des Handels zwischen Prag und Breslau[333]. Dabei berücksichtigt er weder die Abhängigkeit des letzteren Stückes von dem Sieneser Dekret noch die Tatsache, dass vom selben Tag auch ein wortgleiches Mandat Sigismunds an die Adresse der Stadt Regensburg überliefert ist[334]. Beides sind jedoch Fakten, deren Berücksichtigung unerlässlich für eine angemessene Einschätzung der wirtschaftsgeschichtlichen Aussagekraft dieser Nachrichten ist, weshalb im Folgenden in Kapitel 2.6.5 eingehender auf die gattungsimmanenten Probleme solcher normativer Quellen eingegangen werden soll.

Problematisch ist zum anderen eine gewisse Neigung der Forschung, normative Quellen quasi „absolut" zu setzen und aus ihrem Vorhandensein auf die tatsächlichen Effekte (oder aber die Ineffizienz) des Handelsverbotes zu schließen[335]. Als typisch sei in diesem Zusammenhang als eine unter vielen eine Aussage Paul Praxls zitiert, die aus einer Darstellung der Geschichte des Salzhandels zwischen Passau und Böhmen auf dem sogenannten „Goldenen Steig" stammt. Der Autor behauptet dort – ohne Angabe von Quellenbelegen –, der Passauer Saumhandel Richtung Böhmen sei während der Hussitenkriege „fast ganz zum Erliegen" gekommen und „die Waldwege [...] verhackt und verrammelt" worden[336]. Da keine anderen zeitgenössischen Quellen existieren, aus denen der Autor diese Aussage gewonnen haben könnte, ist zu vermuten, dass er sich hier allein auf die normativen Quellen stützt, die den Handel mit den Hussiten auf diesem Weg untersagten[337]. Die Formulierungen der normativen Quellen werden also statt als Aufforderung des Ausstellers als Aussage über den Effekt des Handelsverbotes wiedergegeben und zusätzlich mit erzählerischen Details ausgeschmückt. Dieses Vorgehen produziert kaum gesicherte Erkenntnisse hinsichtlich der Effizienz des Handelsverbotes; in Ermangelung anderer, aussagekräftigerer Quellen kam es bisher dennoch häufig zur Anwendung.

CKÝ Nr. 295, 340f.; RI XI, Nr. 5848, Sigismund an die schlesischen Städte, 1424, Mai 17, Blindenburg. Vgl. dazu im Folgenden, Kap. 4.3.4 und 5.1.3.

333 DVOŘÁK, Císař 2, 24 bzw. 40f.

334 Urkundliche Beiträge 1, hg. PALACKÝ Nr. 294, 339f.; RI XI, Nr. 5847, Sigismund an Regensburg, 1424, Mai 17, Blindenburg. Vgl. dazu im Folgenden, Kap. 4.3.4.

335 Vgl. zu dieser Problematik schon ČECHURA, Mor 301f.

336 PRAXL, Goldener Steig 13.

337 Vgl. Orig. StA Passau, I. Urkunden, Nr. 496; RI XI, Nr. 10785, Sigismund für Passau, 1434, September 14, Regensburg. Die Empfänger sollten dafür sorgen, dass *den hussen und unsern fyenden den ungleubigen czu Behem und czu Merhern* [...] *nicht abe oder czu gefurt werde*. Vgl. dazu im Folgenden, passim, bes. Kap. 3.3.1.1. Vgl. allerdings auch im Folgenden, Anm. 502.

Um die Untersuchung des antihussitischen Handelsverbotes auf ein neues Fundament zu stellen und die aufgezeigten bzw. vergleichbare methodische Fallstricke zu vermeiden, ist eine tiefgreifende Reflexion über die Herausforderungen erforderlich, vor die der/die HistorikerIn sich bei der Erforschung eines Handelsverbotes gestellt sieht. In den folgenden Unterkapiteln sollen daher einige dieser Schwierigkeiten konkret benannt und eingehender erörtert werden.

2.6.2 Quellenproduktion und -überlieferung

Zunächst einmal ist festzuhalten, dass ungeachtet der großen Menge an urkundlichen und anderen Quellen, die für diese Arbeit gesichtet wurden, die Nachrichten zum antihussitischen Handelsverbot darin relativ spärlich waren. Dies hat mehrere Gründe:

Zum einen kommen Probleme der Quellenüberlieferung zum Tragen. Schriftgut, das keinen rechtssetzenden Charakter hat, hat eine geringere Chance, dauerhafte Aufbewahrung im Archiv des Empfängers zu finden, als Schriftgut legislativen Charakters. So ist es möglicherweise bezeichnend für die geringe Aufbewahrungschance von Mandaten über das antihussitische Handelsverbot, dass sich selbst in den an Briefen und Mandaten außergewöhnlich reichhaltigen Egerer Beständen offenbar kein diesbezügliches Mandat Sigismunds erhalten hat, sollte diese Tatsache nicht allein der bekannten strikt antihussitischen Haltung des Egerer Rates geschuldet sein, die eine Mahnung, das Handelsverbot einzuhalten, in Sigismunds Augen überflüssig gemacht haben könnte[338]. Von einschlägigen königlichen Schreiben vom Winter 1421 bzw. vom Februar und April 1422 wissen wir wiederum nur indirekt dank erhaltener Korrespondenzen des Salzburger, Augsburger und Nürnberger Rates[339]. Umgekehrt lässt sich dieser Teil der königlichen Urkundenproduktion auch nicht aus der Kopialüberlieferung der Reichsregister rekonstruieren[340].

Wie im Folgenden zu zeigen sein wird, kann im Fall der päpstlichen und königlichen Urkunden, die das Handelsverbot einschärften, damit gerechnet werden, dass es sich in einigen Fällen bei den bekannten Textzeugnissen um die Reste größerer Serien von Urkunden handelt[341]. Die anderen Urkunden aus diesen Serien sind entweder verloren oder müssten aufwendig in der handschriftlichen Überlieferung ausgeforscht werden.

338 Zu Sigismunds Vertrauen in die Loyalität der Egerer Kaar, Stadt 295. Vgl. aber auch im Folgenden, Kap. 6.1.

339 StA Salzburg, BU 6, pag. 248, Nr. 398f., der Salzburger Rat an Johann von Borek, 1421, März 31, Salzburg; DRTA 8, Nr. 99, 114f., der Augsburger Rat an den Rat der Stadt Ulm, 1422, Februar 12, Augsburg bzw. StAN BB Nr. 5, fol. 214r–215r; Urkundliche Beiträge 1, hg. Palacký Nr. 176, 189f., der Nürnberger Rat an Sigismund/Albrecht von Colditz, 1422, April 17, Nürnberg.

340 Zur Registrierungspraxis in den Reichsregistern zusammenfassend RI XI NB 1, 20f.

341 Vgl. im Folgenden, Kap. 5.1.3.

Als Beispiel genannt sei hier ein Schreiben Branda da Castigliones vom 16. Mai 1424. Dieses Dokument ist bei Andreas von Regensburg in einer Version für den Bischof von Regensburg überliefert; Brandmüller machte in der handschriftlichen Überlieferung ein Parallelstück für den Bischof von Meißen ausfindig[342]. Wie oben dargelegt, war allerdings hier eine solche umfängliche eigenständige Recherche nicht möglich.

Der geschilderte Fall deutet auch darauf hin, dass es nicht unwesentliche Verzerrungen geben dürfte, die sich aus der Überlieferungslage im Einzelnen ergeben. Die Prominenz von Stadt und Diözese Regensburg in dem hier zusammengestellten Quellenkorpus etwa liegt wohl nicht allein in deren geografischer Lage und der traditionellen Rolle Regensburgs im Böhmenhandel begründet. Ebenso großen Anteil daran hat mutmaßlich die relativ gute urkundliche Überlieferung für Hochstift und Stadt Regensburg, insbesondere aber das Sammlungsinteresse des Andreas von Regensburg. Dessen „Hussitenchronik" enthält etliche Stücke, deren Originale sich offenbar trotz der vergleichsweise dichten urkundlichen Überlieferung nicht erhalten haben. So konnten weder das genannte, bei Palacký nach Andreas' Chronik gedruckte Schreiben Branda da Castigliones noch das nach derselben Überlieferung gedruckte Mandat Sigismunds an die Stadt Regensburg vom 17. Mai 1424 im Original aufgefunden werden[343].

Andreas' Chronik hat für die Hussitenzeit kein Parallelstück aus einer anderen Stadt oder einem anderen Kloster, welches eventuelle Lücken der dortigen Überlieferung ausgleichen könnte. Über diese allgemeine Überlieferungsproblematik hinaus ist jedoch beim vorliegenden Thema noch mit speziellen Schwierigkeiten zu rechnen, die am entgegengesetzten Ende, nämlich bei der Quellenproduktion, anzusetzen sind. Diese sind von grundsätzlicherer Natur als die Frage des Überlieferungszufalls: Wie erwähnt, ist für den behandelten Zeitraum aus dem böhmischen Raum weder ein Kaufmannsbuch noch irgendein einigermaßen geschlossener Schriftwechsel einer der in Böhmen tätigen Handelsfirmen erhalten geblieben. Aber selbst wenn Aufzeichnungen einzelner Kaufleute und Firmen überliefert wären, wären darin keine direkten Belege für Schwarzhandel oder für die Unterbrechung von Handelsbeziehungen zu erwarten. Die Menschen des 15. Jahrhunderts, die vom Handel von und nach Böhmen lebten, hatten keine Veranlassung, Quellen zu produzieren, die die Effizienz des antihussitischen Handelsverbotes bzw. umgekehrt dessen Umgehung durch Schwarzhandel eindeutig belegen könnten; das Fehlen solcher Quellen überrascht also kaum[344].

---

342 Brandmüller, Konzil 1, 248; vgl. auch Studt, Martin V. 536, Anm. 258.

343 Urkundliche Beiträge 1, hg. Palacký Nrr. 293f., 336–340. Vgl. zu beiden Schreiben auch im Folgenden, Kap. 4.3.4.

344 Diese methodischen Überlegungen fußen auf Anregungen, die Polívka, Beziehungen 4, formulierte. Ihm zufolge wäre es für die Kaufleute zu riskant gewesen, Belege für Schwarzhandel aufzubewah-

2.6.3 Zeitliche Eingrenzung

Als Startpunkt dieser Untersuchung wurde die Ausrufung des Ersten Kreuzzuges gegen die Hussiten im März 1420 gewählt, als Endpunkt die offizielle Anerkennung Sigismunds als böhmischer König durch die hussitischen Stände und der Abschluss der Iglauer Kompaktaten im Juli 1436. Diese zeitliche Eingrenzung erscheint auf den ersten Blick selbstverständlich. Betrachtet man sie näher, zeigt sich jedoch, dass dem nur scheinbar so ist.

Die Forschungsliteratur hat sich bisher kaum dezidiert mit dem Beginn- oder Endpunkt des antihussitischen Handelsverbotes auseinandergesetzt. Sofern dazu Stellung genommen wird, wird der Beginn des Handelsverbotes normalerweise mehr oder weniger stillschweigend mit dem Ausbruch der Hussitenkriege angesetzt. Wenn ein konkreter Startpunkt genannt wird, dann ist das üblicherweise die Kreuzzugsbulle *Omnium plasmatoris domini* vom 1. März 1420[345]. Allerdings ist im Text dieser Bulle an keiner Stelle die Rede von einem Handelsverbot; noch nicht einmal das Verbot des Kontakts mit den hussitischen „Häretikern" wird thematisiert[346]. Den frühesten mir bisher bekannten Beleg für die ausdrückliche Verhängung eines Handelsverbotes durch die katholische Kirche stellt vielmehr ein Dekret des Konzils von Pavia-Siena vom November 1423 dar[347]; die früheste Nachricht über ein ausdrückliches königliches Handelsverbot findet sich im März 1421 in einem Brief des Salzburger Rates[348].

Dass die päpstliche Kreuzzugsbulle vom März 1420 das Handelsverbot nicht erwähnt, überrascht nicht[349]. Wie oben herausgearbeitet wurde, trat automatisch ein Handelsverbot in Kraft, sobald die katholische Kirche einen Menschen als Ketzer betrach-

---

ren. Allerdings stellt sich dabei die Frage, wer Zugriff auf solche Aufzeichnungen haben und damit eine Gefahr für deren Produzenten hätte darstellen können. Für den Mangel an expliziten Quellen als Problem der Alltagsgeschichte vgl. darüber hinaus auch die grundsätzlichen Überlegungen bei Esch, Überlieferungs-Chance, passim, bes. 540–542; Jaritz, Augenblick 31.

345 Zur Ereignisgeschichte vgl. oben, Kap. 2.2. Für die explizite Deutung dieser Bulle als Startpunkt einer „Handelsblockade" z. B. Graus, Handelsbeziehungen 81; Schenk, Nürnberg 75; zugespitzt Polívka, Beziehungen 2, Anm. 7, der behauptet, die Bulle habe „einen entsprechenden Befehl" Martins V. enthalten.

346 Vgl. den Text in Urkundliche Beiträge, hg. Palacký 1, Nr. 12, 17–20; Acta, hg. Eršil 1, Nr. 565, 247–249, Martin V. an alle Gläubigen, 1420, März 1, Florenz. Zum Problem der Uneindeutigkeit der Quellenaussagen vgl. auch im Folgenden, Kap. 2.6.4.

347 Brandmüller, Konzil 2, Nr. 3, 20–22; englische Übersetzung Fudge, Crusade Nr. 98, 171–173, 1423, November 8, Pavia. Vgl. dazu im Folgenden, Kap. 2.6.5 und 5.2.

348 StA Salzburg, BU 6, pag. 248, Nr. 398f., der Salzburger Rat an Johann von Borek, 1421, März 31, Salzburg. Vgl. dazu im Folgenden, bes. Kap. 3.3.2.

349 Vgl. zu den allgemeinen Charakteristika von Kreuzzugsbullen als Genre etwa Soukup, Religion 24f.

tete[350]. Im Fall von Jan Hus bzw. der Anhänger der Kelchkommunion wurde dieser Status 1415 durch deren offizielle Verurteilung durch die Konstanzer Konzilsväter fixiert, und auch die folgenden Dekrete des Konzils bzw. Papst Martins V. machten klar, dass alle Anhänger der böhmischen „Irrlehren“ als Häretiker zu gelten hatten[351]. Theoretisch fiel damit also bereits in den 1410er-Jahren ein nicht geringer Teil der Einwohner Böhmens unter das kanonische Kontaktverbot mit Häretikern.

Praktisch scheint dieses jedoch zunächst keine Rolle gespielt zu haben. In den Darstellungen, die Howard Kaminsky oder František Šmahel von der spannungsgeladenen Situation im vorrevolutionären Böhmen zeichnen, tritt dieser Aspekt der inneren Spaltung des Königreichs gar nicht in Erscheinung; Hans Schenk, Wolfgang von Stromer und Miloslav Polívka wiederum kommen in ihren wirtschaftsgeschichtlich orientierten Studien zu dem Schluss, dass die Handelsbeziehungen etwa zwischen Nürnberg und den böhmischen Städten bis 1420 aufrecht blieben. Offensichtlich hatte man von Nürnberger Seite keine religiös begründeten Skrupel, die Geschäfte in bekannten „Ketzer-Hochburgen“ wie Prag und Pilsen, in denen man sich als Katholik des rechtgläubigen Charakters seiner Geschäftspartner nicht sicher sein konnte, fortzusetzen, auch wenn Polívka für die Zeit nach 1410 eine Abschwächung der Handelsbeziehungen mit Prag konstatiert[352]. Dafür verantwortlich war seiner Ansicht nach aber nicht das kanonische Handelsverbot, sondern die zunehmend nationale Komponente des religiösen Konflikts. Nach dem sogenannten Kuttenberger Dekret vom Jänner 1409 kam es zum Abzug der deutschen Studenten und Professoren aus der böhmischen Hauptstadt. Unter diesen Umständen sei es zu einer zunehmenden Verunsicherung der Nürnberger Kaufleute vor allem in Prag gekommen[353]. Die Nürnberger Korrespondenzen zeigen jedoch, dass die geschäftlichen Interessen der Stadt in Prag nichtsdestotrotz aufrecht blieben[354].

---

350 Vgl. oben, Kap. 1.3.2.

351 Die Literatur zu Hus und dessen Konstanzer Verurteilung ist umfänglich, daher sei an dieser Stelle lediglich auf eine Auswahl von Werken verwiesen, die aus Anlass des Hus-Gedenkjahres 2015 erschienen, vgl. Šmahel, Hus; Fugde, Trial; Soukup, Hus. Zusammenfassend zum Hussitenproblem auf dem Konstanzer Konzil z. B. Ders., Maßnahmen.

352 Schenk, Nürnberg 65–72; Stromer, Hochfinanz 1, 235; Polívka, Nürnberg 110f. Der offizielle Nürnberger Schriftverkehr enthält wenig direkte Nachrichten über die religiösen Verhältnisse in Böhmen, auch wenn die Nürnberger durch ihre engen geschäftlichen und familiären Verbindungen nach Böhmen zweifellos gut informiert waren. Polívkas Argumentation basiert vielmehr auf der quantitativen Entwicklung der Korrespondenz des Nürnberger Rates.

353 Polívka, Nürnberg 110f. Vgl. zu den nationalen Aspekten der Hussitischen Revolution die klassische Studie Šmahels, Idea národa; zur Situation vor 1419 bes. ebd. 34–61.

354 Vgl. etwa StAN BB Nr. 3, fol. 58v, der Nürnberger Rat an den Rat der Prager Altstadt, 1410, Mai 20, Nürnberg, mit der Bitte, die angedrohte Ausweisung der Nürnberger Kaufleute zurückzunehmen. Bei dieser Maßnahme handelte es sich allerdings nicht, wie von Schenk, Nürnberg 65f., angedeutet, um

Aus diesem Befund ergibt sich, dass die kanonischen Bestimmungen des „papal embargo“ offensichtlich trotz ihres theoretischen *ipso facto*-In-Kraft-Tretens erst „aktiviert“ wurden, als die katholische Seite mit der Proklamation des Ersten Kreuzzuges am 17. März 1420 an die militärische Bekämpfung ihres Gegners ging[355]. Diese Beobachtung bestätigt auch den postulierten doppelten Charakter des antihussitischen Handelsverbotes: Sobald offener Krieg herrschte, war es unter einem instrumentellen Blickwinkel unabdinglich, dafür zu sorgen, dass der hussitische Feind sich nicht mehr mit kriegsnotwendigen Gütern versorgen konnte. Umgekehrt gab es unter einem symbolisch-kommunikativen Blickwinkel ab diesem Zeitpunkt eine – zumindest theoretisch – klare Trennlinie zwischen Katholiken und Hussiten, welche im Folgenden aufrechterhalten und eingeschärft werden musste.

Auch am anderen Ende sucht man vergeblich nach einer Urkunde, welche das antihussitische Handelsverbot explizit formal aufhebt. Im Text jener Urkunden, die die Basis der Anerkennung von Sigismunds böhmischem Königtum und des nachrevolutionären *modus vivendi* zwischen den Hussiten und der katholischen Kirche bildeten[356] (die sogenannten „kaiserlichen Kompaktaten“[357], die „Iglauer Kompaktaten“ und deren Bestätigung durch das Basler Konzil[358] sowie Sigismunds Iglauer Wahlkapitulation[359]) findet sich kein Hinweis auf das antihussitische Handelsverbot oder dessen Suspendierung.

eine Folge des Kuttenberger Dekrets, sondern die Ausweisung der Nürnberger wird mit der Gefangennahme von Prager Bürgern auf Nürnberger Territorium begründet. Weitere Belege bei Stromer, Hochfinanz 1, 235, Anm. 53.

355 Im Hinblick auf die Konkretisierung eines Beginn-Datums sind dabei zwei Briefe des Nürnberger Rates vom 16. Februar 1420 von Interesse, in denen es um Maßnahmen Sigismunds zum Schutz *der strasse* […] *hinein gen Prage* geht, StAN BB Nr. 5, fol. 46v–47r, der Nürnberger Rat an den böhmischen Unterkämmerer Wenzel von Duba/an den Launer Bürger Heinrich *de Tyechlewicz*. Bemerkenswert scheint hier auch, dass die westböhmische Stadt Laun damals ein Zentrum des radikalen Hussitismus darstellte, die Nürnberger ihre Launer Amtskollegen jedoch völlig unbefangen über ihre Korrespondenz mit dem König und dem Unterkämmerer über die Sicherung der Handelsstraßen informieren.

356 Für die komplexe Genese und Interdependenz dieser Texte vgl. Eberhard, Weg 16–43; Šmahel, Hussitische Revolution 3, 1641–1690; zuletzt ausführlich Ders., Basilejská kompaktáta.

357 Urkundliche Beiträge 2, hg. Palacký Nr. 946, 445–448; RI XI, Nrr. 11144 und 11240; RI XI NB 3, Nr. 180; englische Übersetzung Fudge, Crusade Nr. 199, 385–387, 1435 Juli 6, Brünn und 1436 Jänner 6, Stuhlweissenburg.

358 Der Text der Kompaktaten AČ III, Nr. 18, 442–444 (unter Verweis auf Nr. 4, 398–412, Nr. 11, 421–426, Nr. 14, 434–436); RI XI, Nrr. 11360f., 1436, Juli 2, Iglau; die Vollzugsurkunden der Konzilsgesandten Urkundliche Beiträge 2, hg. Palacký Nr. 968, 461–464, 1436, Juli 13, Iglau; die Ratifikationsurkunden des Basler Konzils Šmahel, Basilejská kompaktáta, Exkurz A, Nrr. VIIIf., 104–107, 1437, Jänner 15, Basel.

359 AČ III, Nr. 21, 446–449; RI XI, Nr. 11370; RI XI NB 3, Nr. 190, 1436 Juli 20, Iglau.

Durch dieses Vertragswerk wurden die Hussiten wieder in die römische Kirche aufgenommen und es wurde allen verboten, sie für ihren Glauben anzugreifen und zu verfolgen. Ebenso wurden ausdrücklich die bestehenden Kirchenstrafen aufgehoben[360]. Man kann daher sagen, dass mit dem Abschluss der Kompaktaten die Hussiten zumindest von Seiten des Basler Konzils – mit den Worten des Andreas von Regensburg – offiziell nicht mehr länger als „häretische Hussiten“ betrachtet wurden, sondern wieder neutral als „Böhmen“[361]. Damit entfiel automatisch auch die rechtliche Grundlage für das antihussitische Handelsverbot[362].

Einen noch deutlicheren Beleg dafür, dass das Handelsverbot offensichtlich ab diesem Zeitpunkt als gegenstandslos betrachtet wurde, stellen allerdings die von Sigismund für die hussitischen Städte, die sich ihm unterworfen hatten, ausgestellten Urkunden dar[363]. Nach seiner allgemeinen Anerkennung als böhmischer König bestätigte er deren Privilegien bzw. gewährte ihnen neue Freiheiten. Diese Privilegien enthielten ganz selbstverständlich Bestimmungen, die den Handel der betreffenden Städte untereinander und mit ihren katholischen Nachbarn inner- und außerhalb des Königreichs betrafen[364].

---

360 Vgl. insbesondere die Formulierungen in AČ III, Nr. 11, 422f.

361 Andreas von Regensburg, Sämtlich Werke, hg. Leidinger 490, zum Jahr 1436: *refertur facta esse concordia totalis inter ecclesiam katholicam ex parte una et Bohemos, qui non plus Hussite heretici nominabantur, sed Bohemi, parte ex altera.*

362 Nicht gesondert eingegangen werden kann hier auf die weniger konziliante Haltung Papst Eugens IV., die dessen gegen das Basler Konzil gerichteter Politik entsprang. Da die Basler Kompaktaten weder von ihm noch von seinen Nachfolgern anerkannt wurden, war das antihussitische Handelsverbot aus päpstlicher Sicht mit den Kompaktaten keineswegs beendet, wie etwa die Beibehaltung der Spezialsentenz gegen Hussitenhändler in der alljährlich erneuerten Abendmahlbulle zeigt. Das Verbot scheint im Folgenden dennoch nicht mehr aktiv betrieben worden zu sein. Im Zuge des „Zweiten Hussitenkrieges“ unter Georg von Podiebrad wurde das „latente“ Verbot dann unter ähnlichen Umständen wie im Jahr 1420 neuerlich „aktiviert“. Erst 1495 gestattete Papst Alexander VI. zumindest den Nürnbergern, wieder auf unbegrenzte Zeit Handel mit den böhmischen „Häretikern“ zu treiben, StAN, Reichsstadt Nürnberg, Päpstliche und fürstliche Privilegien, Nr. 396, Alexander VI. für Nürnberg, 1495, Juli 13, Rom. Vgl. dazu Kraus, Nürnberg 25–27; Čornej/Bartlová, Dějiny 6, 507; Kaar, Embargoing, sowie den Ausblick im Folgenden, Kap. 6.2. Vgl. unter anderem Blickwinkel auch Soukup, Religion 40f. zur Rolle der böhmischen Frage im Machtkampf zwischen Papsttum und Konziliarismus. Ich danke Robert Novotný und Dušan Coufal für Anregungen und Hinweise in diesem Zusammenhang.

363 Ich danke Petr Elbel für diesen Hinweis.

364 Vgl. hier nur als Beispiel die beiden großen Privilegienbestätigungen für die Prager Altstadt CIM 1, hg. Čelakovský Nr. 138, 224–226 und Nr. 140, 228f.; RI XI, Nrr. 11393 und 11395; künftig RI XI, NB, 1436, August 26, Prag, sowie die Bestätigung des freien Salzhandels mit Passau für Prachatitz, CIM 3, hg. Čelakovský/Friedrich Nr. 93, 144–147; RI XI, NB 3, Nr. 196, 1436, Dezember 18, Prag und das Privileg für die Stadt Tabor, CIM 3, hg. Čelakovský/Friedrich Nr. 102, 167–174; RI XI, NB 3, Nr. 195, 1437, Jänner 25, Prag. Zu diesen Handelsprivilegien Sigismunds vgl. jetzt auch Kaar, Business.

2.6.4 Uneindeutigkeit der Quellenaussagen

Ein weiteres methodisches Problem stellt die Tatsache dar, dass Nachrichten über das antihussitische Handelsverbot bzw. dessen Umgehung in den Quellen oft eher beiläufig auftauchen, der Zusammenhang mit dem Handelsverbot nicht völlig eindeutig ist oder dasselbe überhaupt nur implizit berührt wird[365]. So nennen etwa Urfehdebriefe, die eine erstrangige Quelle für eventuelle Übertretungen des Handelsverbotes darstellen, das Vergehen des Ausstellers nur selten so detailliert wie jener Urfehdebrief, den der ehemalige Chamer Bürger Ulrich *Kursner* im Sommer 1424 bei seiner Entlassung aus dem Gefängnis Pfalzgraf Johanns ausstellte[366]. In dieser Urkunde gibt Ulrich ausdrücklich an, er sei gefasst worden während er *mit den ungelewbigen pesen hussen und keczern gemeinschafft het mit kauffen und verkauffen*. Viel häufiger sind jedoch knappe Angaben, der Betreffende habe den Hussiten „beigelegt" oder ihnen „geholfen", etwa nach dem Muster des folgenden typischen Eintrags aus den sogenannten Breslauer Signaturbüchern, in denen u. a. Urfehden und Bürgschaften für aus dem Breslauer Gefängnis entlassene Häftlinge verzeichnet wurden: Mehrere Bürgen verbürgen sich in dem fraglichen Eintrag für das künftige Wohlverhalten eines gewissen Melchior *Hoff*, der ins Breslauer Gefängnis gekommen war, weil *her den ketzern uff Meristaw* [Märzdorf] *wieder die heilige kirche und diesen landen bey gelegin und gehulffen hat*[367].

Ein durchaus beachtlicher Teil der gesichteten Urfehdebriefe und Bürgschaftserklärungen geht schließlich überhaupt nicht näher auf das Vergehen des/der Delinquenten ein[368]. Die „Dunkelziffer" von angeblichen oder tatsächlichen Hussitenhändlern, die sich in diesen justiziellen Quellen verbergen, ist daher wahrscheinlich höher, als man auf Basis der Urkundenformeln nachweisen kann. Diese teilweise frustrierende Spröde der Quellen, ebenso wie deren mangelnde sprachliche Eindeutigkeit, führten in der Forschung bisher gelegentlich zur Überinterpretation einzelner Nachrichten. So wollte Miloslav Polívka in seinem einflussreichen Aufsatz aus dem Jahr 1999 über mutmaßliche

365 Vgl. dazu etwa oben, Kap. 2.6.3 zur Interpretation der Kreuzzugsbulle *Omnium plasmatoris domini*.

366 Orig. Archiv HVOR, Urk. Nr. 194, Urfehde Ulrich *Kursners* für Johann von Pfalz-Neumarkt, 1424, Juli 8. Ich danke dem HVOR für die Zurverfügungstellung eines Fotos dieser Urkunde.

367 Stobbe, Mittheilungen 3, Nr. 141, 151f., zum Jahr 1430.

368 Vgl. dazu die Angaben bei Kaska, Analyse 49f., laut dem in den von ihm untersuchten spätmittelalterlichen Urfehdebriefen aus Wien, Krems, Stein und Enns für den Zeitraum von 1401 bis 1425 in 34,5 % der Urkunden das Delikt nicht spezifiziert wird. Von 1426 bis 1450 beläuft sich der Anteil immerhin noch auf 18,2 %, obwohl in den ab diesem Zeitpunkt zahlenmäßig dominierenden Wiener Urfehdebriefen der Haftgrund üblicherweise angegeben wird. Die Regensburger Urfehdebriefe, in denen unbestimmbare Delikte lediglich 2,5 % der Vergehen ausmachen, sind im spätmittelalterlichen Reich diesbezüglich eher der Sonder- als der Regelfall, vgl. Wernicke, Schlagen 389.

Schwarzhandelskontakte zwischen Nürnberger Bürgern und den Hussiten in einer Serie von Briefen, die der Nürnberger Rat im August 1426 an Herzog Johann von Münsterberg schrieb, Belege für illegalen Hussitenhandel erkennen[369]. Amtsträger des Herzogs hatten die Güter eines von der Messe in Neisse kommenden Nürnberger Konvois beschlagnahmt. Der Nürnberger Rat bat den Herzog daraufhin, den Kaufleuten ihre Waren zurückzuerstatten, da er sich versichert habe, dass diese Waren tatsächlich denselben Kaufleuten gehört hatten, und kein *auszman*, d. h. kein Nicht-Nürnberger an ihren Geschäften teilgehabt habe[370]. In einem dieser Briefe zugunsten eines gewissen Jakob *Pinczberg* beschreibt der Rat sein Vorgehen folgendermaßen: *Barbara, die Hans Straelyn,* [...] *hat* [...] *von* [...] *irs pruders, unsers burgers, wegen vor uns zu den heiligen behabt, daz dieselben XXX tuch desselben Jacob Pinczbergs, unsers burgers, sein, also dacz kein auszman daran weder teil noch gemein niht hab*[371].

Polívka zufolge ist die Formel *hat* [...] *zu den heiligen behabt* als Bezugnahme auf die angeblichen Empfänger der beschlagnahmten Waren zu interpretieren, d. h. die Waren seien für die „Heiligen", also Katholiken – im Gegensatz zu Hussiten –, bestimmt gewesen[372]. Allerdings ist in keinem der Briefe die Rede von Hussiten. Auch die grammatikalische Konstruktion lässt kaum einen Zweifel daran, dass es sich um eine Formel handelt, mit der die Ablegung eines Reinigungseides vor dem Rat beschrieben wird. Dieselbe Formulierung findet sich schließlich auch in zahlreichen anderen Briefen des Nürnberger Rates, in denen es um die Beschlagnahme von Handelsgütern in Konflikten geht, die in keinerlei Zusammenhang mit den Hussiten standen[373]. Ähnlich überzogene Interpretationen finden sich in diesem Aufsatz auch an anderen Stellen[374]. In der vor-

369 Polívka, Beziehungen 10f.

370 StAN BB Nr. 7, fol. 92r–v, der Nürnberger Rat an Johann von Münsterberg, 1426, August 16, Nürnberg.

371 Ebd. fol. 92v.

372 Polívka, Beziehungen 11.

373 Vgl. lediglich als ein Beispiel von vielen StAN BB Nr. 5, fol. 159v, Eidesleistung Hans *Herberlingks* über den Besitz von bei Oberbuch (südlich von Altötting) beschlagnahmten Gütern, 1421, ca. September 14, Nürnberg. Die Formel war allerdings auch in Fällen von angeblichem Hussitenhandel in Gebrauch, vgl. z. B. ebd. Nr. 9, fol. 4r, der Nürnberger Rat an den Landschreiber zu Neunburg vorm Wald, 1430, Mai 5, Nürnberg.

374 So etwa hinsichtlich der Gefangenschaft des Nürnberger Bürgers Hans Tollinger auf der westböhmischen Burg Schwanberg im Sommer 1432. Polívka behauptet in Ders., Beziehungen 16, Tollinger sei „nach der Anschuldigung, [seine Waren] seien für die Hussiten bestimmt, gefangen genommen und durch den Hauptmann des Kreises Pilsen, den Herrn Hynek Krušina von Schwanberg, eingekerkert worden." Tatsächlich wurde Tollinger nach Aussage der Nürnberger Korrespondenzen von Gefolgsleuten Hynek Krušinas inhaftiert, da diese finanzielle Ansprüche gegen Friedrich von Brandenburg bzw. die Stadt Nürnberg erhoben, die vermutlich von Schäden herrührten, die sie im Zuge des unter der Führung Friedrichs stehenden Fünften Kreuzzuges erlitten hatten. Der Fall steht damit zwar indirekt im

liegenden Arbeit wird daher darauf zu achten sein, Überinterpretationen uneindeutiger Quellenaussagen möglichst zu vermeiden, und der Interpretation einen prinzipiell eher zurückhaltenden Zugang zugrunde zu legen.

2.6.5 Formelhafter Charakter der Quellen

Bereits mehrfach angedeutet wurde schließlich ein weiteres potentielles Problem methodischer Natur: der stark formelhafte Charakter vieler der hier ausgewerteten Quellen. Dies trifft nicht nur auf die hoch formalisierten Nürnberger Korrespondenzen zu[375]; noch viel ausgeprägter ist diese Problematik etwa bei den stark standardisierten Urfehdebriefen und anderen, ähnlich formelhaften urkundlichen Quellen.

Ein besonders auffälliger und bisher in seinen methodischen Konsequenzen noch nicht ausreichend beachteter Fall von formelhafter Übernahme liegt bei einer oben in Kapitel 2.6.1 bereits erwähnten, sehr prominenten normativen Quelle für das antihussitische Handelsverbot vor, die hier exemplarisch diskutiert werden soll[376]. Am 8. November 1423 erließ das Konzil von Pavia-Siena ein Dekret, mit dem es die Dekrete des Konzils von Konstanz gegen die Anhänger von Jan Hus bestätigte[377]. Weiters wurden ausdrücklich all jene den Häretikern gleichgestellt, die den Hussiten Lebensmittel, Gewürze, Tuch, Salz, Blei, Pulver für Bombarden, Waffen, andere *instrumenta bellica* oder sonst irgendetwas anderes liefern sollten, oder irgendwelchen anderen wirtschaftlichen Umgang mit den Hussiten pflegten[378]. Dies veranlasste Thomas Fudge dazu, das Stück in seiner Anthologie übersetzter Quellentexte zu den Hussitenkriegen mit „Bohemia under economic blockade" zu betiteln[379]. Tatsächlich fügen sich die in dem Konzilsdekret genannten Embargowaren auf den ersten Blick außerordentlich gut in den politischen und militärischen Kontext des Winters 1423. Die Konzilsväter verboten einerseits die Zufuhr von Gütern des täglichen Be-

Zusammenhang mit den Hussitenkriegen, es ist jedoch entgegen Polívkas Behauptung nirgendwo die Rede von Hussitenhandel. Vgl. StAN BB Nr. 10, fol. 19v–20r, 21r–v, 23v–24v, 33v–34r, der Nürnberger Rat an Hans von Mühlau und Eberhard Kneuffel/an Wilhelm von Mühlau/an Hynek Krušina von Schwanberg/an die Stadt Eger, 1432, Juli 28 – August 26, Nürnberg.

375 Vgl. die Beobachtungen Popes, Relations 208–214 zum Charakter der Korrespondenzen der Nürnberger Kanzlei. Ich danke Benjamin Pope für inhaltlichen Austausch zu diesem Thema und für die Zurverfügungstellung von Forschungsergebnissen.

376 Vgl. zum Folgenden auch Kaar, Mittel 237–241.

377 Brandmüller, Konzil 2, Nr. 3, 20–22. Vgl. auch Ders., Konzil 1, 145f.

378 Brandmüller, Konzil 2, Nr. 3, 21f.: [...] *omnesque et singulos eisdem [hereticis]* [...] *quecumque victualia, species aromaticas et pannos, sal, plumbum, pulveres bumbardarum vel arma sive instrumenta bellica, seu res alias quascumque adducentes, sive alia quevis negocia vel commercia publice vel occulte facientes cum eisdem* [...] *penis et damnacionibus contra hereticos promulgatis fore obnoxios.*

379 Fudge, Crusade 171.

darfs, andererseits den Handel mit bestimmten kriegswichtigen strategischen Gütern. Die erwähnten Verbrauchswaren decken sich mit jenen Waren, die in vorhussitischer Zeit zwischen Böhmen und seinen Nachbarländern gehandelt wurden, insbesondere im Hinblick auf die ausdrückliche Erwähnung von Salz[380]. Weiters passen sie gut zu dem Bild, das sich aus den Belegen für möglichen Schwarzhandel ergibt[381]. Die Erwähnung von Waffen und strategischen Gütern wiederum erscheint schlüssig angesichts der Tatsache, dass die katholische Seite im November 1423 auf zwei gescheiterte antihussitische Kreuzzüge zurückblickte, bei denen Artillerie eine nicht unbedeutende Rolle gespielt hatte[382].

In derselben Konzils-*Sessio* wurde allerdings auch ein zweites Dekret erlassen, das die Konstanzer Verurteilung der Anhänger des schismatischen Papstes Benedikt XIII. bestätigte[383]. In exakt denselben Worten wie in dem auf die Hussiten bezogenen Dekret verbietet das gegen die Schismatiker von Peñíscola gerichtete Dekret allen Gläubigen, die Anhänger Benedikts XIII. in irgendeiner Weise zu unterstützen, einschließlich des Verbotes, mit ihnen Handel zu treiben und ihnen Waffen zuzuführen. Die folgende Liste von Embargowaren deckt sich Wort für Wort mit dem Warenkatalog des gegen die Hussiten gerichteten Dekrets, nicht zuletzt auch in der Nennung von Salz[384].

Das identische Formular der beiden Dekrete entspringt einerseits dem typischen Ineinanderfließen der verschiedenen Kategorien von Nicht-Christen in den Augen der Kanonisten[385]. Dieselben kirchenrechtlichen Bestimmungen waren auf Häretiker wie Schismatiker als Feinde der Christenheit anzuwenden, unabhängig von deren tatsächlichem Bedrohungspotential[386]. Gleichzeitig ist für die Interpretation solcher „Embargolisten" und vergleichbarer Formeln aber auch die Eigenlogik der mittelalterlichen Urkundensprache zu berücksichtigen. Das macht auch ein Blick auf die zeitgenössische Rezeption

---

380 Vgl. oben, Kap. 2.1.

381 Vgl. im Folgenden, Kap. 3.3, passim.

382 Zum hussitischen Kriegswesen Schmidtchen, Karrenbüchse; Šmahel, Hussitische Revolution 2, 1064f.; Biederman, Vojenství. Zur Bedeutung von Feuerwaffen bes. Hall, Weapons 107–114; Biederman, Vojenství 338f., 341f.

383 Brandmüller, Konzil 2, Nr. 3, 22–24. Vgl. auch Ders., Konzil 1, 146.

384 Brandmüller, Konzil 2, Nr. 3, 23. Ders., Konzil 1, 145f. äußert sich in seiner Analyse der beiden Dekrete nicht zur Übereinstimmung des verwendeten Formulars.

385 Vgl. oben, Kap. 1.3.2.

386 Die gedankliche Koppelung der Bestimmungen gegen die Hussiten bzw. die Anhänger Benedikts XIII. wird auch durch die Tatsache unterstrichen, dass beide Klauseln drei Jahre später unter Berufung auf die Konzilien von Konstanz und Pavia-Siena gemeinsam in die Abendmahlbulle Martins V. aufgenommen wurden, vgl. Göller, Pönitentiarie 263f., 1426, Rom: *[E]os etiam, qui scienter* […] *prefatis scismaticis et precipue in castro Paniscole* […] *existentibus, illos etiam, qui ipsis Wiclefistis et Usistis quecunque victualia aut presidia publica vel occulta* […] *afferri faciunt vel permittunt, paribus excommunicationis et anathematis vinculis innodamus*.

des antihussitischen Dekrets von Pavia-Siena deutlich[387]: In einer konzertierten Aktion stellten der damalige päpstliche Legat, Kardinal Branda da Castiglione, und König Sigismund im Mai 1424 mehrere Schreiben aus, in denen sie die Implementierung des von den Sieneser Konzilsvätern beschlossenen Handelsverbotes befahlen[388]. Das als Insert in der „Chronica Husitarum“ des Andreas von Regensburg überlieferte Schreiben Brandas an den Bischof von Regensburg folgt der „Embargoliste“ des Sieneser Vorbildes praktisch wörtlich[389]. Das am gleichen Ort überlieferte Schreiben Sigismunds an Bürgermeister, Rat und Bürger der Stadt Regensburg ist hingegen ein von Brandas Schreiben unabhängiges Mandat in deutscher Sprache, das auf das Konzilsdekret Bezug nimmt, die dortige „Embargoliste“ aber eher paraphrasierend wiedergibt. Dabei werden einige Güter aus der Sieneser Liste detaillierter ausgeführt, während andere unerwähnt bleiben[390]. Der Chronist, der beide Schreiben überliefert, paraphrasiert schließlich in einem anderen seiner Werke, dem „Dialogus de haeresi bohemica“, Sigismunds Schreiben an Regensburg in einer Rückübersetzung ins Lateinische noch einmal – wenn auch nur geringfügig – anders[391].

387 Der folgende textkritische Vergleich basiert nur in einem Fall auf einem Original, sonst auf Abschriften in Edition. Seine Ergebnisse sind daher nicht frei von Vorbehalten, sie scheinen mir jedoch signifikant genug, um das hier vorgebrachte Argument zu stützen.

388 Urkundliche Beiträge 1, hg. PALACKÝ Nr. 293, 336–338; STUDT, Martin V. 536, Anm. 258, Branda da Castiglione an den Bischof von Regensburg/den Bischof von Meißen, 1424, Mai 16, Blindenburg sowie Orig. AP Wrocław, Fond Dokumenty miasta Wrocławia, sign. 1587; Urkundliche Beiträge 1, hg. PALACKÝ Nr. 294f., 339–341; RI XI, Nrr. 5847f., Sigismund an die schlesischen Städte/die Stadt Regensburg, 1424, Mai 17, Blindenburg. Vgl. zum politischen Hintergrund im Folgenden, Kap. 4.3.4 sowie Kap. 5.1.3.

389 Urkundliche Beiträge 1, hg. PALACKÝ Nr. 293, 337. Die Bestimmungen des Konzils werden unter direkter Bezugnahme auf dessen Autorität referiert: *predictum sancte synodi decretum uobis insinuare curavimus.*

390 Ebd. 339: *Es ist* [...] *nu von newes in dem concilio zu Senis ausgetragen vnd gesect worden, daz nyemand den keczern* [...] *keinerlay speise, tranck oder ander nötdürfft raichen solle, es sey mit wein, brot, getrayd* [*victualia*], *salcz, kauffmanschafft, speczereyen, würczen* [*species aromaticas*], *harnüsch, püchsen, puluer* [*pulveres bumbardarum vel arma sive instrumenta bellica*], *oder chainen andern sachen, wie die mochten benennet sein.* In eckigen Klammern der Text des Sieneser Dekrets, unterstrichen die erweiterten Übersetzungen. Es fehlen „Tuch“ und „Blei“. Zu den Varianten im Einzelnen vgl. auch im Folgenden, Kap. 3.3.

391 Andreas von Regensburg, Sämtliche Werke, hg. LEIDINGER 668: *Sigismundus* [...] *prosequens statuta Senensis concilii anno domini 1423 celebrati litteris suis mandat et precipit, quod nemo* [...] *in victualibus vel potu aliqua necessaria ipsis Hussistis debeat ministrare sive vino sive pane, sale, mercimoniis, speciebus, radicibus, armis, bombardis, pulveribus aut aliis quibuscunque rebus, quocunque nomine censeatur.* Es fehlt das in Sigismunds Schreiben erwähnte Getreide; auch hat das lateinische *arma* eine weitere Bedeutung als das spezifischere *harnüsch.*

Dass die Übersetzung durch Sigismunds Kanzlei hier offensichtlich problemlos vom Wortlaut des Dekretes von Pavia-Siena abweichen konnte, ist ein weiteres Indiz dafür, dass es sich bei diesen „Embargolisten", die (beinahe) in sämtlichen normativen Quellen zum antihussitischen Handelsverbot zu finden sind, gerade nicht um eine legistische Aufzählung konkreter Embargowaren handelte. Vielmehr stehen sie in ihrer Funktion den Pertinenzformeln der Urkundensprache nahe, welche *Pars pro Toto* versuchten, eine universale Gesamtheit zu erfassen, um für den Empfänger künftige Rechtssicherheit herzustellen[392]. Auch aus diesem Grund verzichtet keine dieser Listen darauf, den spezifischen Verboten am Schluss noch ein allgemeines Verbot des Handels mit „überhaupt allen anderen Waren" hinzuzusetzen.

Wie die Forschungen Berent Schwineköpers gezeigt haben, können Pertinenzformeln jedoch durchaus sehr konkrete Sachverhalte spiegeln[393]. Anregende methodische Überlegungen zum Problem der Scheidung zwischen generischem und spezifischem Formelgut bietet auch Amnon Linder. Dieser arbeitet heraus, wie in den von ihm untersuchten Texten der mittelalterlichen Kreuzzugsliturgie Verlagerungen zwischen dem generischen und dem spezifischen Gehalt eines bestimmten Terminus stattfanden[394]. Diese Verlagerungen wurden von den aktuellen Zeitumständen und der anschließenden Tradierung und Neuinterpretation der Termini als „generisch" und „spezifisch" beeinflusst. Auf die „Embargolisten" des antihussitischen Handelsverbotes bezogen bedeutet das, dass die Nennung eines bestimmten Artikels wie beispielsweise „Salz" sich in der Texttradition des „papal embargo" von einem spezifischen, anlassbezogenen Verbot in eine generische Formel verwandeln konnte. Aus dieser Formel konnte jedoch ebenso leicht wieder ein sehr spezifisches Verbot werden, in dem aber auch – mehr oder weniger absichtsvoll – das generische „Erbe" des kanonischen Textes mitschwang[395]. Diese Aktualisierung eines generischen Formelbestandes liegt mutmaßlich auch in der von den vermutlich gut über die Situation in Böhmen unterrichteten Sieneser Konzilsvätern zusammengestellten Liste vor. Vergleicht man sie etwa mit den Formulierungen der Abendmahlbulle oder Clemens' V. *Multa mentis* zum „papal embargo" sticht die Anpassung an die zeitgenössischen regionalen und militärischen Umstände deutlich ins Auge[396].

„Embargolisten" erweisen sich damit einerseits als instrumentelles Element, das darauf abzielte, die Zufuhr spezifischer Güter an die Hussiten zu unterbinden. Andererseits reflektieren sie durch ihre Verwurzelung in der Tradition des Kreuzzuges und der

392 Ich danke Peter Johanek für diesen Hinweis.

393 Schwineköper, Pertinenzformeln.

394 Linder, Raising Arms, bes. 121–123.

395 Vgl. zur Nennung von Salz in den „Embargolisten" im Folgenden, Kap. 3.3.1.1.

396 Vgl. oben, Anm. 80 und 83.

Abgrenzung zum religiös „Anderen“ die hier postulierte symbolisch-kommunikative Dimension des antihussitischen Handelsverbotes. Eine unkritisch-positivistische Interpretation dieser Formeln, wie sie bisher häufig der Fall war, unterschlägt dieses komplexe Zusammenspiel[397]. Um valide Aussagen zur Wirtschaftsgeschichte ebenso wie zur politischen Geschichte treffen zu können, ist es daher nötig, die „Embargolisten“ und weitere zugehörige Formeln, ebenso aber auch die ebenfalls stark formalisierten Korrespondenzen und justiziellen Quellen detailliert aufzuschlüsseln und methodisch reflektiert zu interpretieren.

397 Vgl. oben, Kap. 2.6.1.

3. Das antihussitische Handelsverbot als instrumentelles Kriegsmittel

Nach den einleitenden methodischen Bemerkungen soll nun im ersten Hauptteil der Untersuchung das antihussitische Handelsverbot unter einem vorrangig instrumentellen Blickwinkel als Kriegsmittel der katholischen Seite betrachtet werden. Die gesammelten Quellennachrichten werden dabei genutzt, um einen Ausschnitt aus den wirtschaftlichen Beziehungen zwischen den Einwohnern Böhmens und ihren Nachbarn zu rekonstruieren. In vier Teilkapiteln wird beleuchtet, welche Aufschlüsse man über die räumliche Struktur des böhmischen Handels der Hussitenzeit und dessen Akteure, die gehandelten Waren sowie die praktische Umsetzung des antihussitischen Handelsverbotes gewinnen kann. Damit stehen wirtschaftsgeschichtliche Fragestellungen im Vordergrund, für deren Beantwortung die zum Teil altbekannten Quellen zum antihussitischen Handelsverbot auf neue Art und Weise fruchtbar gemacht werden.

3.1 Geografie

Nachrichten zum antihussitischen Handelsverbot können zunächst einmal dazu verwendet werden, Erkenntnisse über die räumliche Struktur des Handels in und rund um Böhmen im 15. Jahrhundert zu gewinnen. Sieht man sich die geografische Streuung der Nachrichten an, muss dabei zwischen normativen und anderen Quellen unterschieden werden. Eine Analyse der Adressaten der normativen Quellen gestattet Aussagen über absichtsvoll gesetzte politische Maßnahmen. Mehr oder weniger zufällig überlieferte Korrespondenzen, justizielle Quellen und Ähnliches erlauben hingegen Aussagen über beabsichtigte oder tatsächlich abgewickelte Geschäfte. In der Zusammenschau zeichnen beide Quellengruppen gemeinsam ein (wenn auch fragmentarisches) Bild der geografischen Struktur des Handels zwischen Hussiten und Katholiken während der Hussitenkriege.

3.1.1 Die Adressaten der normativen Quellen

Die Schreiben, mit denen die Kurie das antihussitische Handelsverbot einschärfte, sind für gewöhnlich unspezifisch an alle Gläubigen adressiert. Allerdings werden sie oft von *litterae* begleitet, die einem bestimmten Empfänger die Publikation und Ausführung der kurialen Anordnungen befehlen. Gefunden werden konnten solche spezifischen *litterae* für die Bischöfe von Regensburg, Passau, Olmütz, Meißen und Bamberg[398]. Das Fehlen der Diözesen Breslau, Krakau und Neutra, die den Ring um das hussitische Böhmen schließen würden, erklärt sich mutmaßlich aus der Quellenauswahl bzw. der Überlieferungs- und Editionslage.

Die weltlichen Aussteller normativer Bestimmungen über das Handelsverbot wandten sich hingegen spezifisch an ihre jeweiligen Untertanen. Sigismunds erstes bekanntes diesbezügliches Mandat war etwa an den Erzbischof von Salzburg adressiert, der im Folgenden seinen Untertanen – und mutmaßlich über Vermittlung seiner Suffragane auch deren Untertanen – einschärfte, von Handel mit den Hussiten abzusehen[399]. In weiteren Schreiben wurden einerseits die Reichsstädte im Allgemeinen[400], andererseits konkrete, und dabei sehr signifikante städtische Adressaten angesprochen: Bürgermeister, Räte und Bürger von Nürnberg, Regensburg, Passau und Wien[401] sowie verschiedener Städte in den Böhmischen Kronländern[402]. Unter einem instrumentellen Blickwinkel ist es wenig

---

398 Martin V. an die Bischöfe von Regensburg, Passau, Olmütz, Meißen und Bamberg: Acta 2, hg. Eršil Nr. 1274, 515f., 1424, November 24, Rom. Die Verbreitung dieser *litterae* in der Diözese Olmütz wurde mutmaßlich auch von Herzog Albrecht V. propagiert, vgl. Urkundliche Beiträge 1, hg. Palacký Nr. 334, 390, der Rat von Olmütz an Albrecht V., 1425, April 23, Olmütz. Vgl. weiters Martin V. an den Bischof von Olmütz: Acta 2, hg. Eršil Nr. 1515, 605, 1426, Jänner 16, Rom. Ein Original der mit diesem Schreiben publizierten *litterae* in SHStA, 10001 Ältere Urkunden, Nr. 6012, was wohl bedeutetet, dass auch der Bischof von Meißen eine individuelle Version von Acta 2, hg. Eršil Nr. 1515, 605 erhielt. Der genaue Empfänger ist allerdings unklar, da nach Ermisch, Dresden 56 die Stadt Dresden einen Boten für die Überbringung der *litterae* über das Handelsverbot entlohnte. Das antihussitische Dekret des Konzils von Pavia-Siena wiederum war Gegenstand einer regelrechten Publikationskampagne, vgl. im Folgenden, Kap. 4.3.4 und 5.1.3. Adressaten waren die Bischöfe von Regensburg und Meißen sowie die Stadt Regensburg und die schlesischen Städte; möglicherweise gab es auch noch weitere Kopien.

399 StA Salzburg, BU 6, pag. 248, Nr. 398, eidesstattliche Aussage eines gewissen Oswald, vor 1421, März 31, Salzburg. Vgl. dazu im Folgenden, Kap. 3.3.2 mit Anm. 627.

400 Sigismund an die Reichsstädte: DRTA 8, Nr. 99, 114f., der Augsburger Rat an den Rat der Stadt Ulm, 1422, Februar 12, Augsburg; ebd. Nr. 338, 398–401, die Vertreter des sogenannten Weinsberger Städtebundes an Nördlingen, 1425, Februar 17, Ulm.

401 Sigismund an Nürnberg: Urkundliche Beiträge 1, hg. Palacký Nr. 176, 189f., 1422, April 17, Nürnberg. Ders. an Regensburg: Ebd. Nr. 294, 339f., 1424, Mai 17, Blindenburg. Ders. an Passau: Orig. StA Passau, I. Urkunden, Nr. 496; RI XI, Nr. 10785, 1434, September 14, Regensburg. Ernst von Bayern an Passau: Orig. StA Passau, I. Urkunden, Nr. 459, 1431, Oktober 31, Straubing. Albrecht V. an Wien: Orig. WStLA, Hauptarchiv – Urkunden Nr. 2271, 1425, November 28, Korneuburg.

402 Albrecht V. an Olmütz: Urkundliche Beiträge 1, hg. Palacký Nr. 334, 390, 1425, April 23, Olmütz. Sigismund an Zittau: CDLS II,1, hg. Jecht 127, 1422, November 6, Wien. Ders. an die Sechsstädte: Ebd. 128, 1422, Dezember 11, Pressburg. Ders. an die schlesischen Städte: Urkundliche Beiträge 1, hg. Palacký Nr. 295, 340f., 1424, Mai 17, Blindenburg. Ders. an Görlitz: CDLS II,2, hg. Jecht 283, 1431, April 12, Nürnberg. Ders. an Breslau: Grünhagen, Geschichtsquellen Nr. 144, 103, 1431, April 12, Nürnberg. Unspezifisch an alle jeweiligen Untertanen hingegen: Sigismund: DRTA 9, Nr. 411, 540–

überraschend, dass für die Umsetzung des Handelsverbotes gerade bei den genannten Städten angesetzt wurde. Das verhältnismäßig prominente Hervortreten der schlesischen und Oberlausitzer Städte unter den Empfängern ist wohl dennoch nicht zufällig. Diese Städte unterstanden direkt Sigismunds landesherrlicher Autorität. Gleichzeitig bildeten sie wichtige Knotenpunkte an den Handelsstraßen, die Böhmen mit den umliegenden Territorien verbanden. Dadurch stellten sie natürliche Kontrollpunkte für den Handelsverkehr von und nach Böhmen dar[403]. In späteren Jahren wiederum sahen die genannten Städte sich durch die Etablierung hussitischer Stützpunkte in ihren Ländern mit der – freiwilligen oder erzwungenen – Kollaboration der lokalen Bevölkerung mit dem Feind konfrontiert, wodurch sie neuerlich zu vorrangigen Zielen für die Einschärfung des Handelsverbotes wurden.

Abgesehen von den großen Zentren des internationalen Handels war überwiegend die physische Grenzlage der Adressaten zu Böhmen ausschlaggebend dafür, dass sie Empfänger von Schreiben über das Handelsverbot wurden. Dies wird in einem Fall auch ausdrücklich thematisiert. Als der päpstliche Legat, Kardinal Branda da Castiglione, im Mai 1424 die Bischöfe von Regensburg und Meißen aufforderte, die Beschlüsse des Konzils von Pavia-Siena in ihren Diözesen umzusetzen, verlangte er, dass dieselben jeden Sonn- und Feiertag in sämtlichen Kollegiats- und Pfarrkirchen verkündet werden sollten, ganz besonders in denjenigen *vicinis et propinquis Bohemie et Morauie*[404]. Umgekehrt weisen einige Schreiben explizit darauf hin, dass das Verbot des Handels mit Hussiten und deren Unterstützern nicht nur diejenigen „Häretiker“ betraf, die in Böhmen lebten, sondern auch jene, die sich möglicherweise andernorts aufhielten[405].

Insgesamt zeigt die Analyse der Adressaten der normativen Quellen, dass dieselben an einen stimmigen, wenig überraschenden Kreis von Empfängern adressiert waren. Dieser deckt sich mit den bekannten Strukturen des böhmischen Außenhandels der vorhussitischen Zeit und lässt auf den Versuch gezielter strategischer Einflussnahme schließen. Gleichzeitig spiegeln die normativen Quellen aber auch sehr deutlich die politisch definierten Einflusssphären der jeweiligen Aussteller und damit die Grenzen ihrer Möglichkeiten, das Handelsverbot als instrumentelles Kriegsmittel zum Einsatz zu bringen.

543, 1431, März 14, Nürnberg. Wladislaw Jagiello: Urkundliche Beiträge 1, hg. Palacký Nr. 288, 331–333, 1424, April 9, Welun. Johann von Pfalz-Neumarkt, Ernst und Wilhelm von Bayern: Beck, Heerwesen 25, 1429, Oktober 21, Straubing.

403 Vgl. auch im Folgenden, Kap. 3.4.1.

404 Urkundliche Beiträge 1, hg. Palacký Nr. 293, 336–338, hier 337, 1424, Mai 16, Blindenburg.

405 Ebd. Nrr. 294f., 339–341, hier 339, Sigismund an die Stadt Regensburg/die schlesischen Städte, 1424, Mai 17, Blindenburg: […] *den keczern zu Behem vnd anderswo* […]. Orig. SHStA, 10001 Ältere Urkunden, Nr. 6012, Martin V. an alle Gläubigen, 1426, Jänner 15, Rom: […] *ad maledictos hereticos Bohemie et nonnullarum partium circumiacentium* […].

3.1.2 Andere Nachrichten

Indirekte Belege für wirtschaftliche Kontakte mit Hussiten, für Verdachtsfälle von Hussitenhandel oder für verdächtige Aufenthalte im hussitischen Teil Böhmens kommen aus allen an das Königreich angrenzenden Territorien ebenso wie aus Böhmen selbst, wo sich die königstreue katholische Partei durch das Handelsverbot vor dasselbe Problem gestellt sah wie die Geschäftspartner der Hussiten außerhalb Böhmens. Auch hier treten die bereits genannten deutschen und österreichischen Städte hervor. Dies ist sicherlich zu einem guten Teil der Überlieferungslage und dem davon beeinflussten Design der Untersuchung geschuldet. Obwohl beispielsweise aus Görlitz sehr ausführliche städtische Rechnungen erhalten sind, die für diese Arbeit ausgewertet wurden, und auch die Überlieferungs- und Editionslage für die Korrespondenzen der Stadt ausgezeichnet ist, konnte bisher kein Fall identifiziert werden, bei dem Görlitzer Fernkaufleute in den Verdacht des Hussitenhandels gerieten. Ähnliches gilt etwa auch für Eger oder Breslau. Die bisher bekannt gewordenen Nachrichten über mutmaßlichen überregionalen Schwarzhandel mit Hussiten stammen vielmehr zum überwiegenden Teil aus Nürnberg und – zu einem erheblich kleineren Teil – aus Olmütz, wo jeweils mehr oder weniger systematische Aufzeichnungen über die ausgegangenen Korrespondenzen des städtischen Rates erhalten geblieben sind[406]. Dieser Befund mahnt zur Vorsicht vor zu einseitigen Schlüssen. So sollten etwa die vergleichsweise eher spärlichen Nachrichten aus Meißen oder Polen im Hinblick auf die Bedeutung dieser Länder als Handelspartner Böhmens während der Hussitenzeit nicht unterschätzt werden[407]. Das hier gezeichnete Bild der oberdeutschen Dominanz im Fernhandel mit den Ländern der Böhmischen Krone ist wohl dennoch nicht ausschließlich auf die ungleichmäßige Quellenlage zurückzuführen. Auch viele andere, von den Briefbüchern unabhängige diesbezügliche Nachrichten dokumentieren die Bedeutung der oberdeutschen Reichsstädte und insbesondere Nürnbergs[408].

---

406 Den Nürnberger Briefbüchern vergleichbar steht für Olmütz ein Kopialbuch aus der städtischen Kanzlei zur Verfügung, in welches unter Leitung des Stadtschreibers Wenzel von Iglau ausgewählte städtische Korrespondenzen, vor allem aus dem Zeitraum von 1425 bis 1429 eingetragen wurden, siehe SOkA Olomouc, Briefbuch (von Palacký zitiert als „MS. Wenc. de Iglav.", allerdings nicht zu verwechseln mit dem ebenfalls von demselben Stadtschreiber angelegten sogenannten Olmützer Gedenkbuch). Vgl. dazu Čáda, Kodex 89; Kaňák, Město 190, Anm. 11. Ich danke Petr Elbel für die Zurverfügungstellung von Materialien.

407 Vgl. im Folgenden, Kap. 3.3, passim, sowie 4.1.2 und 4.1.3. Die relative Prominenz des Bischofs von Meißen als Empfänger von kurialen Schreiben über das Handelsverbot lässt sich allerdings mutmaßlich auch auf die Tatsache zurückführen, dass die antihussitischen Legaten Martins V. standardmäßig Böhmen, Mähren und Meißen als Legationsprovinz zugewiesen bekamen.

408 Vgl. etwa die in Oberlausitzer und schlesischen Quellen belegten zahlreichen Aktivitäten von Nürnbergern und ihren Partnern in diesen beiden königstreuen Kronländern. Der Görlitzer Rat etwa kaufte

Den zweiten geografischen Schwerpunkt bilden Nachrichten aus der Oberlausitz und Schlesien. Einerseits bestanden die traditionellen Fernhandelskontakte der dortigen Städte mit den katholischen böhmischen und mährischen Städten fort, wie etwa die Korrespondenzen des Olmützer Rates mit einigen schlesischen Städten belegen[409]. Andererseits erklärt sich das besondere Hervortreten dieser beiden Kronländer, wie bereits angedeutet wurde, vor allem durch das Ausgreifen der Hussiten auf die böhmischen Nachbarländer ab der Mitte der 1420er-Jahre. Die Quellen dokumentieren, wie durch die regelmäßigen hussitischen Kriegszüge und die Errichtung fester Stützpunkte eine wachsende Anzahl von Menschen in diesen Ländern in direkten wirtschaftlichen Kontakt mit Hussiten trat, sei es in der Form von erzwungenen Kontributionen (sogenannten Huldigungen), sei es durch freiwillige, unter keinem Zwang stehende, wirtschaftliche Transaktionen. Der Durchzug der hussitischen Heere sorgte dabei für das Entstehen eines okkasionellen Verbrauchsgütermarktes, der die lokale Geografie der Wochen- und Jahrmärkte überlagerte[410]. Die dauerhaften hussitischen Garnisonen in Schlesien, der Oberlausitz und Oberungarn wiederum bildeten durch ihre Größe, ihre militärische Stärke und ihre oft langandauernde Präsenz bedeutende Faktoren im regionalen Mächtegefüge. Unter dem Eindruck ihrer politischen Bedeutung sollte jedoch nicht vergessen werden, dass sie auch einen Wirtschaftsfaktor darstellten und während ihres Bestehens erheblichen Einfluss auf das lokale Wirtschaftsgefüge ausübten[411]. Bei diesen wirtschaftlichen Kontakten zwischen Hussiten und Katholiken handelte es sich, im Gegensatz zu den oben behandelten Beziehungen mit dem Reich und Österreich, um nahräumlich strukturierten

während der Hussitenkriege regelmäßig Rüstungen, Schwefel und Salpeter im über 400 km entfernten Nürnberg, vgl. die Edition der Görlitzer Ratsrechnungen in CDLS II,1–2, hg. Jecht, passim.

409 Das Briefbuch des Wenzel von Iglau enthält Schreiben an Empfänger in Breslau, Schweidnitz und Liegnitz, die Geschäfte von Olmützern in diesen Städten betreffen. Vgl. in diesem Zusammenhang auch Orig. StA Bautzen, Bestand 1. Urkunden Nr. 143; Urkundliche Beiträge 1, hg. Palacký 15, 22f.; RI XI, Nr. 4061, Sigismund an die Stadt Bautzen, 1420, März 15, Breslau: Die Adressaten sollten Hussiten festnehmen, die nach Bautzen kamen, um *ir handlung oder gewerbe daselbs zu suchen*, was auf regelmäßigen Handelsverkehr zwischen Bautzen und den (nord)böhmischen Städten hindeutet.

410 Vgl. im Folgenden, Kap. 3.3.1.3. Zum System der hussitischen Stützpunkte vgl. auch oben, Karte 3.

411 Vgl. dazu etwa ein an entsprechenden Nachrichten sehr reiches Schreiben des Görlitzer Rates an Sigismund, CDLS II,2, hg. Jecht 274–278, 1431, um März 8, Görlitz. Die Ratsherren schildern darin die durch die hussitischen Streifscharen verursachte schlechte Versorgungslage der Stadt, die noch durch die Flüchtlinge verschärft wurde, die in Görlitz Zuflucht gesucht hatten, und klagen über die finanziellen Aufwendungen für die zum Schutz der Stadt notwendigen Söldner. Im vorliegenden Zusammenhang besonders interessant ist die Nachricht, dass etliche Bauern der hussitischen Besatzung in Löbau Abgaben zahlten, vgl. ebd. 277: [Görlitz leide Schaden besonders durch] *den gebauwern us den durffern, sind* [= seit] *sy* [die Hussiten, d. V.] *die Lobaw eingenommen habin, dy mit in* [den Hussiten] *em gedingnis und huldungen sten.*

Einzelhandel. Die meisten Personen, die in Schlesien und der Oberlausitz des Handels mit Hussiten beschuldigt wurden und bei denen der Herkunftsort und der „Tatort“ identifiziert werden konnten, stammten entsprechend auch aus der unmittelbaren bis mittelbaren Umgebung des Ortes, an dem sie angeblich in Kontakt mit den Hussiten traten[412].

Die reichhaltigsten Nachrichten über die Umsetzung bzw. Übertretung des antihussitischen Handelsverbotes stammen schließlich aus Böhmen und Mähren selbst. Die königstreuen katholischen Kräfte im Land sahen sich durch die unmittelbare geografische Nähe zu den Hussiten und die gegenseitige wirtschaftliche Abhängigkeit noch viel direkter mit der Frage konfrontiert, wie mit dem Handelsverbot umzugehen sei, als die Einwohner der böhmischen Nachbarländer. Auf die vielfältigen Probleme, die sich aus dieser Konstellation besonders für den lokalen Nahhandel ergaben, wird im Folgenden in Kapitel 3.4.4.2 einzugehen sein.

Im Hinblick auf die Frage nach den räumlichen Strukturen des Fernhandels zeigt sich hier schließlich auch der im Vergleich zur vorhussitischen Zeit vermutlich deutlichste Wandel. Die katholischen Städte in den Grenzregionen fungierten offensichtlich dem Handelsverbot zum Trotz während der Hussitenkriege als Relais zwischen dem hussitischen Binnenland und dem katholischen Ausland. Als wichtige Stützen der katholischen Partei gelang es ihnen gerade während der Hussitenkriege, von ihren Stadtherrn wirtschaftliche Vorrechte zu erwerben[413]. Der Rat der Stadt Budweis beispielsweise be-

412 Ein Einwohner des westlich von Lauban gelegenen Dorfes Geibsdorf unterhält Beziehungen mit Hussiten in Lauban, CDLS II,2, hg. Jecht Nr. 49, 728, ohne Datierung. Bewohner des nordöstlich von Löbau gelegenen Dorfes Sohland am Rotstein handeln mit den Hussiten in Löbau, ebd. 286, 1431, Mai 18, Görlitz bzw. ebd. Nr. 44, 726, zu Sommer 1431. Kontakte zwischen Einwohnern von Wansen bzw. Kniegnitz südlich von Breslau mit den Hussiten in Nimptsch, Grünhagen, Geschichtsquellen Nr. 131, 99, zu November 1430 bzw. ebd. Nr. 138, 100, zu Anfang 1431. Der Richter von Nieder-Schönbrunn südöstlich von Görlitz handelt mit der hussitischen Besatzung der Burg Grafenstein bei Grottau, CDLS II,2, hg. Jecht 404, 1432, Oktober 7, Görlitz. Einwohner von Reichenbach in der Oberlausitz handeln wahrscheinlich mit Hussiten, die dieselbe Stadt erobert haben, Grünhagen, Geschichtsquellen Nr. 152, 106, zu 1432, Breslau. Vgl. weiters auch den Erwerb eines Geleitbriefes durch einen aus dem oberösterreichischen Ulrichsberg stammenden Händler im südböhmischen Prachatitz, Popravčí kniha, hg. Mareš 49, Aussage des Ješek von Sonnberg, 1424, August 11 sowie Verdächtigungen gegen die Pressburger Fischer, Beziehungen zu den Hussiten in der Umgebung Pressburgs zu unterhalten, Orig. AMB, Magistrát mesta Bratislavy, zbierka listín a listov, Urk. Nr. 1330, Georg von Rozgon an den Pressburger Rat, 1434, April 12, Karlburg. Ich danke Robert Novotný und Daniela Dvořáková für diese Hinweise. Allerdings gab es auch Kontakte, die diesen lokalen Radius überschritten: Ein Verdächtiger aus Goldberg in Schlesien wird bei Görlitz aufgegriffen, CDLS II,2, hg. Jecht 120, 1429, Oktober 26, Görlitz, ein anderer aus Neustadt in Oberschlesien bei Bautzen, ebd. 123, 1429, November 18, Görlitz. Ich nehme allerdings an, dass es sich dabei um Personen handelte, die dem ziehenden hussitischen Heer gefolgt waren.

413 Vgl. etwa Kaar, Stadt 275–285.

kam 1424 das bereits erwähnte Recht verliehen, den Handel mit Wein in seiner Hand zu konzentrieren und damit den Import eines der wichtigsten Güter im wirtschaftlichen Austausch mit Österreich zu monopolisieren[414]. Die Grenzstadt Eger tat sich neben ihrer Funktion als Kommunikationsrelais zwischen dem Reich und dem hussitischen Teil Böhmens auch in wirtschaftlicher Hinsicht als Bindeglied hervor[415]. Den vielleicht größten Bedeutungszuwachs konnte allerdings die westböhmische Stadt Pilsen verbuchen[416]. Die Rechnungen der Burg Karlstein belegen, dass diese Stadt während der Hussitenkriege eine wichtige Vermittlerrolle zwischen dem katholischen Ausland und den böhmischen Katholiken spielte, etwa im Handel mit Edelmetallen. Gleichzeitig dürften die traditionellen Verbindungen Pilsens mit Prag und anderen böhmischen Städten die Stadt auch zu einem Bindeglied im Zwischenhandel mit den Hussiten gemacht haben. Der Aufstieg Pilsens während der Hussitenkriege zu einem auch überregional bedeutenden politischen, geistlichen und wirtschaftlichen Zentrum manifestiert sich etwa darin, dass die hussitischen Feldheere sich 1433 dazu entschlossen, gerade diese Stadt zu belagern, um Druck auf ihre Gegner innerhalb und außerhalb Böhmens auszuüben, oder im späteren Widerstand der Stadt gegen den hussitischen König Georg von Podiebrad[417].

---

414 CIM 3, hg. Čelakovský/Friedrich Nr. 37, 52f. (mit fehlerhafter Datierung); RI XII Supp., Albrecht V. für Budweis, 1424, November 23, Brünn. Vgl. Šimeček, Obchodní monopol, bes. 45f. Zum Weinhandel auch ausführlich im Folgenden, Kap. 3.3.1.2. Für die Präsenz Budweiser Kaufleute in Oberösterreich während der Hussitenzeit vgl. weiter auch im Folgenden, Anm. 514; für den Aufenthalt von Untertanen des Glatzer Hauptmannes in Budweis RI XII Supp., Albrecht V. an den Rat der Stadt Budweis, 1432, Oktober 29, Korneuburg.

415 Kubů, Sigismund; Faltenbacher, Eger; bes. Polívka, K „černému obchodu" 29–33; Ders., Beziehungen 11–13; Zaoral, Nálezy 121; Vgl. auch im Folgenden, Kap. 3.2.1, 3.3.1.3 und 3.3.2.

416 Polívka, Plzeň; Ders., Böhmen, sowie im Folgenden, passim. Für die bedeutende Stellung Pilsens im regionalen Straßennetz vgl. auch unten, Karte 4. Für Pilsner Fernhandelskontakte während der Hussitenzeit vgl. etwa im Folgenden, Anm. 587 und 705 und Čechura, Mor 302, sowie besonders die in der sogenannten „Goldenen Bulle" für Pilsen verliehenen umfänglichen Zollfreiheiten in Böhmen und im Reich, UB Pilsen 1, hg. Strnad Nr. 342, 369–376; CIM 3, hg. Čelakovský/Friedrich Nr. 64, 93–100; RI XI NB 2, Nr. 120, Sigismund für Pilsen, 1434, September 19, Regensburg. Dazu jetzt auch Kaar, Business 42–44.

417 Der hier konstatierte Bedeutungsanstieg der westlichen Grenzregionen Böhmens im Handelsverkehr lässt sich auch an den aus diesen Regionen stammenden Hortfunden aus den 1440er- und 50er-Jahre ablesen, in denen auf internationalen Fernhandel hindeutende Goldmünzen auffällig hervortreten, vgl. Zaoral, Nálezy 121–127 zusammen mit ebd. Karte 2. Ebd. 121 weist der Autor weiters auf die Tatsache hin, dass der größte datierbare Schatzfund der Hussitenzeit aus der katholischen nordböhmischen Stadt Brüx stammt. Zusammen mit der ebd. 126 konstituierten auffälligen Korrelation zwischen der geografischen Verteilung der aus der Hussitenzeit stammenden Schatzfunde und den militärischen Ereignissen des Jahres 1427 zeigt diese Tatsache m. A. nach allerdings vor allem, dass die Einwohner der böhmischen Grenzregionen besonders gute Gründe hatten, Münzhorte anzulegen. Ich danke Roman Zaoral und Philippe Buc für Diskussionen zu diesem Thema.

3.2 Akteure

Eng mit der Frage nach der geografischen Struktur des Handels zwischen Katholiken und Hussiten zusammen hängt die Frage nach den Akteuren dieses Handels. Wie sich im vorangehenden Kapitel gezeigt hat, ist es nötig, dabei zwischen Fern- bzw. Groß- und Nah- bzw. Einzelhandel zu unterscheiden. Auch wenn die Quellen nur ungenügend zwischen beiden Ebenen wirtschaftlicher Beziehungen differenzieren, wurden diese doch von unterschiedlichen Personenkreisen mit unterschiedlichen Aktionsradien getragen; einer Tatsache, der hier Rechnung getragen werden soll. In einem ersten Unterkapitel werden daher zunächst die Akteure des internationalen Fernhandels behandelt. Danach wendet sich die Untersuchung den bis dato noch nie systematisch betrachteten Trägern des alltäglichen Kleinhandels zu.

3.2.1 Der Fernhandel

Eine Analyse der normativen Quellen zum antihussitischen Handelsverbot zeigt, dass diese bei der Benennung der Akteure des Handels mit den Hussiten wenig spezifisch sind. Meist wird ein allgemeines Verbot an die Adresse aller Christen bzw. sämtlicher Untertanen ausgesprochen; nur in Ausnahmefällen, die lokale Herrschaftsstrukturen reflektieren, wird näher differenziert und es werden städtische „Kaufleute“ oder „Bürger“ im Gegensatz zu „Untertanen“ genannt[418]. Eine Ausnahme stellt lediglich das sogenannte Edikt von Welun vom April 1424 dar, das ausdrücklich den polnischen Kaufleuten (*mercatoribus*) befahl, ihren (Fern-)Handel mit Böhmen einzustellen[419], sowie ein Mandat Sigismunds an Zittau, das *fuhrleuthe[n] und kauffleuthe[n]* untersagte, auf neu errichteten Straßen den Hussiten zuzuführen[420].

Die hauptsächliche Quelle zur Untersuchung der personalen Strukturen des Fernhandels stellen daher die auch schon früher unter diesem Gesichtspunkt ausgewerteten städtischen Korrespondenzen dar[421]. In diesen ist üblicherweise in allgemeinen Wendungen die Rede von *unser[n] burger[n] und kafflewt[en]*, die in den Verdacht gerieten, Handel mit Hussiten betrieben zu haben[422]. Speziell über die Nürnberger Briefbücher sind jedoch

418 Vgl. dazu im Folgenden, Kap. 3.2.2 und 3.4.2.

419 Urkundliche Beiträge 1, hg. Palacký Nr. 288, 331–333, hier 332, Wladislaw Jagiello an alle Untertanen des Königreichs Polen, 1424, April 9, Welun. Vgl. zu dieser Quelle im Folgenden, Kap. 4.3.3.

420 Collectanea Lusatica 27, fol. 5v–6v; CDLS II,1, hg. Jecht 127; RI XI, Nr. 5366, 1422, November 6, Wien.

421 Vgl. hier vor allem die bereits zitierten Arbeiten Schenks, Stromers und Polívkas, oben, Anm. 246 und 275.

422 Vgl. im Folgenden, Kap. 4.2.3.

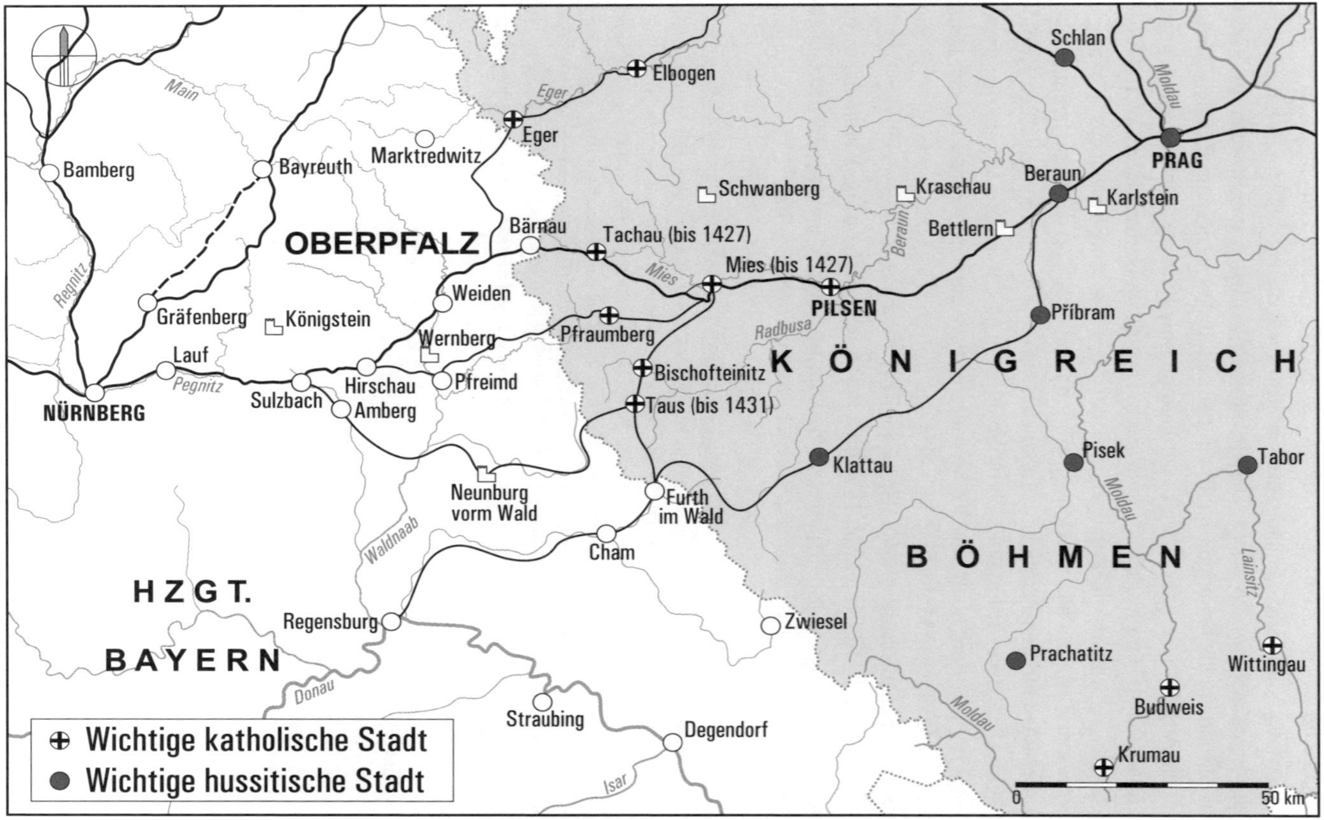

Karte 4: Handelswege in Westböhmen im 15. Jahrhundert.
Karte ergänzt nach GRAUS, *Handelsbeziehungen, Karte II (© Jaroslav Synek, Prag).*

auch individuelle Akteure fassbar. Von diesen lassen sich wiederum etliche als Angehörige von „Firmen" der Nürnberger „Hochfinanz" identifizieren, die vor 1420 im Böhmenhandel besonders engagiert gewesen waren. Dabei tritt nach Wolfgang von Stromer ein Personenverband rund um die Familien Imhoff, Gruber und Stromeier besonders in den Vordergrund[423]. Ein Angehöriger eines Zweiges der Familie Imhoff tätigte möglicherweise regelmäßig Geschäfte auf Burg Karlstein[424]; ein anderer wurde im Herbst 1426 in Westböhmen als angeblicher Schwarzhändler gefangen gesetzt[425]. Die Korrespondenzen des Nürnberger Rates in diesem Zusammenhang zeichnen ein lebhaftes Bild von der Vernetzung der beteiligten Personen mit den führenden – möglicherweise nicht nur – katholischen Kräften Westböhmens[426]. Dieses Bild lässt sich mutmaßlich auch auf andere Angehörige dieses Kreises übertragen, dem noch eine Reihe weiterer Personen zugeordnet werden kann. Dazu gehören der auf den Handel mit Metallen und Rohstoffen spezialisierte Jakob Granetel[427], ebenso wie Hans Mugenhofer, der im Juni 1423 Wein nach Böhmen führen ließ[428], und Markward Scheffein, der im Mai 1430 über die Beschlagnahme von Waren klagte, die auf dem Weg über einen Geschäftspartner Scheffeins im bayerischen Zwiesel, den Glasermeister Michael *Pernhart*, möglicherweise nach Böhmen gehen sollten[429]. Der bis Anfang

423 Stromer, Handelsgesellschaft 54; Ders., Hochfinanz 1, 235, Anm. 53f.; 2, 457f. Zu den Geschäften der verschiedenen Zweige der Familie Imhoff in Prag vor 1420 Schenk, Nürnberg 66–70, der die dominante Rolle der Imhoff-Gesellschaften gegenüber anderen Nürnberger Firmen hervorhebt.

424 Polívka, Plzeň 285 vermutet hinter dem in den Karlsteiner Rechnungen belegten *mercator* Konrad, der mit der Burgbesatzung umfangreiche Geschäfte vor allem über den Verkauf von Wertgegenständen und Edelmetallen, aber auch die Lieferung von Rohstoffen für die Herstellung von Schießpulver abwickelte, den Nürnberger Bürger Konrad II. Imhoff. Zur Tätigkeit von dessen Gesellschaft in Prag vor 1420 Schenk, Nürnberg 68–70. Zu den Verbindungen des einer anderen Linie der Familie angehörigen Sebald Imhoff und seines Sohnes Hans mit dem Karlstein vgl. im Folgenden, Kap. 4.2.4.

425 Vgl. ausführlich im Folgenden, Kap. 4.2.4.

426 Der des Hussitenhandels verdächtige Hans Imhoff wurde von dem westböhmischen Herrn Hanusch von Kolowrat konkret beschuldigt, *den von Prage und hussen* Waren geführt zu haben, vgl. StAN BB Nr. 7, fol. 114r; Urkundliche Beiträge 1, hg. Palacký Nr. 424, 477f., der Nürnberger Rat an den Rat der Stadt Pilsen/Johann von Lestkov [auf Waldeck]/Zdeslav Tluksa von Buřenice, 1426, November 9, Nürnberg. Sollte die Unterscheidung zwischen „denen von Prag" und „den Hussiten" nicht zufällig sein, könnte dies bedeuten, dass der über die lokalen Machtverhältnisse ausgezeichnet informierte Kolowrat seinem Gefangenen nicht nur illegale Beziehungen zum hussitischen Prag, sondern auch zu den taboritischen Stützpunkten in Westböhmen vorwarf.

427 Stromer, Handelsgesellschaft 38, Anm. 150; Ders., Hochfinanz 1, 212; 2, 399, Anm. 47. Granetel war auch in Schlesien aktiv, wo er in Breslau eine eigene Gesellschaft unterhielt. Vgl. zu ihm auch im Folgenden, Kap. 3.3.2.

428 StAN BB Nr. 6, fol. 13r, der Nürnberger Rat an Hans Schober, 1423, Juni 16, Nürnberg. Zu Mugenhofer Schenk, Nürnberg 81; Stromer, Handelsgesellschaft 36 mit Anm. 146.

429 StAN BB Nr. 9, fol. 4r, der Nürnberger Rat an den Landschreiber zu Neunburg vorm Wald, 1430, Mai 5, Nürnberg. Zu Scheffein Stromer, Handelsgesellschaft 54.

der 1420er-Jahre in Kuttenberg ansässige, zur Stromeier-Gesellschaft gehörige Hans Groß wiederum bezeugte im Sommer 1421 Geschäfte des Görlitzer Ratsherren Niklas Ermilrich in Kuttenberg[430].

Zwei weitere in den Briefbüchern fassbare Nürnberger „Firmen" sind die Pirkheimer- und die Stark-Gesellschaft. Zu ersterer gehörte Hans Gundelfing, der im Oktober 1428 gegen die Beschlagnahme von aus Böhmen kommenden Waren Einspruch erhob[431]. Begleitet worden war der betroffene Warenzug von dem Nürnberger Bürger Eberhard Grefenberger[432]. Dieser war im Jahr davor bei Tachau in hussitische Gefangenschaft geraten und nach Prag gebracht worden. Er kam durch eine Bürgschaft frei, wohl weil er auf ein etabliertes persönliches Netzwerk in der Stadt zurückgreifen konnte[433]. Schon im Frühling 1421 befand sich schließlich ein *diener* Heinrich Lochners, der zur Nürnberger Stark-Gesellschaft gehörte, wegen mutmaßlichem Hussitenhandels in Regensburg in Haft[434]. Wahrscheinlich hatte Lochner bei diesem Geschäft gemeinsam mit einem zeitgleich inhaftierten Regensburger Bürger namens Heinrich *Gresperger* d. J. operiert[435].

Eine offensichtlich prominente Rolle im Nürnberger Böhmenhandel spielten schließlich auch die beiden Nürnberger Bürger Arnold Harrer und Peter *Quetrer*. Harrer und dessen Bruder begegnen zu Anfang der Hussitenkriege mehrfach im westböhmisch-

---

430 CWB Zittau, Altbestand, Sign. A 245a, pag. 186, Nr. 6,6, Zeugenaussage des Hans Groß von Nürnberg, Bürger von Kuttenberg, 1421, Juni 6, Bautzen, in einem vor dem Görlitzer Rat geführten Prozess über den Transport von Wolle (aus Böhmen?). Ich danke Ondřej Vodička für diesen Hinweis. Zu Groß Stromer, Hochfinanz 1, 138.

431 StAN BB Nr. 8, fol. 87v, 91r–v, der Nürnberger Rat an Heimeran Nothaft/Heinrich Nothaft, 1428, November 19 bzw. 26, Nürnberg. Vgl. Schenk, Nürnberg 68f. sowie Stromer, Hochfinanz 2, 459, Anm. 30.

432 StAN BB Nr. 8, fol. 76v, der Nürnberger Rat an Heimeran und Heinrich Nothaft/Johann von Pfalz-Neumarkt, 1428, Oktober 14, Nürnberg.

433 Ebd., fol. 3v, der Nürnberger Rat an den Rat der Stadt Landsberg (am Lech?), 1428, Jänner 10, Nürnberg. Grefenbergers Bürge, ein gewisser Klaus *Port*, war wahrscheinlich Bürger von Landsberg und möglicherweise auch Prager Bürger. *Port* war seinerseits in Nürnberg bei Heinrich Ketzel verschuldet, den Stromer der Stromeier-Imhoff-Gruppe zurechnet, Stromer, Hochfinanz 1, 235, Anm. 54. Vgl. zu diesem Fall auch ausführlich im Folgenden, Kap. 3.4.4.2.

434 Orig. BHStA, Abt. I, Reichsstadt Regensburg Urkunden, Nr. 6374, Urfehde Thomas *Zerars* für den Regensburger Rat, 1421, Juni 2. Vgl. Stromer, Hochfinanz 2, 393.

435 Orig. BHStA, Abt. I, Reichsstadt Regensburg Urkunden, Nr. 6373, Urfehde Heinrich *Grespergers* d. J. für den Regensburger Rat, 1421, Juni 2. Der Aussteller ist möglicherweise ident mit dem Regensburger Bürger Heinrich *Griespeckch*, der im April 1434 einen Schuldbrief für einen Passauer Bürger ausstellte, vgl. StA Regensburg, Reichsstadt Regensburg, Städtische Urkunden, Urk. Nr. 119, 1434, April 1. Zu ihm auch Runtingerbuch 3, hg. Bastian 375. Wahrscheinlicher erscheint jedoch die Identifikation mit einem Goldschmied Heinrich *Gyeßperger*, der in einem Regensburger Einwohnerverzeichnis von 1436 erscheint, vgl. Forneck, Einwohnerschaft 220. Zu diesem Fall vgl. auch im Folgenden, Kap. 4.2.1.

meißnischen Raum[436]. *Quetrer* wiederum verbrachte nach einem Eintrag in den Nürnberger Stadtrechnungen im Herbst 1424 mehrere Wochen im Nürnberger Gefängnis, weil er Waren nach Böhmen geliefert hatte[437]. Beide Männer übersiedelten offenbar zu einem nicht genauer feststellbaren Zeitpunkt nach Prag, wie aus einem Schreiben hervorgeht, mit dem der Nürnberger Rat im Frühling 1436 Forderungen des Nürnberger Bürgers Georg Madach gegen einen als Prager Bürger genannten Arnold Harrer und den mit ihm vergesellschafteten ehemaligen Nürnberger und jetzigen Prager Bürger Peter *Quetrer* wegen alter Geldforderungen über die nicht erfolgte Lieferung von Kuttenberger Kupfer unterstützte[438]. Madach war in den frühen 1430er-Jahren Leiter der städtischen Nürnberger Kupferschmelze, *Quetrer* einer seiner Lieferanten[439]. Mit Arnold Harrer und Peter *Quetrer* hat man daher mutmaßlich Mitglieder einer im Metallhandel engagierten Nürnberg-Prager Firma vor sich, die nicht bei Stromer erfasst ist.

Miloslav Polívka gelang es, neben Peter *Quetrer* auch einige weitere Zwischenhändler im Verkehr zwischen Nürnberg und dem hussitischen Böhmen zu identifizieren. Dabei tritt insbesondere das wirtschaftlich eng mit Nürnberg verflochtene Eger hervor[440]. In denselben Zusammenhang gehört auch Pilsen, mit dem Nürnberg während der gesamten Hussitenzeit intensive Kontakte unterhielt[441]. Dort waren etwa Angehörige der Nürnberger Familie Prückler aktiv. Ein Zweig der Familie lebte ganz in Pilsen; ihre Nürnberger Verwandten waren ebenfalls geschäftlich in Böhmen tätig und agierten etwa 1434 als Bürgen für ein Darlehen der Stadt Nürnberg an das belagerte Pilsen[442]. Die Nürnberger

436 StAN BB Nr. 5, fol. 115v–116v, 117v–118r, der Nürnberger Rat an den Rat der Stadt Eger/an den Rat der Stadt Elbogen/Puta von Ilburg, 1421, Februar 24 bzw. März 6, Nürnberg; ebd. fol. 131v, Dies. an Wilhelm von Schönburg auf Pürstein, 1421, Mai 2, Nürnberg.

437 StAN Stadtrechnungen Nr. 179, fol. 223v, zum 8. November 1424, vgl. Polívka, Beziehungen 13 sowie im Folgenden, Kap. 3.4.3.

438 StAN BB Nr. 12, fol. 145v–146r, der Nürnberger Rat an den Rat der Prager Altstadt, 1436, März 5, Nürnberg. Vgl. dazu auch Schenk, Nürnberg 163.

439 Polívka, K „černému obchodu“ 30. Vgl. auch im Folgenden, Kap. 3.3.2.

440 Ebd. 29–31; Ders., Beziehungen 11–13. In den dort ausgewerteten Quellen werden die Egerer Kaufleute Niklas Bergfrieder, *Stoker*, Baumgartner und Haller erwähnt. Siehe weiters auch MCG 1, Nr. 119, 216f., hier 217, Johannes Nider an Johannes von Ragusa, 1432, April 21, Nürnberg, wo Petenten aus Eger erwähnt werden, die nach Nürnberg kamen, um Absolution von der Sünde des Hussitenhandels zu suchen. Dazu ausführlich im Folgenden, Kap. 4.1.3. Allgemein zu den wirtschaftlichen Beziehungen zwischen Nürnberg und Eger in dieser Zeit Nachtmann, Handelsbeziehungen 257–274.

441 Polívka, Plzeň 278–288, 316–329; Ders., Böhmen 161–174. Bezeichnend für diese engen Verbindungen ist etwa die Tatsache, dass der Pilsner Rat dem Nürnberger Rat im Herbst 1434 zum Dank für dessen fortwährende Unterstützung ein Kamel schenkte, das die Pilsner den die Stadt belagernden Feldheeren abgenommen hatten, vgl. StAN BB Nr. 11, fol. 96r; Urkundliche Beiträge 2, hg. Palacký Nr. 926, 432, der Nürnberger Rat an den Rat von Pilsen, 1434, September 20, Nürnberg. Dazu ausführlich Elbel, Velbloud.

442 Polívka, Plzeň 285. Vgl. StAN BB Nr. 6, fol. 146r–v; Urkundliche Beiträge 1, hg. Palacký Nr. 326,

Bürgerin Margarete *Pirgerin* wiederum machte im Mai 1432 Forderungen gegenüber den Kindern des verstorbenen Pilsner Bürgers Johann Chlupáček von Beraun geltend[443]. Diese Forderungen standen möglicherweise im Zusammenhang mit einer langwierigen Auseinandersetzung zwischen Margarete und dem katholischen böhmischen Herrn Aleš Holický von Sternberg, auf welche im Folgenden in Kapitel 3.3.3 genauer einzugehen sein wird. Hier sei lediglich erwähnt, dass Margarete *Pirgerin* offensichtlich zumindest einmal (wohl im Sommer/Herbst 1431) persönlich die Reise von Pilsen nach Nürnberg unternahm, wobei sie in einem Konvoi von Nürnberger und Amberger Kaufleuten reiste[444]. Im selben böhmisch-bayerischen Grenzgebiet bewegte sich im Jahr 1421 ein namentlich nicht bekannter Nürnberger Kaufmann, der im Auftrag des Abtes des westböhmischen Zisterzienserklosters Nepomuk und dessen Nürnberger Kontaktmannes[445] von Tachau aus den geheimen Transport von Wertgegenständen aus dem von den Hussiten eroberten Kloster, die bei Vertrauensleuten in Pilsen und Mies hinterlegt waren, nach Nürnberg organisieren sollte[446]. Der Nürnberger Bürger Hans Imhoff schließlich, von dem im Folgenden in Kapitel 4.2.4 noch ausführlich zu handeln sein wird, wickelte im Frühling 1426 im Auftrag des Nürnberger Rates in Pilsen Zahlungen für Waffen und Söldner ab[447]. Im Herbst desselben Jahres bestätigte wiederum der Pilsner Rat dem als vermeintlichen Hussitenhändler in Gefangenschaft geratenen Imhoff Wohlverhalten und setzte sich für dessen Freilassung ein.

Über die Genannten hinaus erscheint in den Briefbüchern noch eine Reihe weiterer Personen aus Nürnberg, die geschäftliche Kontakte mit Böhmen unterhielten, deren nähere prosopografische Einordnung jedoch in diesem Rahmen nicht geleistet werden

---

379f., der Nürnberger Rat an Johann von Pfalz-Neumarkt, 1425, Februar 12, Nürnberg; StAN BB Nr. 10, fol. 51v, Dies. an Dens., 1432, Oktober 10, Nürnberg, sowie DRTA 11, 186, Anm. 5.

443 StAN BB 9, fol. 248v, der Nürnberger Rat an den Rat der Stadt Pilsen, sowie ebd. Nr. 10, fol. 155v–156r, Dies. an Dens., 1432, Mai 5, bzw. 1433, April 28, Nürnberg. Vgl. dazu Polívka, Sebeuvědomění 436. Für die Identifizierung Chlupáčeks vgl. den Registereintrag in UB Pilsen 1, hg. Strnad 446.

444 Vgl. im Folgenden, Anm. 707. Die Beteiligung Amberger Kaufleute geht hervor aus StAN BB Nr. 9, fol. 210r–v; Urkundliche Beiträge 2, hg. Palacký Nr. 788, 267, der Nürnberger Rat an Aleš Holický von Sternberg, 1432, Februar 6, Nürnberg.

445 Bei dem Genannten handelte es sich um einen Angehörigen der Nürnberger Familie Lengenfelder. Zu dessen möglicher Identifizierung vgl. Stromer, Hochfinanz 3, 433 oder aber Künstlerlexion 2, hg. Grieb 911. Letzterer Vertreter der Familie war Goldschmied, was gut zu den geschilderten Vorgängen passen würde, da Goldschmiede auch bei anderen Gelegenheiten in die Flüchtung von Wertgegenständen aus dem hussitischen Böhmen involviert waren. Ich danke Ondřej Vodička für die Zurverfügungstellung noch unveröffentlichter Materialien sowie für den fachlichen Austausch zu diesem Thema.

446 Vgl. den bei Vodička, Exil, Nr. III/7, 211f. gedruckten Brief des Nürnberger Kaufmanns Wenzel an dessen sich in Tachau aufhaltenden Vater.

447 StAN BB Nr. 7, fol. 43r, Paul Vorchtel an Dietrich *Leysen*, 1426, Februar 12, Nürnberg.

kann[448]. Auch die wenigen anderen namentlich bekannten – mutmaßlichen – Fernhandelskaufleute, die abseits des um Nürnberg konzentrierten Personenkreises möglicherweise Geschäftsbeziehungen mit Hussiten unterhielten, lassen sich nicht detaillierter einordnen. Der ehemalige Chamer Bürger Ulrich *Kursner*, der im Sommer 1424 des Hussitenhandels angeklagt war, ist in den Jahren zuvor in seiner Heimatstadt urkundlich nachgewiesen[449]. Sein Tätigkeitsfeld lässt sich allerdings nicht näher eruieren; höchstens sein Familienname „Kürschner" könnte einen Hinweis auf sein Gewerbe geben. Nicht näher prosopografisch einordnen lässt sich auch der Viehhändler Wenzel, für den 1425 auf Verlangen des Breslauer Rates Kunden aus Görlitz, Bautzen und Pirna Bürgschaft ablegten[450]. Der Olmützer Bürger Paul *Hunt* und dessen adeliger Geschäftspartner Beneš von Waldenstein ließen 1427 Waren nach Breslau liefern, die dort als mutmaßliche Hussitenwaren beschlagnahmt wurden[451]. Von einem gewissen Nikolaus, genannt *Szekeres*, schließlich, für den Sigismund im Winter 1424 intervenierte, nachdem eine Kupferladung Nikolaus' in Brünn beschlagnahmt worden war, ist nur bekannt, dass er aus Altsohl stammte, und sich die Unterstützung des Königs zu sichern vermochte[452].

448 Beschlagnahme von Waren unter dem Verdacht des Hussitenhandels: Hans Frank und Hans Kalb: StAN BB Nr. 8, fol. 93r, der Nürnberger Rat an Johann von Pfalz-Neumarkt/den Landschreiber zu Sulzbach, 1428, Dezember 2, Nürnberg. Überfälle/Beschlagnahmen aus anderen Gründen auf böhmischem Territorium: Wilhelm von Castel: Ebd. Nr. 5, fol. 103v, 106v–107v, Dies. an Heinrich von Kauffungen/Nikolaus von Lobkowitz/den Rat der Stadt Brüx, 1420, Dezember 2 bzw. 18, Nürnberg; Hans *Pestell*: Ebd. Nr. 6, fol. 168v, Dies. an Wilhelm von Schönburg auf Pürstein, 1425, April 30, Nürnberg (anders als bei Polívka, Beziehungen 13 angegeben, ist dort keine Rede von Hussitenhandel); Lang Heinz Wagenmann: StAN BB Nr. 9, fol. 142v, Dies. an Zdeněk von Dršťka/den Rat der Stadt Bischofteinitz, 1431, August 25, Nürnberg; Hans Tollinger: Ebd. Nr. 10, fol. 19v–20r, 21r–v, 23v–24v, 33v–34r, Dies. an Hans von Mühlau und Eberhard Kneuffel/Wilhelm von Mühlau/Hynek Krušina von Schwanberg/den Rat der Stadt Eger, 1432, Juli 28 – August 26, Nürnberg (ebenfalls falsch bei Polívka, Beziehungen 16). Vgl. weiters auch MCG 1, Nr. 72, 139–142, hier 142, Johannes Nider an Johannes von Ragusa, 1432, Jänner 5, Nürnberg; ebd. Nr. 119, 216f., hier 217, Ders. an Dens., 1432, April 21, Nürnberg, wo ein angeblicher *pauper* aus Nürnberg erwähnt wird, der um Absolution von der Sünde des Hussitenhandels ansuchte, dazu ausführlich im Folgenden, Kap. 4.1.3.

449 Orig. Archiv HVOR, Urk. Nr. 194, Urfehde Ulrich *Kursners* für Johann von Pfalz-Neumarkt, 1424, Juli 8. Vgl. dazu StA Cham, hg. Frank Nrr. 186 und 256. Als Bürgen für *Kursners* Urfehde treten zwei Adelige aus der Umgebung von Cham auf.

450 Grünhagen, Geschichtsquellen Nr. 61, 45, der Görlitzer Rat an den Rat der Stadt Breslau, 1425, Juni 22, Görlitz.

451 SOkA Olomouc, Briefbuch fol. 168v, der Olmützer Rat an den Rat der Stadt Breslau, 1427, April 14, Olmütz.

452 Orig. AM Brno, Bestand A I/1, Inv. Nr. 263; RI XI NB 1, Nr. 124, Sigismund an seine Amtsträger und Untertanen in Ungarn, 1424, Jänner 13, Ofen. Vgl. dazu auch ausführlich im Folgenden, Kap. 3.4.4.1. Dieses Mandat belegt indirekt, dass damals umgekehrt Brünner Bürger geschäftlich in Ungarn tätig waren. Weitere Belege für die Handelstätigkeit von Brünnern in Ungarn vgl. etwa in Orig. AMB, Ma-

Dieses Faktum lenkt den Blick zurück auf die Tatsache, dass in den Korrespondenzen ausschließlich Personen repräsentiert sind, die in der Lage waren, die Unterstützung städtischer Autoritäten zu mobilisieren um ihren Namen vom Vorwurf des Schwarzhandels reinzuwaschen und – vor allem – um die Rückgabe konfiszierter Güter zu erreichen, was in vielen Fällen einen erheblichen diplomatischen Aufwand bedeutete. Die von ihnen nachweislich gehandelten Waren gehörten zum gehobenen Segment der zwischen Böhmen und seinen Nachbarländern gehandelten Güter[453]. Auch dies ist ein Indiz dafür, dass die Genannten tendenziell einer sozial höherstehenden Schicht angehörten, selbst wenn die Nürnberger Briefbücher zeigen, dass auch offensichtlich weniger Wohlhabende die Intervention des Rates in Anspruch nahmen, um zu ihrem Recht zu kommen[454]. Diese Fernhändlerschicht hatte schon vor den Hussitenkriegen über weiträumige internationale Beziehungen verfügt; während des Handelsverbotes pflegte sie diese mehr oder weniger verhalten weiter; danach war sie bemüht, sie rasch wieder zu intensivieren.

3.2.2 Der Nahhandel

Ein anderes Bild ergibt sich, wenn man danach fragt, welche Personengruppen am lokalen Nah- und Einzelhandel mit Hussiten partizipierten. Wie bereits in Kapitel 3.1.2 herausgearbeitet wurde, sind diesbezügliche Nachrichten vor allem aus Schlesien und der Oberlausitz überliefert, wo ab Mitte der 1420er-Jahre regelmäßig hussitische Truppen präsent waren. Die Quellen kommen dabei, anders als beim überregionalen Fernhandel, überwiegend aus der städtischen Strafverfolgung. Sie vermitteln die Perspektive der lokalen Autoritäten, welche mit harter Hand gegen vermeintliche Verräter in den eigenen Reihen vorgingen. Trotz zeitweiser Tendenzen, allenthalben vermeintliche Helfer der Hussiten zu vermuten[455], erscheint es unzweifelhaft, dass damals angesichts der durchziehenden Heere bzw. der im Land lagernden Garnisonen tatsächlich gesellschaftliche Schichten in intensiven Kontakt mit Hussiten kamen, die nicht zur Fernhändlerelite ge-

---

gistrát mesta Bratislavy, zbierka listín a listov, Urk. Nr. 1248, Georg von Lundenburg für den Brünner Bürger Jakob *Rissawer*, 1433, Februar 2, Wien; ebd. Urk. Nr. 1393, die Pressburger Bürger Ludwig Königsfelder und Nikolaus *Pachrid* über den Verkauf von Brünner Tuch in Pressburg durch Ambrosius von Brünn, 1435, Juli 21, Pressburg.

453 Vgl. die detaillierte Analyse im Folgenden, Kap. 3.3.3.

454 So intervenierte der Nürnberger Rat, wie bereits erwähnt, im Sommer 1432 mehrfach für einen gewissen Hans Tollinger, dem man seine wohl in der Nähe der westböhmischen Burg Schwanberg konfiszierte Habe wiedergeben sollte, *wen er ein armer knecht ist und vil kinder hat*, StAN BB Nr. 10, fol. 33v; Urkundliche Beiträge 2, hg. Palacký Nrr. 821f., 308f., der Nürnberger Rat an Hynek Krušina von Schwanberg, 1432, August 26, Nürnberg. Vgl. zu diesem Fall auch oben, Anm. 374.

455 Vgl. dazu v. a. im Folgenden, Kap. 4.2.1.

hörten und kaum jemals von sich aus in wirtschaftliche Verbindungen mit Böhmen getreten wären. Dank dieser Umstände erscheinen also auch Menschen in den Quellen, deren wirtschaftliche Aktivitäten sonst schwer fassbar wären.

Wie oben bereits bemerkt wurde, sind die normativen Quellen tendenziell so unspezifisch, dass sie wenig aussagekräftig für eine Rekonstruktion jener Personenkreise sind, die wirtschaftliche Beziehungen mit den Hussiten unterhielten. Sigismunds Mandate an schlesische und oberlausitzische Empfänger lassen allerdings stellenweise dennoch etwas tiefer blicken. Die regionalen Verfassungsstrukturen führten dazu, dass die dortigen Städte z. T. ausgedehnte Gerichtsbezirke ausbildeten, in denen sie grundherrliche und polizeiliche Funktionen ausübten. Aus diesem Grund befahl Sigismunds „Ausführungsmandat“ zum antihussitischen Dekret des Konzils von Pavia-Siena an die schlesischen Städte denselben, das Handelsverbot bei *ewern undersessen und ouch* [den] *inwonern der egenanten lande* durchzusetzen[456], während im ansonsten wortgleichen Mandat an die Stadt Regensburg lediglich von den dortigen „Kaufleuten“ und „Mitbürgern“ die Rede ist[457]. Dafür, dass die Bezugnahme auf Grunduntertanen nicht ausschließlich lokalen Verfassungsstrukturen geschuldet ist, sprechen zwei spätere Mandate Sigismunds an die Städte Breslau und Görlitz aus dem Jahr 1431. Diese führen an, Sigismund habe vernommen, *wie vil lute* [...] *den ungelewbingen speise, tranck, geczewg und ander notdurfft zufuren, in backen, brewen und ander gemeinschafft mit kawffen und verkauffen mit in treiben und sie domit sterken*[458]. Auch wenn die Beschuldigten nicht näher eingeordnet werden, wird klar, dass es sich bei diesen „Leuten“ eher um Angehörige einer relativ niedrigen sozialen Schicht handelte. Beachtenswert erscheint in diesem Zusammenhang weiters auch, dass die Quellen kurialer Provenienz gelegentlich explizit beide Geschlechter ansprechen[459].

In den wenigen Fällen, in denen es möglich ist, nähere Informationen zum sozialen Stand der Delinquenten zu gewinnen, bestätigen die justiziellen Quellen dieses Bild. Im

---

456 Orig. AP Wrocław, Fond Dokumenty miasta Wrocławia, sign. 1587; Urkundliche Beiträge 1, hg. Palacký Nr. 295, 340f., 1424, Mai 17, Blindenburg.

457 Ebd. Nr. 294, 399f., hier 340, 1424, Mai 17, Blindenburg.

458 Orig. AP Wr, Dokumenty miasta Wrocławia, sign. 1866; Grünhagen, Geschichtsquellen Nr. 144, 103; Orig. RAG, sub dato (262/210); Urkundliche Beiträge 2, hg. Palacký Nr. 735, 208f.; RI XI, Nrr. 8454f., Sigismund an die Stadt Breslau/Görlitz, 1431, April 12, Nürnberg. Zitat: Orig. RAG.

459 Urkundliche Beiträge 1, hg. Palacký Nr. 317, 367–369; Acta 2, hg. Eršil Nr. 1274, 515f., Martin V. an die Bischöfe von Regensburg, Passau, Olmütz, Meißen und Bamberg, 1424, November 24, Rom; wiederholt in Orig. SHStA, 10001 Ältere Urkunden, Nr. 6012; Acta 2, hg. Eršil Nr. 1514, 605, Ders. an alle Gläubigen, 1426, Jänner 15, Rom; Orig. BHStA, Abt. I (Ältere Bestände), Hochstift Passau Urkunden, Nr. 1438, Ders. für den Bischof von Passau, 1429, April 25, Rom. Vgl. zu diesen *litterae* auch im Folgenden, Kap. 4.1.3.

November 1430 wurde ein Michael *Wogsicz* aus dem Breslauer Gefängnis entlassen, in das er geraten war, nachdem er der hussitischen Besatzung in Nimptsch „zugeführt“ hatte[460]. *Wogsiczs* Beiname *Waynknecht* lässt an einen Fuhrmann im Weinhandel denken; die beiden Bürgen, die in der Urkunde mit ihrem Beruf identifiziert werden, waren wiederum Barchentweber. Der Kollaboration mit Hussiten wurden 1431 in Görlitz auch mehrere Fleischerknechte verdächtigt, unter ihnen möglicherweise ein wandernder Geselle aus Pirna[461]. Ein Hans *Sneyder* aus einem Dorf in der Nähe von Lauban, der möglicherweise das namengebende Gewerbe ausübte, wurde bezichtigt, von den Hussiten in Lauban Betten und andere Waren gekauft zu haben[462]; der Gürtlerknecht Niklas *Seidl* befand sich im Görlitzer Gefängnis, weil er von den vor Bautzen lagernden Hussiten Joppen, Handtücher und einen Mantel gekauft hatte[463]. Ein gewisser *Polan der moller* sollte auf der hussitischen Burg Grafenstein Zimmermannsarbeiten ausgeführt haben, was ebenfalls auf eine eher niedrige soziale Stellung schließen lässt[464]. Aus einem Brief erfährt man schließlich, dass der Pressburger Hauptmann im April 1434 den dortigen Rat zum wiederholten Mal vor wirtschaftlichen Kontakten der städtischen Fischer mit den Hussiten warnte[465]. Seine Leute aus der Schütt, einer flussabwärts von Pressburg gelegenen Donauinsel, hätten ihm zugetragen, dass die Genannten mit ihren Booten dorthin fuhren, um mit den Hussiten *mit kauff* Gemeinschaft zu haben.

Aus diesen Beispielen ragt ein Fall heraus, den eine Urfehdeerklärung vom Oktober 1432 dokumentiert[466]. Darin verbürgen sich mehrere Personen für einen gewissen *Birente von Lewtulffhain*, wohnhaft in Nieder-Schönbrunn südöstlich von Görlitz, der beschuldigt worden war, Umgang mit der hussitischen Besatzung der Burg Grafenstein gepflegt, und insbesondere dort Pferde gekauft zu haben. *Birente* gehörte der lokalen dörflichen Elite an. Von Beruf war er Kretschmer[467]; nach einem Wehrverzeichnis, das der Görlitzer Rat 1427 im städtischen Weichbild anlegen ließ, war er in diesem Jahr Richter von Nieder-Schönbrunn und einer der dortigen Hauptleute, denen die Verteidigung im Fall eines hussitischen Einfalls oblag[468]. Er verfügte über die Mittel, als Pferdekäufer aufzutreten, und stellte offensichtlich einen akzeptablen Geschäftspartner für die

---

460 Grünhagen, Geschichtsquellen Nr. 131, 99, zu November 1430.

461 CDLS II,2, hg. Jecht 286, zu 1431, Mai 18, Görlitz.

462 Ebd. Nr. 49, 728, ohne Datierung.

463 Ebd. 123, 1429, November 18, Görlitz.

464 Ebd. 396, 1432, Juli 13–19, Görlitz.

465 Orig. AMB, Magistrát mesta Bratislavy, zbierka listín a listov, Urk. Nr. 1330, Georg von Rozgon an den Pressburger Rat, 1434, April 12, Karlburg. Vgl. dazu auch im Folgenden, Kap. 4.1.1 sowie Kap. 4.2.1.

466 CDLS II,2, hg. Jecht 404, 1432, Oktober 7, Görlitz.

467 CDLS II,1, hg. Jecht 566, Görlitzer Ratsrechnungen zu 1428, Oktober 24.

468 Ebd. 467, 1427, September 21, Görlitz.

zumindest teilweise adelige hussitische Besatzung des Grafenstein dar[469]. Es überrascht daher auch nicht, dass sich mehrere von *Birentes* Bürgen im Dienst der Stadt Görlitz nachweisen lassen; die Liste wird darüber hinaus von einem rechtskundigen *vorsprech* angeführt. Dieser Fall zeigt, dass also durchaus auch Angehörige gehobenerer sozialer Schichten am okkasionellen Nahhandel mit den Hussiten partizipierten.

In den übrigen Schwarzhandelsfällen, die sich aus den Görlitzer und Breslauer justiziellen Quellen rekonstruieren lassen, gibt es keine Hinweise auf die soziale Stellung der Genannten. Wie schon gezeigt wurde, waren die Delinquenten beiderlei Geschlechts hauptsächlich dörflicher oder kleinstädtischer Herkunft[470], sie und ihre Bürgen tragen tendenziell einfache Herkunftsnamen und scheinen jeweils nur ein einziges Mal in den Quelleneditionen auf, und sie verkauften vorrangig Waren des täglichen Bedarfs oder erwarben offensichtlich günstig zum Kauf angebotene Plündergüter[471]. Darüber hinaus stammte offenbar der überwiegende Teil jener Personen, die wegen Kollaboration mit den Hussiten bei Kampfhandlungen, mutmaßlich geplantem Verrat, Spionage oder anderem, nicht näher spezifizierten „Zulegen" in den Quellen aufscheinen, aus unterbürgerlichen Schichten. Man wird also mit einer gewissen Berechtigung auch die meisten der nicht näher identifizierbaren angeblichen Schwarzhändler diesem Personenkreis zurechnen dürfen.

Eine im Vergleich dazu mutmaßlich etwas gehobenere soziale Stellung nahmen jene Pilsner „Mitwohner" (*mitwaner*) ein, denen der dortige Rat Ende 1428 Förderbriefe ausstellte[472]. Diese – prosopografisch nicht näher fassbaren – Pilsner Händler waren auf regionaler Ebene im Handel mit Verbrauchsgütern tätig[473]. Insbesondere bei der einzigen in dem Konvolut genannten Frau, Katharina *Labutin*, von der es heißt, dass sie in Eger Waren kaufen wollte, da sie Schäden bei einem Brand erlitten hatte, handelte es sich wohl um eine Krämerin[474]. Ein Koch Ulrichs von Rosenberg wiederum gestand im Frühling 1423 auf der Folter nicht nur, er habe seinen Herrn mit dessen Lieblingsgericht vergiften und im Auftrag der Prachatitzer Hussiten Feuer in der Krumauer Burg legen sollen, sondern auch den Verkauf von in derselben Burg gestohlenen Wertgegenständen

469 Der Grafenstein war damals im Besitz des schlesischen Adeligen Niklas von Keuschberg. Vgl. zu dessen Position im regionalen Machtgefüge auch im Folgenden, Kap. 3.4.4.2.

470 Vgl. oben, Kap. 3.1.2, Anm. 411.

471 Vgl. im Folgenden, Kap. 3.3.1.3.

472 Orig. SOkA Cheb, AM Cheb, Kart. 504, Fasz. 695, Nrr. A-2985/2, 3 und 5, der Pilsner Rat an den Rat der Stadt Eger, 1428, September 20 und 22 bzw. Dezember 7, Pilsen. Vgl. dazu auch im Folgenden, Kap. 3.4.1.

473 Vgl. für die in Eger gekauften Waren ebd., Nr. A-2985/4, der Pilsner Rat an den Rat der Stadt Eger, 1428, September 29, Pilsen.

474 Ebd., Nr. A-2985/3, der Pilsner Rat an den Rat der Stadt Eger, 1428, September 22, Pilsen.

an eine aus dem oberösterreichischen Freistadt stammende Krämerin[475]. Auch der offenbar im Oberlausitzer Exil lebende Prager Bürger Peter von Saaz und dessen Frau gingen vielleicht diesem Gewerbe nach. Beide kamen im Winter 1427 ins Görlitzer Gefängnis, nachdem sie beschuldigt worden waren, Gewürze *und ander war* an Hussiten verkauft zu haben[476]. An Kleinhandel mit Kramwaren könnte man schließlich auch bei dem Hafner *Mika Ancnhinšt* aus dem oberösterreichischen Ulrichsberg denken, der angeblich vor dem Sommer 1424 ins hussitische Prachatitz kam, um sich für seine Tätigkeit einen Geleitbrief ausstellen zu lassen[477].

Auf ähnliche Weise wie die Krämer bewegten sich schließlich die Akteure des Wein- und Salzhandels sowie des daran gekoppelten Getreidehandels zwischen internationalem Fern- und kleinräumlichem Nahhandel[478]. Im Hinblick auf die sozialen Strukturen der Handelsbeziehungen zwischen Böhmen und seinen Nachbarländern ist dabei interessant, dass als Träger des Salz- wie auch des Weinhandels mit Österreich Kauf- und Fuhrleute aus Böhmen in den Quellen stark in den Vordergrund treten. In den Budweiser und Iglauer Rechnungsquellen wird regelmäßig über Weinkäufe abgerechnet, die städtische Fuhr- und Kaufleute in das Nachbarland führten[479]. Ulrich von Rosenberg sandte eigene Leute um Salz nach Linz[480]; die österreichischen Stände befürchteten, dass „Gäste" aus Böhmen unter dem Vorwand des Salzhandels die Verteidigungsfähigkeit von Städten und Burgen ausspionieren könnten, woraufhin Albrecht V. Sicherheitsmaßnahmen anordnete, von denen nur die Kauf- und Fuhrleute aus Albrechts eigenen südböhmisch-mährischen Städten ausgenommen sein sollten[481].

---

475 UB Krummau 2, hg. SCHMIDT/PICHA Nr. 17, 4, Geständnis des *Dietl Koch*, vor 1423, April 21, Krumau: Der Beschuldigte habe einem anderen Koch einen Schleier, zwei Löffel, eine Schnur mit weißen Steinen und ein Lot Silber gestohlen, und es [das Silber?] „der Krämerin von Freistadt" verkauft (nach Regest). Vgl. dazu auch im Folgenden, Kap. 3.3.1.1.

476 CDLS II,1, hg. JECHT 479f., Urfehde Peters von Saaz und seiner Frau für den Görlitzer Rat, 1427, November 28, Görlitz, zusammen mit dem zugehörigen Eintrag in den Görlitzer Ratsrechnungen, ebd. 406. Vgl. zu diesem Fall auch im Folgenden, Kap. 4.2.1.

477 Popravčí kniha, hg. MAREŠ 49, Aussage des Ješek von Sonnberg, 1424, August 11: *Mika Ancnhinšt misař z Oldřichovyhory pravil v Prachaticích, jako po list sobě klajtovní chodil,* [...] (Hervorhebung d. V.). Vgl. JÁNSKÝ, Kronika 1, 134, der den Genannten jedoch für einen Fleischhauer hält. Vgl. auch oben, Anm. 412 sowie im Folgenden, Anm. 502.

478 Vgl. dazu im Folgenden, Kap. 3.3.1.1 und 3.3.1.2.

479 Vgl. ŠIMEČEK, Monopolní obchod, der die Budweiser Weineinkäufe in Österreich nachzeichnet. Zu den Iglauer Weinkäufen in Wien vgl. z. B. Nové prameny, hg. NEUMANN 175–179, passim. Ich danke Petr Elbel für diesen Hinweis.

480 WAGNER, Beiträge 3, 20–25.

481 Vgl. dazu im Folgenden, Kap. 3.3.1.1.

Für Bayern konnten hingegen bisher keine vergleichbar expliziten Warnungen vor der Gefahr der Spionage durch böhmische Händler gefunden werden, obwohl ähnliche Quellen wie für den Handel mit Österreich existieren[482]. Dies hängt möglicherweise mit dem Ausfall von Prachatitz als Passauer Handelspartner zusammen, da diese Stadt seit dem Winter 1420 zum taboritischen Machtbereich gehörte[483]. Es scheint jedoch wahrscheinlicher, dass es sich um ein strukturelles Merkmal des Salzhandels auf dem sogenannten „Goldenen Steig" handelte: Anders als in Österreich waren es im Passauer Einzugsgebiet offensichtlich überwiegend einheimische bayerische Säumer, die den Transport in die Salzstädte an der böhmisch-bayerischen Grenze abwickelten. Dort übernahmen dann böhmische Händler die Weitervermittlung ins Landesinnere[484].

Zusammenfassend sei hier nochmals hervorgehoben, dass die Quellen zum antihussitischen Handelsverbot Informationen über zwei unterschiedliche Kreise von Akteuren bieten: Einerseits spiegeln sie die Aktivitäten der bekannten oberdeutschen Groß- und Fernhandelsgesellschaften in und um Böhmen sowie die Tätigkeit von Fernhandelskaufleuten aus den Böhmischen Ländern selbst. Andererseits bieten die Quellen Einblick in den bisher bei der Behandlung des Themas wenig beachteten Nah- und Einzelhandel, der von einer Schicht getragen wurde, die sozial sehr viel niedriger stand als die bisher das Bild dominierenden Nürnberger Fernhändler. Beide Gruppen partizipierten – wenn auch auf unterschiedlichen Ebenen – am Handel mit den Hussiten. Dies zeigt, welch breite soziale Schichten vom antihussitischen Handelsverbot berührt wurden.

3.3 Waren

Die vorangehenden Kapitel haben gezeigt, dass die Ebene, auf der sich wirtschaftliche Beziehungen abspielten, eng verbunden ist mit der Frage, welche Waren gehandelt wurden. Im folgenden Kapitel wird nun ein systematischer Zugang gewählt, der die Nachrichten nach Kategorien von gehandelten Waren gruppiert. Einerseits sollen dadurch Aussagen über die Strukturen der wirtschaftlichen Beziehungen zwischen Böhmen und seinen Nachbarländern im Allgemeinen ermöglicht werden. Andererseits wird die ins-

482 Vgl. etwa einen Bündnisvertrag Johanns von Pfalz-Neumarkt mit Ernst und Wilhelm von Bayern, der von einem Verbot Waren aus Bayern „über Wald" nach Böhmen zu führen spricht, Beck, Heerwesen 25, 1429, Oktober 21, Straubing.

483 Vgl. im Folgenden, Anm. 500.

484 Zur Privilegierung des Passauer Handels auf dem „Goldenen Steig" im Folgenden, Kap. 3.3.1.1; zum privilegierten Handel der Prachatitzer ins Landesinnere Praxl, Goldener Steig 17.

trumentelle Komponente des antihussitischen Handelsverbotes als Kriegsmittel ausgeleuchtet, indem die strategische Bedeutung der gehandelten Güter unter den Umständen eines Krieges Berücksichtigung findet.

3.3.1 Waren des täglichen Bedarfs

Bei einer Betrachtung der Quellennachrichten fällt als Erstes auf, dass – im Gegensatz zu dem, was man von einem strategischen Kriegsmittel eigentlich erwarten würde – nicht Waffen oder vergleichbare strategische Güter die prominenteste Rolle spielen. Am häufigsten begegnen vielmehr Erwähnungen von Lebensmitteln, Getränken und anderen Verbrauchsgütern. Im Folgenden werden zunächst zwei dieser Güter des täglichen Bedarfs, nämlich Salz und Wein, separat behandelt, da diese beiden Waren im Handel zwischen Böhmen und seinen Nachbarländern traditionell eine besonders herausgehobene Rolle spielten. Anschließend folgt ein drittes Unterkapitel, das den Handel mit sonstigen Lebensmitteln, Getränken und Verbrauchsgütern im weiteren Sinn untersucht.

3.3.1.1 Salz

Salz stellte im Mittelalter eines der wichtigsten Handelsgüter zwischen Böhmen und seinen Nachbarterritorien dar, da das Königreich über keine eigenen Salzvorkommen verfügte. Das Mineral war ein unersetzliches Massenkonsumgut. Sein Import war weiters eng an den Getreideexport gekoppelt, der eine bedeutende Rolle bei der Versorgung der böhmischen Nachbarländer spielte[485]. Beide Seiten konnten nur schwer auf diesen traditionsreichen und gut funktionierenden wirtschaftlichen Austausch verzichten. Gleichzeitig stellte jedoch angesichts der böhmischen Abhängigkeit von ausländischem Salz ein konsequent umgesetztes Salzembargo ein potentiell besonders wirksames Kriegsmittel dar. Eine Auseinandersetzung mit der Frage, wie das Handelsverbot gegen die Hussiten sich in der Praxis des Salzhandels niederschlug, verspricht daher in zweierlei Hinsicht aufschlussreich zu sein: einerseits hinsichtlich der Frage nach der Anpassung des abstrakten „papal embargo" an tatsächliche wirtschaftliche Gegebenheiten und andererseits hinsichtlich der Frage nach der praktischen (Nicht-)Umsetzung des Handelsverbotes durch diejenigen, die von ihm tatsächlich in ihren wirtschaftlichen Interessen getroffen wurden.

Angesichts der skizzierten Bedeutung des Salzhandels überrascht es nicht, dass dieses Gut in den Quellen tatsächlich prominent in Erscheinung tritt. Wie oben ausgeführt, ent-

485 Vgl. oben, Kap. 2.1.

hält der Großteil der normativen Quellen, die versuchten, das antihussitische Handelsverbot einzuschärfen, Listen von Embargowaren[486]. Salz bildet einen fixen Bestandteil dieser Listen. Das Konzil von Pavia-Siena nennt es unter den verbotenen Handelswaren, ebenso die folgenden einschlägigen päpstlichen *litterae*[487]. Zwei dieser Schreiben erwähnen Salz auch explizit unter denjenigen Gütern, die, wie dem Papst vorgebracht worden war, uneingedenk des Handelsverbotes weiter zwischen Katholiken und Hussiten gehandelt wurden. Salz steht dabei jeweils an erster Stelle der Liste der illegal gehandelten Güter[488]. Da es sich um zwei Versionen eines zur weiteren Verbreitung gedachten päpstlichen Rundschreibens handelt, ist kaum von einer tatsächlich konkret auf einen bestimmten Vorfall bezogenen Formulierung auszugehen. Bei der Nennung von Salz überwiegt vielmehr der formelhafte Charakter dieser Listen. Salz bildete einen regulären Bestandteil von „Embargolisten", seine Erwähnung in den böhmischen Quellen ist daher weniger spezifisch, als man vermuten könnte[489].

Dessen ungeachtet gibt es jedoch einige normative Quellen, die durchaus eine konkrete Bezugnahme auf den Salzhandel erkennen lassen. Im Winter 1422 etwa wandte sich König Sigismund zweimal an Empfänger aus der Oberlausitz mit der Aufforderung, ihre Straßen besser zu überwachen. Am 11. Dezember 1422 befahl er den Räten der Sechsstädte, dafür zu sorgen, dass den Hussiten kein *salz, pulver noch keynerley notdurft* mehr durch ihre Städte zugeführt werde[490]. Ein Monat davor trug der König der Stadt Zittau auf, „neue", illegale Straßen zu sperren, auf denen den Hussiten zugeführt werde[491]. Wie in Kapitel 5.1.1 noch zu zeigen sein wird, ist davon auszugehen, dass die-

486 Vgl. oben, Kap. 2.6.5.

487 Vgl. neben dem Dekret von Pavia-Siena und den Urkunden über dessen Implementierung Urkundliche Beiträge 1, hg. Palacký Nr. 317, 367–369; Acta 2, hg. Eršil Nr. 1274, 515f., Martin V. an die Bischöfe von Regensburg, Passau, Olmütz, Meißen und Bamberg, 1424, November 24, Rom; Orig. SHStA, 10001 Ältere Urkunden, Nr. 6012, Ders. an alle Gläubigen, 1426, Jänner 15, Rom; Monumenta 2, hg. Theiner Nr. 367, 209, Ders. an Dies., 1431, Jänner 9, Rom; Göller, Pönitentiarie 271, Abendmahlbulle Eugens IV., 1434, April 24, Rom.

488 Urkundliche Beiträge 1, hg. Palacký Nr. 317, 367–369, hier 367, Martin V. an die Bischöfe von Regensburg, Passau, Olmütz, Meißen und Bamberg, 1424, November 24, Rom: *Nuper ad nostram noticiam deducto, quod nonnulli fideles ex diuersis locis ad perfidos Bohemie hereticos sal, vina, aromata, merces et nonnulla alia contra inhibiciones ecclesiasticas temere deferunt.* (Hervorhebung d. V.) Wiederholt und erweitert in Orig. SHStA, 10001 Ältere Urkunden, Nr. 6012, Ders. an alle Gläubigen, 1426, Jänner 15, Rom, wobei auch hier Salz an erster Stelle steht.

489 Vgl. oben, Kap. 1.3.2 zusammen mit Stantchev, Spiritual Rationality 68–71 und 164 zur Erwähnung von Salz bei den Kanonisten. Siehe dazu aber auch hier im Folgenden, Anm. 494.

490 Orig. StA Bautzen, Bestand 1. Urkunden Nr. 151; CDLS II,1 hg. Jecht 128f.; RI XI, Nr. 5414, 1422, Dezember 11, Pressburg.

491 Collectanea Lusatica 27, fol. 5v–6v; CDLS II,1, hg. Jecht 127, 1422, November 6, Wien.

ses Mandat im Zusammenhang mit Salzhandel stand, auch wenn darin nur allgemein von Lebensmittellieferungen die Rede ist. Die Nennung von Salz an erster Stelle der illegal gehandelten Güter in dem Mandat an die Sechsstädte ebenso wie die lokalen Streitigkeiten, die hinter dem Mandat für Zittau standen, belegen einerseits die Bedeutung jenes Zweiges der meißnischen Salzstraße, der auf dem Landweg von Meißen über Königsbrück, Kamenz, Bautzen, Löbau und Zittau Richtung Süden weiter nach Gabel, Niemes, Weißwasser und schließlich Prag verlief und den Oberlausitzer Städten erlaubte, am meißnischen Salzhandel mit Böhmen zu partizipieren[492]. Andererseits zeigen diese Mandate ein – zumindest bis zu einem gewissen Grad – gezieltes königliches Eingreifen in den etablierten Salzhandel mit dem Ziel, die Hussiten in Nordböhmen bzw. Prag von diesem Rohstoff abzuschneiden[493]. Deutlich kommen solche instrumentell-taktischen Überlegungen beispielsweise auch in einem Memorandum zum Ausdruck, das Sigismund im November 1433 den Basler Konzilsvätern vorlegte. Im Zusammenhang mit einer Reihe von Maßnahmen, die der Kaiser vorschlug, um das belagerte Pilsen zu unterstützen, bat er das Konzil darin unter anderem, mit kirchlichen Strafmaßnahmen gegen diejenigen vorzugehen, die Salz und andere Waren nach Böhmen lieferten, über die die Hussiten vormals nicht verfügt hatten[494].

Kontrollbestrebungen hinsichtlich des bayerischen Salzhandels werden auch in einem Schreiben Herzog Ernsts von Bayern an die Stadt Passau vom Oktober 1431 sichtbar[495]. Passau war ein zentraler Umschlagplatz für den Salzhandel mit Böhmen, da dort das auf dem Inn aus Hallein und (Bad) Reichenhall kommende Salz über die Donau gesetzt und anschließend auf dem Landweg weiter nordwärts transportiert wurde. Dies geschah auf drei Straßenzügen, die auf böhmischer Seite in Prachatitz, Winterberg und Bergreichenstein endeten und zusammen als „Goldener Steig“ bezeichnet werden[496]. Unter dem Eindruck der Niederlage der Truppen des Fünften Kreuzzuges vor Taus und des folgenden hussitischen Vorstoßes ermahnte der Herzog die Passauer damals eindringlich, dafür zu

492 Vgl. Carpzov, Analecta 4, 146f.; UB Zittau 1, hg. Prochno Nr. 1336, 281f., Wenzel IV. für Zittau, 1419, März 16, Prag, zusammen mit Jakubec, Transitland 139; Stempel, Salz 43f.; Němec, Handel 53–55; Ders., Zollburg 64–71 sowie im Folgenden, Kap. 5.1.1 mit Karte 5. Ich danke Marius Winzeler für die Zurverfügungstellung von Literatur.

493 Der böhmische Teil der genannten Straße wurde von den Hussiten kontrolliert, vgl. Čornej, Dějiny 5, 502.

494 DRTA 11, Nr. 139, 268, Sigismund an das Konzil von Basel, 1433, November 9, Basel: *Item quod sacrum concilium per censuras ecclesiasticas procederet contra vendentes sal et alia Bohemis, que non habebant et tamen tunc* […] *abundarent* (Hervorhebung d. V.). Angesichts dieser taktisch gezielten Überlegung ist die Nennung von Salz in den Quellen kurialer Provenienz vielleicht auch in anderen Fällen nicht ausschließlich formelhaft.

495 Orig. StA Passau, I. Urkunden, Nr. 459, 1431, Oktober 31, Straubing.

496 Zum „Goldenen Steig“ vgl. die oben, Anm. 156 genannte Literatur.

sorgen, dass ihre Bürger *gen Behem nicht mer furen noch arbeiten*. Angesichts der Adressaten wird dabei vor allem an den traditionellen Passauer Salzhandel zu denken sein[497].

Im September 1434 ließen sich wiederum dieselben Passauer vom eben frisch gekrönten Kaiser Sigismund einen Teil dieses privilegierten Straßenzuges, den sogenannten „Unteren Goldenen Steig“ von Passau nach Prachatitz, explizit bestätigen[498]. In diesem Privileg wird zunächst bekräftigt, dass die Passauer Kaufleute nach altem Herkommen nach Belieben *mit irer hab und kauffmanschafft* nach Prachatitz und von dort mit Getreide wieder zurückfahren sollten. Im vorliegenden Zusammenhang bemerkenswert ist dann die folgende Klausel, in der Bedingungen für den freien Warenverkehr mit Prachatitz formuliert werden und die eine bezeichnende Erweiterung der ansonsten unverändert übernommenen Vorurkunde Wenzels IV. für Passau darstellt[499]: Neben der Entrichtung der gewöhnlichen Mauten und Zölle sollten die Passauer sicherstellen, *das den hussen und unsern fyenden den ungleubigen czu Behem und czu Merhern* [...] *nicht abe oder czu gefurt werde*. Dies stellt einen sehr konkreten und gezielten Eingriff des Kaisers an einem taktisch bedeutsamen Punkt dar, auch wenn die Klausel vor dem damaligen realpolitischen Hintergrund einigermaßen realitätsfremd anmutet: Die in der Urkunde dezidiert genannte Partnerstadt der Passauer Kaufleute, Prachatitz, war seit dem Winter 1420 Mitglied des taboritischen Bundes und eines der Zentren des Hussitentums in Südwestböhmen[500].

Gerade für Salz liegen auch einige – wenn auch nicht besonders zahlreiche – Quellennachrichten vor, die von Versorgungsschwierigkeiten in Böhmen sprechen und die daher im Hinblick auf die praktische Umsetzung des Handelsverbotes potentiell aussagekräftig sein könnten. So erwähnen die „Alten Böhmischen Annalen“ einen Mangel an Salz in Prag während der Belagerung der Stadt durch die Kreuzfahrer im Sommer 1420[501]. Es

---

497 Vgl. allerdings in diesem Zusammenhang auch Dvořák, Císař 2, 26–30, der insbesondere die Rolle Passaus im Handel mit Südwaren hervorhebt. Vgl. auch im Folgenden, Kap. 3.3.1.3.

498 Orig. StA Passau, I. Urkunden, Nr. 496; RI XI, Nr. 10785, Sigismund für Passau, 1434, September 14, Regensburg. Ich danke Lukáš Reitinger für diesen Hinweis.

499 Die Urkunde Wenzels IV. von 1399, Jänner 14, Prag, bei Praxl, Goldener Steig 48f.

500 Zur inneren Widersprüchlichkeit dieses und ähnlicher Privilegien vgl. auch im Folgenden, Kap. 3.4.4.1. Zur hussitischen Geschichte von Prachatitz Starý, Prachatice; Jánský, Kronika 1, 130–139; Šmahel, Hussitische Revolution 2, 1070, 1128f., 3, 1680. Aus den vorhandenen Quellen nicht zu verifizieren ist die in der älteren Literatur kursierende Behauptung, einer der Gründe für Žižkas Eroberung von Prachatitz sei die Weigerung der Prachatitzer gewesen, das hussitische Prag mit Salz zu versorgen, Messner, Prachatitz 28; Wagner, Beiträge 3, 15, mutmaßlich auf Basis der Nachricht der „Alten Böhmischen Annalen“ über damalige Salzknappheit in Prag, vgl. hier Anm. 501.

501 Staří letopisové čeští, hg. Palacký 52 mit der Übersetzung bei Janáček, Aussenhandel 44: „In dieser Zeit war in Prag alles billig außer einzig Salz: aber alles andere war in Hülle und Fülle vorhanden und insbesondere Wein und Brot und Silber.“

erscheint logisch, dass das Handelsverbot gerade während der Vorbereitungen für den Ersten Kreuzzug besonders rigoros umgesetzt und die regulären Salzlieferungen nach Böhmen vorübergehend eingestellt wurden[502]. Allerdings könnte der von dem Chronisten berichtete Salzmangel sich auch einfach aus der damals im ganzen Land herrschenden Verunsicherung durch die Kämpfe zwischen Kreuzfahrern und Hussiten, dem starken Zustrom von Menschen nach Prag und den Auswirkungen der Belagerung erklären. Ganz abgesehen von quellenkritischen Fragen im Bezug auf die Zuverlässigkeit der Quelle[503] ist weiters zu berücksichtigen, dass es sich auch um ein bloßes Stilmittel des Chronisten handeln könnte, der an dieser Stelle bewusst die Fülle der Vorräte im gut vorbereiteten Prag mit dem Mangel im Lager der Kreuzfahrer kontrastiert[504].

Aussagekräftiger als die retrospektiv verfassten „Alten Böhmischen Annalen" ist möglicherweise eine – vereinzelte – zeitgenössische Meldung des zum Grenzschutz in Zittau stationierten Deutschordensritters Gottfried von Rodenberg an den Hochmeister seines Ordens von Anfang April 1427. Ein böhmischer Informant hatte Rodenberg berichtet, dass die Preise für Lebensmittel und insbesondere Salz in Prag stark angestiegen seien[505]. Rodenberg berichtet im selben Schreiben weiter von einem politischen Bruch und militärischen Scharmützeln zwischen Pragern und Taboriten. Der damalige Anstieg der Lebensmittelpreise in Prag war also vielleicht weniger ein Effekt des Handelsverbotes als vielmehr ein Symptom der allgemeinen innerböhmischen Verunsicherung, die dem Sturz des Landesverwesers Sigmund Korybut am 17. April 1427 voranging[506].

---

502 Eine Aussage des schon genannten Ulrichsberger Händlers *Mika Ancnhinšt* könnte möglicherweise auf eine gezielte Sperrung der Straßen und Wege im bayerisch-böhmisch-österreichischen Grenzgebiet vor 1424 hinweisen. *Ancnhinšt* hatte angeblich in Prachatitz berichtet, die Wege „nach Deutschland" seien „freigeräumt", was umgekehrt nahelegt, dass dieselben zuvor blockiert gewesen waren. Vgl. Popravčí kniha, hg. Mareš 49, Aussage des Ješek von Sonnberg, 1424, August 11: *Mika Ancnhinšt* [...] *pravil* [...] *že jsú cesty prorubány do Němec*. Dieser Bericht ermutigte angeblich eine Gruppe Bewaffneter aus Prachatitz Ulrichsberg zu überfallen. Vgl. zu dieser Episode Jánský, Kronika 1, 134.

503 Vgl. dazu Čechura, Mor 297–303.

504 Staří letopisové čeští, hg. Palacký 52, denen zufolge die Belagerer an Lebensmittelmangel litten und besonders Bier und Brot teuer einkaufen mussten.

505 Urkundliche Beiträge 1, hg. Palacký Nr. 434, 497f., Gottfried von Rodenberg an den Deutschordensmeister, 1427, April 12, hier 497: *Ouch* [...] *zo saget her John von Wartenberg*[,] *daz allerley spyse koff czu male tawir sey in Praga[.] Sunderlich eynen scheffel salcz mus man kouffen vm eyn schock vnd XX groschen* (Hervorhebung d. V.).

506 Dazu Šmahel, Hussitische Revolution 2, 1398–1407. Vgl. in diesem Zusammenhang allerdings auch die Abrechnungen über Salzkäufe in den Karlsteiner Rechnungen, Pelikán, Účty unter dem Stichwort „sůl". Als Bezugsquelle wird je einmal Pilsen und Strakonitz genannt, ebd. 22 und 78, nicht jedoch Prag, das ansonsten der wichtigste Bezugsort von Importwaren für die Burg war. Im überwiegenden Teil der Einträge bleibt der Ursprungsort der Salzlieferungen allerdings ungenannt.

Insgesamt entspricht Zikmund Winters allgemeine Feststellung, dass der Preis für Salz während der Hussitenkriege stieg, vermutlich den Tatsachen, allerdings ist es für den Salzmangel – so wie auch für andere Waren – kaum möglich, zwischen den Auswirkungen der allgemeinen politischen Situation und den Effekten des Handelsverbotes zu unterscheiden[507].

Eine Auswertung der normativen Quellen ebenso wie der anderen Erwähnungen von Salz legt vielmehr nahe, dass der Salzhandel mit Böhmen ungeachtet des antihussitischen Handelsverbotes aufrecht blieb, die Nachrichten über Versorgungsschwierigkeiten in Prag also nur bedingt aussagekräftig für einen möglichen Erfolg des Handelsverbotes sind. Vielmehr ist es bezeichnend, dass das Thema „Handelsverbot" – abseits der „Embargolisten" – üblicherweise überhaupt nicht berührt wird, wenn sich in den Quellen eine Erwähnung von Salz findet. Bei diesen Erwähnungen geht es im Gegenteil so gut wie immer darum, dass der offensichtlich ganz regulär weiterlaufende Handel mit Salz zum Gegenstand von Auseinandersetzungen wurde. Im Mittelpunkt standen dabei Fragen der Straßenführung und der Niederlagspflicht; das Handelsverbot spielte keinerlei Rolle. So standen einander etwa im oberösterreichischen Mühlviertel im frühen 15. Jahrhundert bereits seit längerem die Interessen der landesfürstlichen Stadt Freistadt und des grundherrlichen Marktes (Bad) Leonfelden gegenüber. Diese Auseinandersetzung gewährt Einblicke in den oberösterreichischen Salzexport nach Böhmen ebenso wie in den eigenständigen böhmischen Salzimport und soll daher im Folgenden etwas ausführlicher dargestellt werden.

Freistadt verfügte seit dem 13. Jahrhundert über das Niederlagsrecht für sämtliche Richtung Budweis gehandelte Güter. Die Stadt versuchte, insbesondere beim Salzhandel vehement dieses landesfürstliche Privileg durchzusetzen[508]. Dabei war den Freistädtern der von Linz über Leonfelden nach Norden führende Weg ein besonderer Dorn im Auge. Dieser sogenannte Haselgrabenweg war für die Händler und Fuhrleute attraktiv, da sie auf dieser Strecke den Freistädter Stapel vermeiden konnten und der Weg nach Budweis überdies kürzer war als über Freistadt. Auch die Leonfeldner selbst verkauften angeblich Salz weiter nach Böhmen, obwohl ihnen ausschließlich der regionale Kleinhandel gestattet war[509]. Freistädter Patrouillen überwachten daher während des hier un-

507 Winter, Dějiny 894; ihm folgend die meisten späteren Autoren, z. B. Čornej, Křižovatka 59. Vgl. zu diesem methodischen Problem im Folgenden, Kap. 6.1.

508 Zum Streit um den Freistädter Salzstapel Wagner, Beiträge 3; Seidl, Stadt 90–98.

509 Seidl, Stadt 95, Anm. 416. Vgl. zu diesem sogenannten Freistädter Promemoria für Albrecht V. von 1437 Wagner, Beiträge 3, 26; Seidl, Stadt 93–97; Regest Wirmsberger, Regesten 317f.; Teiledition bei Seidl, Stadt 93–97.

tersuchten Zeitraums gezielt den Haselgrabenweg nach Böhmen und beschlagnahmten illegale Salzfuhren, um die Freistädter Privilegien durchzusetzen[510]. Angesichts dieser Kontrollen meldete ein prominenter böhmischer Käufer, der katholische südböhmische Herr Ulrich von Rosenberg, den Freistädtern regelmäßig Salzfuhren von Linz über Leonfelden in seine Residenzstadt Krumau und bat die Freistädter, seine Fuhrleute ungehindert passieren zu lassen[511]. Ulrich von Rosenberg mit seiner Klientel war üblicherweise der größte Einzelabnehmer des Freistädter Salzes[512]; den Freistädtern musste daher daran gelegen sein, diese Fahrten über Leonfelden möglichst nicht zur Regel werden zu lassen.

Die Auseinandersetzung in Oberösterreich wirft auch ein Schlaglicht auf regionale Konflikte in Südböhmen, wo damals mehrere konkurrierende Kräfte um die politische und ökonomische Vormachtstellung rangen. Dabei standen einander mit der königlichen Stadt Budweis und Ulrich von Rosenberg auch Parteien gegenüber, die beide der katholischen Seite angehörten[513]. Die rosenbergischen Salzimporte umgingen nämlich nicht nur den Freistädter, sondern auch den Budweiser Salzstapel. Dass die Budweiser das Gefühl hatten, ihr Stapelrecht werde ausgehöhlt und ihre privilegierte Position bei der Weitervermittlung der österreichischen Waren ins Landesinnere ginge verloren, zeigt ein Schreiben Albrechts V. an Freistadt aus dem Jahr 1428, in dem der Herzog einen Teil der Budweiser Beschwerden gegen die Freistädter referiert. Die Budweiser forderten, dass die Freistädter nur an diejenigen Salz verkaufen sollten, die eine von Budweis bestätigte Verpflichtungserklärung vorweisen konnten, dass sie ihr Salz über dieselbe Stadt und nicht über andere Straßen führen würden[514]. Dahinter standen mutmaßlich ähnliche Probleme wie in Freistadt, wo die Bürger neben der konkurrierenden Straße über Leonfelden auch den eigenmächtigen Salzexport lokaler Adeliger bekämpften[515]. Den größten Konkurrenten der Budweiser stellte jedoch ihr rosenbergischer Nachbar dar, der damals unter Ausnutzung der geschwächten Zentralmacht eine aggressive Expansionspolitik

510 Z. B. Wagner, Beiträge 3, Nr. 3, 38, Reinprecht von Wallsee an den Rat der Stadt Freistadt, 1430, September 16, Linz.

511 Wagner, Beiträge 3, 20–25.

512 Vgl. die eigene Darstellung der Freistädter, Seidl, Stadt 94, Anm. 409, Freistädter Promemoria für Albrecht V., 1437: *der von Rosenberg mit der landtschaft, dy das salcz von uns zu meiste fürent* […].

513 Zur damaligen Situation in Südböhmen zusammenfassend Čornej, Kreuzzüge; Kaar, Stadt 271f., 279f.

514 Wagner, Beiträge 19f., Albrecht V. an Freistadt, zu 1428. Dasselbe herzogliche Schreiben belegt auch, dass Budweiser Kaufleute damals den Eferdinger Jahrmarkt frequentierten, ebd. 19.

515 Seidl, Stadt 94f. Die dort zitierten Quellen nennen die Herren von Schallenberg auf Waxenberg sowie Untertanen der Herren von Starhemberg.

betrieb[516]. Laut Paul Praxl versuchte Ulrich von Rosenberg in den 1430er-Jahren, den Prachatitzer Zweig des „Goldenen Steiges“ unter seine Kontrolle zu bringen und den dortigen Handelsverkehr nach Krumau umzuleiten[517]. Vor diesem Hintergrund handelte es sich daher auch bei Ulrichs Salzimporten aus Linz wohl nicht nur um Eigenbedarf, wie Wagner annimmt, sondern um einen Versuch des böhmischen Magnaten, auch Teile des oberösterreichisch-böhmischen Salzhandels an sich zu ziehen[518]. Darauf könnte z. B. auch ein Vorfall aus dem Jahr 1435 hindeuten, als die Freistädter sich längere Zeit weigerten, eine für Ulrich bestimmte Salzlieferung passieren zu lassen[519].

Abgesehen von solchen Streitigkeiten um die Straßenführung erscheint der Salzhandel mit Böhmen in den hier untersuchten Quellen noch unter einem zweiten Blickwinkel: dem mit dem Handelsverkehr einhergehenden Sicherheitsrisiko. Wie in Kapitel 3.2.2 bereits erwähnt wurde, kamen böhmische Händler und Fuhrleute regelmäßig nach Österreich, um dort Salz zu kaufen. Die Furcht, dass sich unter diesen „Gästen“ Spione befinden könnten, scheint angesichts der seit der Mitte der 1420er-Jahre immer häufiger werdenden hussitischen Einfälle nach Österreich beträchtlich gewesen zu sein[520]. Herzog Albrecht V. ebenso wie die österreichischen Stände legten jedenfalls auffallenden Eifer bei der Bekämpfung potentieller Spione an den Tag. Im Dezember 1430 befahl der Herzog der Stadt Krems, die aus Böhmen um Salz kommenden *deichselwegen* nicht mehr, wie bisher üblich, in die Stadt einzulassen, da der Stadt aus dieser Praxis *schad* und *verretnuss* drohten[521]. In dieselbe Kerbe schlägt eine Proposition, die die österreichischen Stände dem Herzog auf einem Anfang November 1431 tagenden Landtag vorlegten[522]. Albrecht V. wird darin aufgefordert anzuordnen, dass *die gäst von Behaim* nicht mehr wie bisher mit ihren Wagen *um salcz und ander guet* frei nach Österreich fahren dürfen sollten, da sie Befestigungen und andere Maßnahmen der Landesdefension ausspi-

516 Zur wirtschaftlichen Konkurrenz zwischen Budweis und Ulrich von Rosenberg, speziell auch beim Salzimport aus Oberösterreich, Schmidt, Handelswege 13–15, 24; Šimeček, Monopolní obchod 11, 47f.; Roubík, Spory 13.

517 Praxl, Goldener Steig 13–16, vermutlich basierend auf der Einschätzung Schmidts, Handelswege 15. Vgl. dazu auch hier im Vorangehenden.

518 Zu demselben Schluss kommt Šimeček, Monopolní obchod 46–48.

519 Vgl. die Paraphrase bei Wagner, Beiträge 3, 25, der Burggraf von Krumau an den Hauptmann von Freistadt, 1435, Mai 11.

520 Vgl. dazu bes. im Folgenden, Kap. 4.2.1.

521 Orig. StA Krems, Urkunden Nr. 226, Albrecht V. an Krems, 1430, Dezember 19, Wien. Ich danke Herwig Weigl für diesen Hinweis.

522 Stöller, Österreich 84–87, Proposition der österreichischen Stände an Albrecht V., zu 1431, November 1. Zur Datierung ebd. 70f., Anm. 1. Eine andere Version derselben Proposition bei Erben, Kriegswesen 25–29.

onieren könnten, woraus dem Land schon bisher Schaden entstanden sei[523]. Bei diesem Schriftstück handelt es sich um eine adaptierte Version einer im Frühling desselben Jahres anlässlich des Fünften Kreuzzuges erlassenen Aufgebotsordnung[524]. Bezeichnend für die Bedeutung des österreichisch-böhmischen Salzhandels ist dabei, dass sich weder in der Ordnung für den Heerzug vom April 1431 noch in deren Vorlage in den Beschlüssen des Nürnberger Tages vom Frühling 1431 eine solche Klausel findet[525]; vielmehr handelt es sich offensichtlich um eine bewusste Anpassung an die Erfordernisse der österreichischen Landesverteidigung.

Albrecht V. kam der Forderung der Stände tatsächlich – zumindest in adaptierter Form – nach, wie ein wenige Tage später an die Adresse der südböhmischen Stadt Budweis ergangenes Schreiben zeigt[526]. Da das geforderte totale Verbot des Salzhandels wohl nicht praktikabel war, und darüber hinaus die wirtschaftlichen Interessen sowohl der herzoglichen Kammer als auch der mährischen und südböhmischen Besitzungen Albrechts schädigte, entschied der Herzog, seine dortigen Untertanen unter bestimmten Auflagen von dem Einreiseverbot auszunehmen. Laut des Schreibens an die Budweiser hatte er den österreichischen Städten daher befohlen, *kainen fromden wagen* aus Böhmen mehr einzulassen, mit Ausnahme allein jener Kauf- und Fuhrleute aus seinen eigenen, namentlich aufgeführten Städten und Festungen, die *umb salcz, wein oder andere war* nach Österreich fahren wollten. Die Betreffenden hatten sich jedoch künftig mittels Förderbriefen auszuweisen, über deren Aussehen und geplante Anwendung der Herzog die Budweiser informierte[527]. Diese Regelung, die in Budweis, in Albrechts mährischen Städten und Festungen und in den österreichischen Salzhandelsstädten, namentlich in

---

523 Stöller, Österreich 84–87, hier 86, Proposition der österreichischen Stände an Albrecht V., zu 1431, November 1: *Item, dass unser gnediger herr der herzog bestelle, dass unterkommen werde, dass die gäst von Behaim micht mehr mit wägen, wörn* [= fahren] *und arbaiten in das landt um salcz und ander guet, als sie unczther getan haben, wan ein zweiffel ist, wan sie in die stet kommen, dass sie da alle gelegenheit an zurichtung und wör* [= Wehr] *der geschlösser und auch an macht des volckhs aufnemmen und erfahren, daraus landt und leuten an zweifel meniger schad hinzher gegangen ist und khinftiglich mer gehn wurd.*

524 Erben, Kriegswesen 19–24, 1431, April 28. Zu den Adaptionen ebd. 7–18.

525 DRTA 9, Nr. 410, 536–540, der Nürnberger Tag an alle Reichsuntertanen, 1431, März 9–10, Nürnberg.

526 Orig. SOkA České Budějovice, AM České Budějovice, Chronologische Reihe, Sign. 1431/1, zusammen mit der beigeschlossenen Kopie eines undatierten Mandats desselben Ausstellers an eine ungenannte österreichische Stadt (Freistadt?); Urkundliche Beiträge 2, hg. Palacký Nr. 770, 248f., Albrecht V. an Budweis, 1431, November 8, Wien. Vgl. zu beiden auch RI XII Supp. In diesem Zusammenhang vgl. weiters auch Elbel, Dohody Nr. 15, 100f., Albrecht V. an seine mährischen Amtsträger, 1432, Februar 13, Wien, das wohl auf die Regelungen vom November 1431 Bezug nimmt. Ich danke Petr Elbel für diese Hinweise und für die Zurverfügungstellung noch unveröffentlichter Materialien.

527 Vgl. dazu ausführlicher im Folgenden, Kap. 3.4.1.

Krems, Stein, Linz, Korneuburg und Freistadt (?) öffentlich ausgerufen werden sollte, hatte einerseits zum Ziel, die Sicherheit der österreichischen Städte zu erhöhen und den offenbar ein Problem darstellenden Weiterverkauf von Salz und anderen Waren an Hussiten einzudämmen. Andererseits heißt es in dem Mandat auch ausdrücklich, der Herzog hoffe, dass der Budweiser Handel dank dieser Regelungen ungestört weitergehen könne[528], was indirekt die große Bedeutung, die die Verbindungen zu Österreich für Budweis hatten, belegt. Angesichts der Konkurrenz zwischen Budweis und Ulrich von Rosenberg ist es möglicherweise auch bezeichnend, dass die in Budweis überlieferten Schreiben Albrechts an keiner Stelle darauf eingehen, wie die österreichischen Städte sich gegenüber Kaufleuten aus anderen katholischen böhmischen Städten, namentlich den grundherrlichen Städten Ulrichs von Rosenberg, verhalten sollten. Ulrichs Untertanen hatten jedoch trotz der geplanten Zutrittsbeschränkungen offensichtlich keine Schwierigkeiten, in Linz oder Freistadt Salz zu erwerben[529].

Förderbriefe waren im Mittelalter weit verbreitet und es überrascht nicht, dass dieses gängige Kontrollmittel angesichts der im katholischen Lager allgegenwärtigen Furcht vor hussitischen Spionen für polizeiliche Zwecke adaptiert wurde[530]. Bemerkenswert ist allerdings, wie prominent und mit welcher Selbstverständlichkeit der Salzhandel in dieser Art von Quellen ebenso wie in den oben diskutierten Quellen zu Streitigkeiten über Stapelrechte und Straßenzwänge hervortritt. Dass Salz nach Böhmen gehandelt wurde, erscheint als völlig unproblematische Tatsache. Bezeichnenderweise musste sich etwa die Stadt Freistadt 1437 Albrecht V. gegenüber sogar geradezu dafür rechtfertigen, dass die landesfürstlichen Einnahmen aus dem Salzhandel mit Böhmen während der Hussitenkriege zurückgegangen waren[531]. Bezeichnend ist in diesem Zusammenhang insbesondere auch die Entschuldigung, die die Freistädter dabei vorbrachten: Mit größter Selbstverständlichkeit argumentierten sie, dass sie unter anderem deshalb weniger Salz in Böhmen hatten absetzen können, weil im Jahr 1425 „so viel Salz wie noch nie zuvor“ aus Meißen nach Prag (!) geliefert worden sei[532].

528 Orig. SOkA České Budějovice, AM České Budějovice, Chronologische Reihe, Sign. 1431/1; Urkundliche Beiträge 2, hg. Palacký Nr. 770, 248f., Albrecht V. an Budweis, 1431, November 8, Wien: [...] *und das ewr und der ewern arbaitt dannoch fur sich gee.*

529 Vgl. oben, Anm. 511.

530 Vgl. im Folgenden, Kap. 3.4.1 und 3.4.4.2 mit weiteren Beispielen für die Regelung des Handels mit Salz und Lebensmitteln im österreichisch-südböhmisch-mährischen Raum.

531 Seidl, Stadt 93–97, Freistädter Promemoria für Albrecht V., 1437.

532 Ebd. 94, Anm. 409: *bedunkht uns, das man das salcz von Maichssen* [...] *gen Prag so vast nicht gefürt hat als in disem* [1425] *jar.*

Auf welchem Weg genau dieses Salz dem Handelsverbot zum Trotz nach Prag gelangte bleibt aufgrund des Mangels an diesbezüglichen Quellen unklar. Dass Salz die hussitischen Gebiete erreichte, kann jedenfalls nicht bezweifelt werden: In seinem erwähnten Mandat an die Stadt Budweis klagte Albrecht V. über Fuhrleute, die *den veinden narung zůfuren und genaigt sind*[533]; Sigismund behauptete 1433, dass so viel Salz und andere Güter nach Böhmen gebracht würden, dass die Hussiten diese sogar weiterverkaufen könnten[534]; der Altstädter Rat regelte im Jahr 1435 die Aufsicht über das Salzwesen in der Stadt neu[535]; Gottfried von Rodenbergs Informant ebenso wie ein Gesandter der Stadt Eger berichten unabhängig voneinander von der Möglichkeit, ebendort Salz zu kaufen[536]; aus der zum taboritischen Bund gehörigen südböhmischen Stadt Pisek schließlich liegen Nachrichten über einen während der Hussitenzeit neu eingerichteten Salzhof vor[537].

Aufgrund des Fehlens von Quellenzeugnissen ging Miloslav Volf davon aus, dass der sächsisch-meißnische Salzhandel mit Böhmen tatsächlich aufgrund des Handelsverbotes unterbrochen war[538]. Die zitierte Freistädter Nachricht deutet allerdings zusammen mit den genannten oberlausitzischen Quellen darauf hin, dass er ebenso kontinuierlich weiterging wie der Handel im bayerisch-böhmisch-österreichischen Raum. Für eine damals eventuell geringere Bedeutung des polnischen Salzes könnte hingegen dessen auffälliges Fehlen in der Aufzählung von Waren, die dem sogenannten Edikt von Welun gemäß nicht mehr zwischen Polen und Böhmen gehandelt werden sollten, sprechen[539].

Trotz dieser offensichtlich kontinuierlichen Übertretung des Handelsverbotes begegnen im hier untersuchten Material überraschend wenige Nachrichten über mutmaßlichen Hussitenhandel mit Salz[540]. Ein Schreiben des rosenbergischen Burggrafen von Krumau

---

533 Orig. SOkA České Budějovice, AM České Budějovice, Chronologische Reihe, Sign. 1431/1; Urkundliche Beiträge 2, hg. Palacký Nr. 770, 249, Albrecht V. an Budweis, 1431, November 8, Wien: [Die Budweiser Kauf- und Fuhrleute sollten] *das salcz oder ander war, damit si hanndlent,* [...] *nicht den veinden zufurn, noch in das verrer verkauffen.*

534 DRTA 11, Nr. 139, 268, Sigismund an das Konzil von Basel, 1433, November 9, Basel: *[Bohemi] tamen tunc in tantum abundarent, quod eciam aliis venderent.*

535 Volf, Příspěvky 2, 37.

536 Urkundliche Beiträge 1, hg. Palacký Nr. 434, 497f., Gottfried von Rodenberg an den Deutschordensmeister, 1427, April 12; MCG 1, Nr. 72, 139–142, hier 141, Johannes Nider an Johannes von Ragusa, 1432, Jänner 5, Nürnberg, vgl. im Folgenden, Anm. 715.

537 Volf, Příspěvky 2, 37. Vgl. zum Handelsverkehr in Südböhmen auch im Folgenden, Anm. 834.

538 Ebd. 36f.

539 Urkundliche Beiträge 1, hg. Palacký 332, Wladislaw Jagiello an alle Untertanen des Königreichs Polen, 1424, April 9, Welun. Vgl. zu dieser Quelle auch im Folgenden, Kap. 4.3.3.

540 Einen nicht zu vernachlässigenden Faktor stellt allerdings die ungleichmäßige Überlieferung dar. Wie oben in Kap. 3.1 dargelegt wurde, stammt der überwiegende Teil der Nachrichten über Beschlagnahmen

an den Freistädter Hauptmann vom Mai 1435, in dem Ersterer sich gegen den Vorwurf verteidigte, „verbotene Handelsgeschäfte“ zu betreiben, gehört mit ziemlicher Sicherheit in den Zusammenhang der Auseinandersetzungen um den Freistädter Salzstapel[541]. Unter den inkriminierten Geschäften ist wohl eher eine Umgehung des Salzstapels zu verstehen als Handel mit den Hussiten. Dasselbe trifft mutmaßlich auch auf den Salzexport zu, den einige Mühlviertler Adelige und deren Untertanen betrieben. Die diesbezügliche Freistädter Klagschrift spricht jedenfalls neutral von Salzfuhren *gen Behem* und nicht von Hussitenhandel[542]. Spezifischere Nachrichten über Beschlagnahmen unter dem Vorwurf des Hussitenhandels konnten bisher nicht gefunden werden, ausgenommen eine vereinzelte Nachricht in einem Mandat Albrechts V. an seine mährischen Amtsträger vom Februar 1432[543]. Der Herzog warf den Empfängern darin vor, unter dem Vorwand des Hussitenhandels Fuhrleute zu belästigen, die seine mährischen Städte mit Lebensmitteln versorgten. Da im Vorangehenden die Zufuhr von Salz ausdrücklich erlaubt wird, ist davon auszugehen, dass sich unter den aufgehaltenen Lieferungen auch Salzfuhren befunden hatten.

Es scheint, dass die hier untersuchten Quellen zum böhmischen Salzhandel das Handelsverbot vor allem deshalb fast vollkommen ignorieren, weil sie ihren Ursprung im Handel mit den katholisch gebliebenen alten Handelspartnern der Salz exportierenden Städte haben. Dank ihrer Budweiser, Krumauer oder Pilsner Geschäftspartner konnten die Salzhändler außerhalb Böhmens ihre Geschäfte ganz legal fortführen, da sie selbst offiziell nicht mit Hussiten Geschäfte tätigten, sondern mit katholischen Abnehmern[544]. Zur (teilweisen?) Unterbrechung der eingespielten Handelswege kam es offenbar lediglich im Fall des „Unteren Goldenen Steiges“. Die Forschung geht davon aus, dass ein nicht unbedeutender Teil des dortigen Salzhandels tatsächlich unter Umgehung des hussitischen Prachatitz über Krumau oder Budweis umgeleitet wurde[545]. Allerdings spielte hierbei wahrscheinlich auch die Unsicherheit eine Rolle, die sich aus den lokalen Rivalitäten zwischen Ulrich von Rosenberg, den Prachatitzern und dem ebenfalls hussitisch gesinnten Inhaber der nahe Prachatitz gelegenen Burg Hus, Johann Smil von Krems, ergab, der

---

unter dem Vorwurf des Hussitenhandels aus den Nürnberger Briefbüchern. Die Nürnberger Fernhändler waren nicht am Salzhandel mit Böhmen beteiligt, weshalb Probleme, die aus dem Salzhandel resultierten, nicht in den Briefbüchern auftauchen.

541 Vgl. die Paraphrase bei Wagner, Beiträge 3, 25, der Burggraf von Krumau an den Hauptmann von Freistadt, 1435, Mai 11.

542 Seidl, Stadt 94f., Anm. 412 und 414, Zitat ebd., Anm. 412, Freistädter Promemoria für Albrecht V., 1437.

543 Elbel, Dohody Nr. 15, 100f., 1432, Februar 13, Wien. Vgl. auch im Folgenden, Kap. 3.4.4.2.

544 So schon Volf, Příspěvky 2, 36. Zu dieser Problematik vgl. auch im Folgenden, Kap. 6.1.

545 Schmidt, Handelswege 7, 9, 15; Šimeček, Monopolní obchod 10f., 46; Praxl, Goldener Steig 13–16.

seinerseits versuchte, am Handel auf dem Goldenen Steig mitzunaschen[546]. Die indirekten Nachrichten des Rosenberger Halsgerichtsbuches über den lebhaften Handelsverkehr in der Umgebung von Prachatitz[547] sowie die heftigen Auseinandersetzungen um den Pfandbesitz der Stadt, die nach dem Ende der Hussitenkriege zwischen Ulrich und Johann entbrannten, scheinen weiters nahezulegen, dass der strategische und wirtschaftliche Wert von Prachatitz nicht all zu sehr unter dem antihussitischen Handelsverbot gelitten hatte[548].

Das traditionelle wirtschaftliche Zusammenspiel zwischen den Salz exportierenden Ländern und ihren böhmischen Abnehmern wurde in den Hussitenkriegen trotzdem zu einem Balanceakt zwischen wirtschaftlichen Interessen bzw. Notwendigkeiten und militärisch-taktischen Überlegungen. Die wirtschaftlichen Interessen scheinen dabei eindeutig die Oberhand gegenüber dem militärisch-taktischen Potential eines Salzembargos behalten zu haben. Die Versuche Ulrichs von Rosenberg, am südböhmischen Salzhandel zu partizipieren, oder die Auseinandersetzungen rund um Prachatitz belegen die wirtschaftliche Bedeutung dieses Handelszweiges und die scharfe Konkurrenz um dessen Beherrschung. Fiel ein Lieferant aus, drängte sofort ein anderer auf den frei werdenden Markt. Keiner der Beteiligten scheint in der Lage gewesen zu sein, sich tatsächlich eine lange andauernde Unterbrechung des Salzhandels leisten zu können, auch wenn man sich der prinzipiellen Gültigkeit des antihussitischen Handelsverbotes und auch dessen taktischer Aspekte sehr wohl bewusst war[549].

3.3.1.2 Wein

Dem Salzhandel strukturell ähnlich war der Import von Wein nach Böhmen. Die böhmische Hauptbezugsquelle für Wein war – neben den einheimischen Weinbaugebieten in Mähren und Böhmen und dem ungarischen Wein – wiederum vor allem Öster-

546 Volf, Příspěvky 2, 37; Šimůnek, Jan Smil z Křemže; Čornej, Kreuzzüge 48; Šmahel, Hussitische Revolution 2, 1266f. Johann konnte sich auf ein Privileg Wenzels IV. berufen, das dem Inhaber der Burg Hus Zugang zum Salzhandel auf dem „Goldenen Steig“ gewährte, CIM 4,1, hg. Haas Nr. 175, 254f., Wenzel IV. für Sigismund Huler, 1400, Oktober 30, Prag. Vgl. im Zusammenhang mit diesen Auseinandersetzungen auch die auffällige Prominenz angeblich aus Prachatitz kommender oder von den Prachatitzern angestifteter mutmaßlicher Spione und Saboteure im Rosenberger Halsgerichtsbuch, zusammengestellt bei Starý, Prachatice 227f., sowie oben, Anm. 475.

547 Vgl. etwa Jánský, Kronika 1, 132–139.

548 Vgl. zu diesen Auseinandersetzungen etwa Šimůnek, Jan Smil z Křemže 6–11 zusammen mit RI XI NB 3 Nr. 213, Sigismund für Johann Smil von Krems, 1437, Juni 1, Prag (Verpfändung von Prachatitz) und Nr. 233, Sigismund für Ulrich von Rosenberg, 1421, Dezember 21, Kuttenberg (angebliche Verpfändung von Prachatitz, Fälschung vermutlich aus den Jahren 1439 bis 1444). Dazu jetzt auch unter anderem Blickwinkel Kaar, Business 40–42.

549 Vgl. dazu nochmals im Folgenden, Kap. 5.2.

reich[550]. Die enge Assoziation von Wein und Salz im Handel mit Österreich kommt etwa in dem bereits erwähnten Mandat Albrechts V. für Budweis vom November 1431 zum Ausdruck, in dem es heißt, dass die Budweiser Fuhrleute üblicherweise um Salz und Wein nach Österreich fuhren[551]. Importiert wurden jedoch auch eher als Luxuswaren anzusehende Weine aus weiter entfernten Regionen wie Frankreich und Italien, wobei österreichische und bayerische Kaufleute als Zwischenhändler agierten[552]. Wein gehörte weiters auch zu den auf der sogenannten Hohen Straße gehandelten Gütern und gelangte entsprechend auch aus nördlicher Richtung nach Böhmen[553].

Beim Blick in die normativen Quellen zeigt sich, dass sich Wein ebenfalls häufig als Bestandteil von „Embargolisten" findet, allerdings seltener als Salz[554]. Dies ist möglicherweise darauf zurückzuführen, dass das einschlägige Dekret des Konzils von Pavia-Siena Wein nicht unter den explizit erwähnten Embargowaren führt. In den Mandaten, mit denen Sigismund im Mai 1424 der Stadt Regensburg bzw. den schlesischen Städten befahl, das Sieneser Dekret umzusetzen, wird Wein in der erweiterten Paraphrase des Konzilsdekrets jedoch ausdrücklich genannt[555]. Dies ist insofern interessant, als Wein ein traditionell wichtiges Handelsgut zwischen Regensburg und Böhmen darstellte[556]. Angesichts der lan-

550 Zum Weinhandel zwischen Österreich und Böhmen Graus, Handelsbeziehungen 102f.; ausführlich Šimeček, Monopolní obchod, der die Bedeutung dieses Wirtschaftszweiges für die Verbindung zwischen Österreich und Südböhmen bzw. Südmähren hervorhebt.

551 Orig. SOkA České Budějovice, AM České Budějovice, Chronologische Reihe, Sign. 1431/1; Urkundliche Beiträge 2, hg. Palacký Nr. 770, 248f., Albrecht V. an Budweis, 1431, November 8, Wien.

552 Vgl. dazu ein Privileg Wenzels IV. für die Prager Altstadt über den bayerischen Handel mit „welschen" Weinen Richtung Oberlausitz und Schlesien, CIM 1, hg. Čelakovský Nr. 114, 183f., 1400, Juli 20, Prag, welches Sigismund 1436 bestätigte, sowie eine Erwähnung von Nürnberger Weinfuhren nach Böhmen, StAN BB Nr. 6, fol. 13r, der Nürnberger Rat an Hans Schober, 1423, Juni 16, Nürnberg.

553 Vgl. etwa eine Anmerkung über Streitigkeiten über den Weinzoll in Brüx in CIM 3, hg. Čelakovský/Friedrich Nr. 57, 81f., Verzeichnis der dem Brüxer Burggrafen zustehenden Abgaben, 1425 oder kurz danach.

554 Urkundliche Beiträge 1, hg. Palacký Nr. 317, 367–369; Acta 2, hg. Eršil Nr. 1274, 515f., Martin V. an die Bischöfe von Regensburg, Passau, Olmütz, Meißen und Bamberg, 1424, November 24, Rom; Orig. SHStA, 10001 Ältere Urkunden, Nr. 6012, Ders. an alle Gläubigen, 1426, Jänner 15, Rom; Monumenta 2, hg. Theiner Nr. 367, 209, Ders. an Dies., 1431, Jänner 9, Rom; Göller, Pönitentiarie 271, Abendmahlbulle Eugens IV., 1434, April 24, Rom.

555 Urkundliche Beiträge 1, hg. Palacký, Nrr. 294f., 339–341; RI XI, Nrr. 5847f., Sigismund an die Stadt Regensburg/die schlesischen Städte, 1424, Mai 17, Blindenburg, im Gegensatz zu Branda da Castigliones diesbezüglichem Schreiben an die Bischöfe von Regensburg und Meißen, das lediglich die Embargogüter des Sieneser Dekrets nennt, Urkundliche Beiträge 1, hg. Palacký Nr. 293, 336–338; Studt, Martin V. 536, Anm. 258, 1424, Mai 16, Blindenburg. Vgl. auch die Paraphrase bei Andreas von Regensburg, Sämtliche Werke, hg. Leidinger 668.

556 Graus, Handelsbeziehungen 98.

gen Liste der in den genannten Urkunden aufgeführten Embargowaren und der Tatsache, dass es sich bei den beiden Mandaten möglicherweise lediglich um die Reste einer ganzen Serie von Urkunden handelt, die das Sieneser Dekret propagierten, sollte die Spezifik dieser Erwähnung allerdings nicht überschätzt werden[557]. Selbiges gilt auch für die Erwähnung von Wein an zweiter Stelle nach Salz in Martins V. Aufstellung von Waren, die dem Handelsverbot zum Trotz im Jahr 1424 immer noch den Hussiten zugeführt wurden[558].

Spezifischere normative Quellen, wie sie oben beim Thema Salz diskutiert wurden, fehlen für den Weinhandel. Diese Tatsache könnte mit der im Vergleich weniger stark ausgeprägten Regulation des Weinhandels durch Straßen- und Stapelzwänge zusammenhängen. Eine gewisse Ausnahme bildet hier die Verleihung des Weinausschankmonopols durch Albrecht V. an die Budweiser Ratsherren im November 1424[559]. An diesem Monopol, das Zdeněk Šimeček ausführlich untersuchte[560], ist im vorliegenden Zusammenhang vor allem interessant, dass es den Budweisern gelang, unter Ausnutzung der politischen Situation eine direkte Verbindung über den sogenannten „Böhmischen Steig" über Freistadt, Weitra, Zwettl, Retz und Znaim zu den niederösterreichischen und südmährischen Weinproduzenten anzuknüpfen. Im Windschatten des antihussitischen Handelsverbotes etablierte Budweis so neue wirtschaftliche Beziehungen und festigte seine Position als Handelsknotenpunkt in Südböhmen[561].

Abgesehen von diesen normativen Quellen findet Wein, anders als Salz, interessanterweise hauptsächlich im ausdrücklichen Zusammenhang mit Hussitenhandel Erwähnung in den Quellen.

Aus einem zu einem unbekannten Zeitpunkt nach der Schlacht von Aussig verfassten Lied, das in Kapitel 4.1.2 noch ausführlicher zu behandeln sein wird, erfahren wir von der (mutmaßlichen) Lieferung von Wein über Meißen an die nordböhmischen Hussiten vor derselben Schlacht[562]. Hierbei handelt es sich um eine vereinzelte Nachricht über den

557 Vgl. dazu oben, Kap. 2.6.5, sowie im Folgenden, Kap. 5.1.3.

558 Urkundliche Beiträge 1, hg. Palacký Nr. 317, 367–369; Acta 2, hg. Eršil Nr. 1274, 515f., Martin V. an die Bischöfe von Regensburg, Passau, Olmütz, Meißen und Bamberg, 1424, November 24, Rom. Wiederholt in Orig. SHStA, 10001 Ältere Urkunden, Nr. 6012; Acta 2, hg. Eršil Nr. 1514, 605, Ders. an alle Gläubigen, 1426, Jänner 15, Rom.

559 CIM 3, hg. Čelakovský/Friedrich Nr. 37, 52f. (mit fehlerhafter Datierung); RI XII Supp., 1424, November 23, Brünn.

560 Šimeček, Obchodní monopol.

561 Vgl. allerdings auch ebd. 45 zu den machtpolitischen Motiven Albrechts, die Anbindung von Budweis an seine österreichischen Territorien zu fördern.

562 Volkslieder 1, hg. Liliencron Nr. 60, 292–294, hier 293, Schmählied auf Busso Vitzthum, nach 1426, Juni 16.

meißnischen Weinhandel in der Hussitenzeit. Die übrigen hier interessierenden Quellen stammen aus Mähren, wo speziell die Beschlagnahme von Wein unter dem Vorwurf des Hussitenhandels Anlass zu städtischen Korrespondenzen gab. So geht aus den Briefen des Olmützer Rates hervor, dass Olmützer Söldner im April 1425 eine wohl aus Ungarisch Hradisch kommende Ladung *lantwein* beschlagnahmten, die für einen den Olmützern feindlich gesinnten hussitischen Hauptmann bestimmt gewesen war, was zu einer längeren Auseinandersetzung mit der ebenfalls katholischen Stadt Ungarisch Hradisch führte, auf die im Folgenden in Kapitel 3.4.4.2 ausführlicher einzugehen sein wird[563]. Im Jänner 1429 wiederum beschwerte sich der Olmützer Rat über die Beschlagnahme von Wein durch einen bischöflichen Amtsträger in Kremsier[564]. Dabei erfährt man, dass einer der Käufer eine Olmützer Bürgerin war, die zwei Fässer Wein im südmährischen Auspitz und einem vorerst nicht näher identifizierbaren, aber wohl ebenfalls in Südmähren gelegenen Ort namens Steierbitz (*Steirbicz*) erworben hatte[565]. Die Gründe für die Beschlagnahme werden zwar nicht ausdrücklich erwähnt, es ist aber sehr wahrscheinlich, dass der Kremsierer Hauptmann den Verdacht hegte, dass dem hussitischen Feind zugeführt werde. Die Beschlagnahme von Weinfuhren war schließlich im Winter 1432 auch einer der Steine des Anstoßes in einem Streit zwischen Albrecht V. und dem einflussreichen hussitischen Herrn Menhard von Neuhaus. Menhard beklagte sich bei König Sigismund darüber, dass Amtsträger Albrechts Untertanen Menhards gefangen nahmen, die in ihren Geschäften auf den Straßen (nach Österreich?) unterwegs waren, und insbesondere, dass sie seine Pferde und Weinladungen beschlagnahmten[566]. Dadurch gefährdeten sie einen von Sigismund ausgehandelten Waffenstillstand zwischen Albrecht und Menhard, weshalb Sigismund den Landeshauptmann von Mähren anwies, schlichtend einzugreifen[567].

---

563 SOkA Olomouc, Briefbuch fol. 10r; Urkundliche Beiträge 1, hg. PALACKÝ Nr. 334, 390, der Olmützer Rat an Albrecht V., 1425, April 23, Olmütz; SOkA Olomouc, Briefbuch fol. 163r; Urkundliche Beiträge 1, hg. PALACKÝ Nr. 335, 391f., Dies. an Hauptmann und Rat von Ungarisch Hradisch, 1425, April 26, Olmütz.

564 SOkA Olomouc, Briefbuch fol. 115v–116r; Urkundliche Beiträge 2, hg. PALACKÝ Nr. 563, 8–10, der Olmützer Rat an den Bischof von Olmütz, 1429, Jänner 26, Olmütz.

565 DUDÍK, Bibliothek 97 nennt in einer Reihe von in einem spätmittelalterlichen Kremsierer Kodex zusammengestellten Altarstiftungen in Südmähren auch eine Stiftung in „Steierbitz".

566 RI XI, Nr. 9045; RI XI NB 5, Sigismund an Hašek von Waldstein, 1432, Februar 24, Piacenza.

567 Vgl. ČORNEJ, Kreuzzüge 49. Vgl. in diesem Zusammenhang auch ein Mandat Albrechts an seine mährischen Amtsträger von 1432, Februar 13, Wien, in dem er ihnen u. a. befahl, damit aufzuhören, Fuhrleute, deren hussitische Herren den Waffenstillstand einhielten, zu belästigen, ELBEL, Dohody Nr. 15, 100f., sowie hier im Folgenden, Kap. 3.4.4.2. Auch diese Fuhrleute beförderten neben Salz vermutlich auch Wein, von dem in der Urkunde ausdrücklich die Rede ist.

Wie aus dem Vorangehenden deutlich wird, nahmen Weinbau und Weinhandel insbesondere in Mähren eine besondere Rolle ein. Angesichts der wirtschaftlichen Notwendigkeiten begannen Hussiten und Katholiken gerade dort, sich ab etwa der Mitte der 1420er-Jahre um einen *Modus vivendi* zu bemühen, der es den einzelnen politischen Kräften erlaubte, ihre Weinproduktion fortzusetzen bzw. sich mit Wein zu versorgen[568]. Wein erscheint daher häufiger in den mährischen Quellen als anderswo. Möglicherweise ist dafür allerdings nicht nur der angeblich besonders pragmatische Zugang der Mährer zum Thema Weinbau und Weinhandel verantwortlich[569]. Einerseits steht mit dem Briefbuch des Wenzel von Iglau für Mähren eine besonders reichhaltige Quelle zur Verfügung. Andererseits führte die starke konfessionelle und machtpolitische Zersplitterung des Landes dazu, dass es gerade dort zu ständigen Kontakten zwischen Hussiten und Katholiken kam, die sich auch in den Quellen zum Weinhandel niederschlagen.

Mit diesen Feststellungen soll allerdings die Bedeutung von Weinbau und -handel für die Wirtschaft des mährisch-österreichischen Grenzraumes nicht in Abrede gestellt werden. Deren Bedeutung spiegelt sich auch in einem letzten Phänomen, auf das an dieser Stelle näher eingegangen werden soll: die seit den späten 1420er-Jahren zunehmend häufigeren Überfälle hussitischer Truppen gerade auf die Städte und Klöster der Weinbaugegenden des nördlichen Österreich[570]. Die Zielsetzung dieser Überfälle war für die Zeitgenossen so offensichtlich, dass sich für die regelmäßigen Herbstzüge der Feldheere nach Österreich und Oberungarn sogar die ironische Bezeichnung als „hussitische“ oder „böhmische Weinlese“ einbürgern konnte[571]. Sie erreichten eine Größenordnung, die sich anschaulich auch im Budweiser „Liber vini“ zeigt. Den Budweiser Einkäufern gelang es am Höhepunkt der Überfälle 1431 kaum, überhaupt Wein aus Österreich zu besorgen, da die Heerzüge den Verkehr auf dem Haupttransportweg störten und das Weinangebot an sich verknappten. Der Wein wiederum, der zum Verkauf stand, war empfindlich teurer als in früheren Jahren. Nach Berechnungen Šimečeks mussten die Budweiser Einkäufer 1431 um 20 % mehr für ihren Wein bezahlen als im Vorjahr; im Vergleich zum ersten Rechnungsjahr 1424 war der Einkaufspreis um 50 % gestiegen[572].

---

568 Zur besonders engen Kohabitation von Hussiten und Katholiken in Mähren vgl. eingehender auch im Folgenden, Kap. 3.4.4.2.

569 So sinngemäß die Interpretation Šmahels, Hussitische Revolution 3, 1557.

570 Petrin, Hussitenkrieg 7–18; Čornej, Epidemie 211f., Anm. 31; Ders., Kreuzzüge 48f.; Ders., Dějiny 5, 502–505.

571 Ebd. 505. Vgl. dazu etwa Bartošek von Drahonitz’ Kommentar, mehrere taboritische Hauptleute seien im Herbst 1431 nach Österreich gezogen *pro vino colligendo et recipiendo*, Bartošek von Drahonitz, Kronika, hg. Goll 605.

572 Šimeček, Monopolní obchod 37–40.

Die umstrittene Frage, inwieweit diese „Weinzüge" indirekte Belege für die erfolgreiche Implementierung des antihussitischen Handelsverbotes darstellen, d. h. ob aufgrund des gezielten Raubes gerade von Wein davon ausgegangen werden kann, dass das Handelsverbot bei diesem Gut nachhaltiger umgesetzt wurde als bei Salz, ist auf dieser Basis allein jedoch kaum zu beantworten[573]. Gegen einen dramatischen Mangel an ausländischem Wein im hussitischen Böhmen scheint jedenfalls der Bericht eines Anfang 1432 aus Prag zurückkehrenden Egerer Gesandten zu sprechen[574], der gestützt wird vom Zeugnis der überlieferten Rechnungen. Die Karlsteiner Rechnungen erwähnen neben einheimischem Leitmeritzer und „Teiner" Wein auch österreichischen, „gallischen" und griechischen Wein, der für den Burggrafen und die Gäste der Burg gekauft wurde[575]. Im überwiegenden Teil der Eintragungen bleibt die Herkunft des Weines zwar unerwähnt, Jaroslav Čechura und ihm folgend Miloš Garkisch nehmen allerdings an, dass die Hauptbezugsquelle der Karlsteiner für Wein im Allgemeinen, ebenso wie für Tuch und Südfrüchte, Prag war[576]. Dazu ist stimmig, dass auch die Altstädter Ratsherren ihre Gäste zumindest im Rechnungsjahr 1429/30 laufend mit den im Mittelalter gängigen Südweinen bewirteten[577].

3.3.1.3 Sonstige Lebensmittel, Getränke und Verbrauchsgüter

Lebensmittel und Getränke werden in so gut wie allen normativen Quellen erwähnt, die das antihussitische Handelsverbot einschärfen. Das maßgebliche Dekret des Konzils von Pavia-Siena nennt unter den Embargowaren an erster Stelle *victualia*[578]; in den weiteren

573 Vgl. dazu oben, Kap. 2.3.3.

574 MCG 1, Nr. 72, 139–142, hier 141, Johannes Nider an Johannes von Ragusa, 1432, Jänner 5, Nürnberg. Vgl. im Folgenden, Anm. 715.

575 Vgl. Pelikán, Účty unter dem Stichwort „víno". Vgl. dazu auch die Aufstellung bei Čechura, Konsumniveau 182.

576 Ebd. 183; Garkisch, Běžný život 86–89. Allerdings war die Karlsteiner Besatzung offensichtlich auch in der Lage, über den Umweg über Ungarn (?) österreichischen Wein direkt zu importieren, Pelikán, Účty 105, 1428, August 4: *Thomano vectori iussu domini de vectura vini Australis de Vngaria X gr.*

577 Griechischer Wein: Pátková, Berní knihy 153, 159, 163, 166f., 169 (üblicherweise zusammen mit Mandeln, Feigen und Reis abgerechnet); Malvasier: ebd. 158–161, 163–171; Romaner: ebd. 160–167, 169, 171. Der Hauptlieferant für diese Weine und die gemeinsam mit ihnen abgerechneten Südwaren war der Altstädter Ratsherr Wenzel Štraboch. Zu dessen politischer Rolle vgl. etwa Čornej, Světla 71, 79 sowie 179f. Ich danke Martin Musílek für Literaturhinweise in diesem Zusammenhang.

578 Brandmüller, Konzil 2, Nr. 3, 20–22, hier 21, 1423, November 8, Pavia. Vgl. dazu die Standardformulierung in *Multa mentis*, Extravag. Comm. 5.2.1, CIC 2, hg. Friedberg Sp. 1290, oben, Anm. 83, sowie die stark verkürzte Fassung in Göller, Pönitentiarie 263f., Abendmahlbulle Martins V., 1426, Rom, hier 264, oben, Anm. 386, die nichtsdestotrotz ausdrücklich *victualia* nennt.

Schreiben der Kurie wird teils konkret auf bestimmte Lebensmittel (Salz, Wein) Bezug genommen, teils der übergreifende Terminus *victualia* zusammen mit dem spezifischen Verbot des Verkaufs von Salz und Wein verwendet[579]. Die normativen Quellen weltlicher Provenienz variieren in ihren „Embargolisten“ eine Reihe von Synonymen in verschiedenen Kombinationen: *esculenta ac potulenta*, *speise*, *trank*, *kost*, *gezeug*, *speyssung*, *notdurft*. In einem Fall wird ausdrücklich auch des Futters für Reit- und Zugtiere gedacht[580]; selbiges ist wohl in den anderen Fällen unter Ausdrücken wie „Notdurft“ oder „Speisung“ ebenfalls mitzudenken. Bei mehreren Gelegenheiten ist die Rede von Brot bzw. Getreide: In den beiden schon genannten parallelen Mandaten Sigismunds vom April 1431 an die Städte Görlitz und Breslau wird verboten, für die hussitischen Feinde [zu] *backen, brewen und ander gemeinschafft mit kawffen und verkauffen mit in* [zu] *treiben*[581]. Im vorliegenden Zusammenhang von Interesse ist auch, dass in einem Brief, mit dem die Nürnberger Ratsherren sich im Juni 1424 bei ihren Regensburger Amtskollegen nach den jüngsten Befehlen Sigismunds bezüglich des Handelsverbotes erkundigten, davon ausgegangen wird, dass das entsprechende königliche Mandat zuvorderst den Verkauf von Lebensmitteln betraf[582]. Auffällig ist weiters, dass Martin V. in dem Schreiben, mit welchem er am 16. Jänner 1426 Bischof Johann von Olmütz auftrug, die allgemeinen *litterae* vom Vortag über das antihussitische Handelsverbot in seiner Diözese umzusetzen, den Bischof ausdrücklich dazu aufforderte, insbesondere gegen den Verkauf von Lebensmitteln an die Häretiker vorzugehen[583]. Wie oben beim Thema Weinhandel bereits angesprochen wurde, zeichnete sich gerade die Diözese Olmütz durch das unbehagliche, aber nichtsdestotrotz enge Zusammenleben von Hussiten und Katholiken aus.

---

579 Monumenta 2, hg. Theiner Nr. 367, 209, Martin V. an alle Gläubigen, 1431, Jänner 9, Rom; Göller, Pönitentiarie 271, Abendmahlbulle Eugens IV., 1434, April 24, Rom. Die Nennung von *victualia* in diesen beiden Bullen überrascht nicht, da ihr Text sich besonders stark an den Formulierungen von *Multa mentis* orientiert, vgl. die Detailanalyse oben, Kap. 1.3.2.

580 Grünhagen, Geschichtsquellen Nr. 217, 151f., hier 151; RI XI, Nr. 12071, Sigismund für seine Getreuen in Schlesien, namentlich die Stadt Breslau, 1437, September 7, Prag: *das nymands* [den Hussiten] *spysse, trank oder futer czufuren sollte* (Hervorhebung d. V.).

581 Urkundliche Beiträge 2, hg. Palacký Nr. 735, 208f.; Grünhagen, Geschichtsquellen Nr. 144, 103; RI XI, Nrr. 8454f., Sigismund an die Stadt Görlitz/Breslau, 1431, April 12, Nürnberg. Zitat: Orig. RAG, sub dato (262/210). Verkauf von Brot und Getreide: Urkundliche Beiträge 1, hg. Palacký Nrr. 294f., 339–341; RI XI, Nrr. 5847f., Sigismund an die Stadt Regensburg/die schlesischen Städte, 1424, Mai 17, Blindenburg.

582 StAN BB Nr. 6, fol. 89r–v; Urkundliche Beiträge 1, hg. Palacký Nr. 297, 344, 1424, Juni 8, Nürnberg: *Wir haben verstanden, wie unser gnedigister herre* […] *der Römisch etc. künig* [den Befehl gegeben hat], *als von fürdrung oder zufürung wegen speise und aller andrer notdurft den keczern und unglewbigen zu Behem gantz zu vermeiden etc.* (Hervorhebung d. V.).

583 Acta 2, hg. Eršil Nr. 1515, 605, Martin V. an den Bischof von Olmütz, 1426, Jänner 16, Rom.

Der Kauf und Verkauf von Lebensmitteln und Getränken zwischen beiden Gruppen war daher gerade in Mähren alltägliche und schwer zu vermeidende Realität[584].

Im überwiegenden Teil der Fälle, in denen Lebensmittel in den normativen Quellen erwähnt werden, ist jedoch schwer zu entscheiden, inwieweit es sich um ein spezifisches, anlassbezogenes Verbot und inwieweit um allgemeines Formelgut handelt. Gerade der Sammelbegriff „Notdurft", der hier unter „Lebensmittel und Getränke" gereiht wurde, umfasste ein sehr viel breiteres Spektrum von Waren im Sinne von „alle kriegswichtigen Vorräte", wenn auch mit einem gewissen Schwerpunkt auf Lebensmittelvorräten[585]. Im Zusammenhang mit den „Embargolisten" sollte das Verbot der Zulieferung von „Notdurft" daher überwiegend als *Pars pro Toto*-Begriff für ein totales Handelsverbot aufgefasst werden[586].

Auch in den anderen hier ausgewerteten Quellentypen begegnen Lebensmittel, Getränke und ähnliche Verbrauchsgüter häufig. So betreffen etwa einige der Zoll- und Mautprivilegien, die Sigismund im Verlauf der Hussitenkriege für grenznahe böhmische Städte ausstellte, ausdrücklich den Handel mit diesen Waren[587]. In diesem Zusammenhang ist es auch notwendig, noch einmal auf das in Kapitel 3.3.1.1 bereits unter dem Aspekt des Salzhandels behandelte Privileg Sigismunds für die Bürger von Passau vom September 1434 zurückzukommen[588]. Diese Urkunde wurde dort als Zeugnis für die unverminderte Bedeutung des Passauer Salzexports auf dem „Goldenen Steig" Richtung Böhmen herangezogen. Betrachtet man den Text genauer, fällt allerdings auf, dass darin gar nicht ausdrücklich die Rede von Salz ist, sondern dass lediglich allgemein von der „Hab und Kaufmannschaft" der Passauer gesprochen wird. Im Fokus des Privilegs steht eigentlich das im Gegenzug von den Passauern in Böhmen eingekaufte Getreide. Den Empfängern wird garantiert, dass sie aus Prachatitz frei in Richtung ihrer Stadt ziehen dürfen und zwar mit *getraide in welcherlay gestallt das sey*, selbst wenn im Königreich Böhmen Krieg oder Teuerung herrschen. Exportverbote für Getreide zwecks Sicherstellung der Versorgung der eigenen Bevölkerung stellten eine typische, auch in Böhmen

584 Vgl. oben Kap. 3.3.1.2 sowie speziell im Folgenden Kap. 3.4.4.2 mit Anm. 890.

585 Vgl. das Stichwort *notdurft* in Glosář, hg. Boková/Spáčilová.

586 Vgl. dazu oben Kap. 2.6.5.

587 Z. B. UB Pilsen 1, hg. Strnad Nr. 300, 322f.; CIM 3, hg. Čelakovský/Friedrich Nr. 52, 74; RI XI NB 2, Nr. 80, Sigismund verleiht der Stadt Pilsen einen Zoll auf Pferde, Vieh, Flaumfedern und andere Waren, die durch die Stadt transportiert werden, 1429, September 11, Pressburg. UB Pilsen 1, hg. Strnad Nr. 342, 369–376; CIM 3, hg. Čelakovský/Friedrich Nr. 64, 93–100; RI XI NB 2, Nr. 120, Sigismund verleiht Dens. Zollfreiheit im Reich und im Königreich Böhmen u. a. für Klein- und Zugvieh, Pferde, Kühe, Wein, Gewürze und Lebensmittel, 1434, September 19, Regensburg.

588 Orig. StA Passau, I. Urkunden, Nr. 496; RI XI, Nr. 10785, Sigismund für Passau, 1434, September 14, Regensburg. Vgl. dazu auch noch im Folgenden, Kap. 3.4.4.1 und 5.1.3.

regelmäßig zur Anwendung kommende Reaktion auf Versorgungs- und andere politische Krisen dar. Entsprechend überrascht es nicht, dass schon im Herbst 1424 die auf dem sogenannten Zdicer Landtag zusammengekommenen hussitischen und katholischen Ständevertreter darüber verhandeln wollten, zum Wohl des Landes die alten Verbote über den Verkauf von Gold, Silber und Getreide außer Landes zu erneuern, wobei interessanterweise auch hier der Getreidegegenhandel ausdrücklich ausgenommen wird[589]. Ungeachtet der Frage, ob der Zdicer Vertragsentwurf einen Beleg für Lebensmittelmangel im hussitischen Böhmen darstellt oder nicht[590], zeigen beide Nachrichten, dass die enge Verknüpfung zwischen dem Salz- und dem Getreidehandel im böhmisch-bayerischen Raum bestehen blieb, auch wenn Letzterer in den hier behandelten Quellen weniger in den Vordergrund tritt als der Salzhandel. Auch in Mähren ging der Getreidehandel offenbar mehr oder weniger unvermindert weiter, wie ein Schreiben des Herrn Peter Strážnický von Krawarn an den Rat der Stadt Pressburg vom Jänner 1428 zeigt[591]. Die Pressburger hatten Strážnický – damals einer der führenden Köpfe des mährischen Hussitentums – ersucht, ihnen Getreide zu verkaufen[592]. Dieser musste seinen „geschätzten Nachbarn und Freunden" diesen Wunsch jedoch abschlagen, da es aufgrund einer schlechten Ernte und der ständigen Kriege zu einem Anstieg der Getreidepreise in Mähren gekommen war, weshalb Strážnický seinen Untertanen vorerst alle Getreideexporte untersagt hatte[593].

Dass umgekehrt alltägliche Verbrauchsgüter aus dem Ausland regelmäßig bis ins hussitische Binnenland gelangten, wird aus den überlieferten Rechnungsquellen deutlich. Eine besonders auffällige Nachricht stellen dabei die Abrechnungen des Altstädter Rates aus dem Jahr 1429/30 über den Kauf von „Schweidnitzer" Bier dar. Dieses Ge-

589 Briefe 1, hg. Siegl Nr. 23, 51–56, hier 56, unbesiegelter Vertragsentwurf, 1424, ca. Oktober 16, Zdice: *Und das von alders gewest ist auß unnsern in frembde lanndt zu furen verpoten als: getreide, golt, silber und ander dingk, das man das noch nicht daraus furen noch tragen soll, doch das ausgenomen, das auff die wagen, darauff sie uns von frembden lannden brengen, darauff getreide wider on hindernusse laden mugen und furen.* Zum politischen Kontext Šmahel, Hussitische Revolution 2, 1327–1333.

590 Vgl. Čechura, Mor 301 gegen Čornej, Epidemie 196 und 209, Anm. 23.

591 Orig. AMB, Magistrát mesta Bratislavy, zbierka listín a listov, Urk. Nr. 1043, Peter Strážnický von Krawarn an den Rat der Stadt Pressburg, 1428, Jänner 27, Straßnitz.

592 Möglicherweise handelte es sich um Vorbereitungen für einen geplanten Aufenthalts Sigismunds in Pressburg, vgl. Orig. AMB, Magistrát mesta Bratislavy, zbierka listín a listov, Urk. Nr. 1045, Stefan von Rozgon an den Rat der Stadt Pressburg, 1428, Februar 1, Pojejena. Zur damaligen politischen Stellung Peter Strážnickýs vgl. Baletka, Páni z Kravař 266f.

593 Orig. AMB, Urk. Nr. 1043, Peter Strážnický von Krawarn an den Rat der Stadt Pressburg, 1428, Jänner 27, Straßnitz: *Scire velitis* [...], *aput nos in frugibus valde fuisse sterilem, propter quod caristia non parva frugum nos et subditos et coincolas nostros multum gravaret. Sed quia solercias etc. vestras minime latet, gwerras graves in terra Moravie hiis temporibus prevalere. Ex quo cum certis huis districtis personis ac incolis decrevimus, frumenta et blada ob timorem maioris caristie ab hunc non educi.*

tränk, das auf beinahe jeder Seite der Edition – häufig mehrfach – genannt wird, wurde vornehmlich für die städtischen *officiales* gekauft, aber auch Gästen der Stadt häufig vorgesetzt[594]. Dasselbe „Schweidnitzer" Bier begegnet, zusammen mit „Zittauer" Bier, auch in den Rechnungen der Burg Karlstein, wobei die Forschung annimmt, dass die Karlsteiner Besatzung diese Spezialbiere, so wie andere Spezialitäten auch, aus Prag bezog[595]. Die Herkunft dieser Getränke kann allerdings nicht eindeutig geklärt werden. In der Altstädter Rechnung tritt „Schweidnitzer" Bier häufig zusammen mit nach der nordböhmischen Stadt Turnau benanntem „Turnauer" Bier auf. Unter logistischen Gesichtspunkten erscheint ein regelmäßiger Bierimport aus dem unter hussitischer Kontrolle stehenden Turnau nach Prag realistischer als aus dem oberlausitzischen Zittau oder dem schlesischen Schweidnitz. Möglicherweise handelt es sich daher bloß um „nach Schweidnitzer Art" gebrautes Bier. Allerdings bezog etwa das mährische Olmütz sein „Schweidnitzer" Bier tatsächlich aus Schlesien, wie ein Brief des dortigen Rates an den Rat von Schweidnitz vom August 1425 belegt[596]. Darin heißt es, man habe zum Dank für den Kampf gegen die Hussiten (vom Stadtherrn, Herzog Albrecht V.?) ein Ausschankprivileg für *sweidniczer pir* verliehen bekommen[597]. Die Olmützer Ratsherren wenden sich deshalb an ihre schlesischen Amtskollegen, um zwei städtische Fuhrleute bei ihnen zu beglaubigen und sie zu ersuchen, unter den Schweidnitzer Braubürgern dafür zu werben, den Olmützern einen Vorschuss an *gute[m] und töchtige[m] pir* zu gewähren. Angesichts dieser Nachricht erscheint es wahrscheinlich, dass es sich bei dem „Schweidnitzer" Bier der Altstädter Rechnungen ebenfalls eher um eine Herkunfts- als um eine Sortenbezeichnung handelt. Die Frage kann jedoch wohl ohne weitere Forschungen nicht endgültig entschieden werden[598]. Falls der Altstädter Rat während der Kriegsjahre tatsächlich in der Lage war, in großen Mengen Bier aus dem schlesischen Schweidnitz zu kaufen, hätte man jedenfalls den Beleg für ein geradezu eklatantes Versagen des antihussitischen Handelsverbotes im Bereich des Lebensmittelhandels vor sich.

Der Kauf oder Verkauf von Lebensmitteln und Getränken bzw. von anderen Waren des täglichen Bedarfs stellt entsprechend auch in den Korrespondenzen zum antihussitischen Handelsverbot und in den justiziellen Quellen ein häufig behandeltes Thema dar. Bis etwa zur Mitte der 1420er-Jahre geht es dabei hauptsächlich um Kontakte mit Ab-

---

594 Vgl. PÁTKOVÁ, Berní knihy 147–173.

595 Vgl. PELIKÁN, Účty unter dem Stichwort „pivo", sowie ČECHURA, Konsumniveau 183; GARKISCH, Běžný život 89.

596 SOkA Olomouc, Briefbuch fol. 164v, der Olmützer Rat an den Rat der Stadt Schweidnitz, 1425, August 31, Olmütz. Zum Bierimport der mährischen Städte aus Schweidnitz vgl. auch BOROVSKÝ u. a., Hospodářství 478 mit Anm. 83.

597 RI XII Supp. kennen kein diesbezügliches Privileg Albrechts.

598 Ich danke Martin Čapský und Robert Novotný für Diskussionen zu diesem Thema.

nehmern in Böhmen selbst, wie hier anhand einiger besonders ausführlich dokumentierter Beispiele dargestellt werden soll. Im Juni 1425 verbürgten sich etwa Bürgermeister und Ratsherren der Stadt Görlitz für einen gewissen Wenzel, der in Breslau in Verdacht geraten war, „den Böhmen“ Vieh zugetrieben zu haben[599]. Bevor sie ihre Bürgschaft ausstellten, ließen die Görlitzer Ratsherren sich von den städtischen Fleischermeistern bestätigen, zwei von Wenzels Ochsen gekauft zu haben; den legalen Verkauf der restlichen Ochsen hatten die Käufer in Bautzen, Pirna und anderswo bestätigt. Ebenfalls aus dem Jahr 1425 stammt ein Brief des Nürnberger Rates, aus dem wir erfahren, dass ein Nürnberger Bürger einem Geschäftspartner in der Grenzstadt Pfraumberg geschrieben hatte, um sich nach dem Verbleib einer Ladung Federn aus Pilsen zu erkundigen[600]. Sollte diese noch nicht in Pfraumberg angekommen sein, sollte der Transport nach Nürnberg besser, wie auch in anderen Fällen üblich, über Eger abgewickelt werden[601].

Etwas anders geartet ist eine Nachricht über die Lieferung von Heringen an einen hussitischen Abnehmer in Nordböhmen. Im Jänner/Februar 1424 fiel der mit Jan Žižka verbündete nordböhmische Herr Hynek Boček von Kunstadt auf Podiebrad in das Zittauer Land ein[602]. Als Anlass für den Überfall gibt eine zeitnahe Zittauer Chronik an, dass Bočeks Leuten auf der sogenannten Zittauer Straße Richtung Böhmen bei Petersdorf im Zittauer Land vom katholischen Inhaber der nahen Burg Falkenberg, Heinrich von Dohna auf Grafenstein, Heringe „genommen“ worden waren[603]. Der Hintergrund dieser Beschlagnahme kann nicht näher eruiert werden, es handelt sich wohl am ehesten um einen nicht weiter außergewöhnlichen willkürlichen Gewaltakt. Zumindest theoretisch ist jedoch denkbar, dass der mit den Oberlausitzer Sechsstädten in gutem Einvernehmen stehende Heinrich von Dohna versucht haben könnte, auf dieser Nord-Süd-Verbindung, auf der Handelsgüter aus dem Hanseraum wie das wichtige Verbrauchsgut Salzfisch nach Böhmen transportiert wurden, gegenüber den Leuten eines bekannten hussitischen Herrn das Handelsverbot durchzusetzen. Auch wenn der Vorfall vermutlich nur den Vorwand für einen der Einschüchterung der nordböhmischen und lausitzischen Gegner Žižkas dienenden militärischen Zug lieferte, präsentiert der Chronist ihn als angemes-

599 Grünhagen, Geschichtsquellen Nr. 61, 45, der Görlitzer Rat an den Rat der Stadt Breslau, 1425, Juni 22, Görlitz.

600 StAN BB Nr. 6, fol. 146r–v; Urkundliche Beiträge 1, hg. Palacký Nr. 326, 379f., der Nürnberger Rat an Johann von Pfalz-Neumarkt, 1425, Februar 12, Nürnberg.

601 Ebd.: [Der genannte Nürnberger Bürger habe seinem Bruder nach Pilsen geschrieben,] *im were die hab noch niht komen, dacz er's ee für Eger herawsz schiket, als ander lewt teten.*

602 Jecht, Hussitenkrieg 1, 75–77; Anděl, Husitství 55f.; Šmahel, Hussitische Revolution 2, 1311.

603 SRL N. F. 1, 59f., vor 1424, Jänner 25. Zu dieser Straßenverbindung vgl. unten, Karte 5, sowie oben, Kap. 3.3.1.1. Zu Heinrich von Dohna Knothe, Geschichte 159.

senen Anlass, um die folgenden, außergewöhnlich blutigen Ereignisse zu erklären[604]. Damit wirft die Zittauer Chronik auch ein Schlaglicht auf eine weitere wichtige Komponente des antihussitischen Handelsverbotes: die Logiken der mittelalterlichen Fehde, in der vergleichbare Beschlagnahmen gang und gäbe waren.

Mit der sich ab Mitte der 1420er-Jahre wandelnden politischen Situation ändern sich auch die zuvor eher unbestimmten Vorwürfe des Handelsverkehrs mit anonymen „Böhmen", und die Beziehungen der lokalen Bevölkerung zu den hussitischen Stützpunkten treten in den Vordergrund. Durch die Konzentration von Kämpfern und Reittieren in diesen Festungen entstand ein Bedarf an Lebensmitteln und anderen Verbrauchsgütern, dem keine eigene landwirtschaftliche Produktion gegenüberstand. Dieser Bedarf muss beträchtlich gewesen sein, hält man sich etwa die Informationen vor Augen, die man aus einem Brief des Görlitzer Rates an Sigismund aus dem Sommer 1432 gewinnen kann[605]. Die Ratsherren berichten dem König darin von der Aufbringung eines Versorgungszuges, der der hussitischen Besatzung im schlesischen Nimptsch Vorräte aus Mähren hätte zuführen sollen. Den Siegern fielen dabei 18 Wagen in die Hände, beladen mit „schwerem" und „geringem" Wein, Büchsen, Pulver, Weißbrot, Pfefferkuchen, Stiefeln *vnd ander war*. Vergleichbar, wenn auch mengenmäßig oft noch bedeutender, waren die Bedürfnisse eines ziehenden Hussitenheeres, von denen uns einige Briefe berichten, die den vom polnischen König Wladislaw Jagiello betriebenen Heerzug der Waisen ins Deutschordensland im Sommer 1433 schildern[606]. Ein Schreiben Herzog Konrads des Weißen von Oels an den Hochmeister des Deutschen Ordens berichtet, dass das Waisenheer von seinen Krakauer Verbündeten mit 50 gemästeten Ochsen, 300 Saiten Fleisch, Bier, Brot und Salz versorgt wurde; ein weiteres Schreiben an denselben Empfänger schildert, wie mehrere polnische Städte dem offensichtlich unter Versorgungsschwierigkeiten leidenden Heer 400 Paar Schuhe liefern mussten[607].

Unter normalen Umständen deckten die hussitischen Besatzungen ihren Bedarf an Verbrauchsgütern zum Teil aus Beutefahrten, Großteils jedoch wohl aus der Interaktion mit ihrem katholischen Umland, entweder durch erzwungene Kontributionen oder aber durch freiwillige Handelsbeziehungen. Diese Transaktionen fanden, wie schon mehr-

---

604 Hynek Bočeks Einfall in das Zittauer Land zeichnete sich durch damals bereits selten gewordene Gewalttätigkeiten aus, so wurden in Gefangenschaft geratene Zittauer Söldner zum Teil verstümmelt, zum Teil verbrannt.

605 Urkundliche Beiträge 2, hg. Palacký Nr. 809, 290–294, hier 291, der Görlitzer Rat an Sigismund, 1432, Juli 7, Görlitz.

606 Zur Ereignisgeschichte vgl. oben, Kap. 2.2.

607 Lebensmittel: Grünhagen, Geschichtsquellen Nr. 185, 128f., Konrad der Weiße von Oels an den Hochmeister des Deutschen Ordens, 1433, Mai 7, Oels. Schuhe: Ebd., Nr. 187, 129f., Johannes *Scolym* an Dens., 1433, Mai 26, Breslau.

fach betont, vor allem dann Niederschlag in den Quellen, wenn die lokalen königstreuen Mächte polizeilich dagegen vorgingen. Leider bleibt in der Mehrzahl der dokumentierten Fälle unklar, worin die Unterstützung der Angeklagten für die Hussiten genau bestand. Wenn das Vergehen allerdings präzisiert wird, handelt es sich – so es nicht um physische Beihilfe bei den hussitischen Eroberungen geht – am häufigsten um Handel mit Lebensmitteln und anderen Alltagsgütern. Konkret werden die Angeklagten beiderlei Geschlechts etwa beschuldigt, den im Land befindlichen hussitischen Truppen Fisch oder Holz geliefert zu haben, Malz und Bier für sie zubereitet oder ihnen Leinwand verkauft zu haben[608]. Bis zu einem gewissen Grad ähnlich wie in Schlesien und der Oberlausitz scheint die Lage auch in der Diözese Passau gewesen zu sein, selbst wenn dort keine dauerhaften hussitischen Stützpunkte existierten. Die *litterae* Martins V. an die Adresse des Bischofs von Passau vom April 1429, auf die in Kapitel 4.1.3 noch näher einzugehen sein wird, sprechen jedenfalls explizit vom Handel mit Lebensmitteln *et alia mercimonia* zwischen Katholiken und Hussiten in dessen Diözese[609]. Besonders interessant sind in diesem Zusammenhang schließlich auch vereinzelte konkrete Hinweise auf die wirtschaftlichen Aspekte der mit dem Krieg einhergehenden Plünderungen bzw. auf kriminelle Praktiken in deren Windschatten[610]. Hierbei fällt auf, dass der unmittelbare Versorgungscharakter in diesen Fällen tendenziell eher in den Hintergrund tritt.

Zusammenfassend lässt sich festhalten, dass Fragen der praktischen Versorgung eines sich im Feindesland aufhaltenden Heeres ab etwa Mitte der 1420er-Jahre in den Quellen

---

608 Fisch und Malz für die hussitische Besatzung in Löbau: CDLS II,2, hg. Jecht 286, 1431, Mai 18, Görlitz. Fisch (?) für hussitische Truppen in der Umgebung von Pressburg: Orig. AMB, Urk. Nr. 1330, Georg von Rozgon an den Pressburger Rat, 1434, April 12, Karlburg. Leinwand für die Löbauer Besatzung: CDLS II,2, hg. Jecht Nr. 44, 726, zu Sommer 1431. Bier und Zimmermannsarbeiten für die hussitische Besatzung der Burg Grafenstein: Ebd. Nr. 36, 722, ohne Datierung bzw. ebd. 396, zu 1432, Juli 13–19, Görlitz. Holz (im Zusammenhang mit Befestigungsarbeiten in den schlesischen Stützpunkten): Grünhagen, Geschichtsquellen Nr. 217, 151f.; RI XI, Nr. 12071, Sigismund für seine Getreuen in Schlesien, 1437, September 7, Prag. Wein (?) für die hussitische Besatzung in Nimptsch: Grünhagen, Geschichtsquellen Nr. 131, 99, zu November 1430.

609 Orig. BHStA, Abt. I (Ältere Bestände), Hochstift Passau Urkunden, Nr. 1438, 1429, April 25, Rom.

610 Kauf von Betten und anderen Waren, die wohl bei der Eroberung der Stadt Lauban erbeutet worden waren: CDLS II,2, hg. Jecht Nr. 49, 728, ohne Datierung. Kauf von verschiedenen Kleidungsstücken und Textilien von in der Nähe von Görlitz bzw. Bautzen plündernden Hussiten: Ebd. 120, 1429, Oktober 26, Görlitz bzw. ebd. 123, 1429, November 18, Görlitz. Kauf von Pferden von der hussitischen Besatzung des Grafensteins: Ebd. 404, 1432, Oktober 7, Görlitz. Hehlerei von gestohlenen Pferden, die angeblich Hussiten entwendet worden waren: Ebd. 481, 1433, Juni 5, Görlitz. Einen ähnlichen Hintergrund hatte wahrscheinlich auch die Inhaftierung zweier Männer in Breslau *von der pferde wegen, die her* [einer der Inhaftierten, d. V.] *den hussen als er spricht genomen und entritten hette*, Stobbe, Mittheilungen 3, 151, zu 1430. Zu den wirtschaftlichen Aspekten der spätmittelalterlichen Beuteökonomie vgl. etwa die Arbeiten Michael Juckers, z. B. Ders., Butin.

stark in den Vordergrund treten. Dieser Versorgungscharakter erklärt den scheinbaren Widerspruch zwischen der bekannten Rolle Böhmens als Getreideexporteur und den ausdrücklichen Verboten, Brot oder Getreide an Hussiten zu verkaufen. Das im Vergleich zu den anderen Warengruppen auffällige Hervortreten von Gütern des täglichen Bedarfs lässt sich jedoch nicht ausschließlich aus diesem Umstand erklären. Vielmehr handelt es sich dabei um ein strukturelles Merkmal der wirtschaftlichen Beziehungen zwischen Böhmen und seinen Nachbarländern. Die Verbrauchsgüter Salz, Heringe, Vieh und Wein bildeten in vorhussitischer Zeit die für breite Schichten der Bevölkerung wichtigsten Importgüter nach Böhmen, und auch während der Hussitenkriege konnte man ohne sie nicht auskommen. Ebenso wenig konnten die Bewohner der umliegenden Länder auf böhmisches Getreide verzichten. Dieses strukturelle Charakteristikum unterscheidet das antihussitische Handelsverbot fundamental von Sigismunds gleichzeitigem Embargo gegen Venedig, bei dem der Export oder Import von Lebensmitteln keine Rolle spielte[611].

Da der Lebensmittelhandel für den Handel mit Böhmen von so großer Bedeutung war, waren daran nicht nur lokale Einzelhändler beteiligt. Auch weit gespannte internationale Firmen waren in den Handel mit Gütern des täglichen Bedarfs involviert, speziell hinsichtlich des Imports von Fisch aus dem Hanseraum und Schlachtvieh aus Ungarn. Bezeichnend dafür ist, dass sich gerade auch der Nürnberger Rat in seinen Korrespondenzen mehrfach gegen den Verdacht wehren musste, dass Nürnberger Bürger den Hussiten *notdurft* bzw. spezifischer *victualia und ander notdurft* verkaufen würden[612].

3.3.2 Strategische Güter

Wie bereits angedeutet wurde, spielen strategische Güter in den Quellen zum antihussitischen Handelsverbot eine weniger prominente Rolle, als man erwarten würde. Ein Grund dafür liegt vermutlich darin, dass sich hinter dem hier unter „Waren des täglichen Bedarfs“ eingeordneten Begriff „Notdurft“ wahrscheinlich so gut wie immer auch andere Vorräte wie eben Waffen und andere kriegswichtige Rohstoffe verbergen. Auch lag

611 Vgl. zum antivenezianischen Handelsverbot die oben, Anm. 28 zitierte Literatur. Ich danke Martin Štefaník für Anregungen und den Austausch zu diesem Thema.

612 Notdurft: StAN BB Nr. 5, fol. 214r–215r; Urkundliche Beiträge 1, hg. Palacký Nr. 176, 189f., der Nürnberger Rat an Sigismund/Albrecht von Colditz, 1422, April 17, Nürnberg. Viktualien: StAN BB Nr. 9, fol. 125r–126r; Urkundliche Beiträge 2, hg. Palacký Nr. 748, 225f., der Nürnberger Rat an den Kölner Rat/Niklas Mendel, 1431, Juli 5, Nürnberg. Vgl. hier auch das oben zitierte Schreiben des Nürnberger Rates an den Rat der Stadt Regensburg vom Juni 1424, mit dem die Nürnberger sich nach den Anordnungen Sigismunds bezüglich des Handelsverbotes erkundigten. Die dortige Erwähnung des Lebensmittelhandels an erster Stelle legt Nürnberger Interesse gerade auch an diesem Wirtschaftszweig nahe, vgl. oben, Anm. 582.

der Handel mit strategischen Gütern in den Händen einer sozialen Schicht, die tendenziell eher nicht in den für den nahräumlichen Handel mit Verbrauchsgütern ergiebigen Quellen der städtischen Strafverfolgung erscheint[613]. Die taktisch-strategische Bedeutung eines Waffenembargos muss den Zeitgenossen jedoch klar gewesen sein – die hussitischen Erfolge im Kampf gegen die Kreuzfahrer, die blutigen Fraktionskämpfe innerhalb Böhmens und auch die hussitischen Heerfahrten in die böhmischen Nachbarländer waren undenkbar ohne große Mengen an Waffen und Rohstoffen zu deren Herstellung. Dementsprechend gibt es eine Reihe von Quellen, die ein strategisch durchdachtes, instrumentelles Bemühen der katholischen Seite dokumentieren, den Handel mit solchen kriegswichtigen Gütern zu unterbinden[614].

Beim Blick in die normativen Quellen stellt man zunächst fest, dass Clemens' V. Bulle *Multa mentis*, die im Spätmittelalter den wichtigsten Bezugspunkt des „papal embargo" bildete, unter den Waren, die Christen den muslimischen Feinden der Christenheit nicht verkaufen durften, an erster Stelle Waffen, Pferde, Eisen und Holz zum Bau von Schiffen nennt[615]. Diese Aufzählung von kriegswichtigen strategischen Gütern erfährt in den kurialen Quellen zum antihussitischen Handelsverbot eine Adaptierung an die zeitgenössische militärische Realität. Sehr gut sichtbar wird dieser Prozess etwa in der bereits oben in Kapitel 1.3.2 näher analysierten, eng an *Multa mentis* angelehnten Bulle Martins V. vom Jänner 1431[616]. Die dortige „Embargoliste" übernimmt „Waffen", „Pferde" und „Eisen" aus der wenige Sätze zuvor wörtlich zitierten kanonischen Vorlage, passt diese dann jedoch an die tatsächlichen Gegebenheiten an, indem „Schiffsbauholz" durch „Blei" ersetzt wird[617]. Das Dekret von Pavia-Siena nennt in seiner Aufzählung von Embargowaren unter den strategischen Gütern ebenfalls Blei, Pulver für Bombarden[618], Waffen und alle anderen Kriegsgeräte[619]. Die *litterae* Martins V. an alle

613 Vgl. oben, Kap. 3.2.1.

614 Vgl. zusammenfassend auch im Folgenden, Kap. 5.2.

615 Extravag. Comm. 5.2.1, CIC 2, hg. Friedberg Sp. 1289f., hier 1290. Siehe oben, Kap. 1.3.2 mit Anm. 83.

616 Monumenta 2, hg. Theiner Nr. 367, 209, Martin V. an alle Gläubigen, 1431, Jänner 9, Rom.

617 Die Erwähnung von Blei an dieser Stelle soll hier jedoch nicht überbewertet werden, vgl. Stantchev, Spiritual Rationality 164 zu Blei in der Abendmahlbulle. Dass der Bleihandel zwischen Polen und Böhmen dennoch von einiger strategischer Bedeutung war wird hier im Folgenden noch zu zeigen sein.

618 Großkalibrige, als Mauerbrecher bei Belagerungen eingesetzte Steinbüchsen.

619 Brandmüller, Konzil 2, Nr. 3, 20–22, hier 21, 1423, November 8, Pavia: [...] *plumbum, pulveres bumbardarum vel arma sive instrumenta bellica* [...]. Vgl. auch das zugehörige Schreiben Branda da Castigliones, Urkundliche Beiträge 1, hg. Palacký Nr. 293, 336–338, 1424, Mai 16, Blindenburg. Sigismunds „Ausführungsmandat" spricht von Harnischen, Büchsen und Pulver; Blei oder andere Rohstoffe werden nicht genannt, ebd. Nrr. 294f., 339–341; RI XI, Nrr. 5847f., Sigismund an die Stadt Regensburg/die schlesischen Städte, 1424, Mai 17, Blindenburg. Andreas von Regensburgs Übersetzung

Gläubigen vom Jänner 1426 unterscheiden schließlich zwischen Pulver zum Betrieb von Bombarden und von Büchsen, und ergänzen die Liste der verbotenen Rohstoffe um das in Pavia-Siena nicht erwähnte, aus dem kanonischen Recht stammende Eisen[620]. Diese Präzisierung ist insofern auffällig, als es sich bei diesen *litterae* um eine beinahe wörtliche Wiederholung eines päpstlichen Schreibens über das Handelsverbot vom Winter 1424 handelt, die jedoch einige signifikante Anpassungen an die zeitgenössischen Verhältnisse in Böhmen enthält[621]. Lediglich die Abendmahlbulle Eugens IV. von 1434 verzichtet auf die Erwähnung von Pulver; dank der starken Anlehnung des Textes an *Multa mentis* kehrt dort jedoch das Schiffsbauholz – kombiniert mit Blei – wieder[622].

Betrachtet man die normativen Quellen weltlicher Provenienz fällt auf, dass gleich das erste bisher bekannt gewordene Mandat Sigismunds über das Handelsverbot den Verkauf von Salpeter und Schwefel an die Hussiten betrifft[623]. Einem in einem zeitgenössischen Briefbuch überlieferten Brief des Salzburger Rates an einen gewissen Johann von Borek (*Jan von Work*), einen *diener* Sigismunds[624], ist eine eidesstattliche Erklärung eines bis dato nicht näher identifizierbaren Oswald[625] beigegeben, den Johann vor dem Salzburger Rat wegen angeblichen Hussitenhandels angeklagt hatte[626]. Der Inhalt dieser außergewöhnlichen Quelle wird im Folgenden näher analysiert; hier ist vorerst vor

---

nennt *armis, bombardis* sowie *pulveribus*, Andreas von Regensburg, Sämtliche Werke, hg. Leidinger 668.

620 Orig. SHStA, 10001 Ältere Urkunden, Nr. 6012, 1426, Jänner 15, Rom: [...] *arma, pulveres ad iactum bombardarum aptos sive pixidum, ferrum, plumbum* [...].

621 Vgl. Urkundliche Beiträge 1, hg. Palacký Nr. 317, 367–369; Acta 2, hg. Eršil Nr. 1274, 515f., Martin V. an die Bischöfe von Regensburg, Passau, Olmütz, Meißen und Bamberg, 1424, November 24, Rom. Vgl. dazu auch im Folgenden, Kap. 3.3.3.

622 Göller, Pönitentiarie 271, 1434, April 24, Rom: [...] *arma, equos, ferrum, plumbum, lignamina,* [...].

623 StA Salzburg, BU 6, pag. 248, Nr. 398f., der Salzburger Rat an Johann von Borek, 1421, März 31, Salzburg. Ich danke Ondřej Vodička für diesen Hinweis.

624 Der Genannte konnte bisher nicht identifiziert werden. In Böhmen gibt es eine Reihe von Ortschaften mit diesem Namen. Möglicherweise stammte Johann aus dem westböhmischen Borek (südöstlich von Karlsbad), das auch unter der Namensform „Worka" belegt ist, vgl. Profous, Místní jména 1, Nr. 25, 121. Im August 1420 verpflichtete Sigismund sich jedenfalls, einem gewissen Wenzel von Borek ausständigen Sold zu bezahlen, vgl. RI XI, Nr. 4200, Sigismund für Wenzel von Borek und Hanuš von Skalka, 1420, August 10, Kuttenberg. Vgl. auch die übrigen Registereinträge zu „Borek" in RI XI. Ich danke Stanislav Bárta, Petr Elbel und Robert Novotný für Hinweise.

625 In seinem Schreiben legt der Salzburger Rat dem Genannten keinerlei Epitheton bei, es ist lediglich die Rede von „dem Oswald". Daraus lassen sich keine Aussagen über Oswalds Status ableiten. Aus dem Zusammenhang wird jedoch klar, dass dieser in der Lage war, sich an einem Kriegszug zu beteiligen und in einer Notlage scheinbar nicht unerhebliche Finanz- bzw. Sachmittel aufzubringen.

626 StA Salzburg, BU 6, pag. 248, Nr. 398, eidesstattliche Aussage eines gewissen Oswald, vor 1421, März 31, Salzburg.

allem von Interesse, dass der Beklagte in seiner Aussage ein königliches *usschreiben*, d. h. einen schriftlichen Befehl an den Erzbischof von Salzburg erwähnt, mit welchem Sigismund denselben zu einem nicht näher bestimmbaren Zeitpunkt vor Ende März 1421 aufgefordert hatte, seinen Untertanen zu untersagen, den Hussiten Salpeter und Schwefel zuzuführen, was der Erzbischof auch getan habe[627]. Wahrscheinlich auf den bayerisch-oberdeutschen Raum zielt auch ein weiteres, scheinbar ebenfalls nicht erhalten gebliebenes königliches Mandat vom Winter 1422, das gleichfalls den Verkauf von strategischen Gütern (Schwefel, Salpeter, Büchsen und Pulver) an die Hussiten betrifft[628]. Die Adressaten dieses, in einem Schreiben des Augsburger an den Ulmer Rat erwähnten Mandates lassen sich nicht mit Sicherheit identifizieren. Es könnte sich um ein allgemeines Mandat an alle Reichsuntertanen gehandelt haben, oder aber spezifisch an die Städte des Schwäbischen Bundes adressiert gewesen sein. Der weitere Inhalt des Schreibens, in dem die Augsburger ihren Ulmer Amtskollegen ihr Vorgehen in der Sache übermitteln, legt jedoch nahe, dass es sich am ehesten um ein allgemeines Schreiben an alle (oberdeutschen) Reichsstädte handelte. Darauf deutet auch hin, dass die Augsburger Sigismunds Schreiben – zusammen mit anderen königlichen Briefen – über die Vermittlung Regensburgs erhalten hatten.

Schwefel und Salpeter wurden während der Hussitenzeit nicht in Böhmen selbst gefördert bzw. hergestellt; sie mussten vielmehr von außen importiert oder mit Gewalt requiriert werden[629]. Die Hauptbezugsquelle für Salpeter war für den mitteleuropäischen Raum Venedig. Die in den beiden Mandaten Sigismunds angesprochene vermittelnde Stellung der Salzburger bzw. der oberdeutschen Kaufleute war typisch für deren Rolle im Verkehr zwischen Venedig und Böhmen. Auch für die Versorgung Böhmens mit hochwertigen Feuerwaffen waren die oberdeutschen Handelszentren, und dabei vor allem Nürnberg, von vorrangiger Bedeutung[630]. Sigismunds Mandate reflektieren daher zumindest bis zu einem gewissen Grad konkrete strategische Überlegungen angesichts der vorangehenden militärischen Erfolge der Hussiten[631].

---

627 Ebd.: *von des usschreibens wegen, so dann* [der] *allerdurichlawchtigist furst, kunig Sigmundt etc., dem hochwirdigen fursten, meinem genädigen herren von Salczburg etc., verschriben und verpieten hat haissen, das chainer der seinen soleichen gut* [= Salpeter und Schwefel] *in Pechaim nicht furen sol. Derselbig mein herr von Salczburg hat das also in allen seinen landen geschafft ze verpieten pey leib und gut.*

628 DRTA 8, Nr. 99, 114f., der Augsburger Rat an den Rat der Stadt Ulm, 1422, Februar 12, Augsburg: *und als denne in dem briefe* [Sigismunds] […] *begriffen ist desselben unsers herren bevelhnuße mainunge und gebot, solichen, der hailigen cristenheit und seinen veinden kain furdrung noch hilfe als mit swebel salpeter puchsen pulver und andern ze tund.*

629 Polívka, Waffenhandwerke 319–321.

630 Vgl. dazu hier im Folgenden, bes. Anm. 652.

631 Vgl. jedoch auch in Folgenden, Kap. 4.3.1.

Strategische Güter erreichten Böhmen aber auch auf anderen Wegen. In Kapitel 3.3.1.1 wurde bereits gezeigt, dass die Erwähnung von Salz in einem Mandat Sigismunds an die Oberlausitzer Sechsstädte vom Dezember 1422 wahrscheinlich einen konkreten Hintergrund hatte[632]. Das Mandat nennt an Waren, die den Hussiten angeblich zugeführt wurden, weiters Büchsen und Pulver[633]. Die Formulierungen dieses Mandates sind so knapp und konkret, dass ihr Abweichen von den üblichen, stärker generalisierenden Formeln darauf hindeutet, dass dahinter tatsächliche Vorfälle von Waffenhandel durch Bürger der Sechsstädte standen. Dafür spricht auch, dass es einerseits Hinweise auf lokalen Salzschmuggel gibt, andererseits, dass das Mandat die Adressaten direkt für die angeblichen Waffenverkäufe verantwortlich macht[634]. Ebenfalls einen konkreten Hintergrund hat mutmaßlich das sogenannte Edikt von Welun vom April 1424, auf das gleich noch näher einzugehen sein wird[635]. König Wladislaw Jagiello verbot darin allen seinen Untertanen, den Hussiten Waffen und speziell Blei zu verkaufen[636].

Besonders interessant im Hinblick auf die Erwähnung strategischer Güter ist schließlich ein Mandat Albrechts V. an die Stadt Wien vom 28. November 1425[637]. Der Herzog teilte Bürgermeister, Richter und Rat von Wien darin mit, ihm sei zugetragen worden, dass *ettlich* Kaufleute in Wien mit Kupfer, Zinn, Blei, Salpeter, Schwefel *und ander solich war* handeln würden, die dann ihren Weg in die Hände seiner „Feinde" fänden, welche dadurch zu seinem und des Landes Schaden „gestärkt" würden. Die Nennung von Schwefel und Salpeter, welche zu den über Wien gehandelten Venedigwaren gehörten, sticht an dieser Stelle besonders ins Auge[638]. Aber auch die anderen genannten Rohstoffe, die aus den oberungarischen und polnischen Montanrevieren nach Wien kamen, wurden zur Herstellung von Feuerwaffen bzw. Pulver benötigt.

---

632 Orig. StA Bautzen, Bestand 1. Urkunden Nr. 151; CDLS II,1 hg. Jecht 128f.; RI XI, Nr. 5414, 1422, Dezember 11, Pressburg.

633 Ebd.: [...] *das* [...] *den Wicleffen gen Behem salcz, puchsen, pulver und andere notdurft zubracht und gefuret werde.*

634 So meine Interpretation der Wendung *das ir dafur seyt und weret, das* [keine Waren] *gen Behem den Hussen durch ewer stete oder sust von yemand zubracht und zugefuret werde.* „Durch eure Städte oder sonst von jemandem" bedeutet meines Erachtens nicht nur bloßen Transithandel, sondern bezieht sich auf Unterstützung der Hussiten durch Bürger der Sechsstädte.

635 Urkundliche Beiträge 1, hg. Palacký Nr. 288, 331–333, 1424, April 9, Welun.

636 Ebd. 332: *Inhibemus* [...] *mercatoribus* [...], *ut* [...] *nullas res venales, et praesertim plumbum, arma, esculenta ac potulenta ad Bohmiam ducere praesumant vel portare.*

637 Orig. WStLA, Hauptarchiv – Urkunden Nr. 2271; Quellen, hg. Uhlirz Nr. 2271, 1425, November 28, Korneuburg. Vgl. dazu auch im Folgenden, Kap. 3.4.2. Ich danke Petr Elbel für diesen Hinweis.

638 Für die Vermittlerrolle Wiens im Handel zwischen Venedig und Böhmen vgl. Graus, Handelsbeziehungen 94f.

Bei den anonymen „Feinden" des Herzogs handelt es sich zweifellos um jene hussitischen Kontingente, die im Oktober und November 1425 plündernd durch das südliche Mähren und das nördliche Niederösterreich zogen und am 25. November – drei Tage vor der Ausstellung des hier besprochenen Mandats – die gut befestigte Stadt Retz eroberten[639]. Diese Eroberung fand starken Wiederhall in den Quellen, was darauf hindeutet, dass sie als ungewöhnlich spektakulär und opferreich wahrgenommen wurde. Möglicherweise war es daher der unerwartete Erfolg der Hussiten bei der Eroberung von Retz, der Herzog Albrecht damals bewog, die Wiener Amtsträger nachdrücklich aufzufordern, den Handel mit den genannten Rohstoffen in Zukunft scharf zu überwachen[640]. Auch die nachlässige Beschickung des Landesaufgebots durch die Wiener in den Wochen davor könnte dafür gesorgt haben, dass Gerüchte über geschäftliche Verbindungen zwischen Wiener Kaufleuten und dem hussitischen Feind am Herzogshof auf besonders fruchtbaren Boden fielen[641]. Albrechts Mandat unterstreicht jedenfalls nochmals die instrumentelle Funktion des antihussitischen Handelsverbotes als konkretes strategisches Kriegsmittel. Gleichzeitig exemplifiziert es eine Tendenz, die bereits im vorangehenden Kapitel zum Lebensmittelhandel festgestellt werden konnte: Normative Quellen weltlicher Provenienz nehmen vergleichsweise stärker auf konkrete Umstände Bezug als die stark formalisierten kurialen Quellen. Sie erlauben dadurch einen ausschnittsweisen Blick auf konkrete Strukturen des Handels mit strategischen Gütern, welche unter Hinzuziehung anderer Quellengattungen noch deutlicher herausgearbeitet werden können.

Abseits der normativen Quellen tauchen Nachrichten über den Handel mit strategischen Gütern vorrangig in städtischen und herrscherlichen Korrespondenzen auf, nicht jedoch in den hier untersuchten justiziellen Quellen. Diese Tatsache erklärt sich, wie bereits angedeutet, möglicherweise aus der sozialen Stellung der Beschuldigten[642].

Wie oben bereits erwähnt, liefern uns die Korrespondenzen des Salzburger Rates ein außergewöhnliches Beispiel für Untersuchungen gegen einen angeblichen Hussitenhändler. Es handelt sich dabei um einen singulären Fall, der daher hier in etwas größerer

639 Petrin, Hussitenkrieg 7f.; Čornej, Dějiny 5, 466, 502f.; Šmahel, Hussitische Revolution 2, 1370.

640 Vgl. dazu auch im Folgenden, Kap. 3.4.2.

641 Vgl. zu Albrechts Zuzugsforderungen Seidl, Stadt 45f. Aus der Quelle lässt sich nicht ohne Weiteres schließen, dass damals „Kriegsprofiteure [...] aus diesen Waffenverkäufen erheblichen Gewinn zogen", wie Seidl, ebd. 46 formuliert, mir scheint jedoch angesichts der Umstände wahrscheinlich, dass es zu solchen Geschäfte gekommen ist.

642 Vgl. oben, Kap. 3.2.1. Im Sommer 1420 wurde außerdem – möglicherweise – gegen die österreichischen Juden der Vorwurf erhoben, sie würden Waffen an die Hussiten verkaufen. Diese Nachricht ist jedoch einigermaßen problematisch und soll daher nicht an dieser Stelle diskutiert, sondern im Folgenden in Kap. 4.1.4 ausführlicher abgehandelt werden.

Ausführlichkeit dargestellt werden soll. Wie bereits ausgeführt, war ein gewisser Oswald vor Ende März 1421 auf Betreiben eines Gefolgsmannes König Sigismunds vom Salzburger Rat zu seinen Verbindungen mit den Hussiten befragt worden[643]. Konkret scheint er beschuldigt worden zu sein, denselben strategische Güter zugeführt oder dies zumindest versucht zu haben. In einer eidesstattlichen Erklärung legte er daraufhin seine Sicht der Dinge dar[644]. Seiner Darstellung nach war Oswald zusammen mit anderen zu einem nicht näher bestimmbaren Zeitpunkt in hussitische Gefangenschaft geraten[645]. Er sei freigelassen worden mit der Auflage, *das ich den hussen saliter und swebel von unser aller gefangen wegn hinein* [= nach Böhmen] *pringen solde*, um sich und seine Mitgefangenen aus der Gefangenschaft zu lösen. Da der König und der Erzbischof von Salzburg die Zufuhr solcher Güter nach Böhmen verboten hätten[646], sei er jedoch nicht in der Lage gewesen, das Geforderte aufzutreiben, weshalb er das Lösegeld in bar habe entrichten wollen[647]. Dies hätten die Hussiten jedoch abgelehnt, weshalb er gezwungen gewesen sei, sich tatsächlich um Salpeter und Schwefel zu bemühen[648].

Auch wenn man die Tatsache berücksichtigt, dass Oswalds Aussagen zweifellos eine stark apologetische Absicht zugrunde liegt[649], bietet sich hier einerseits ein singulärer Blick auf Versorgungsprobleme, vor die sich zumindest ein Teil der hussitischen Armeen in der ersten Phase der militärischen Auseinandersetzungen offenbar gestellt sah[650], und andererseits auf instrumentelle Überlegungen der katholischen Seite, die den hussitischen Gegner offensichtlich gezielt von strategischen Gütern abzuschneiden versuchte. Auf einer dritten Ebene gewährt der Vorfall darüber hinaus einen faszinierenden Einblick in die Alltagsgeschichte des spätmittelalterlichen Krieges, insbesondere in die üblicherweise quellenmäßig schwer fassbaren Praktiken des Umganges mit Gefangenen in den Hussitenkriegen[651].

---

643 StA Salzburg, BU 6, pag. 248, Nr. 398f., der Salzburger Rat an Johann von Borek, 1421, März 31, Salzburg.

644 Ebd. Nr. 398, eidesstattliche Aussage eines gewissen Oswald, vor 1421, März 31, Salzburg.

645 Ebd.: *Wie die frumen lawt mitsambt mir gefangen worden sein* [...] Mutmaßlich hatten die Genannten zum Salzburger Aufgebot für den Ersten Kreuzzug gehört; sie könnten aber auch unter anderer Fahne an den Kampfhandlungen des Jahres 1420/21 teilgenommen haben. Zur Salzburger Beteiligung am ersten Hussitenkreuzzug vgl. WIDMANN, Geschichte 2, 249.

646 Vgl. oben, Anm. 627.

647 StA Salzburg, BU 6, pag. 248, Nr. 398: *Nu hiet ich gern alls vil gelts dargelichen, alls dann der salitter und swewel darumb gedeydingtist* [= den Absprachen entsprechend] *pracht hat.*

648 Ebd.: *Des haben die hussen nicht wellen aufnemen, und* [ich] *war desnoch also willig darzeleichen* [= die Forderungen der Hussiten zu erfüllen].

649 Vgl. im Folgenden, Kap. 4.2.2.

650 Vgl. dazu auch hier im Folgenden, bes. Anm. 657.

651 Für ein weiteres Beispiel vgl. die Nachrichten über die Gefangenschaft des Nürnberger Bürgers Eber-

Von diesem, einem glücklichen Quellenfund geschuldeten Einzelfall ist der Blick jedoch nun auf jene Akteure zu richten, die in den Quellen im Hinblick auf den Handel mit strategischen Gütern besonders stark in den Vordergrund treten. An erster Stelle ist hier die Reichsstadt Nürnberg zu nennen. Der Grund dafür liegt einerseits in der Quellenlage, andererseits aber auch in der Rolle Nürnbergs als wichtigster Produzent und Exporteur von Metallwaren, (Feuer-)Waffen und Ausrüstung im süddeutsch-böhmischen Raum und bevorzugter Bezugsort der westböhmischen Katholiken für Waffen und strategische Rohstoffe[652]. Die Nürnberger Briefbücher dokumentieren etwa den Fall eines Nürnberger Rotschmiedes[653], dem im Winter 1428 in Sulzbach fünf *panczer*, d. h. Harnische beschlagnahmt wurden, die ein anderer Nürnberger Bürger zusammen mit *anderer habe und kauffmanschaft* angeblich in Pilsen für ihn verkaufen sollte[654]. Schon im Oktober 1421 geriet ein weiterer Nürnberger Bürger, Jakob Granetel, in Verdacht, den *unglewbigen Hussen* in der damals von den Truppen des Zweiten Kreuzzuges belagerten westböhmischen Stadt Saaz *etwievil pulfers zu kewffent geben und zugeschikt* zu haben[655]. Die Anschuldigung war angesichts der Umstände durchaus delikat. Der mit großen Hoffnungen aufgebrochene zweite Hussitenkreuzzug geriet im September 1421 eben bei der Belagerung von Saaz ins Stocken. Die hussitischen Verteidiger hielten sechs Sturmangriffen stand, bevor sich das Kreuzheer Anfang Oktober demoralisiert auflöste[656]. Neben den Streitigkeiten zwischen den Anführern der katholischen Seite waren

---

hard Grefenberger im Folgenden, Kap. 3.4.4.2. Meines Wissens existiert bis dato keine Spezialstudie zum Gefangenenwesen in den Hussitenkriegen. Zu den Praktiken der spätmittelalterlichen Kriegsgefangenenschaft im Allgemeinen vgl. in jüngster Zeit vor allem die Arbeiten Rémy Ambühls.

652 Vgl. Neukam, Plattenlieferung; Polívka, Waffenhandwerke 314f.; Diefenbacher, Waffenhandel. Der möglicherweise aus Nürnberg stammende Kaufmann Konrad ist etwa der einzige in den dortigen Rechnungen namentlich genannte Lieferant der Karlsteiner Besatzung für Schwefel und Salpeter, Pelikán, Účty 37 und 73, zu 1424, März 16 bzw. zu 1425, Februar 1. Auch eine Reihe weiterer Abnehmer bestellte in Nürnberg Schwefel und Salpeter. König Sigismund: StAN BB Nr. 5, fol. 125r, der Nürnberger Rat an den Rat der Stadt Mies, 1421, März 27, Nürnberg; RI XI, Nr. 5294, Sigismund für den Nürnberger Bürger Martin Wagner, 1422, September 24, Regensburg. Heinrich von Plauen: StAN BB Nr. 5, fol. 232v–233r, der Nürnberger Rat an Heinrich von Plauen, 1422, Juni 16, Nürnberg. Eger: Urkundliche Beiträge 1, hg. Palacký Nr. 73, 69f. und Nr. 96, 94f., Dies. an den Rat der Stadt Eger, 1421, April 11 bzw. Mai 17, Nürnberg. Görlitz: Vgl. oben, Anm. 408. Für mögliche Olmützer Waffenkäufe im benachbarten Schlesien vgl. im Folgenden Anm. 777.

653 Rotschmiede verarbeiteten Messing, daher ist nicht ganz klar, ob der Genannte die beschlagnahmten Harnische selbst hergestellt hatte oder als Zwischenhändler auftrat.

654 StAN BB Nr. 8, fol. 93r, der Nürnberger Rat an Johann von Pfalz-Neumarkt/den Landschreiber zu Sulzbach, 1428, Dezember 2, Nürnberg.

655 StAN BB Nr. 5, fol. 167r–v; Urkundliche Beiträge 1, hg. Palacký Nr. 152, 163f., der Nürnberger Rat an Wilhelm von Meißen, 1421, Oktober 22, Nürnberg.

656 Šmahel, Hussitische Revolution 2, 1207–1209; Čornej, Dějiny 5, 303f.; jüngst Hardy, Account.

für dieses Scheitern auch logistische Schwierigkeiten verantwortlich. Die Nürnberger Korrespondenzen dieser Wochen bezeugen neben Lebensmittel- auch akuten Pulvermangel im Kreuzfahrerheer[657]. Vor diesem Hintergrund erhält die angebliche Unterstützung der von den Kreuzfahrern belagerten Hussiten gerade mit Pulver eine besonders pikante Note[658]. Der Beschuldigte gehörte zu einer jener Nürnberger Firmen, die vor 1420 besonders stark im Böhmenhandel engagiert waren[659]. Seine Anwesenheit im Kreuzfahrerheer vor Saaz ist stimmig, da ein solcher Heerzug eine logistisch aufwendige Unternehmung darstellte; Granetel verfügte außerdem wohl über eine gewisse Landeskenntnis. Die genaue Natur seiner Tätigkeit bleibt jedoch im Dunkeln. Es fällt jedenfalls auf, dass er nur wenige Jahre später neuerlich als Verdächtiger bei einem dubiosen Geschäft mit strategischen Gütern begegnet, dieses Mal in der Oberlausitz, wo in der Grenzstadt Zittau 14 „Stück" Blei aus seinem Besitz beschlagnahmt wurden[660]. Einen ähnlichen Hintergrund könnte schließlich auch die Beschlagnahme von 87 Zentnern Kupfer eines ungarischen Kaufmannes im Winter 1423/24 durch Brünner Amtsträger haben, auf die in Kapitel 3.4.4.1 noch ausführlicher zurückzukommen sein wird[661].

Sicher ist jedenfalls, dass umgekehrt zwischen 1432 und 1434 relativ große Mengen von Kupfererz aus den seit Anfang 1422 unter der Kontrolle der radikalen hussitischen Bruderschaften stehenden Kuttenberger Minen über Vermittlung von Egerer, Prager und möglicherweise auch Kuttenberger Kaufleuten ihren Weg in die städtische Kupferschmelze in Nürnberg fanden[662]. Der Nürnberger Rat war dabei über die Herkunft dieses Erzes nicht nur informiert, Miloslav Polívka konnte vielmehr sogar nachweisen, dass die

657 Vgl. StAN BB Nr. 5, fol. 159r; Urkundliche Beiträge 1, hg. Palacký Nr. 137, 146f., der Nürnberger Rat an Peter Volkamer, 1421, September 15, Nürnberg (vergebliche Bitte des Nürnberger Hauptmanns um Pulvernachschub; er solle die an ihn herangetragenen Bitten um Pulver auch weiterhin abschlagen); StAN BB Nr. 5, fol. 162r; Urkundliche Beiträge 1, hg. Palacký Nr. 144, 154f., Dies. an Dens., 1421, September 26, Nürnberg (Lob für Volkamer, den Fürsten das geforderte Pulver abgeschlagen zu haben, und Nachricht, wo es angeblich noch Pulver zu kaufen gäbe). Für die kritische Versorgungslage im Lager vor Saaz vgl. auch die beiden Briefe in DRTA 8, Nrr. 93f., 97–102, die Zürcher Söldnerführer an den Zürcher Rat, 1421, September 18 bzw. ein ungenannter Adeliger (Sassmann von Rappoldstein?) an seinen Bruder, 1421, September 22, beide im Feld vor Saaz.

658 Vgl. dazu auch im Folgenden, Kap. 3.4.2 und 4.2.2.

659 Vgl. oben, Kap. 3.2.1 mit Anm. 427.

660 Vgl. dazu im Folgenden, Kap. 3.4.1.

661 Orig. AM Brno, Bestand A I/1, Inv. Nr. 263; RI XI NB 1, Nr. 124, Sigismund an seine Amtsträger und Untertanen in Ungarn, 1424, Jänner 13, Ofen.

662 Polívka, K „černému obchodu"; Ders., Beziehungen 11–13. Vgl. dazu auch oben, Kap. 3.2.1. Über die Zeit vor 1432 und nach 1434 lassen sich keine Aussagen treffen, da sich nur für diese Jahre Rechnungen der städtischen Kupferschmelze erhalten haben. Möglicherweise handelt es sich bei der von Polívka publizierten Nachricht lediglich um die Spitze des Eisbergs, allerdings gibt es keine Möglichkeit, diese Vermutung zu verifizieren.

Ratsherren schon im Mai 1429 gezielt einen Egerer Zwischenhändler beauftragt hatten, so viel Kuttenberger Kupfer wie möglich für die städtische Schmelze zu besorgen[663].

Die Nürnberger waren jedoch nicht die einzigen Katholiken, die strategische Güter von Hussiten erwarben. Nach Ausweis der Karlsteiner Rechnungen kaufte die Burgbesatzung unter dem Schutz diverser Waffenstillstände im – eigentlich verfeindeten – Prag Armbrüste bzw. ließ sie dort reparieren[664]; die Prager wiederum hatten offensichtlich ihrerseits keine Skrupel, der Besatzung der nahegelegenen königlichen Festung Waffen zu verkaufen. Hinsichtlich der Frage nach den Auswirkungen des antihussitischen Handelsverbotes fällt dabei auf, dass die Karlsteiner Besatzung in Prag zwar Armbrüste kaufte, die Rohstoffe für die Pulverherstellung jedoch offenbar eher direkt aus Nürnberg bezog[665]. Dies könnte ein Hinweis darauf sein, dass es zumindest temporär einen Mangel an strategischen Rohstoffen in Prag gab[666]. Im Jahr 1430 konnte sich allerdings der Altstädter Rat wohl in Prag selbst mit Blei *pro communitate* […] *in necessariis* bzw. mit Schwefel für die Herstellung von Geschossen versorgen[667].

Abgesehen von der ambivalenten Rolle Nürnbergs tritt in den hier untersuchten Quellen zum Handel mit strategischen Gütern insbesondere das Königreich Polen als Anlaufstelle für die Hussiten in Erscheinung. So konnten sich hussitische Truppen im Frühling 1431 offenbar problemlos in Krakau mit Waffen und Pferden versorgen, die ihnen die Krakauer, einem anklagenden Schreiben Sigismunds an die Adresse des polnischen Königs zufolge, bedenkenlos verkauften[668]. Sigismund und Wladislaw Jagiello waren zu

663 *Es ist zewissen, daz Pauls Hemerlein gewortt hat mit Niclasen Bergfrider von Eger, daz er uns sol volgen lassen alles kutenisch kupfer, das er zu seinen handen pringen mag, ye I centner umb VIII gulden*, Eintrag in einem Nürnberger Amtsbuch zum 24. Mai 1424, zitiert nach Polívka, Beziehungen 11. Der Nürnberger Rat kreditierte Bergfrieder bei dieser Gelegenheit auch gleich mit 200 Gulden, was 25 Zentnern Kupfer entsprach.

664 Pelikán, Účty 22, 129 und 155, zu 1423, April 11, 1430, Jänner 8 und November 28, sowie wahrscheinlich ebd. 70, zu 1424, Oktober 23. Gerade Armbrüste scheinen die Karlsteiner exklusiv in Prag gekauft zu haben. Vgl. auch Garkisch, Běžný život 81.

665 Vgl. oben, Anm. 652. Die zusätzlichen Eintragungen in Pelikán, Účty 30, 62, 67 über den Kauf von Materialien für den Unterhalt der Geschütze geben allerdings den Herkunftsort der eingekauften Rohstoffe nicht an.

666 Vgl. dazu hier im Vorangehenden, bes. Anm. 648, sowie den Hinweis Polívkas, Waffenhandwerke 320, dass Waffen und andere strategische Güter – neben Lebensmitteln – das bevorzugte Plünderungsgut hussitischer Armeen darstellten.

667 Pátková, Berní knihy 168, 172, zu 1430, April 4 bzw. zwischen Juli 23 und September 10. Vgl. zu den Schwierigkeiten bei der Interpretation solcher widersprüchlicher Hinweise auch oben, Kap. 2.3.3 sowie im Folgenden, Kap. 6.1.

668 Urkundliche Beiträge 2, hg. Palacký Nr. 737, 209–214, hier 213; englische Übersetzung Fudge, Crusade Nr. 156, 304–307; RI XI NB 3, Nr. 138, Sigismund an Wladislaw Jagiello, 1431, zwischen Mai 27 und 30, Eger: *praebetur eis [haereticis] in Cracovia de armis, equis et aliis liberum forum,*

diesem Zeitpunkt bereits seit vielen Jahrzehnten politische Konkurrenten, deren Rivalitäten auch in die böhmischen Auseinandersetzungen hineinspielten[669]. Wladislaw und dessen Vetter Witold versuchten bei verschiedenen Gelegenheiten, die Hussiten als Mittel zu benutzen, um politischen Druck auf Sigismund auszuüben[670]. Dies schloss nicht nur moralische, sondern auch materielle Unterstützung für die angeblichen Ketzer ein, direkt etwa im Fall des erwähnten Bündnisses mit den Waisen im Jahr 1433, im Zuge dessen auch der Handelsverkehr zwischen Böhmen und Polen offiziell wieder geöffnet werden sollte[671], oder indirekt durch systematische Nachsicht gegenüber geschäftlichen Beziehungen zwischen Untertanen des polnischen Königs und den Hussiten.

Diese hinhaltende Politik Polen-Litauens schlägt sich auch in einem anderen Schreiben Sigismunds an Wladislaw Jagiello vom März/April 1424 nieder, das im Hinblick auf den Handel mit strategischen Gütern von besonderem Interesse ist und daher hier etwas ausführlicher behandelt werden soll[672]. In diesem Brief fordert Sigismund den polnischen König unter anderem dazu auf, in Übereinstimmung mit den Käsmarker Vereinbarungen dafür zu sorgen, dass Wladislaws Untertanen künftig nicht mehr *in auxilium Bohemorum hereticorum* nach Böhmen zogen, mit den Häretikern keine geschäftlichen Verbindungen mehr unterhielten und ihnen insbesondere kein Blei mehr lieferten[673].

---

et quotidiana habentur cum ipsis commercia, quae hucusque ipsis haereticis non modicos attulerunt favores. Vgl. dazu auch im Folgenden, Kap. 4.3.2.

669 Zur komplizierten Beziehung zwischen Sigismund und Wladislaw z. B. Nowak, Siegmund; Hoensch, König/Kaiser Sigismund; Bar, Path sowie hier im Folgenden, Kap. 4.3.2.

670 Vgl. oben, Kap. 2.2.

671 Vgl. Orig. GStA PK, XX. Hauptabteilung, Ordensbriefarchiv, Nr. 6355, Beilage, Marquard von Königsegg an den Hochmeister des Deutschen Ordens, 1433, Februar 9, Mainau: Die Hussiten verhandeln mit den Polen über ein Bündnis und verschiedene andere Angelegenheiten, u. a. *das die Polan lâßen die Behem ungehindert alle ir gewerb haben, kofen und verkofen, in Polan und wider zů in, und das ist also zwůschent in betēdniget worden.* Der Bericht basiert mit großer Wahrscheinlichkeit auf einer authentischen Nachricht aus dem Umkreis der hussitischen Gesandtschaft am Basler Konzil. Vgl. die künftige Edition und Auswertung dieser Quelle in Coufal, Turnaj. Ich danke Dušan Coufal für diesen Hinweis und für seine Einschätzung zur Verlässlichkeit der Quelle.

672 Liber cancellariae 1, hg. Caro Nr. 17, 365–367; Urkundliche Beiträge 1, hg. Palacký Nr. 290, 333f.; RI XI, Nr. 5835. Von Caro in den Februar oder März 1424 datiert, von Palacký ohne nähere Angabe von Gründen in den April 1424, von Altmann wohl richtig auf 31. März oder Anfang April, vgl. Itinerar, hg. Hoensch u. a. 108; Itineraria, hg. Engel/C. Tóth 115f., die vom 31. März bis 8. April den einzigen Aufenthalt Sigismunds in Diósgyőr in dieser Zeit ausweisen. Ich danke Přemysl Bar für seine Anregungen zur Interpretation dieser Quelle. Vgl. zum Folgenden auch hier im Folgenden, Kap. 3.4.1 und bes. 4.3.2.

673 Urkundliche Beiträge 1, hg. Palacký 334: *Insuper V[est]ram Frat[ernitatem] cordialissime rogamus, ut secundum (que) nuper inter nos et Frat[ernitatem] V[est]ram erant condicta, omnibus et singulis vestris subditis tam Polonis quam aliis quibuscunque cuiusque status, condicionis et preeminencie exis-*

Blei ist in Böhmen selbst nur in geringen Mengen vorhanden, musste also Großteils aus den umliegenden Ländern importiert werden. Wie etwa Danuta Molenda herausgearbeitet hat, fand das Schwermetall in der mittelalterlichen Wirtschaft vielfältige Verwendung. Neben dem Einsatz im Bauwesen, im Metallgewerbe und in bestimmten Handwerken stellte Blei einen wichtigen Rohstoff für die spätmittelalterliche Artillerie dar, wo es als Bestandteil der sogenannten Kanonenspeise[674] und als Munition Verwendung fand[675]. Weniger evident für den/die Nicht-ExpertIn ist ein weiteres mittelalterliches Anwendungsgebiet von Blei, das besonders im Zusammenhang mit der böhmischen Wirtschaftsgeschichte von Interesse ist. Das Schwermetall spielte eine bedeutende Rolle im Bergbau, wo es bei der Verhüttung von Edelmetallen zum Einsatz kam, insbesondere bei der Gewinnung von Silber. Einige von Molenda zusammengestellte Zahlen geben einen kleinen Eindruck von den hierfür notwendigen Quantitäten. Ihr zufolge benötigte man im 14. Jahrhundert in den Kuttenberger Hütten 50 kg Blei, um 1 kg Silber aus dem Roherz herauszuschmelzen. Selbst angesichts sinkender Erträge der Kuttenberger Minen muss der Verbrauch in späteren Jahren immer noch Größenordnungen von hunderten Tonnen Blei jährlich erreicht haben[676]. Seit dem 15. Jahrhundert erlaubte es außerdem die Entwicklung des sogenannten Kupfersaigerverfahrens, aus silberreichem Rohkupfer, wie er in Kuttenberg abgebaut wurde, Silber zu gewinnen. Die exakte Chronologie der Entwicklung und Ausbreitung dieses Verfahrens konnte bisher noch nicht zweifelsfrei geklärt werden[677]. Nach Wolfgang von Stromer hängen allerdings die heftigen Machtkämpfe, die nach 1400 gerade über die Kontrolle der polnischen Bleiminen ausbrachen, mit der möglichen Ausbreitung des Saigerverfahrens, welches immer größere Mengen von Blei erforderte, zusammen[678]. Die kleinpolnischen Minen stellten jedenfalls im mitteleuropäischen Raum die wichtigste Bezugsquelle für Blei dar[679]. Der böhmische Silber- und Kupferbergbau war umgekehrt ein traditionell wichtiger und auch attraktiver

tunt, interdicere et inhibere velitis, quod nullus regum Bohemie in auxilium Bohemorum hereticorum intrare uel plumbum uel alias quascunque res uel merces illac eisdem afferre seu cum ipsis aliquam communionem siue comercium habere et facere presumat (Hervorhebung d. V.).

674 Gussmaterial für die Herstellung von Kanonen.

675 Zu den mittelalterlichen Anwendungsgebieten von Blei MOLENDA, Bleibergbau 189–191.

676 Ebd. 190. Molenda nennt für das 14. Jahrhundert für Kuttenberg eine jährliche Silberproduktion von 10.000 kg und mehr, für das Ende des 15. und das 16. Jahrhundert 4500 kg jährlich.

677 Vgl. SUHLING, Verhüttung 272–276, bes. 274.

678 STROMER, Hochfinanz 1, 144f.

679 MOLENDA, Bleibergbau 191; unter dem Blickwinkel der böhmisch-polnischen Beziehungen speziell auch DIES., Kontakty 150–155 mit der deutschen Zusammenfassung ebd. 163f.; CARTER, Trade 112–115. Der Bleibergbau rund um Krakau erreichte Carter zufolge seinen mittelalterlichen Höhepunkt in den Jahren um 1425, ebd. 112.

Abnehmer, da als Gegenfracht Edelmetalle zurück nach Polen geführt werden konnten, die den aufwendigen Transport rentabel machten[680].

In Kapitel 2.1 wurde die Bedeutung des Edelmetallbergbaus für die Wirtschaft des vorhussitischen Böhmen bereits hervorgehoben. Auch während der Hussitenkriege blieb die strategische Bedeutung der Kuttenberger Minen und der dortigen Münze als Finanzressource aufrecht. Katholiken und Hussiten rangen monatelang um die Kontrolle über die Stadt; auch nach der endgültigen Etablierung der Hussiten in Kuttenberg Anfang 1422 blieb die Verwaltung der Stadt ein Streitpunkt zwischen den hussitischen Fraktionen[681]. Blei bildete also nicht nur einen Rohstoff für die Herstellung von Feuerwaffen, sondern hing indirekt auch mit der Finanzierung des hussitischen Regimes in Böhmen zusammen.

Bleiabbau und -handel waren darüber hinaus eng mit dem polnischen Königtum verbunden. Die Minen unterlagen dem königlichen Bergregal; ein königlicher Amtsträger beaufsichtigte den Abbau und dessen Erträge, selbst wenn die Bewirtschaftung der Minen an private Unternehmer verpachtet war[682]. Diese Pächter rekrutierten sich hauptsächlich aus dem Bürgertum der königlichen Residenzstadt Krakau, welche das Stapelrecht auf Blei besaß. Dadurch konzentrierte sich auch der Bleihandel in den Händen dieser Krakauer Unternehmerschicht[683]. Sigismund hatte daher allen Grund, seine Forderung, den polnischen Bleiexport nach Böhmen zu stoppen, an die Adresse Wladislaw Jagiellos zu richten, selbst wenn der polnische König eigentlich keinen direkten Einfluss auf den Verkehr auf den in Sigismunds Brief genannten schlesischen Handelsstraßen nehmen konnte.

Tatsächlich promulgierte Wladislaw am 9. April 1424 das bereits erwähnte sogenannte Edikt von Welun, welches die Beschlüsse einer in Welun an der Grenze zu Schlesien zusammengekommenen Reichsversammlung enthält[684]. Darin wird neben dem Handel mit Lebensmitteln und Waffen ausdrücklich auch der Handel mit Blei verboten[685]. Über den Inhalt des Edikts war bereits seit 1423 verhandelt worden, die endgültige Beschlussfassung hatte sich jedoch verzögert[686]. Da offenbar keine Entwurfsfassung

---

680 Molenda, Bleibergbau 194.

681 Vgl. dazu lediglich Kejř, Právní život 11–63, 87–95. Zu den wirtschaftlichen Aspekten der hussitischen Herrschaft über die Kuttenberger Minen auch Čornej, Křižovatka 61–66.

682 Stromer, Hochfinanz 1, 144.

683 Molenda, Bleibergbau 192; Carter, Trade 92, 113.

684 Vgl. dazu auch im Folgenden, Kap. 4.3.3.

685 Urkundliche Beiträge 1, hg. Palacký Nr. 288, 331–333, hier 332, 1424, April 9, Welun: *Inhibemus* […] *mercatoribus* […]*, ut a modo et in posterum nullas res venales, et praesertim plumbum, arma, esculenta ac potulenta ad Bohmiam ducere praesumant vel portare* (Hervorhebung d. V.).

686 Ebd. Nr. 274, 305f., Wladislaw Jagiello an Witold von Litauen, 1423, August oder September, Nowy

des Edikts überliefert ist, bleibt unklar, wann und wie der Bleihandel Eingang in das Dokument gefunden hat[687]. Das Datum von Sigismunds Brief an Wladislaw ist nicht überliefert[688], es ist daher unmöglich zu sagen, ob diese Bestimmung des Weluner Edikts überhaupt eine direkte Reaktion auf Sigismunds Schreiben darstellen kann. Allerdings scheint es wahrscheinlicher, dass das Edikt unabhängig von dieser konkreten Intervention Sigismunds formuliert wurde, gleichgültig, ob der polnische König das Schreiben Sigismunds vor der Promulgation des Edikts erhielt oder nicht[689].

So oder so war die Umsetzung und Überwachung des antihussitischen Handelsverbotes in Polen im Frühling 1424 jedenfalls eng mit der Frage der politischen Beziehungen zwischen Sigismund, Wladislaw Jagiello, Großfürst Witold und der Kurie verknüpft. Diese Hintergründe werden in Kapitel 4.3.2 noch genauer zu beleuchten zu sein. Dort werden beide Nachrichten zum Handel mit polnischem Blei als Elemente der symbolisch-kommunikativen Dimension des antihussitischen Handelsverbotes interpretiert. Gleichzeitig verfolgte Sigismunds Aufforderung an Wladislaw Jagiello, das antihussitische Handelsverbot tatsächlich durchzusetzen, allerdings zweifellos ein instrumentelles Ziel, genauso wie die antihussitischen Beschlüsse des Weluner Tages dies taten: Die hussitischen Häretiker sollten von einem wichtigen strategischen Gut abgeschnitten werden.

3.3.3 Waren des gehobenen Bedarfs

Als letzte Kategorie von gehandelten Gütern soll an dieser Stelle der Handel mit Waren des gehobenen Bedarfs untersucht werden. Darunter fallen ausländische Tuche, spezialisierte Gewerbeprodukte, Gewürze und Südfrüchte. Wie gleich noch zu zeigen sein wird, sind in diese Kategorie aber auch einige andere, eher atypische Güter einzuordnen, für die sich aufgrund der Umstände im hussitischen Böhmen ein bis dahin nicht gekannter Markt entwickelte[690].

Korczyn. Dazu Kras, Edykt 65; Ders., Husyci 234.

687 Kras, Edykt; Ders., Husyci 234f., geht davon aus, dass die Ausarbeitung des Edikts eine rein polnisch-litauische Angelegenheit war, eine mögliche Einflussnahme Sigismunds wird nicht in Erwägung gezogen. Der Paragraph über das Handelsverbot wird vom Autor allerdings nur am Rande gestreift.

688 Zur Datierung von Sigismunds Schreiben vgl. oben, Anm. 672.

689 Die Entfernung zwischen Sigismunds Aufenthaltsort Diósgyőr und Welun beträgt rund 550 km. Schäffer, Geschwindigkeit 118 veranschlagt die „Normalgeschwindigkeit" eines berittenen Boten im frühen 16. Jahrhundert auf 100 bis 130 km pro Tag, weist jedoch auf die große, von den lokalen Gegebenheiten und der Bedeutung einer Nachricht abhängige Schwankungsbreite dieses Wertes hin. Unter diesen Voraussetzungen könnte Sigismunds Schreiben vor dem 9. April in Welun eingelangt sein; um die Frage zu klären wäre jedoch eine detaillierte Untersuchung der Verkehrsverhältnisse in der Region erforderlich, die hier nicht geleistet werden kann. Ich danke Klara Hübner für Literaturhinweise.

690 Das Folgende wurde bereits auszugsweise veröffentlicht in Kaar, Granatäpfel.

In den normativen Quellen werden Waren des gehobenen Bedarfs deutlich seltener explizit erwähnt als die anderen beiden oben diskutierten Warengruppen. Die Aufzählung von Embargowaren im antihussitischen Dekret des Konzils von Pavia-Siena nennt Gewürze an zweiter Stelle nach den Lebensmitteln[691]. Auch in den „Embargolisten" der einschlägigen päpstlichen *litterae* werden *species* bzw. *aromata* erwähnt[692]. Im Dekret von Pavia-Siena und der Abendmahlbulle Eugens IV. von 1434 erscheint weiters Tuch als Embargoware[693]. Hochwertige Tuche gehören zu den bekannten Importgütern der vorhussitischen Zeit[694], insofern verwundert es etwas, dass Tuch in keiner anderen normativen Quellen genannt wird, weder in jenen kurialer noch jenen weltlicher Provenienz. Der Grund dafür liegt wahrscheinlich darin, dass Waren des gehobenen Bedarfs generell im Formelschatz der „Embargolisten" keine prominente Rolle spielen. So nennt etwa lediglich die überdurchschnittlich ausführliche Abendmahlbulle von 1434 ausnahmsweise auch [Oliven-]Öl unter den böhmischen Importwaren[695], obwohl die Karlsteiner Rechnungen zeigen, dass es sich dabei um einen gefragten Artikel handelte[696]. Wenn sich die Quellen sonst zu Waren des gehobenen Bedarfs äußern, dann ist lediglich allgemein von *mercimonia*, „Kaufmannsschatz" und Ähnlichem die Rede. Darunter dürften – im Gegensatz zur „Notdurft", den kriegswichtigen Vorräten – wohl meist gehobene Güter zu verstehen sein. Dass Gewürze eine gewisse Ausnahme bilden, erklärt sich vermutlich aus der Texttradition des „papal embargo"[697].

691 Brandmüller, Konzil 2, Nr. 3, 20–22, hier 21, 1423, November 8, Pavia. Vgl. auch Urkundliche Beiträge 1, hg. Palacký Nr. 293, 336–338, Branda da Castiglione an den Bischof von Regensburg, 1424, Mai 16, Blindenburg; ebd. Nrr. 294f., 339–341; RI XI, Nrr. 5847f., Sigismund an die Stadt Regensburg/die schlesischen Städte, 1424, Mai 17, Blindenburg sowie Andreas von Regensburg, Sämtliche Werke, hg. Leidinger 668.

692 Urkundliche Beiträge 1, hg. Palacký Nr. 317, 367–369; Acta 2, hg. Eršil Nr. 1274, 515f., Martin V. an die Bischöfe von Regensburg, Passau, Olmütz, Meißen und Bamberg, 1424, November 24, Rom; Orig. SHStA, 10001 Ältere Urkunden, Nr. 6012, Ders. an alle Gläubigen, 1426, Jänner 15, Rom; Monumenta 2, hg. Theiner Nr. 367, 209, Ders. an Dies., 1431, Jänner 9, Rom.

693 Göller, Pönitentiarie 271, 1434, April 24, Rom; Brandmüller, Konzil 2, Nr. 3, 20–22, hier 21, 1423, November 8, Pavia. Gleichlautend in Urkundliche Beiträge 1, hg. Palacký Nr. 293, 336–338, Branda da Castiglione an den Bischof von Regensburg, 1424, Mai 16, Blindenburg, hier 337. Sigismunds „Ausführungsmandat" erwähnt keine Tuche, ebd. Nrr. 294f., 339–341; RI XI, Nrr. 5847f., Sigismund an die Stadt Regensburg/die schlesischen Städte, 1424, Mai 17, Blindenburg.

694 Vgl. oben, Kap. 2.1.

695 Göller, Pönitentiarie 271, Abenmahlbulle Eugens IV., 1434, April 24, Rom. Zum römischrechtlichen Ursprung der Formulierung vgl. oben, Kap. 1.3.1 sowie Stantchev, Spiritual Rationality 71 und 124.

696 Vgl. Pelikán, Účty unter dem Stichwort „olej". Es dürfte sich jedoch nicht bei jedem dieser Einträge um Olivenöl handeln, sondern regelmäßig auch um lokal produziertes Lampenöl.

697 Von den hier untersuchten Quellen weltlicher Provenienz nennt nur Sigismunds „Ausführungsmandat" zum Dekret des Konzils von Pavia-Siena ausdrücklich Gewürze, Urkundliche Beiträge 1, hg. Palacký

Um einiges reichhaltiger an Nachrichten zum Handel mit Waren des gehobenen Bedarfs sind die städtischen Korrespondenzen. So enthalten etwa die Nürnberger Briefbücher eine detaillierte Beschreibung von Waren, die im Frühling 1430 unter dem Verdacht des Hussitenhandels im an der Straße nach Taus gelegenen Neunburg vorm Wald konfisziert wurden. Die Ladung des geschädigten Nürnberger Kaufmanns hatte westeuropäische Textilien, Gewürze, Südfrüchte und einen Braukessel umfasst[698]. Wie bereits erwähnt wurde, erfährt man aus derselben Quelle, dass im Sommer 1426 ein Angehöriger der Nürnberger Familie Imhoff von dem katholischen westböhmischen Herrn Hanusch von Kolowrat unter dem Verdacht des Hussitenhandels eingekerkert wurde. Der Vorfall zog ausgedehnte diplomatische Bemühungen des Nürnberger Rates nach sich, die in Kapitel 4.2.4 ausführlich behandelt werden. Hier sei lediglich erwähnt, dass Kolowrat seinen Gefangenen konkret beschuldigte, den Hussiten *kawffmanschaft, speczery und andre dink* zugeführt zu haben[699]. Desselben Vergehens wegen befanden sich der Prager Bürger Peter von Saaz und seine Frau 1427 im Görlitzer Gefängnis[700]. Als legal betrachtet wurde hingegen ganz offensichtlich ein Geschäft mit Textilwaren, das eine Budweiser Bürgerin im Jahr 1434 im dortigen Stadtbuch verzeichnen ließ[701]. Die Frau hatte Mäntel, Flachstuch und andere Textilwaren im oberösterreichischen Linz ein-, und in der hussitischen Metropole Tabor weiterverkauft[702].

Die Nürnberger Briefbücher belegen umgekehrt auch den Export von Waren, namentlich von Pilsner Tuch, aus Böhmen nach Bayern. Wir wissen davon, weil einem Nürnberger Kaufmann 1428 unterhalb der Burg Wernberg (zwischen Weiden in der Oberpfalz und Pfreimd) Tuch und Schleier aus Pilsen sowie Kuhhäute, die vermutlich denselben Ursprung hatten, beschlagnahmt wurden[703]. Von dieser Konfiskation war ein ganzer aus

---

Nrr. 294f., 339–341; RI XI, Nrr. 5847f., Sigismund an die Stadt Regensburg/die schlesischen Städte, 1424, Mai 17, Blindenburg. Dies unterstreicht die Verbindung dieses Formelbestandteils mit der dem Sieneser Dekret zugrunde liegenden Texttradition des „papal embargo".

698 StAN BB Nr. 9, fol. 4r, der Nürnberger Rat an den Landschreiber zu Neunburg vorm Wald, 1430, Mai 5, Nürnberg (flandrische und Brabanter Hosen, Ingwer, Pfeffer, Granatäpfel, ein Braukessel).

699 Ebd. Nr. 7, fol. 108r; Urkundliche Beiträge 1, hg. Palacký Nr. 420, 475, der Nürnberger Rat an Hanusch von Kolowrat, 1426, Oktober 18, Nürnberg.

700 CDLS II,1, hg. Jecht 479f., Urfehde Peters von Saaz und seiner Frau für den Görlitzer Rat, 1427, November 28. Vgl. dazu auch im Folgenden, Kap. 4.2.1.

701 Šimeček, Monopolní obchod 49. Šimeček gibt keine Hinweise zur näheren Datierung des Eintrags, sodass unklar ist, ob er in die Zeit vor oder nach der Schlacht von Lipany zu setzen ist.

702 Dass dort vor 1436 Wochen- und Jahrmärkte existierten, wird ersichtlich aus Punkt 7 von RI XI NB 3, Nr. 191a, Friedensvertrag zwischen den Vertretern Sigismunds und Tabor, 1436, Oktober 16, Wittingau, in dem die Bestätigung der damals auf den Taborer Märkten in Gebrauch befindlichen Maße und Gewichte durch den König vereinbart wird.

703 StAN BB Nr. 8, fol. 87v, der Nürnberger Rat an Heimeran Nothaft, 1428, November 19, Nürnberg.

Böhmen kommender Konvoi betroffen, die Briefbücher verraten jedoch bedauerlicherweise nichts über die Natur der anderen beförderten *kauffmanschaft*[704]. Dass an diesem Exporthandel jedenfalls auch Pilsner Kaufleute aktiv beteiligt waren, belegt ein Urfehdebrief, den drei Pilsner im Mai 1427 ausstellten, nachdem sie wegen eines Zollbetrugs mit Tuch aus ihrer Heimatstadt in Pfreimd ins Gefängnis des Landgrafen von Leuchtenberg gekommen waren[705].

Pilsen tritt weiters auch in der in Kapitel 3.2.1 bereits kurz angesprochenen Auseinandersetzung zwischen der Nürnberger Bürgerin Margarete *Pirgerin* und dem katholischen böhmischen Herrn Aleš Holický von Sternberg als Umschlagplatz für hochwertige Waren in Erscheinung. Der Konflikt zwischen Sternberg und der für ihn als Maklerin in Finanzangelegenheiten agierenden Margarete wuchs sich in den späten 1430er-Jahren zu einer Fehde Sternbergs gegen die Stadt Nürnberg aus, welche bereits mehrfach die Aufmerksamkeit der Forschung gefunden hat[706]. Im vorliegenden Zusammenhang ist lediglich der Ausgangspunkt dieser Fehde von Interesse, ein Geschäft Sternbergs mit dem Pilsner Bürger Johann Chlupáček von Beraun und Margarete *Pirgerin*. Zu einem nicht näher bestimmbaren Zeitpunkt vor dem November 1431 erwarb Sternberg wohl in Pilsen für 300 Gulden Waren (*kauffmanschacz*) von Chlupáček und vertraute diese Güter anschließend Margarete an. Diese sollte das Gut via Amberg nach Nürnberg befördern, wo ein Diener Sternbergs die Waren verkaufen sollte, um mit dem Erlös in Nürnberg liegende Pfänder seines Herrn auszulösen[707]. Sternbergs „Kaufmannsschatz" ging jedoch

704 Vgl. ebd., fol. 76v, der Nürnberger Rat an Heimeran und Heinrich Nothaft/Johann von Pfalz-Neumarkt, 1428, Oktober 14, Nürnberg sowie ebd. fol. 91r–v, Dies. an Heinrich Nothaft, 1428, November 26, Nürnberg. Für den Export von Waren aus Böhmen vgl. auch DRTA 8, Nr. 338, 398–401, hier 400, die Vertreter des sogenannten Weinsberger Städtebundes an Nördlingen, 1425, Februar 17, Ulm: *unser herre der kúnig begert* […] *mit sunderlichem ernste, daz nieman von den stetten dehainen wandel gen Beheim habe noch in nichtzit zůfůre noch von in hole* (Hervorhebung d. V.).

705 StAA, Landgrafschaft Leuchtenberg Urkunden, sub dato, Urfehde des Hans *Pfragner*, Niklas *Pappelle* und *Andrasko Superdan* aus Pilsen, 1427, Mai 27. Für die Fernhandelskontakte Pilsner Kaufleute vgl. auch StAN BB Nr. 7, fol. 106r und 140v–141r, der Nürnberger Rat an den Rat der Stadt Pilsen, 1426, Oktober 9 bzw. 1427, Februar 11, Nürnberg. Die Angelegenheit steht nicht im Zusammenhang mit dem antihussitischen Handelsverbot, wie Polívka, Beziehungen 14, angibt, vielmehr geht es um eine in Nürnberg zu verhandelnde Streitsache zwischen dem Pilsner Bürger *Mika Slawassowski* und Kaufleuten aus dem schweizerischen St. Gallen.

706 Vgl. Polívka, Fehde; Ders., Sebeuvědomění, passim, bes. 435–440; Pope, Relations 74f., 290–292. Zu Aleš Holický von Sternberg vgl. lediglich Polívka, Fehde 258f. Ich danke Benjamin Pope für diesen Hinweis.

707 Polívka, Fehde 259; Ders., Sebeuvědomění 435f.; Pope, Relations 74 mit den dort genannten Quellen. Zum Terminus *ante quem* vgl. StAN BB 9, fol. 178r–v; Urkundliche Beiträge 2, hg. Palacký Nr. 773, 251f., hier 252, der Nürnberger Rat an Aleš Holický von Sternberg, 1431, November 27, Nürnberg.

unter ungeklärten Umständen auf dem Transport verloren. Gleichzeitig machte Margarete ihm gegenüber Geldforderungen geltend, die vielleicht auf Schulden Chlupáčeks bei Margarete zurückgingen[708], woraufhin sich die erwähnte umfängliche Auseinandersetzung um die Erstattung des Sternberg entstandenen Schadens entspann. Abgesehen von der bemerkenswerten Rolle Margarete *Pirgerins* ist hier vor allem von Bedeutung, dass ein böhmischer Hochadeliger in Pilsen offensichtlich Waren des gehobenen Bedarfs erwerben konnte, von denen er hoffen konnte, sie gewinnbringend in Nürnberg weiterzuverkaufen[709]. Diese Beobachtung ist eine willkommene Ergänzung zu Erkenntnissen über die bedeutende Vermittlerrolle Pilsens etwa im Handel mit Edelmetallen, die die Forschung anhand der Karlsteiner Rechnungen rekonstruiert hat[710], oder beim Transfer geretteter Kunstschätze ins Ausland[711].

Diesen Quellen eher narrativer Art kann man noch Nachrichten hinzufügen, die sich aus den Karlsteiner bzw. Altstädter Rechnungen gewinnen lassen. Wie oben bereits gezeigt wurde, war es für die Altstädter Ratsherren offensichtlich möglich, während der Hussitenkriege Südfrüchte und exotischen Wein zu erwerben[712]. Selbiges gilt auch für die Besatzung der Burg Karlstein, die sich über Prag mit Südfrüchten, Getränken des gehobenen Bedarfs, Gewürzen und ausländischem Tuch versorgte[713]. Die Flucht jener Kaufleute, die nach dem Bericht des Laurentius von Březová im Frühling 1420 in Erwartung von Sigismunds Einzug in Prag Lebensmittel, Getreide und verschiedene Sorten von hochpreisigen Getränken gehortet hatten, um aus den Bedürfnissen des königlichen Hofes Profit zu schlagen, hatte die Bewohner der böhmischen Hauptstadt also keineswegs der Möglichkeit beraubt, an eben diese Waren zu gelangen[714]. Dies bestätigt auch der bereits mehrfach erwähnte Bericht eines Egerer Gesandten an das Basler Konzil vom Jänner 1432, dem zufolge es in Prag damals – dank der Zufuhr durch katholische Kauf-

708 Vgl. oben, Anm. 444.

709 Sternberg hatte 300 Gulden für die betreffenden Waren bezahlt, die dazu dienen sollten, Pfänder auszulösen, die er auf einen Wert von mindestens 400 Gulden schätzte, vgl. die auszugsweise Edition von Sternbergs Beschwerdeschreiben an den Nürnberger Rat bei Polívka, Fehde 259.

710 Vgl. oben, Kap. 3.1.2.

711 Vgl. oben, Anm. 446.

712 Vgl. oben, Anm. 577.

713 Čechura, Konsumniveau 182–184; Garkisch, Běžný život 86–89. Einmal wurden jedoch Feigen, Mandeln, Rosinen und Olivenöl auch von dem (Nürnberger?) Kaufmann Konrad gekauft, Pelikán, Účty 37, zu 1424, März 16. Ausländisches Tuch und Kleidungsstücke wurden weiters gelegentlich auch in Pilsen gekauft.

714 Laurentius von Březová, Kronika Husitská, hg. Goll 379; Übersetzung Ders., Hussiten, hg. Bujnoch 95. Genannt werden Malvasier, französischer, österreichischer und Landwein sowie „gutes" Altbier, die konfisziert und anschließend zu vom Altstädter Rat festgesetzten, äußerst günstigen Preisen ausgeschenkt wurden.

leute – ausreichend Lebensmittel, Wein, Tuch, Textilien und Salz gab; lediglich Gewürze waren zur Zeit seines Aufenthalts in Böhmen angeblich knapp[715].

Dieselben politischen Umstände, die im Frühling 1420 zur Flucht von Kaufleuten aus Prag geführt hatten, schufen schließlich auch einen bemerkenswerten Markt für Kunstgegenstände, von dem wir indirekt aus den Quellen zum antihussitischen Handelsverbot erfahren. Martin V. fand es in zwei seiner auf das Handelsverbot bezogenen *litterae* aus den Jahren 1426 bzw. 1431 nötig, die Empfänger zu ermahnen, künftig davon abzusehen, den Hussiten und ihren Helfern Güter abzukaufen oder von ihnen auf dem Tauschweg zu erwerben, welche offensichtlich aus kirchlichem Besitz stammten. Genannt werden konkret Bücher, Kelche, Glocken, Kruzifixe, Monstranzen, Kleinodien, Altargerät, liturgische Gewänder und überhaupt alle *clenodia*, die dem Schmuck und dem Nutzen der Kirche dienten[716]. Dabei handelte es sich nicht mehr um die auf den internationalen Kunstmarkt ausgerichtete Exportproduktion des hofnahen Prager Kunsthandwerks, die Martin Musílek für die Zeit vor 1419 beschreibt[717]. Die beiden Schreiben entstanden vielmehr, als die hussitischen Heere bereits begonnen hatten, über das Königreich Böhmen hinauszugreifen und Raub- und Plünderungszüge in die umliegenden Länder zu unternehmen. Zusammen mit dem Faktum, dass die Bulle vom Jänner 1431 ausdrücklich eine Intervention Sigismunds nennt, deutet dies darauf hin, dass es sich bei diesen Formulierungen tatsächlich um eine sehr konkrete, anlassbezogene Maßnahme handelte. Diese Einschätzung wird zusätzlich durch zwei textkritische Beobachtungen gestützt: Einerseits haben die Bestimmungen über das Verbot des Kaufes von liturgischen Gegenständen keine Vorbilder in der Texttradition des „papal embargo". Andererseits stellen die *litterae* vom Jänner 1426 Großteils eine wörtliche Wiederholung eines päpstlichen Schreibens über das Handelsverbot vom Winter 1424 dar[718], in das signifikanterweise

---

715 Der Bericht des Gesandten in MCG 1, Nr. 72, 139–142, hier 141, Johannes Nider an Johannes von Ragusa, 1432, Jänner 5, Nürnberg: *[V]ictualia tamen habent [Hussitae] in vino, pane, vestitu, sale et hujusmodi in notabili copia, quae eis per falsos Christianos adducuntur.* [...] *Species aromaticae solum in Bohemia sunt carissimae.*

716 Vgl. Orig. SHStA, 10001 Ältere Urkunden, Nr. 6012, Martin V. an alle Gläubigen, 1426, Jänner 15, Rom: *libros, calices, campanas aut etiam ecclesiarum et monasteriorum ac sacrorum locorum ecclesiasticarumque personarum predictorum bona*; Monumenta 2, hg. Theiner Nr. 367, 209, Ders. an Dies., 1431, Jänner 9, Rom: *calices, cruces, monstrancias, iocalia, paramenta, ornamenta et quecunque alia clenodia ad ornatum et usum ecclesiarum spectancia et pertinencia.* Vgl. auch im Folgenden, Kap. 4.1.1 zur symbolisch-kommunikativen Dimension dieses Verbotes.

717 Musílek, Handelskontakte 120–122.

718 Urkundliche Beiträge 1, hg. Palacký Nr. 317, 367–369; Acta 2, hg. Eršil Nr. 1274, 515f., Martin V. an die Bischöfe von Regensburg, Passau, Olmütz, Meißen und Bamberg, 1424, November 24, Rom.

gerade die Klausel über den Verkauf von liturgischen Gegenständen durch die Hussiten neu eingefügt wurde.

Bereits vor 1426 waren viele kirchliche Institutionen in Böhmen einer Kombination aus Bilderstürmerei und Beutegier zum Opfer gefallen. Dank dieser erzwungenen Räumungen entwickelte sich ein reger Markt für Kunstgegenstände und Bücher, von welchem auch andere Quellen berichten. Eine unter diesem Blickwinkel besonders reichhaltige Quelle stellt ein Brief dar, den drei katholische Kaadener Bürger irgendwann nach dem September 1421 wahrscheinlich an den Egerer Rat schrieben[719]. Aufgrund der außerordentlichen Farbigkeit der Schilderungen soll diesem Brief hier etwas größerer Raum gegeben werden. Die Verfasser verwahren sich darin gegen Beschuldigungen, die der aus Kaaden nach Eger geflohene Priester Johannes *Meinel* gegen sie erhoben hatte, und warnen die Empfänger vor dem einer Reihe von Vergehen bezichtigten *snoden, verposten pfaffen*[720]. Im vorliegenden Zusammenhang ist vor allem die erste Hälfte des Briefes von Interesse. Darin weisen die Verfasser Anschuldigungen *Meinels* zurück, die dieser vor dem Rat der Stadt Kaaden und dem zeitweiligen königlichen Hauptmann von Kaaden, Wilhelm von Schönburg auf Pürstein, gegen sie erhoben hatte. Angeblich hätten die Verfasser behauptet, *Meinel* habe Bücher Niklas *Sponmulners*, eines der Unterzeichnenden, an Wilhelm von Schönburg als *des Perfriders pücher* „verraten", d. h. wohl *Sponmulner* bei Schönburg des unrechtmäßigen Besitzes der ursprünglich einem gewissen *Perfrider* gehörenden Bücher bezichtigt. Die Verfasser weisen den Vorwurf

719 Orig. SOkA Cheb, AM Cheb, Fond 1, Kart. 484, Fasz. 659, Nr. A-2796/7; Beiträge 4, hg. Gradl Nr. 72, 42–44, Niklas *Rosengart*, Niklas *Rwrentwarck* und Niklas *Sponmulner* an den Egerer Rat (?), nach 1421, Anfang September, Kaaden. Die Außenadresse ist heute nicht mehr sichtbar. Die Adressaten werden als *ersame weise herren* angesprochen, es handelt sich also entweder um den gesamten Egerer Rat oder einzelne der dortigen Ratsherren. Der Editor Gradl datiert das Stück anhand des Rücktritts Wilhelms von Schönburg auf Pürstein von der Kaadener Hauptmannschaft im Juni 1421 in das Jahr 1420. Schönburg wird allerdings nirgendwo im Text als Hauptmann von Kaaden bezeichnet. Hingegen ist die Rede vom Aufenthalt des erzbischöflichen Konsistoriums in Zittau. Dieses befand sich ab Juni 1421 im Zittauer Exil. Das Schreiben muss daher aus der Zeit nach dem vorrübergehenden Anschluss Kaadens an den Prager Bund stammen, die vom Frühling 1421 bis zur Rückeroberung der Stadt durch die Truppen des Zweiten Kreuzzuges Anfang September 1421 dauerte. So implizit auch Hlaváček, Beginnings 52f., der den Brief im Hinblick auf die konfessionelle Situation in Nordwestböhmen auswertete. Hlaváček nimmt an, dass sich die in dem Brief geschilderten Ereignisse in den Jahren 1420/21 zutrugen, was gut zu den wechselvollen politischen Ereignissen dieser Jahre passt, jedoch gibt es dafür keine sicheren Anhaltspunkte. Auch eine spätere Datierung scheint nicht ausgeschlossen. Zumindest die in dem Brief angesprochene Vorladung Johannes *Meinels* vor das erzbischöfliche Konsistorium scheint erst nach der Verlegung des Konsistoriums nach Zittau erfolgt zu sein.

720 Zu *Meinel* Hlaváček, Beginnings 52. Neben den im Folgenden zu besprechenden Vergehen gegen das antihussitische Handelsverbot wird der Betroffene auch des Betrugs, der Verleumdung, des Ehebruchs, der Entführung und der Flucht vor der Vorladung durch das erzbischöfliche Konsistorium beschuldigt.

der Verleumdung zurück und erklären darüber hinaus, die fraglichen Bücher seien *Sponmulners* rechtmäßiges Eigentum. Vielmehr wolle *Meinel* ihm die Bücher abnehmen und in Schönburgs Hände bringen, aus Rache dafür, *das ym dy pücher nicht czu teyl sein worden von den Hussen*.

Bei den fraglichen Büchern könnte es sich um beschlagnahmte Handschriften aus hussitischem Besitz gehandelt haben, möglicherweise von Einwohnern Kaadens, die bei der Eroberung der im Sommer 1421 vorübergehend dem Prager Bund angeschlossenen Stadt durch die Truppen des Zweiten Kreuzzuges im Herbst desselben Jahres geflohen oder zu Tode gekommen waren[721]. Wahrscheinlicher ist jedoch, dass *Meinel* die Kodices von hussitischen Verkäufern hatte erwerben wollen, um sie an Schönburg weiterzuverkaufen, *Sponmulner* ihm aber zuvorgekommen war. Dafür spricht, dass *Meinel* im nächsten Satz von den Verfassern beschuldigt wird, er habe bereits seit Jahren von den Hussiten Bücher, Kelche, liturgische Gewänder, Glockenspeise und *alle andre war* gekauft, die sie *frumen leuten* gestohlen hätten, und hätte diese *auf dem lant* weiterverkauft, sich also als Hehler von Ketzern betätigt, was unvereinbar mit seinem Priesteramt sei[722].

Der Brief der drei Kaadener Bürger belegt damit nicht nur, dass der in den normativen Quellen verurteilte Handel mit kirchlichen Geräten zwischen Hussiten und Katholiken Realität war[723]. Plastisch greifbar wird auch das rege Interesse speziell an den im allgemeinen politischen Chaos kostengünstig zu erwerbenden Handschriften, von dem auch andere Quellen berichten[724]. Die hussitische Seite trat dabei nicht nur als Verkäufer auf.

---

721 Zur Ereignisgeschichte vgl. Šmahel, Hussitische Revolution 2, 1208; Bystrický, Západní Čechy 148f.; Hlaváček, Beginnings 53–56.

722 Orig. SOkA Cheb, AM Cheb, Fond 1, Kart. 484, Fasz. 659, Nr. A-2796/7: *wan er doch offt und dicke kauffmenschacz mit yn getriben hat umb pücher, umb kelch, umb messegebant, umb glockspeis und umb alle andre war, die frumen leuten genomen und gestolen worden ist von den Hussen. Und sölche kauffmenschacz er manch iar auf dem lant gefurt hat, das doch keynen frumen prister nicht angehöret, solche kauffmeschacz mit den keczern czu treiben*. Vgl. auch das im Text unmittelbar folgende Beispiel eines Buchkaufes *Meinels* von einem namentlich genannten Hussiten. Zu diesem Beispiel ausführlich auch im Folgenden, Kap. 3.4.4.2.

723 Vgl. in diesem Zusammenhang auch die oben, Kap. 3.3.2 zitierte Beschwerde Sigismunds an die Adresse Wladislaw Jagiellos, dass die Hussiten in Polen Unterstützung finden würden, unter anderem indem sie dort *omnia, quae fidelibus Christicolis auferuntur, in regno vestro pro libitu venumdantur*, Urkundliche Beiträge 2, hg. Palacký Nr. 737, 209–214, hier 213; RI XI NB 3, Nr. 138, 1431, zwischen Mai 27 und 30, Eger. Dabei wird nicht konkretisiert, welche Art von Beutegütern die Hussiten in Polen verkauften, darunter befanden sich jedoch sicher auch kirchliche Geräte und Bücher.

724 So klagte etwa der konservative hussitische Magister Jan Příbram, die Taboriten hätten während der Hussitenkriege Bücher für eine Brotkrume außer Landes verkauft, Jan Příbram, „Život kněží Táborských“ [Das Leben der taboritischen Priester], zitiert nach Šmahel, Idea národa 164 mit Anm. 94, S. 182. Ders., Ceny 20–22 stellt Belege für den wahrscheinlichen Verkauf von Büchern außer Landes zusammen, ebenso wie Indizien, die nahelegen, dass es damals durch das Überangebot von Büchern aus

Der präsumtive Abnehmer von *Meinels* Büchern, Wilhelm von Schönburg, etwa sympathisierte möglicherweise mit den Hussiten[725]. Im Juni 1434 wiederum erwarb nach Ausweis der Karlsteiner Rechnungen niemand geringerer als der spätere Administrator der utraquistischen Kirche in Böhmen, Jan Rokycana, Bücher aus den Beständen der Burg für die Bibliothek der böhmischen Universitätsnation[726]. Keiner der Beteiligten scheint dabei Skrupel gehabt zu haben, direkt oder indirekt in geschäftliche Beziehungen mit den Anhängern des anderen Lagers zu treten.

Über diese offene Kohabitation zwischen Hussiten und Katholiken in Böhmen wird im Folgenden in Kapitel 3.4.4.2 im Hinblick auf Schwierigkeiten bei der Umsetzung des antihussitischen Handelsverbotes noch ausführlich zu sprechen sein. Zunächst ist an dieser Stelle jedoch Bilanz über die Ergebnisse des vorangehenden Teilkapitels zu ziehen:

Hinsichtlich der zwischen Böhmen und seinen Nachbarterritorien gehandelten Waren zeigt sich für die Hussitenzeit im Großen und Ganzen ein ähnliches Bild, wie František Graus und andere es für die vorhussitische Zeit gezeichnet haben[727]. Auch während der Hussitenzeit war Böhmen vor allem durch den Import und Export von nicht ersetzbaren Massengütern wie Salz, Salzfisch, Tuche, Wein und Getreide wirtschaftlich mit seinen Nachbarterritorien verflochten. Hinzu kamen internationale Luxusprodukte, die auch während der Hussitenkriege ihren Weg nach Böhmen fanden. Auch die in vorhussitischer Zeit so wichtigen böhmischen Erze scheinen zumindest bis zu einem gewissen Grad weiterhin exportiert worden zu sein, auch wenn gerade der Handel mit diesen begehrten Rohstoffen mutmaßlich besondere Aufmerksamkeit auf sich zog.

Unter den Bedingungen der Hussitenkriege wurden weiters eine Reihe von Rohstoffen, die in Böhmen gar nicht oder nicht in ausreichenden Mengen natürlich vorkommen (Blei, Schwefel, Salpeter), ebenso wie spezialisierte Gewerbeprodukte, insbesondere hochwertige Metallwaren und Waffen, zu strategischen Gütern und rückten daher in den Fokus der Quellen. Sie sind folglich leichter zu verfolgen als die genannten Verbrauchsgüter, die in den Quellen tendenziell weniger Niederschlag fanden, als ihrer wirtschaftlichen Bedeutung angemessen wäre. Dennoch machten diese Massengüter wahrscheinlich auch während der Hussitenkriege den Löwenanteil des Handelsverkehrs zwischen Böhmen und seinen Nachbarländern aus, ebenso wie sie den lokalen Kleinhandel zwischen

den aufgehobenen und zerstörten katholischen Institutionen zu einem erheblichen Preisverfall vor allem bei liturgischen Büchern kam. Neu zu diesem Thema Vodička, Exil, sowie weitere in Vorbereitung befindliche Arbeiten desselben Autors.

725 Hlaváček, Beginnings 52.

726 Pelikán, Účty 161, zu 1434, Juni 13, wo auch berichtet wird, dass die Transaktion in Rokycanas Haus in Prag abgewickelt wurde.

727 Vgl. oben, Kap. 2.1.

den hussitischen Besatzungen und der Bevölkerung in der Oberlausitz und Schlesien dominierten.

3.4 Die Umsetzung des antihussitischen Handelsverbotes

Für eine umfassende Diskussion der instrumentellen Dimension des antihussitischen Handelsverbotes als strategisches Kriegsmittel muss auch die Frage nach dessen praktischer Umsetzung vor Ort beachtet werden. Die hier untersuchten Quellen enthalten dahingehend reichhaltige Nachrichten. Diese beleuchten einerseits normative Vorstellungen über die Realisation des Verbotes, andererseits dessen tatsächliche Umsetzung in der Praxis. Im Folgenden wird in vier Unterkapiteln untersucht, welche konkreten Mittel zum Einsatz kamen, um den Handel zwischen den hussitischen Einwohnern Böhmens und ihren katholischen Nachbarn zu kontrollieren, wie angebliche Hussitenhändler bestraft wurden, und an welche Grenzen die Umsetzung des antihussitischen Handelsverbotes unter den Voraussetzungen spätmittelalterlicher Herrschaft zwangsläufig stoßen musste.

3.4.1 Handelswege und deren Kontrolle

Da die Kontrolle von Handel das gesamte Mittelalter über zuvorderst bei der Kontrolle von Straßen ansetzte, muss hinsichtlich der Umsetzung des antihussitischen Handelsverbotes zunächst ein Blick auf jene Quellen geworfen werden, die die Überwachung und Kontrolle von Handelswegen betreffen. Die entsprechenden Nachrichten werden in diesem Unterkapitel genutzt, um Einblick in die räumliche Struktur des Handels zwischen Böhmen und seinen Nachbarländern während der Hussitenkriege zu gewinnen, und sich der praktischen Umsetzung des Handelsverbotes vor Ort anzunähern. Weiters sind in diesem Zusammenhang auch jene Nachrichten zu behandeln, die das Funktionieren des im Mittelalter allgemein gängigen Systems von Förderbriefen unter den besonderen Umständen der Hussitenkriege betreffen.

Auf einer eher abstrakten Ebene wird die Kontrolle von Verkehrswegen von dem antihussitischen Dekret des Konzils von Pavia-Siena thematisiert. Im Zusammenhang mit dem Prinzip der Verantwortlichkeit von Herren für das Verhalten ihrer Untertanen halten die Konzilsväter darin fest, dass diejenigen, die zuließen, dass über ihren Grund und Boden und ihre Straßen den hussitischen Häretikern zugeführt wurde, denselben Strafen wie die Häretiker selbst verfallen sein sollten[728]. Andere normative Quellen zum

728 Brandmüller, Konzil 2, Nr. 3, 20–22, hier 21f., 1423, November 8, Pavia: *eos eciam, qui scienter*

antihussitischen Handelsverbot äußern sich dahingehend auch etwas konkreter. Von Interesse sind in diesem Zusammenhang etwa zwei päpstliche Schreiben vom Jänner 1426 an Bischof Johann von Olmütz. Martin V. übersandte dem Genannten damals eine Ausfertigung seiner auf das Handelsverbot bezogenen allgemeinen *litterae* vom 15. Jänner 1426[729]. Dieser an alle Gläubigen adressierte päpstliche Befehl, jegliche wirtschaftlichen Kontakte mit den Hussiten zu unterlassen, wurde begleitet von einem weiteren Schreiben, mit der dem Bischof aufgetragen wird, das antihussitische Handelsverbot in seiner Diözese zu publizieren[730]. Darüber hinaus wird der Empfänger angewiesen, geeignete Amtsträger (*idoneos officiales*) einzusetzen, um das antihussitische Handelsverbot in allen zu Stadt und Diözese Olmütz gehörigen Ländern, Burgen, Gebirgspässen und überhaupt allen Orten (*per terras, castra, passus et loca [tuarum] civitatis et diocesis*) zu überwachen. Auch wenn es sich bei diesen *litterae* kaum um ein spezifisch auf die konkreten Bedingungen in der Diözese Olmütz abgestimmtes Schreiben handelt[731], ist sie hier dennoch insofern relevant, als sie allgemeine Vorstellungen der Kurie zeigt, auf welche Art und Weise und an welchen Punkten Handelswege überwacht werden sollten.

Vereinzelte Hinweise auf die Überwachung konkreter Handelsstraßen Richtung Böhmen finden sich weiters in einigen Schreiben König Sigismunds. In einem im Folgenden in Kapitel 5.1.1 noch ausführlicher zu analysierenden Mandat befahl der König im November 1422 der Stadt Zittau die Sperrung von „neuen“, illegalen Straßen, die rund um die Stadt angelegt worden waren, da den Hussiten angeblich auf diesen „neuen Straßen“ Vorräte geliefert wurden[732]. Das Mandat zielt auf die Kontrolle der sogenannten Zittauer Straße ab, einer bereits unter Karl IV. privilegierten und gezielt ausgebauten Verkehrsverbindung, die von Prag nach Norden über Gabel und das Lausitzer Gebirge in die

---

per dominia, terras, districtus vel loca sue dicioni subiecta premissa [= verbotene Handelswaren] [...] *prefatis hereticis [Hussitis] adduci seu apportari* [...] *permiserint, penis et damnacionibus contra hereticos promulgatis fore obnoxios*.

729 Acta 2, hg. Eršil Nr. 1514, 605, Martin V. an alle Gläubigen, 1426, Jänner 15, Rom. Ein Original dieser offensichtlich an unterschiedliche Empfänger verschickten *litterae* befindet sich in SHStA, 10001 Ältere Urkunden, Nr. 6012.

730 Acta 2, hg. Eršil Nr. 1515, 605, Martin V. an den Bischof von Olmütz, 1426, Jänner 16, Rom.

731 Die auffallend hohe Zahl von Fällen, in denen gerade Kaufleute aus der Diözese Olmütz mit dem Vorwurf des Hussitenhandels konfrontiert waren, ist eher auf die Überlieferungslage zurückzuführen, vgl. dazu oben, Kap. 3.1.2 mit Anm. 406. Dieser guten Überlieferungslage verdanken wir auch die Kenntnis eines Falles von Konfiskation angeblicher Schwarzhandelsgüter durch einen Amtsträger des Olmützer Bischofs, SOkA Olomouc, Briefbuch fol. 115v–116r; Urkundliche Beiträge 2, hg. Palacký Nr. 563, 8–10, der Olmützer Rat an den Bischof von Olmütz, 1429, Jänner 26, Olmütz. Vgl. dazu auch im Folgenden, Kap. 3.4.4.2.

732 Collectanea Lusatica 27, fol. 5v–6v; CDLS II,1, hg. Jecht 127; RI XI, Nr. 5366, Sigismund an die Stadt Zittau, 1422, November 6, Wien.

Oberlausitz führte und hier bereits mehrfach im Zusammenhang mit dem Transport von Salz, Lebensmitteln und strategischen Gütern Richtung Böhmen begegnet ist[733].

Bereits etwas ausführlicher behandelt wurde weiters ein Schreiben Sigismunds an Wladislaw Jagiello vom März/April 1424, in welchem der römische den polnischen König ersuchte, den Bleihandel zwischen dessen Untertanen und den Hussiten zu unterbinden[734]. Im vorliegenden Zusammenhang von Interesse sind die ungewöhnlich konkreten Angaben über den Verlauf der Transportwege für das Schwermetall, die Sigismund in diesem Schreiben gibt. Wladislaw sollte sicherstellen, dass seine Untertanen weder mit Blei noch *libere*, d. h. ohne Ladung, zwischen Teschen im Süden und Glatz im Norden die mährische Grenze überquerten, weder via einer dieser Städte noch via einer anderen Grenzstadt. Vielmehr sollte Wladislaw Sigismund mitteilen, auf welchen Wegen Zuwiderhandelnde hin- und herzogen, damit Sigismund für die Unterbindung dieses Verkehrs sorgen konnte, indem er die Betreffenden verhaften ließ[735]. Durch Teschen bzw. Glatz verliefen zwei der traditionellen Hauptverkehrswege, die Polen via Schlesien mit Mähren verbanden[736]. Der Brief Sigismunds an Wladislaw Jagiello weist darauf hin, dass diesen Straßen auch während der Hussitenkriege ungebrochene Bedeutung zukam.

Selbiges gilt schließlich mutmaßlich auch für den sogenannten „Goldenen Steig" in Bayern. Wie bereits oben in Kapitel 3.3.1.1 herausgearbeitet wurde, enthält Sigismunds Bestätigung der Vorrechte der Stadt Passau auf diesem Handelsweg vom September 1434 eine sehr spezifische Klausel, die den Empfängern explizit befahl, dafür zu sorgen, dass den hussitischen Feinden des Kaisers *durch denselben steig* nicht zugeführt werde[737]. Wie oben dargelegt wurde, grenzt diese Klausel angesichts der Tatsache, dass die in dem Privileg ausdrücklich genannte Passauer Partnerstadt Prachatitz damals unter hussitischer Kontrolle stand, bis zu einem gewissen Grad an Realitätsverweigerung. Gerade angesichts dieses Umstandes belegt die Aufforderung an die Passauer, den Handelsverkehr auf dem „Goldenen Steig" zu kontrollieren, allerdings indirekt auch, dass dieser schwer fassbare wirtschaftliche Austausch während der Hussitenkriege tatsächlich

733 Vgl. oben, Kap. 3.3.1 und 3.3.2 sowie hier im Folgenden. Zur Zittauer Straße vgl. auch die oben in Anm. 492 zusammengestellte Literatur sowie unten, Karte 5.

734 Urkundliche Beiträge 1, hg. Palacký Nr. 290, 333f.; RI XI, Nr. 5835, 1424, März 31 bis Anfang April, Diósgyőr. Vgl. oben, Kap. 3.3.2.

735 Urkundliche Beiträge 1, hg. Palacký 334: *nec quisquam* […] *libere aut cum plumbo ad Tesschen et a Tessem incedendo vsque ad Glacz aut illas ciuitates que iacent penes metas Morauie transitum facere audeat. Intimare eciam nobis petimus a Fr[aternitate] V[estr]a, per que loca tales homines transitum fecerint, ut et nos [de] arestacione et detencione eorum valeamus aliqualiter prouidere.*

736 Vgl. die entsprechenden Karten in Aubin, Wirtschaft 367; Carter, Trade 94.

737 Orig. StA Passau, I. Urkunden, Nr. 496; RI XI, Nr. 10785, Sigismund für Passau, 1434, September 14, Regensburg.

aufrechtblieb. Für eine solche Interpretation spricht auch, dass bei der Ausstellung dieser Urkunde – ebenso wie in dem eben angesprochenen Zittauer Fall – mutmaßlich auch Interessen der Empfänger an der Kontrolle des Handelsverkehrs auf den besagten Straßen eine bedeutende Rolle spielten, worauf im Folgenden in Kapitel 5.1 noch gesondert einzugehen sein wird.

Weitere Punkte, an denen die Kontrolle des Warenverkehrs von und nach Böhmen konkret ansetzen konnte, stellen die in dem päpstlichen Schreiben an den Olmützer Bischof bereits erwähnten Zoll- und Mautstationen dar. Die städtischen Korrespondenzen über die Beschlagnahme von angeblichen Schwarzhandelsgütern bieten gelegentlich Einblick in die Vorgänge an solchen Zollstationen. Aus einem Nürnberger Beschwerdeschreiben vom Winter 1428 erfährt man etwa, dass ein Nürnberger Bürger treuherzig fünf angeblich für Pilsen bestimmte Harnische am pfalzgräflichen Zoll in Sulzbach verzollen wollte, die zu seiner – vorgeblichen – Überraschung umgehend als Konterbande beschlagnahmt wurden[738]. Schon einige Jahre zuvor, im Sommer 1424, war in der oberlausitzischen Grenzstadt Zittau eine gewisse Menge Blei aus dem Besitz des bereits erwähnten Nürnberger Bürgers Jakob Granetel beschlagnahmt worden, mutmaßlich im Zuge der Deklaration der besagten Lieferung an einer der Zoll- und Mautstationen an der Zittauer Straße[739]. Zittau erhielt im Oktober 1425 ein königliches Privileg über die Bleiniederlage, das der Stadt erlaubte, ungekennzeichnetes Blei zu beschlagnahmen und für die Bedürfnisse der Stadt zu verwenden[740]. Jakob Granetels Blei wurde über ein Jahr vor der Ausstellung dieses Privilegs konfisziert, ein Verstoß gegen die Niederlagspflicht kommt daher als Anlass für die Beschlagnahme nicht in Frage. Weiters fällt auf, dass das Blei nicht ausgefolgert werden sollte, bis der Nürnberger Rat sich dafür verbürgte, dass das Metall nach Nürnberg und nirgendwohin anders geführt werden sollte[741]. Die Nürnberger Ratsherren bestätigten mit den in den Briefbüchern überlieferten Schreiben die geplante Lieferung in ihre Stadt und baten ihre Zittauer Amtskollegen, die be-

738 StAN BB Nr. 8, fol. 93r, der Nürnberger Rat an Johann von Pfalz-Neumarkt/den Landschreiber zu Sulzbach, 1428, Dezember 2, Nürnberg. Vgl. dazu auch im Folgenden, Kap. 4.2.2.

739 Ebd. Nr. 6, fol. 94v, der Nürnberger Rat an den Rat der Stadt Zittau/Hans von Polenz, 1424, Juni 30, Nürnberg. Vgl. zu den Zöllen in Zittau und den königlichen Burgen an der Zittauer Straße etwa Němec, Zollburg; Stempel, Salz 44.

740 Carpzov, Analecta 2, 186, 4, 166f.; RI XI, Nr. 6450, Sigismund für Zittau, 1425, Oktober 29, im Feld zwischen Drasow und Boskowitz (irrig aufgelöst in RI XI als „Pardubitz“).

741 StAN, BB Nr. 6, fol. 94v, der Nürnberger Rat an den Rat der Stadt Zittau/Hans von Polenz, 1424, Juni 30, Nürnberg: [Die Adressaten wollen Granetel sein beschlagnahmtes Blei nicht zurückgeben,] *ez wer dann, dacz man euch verpürgte, dacz man* [es] *demselben unserm burger her gen Nürnberg und anderswohin nyndert schicken noch antwurtten sölt.*

schlagnahmte Ware freizugeben und Granetels Zittauer Bürgen aus ihrer Verpflichtung zu entlassen. Darüber hinaus fühlten sie sich offenbar bemüßigt, auch einen Zeugen für die legale Herkunft des Bleis beizubringen[742]. Die geschilderten Umstände deuten daher darauf hin, dass Jakob Granetel sich neuerlich eines – versuchten – Verstoßes gegen das antihussitische Handelsverbot verdächtig gemacht hatte, nachdem er im Herbst 1421 bereits einmal in Verdacht geraten war, strategische Güter an Hussiten verkauft zu haben[743].

Wie oben in Kapitel 3.3.1.1 bereits kurz angeklungen ist, setzten die Propagatoren des antihussitischen Handelsverbotes für dessen praktische Umsetzung noch auf ein weiteres, im Mittelalter allgemein gängiges Mittel zur Kontrolle des Verkehrs auf Handelsstraßen: sogenannte „Förderbriefe". Die hier unter diesem Begriff subsumierten verschiedenen Formen von alltäglichen Gebrauchsschriftstücken dienten im mittelalterlichen Handelsverkehr der Beglaubigung der Identität ihres Inhabers und/oder dessen Empfehlung an eine Obrigkeit, in deren Herrschaftsgebiet der Inhaber unterwegs war[744]. Auch wenn sich diese in den Quellen meist schlicht als „Briefe", „Kundschaft" oder „Zettel" bezeichneten Schreiben in den Archiven nur selten erhalten haben, waren sie schon in Friedenszeiten weit verbreitet. Unter den Bedingungen der Hussitenkriege musste ihnen nochmals gesteigerte Bedeutung zukommen. Auf die Gründe dafür deutet etwa ein Beispiel für einen in Eger überlieferten Förderbrief aus Pilsen hin, in dem die Reisenden sich nicht mehr nur ihre Identität und ihren guten Leumund, sondern auch ihre katholische Rechtgläubigkeit bestätigen ließen[745].

Angesichts der hier anklingenden weit verbreiteten Furcht der Katholiken vor Unterwanderung durch die Hussiten überrascht es nicht, dass das Prinzip der Förderbriefe während der Hussitenkriege zumindest fallweise systematisch für polizeiliche Zwecke adaptiert wurde[746]. So war nach Ausweis eines Mandates Albrechts V. im Juni 1426 in Budweis ein System von Förderbriefen in Kraft, mit denen sich jeder ausweisen musste, der die Stadt mit Waren betrat oder sie wieder verließ[747]. Derselbe Herzog versuchte

---

742 Ebd.: *[W]an aber F. Fügel, ein furman, auch unser burger, die vorgesagten stück pleys alle dem obgenanten unserm burger yeczund herbraht und geantwort hat, als er uns gesagt und gebeten hat, das ewr weisheit also zu verkunden.*

743 Vgl. dazu oben, Kap. 3.3.2 sowie im Folgenden, Kap. 3.4.2.

744 Vgl. die Lemmata „Förderbrief" und „Förderungsbrief" im *DRW*. Ich danke Ondřej Schmidt und Stanislav Bárta für Anregungen hinsichtlich Definition und Benennung dieses Typs von Schriftstücken.

745 Orig. SOkA Cheb, AM Cheb, Kart. 504, Fasz. 695, Nr. A-2985/2; Urkundliche Beiträge 1, hg. Palacký Nr. 541, 641, der Pilsner Rat an den Rat der Stadt Eger, 1428, September 20, Pilsen.

746 Vgl. zur Hussitenfurcht und deren Auswirkungen ausführlich im Folgenden, Kap. 4.2.1.

747 Orig. SOkA České Budějovice, AM České Budějovice, Chronologische Reihe, Sign. 1426/1; RI XII Supp., Albrecht V. an Leopold von Kraig, 1426, Juni 8, Wien.

einige Jahre später auch, ein noch elaborierteres System einzuführen, um seine österreichischen Städte vor hussitischen Spionen und Saboteuren zu schützen[748]. In dem oben bereits besprochenen Schreiben Albrechts an Budweis vom November 1431, mit dem die Budweiser über die Einführung einer „Ausweispflicht" für ihre Kauf- und Fuhrleute in Österreich informiert wurden, gab der Herzog genaue Anweisungen für die praktische Umsetzung dieses Systems[749]. Fremde Fuhr- und Kaufleute, die geschäftlich nach Österreich reisten, sollten nur noch in die österreichischen Städte eingelassen werden, wenn sie sich schriftlich mittels eines Förderbriefes (*briefleich kuntschefft*) ausweisen konnten. Dies sollte den Verkäufern garantieren, dass es sich bei ihren Kunden nicht um hussitische Kundschafter handelte und dass ihre Waren nur nach Budweis bzw. an andere Anhänger der katholischen Seite geliefert und weiterverkauft würden, und nicht an Hussiten. Albrecht forderte die Budweiser daher mit dem besagten Mandat auf, ihre Leute mit solchen Briefen auszustatten[750]. Gleichzeitig legte er ihnen auch ans Herz, sich gut zu überlegen, wem sie einen solchen Förderbrief ausstellen wollten[751].

Ein weiteres Mandat des Herzogs vom Februar 1432, auf das im Folgenden in Kapitel 3.4.4.2 noch näher einzugehen sein wird, bezieht sich auf die Ausdehnung des hier beschriebenen Systems von Förderbriefen auch auf den Verkehr zwischen Albrechts mährischen Städten[752]. Diese sollten die von ihnen zu Versorgungszwecken angeworbenen Fuhrleute bei jeder Fahrt zwischen ihren Städten mit einem neuen, vom Auftraggeber besiegelten Förderbrief ausstatten, in dem die beförderten Waren genau aufgelistet wurden[753]. Diese Maßnahme sollte sicherstellen, dass diese Versorgungsfahrten nicht zum Schmuggel von Gütern ins hussitische Lager genutzt wurden. In seinem Mandat informierte Albrecht seine Amtsträger über diese Regelungen, damit sie bei ihren Kontrollen

748 Vgl. oben. Kap. 3.3.1.1.

749 Orig. SOkA České Budějovice, AM České Budějovice, Chronologische Reihe, Sign. 1431/1, zusammen mit der beigeschlossenen Kopie eines undatierten Mandats desselben Ausstellers an eine ungenannte österreichische Stadt (Freistadt?); Urkundliche Beiträge 2, hg. Palacký Nr. 770, 248f., Albrecht V. an Budweis, 1431, November 8, Wien.

750 Ebd.: *Davon ist unser maynung, ob ewr furlewt hinfur umb salcz, wein oder andere war gen Osterreich varn* [= fahren] *und arbaitten wellen, daz ir in dann ewr brief gebt, damit man ain wissen hab, daz si die ewrn sein.*

751 Ebd.: *Davon ist unser maynung und wellen, daz ir in den sachen fleissig seyt und kainen andern, denn den ewrn und die ew zůghorent, solich kuntschefft gebt.*

752 Elbel, Dohody Nr. 15, 100f.; RI XII Supp., Albrecht V. an seine mährischen Amtsträger, 1432, Februar 13, Wien.

753 Ebd. 101: *den selben furleüten, den sie* [Albrechts mährische Städte, d. V.] *ier hab und guett also werden auslegen wellen, sie albeg zw yeder vartt newen brief unnder der statt insigel, da daz guet gehebt* [= aufgelistet] *wiert, geben, damit aigentleÿch erkant werde, waz sy also von einer statt zw der andern furen wellent unnd nicht andrst wohÿn.*

die von den herzoglichen Städten angeworbenen Fuhrleute unbehelligt ziehen ließen. Allerdings sollten sie die Ladelisten genau kontrollieren und unrechtmäßig transportiertes Gut umgehend beschlagnahmen[754].

Mutmaßlich auf ähnliche Vorschriften des Egerer Rates gehen drei Förderbriefe aus dem Herbst und Winter 1428 zurück, die im Egerer Archiv erhalten geblieben sind[755]. Mit dem ersten dieser Briefe bestätigt der Rat der Stadt Pilsen die Rechtgläubigkeit der beiden Pilsner Bürger Niklas und Peter. Der zweite Förderbrief bestätigt, dass eine gewisse Katharina *Labutin* schwere Schäden bei einem Brand erlitten habe, der dritte beglaubigt die Inhaber ohne nähere Angabe von Details als Pilsner *mitwoner*. Die Egerer werden weiters gebeten, den Inhabern der Förderbriefe zu gestatten, in Eger ihre Einkäufe zu tätigen und sie unbehelligt mit ihren Gütern nach Pilsen zurückkehren zu lassen. Der Pilsner Rat garantiert weiter, dass die Genannten ihre Güter *anderswo hin nicht füren, dann her zu uns und in unser stat*. In dem Brief für Katharina *Labutin*, mutmaßlich eine Krämerin, heißt es zusätzlich, dass diese die gekauften Waren nur in Pilsen und nur an Pilsner Bürger verkaufen werde[756]. Zusammengenommen deutet der Inhalt aller drei Briefe darauf hin, dass der Egerer Rat damals gezielt Maßnahmen setzte, um den Weiterverkauf von in Eger erworbenen Gütern an den hussitischen Feind zu unterbinden. Dazu gehörte möglicherweise die verstärkte Kontrolle der Identität, des Leumundes und der Rechtgläubigkeit der in die Stadt kommenden Händler durch solche Förderbriefe[757]. In diesem Zusammenhang fällt auf, dass zumindest die Inhaber des Förderbriefes vom 7. Dezember eindeutig tschechische Namen tragen[758]; auch der Name Katharina *Labutins* ist wahrscheinlich tschechischer Herkunft[759]. Pilsen war, anders als Eger, mehrheit-

754 Ebd.: *Was ir aber solicher war findet, die nemblich inn dem brieff nicht wer begriffen, der sollet ÿr ew underwinden.*

755 Orig. SOkA Cheb, AM Cheb, Kart. 504, Fasz. 695, Nrr. A-2985/2, 3 und 5, der Pilsner Rat an den Rat der Stadt Eger, 1428, September 20 und 22 bzw. Dezember 7, Pilsen.

756 Orig. SOkA Cheb, AM Cheb, Kart. 504, Fasz. 695, Nr. A-2985/3, der Pilsner Rat an den Rat der Stadt Eger, 1428, September 22, Pilsen: *wenn sy des anderswo hin nicht füret, dan her und daz alhie unsern mitpurgern verkauffet.*

757 Vgl. dazu auch die anderen Hinweise auf erhöhte Wachsamkeit gegenüber mutmaßlichen Schwarzhändlern im bayerisch-böhmischen Grenzraum im Herbst/Winter 1428, die sich aus den Nürnberger Korrespondenzen gewinnen lassen, StAN BB Nr. 8, fol. 87v, 91r–v, der Nürnberger Rat an Heimeran Nothaft/Heinrich Nothaft, 1428, November 19 bzw. 26, Nürnberg; ebd., fol. 93r, Dies. an Johann von Pfalz-Neumarkt/den Landschreiber zu Sulzbach, 1428, Dezember 2, Nürnberg. Zur damaligen militärischen Lage an der bayerisch-böhmischen Grenze BLEICHER, Herzogtum 158.

758 Orig. SOkA Cheb, AM Cheb, Kart. 504, Fasz. 695, Nr. A-2985/5, der Pilsner Rat an den Rat der Stadt Eger, 1428, Dezember 7, Pilsen. Als Begünstigte werden genannt Lorenz *Dywuoczka* und Jakob, genannt *Tulaczka*.

759 Tschech. labuť = Schwan.

lich von Tschechen bewohnt. Angesichts der nationalen Komponenten des Konflikts zwischen Katholiken und Hussiten erscheint es durchaus möglich, dass Pilsner Händler damals auch aufgrund ihrer tschechischen Herkunft auf gesteigertes Misstrauen im deutschen Eger stießen[760].

Umgekehrt sorgten damals allerdings mehrere Beschlagnahmen von Gütern Pilsner Bürger in Eger mutmaßlich für Unruhe bei geschäftlich in Eger aktiven Pilsnern[761]. Es ist daher durchaus denkbar, dass die überlieferten Förderbriefe gar nicht auf Vorschriften des Egerer Rates zurückgingen. Möglicherweise ließen sich vielmehr die genannten Pilsner Händler vorsorglich für ihre Reise nach Eger solche Förderschreiben ausstellen, um sich auf diese Weise gegen ähnliches Unbill, wie es ihren Mitbürgern widerfahren war, abzusichern. Förderbriefe stellten nämlich nicht nur für Obrigkeiten Mittel der Kontrolle des Handelsverkehrs dar. Häufiger noch erwirkten reisende Kaufleute von sich aus solche Schreiben, um auf diese Weise ihr Risiko zu verringern. Sie versicherten sich so des Rückhalts ihrer städtischen Gemeinden, die mit diesen Schreiben quasi ihren Namen und ihr Ansehen auf den Inhaber des Förderbriefes übertrugen. Diese Koppelung konnte daher ihrerseits zu diplomatischen Verstimmungen führen, wenn etwa Waren unter dem Verdacht des Hussitenhandels beschlagnahmt wurden, obwohl die Kaufleute entsprechende Förderbriefe besessen hatten[762].

Das System der obrigkeitlichen Kontrolle von Handelsverkehr mittels Förderbriefen trug also einerseits den Keim für politische Auseinandersetzungen innerhalb der katholischen Partei in sich. Andererseits erwies es sich offenbar in der Praxis nicht immer als so zweckdienlich wie die Urheber gehofft hatten, heißt es doch in dem erwähnten Mandat Albrechts V. vom Juni 1426, der Herzog habe sich entschieden, das damals in Budweis geltende System von Förderbriefen aufzuheben, da die Budweiser sich bei ihm beklagt hatten, dass es vielen Leuten und insbesondere den Budweisern selbst insofern zu Scha-

---

760 Vgl. dazu auch im Folgenden, Kap. 4.2.1.

761 Vgl. Orig. SOkA Cheb, AM Cheb, Kart. 504, Fasz. 695, Nr. A-2985/4; UB Pilsen 1, hg. Strnad Nr. 299, 321f., der Pilsner Rat an den Rat der Stadt Eger, 1428, September 29, Pilsen. In diesem Schreiben ist von mindestens zwei voneinander unabhängigen Beschlagnahmen von Gütern Pilsner Bürger in Eger die Rede. Auch wenn der Grund für diese Konfiskationen nicht genannt wird, spricht der inhaltliche und zeitliche Konnex dafür, dass die Egerer den Verdacht des Hussitenhandels gehegt haben könnten. Möglicherweise ist dieser Zusammenhang weiters auch dafür verantwortlich, dass gerade diese drei Förderbriefe erhalten blieben.

762 Vgl. das im Folgenden, Kap. 3.4.4.2, Anm. 900 zitierte Beispiel für die Verhaftung von mit einem Olmützer Förderbrief ausgestatteten Kaufleuten im schlesischen Liegnitz sowie die im selben Kapitel besprochenen umfänglichen diplomatischen Verwicklungen, die aus der Verhaftung der mit hussitischen Geleitbriefen ausgestatteten Begleiter eines Warenzuges durch Olmützer Söldner im Frühling 1425 resultierten.

den gereiche, als die Landbevölkerung der umständlichen Kontrollen wegen kaum mehr Nahrungsmittel in die Stadt liefere[763].

Vergleicht man nun die hier besprochenen Maßnahmen zur Kontrolle von Handelswegen etwa mit jenen Maßnahmen, die die Städte Freistadt und Budweis ergriffen, um den Salzhandel im oberösterreichisch-südböhmischen Raum zu überwachen und ihre Stapelprivilegien zu schützen[764], zeigt sich, dass die Verantwortlichen bei der praktischen Umsetzung des antihussitischen Handelsverbotes auf eine Reihe von bewährten Maßnahmen zurückgriffen, mit deren Hilfe schon lange vor den Hussitenkriegen der Handelsverkehr auf Straßen und Wegen überwacht worden war. Da es sich bei dem antihussitischen Handelsverbot lediglich um eine von unzähligen Beschränkungen handelte, die das alltägliche mittelalterliche Wirtschaftsleben prägten, konnten die Betreiber des antihussitischen Handelsverbotes auch noch auf ein zweites Mittel zur Überwachung und Regulierung wirtschaftlicher Aktivitäten zurückgreifen, das bereits eine lange Tradition besaß: die Kontrolle von Kaufleuten durch ihre jeweiligen städtischen Obrigkeiten.

3.4.2 Kaufleute und deren Kontrolle

Als lokale Amtsträger ihrer Herren bildeten städtische Räte für Könige und Territorialherren natürliche Relais, um Befehle bezüglich des antihussitischen Handelsverbotes sowohl horizontal zwischen einzelnen Städten weiterzuleiten[765] als auch vertikal von der Ebene des Reichsoberhauptes auf die Ebene der einzelnen Kaufleute zu kommunizieren. Ein großer Teil der normativen Quellen, die die praktische Umsetzung des antihussitischen Handelsverbotes betreffen, fordert entsprechend konkrete Stadträte dazu auf, ihren Bürgern, Kaufleuten und/oder Grunduntertanen jeden Kontakt mit den Hussiten zu untersagen[766].

763 Orig. SOkA České Budějovice, AM České Budějovice, Chronologische Reihe, Sign. 1426/1; RI XII Supp., Albrecht V. an Leopold von Kraig, 1426, Juni 8, Wien: *daz menicleich und sunder unser burger zu dem Budweis vast damit beswert sein, wan die leut auf dem land gesessen dester ungerner narung in die stat fürent, daraus uns und der stat scheden kömen möchten.*

764 Vgl. oben, Kap. 3.3.1.1.

765 Vgl. dazu einige Belege für die horizontale Verbreitung von Mandaten Sigismunds: DRTA 8, Nr. 99, 114f., der Augsburger Rat an den Rat der Stadt Ulm, 1422, Februar 12, Augsburg; StAN BB Nr. 6, fol. 89r–v; Urkundliche Beiträge 1, hg. Palacký Nr. 297, 344, der Nürnberger Rat an den Rat der Stadt Regensburg, 1424, Juni 8, Nürnberg. Vgl. dazu auch im Folgenden, Kap. 5.1.3. Ermisch, Dresden 56 weist weiters auf einen Eintrag der Dresdner Kämmereirechnungen hin, demzufolge die Stadt einen Boten entlohnte, welcher wahrscheinlich Orig. SHStA, 10001 Ältere Urkunden, Nr. 6012, Martin V. an alle Gläubigen, 1426, Jänner 15, Rom, nach Dresden gebracht hatte.

766 Vgl. oben, Kap. 3.1.1. Zum Niederschlag lokaler Herrschaftsstrukturen in den Mandaten über das antihussitische Handelsverbot vgl. auch oben, Kap. 3.2.2.

Der Anlass für solche Schreiben waren nicht selten Verdächtigungen wegen angeblichen Hussitenhandels. Aus den Briefen, mit denen die betroffenen Räte sich rechtfertigten, erfährt man daher gelegentlich etwas über die praktische Umsetzung des antihussitischen Handelsverbotes durch dieselben. Deshalb sollen einige dieser Fälle hier etwas näher ausgeführt werden. Wie aus den Nürnberger Briefbüchern hervorgeht, waren etwa die dortigen Ratsherren im Frühling 1422 gezwungen, zu einem nicht überlieferten, aber offensichtlich ziemlich harschen Schreiben König Sigismunds Stellung zu nehmen[767]. Diesem war zu Ohren gekommen, dass Nürnberger Bürger und Kaufleute *den keczern von Prag und von Beheim* entgegen seinen Verboten *mangerley notdurft verkawffen und raichen sölten*, weswegen er die Adressaten aufforderte, *den unsern zu verpieten, daz des furbas auch niht beschehe etc*. In ihren Antwortschreiben an den König und den königlichen Kämmerer Albrecht von Colditz beteuern die Ratsherren die Unschuld der Nürnberger Kaufleute und bemühen sich, den Namen der Stadt vom Vorwurf des Hussitenhandels reinzuwaschen[768]. Hinsichtlich der praktischen Umsetzung des Handelsverbotes heißt es dem König gegenüber in diesem Zusammenhang, die Ratsherren hätten ihren Mitbürgern das königliche Verbot mitgeteilt und dessen Beachtung angemahnt[769]. Möglicherweise ist darunter eine öffentliche Verlautbarung zu verstehen, wie Andreas von Regensburg sie zwei Jahre später für Regensburg für das antihussitische Dekret von Pavia-Siena schildert[770]. In einem weiteren Rechtfertigungsschreiben an Sigismunds Rat und langjährigen Nürnberger Vertrauten, Albrecht von Colditz[771], legen die Ratsherren ferner dar, wie sie den Verdächtigungen des Hussitenhandels praktisch nachgegangen

767 StAN BB Nr. 5, fol. 214r–215r; Urkundliche Beiträge 1, hg. Palacký Nr. 176, 189f., der Nürnberger Rat an Sigismund/Albrecht von Colditz, 1422, April 17, Nürnberg. Vgl. zu diesen Schreiben auch im Folgenden u. a. Kap. 4.3.1.

768 Vgl. im Folgenden, Kap. 4.2.3.

769 StAN BB Nr. 5, fol. 214r; Urkundliche Beiträge 1, hg. Palacký Nr. 176, 189f., der Nürnberger Rat an Sigismund, 1422, April 17, Nürnberg: *[Wir sind] derselben ewr hochwürdigkeit begerung* [= Handel mit Hussiten zu untersagen, d. V.] *gern willig und gehorsam gewesen und haben das den unsern also zu wissen getan und verpotten.*

770 Andreas von Regensburg, Sämtliche Werke, hg. Leidinger 314, zu 1424, Jänner 16: *Item anno domini 1424* […] *in quodam loco Ratisponensis diocesis in loco, quo solent publicari plebescita, per preconem loci eiusdem est publicatum, quod nemo aliquem Bohemum sive de Bohemia sive emendo sive vendendo seu quovis alio modo contrastando debeat ledere sub amissione rerum et corporis. Hoc tamen mandatum paucis emergentibus diebus postea fuit revocatum* [= nochmals ausrufen]. Vgl. hier auch die Bestimmungen des Edikts von Welun, im Folgenden, Kap. 4.3.3. Zur Publikation des antihussitischen Handelsverbotes allgemein auch Kaar, Urkunden.

771 Für Colditz' langjährige Verbindung zu Nürnberg vgl. z. B. RI XI, Nr. 139, Sigismund bestätigt Albrecht von Colditz die Verschreibung einer Summe Geldes auf der Steuer der Nürnberger Juden, welche dessen Vorfahren von Karl IV. und Wenzel IV. erhalten hatten, 1411, Oktober 17, Pressburg. Zu Albrecht von Colditz' Rolle an Sigismunds Hof zuletzt Pohanka, Career.

waren: Man habe *etlich unser frewnde und ratgesellen* zu den Anschuldigungen des Königs befragt, angeblich jedoch keinen Hinweis auf ein Fehlverhalten gefunden[772]. Auf dieselbe Weise verfuhr der Nürnberger Rat auch mit Einzelpersonen, die des Hussitenhandels beschuldigt wurden. Hans Gundelfing und Markward Scheffein, denen jeweils Waren unter dem Verdacht des Hussitenhandels beschlagnahmt wurden, mussten vor dem Rat einen Eid darüber ablegen, dass sich ausschließlich ihre Güter auf den arrestierten Wagen befunden hatten[773]. Als im Frühling 1425 ein Mitglied der Familie Prückler bzw. im Herbst 1426 Hans Imhoffs Vater Sebald des Hussitenhandels verdächtigt wurden, wurden sie jeweils von den Ratsherren *ernstlich darumb zu rede gesatzt*[774].

Sehr ähnlich wie der Nürnberger Rat ging der Olmützer Rat in einem Fall von angeblichem Hussitenhandel vor, der sich vermutlich im Jahr 1426 ereignete[775]. Damals wurden Olmützer Kaufleute unter dem Verdacht *rechte ketczer* [zu] *sein und den ketczern zu*[zu]*furen* im schlesischen Liegnitz inhaftiert und ihre Güter beschlagnahmt. Konkret wurden die Verhafteten beschuldigt, sie hätten sich von dem hussitischen Adeligen Peter von Proßnitz (*Prostans*, südlichwestlich von Olmütz) anwerben lassen, um ihm „zuzuführen“[776]. Der Olmützer Rat wandte sich daraufhin in drei Schreiben an den Liegnitzer Rat, den dortigen Stadthauptmann sowie den Herrn der Stadt, Herzog Ludwig von Liegnitz-Brieg, um zu bestätigen, dass die gefangenen Kaufleute *uns und nicht den ketczern ware zufurten*[777]. Neben der Beteuerung, dass man auf keinen Fall Hussiten

772 StAN BB Nr. 5, fol. 214v–215r, hier 214v, der Nürnberger Rat an Albrecht von Colditz, 1422, April 17, Nürnberg: *[Wir haben] durch etlich unser frewnde und ratgesellen fürbringen und verhörn und erczeln* [...] *lassen, dacz wir von den unsern anders niht erfarn haben, denn dacz sie sölich sache vermyden und niht getriben haben.*

773 Ebd. Nr. 8, fol. 87v, 91r–v, der Nürnberger Rat an Heimeran Nothaft/Heinrich Nothaft, 1428, November 19 bzw. 26, Nürnberg; ebd. Nr. 9, fol. 4r, Dies. an den Landschreiber zu Neunburg vorm Wald, 1430, Mai 5, Nürnberg. Vgl. zu dieser Form des Eides auch oben, Kap. 2.6.4.

774 Ebd. Nr. 6, fol. 146r–v; Urkundliche Beiträge 1, hg. Palacký Nr. 326, 379f., der Nürnberger Rat an Johann von Pfalz-Neumarkt, 1425, Februar 12, Nürnberg; StAN BB Nr. 7, fol. 108r; Urkundliche Beiträge 1, hg. Palacký Nr. 420, 475, der Nürnberger Rat an Hanusch von Kolowrat, 1426, Oktober 18, Nürnberg. Vgl. dazu auch im Folgenden Kap. 4.2.2 und 4.2.4.

775 SOkA Olomouc, Briefbuch fol. 14r und 167v; Grünhagen, Geschichtsquellen 45f., der Olmützer Rat an den Rat von Liegnitz/Ludwig von Liegnitz-Brieg, 1426 (?), Olmütz. Ein Brief, den die Olmützer in diesem Zusammenhang an den Liegnitzer Hauptmann schickten, ist nicht überliefert. Vgl. zu diesem Fall auch im Folgenden Kap. 3.4.4.2 und 4.2.3.

776 In den Briefen ist die Rede von einer *awsgebung*, d. h. einer Bezahlung, die die inkriminierten Olmützer Fuhrleute angeblich von den Leuten Peters erhalten hatten.

777 Nach SOkA Olomouc, Briefbuch fol. 167v, der Olmützer Rat an den Rat von Liegnitz, 1426 (?), Olmütz, hatten die Inhaftierten den Auftrag, Vorräte für die Mannschaften der Stadt Olmütz und anderer Städte, die an der Belagerung von Ungarisch Ostra (*Steyitz*) beteiligt waren, zu besorgen. Möglicherweise ging es also um den Kauf von Waffen und anderen kriegswichtigen Materialien. Die hussitische

unterstützen würde[778], verweisen die Absender darauf, dass sie alle Olmützer Bürger, die kürzlich in Liegnitz gewesen seien, vorgeladen und befragt hätten, ob ihnen von Leuten Peters Geld angeboten worden sei. Die Befragten hätten aber *bei iren guten trewn und eren* geschworen, dass sie nichts von einem solchen Angebot wüssten und es auch nicht dulden würden, wenn einer der Ihren sich auf diese Weise korrumpieren lassen würde[779].

Nicht mehr bloß „ernstlich“, sondern vielmehr *heftiklich* wurde nach Angabe des Nürnberger Rates schließlich der bereits mehrfach erwähnte Jakob Granetel im Herbst 1421 wegen des angeblichen Verkaufs von Pulver an die Hussiten während der Belagerung von Saaz durch die Truppen des Zweiten Kreuzzuges verhört[780]. Auffällig detailliert schildern die Ratsherren Granetels Ankläger, Markgraf Wilhelm von Meißen, in einem merklich indignierten Schreiben die besondere Ernsthaftigkeit, mit der man die Angelegenheit untersucht habe[781]. Obwohl Granetel *ein sölicher erberger* [= ehrbarer] *gesessner man by uns* [sei], *dacz wir uns sölicher sache zu im niht versehen noch getrawt haben*, habe man ihn vor den Rat zitiert und mit der Anklage konfrontiert. Da Granetel seine Unschuld beteuert habe, habe man weitere Nachforschungen angestellt, die jedoch nichts ergeben hätten[782]. Erst auf diese zusätzlichen Ermittlungen hin habe man ihm gestattet, *daz er* […] *eynen starken eyd zu Got und den heiligen vor uns gesworen und uns einen gantzen glawben seinr unschult gemacht hat*, d. h. einen Reinigungseid zu schwören, um den Hussitenhandelsverdacht zurückzuweisen. Die Ausführlichkeit mit der der Rat sein Vorgehen schildert, und der besondere Nachdruck, mit dem die Ratsherren betonen, in keinster Weise einen möglichen Hussitenhändler und Verräter schützen zu wollen, unterstreicht noch einmal die besondere Verfänglichkeit der Verdächtigungen gegen Granetel, welche offensichtlich auch den Nürnberger Rat in einige Verlegenheit brachten[783].

Festung im südlich von Ungarisch Hradisch gelegenen Ungarisch Ostra wurde mehrfach von königstreuen Truppen belagert, eine nähere zeitliche Einordnung des Briefes nach dieser Nachricht ist daher nur begrenzt möglich.

778 Vgl. dazu im Folgenden, Kap. 4.2.3.

779 SOkA Olomouc, Briefbuch fol. 167v, der Olmützer Rat an den Rat von Liegnitz, 1426 (?), Olmütz: *Auch so haben wir umb die awsgebung des Prostaners vor uns geruft und zu rede gesatcz alle, die von uns in ewrer stat iczund gewest sein. Die sprechen bey iren guten trewn und eren, das sie nichtes davon wissen, sunder hett das yemant uf iren slag* [= Handschlag, im Sinne von „in ihrem Namen“?] *getan, das wer in gar leid und sie meynten, des nicht zu entgelden* [= dulden].

780 StAN BB Nr. 5, fol. 167r–v; Urkundliche Beiträge 1, hg. Palacký Nr. 152, 163f., der Nürnberger Rat an Wilhelm von Meißen, 1421, Oktober 22, Nürnberg: *[Wir haben] denselben Granetel für uns besandt und heftiklich darumb zu rede gesatzt*. Vgl. dazu oben, Kap. 3.3.2 sowie im Folgenden, Kap. 4.2.2.

781 Wilhelm hatte selbst zu den erfolglosen Belagerern von Saaz gehört, wo ihm die Gerüchte über Granetels Verrat zu Ohren gekommen waren.

782 Ebd.: *Dabey haben wir uns umb die sache fleissig erfarn und konten des keinen grunt noch warheit finden.*

783 Nach dem Scheitern des Zweiten Kreuzzuges kursierten offenbar alle möglichen Gerüchte über ver-

Aus diesen Rechtfertigungsschreiben wird deutlich, dass städtische Räte unmittelbar Verantwortung für das Verhalten ihrer Bürger und Kaufleute trugen. Der Gedanke einer solchen Rechenschaftspflicht war der Idee städtischer Selbstverwaltung gewissermaßen von Natur aus inhärent. Gleichzeitig kam im Zusammenhang mit dem antihussitischen Handelsverbot auch das Kirchenrecht zum Tragen, welches Herren für das Verhalten ihrer Untertanen Häretikern gegenüber direkt verantwortlich machte[784]. Diese beiden Prinzipien resultierten in eine Verpflichtung städtischer Räte, das Verhalten ihrer Kaufleute zu kontrollieren und die Verantwortung für deren eventuelles Fehlverhalten zu übernehmen.

Besonders deutlich formuliert wird diese Vorstellung in einem hier abschließend zu besprechenden Mandat Albrechts V. an die Stadt Wien vom November 1425, auf das oben in Kapitel 3.3.2 bereits näher eingegangen wurde[785]. Der Herzog teilt Bürgermeister, Richter und Rat zu Wien darin mit, er habe erfahren, dass in der Stadt mit Rohstoffen für die Herstellung von Feuerwaffen gehandelt werde, die auf diesem Weg in die Hände seiner und des Landes Feinde gelangten. Albrecht weist die Adressaten daher *ernstleich an, daz ir mit den kaufleuten* [in Wien] *bestellet und von unsern wegen ernstleich schaffet, daz si in* [= den Hussiten] *solichen war zu verkauffen fursichtig sein und die nyemant verkauffen*, der damit die Hussiten unterstützen würde. Vielmehr sollte der Rat dafür sorgen, dass *was si* [= die Kaufleute] *derselben war verkauffen wellen, daz si das tun mit ewrm wissen und willen, und daz ir darin fürsehet, damit die den veinden* [= den Hussiten] *nicht zugefürt werde.* Der Handel mit den in dem Mandat genannten, sehr signifikanten strategischen Gütern wurde also unmittelbar unter die Aufsicht des Stadtrates gestellt. Dieser musste seine Zustimmung zu jedem Verkauf geben, um sicherzustellen, dass nur noch an vertrauenswürdige Personen verkauft wurde. Der vom Herzog bestätigte und ihm verantwortliche Stadtrat wurde so zu dessen Ausführungsorgan für die Überwachung eines militärisch-taktisch wichtigen Zweiges des Wiener Handels gemacht.

---

meintliche Verräter, vgl. dazu etwa die bei Hlaváček, Beginnings 56, Anm. 36 erwähnten Verdächtigungen gegen zwei 1425 in Heidelberg hingerichtete deutsche Anhänger der Hussiten, sie wären während des Zweiten Kreuzzuges in Saaz gewesen, und die Furcht etlicher jüdischer Gemeinden in Deutschland vor Racheakten der heimkehrenden Kreuzfahrer, vgl. im Folgenden, Kap. 4.1.4 mit Anm. 977.

784 Im Hinblick auf das antihussitische Handelsverbot vgl. Brandmüller, Konzil 2, Nr. 3, 20–22, hier 21f., Dekret des Konzils von Pavia-Siena, 1423, November 8, Pavia: *eos eciam, qui scienter* [...] *subditos suos cum eis [hereticis] negociari permiserint, penis et damnacionibus contra hereticos promulgatis fore obnoxios* (Hervorhebung d. V.).

785 Orig. WStLA, Hauptarchiv – Urkunden Nr. 2271; Quellen, hg. Uhlirz Nr. 2271, Albrecht V. an den Rat der Stadt Wien, 1425, November 28, Korneuburg.

Aus Sicht des Herzogs wurden mit dieser Maßnahme allerdings gleichzeitig auch individuell Verantwortliche für die praktische Umsetzung und Kontrolle des antihussitischen Handelsverbotes benannt. Wie oben ausgeführt wurde, entstand das hier besprochene Mandat vor dem Hintergrund hussitischer Raub- und Plünderzüge im südlichen Mähren und nördlichen Niederösterreich. Die Anordnungen Albrechts sind daher vielleicht nicht ausschließlich als rein instrumentelle Maßnahmen zur Kontrolle des Handelsverkehrs mit strategisch wichtigen Rohstoffen zu verstehen. Indem er die Wiener Ratsherren deutlich an ihre Verantwortung erinnerte und ihnen konkret vorschrieb, wie sie ihre Aufsicht umsetzen sollten, wälzte Herzog Albrecht auch einen Teil der Verantwortung für die aktuellen – und eventuell noch folgende künftige – hussitische Heerzüge auf andere politische Akteure ab[786]. Unter diesem Blickwinkel erweisen sich daher Mandate über die Einschärfung des antihussitischen Handelsverbotes auch als Produkte eines kommunikativen Prozesses, der in Kapitel 4 dieser Arbeit in größerer Tiefe analysiert wird.

An dieser Stelle sei lediglich zusammenfassend festgehalten, dass städtischen Autoritäten die unmittelbare Verantwortung für das Wohlverhalten ihrer Bürger und Kaufleute im Hinblick auf das antihussitische Handelsverbot zugeschrieben wurde. Diese Verantwortung wurde von den Stadtherren nachdrücklich eingefordert und von den Stadträten – zumindest ihrer eigenen Darstellung nach – auch akribisch umgesetzt[787]. Dieser Mechanismus machte städtische Räte zu vorrangigen Instrumenten für die praktische Umsetzung des antihussitischen Handelsverbotes mittels der Kontrolle der wirtschaftlichen Tätigkeit ihrer Kaufleute.

3.4.3 Strafen

Im Hinblick auf die praktische Umsetzung des antihussitischen Handelsverbotes ist als nächstes danach zu fragen, was sich anhand der hier untersuchten Quellen über die Bestrafung angeblicher Hussitenhändler sagen lässt[788]. Da es sich beim Gegenstand dieser Arbeit nicht nur um ein instrumentelles Kriegsmittel, sondern auch um eine Frage des Seelenheils handelte, war die Übertretung des Handelsverbotes – zumindest theoretisch – zuerst und vor allem eine Sünde, die der Buße und der Vergebung durch die

786 Die Stadt Wien hatte sich bezeichnenderweise während des betreffenden hussitischen Zuges durch Niederösterreich zögerlich gezeigt, wie von Albrecht gefordert das Landesaufgebot zu beschicken, vgl. oben, Kap. 3.3.2 mit Anm. 641.

787 Vgl. in diesem Zusammenhang auch im Folgenden, Kap. 4.2.3.

788 Ich danke Jana Reiter für Anregungen zu diesem Kapitel.

kirchlichen Autoritäten bedurfte[789]. Allerdings sah das „papal embargo" neben diesen spirituellen auch eine Reihe von materiell-repressiven, sozial-repressiven und physischen Strafen für die Häretikern gleichgestellten Schwarzhändler vor[790]. Die tatsächliche Umsetzung dieser Strafen anhand der Quellen nachzuvollziehen, gehört zu den interessantesten, jedoch auch schwierigsten Fragen, die sich aus der Beschäftigung mit dem antihussitischen Handelsverbot ergeben.

Zunächst ist festzuhalten, dass Verstöße gegen das antihussitische Handelsverbot unter einer Reihe verschiedener Tatbestände wie Häresie, Kollaboration, Verrat, Missachtung der Treuepflicht gegenüber dem König und dessen Amtsträgern, Gefährdung des Allgemeinwohles, etc. subsumiert werden konnten. Eine Scheidung der Zuständigkeit zwischen geistlichen und weltlichen Gerichten bei der Verfolgung und Bestrafung angeblicher Hussitenhändler ist nicht feststellbar; beide Gewalten wirkten offenbar so zusammen, wie sie es auch bei der Verfolgung von Häretikern taten[791].

Der Katalog der Strafen, die gegen angebliche Hussitenhändler zum Einsatz gebracht werden sollten, wurde offenkundig als bekannt vorausgesetzt, da der Großteil der normativen Quellen die Adressaten lediglich unspezifisch dazu auffordert, mit Schwarzhändlern *nach irem vordienen* zu verfahren[792]. Vor allem die normativen Quellen kurialer Provenienz wiederholen dennoch regelmäßig *in extenso* die bekannten, aus dem kanonischen Recht stammenden materiell- und sozial-repressiven Strafen für die Unterstützer von Häretikern (Infamie, Verlust der Fähigkeit, öffentliche Ämter auszuüben oder zu testieren, Güterkonfiskation, öffentliche Denunziation), und verlangen, dass diese Bestimmungen auch öffentlich publiziert werden sollten[793]. Besonders ausführlich äußert sich

789 Vgl. oben, Kap. 1.3.2 sowie im Folgenden, Kap. 4.1.3.

790 Vgl. oben, Kap. 1.3.

791 Vgl. dazu etwa Acta 2, hg. Eršil Nr. 1515, 605, Martin V. an den Bischof von Olmütz, 1426, Jänner 16, Rom: Der Bischof von Olmütz und die von ihm eingesetzten Amtsträger sollten die Befugnis haben, *omnes personas praefatis haereticis [Hussitis] auxilium, consilium vel favorem praestantes capiendi, carcerandi, detinendi et puniendi nec non auxilium brachii saecularis invocandi* (nach Reg., Hervorhebung d. V.) oder auch Urkundliche Beiträge 1, hg. Palacký Nrr. 294f., 339–341, hier 339, Sigismund an die Stadt Regensburg/die schlesischen Städte, 1424, Mai 17, Blindenburg, mit dem ausdrücklichen Auftrag an die Empfänger, im Namen des Königs die durch das Konzil von Pavia-Siena festgesetzten, dem kanonischen Recht entnommenen Strafen für Schwarzhändler zu exekutieren.

792 Zitat Orig. RAG, sub dato (262/210); Urkundliche Beiträge 2, hg. Palacký Nr. 735, 208f.; RI XI, Nr. 8454, Sigismund an die Stadt Görlitz, 1431, April 12, Nürnberg: *[W]o ir sulche missetetige lewte, die schuldig sein sulcher sache* [= Hussitenhandel] *begreiffet und ankomet, das ir* […] *in nach irem vordienen widerfaren lasset als billig ist.*

793 Urkundliche Beiträge 1, hg. Palacký Nr. 317, 367–369; Acta 2, hg. Eršil Nr. 1274, 515f., Martin V. an die Bischöfe von Regensburg, Passau, Olmütz, Meißen und Bamberg, 1424, November 24, Rom; Orig. SHStA, 10001 Ältere Urkunden, Nr. 6012, Ders. an alle Gläubigen, 1426, Jänner 15, Rom; Mo-

in diesem Zusammenhang etwa Kardinal Branda da Castiglione in einem Schreiben an den Bischof von Regensburg vom Mai 1424, mit dem er denselben zur Umsetzung der antihussitischen Beschlüsse des Konzils von Pavia-Siena aufforderte[794]. Diesem Schreiben ist eine an Sonn- und Feiertagen in allen Kirchen der Diözese Regensburg zu verkündende Liste mit außergewöhnlich scharfen Strafandrohungen beigeschlossen, denen alle Schwarzhändler verfallen sein sollten. Neben den antihäretischen Bestimmungen des kanonischen Rechts lehnt sich diese Liste auch stark an die antihäretische Gesetzgebung des Kaiserrechts an[795]. Auch das bereits erwähnte Edikt von Welun vom April 1424 ordnet die Verfolgung von Schwarzhändlern als Majestätsverbrecher an[796]. Wie im Folgenden in Kapitel 4.3 noch zu zeigen sein wird, ist es mutmaßlich kein Zufall, dass diese Schreiben die Assoziation von „Häresie", „Schwarzhandel", „Majestätsverbrechen" und die Schwere der Strafen, die auf diese Vergehen standen, so auffällig betonen. Sie versuchten vielmehr, auf diese Art auch eine kommunikative Botschaft zu transportieren, die über die Auflistung von rechtlichen Bestimmungen weit hinausging.

Im Zusammenhang mit der Assoziation von Schwarzhandel mit Verrat schwingen weiters in der Standardformulierung der Quellen, Hussitenhändler seien an „Leib und Gut" zu strafen, auch physische Strafen bis hin zur Todesstrafe mit. Der Urfehdebrief, den der angebliche Hussitenhändler Ulrich *Kursner* nach seinem Aufenthalt im Gefängnis Pfalzgraf Johanns ausstellte, hält etwa ausdrücklich fest, dass der Aussteller für sein Vergehen den Tod verdient habe und nur gnadenhalber das Leben behalte[797]. Fragt man nach den tatsächlich zur Anwendung gekommenen Strafen, treten in den hier untersuchten Quellen allerdings zwei andere Formen der Bestrafung vorrangig in Erscheinung: Güterkonfiskation und/oder Gefängnishaft. Zwar wurden während der Hussitenkriege zahlreiche Menschen wegen des Verdachts der Kollaboration mit Hussiten hingerichtet. Allerdings wurde den Hingerichteten, zumindest soweit ersichtlich, praktisch immer

numenta 2, hg. Theiner Nr. 367, 209, Ders. an Dies., 1431, Jänner 9, Rom. Vgl. im Detail zu den Strafandrohungen letzterer Bulle oben, Kap. 1.3.2.

794 Urkundliche Beiträge 1, hg. Palacký Nr. 293, 336–338, Branda da Castiglione an den Bischof von Regensburg, 1424, Mai 16, Blindenburg. Vgl. dazu ausführlich im Folgenden, Kap. 4.3.4.

795 Die Liste enthält etwa eine aus Innozenz' III. *Vergentis* stammende Bestimmung über die Enterbung der katholischen Söhne von als Häretiker zu behandelnden Schwarzhändlern *ad instar criminis lese maiestatis* oder die Aufforderung, das Heiratsgut von Frauen zu konfiszieren, die wissentlich einen Häretiker/Schwarzhändler geehelicht hatten. Vgl. dazu oben, Kap. 1.3.2 mit Anm. 88. Ich danke Stefan Stantchev und Norman Housley für Anregungen zur Interpretation dieser Quelle.

796 Urkundliche Beiträge 1, hg. Palacký Nr. 288, 331–333, Wladislaw Jagiello an alle Untertanen des Königreichs Polen, 1424, April 9, Welun. Vgl. dazu ausführlich im Folgenden, Kap. 4.3.3.

797 Orig. Archiv HVOR, Urk. Nr. 194, Urfehde Ulrich *Kursners* für Johann von Pfalz-Neumarkt, 1424, Juli 8: Der Aussteller bekennt, Hussitenhandel betrieben zu haben, *damit ich begriffen bin worden und den tod dorumb wol verdint het*.

Häresie und/oder Hochverrat zur Last gelegt, nie „bloßer“ Hussitenhandel[798]. Wenn wirtschaftliche Kontakte in diesem Zusammenhang eine Rolle spielten, dann nur insofern, als Delinquenten beschuldigt wurden, sie hätten sich für ihren Verrat von den Hussiten bestechen lassen[799]. Auch die Drohung des Pressburger Hauptmanns, alle, die beim Handel mit Hussiten ertappt würden, in die Donau werfen zu lassen, zielt eigentlich auf die Bekämpfung von Verrat ab, da unmittelbar davor die Befürchtung geäußert wird, die wirtschaftlichen Kontakte der städtischen Fischer mit den Hussiten, über die der Aussteller den Pressburger Rat in seinem Brief informiert, seien lediglich die Vorstufe zum Verrat der Stadt gegen Geld[800]. Die Todesstrafe scheint also Fällen vorbehalten geblieben zu sein, in denen es um eine noch schwerere Gefährdung des Gemeinwohles ging als bei Schwarzhandel[801].

Von den beiden vorrangig zur Anwendung gebrachten Strafen für Hussitenhändler – Güterkonfiskation und Haft[802] – war die Beschlagnahme angeblicher Schwarzhandelsgüter vielleicht nicht die häufigere, im Hinblick auf die praktische Umsetzung des antihussitischen Handelsverbotes allerdings sicher die bedeutsamere Strafe. Verantwortlich dafür

798 Vgl. dazu v. a. im Folgenden, Kap. 4.2.1.

799 Vgl. etwa die Anschuldigungen gegen den angeblich verräterischen Bautzener Stadtschreiber Peter Preischwitz, StA Bautzen, Bekenntnisse fol. 1v, vor 1431, Februar 3, Bautzen; Ruske, Verrat 143, § 6. Vgl. auch im Folgenden, Kap. 4.2.1.

800 Orig. AMB, Urk. Nr. 1330, Georg von Rozgon an den Pressburger Rat, 1434, April 12, Karlburg: [Wegen der Gefahr, die von den mit den Hussiten Handel treibenden Fischern als potentiellen Verrätern ausgeht] *hab ich derlaubt allen edlen auf der Schwtt* [= Schütt, Donauinsel bei Pressburg, d. V.] *und auch meinen dienern, wo sie solich schadlich leut begreiffen, si sollen si in das wasser werffen.* Vgl. auch im Folgenden, Kap. 4.2.1.

801 Vgl. in diesem Zusammenhang auch die beiden aus der Zeit des „Zweiten Hussitenkrieges“ stammenden Wiener Beispiele bei Kaska, Urfehdebriefe 57, Anm. 25. Bei beiden Urfehdeschwörenden handelte es sich um angebliche Hussitenhändler, in einem Fall wird dem Delinquenten allerdings zusätzlich Kollaboration mit den Hussiten gegen *Kristenmenschen* vorgeworfen. Der Betreffende gibt an, sein Verbrechen sei todeswürdig gewesen; in der Urfehde des zweiten Delinquenten ist hingegen lediglich die Rede von „Strafe und Buße“.

802 Nicht möglich war es hier nachzuvollziehen, ob und wie die sozial-repressiven Strafen des kanonischen Rechts für Häretiker/Schwarzhändler tatsächlich zur Ausführung kamen, da dafür biografische Detailuntersuchungen zu den einzelnen Delinquenten nötig wären, die hier nicht geleistet werden konnten. Angemerkt sei allerdings, dass der angebliche Hussitenhändler Ulrich *Kursner* sich in seinem Urfehdebrief als „ehemaliger Bürger zu Cham“ bezeichnet, das dortige Bürgerrecht also entweder selbst aufgegeben oder aber verloren hatte, vgl. Orig. Archiv HVOR, Urk. Nr. 194, Urfehde Dess. für Johann von Pfalz-Neumarkt, 1424, Juli 8. Ein in Breslau inhaftierter Mann sollte sich wiederum von seiner des Hussitenhandels verdächtigen Ehefrau trennen, Grünhagen, Geschichtsquellen Nr. 138, 100, Bürgschaft für Martin von Kniegnitz, zu Anfang 1431. Vgl. zu diesem außergewöhnlichen Fall ausführlich im Folgenden, Kap. 4.1.1.

war die Tatsache, dass die Konfiskation von Schwarzhandelsgütern eine potentiell ertragreiche, allerdings nicht unumstrittene Einnahmequelle darstellte.

Beinahe sämtliche normative Quellen zum antihussitischen Handelsverbot gehen ausdrücklich auf die Beschlagnahme von unrechtmäßig gehandelten Gütern ein. Hinsichtlich der Frage, wer konkret solche Konfiskationen durchführen und wem die Erträge daraus zufallen sollten, widersprechen die Bestimmungen einander allerdings bis zu einem gewissen Grad. Jene Dokumente, die auf das römisch-rechtliche Prinzip des Majestätsverbrechens abheben, wiederholen dessen Grundsatz, dass die Güter von Verrätern an den – wie auch immer verstandenen – „Staat" fallen sollten[803]. Die stärker auf den Bestimmungen des Kirchenrechts zum „papal embargo" aufbauenden päpstlichen Schreiben propagieren eher das aus der unmittelbar antihäretischen Gesetzgebung stammende Prinzip, dass die von „rechtgläubigen Fürsten" und „städtischen Magistraten" zu konfiszierenden Güter dem Kampf gegen die Hussiten dienen sollten[804]. Faktisch profitierten von solchen Konfiskationen aber meist wohl ausschließlich diejenigen, die einen mutmaßlichen Schwarzhändler fassten. Ein Bündnisvertrag der bayerischen Herzöge vom Oktober 1429 etwa hält dahingehend fest, dass der, der ein Schwarzhandelsgeschäft aufdeckte, das inkriminierte Gut behalten dürfen sollte, die Herzöge hingegen das Recht auf die weitere Bestrafung der Fuhrleute sowie der hinter dem Geschäft stehenden Auftraggeber hatten[805]. Ausdrücklich als Gott und dem König wohlgefällig wird die Praxis der Beschlagnahme von Schwarzhandelsgütern durch Individuen zu ihrem eigenen Nutzen auch in einem Mandat Sigismunds an die Stadt Regensburg vom Mai 1424 legitimiert: *[W]er solchen keczern, iren furderern vnd zufürer* [...] *ire hab vnd guet nympt, der sol* [...] *die haben vnd* <u>*in seinen nucz*</u> *wenden* [...] *vnd der hat gen got vnd der werlt vnd vns gerecht getan* (Hervorhebung d. V.)[806].

803 Urkundliche Beiträge 1, hg. PALACKÝ Nr. 288, 331–333, hier 332, Wladislaw Jagiello an alle Untertanen des Königreichs Polen, 1424, April 9, Welun: *omnia bona ipsius [offensoris regiae Majestatis] mobilia et immobilia* [...] <u>*nostro thesauro*</u> *[sunt] infiscanda* (Hervorhebung d. V.); vgl. auch ebd. Nr. 293, 336–338, hier 338, Branda da Castiglione an den Bischof von Regensburg, 1424, Mai 16, Blindenburg.

804 Monumenta 2, hg. THEINER Nr. 367, 209, Martin V. an alle Gläubigen, 1431, Jänner 9, Rom: *in prosecutione adversus dictos hereticos [Hussitas] fienda bona eorum [hostum catholice fidei] omnia devolvantur*. Vgl. dazu ausführlicher oben, Kap. 1.3.2. Zu den Urhebern der Beschlagnahmen Urkundliche Beiträge 1, hg. PALACKÝ Nr. 317, 367–369, hier 368; Acta 2, hg. ERŠIL Nr. 1274, 515f., Ders. an die Bischöfe von Regensburg, Passau, Olmütz, Meißen und Bamberg, 1424, November 24, Rom, unter ausdrücklicher Bezugnahme auf *Ita quorumdam*, oben, Anm. 68.

805 BECK, Heerwesen 24f., hier 25, Bündnisvertrag Johanns von Pfalz-Neumarkt mit Ernst und Wilhelm von Bayern, 1429, Oktober 21, Straubing: *[W]er sulch gut begreifet, der oder dieselben sullen das behalten, und wir mogen und sullen sulch, di es schicken oder furen, an iren leiben und guten strafen.*

806 Urkundliche Beiträge 1, hg. PALACKÝ Nr. 294, 339f., hier 340; RI XI, Nr. 5847, Sigismund an die Stadt Regensburg, 1424, Mai 17, Blindenburg. Sinngemäß auch in dem parallelen Mandat Dess. an die schle-

Freilich hatte durchaus nicht jedermann Gelegenheit, auf diesem Weg zu vergleichsweise mühelosen zusätzlichen Einnahmen zu kommen. In den Nürnberger und Olmützer Korrespondenzen ist praktisch ausschließlich die Rede von der Konfiskation angeblicher Schwarzhandelsgüter durch fürstliche oder städtische Amtsträger. Auch die normativen Quellen sprechen, wenn sie sich konkret über den Modus von Beschlagnahmen äußern, von obrigkeitlichen Amtsträgern. In einem Brief Herzog Ernsts von Bayern an die Stadt Passau vom Oktober 1431 etwa heißt es, der Aussteller sowie Pfalzgraf Johann hätten ihren Hauptleuten, Pflegern, Amtleuten *und andern den unsern* unter Berufung auf deren Diensteid befohlen, die Straßen gegen Böhmen zu überwachen und insbesondere Schwarzhändler und deren Güter auf den Straßen *auf*[zu]*hallden und sich des* [zu] *underwinden*[807].

In den meisten Fällen wanderten die konfiszierten Güter dabei wohl in die eigenen Taschen dieser Amtsträger. So ließ etwa der bischöfliche Hauptmann in Kremsier im Winter 1428 eine beschlagnahmte Wagenladung mit Wein in seine *habitacula* bringen[808]. Die bereits mehrfach erwähnten, am Zoll in Sulzbach beschlagnahmten Nürnberger Harnische wiederum zog der pfalzgräfliche Landschreiber ausdrücklich für sich und einen anderen *diener* Pfalzgraf Johanns ein, wobei er offenbar nicht gerade zimperlich vorging[809]. Im Frühling 1430 legten die Nürnberger weiters Beschwerde gegen eine angeblich ungerechtfertigte Beschlagnahme in Neunburg vorm Wald ein. Dort hatten ungenannte Amtsträger die Waren eines anderen Nürnberger Kaufmanns konfisziert und dem dortigen Landschreiber übergeben, an welchen der Nürnberger Rat sich daraufhin mit seiner Beschwerde wandte[810]. Da das Landschreiberamt im Bereich der landesfürstlichen Finanzverwaltung angesiedelt war, könnte das Hervortreten zweier Inhaber gerade dieses Amtes bei der Beschlagnahme von angeblichem Schwarzhandelsgut darauf hindeuten, dass es durchaus ein finanzielles Interesse der landesfürstlichen Kammer an solchen Konfiskationen gab[811].

---

sischen Städte, ebd. Nr. 295, 340f., RI XI, Nr. 5848.

807 Orig. StA Passau, I. Urkunden, Nr. 459, Ernst von Bayern an Passau, 1431, Oktober 31, Straubing. Vgl. dazu auch oben, Kap. 3.4.1.

808 SOkA Olomouc, Briefbuch fol. 115v–116r, hier 116r; Urkundliche Beiträge 2, hg. Palacký Nr. 563, 8–10, der Olmützer Rat an den Bischof von Olmütz, 1429, Jänner 26, Olmütz.

809 StAN BB Nr. 8, fol. 93r, der Nürnberger Rat an Johann von Pfalz-Neumarkt/den Landschreiber zu Sulzbach, 1428, Dezember 2, Nürnberg: *Aber der lantschreyber wolt* [dem Fuhrmann die Rückführung der Harnische nach Nürnberg] *niht güenen, und hab sich derselben fünfft panczer mit gewalt underwunden, und die mit dem Mistelbecken, ewerm diener und amptman, geteilt, und maynen in die zu behalden.*

810 Ebd. Nr. 9, fol. 4r, der Nürnberger Rat an den Landschreiber zu Neunburg vorm Wald, 1430, Mai 5, Nürnberg: [Seine Waren wurden dem Kläger durch] *etliche von Newemburg genomen und euch die furbaz geantwort* […], *als ob die den hussen zugehorn und zugefurt werden sollten.*

811 Die von Bleicher, Herzogtum ausgewerteten Straubinger Landschreiberrechnungen aus den Jahren

Die Aussicht auf Einnahmen aus der Konfiskation von Schwarzhandelsgütern bildete jedenfalls mutmaßlich einen bedeutenden Anreiz für die praktische Umsetzung des antihussitischen Handelsverbotes. Gerade wegen ihrer finanziellen Einträglichkeit stellten Beschlagnahmen wegen Hussitenhandels allerdings auch einen notorischen Anlass für Auseinandersetzungen innerhalb der katholischen Partei dar[812]. Die Rechtmäßigkeit von Konfiskationen war nämlich offensichtlich mitunter durchaus umstritten. In der eben zitierten Passage aus dem Mandat König Sigismunds an die Stadt Regensburg vom Mai 1424 heißt es etwa zusätzlich zum oben angeführten Text, dass diejenigen, die Schwarzhandelsgüter beschlagnahmten, *darumb vngestrafft* bleiben sollten[813]. Herzog Albrechts mährische Amtsträger sollten 1432 beschlagnahmtes Schmuggelgut so lange ungeteilt einbehalten, bis der Herzog persönlich eintraf, mutmaßlich um über die Rechtmäßigkeit der Beschlagnahme und die Aufteilung der konfiszierten Güter zu entscheiden[814]. Noch deutlicher tritt das Problem schließlich in einem Privileg hervor, welches Sigismund im September 1437, d. h. mehrere Jahre nach dem Ende der Hussitenkriege, für seine loyalen schlesischen Gefolgsleute, namentlich die Stadt Breslau ausstellte[815]. Mit dieser Urkunde erklärte der Kaiser rückwirkend sämtliche Maßnahmen für rechtens, die die Empfänger in den Jahren zuvor in seinem Namen gegen die im Land lagernden hussitischen Truppen und deren angebliche Unterstützer gesetzt hatten. Ausdrücklich erwähnt wird dabei u. a. das Vorgehen der Breslauer gegen Schwarzhändler, die dem Feind *spysse, trank oder futer* zugeführt bzw. ihm Materialien für Befestigungsarbeiten geliefert hatten. Den Hintergrund für diese rückwirkende Legitimierung stellten offensichtlich Restitutionsforderungen dar, mit denen die Breslauer sich konfrontiert sahen. Sigismund nimmt die Empfänger nämlich in Schutz und garantiert, dass *dieselben von Breslaw vnd andere vnsere getruen vnd ire helffer* wegen ihres Vorgehens während der Hussitenkriege *nymmer ewiclich angelangt oder angesprochen werden* sollten, weder vor Gericht noch außergerichtlich. Angesichts der Klausel aus dem Mandat für Regensburg erscheint es wahrscheinlich, dass es sich neben Forderungen wegen Schäden an den von den Breslau-

1421 bis 1427 enthalten allerdings scheinbar keine Einnahmen aus der Konfiskation von Schwarzhandelsgütern.

812 Für Beispiele für solche Auseinandersetzungen vgl. oben, passim, bes. jedoch im Folgenden, Kap. 3.4.4.2 sowie 4.2.3.

813 Urkundliche Beiträge 1, hg. Palacký Nr. 294, 339f., hier 340; RI XI, Nr. 5847, Sigismund an die Stadt Regensburg, 1424, Mai 17, Blindenburg.

814 Elbel, Dohody Nr. 15, 100f., hier 101; RI XII Supp., Albrecht V. an seine mährischen Amtsträger, 1432, Februar 13, Wien: *Was ir aber solicher* [illegaler] *war findet* […] *der sollet ÿr ew underwinden unnd die unverrukth beyeinander halten uncz an uns.*

815 Grünhagen, Geschichtsquellen Nr. 217, 151f.; RI XI, Nr. 12071, Sigismund für seine Getreuen in Schlesien, namentlich die Stadt Breslau, 1437, September 7, Prag.

ern eroberten – und teilweise auch besetzten – ehemals hussitischen Burgen und Städten vor allem auch um Restitutionsforderungen handelte, die aus der Konfiskation angeblicher Schwarzhandelsgüter resultierten[816].

Neben der Konfiskation seiner Waren musste ein angeblicher Hussitenhändler auch damit rechnen, einige Zeit in Haft zu verbringen. Angesichts des uneindeutigen mittelalterlichen Verständnisses von Haft ist dabei schwierig zu unterscheiden, ob sich die Betreffenden lediglich vorübergehend in „Untersuchungshaft" befanden, während dem Verdacht des Hussitenhandels nachgegangen wurde, oder ob sie eine zum Zweck der Buße und der Besserung verhängte Haftstrafe verbüßten[817]. Der bereits mehrfach erwähnte mutmaßliche Krämer Peter von Saaz und seine Frau wurden im November 1427 zwei Wochen im Görlitzer Gefängnis festgehalten[818], bevor sie gegen Vorlage einer Bürgschaft zweier anderer Prager Exilanten wieder freigelassen wurden[819]. In diesem Fall handelte es sich mit ziemlicher Sicherheit lediglich um eine vorübergehende „Untersuchungshaft", für die die beiden dem Görlitzer Rat allerdings nichtsdestotrotz eine Urfehde ausstellen mussten[820]. Auch in jenen Fällen, in denen in den Nürnberger und Olmützer Korrespondenzen von der Beschlagnahme von Gütern und der gleichzeitigen Arrestierung von Kaufleuten unter dem Verdacht des Hussitenhandels die Rede ist, ist davon auszugehen, dass es sich eher um vorübergehende Festnahmen handelte[821].

816 Zur Situation in Schlesien vgl. ausführlich auch im Folgenden, Kap. 5.1.2.

817 Zu der sich im Mittelalter erst langsam entwickelnden Idee von Haftstrafen als Buß- und Besserungsstrafen Schubert, Räuber 132–139. Zu den Wurzeln des Konzepts im Strafkatalog der Inquisition vgl. auch Given, Inquisitors 343f.

818 CDLS II,1, hg. Jecht 406, Görlitzer Ratsrechnungen zu 1427, November 30: *Item dem boten, das her einen Behemen mit sinem weibe 14 tage gehaldin hat*, zusammenzustellen mit ebd. 479f., siehe unten, Anm. 820.

819 Vgl. ebd. 479, Prokop, *canonicus Boleslaviensis*, und Sigismund Pernoldi, *civis minoris civitatis Pragensis*, an den Bürgermeister von Görlitz, 1427, November 26, Zittau. Die Verfasser verbürgen sich für die katholische Rechtgläubigkeit eines *Petrus, dictus Laczensis, civis Pragensis*, der unter Zurücklassung seiner Güter vor neun Jahren gemeinsam mit ihnen Prag verlassen habe. Nach Mitteilung Ondřej Vodičkas handelt es sich bei dem bei Jecht gedruckten Beinamen Peters höchstwahrscheinlich um eine Verschreibung für *Saczensis* (so in der Zittauer Abschrift der Jechts Druck zugrunde liegenden *Annales Gorlicenses*, CWB Zittau, Altbestand, Sign. A 245a, pag. 226). Ich danke Ondřej Vodička für diesen Hinweis.

820 CDLS II,1, hg. Jecht 479f., Urfehde Peters von Saaz und seiner Frau für den Görlitzer Rat, 1427, November 28, Görlitz.

821 Arrest von Nürnberger Bürgern: StAN BB Nr. 8, fol. 76v, der Nürnberger Rat an Heimeran und Heinrich Nothaft/Johann von Pfalz-Neumarkt, 1428, Oktober 14, Nürnberg. Arrest von Olmützer Bürgern: SOkA Olomouc, Briefbuch fol. 10v, der Olmützer Rat an den Bischof von Breslau, vor 1425, November 16, Olmütz; ebd. fol. 14r und 167v; Grünhagen, Geschichtsquellen 45f., Dies. an den Rat von

Für die Zeit des „Zweiten Hussitenkrieges“ wies Hans Schenk nach, dass einige Nürnberger Bürger damals wegen Hussitenhandels vom Stadtrat zu Haftstrafen im (als vergleichsweise angenehmer Haftort geltenden) Stadtturm verurteilt wurden[822]. 30 Jahre zuvor, im Winter 1424, verbrachte der Nürnberger Bürger Peter *Quetrer* hingegen auf Befehl des Rates zehn Wochen im Nürnberger Lochgefängnis *von des zuführens wegen gen Beheim*[823]. Man darf daher wohl annehmen, dass zumindest ein Teil der aus Urfehden oder Bürgschaftserklärungen erschließbaren Gefängnisaufenthalte von mutmaßlichen Schwarzhändlern während des „Ersten Hussitenkrieges“ ebenfalls den Charakter von eben im 15. Jahrhundert zunehmend angewandten Buß- und Besserungsstrafen hatte.

Verhängt wurden solche Haftstrafen sowohl über die in den Breslauer und Görlitzer justiziellen Quellen überwiegend repräsentierten Angehörigen unterbürgerlicher Schichten[824] als auch über Regensburger, Chamer und Nürnberger Bürger[825]. Über Dauer und praktische Umsetzung dieser Gefängnisstrafen lässt sich anhand der hier bearbeiteten Quellen über das bereits Gesagte hinaus wenig sagen. Im Folgenden wird allerdings in Kapitel 4.2.4 die Inhaftierung des Nürnberger Bürgers Hans Imhoff durch den böhmischen Adeligen Hanusch von Kolowrat wegen angeblichen Hussitenhandels in größerem Detail behandelt. Dieser „Fall Imhoff“ ist nicht unbedingt repräsentativ für die üblichen Praktiken der Bestrafung von Schwarzhändlern durch städtische Autoritäten, seine Details werfen nichtsdestotrotz Licht auch auf die Strafpraxis in anderen Fällen.

3.4.4 Schwierigkeiten für die Umsetzung des antihussitischen Handelsverbotes

Wie aus dem Vorangehenden bereits deutlich geworden sein dürfte, waren die Propagatoren des antihussitischen Handelsverbotes und deren Amtsträger zu keinem Zeitpunkt in der Lage, den Handel zwischen den hussitischen Einwohnern Böhmens und ihren katholischen Nachbarn vollständig zu unterbinden. Unter den Voraussetzungen vormo-

---

Liegnitz/Ludwig von Liegnitz-Brieg, 1426 (?), Olmütz; SOkA Olomouc, Briefbuch fol. 168v, Dies. an den Rat von Breslau, 1427, April 14, Olmütz. Arrest von Söldnern aus Ungarisch Hradisch (?): Ebd. fol. 163r; Urkundliche Beiträge 1, hg. Palacký Nr. 335, 391f., der Olmützer Rat an Hauptmann und Rat von Ungarisch Hradisch, 1425, April 26, Olmütz. Vgl. zu diesem Fall auch im Folgenden, Kap. 3.4.4.2.

822 Schenk, Nürnberg 110. Vgl. zur Hierarchie unterschiedlicher Haftorte auch Schubert, Räuber 136.

823 StAN Stadtrechnungen Nr. 179, fol. 223v, zum 8. November 1424. Zu *Quetrer* vgl. auch oben, Kap. 3.2.1.

824 Zur sozialen Verortung der Delinquenten vgl. oben, Kap. 3.2.2.

825 Regensburg: Orig. BHStA, Abt. I, Reichsstadt Regensburg Urkunden, Nr. 6373, Urfehde Heinrich *Grespergers* d. J. für den Regensburger Rat, 1421, Juni 2. Cham: Orig. Archiv HVOR, Urk. Nr. 194, Urfehde Ulrich *Kursners* für Johann von Pfalz-Neumarkt, 1424, Juli 8. Nürnberg: Oben, Anm. 823 (Peter *Quetrer*); Orig. BHStA, Abt. I, Reichsstadt Regensburg Urkunden, Nr. 6374, Urfehde Thomas *Zerars* für den Regensburger Rat, 1421, Juni 2.

derner Herrschaft war es generell so gut wie unmöglich, ein ganzes Land großräumig zu embargieren. Im vorliegenden Fall wurde die praktische Umsetzung des antihussitischen Handelsverbotes als taktisch-instrumentelles Kriegsmittel allerdings noch zusätzlich durch eine Reihe struktureller Hindernisse erschwert.

3.4.4.1 Widersprüchliche Privilegien

Ein erstes Erschwernis für die praktische Umsetzung des antihussitischen Handelsverbotes vor Ort stellte die Tatsache dar, dass die handelnden Personen nur bedingt ein konsequentes und übergreifendes Konzept verfolgten, das darauf abzielte, das Verbot systematisch als taktisches Kriegsmittel zur Anwendung zu bringen. Zahlreiche Quellen belegen, dass die Zeitgenossen, namentlich speziell auch König Sigismund, eine durchaus klare Vorstellung vom strategischen Potential eines Handelsverbotes besaßen und sich von dessen konsequenter praktischer Umsetzung Erfolge in der militärischen Auseinandersetzung mit den Hussiten versprachen[826]. In der politischen Realität standen hinter der Ausstellung von Urkunden, die das antihussitische Handelsverbot propagierten, jedoch häufig Ziele, die nicht vorrangig militärisch-strategischer, sondern eher kommunikativ-propagandistischer Natur waren[827]. Prinzipielle strategische Überlegungen wurden weiters immer wieder von kurzfristigen, anlassbezogenen Akten konterkariert, mit denen der Herrscher auf Wünsche reagierte, die von außen an ihn herangetragen wurden. Regelmäßig resultierten diese Wünsche in Privilegien, die geradezu in offenem Widerspruch zur Idee des antihussitischen Handelsverbotes standen.

Ein Beispiel für ein solches widersprüchliches Privileg wurde bereits oben in Kapitel 3.3.1.3 ausführlicher behandelt: das Privileg Sigismunds über die Passauer Handelsvorrechte auf dem „Goldenen Steig“ vom September 1434[828]. Diese Urkunde verpflichtete die Passauer, den Warenverkehr auf diesem Handelsweg zu überwachen, damit den hussitischen Feinden des Kaisers nichts zugeführt werde. Gleichzeitig wird allerdings der freie Getreideimport der Passauer aus Böhmen ohne weitere Bedingungen bestätigt. Obwohl das antihussitische Handelsverbot ein totales Handelsverbot darstellte, dem zufolge weder Güter an Hussiten ver-, noch von denselben gekauft werden durften, erfährt das Formular der Vorurkunde Wenzels IV. von 1399 an dieser Stelle keinerlei Adaption an die politische Situation, etwa in dem Sinne, dass die Passauer nur von „guten Christen“ Getreide kaufen sollten. Auch die noch befremdlicher wirkende Tatsache, dass sich die

826 Vgl. dazu auch im Folgenden, Kap. 5.2.

827 Vgl. dazu ausführlich im Folgenden, Kap. 4.3.

828 Orig. StA Passau, I. Urkunden, Nr. 496; RI XI, Nr. 10785, Sigismund für Passau, 1434, September 14, Regensburg.

Urkunde mit dem Befehl, die Passauer nicht in ihren Rechten zu belästigen, an Bürgermeister, Rat und Bürger der unter hussitischer Kontrolle stehenden Stadt Prachatitz ebenso wie an den ebenfalls hussitischen Inhaber der Burg Hus[829] wandte, erklärt sich aus der wörtlichen Übernahme der Vorurkunde.

Ähnliche Widersprüche ergeben sich auch aus dem Inhalt anderer Urkunden, mit denen Sigismund verschiedenen seiner böhmischen Unterstützer Zoll-, Maut- oder Stapelprivilegien verlieh. So erhielt etwa der königstreue westböhmische Herr Johann Hanovec von Schwanberg im Herbst 1422 – pikanterweise just während des Nürnberger Tages, der über neue Maßnahmen zur Bekämpfung der Hussiten beriet – zur Begleichung offener Forderungen die Einnahmen aus zwei Mauten übertragen, welche in der westlich von Pilsen gelegenen Stadt Mies im Namen des Königs auf alle Güter eingehoben wurden, die „auf dem Weg von Bayern, Franken, Regensburg und anderen Landschaften *nach Prag und zurück* durch das Gebiet der Stadt Mies“ geführt wurden[830]. Der Straßenzwang über Mies für alle von Westen Richtung Prag ziehenden Kaufleute war unter Wenzel IV. mehrfach festgeschrieben worden. Für Sigismunds Urkunde scheint es jedoch keine direkte Vorurkunde zu geben. Die dem antihussitischen Handelsverbot offen widersprechende Formulierung stammt daher wohl tatsächlich unmittelbar aus der königlichen Kanzlei. Beide beteiligte Parteien, Sigismund und Johann Hanovec von Schwanberg, gingen also davon aus, dass sich im Herbst 1422 an den verpfändeten Mautstellen Einkünfte generieren ließen, die sich zur Abdeckung von Verbindlichkeiten eigneten. Im Sommer 1429 wiederum verlieh Sigismund der mährischen Stadt Ungarisch Hradisch das Stapelrecht für das über die Stadt nach Mähren importierte ungarische Salz[831]. Zum Zeitpunkt der Ausstellung von Sigismunds Privileg war Ungarisch Hradisch von hussitischen Stützpunkten geradezu umzingelt; das in der Stadt umgeschlagene Salz musste aufgrund der geografischen und politischen Verhältnisse mehr oder weniger zwangsläufig in die Hände von Hussiten gelangen, sobald es weiterverkauft

829 In der Urkunde als Burggraf *zur Genze*, d. h. „zur Gans“ bezeichnet. Tschechisch Hus = Gans. Vgl. oben, Anm. 546.

830 CIM 3, hg. Čelakovský/Friedrich Nr. 28, 40–42; RI XI NB 2, Nr. 54, Sigismund für Johann Hanovec von Schwanberg, 1422, September 7, Nürnberg (nach Reg., Hervorhebung d. V.). Für die zentrale Position von Mies im regionalen Straßennetz vgl. oben, Karte 4. Vgl. weiters auch RI XI NB 5, 1422, September oder Oktober: Verpfändung eines Zolls in Neuern (südöstlich Klattau) an Bohuslav von Riesenberg und Janowitz; CIM 3, hg. Čelakovský/Friedrich Nr. 41, 56; RI XI, Nr. 6305, 1425, Juni 2, Ofen: Bedingte Verpfändung eines Zolls in Taus an Johann von Dohna und dessen Söhne; RI XI NB 5, 1429, August 16, Pressburg: Erneuerung der Verpfändung des Zolles (und des Eisenhammers) in Neuern an Bohuslav von Riesenberg und Janowitz. Vgl. dazu und zum Folgenden auch Kaar, Business 47f.

831 RI XI, NB 1, Nr. 139, Sigismund für Ungarisch Hradisch, 1429, August 1, Pressburg. Ich danke Petr Elbel für diesen Hinweis.

wurde[832]. Ganz ähnlich lagen die Verhältnisse auch bei einer Reihe königlicher Privilegien für mährische, west- und nordböhmische Städte, die während des Krieges existierende Zölle bestätigt bzw. heimgefallene Abgaben verliehen bekamen[833], oder bei einer Serie von Waffenstillstandsverträgen, die Ulrich von Rosenberg in den frühen 1430er-Jahren mit Vertretern des Taboritenbundes abschloss und die jeweils eine Klausel über die ungestörte Erhebung von Mautgebühren beinhalteten[834].

Ein besonders bemerkenswerter Fall von dem antihussitischem Handelsverbot zuwiderlaufenden königlichen Handeln verbirgt sich schließlich möglicherweise hinter einem Mandat, das Sigismund im Jänner 1424 als ungarischer König an seine dortigen Amtsträger und Untertanen richtete[835]. Sigismund fordert die Empfänger darin auf, die Güter aller Brünner Bürger zu beschlagnahmen, die sie anträfen, da der Richter, die Geschworenen und die Gemeinde von Brünn 87 Zentner Kupfer beschlagnahmt hätten, welches der Altsohler Bürger Nikolaus, genannt *Szekeres*, dort hatte verkaufen wollen, und sich nun weigerten, Nikolaus zu entschädigen. Das Original der Urkunde befindet sich heute im Stadtarchiv Brünn, der Begünstigte hatte sich also offensichtlich nach Brünn begeben, um mit diesem drohenden königlichen Schreiben in der Hand Druck auf die dortigen Amtsträger auszuüben. Die Quellenlage erlaubt es nicht, mehr als bloße Vermutungen anzustellen. Einer ansprechenden Theorie Petr Elbels zufolge könnten allerdings die Brünner in diesem Fall versucht haben, das antihussitische Handelsverbot praktisch umzusetzen, indem sie in ihrer Stadt eine suspekte Ladung des strategisch wichtigen Metalls beschlagnahmten, nur um daraufhin zu erleben, wie ihnen ausgerechnet Sigismund in den Rücken fiel und in seiner Eigenschaft als Landesherr des geschädigten Kaufmanns denselben in Schutz nahm.

Diese Interpretation wird zumindest bis zu einem gewissen Grad gestützt auch durch Vorgänge, die ein Brief Herzog Albrechts V. an die Stadt Brünn vom November 1434

832 Vgl. oben, Karte 3.

833 Austerlitz: RI XI NB 1, Nr. 90, 1422, März 20, ebd.; Bischofteinitz: CIM 4,1, hg. Haas Nr. 228, 335; RI XI NB 2, Nr. 52, 1422, August 22, Nürnberg; Pfraumberg: CIM 4,1, hg. Haas Nr. 230, 337f.; RI XI NB 2, Nr. 56, 1422, Oktober 1, Regensburg; Pilsen: CIM 3, hg. Čelakovský/Friedrich Nr. 52, 74; RI XI NB 2, Nr. 80, 1429, September 11, Pressburg; Brüx: CIM 3, hg. Čelakovský/Friedrich Nr. 57, 80–82; RI XI NB 2, Nr. 91, 1431, März 13, Nürnberg.

834 Vgl. LOR I, hg. Rynešová Nr. 176, 120–122 (1430, Juli 13), Nr. 201, 138 (1432, Februar 2) und Nr. 235, 161f. (1433, September 28) zusammen mit den deutschen Kurzregesten in Elbel, Waffenstillstand, Tabelle I: Die Vertragsparteien einigen sich darauf, in den unbefestigten grundherrlichen Märkten keine Mautgebühren zu erheben, ausgenommen in den Orten, in denen es eine Brücke gibt.

835 Orig. AM Brno, Bestand A I/1, Inv. Nr. 263; RI XI NB 1, Nr. 124, Sigismund an seine Amtsträger und Untertanen in Ungarn, 1424, Jänner 13, Ofen. Vgl. dazu Elbel, Brno 143. Ich danke Petr Elbel für diesen Hinweis und für Anregungen zur Interpretation dieser Quelle.

dokumentiert[836]. Der Herzog reagierte mit diesem Schreiben auf Bedenken, die die Empfänger offensichtlich gegen den Aufenthalt eines gewissen Heinrich in ihrer Stadt vorgebracht hatten. Bei dieser nicht näher identifizierbaren Person handelte es sich wohl um einen mit dem Herzog in offener Feindschaft stehenden Anhänger des hussitischen Bekenntnisses, da Heinrich herzogliches Geleit benötigte, um sich auf Burg Spielberg einfinden zu können. Bei dieser Gelegenheit sollte Heinrich in Brünn Güter verkaufen, d. h. faktisch Geschäfte mit Katholiken abwickeln dürfen. Die Aufforderung Albrechts an die Adresse der Brünner, niemanden zu behindern, der mit Heinrich Geschäfte abschloss, zeigt, dass die Vorstellung, dass solche Geschäfte innerhalb ihrer Mauern getätigt wurden, ein gewisses Unbehagen bei den Brünnern hervorrief. Wohl aus diesem Grund wird die Erlaubnis für Heinrich auch insofern eingeschränkt, als der Stadthauptmann bei allen Geschäften anwesend sein sollte, damit nichts „Unredliches“ geschehe und der Stadt kein Schaden entstehe. Nichtsdestotrotz hob der Herzog das antihussitische Handelsverbot in diesem Fall ausdrücklich auf, mutmaßlich auch, um mit dieser Ausnahmegenehmigung eine politische Verständigung mit dem Genannten zu befördern.

Angesichts der bewussten Propagierung des antihussitischen Handelsverbotes als instrumentelles Kriegsmittel sowohl durch Sigismund als auch durch Albrecht, fällt es nicht leicht, sich solche augenfällig widersprüchlichen Handlungen zu erklären. In Anbetracht der Aufmerksamkeit, mit der die beiden Genannten die böhmischen Verhältnisse beobachteten, ist es zum einen unwahrscheinlich, dass die gezeigten Widersprüche in Ortsunkenntnis oder politischer Unwissenheit der Aussteller wurzelten. Auch vermeintliche „Scheinheiligkeit“ der handelnden Personen allein reicht als Erklärung nicht aus[837]. Die Tatsache, dass Sigismunds Kanzlei Privilegien ausstellte, die der moderne Betrachter als unvereinbar mit dem antihussitischen Handelsverbot empfindet, hat vielmehr andere Gründe. Zum einen resultieren diese offenen Widersprüche aus der Praxis mittelalterlicher Herrscher, die Privilegien ihrer Vorgänger routinemäßig zu bestätigen oder sie bei der Formulierung neuer Urkunden als Vorlagen heranzuziehen. Das Privileg für Passau ist daher sogar besonders aussagekräftig für eine bewusste Propagierung des antihussitischen Handelsverbotes durch Sigismund, da diese Urkunde eben gerade keine rein mechanistische Bestätigung darstellt. Die Vorurkunde wurde vielmehr gezielt adaptiert, wenn auch nicht mit jener Konsequenz, die man als moderner Beobachter erwarten würde[838].

836 RI XII Supp., Albrecht V. an die Stadt Brünn, 1434, November 5, Wien.

837 So sinngemäß Volf, Příspěvky 2, 36 zu dem zitierten Privileg für Passau.

838 Zu den möglichen Gründen für diese halbherzige Adaptierung vgl. im Folgenden, Kap. 5.1.3.

Wie im Folgenden in Kapitel 5.1 noch detailliert herauszuarbeiten sein wird, ist weiters zu bedenken, dass es sich bei einer Urkunde, die einem Empfänger gewisse Rechte verlieh, immer um das Ergebnis eines Aushandlungsprozesses zwischen Aussteller und Empfänger handelte. Petenten hatten Vorstellungen, die mit der allgemeinen Politik des Herrschers korrespondieren konnten, es allerdings nicht zwangsläufig mussten. Die Verleihung der Maut in Mies etwa entsprang direkt dem Interesse Johann Hanovec' von Schwanberg, der mutmaßlich unbeeindruckt von größeren strategischen Erwägungen seine offenen Geldforderungen dem König gegenüber beglichen sehen wollte. Unter diesem Blickwinkel sind solche dem Prinzip des antihussitischen Handelsverbotes zuwiderlaufenden Privilegien schließlich auch von Interesse für die allgemeine Frage nach dessen Effizienz: Der Erwerb von Mauten, Zöllen und Stapelrechten war für den Empfänger eines Privilegs selbstverständlich nur dann attraktiv, wenn auch tatsächlich Kaufleute durch die Mautstationen kamen, die besteuert werden konnten. Die hier besprochenen Urkunden bezeugen entsprechend indirekt, dass der Handelsverkehr zwischen Böhmen und seinen Nachbarländern während der Hussitenkriege tatsächlich weiterging.

3.4.4.2 Kohabitation von Hussiten und Katholiken

Das zweifellos größte Hindernis für eine effiziente Umsetzung des antihussitischen Handelsverbotes in der Praxis stellte allerdings die bereits vielfach berührte Tatsache dar, dass Böhmen während der Hussitenkriege kein konfessionell einheitliches Land war. Allen religiösen, politischen und nationalen Gegensätzen zum Trotz lebten Hussiten und Katholiken Seite an Seite nebeneinander und mussten entsprechend einen Weg finden, um ungeachtet der regelmäßigen offenen Kampfhandlungen und des manifesten gegenseitigen Misstrauens den Alltag in dem machtpolitisch gespaltenen Königreich zu bewältigen[839].

Eines der erstaunlichsten Beispiele für diese pragmatische Kohabitation von Hussiten und Katholiken im Alltag findet sich in dem in Kapitel 3.3.3 bereits ausführlich diskutierten Brief, den drei Kaadener Bürger irgendwann nach dem September 1421 an die Stadt Eger schrieben, um die Egerer vor den Umtrieben des Priesters Johannes *Meinel* zu warnen[840]. Wie bereits dargelegt wurde, beschuldigten die Verfasser *Meinel* der Ver-

839 Das alltägliche Zusammenleben von Hussiten und Katholiken in Böhmen fand in den letzten Jahren vermehrt die Aufmerksamkeit der Forschung, vgl. die oben in Anm. 225 genannten Arbeiten. Zum komplizierten Zusammenleben von Anhängern verschiedener christlicher Glaubensrichtungen im vormodernen Europa im Allgemeinen vgl. etwa KAPLAN, Faith, bes. 252–254 zur gängigen „Umgangsökumene“ in Handel und Gewerbe.

840 Orig. SOkA Cheb, AM Cheb, Fond 1, Kart. 484, Fasz. 659, Nr. A-2796/7; Beiträge 4, hg. GRADL Nr. 72, 42–44, Niklas *Rosengart*, Niklas *Rwrentwarck* und Niklas *Sponmulner* an den Egerer Rat (?), nach 1421, Anfang September, Kaaden.

leumdung sowie der Hehlerei von Handschriften und anderen von Hussiten gestohlenen religiösen Objekten. Um *Meinels* Charakterschwäche und sein unmoralisches Verhalten anschaulich zu illustrieren, schildern die Verfasser einen konkreten Fall, in dem der geschäftstüchtige Priester *eine[m] hussen, genant Wolff von Sacz*[841], angeblich Geld für Bücher, die Wolf ihm verkauft hatte, schuldig geblieben war. Der Geschädigte klagte *Meinel* daraufhin nirgendwo anders als vor dem Kaadener Rat und *vil ander frumer leute* auf Zahlung seiner Schulden[842]. Die Stadt Kaaden stand im Sommer 1421 für einige Monate unter Verwaltung des Prager Bundes und hatte während dieser Zeit einen von den Pragern eingesetzten hussitischen Stadtrat[843]. Vor und nach dieser Episode lag das Stadtregiment jedoch in katholischen Händen. Die Verfasser, die eindeutig der katholischen Seite angehörten, hätten das Epitheton „fromme Leute" kaum für Ratsherren verwendet, die dem hussitischen Glauben anhingen. Der bekennende Hussit Wolf war also offenkundig in der Lage, unbehelligt vor einem royalistischen Stadtrat Forderungen geltend zu machen, die aus dem Verkauf von Büchern stammten, die möglicherweise aus gewaltsam entzogenem katholischen Besitz stammten. Für die katholische Seite scheint in diesem Fall die Aufrechterhaltung eines funktionierenden Wirtschafts- und Rechtslebens deutlich höhere Priorität besessen zu haben als die Bekämpfung des angeblich häretischen Gegenübers[844].

Ähnlich stellte sich die Lage auch für die katholische Besatzung der Burg Karlstein dar. Diese war gezwungen, einen Modus zu finden, um inmitten eines hussitischen Umlandes ihren Lebensunterhalt zu bestreiten. Die Einkäufe, die sie zu diesem Zweck regelmäßig auf dem Prager Markt tätigte[845], wurden durch turnusmäßig zwischen den Anhängern der beiden konfessionellen Parteien geschlossene Waffenstillstände ermöglicht[846]. Die nach den heftigen Auseinandersetzungen der ersten Kriegsjahre rasch wieder einsetzende ältere Praxis des Abschlusses von Waffenstillständen wurde zwar außerhalb

841 Wolfs Beiname könnte darauf hindeuten, dass er aus dem nordwestböhmischen Saaz stammte, einem bekannten Zentrum des radikalen Hussitismus.

842 Orig. SOkA Cheb, AM Cheb, Fond 1, Kart. 484, Fasz. 659, Nr. A-2796/7: *Nu ist der selbige Wolff kumen gegen Cadan vor den rat und vor vil ander frumer leute und hat geclaget, das der selbige pfaff ym seine pücher felslich agelogen und geret hat und yn umb sein gelt vorraten hat als ein trewloser, erloser, snoder, vorposter pfaff.*

843 Vgl. zur Ereignisgeschichte oben, Anm. 719 und 721.

844 Vgl. für die komplexen und volatilen konfessionellen Verhältnisse in Kaaden, die den Stadtrat offensichtlich zumindest bis zur Vertreibung des hussitisch gesinnten Bevölkerungsteils im Zuge des Zweiten Kreuzzuges zu vorsichtigem Lavieren zwangen, Hlaváček, Beginnings 48–56.

845 Vgl. oben, Kap. 3.3.2, passim.

846 Zur Praxis der Waffenstillstandsverträge zwischen Hussiten und Katholiken vgl. jüngst Elbel, Dohody, passim, bes. den Überblick 9–14, sowie die englische Zusammenfassung 148–154.

Böhmens durchaus kritisch gesehen[847], stellte jedoch für die böhmischen Katholiken eine Lebensnotwendigkeit dar. Gleichzeitig war auch die hussitische Seite daran interessiert, auf diese Weise das Alltagsleben innerhalb des Königreichs aufrechtzuerhalten. Die pragmatische Rationalität hinter diesen Waffenstillständen äußert sich gerade auch auf wirtschaftlicher Ebene. So ist es mit Sicherheit kein Zufall, dass eine Reihe der jüngst von Petr Elbel untersuchten Waffenstillstandsverträge aus Südmähren gerade zur Erntezeit im Herbst geschlossen wurden und explizite Regelungen über den Schutz von Feldarbeiten und insbesondere der Weinlese und des Weintransports enthielten[848].

Das von beiden Seiten geteilte Bedürfnis nach Schutz der übergreifenden wirtschaftlichen Interessen äußert sich auch in gemeinsamen Landtagsbeschlüssen beider Parteien, etwa in den Beschlüssen des sogenannten St.-Gallus-Landtages vom Winter 1423[849] oder des schon erwähnten Zdicer Landtages vom Herbst 1424[850]. Der sowohl von Vertretern des katholischen als auch des gemäßigten hussitischen Lagers beschickte St.-Gallus-Landtag etwa beschloss neben einer Reihe von politischen Vereinbarungen, die ein friedliches Nebeneinander der beiden Machtblöcke zum Ziel hatten, auch einige wirtschaftliche Maßnahmen. Neben einer Reform des Münzwesens wird dabei auch der Handelsverkehr thematisiert: Um Teuerung und einem weiteren Niedergang des Landes vorzubeugen, sollten alle Unterzeichnenden dafür sorgen, dass die alten Handels-

847 Vgl. dazu etwa SOkA Olomouc, Briefbuch fol. 113v; Urkundliche Beiträge 1, hg. Palacký Nr. 388, 434f., der Olmützer Rat an den Bischof von Olmütz und den Hauptmann des königlichen Heeres in Kremsier, 1426, Februar 28, Olmütz (bei Palacký 1425, März 1, jedoch zum Jahr 1426 gereiht, wohin das Stück dem historischen Kontext nach wohl gehört), oder RI XI NB 3, passim, bes. Nr. 121, Sigismund an Ulrich von Rosenberg, 1426, Oktober 21, Ofen. Zu Ersterem vgl. auch hier im Folgenden. Die Unübersichtlichkeit der politischen Situation, die aus solchen Waffenstillständen erwuchs, führte außerhalb Böhmens zu Verwirrung und offenbar auch zu einiger Frustration, vgl. etwa DRTA 8, Nr. 303, 357–360, hier 360, Instruktion der Kurfürsten für ihre Gesandten an Sigismund, 1424, ca. Juli 7, Mainz, mit dem Auftrag, den König zu befragen *von des friden wegen, den die kristen und keczere im lande zů Beheim mit einander gemacht hǒnd, ein wissen hab wie es darumb gelegen sei, auf das man wissen můg wer veinde oder freunde sei.*

848 Elbel, Dohody Nrr. 2f., 83–86, Nr. 13, 98 und Nr. 21, 108, mit der Auswertung 32–35, 47f., 53f. Die Klauseln über die Weinernte gehen vor allem auf das Betreiben der katholischen Seite, namentlich der Stadt Brünn zurück, welche sich gelegentlich auch ausdrücklich den Schutz von Kaufleuten ausbedang. Vgl. dazu auch oben, Kap. 3.3.1.2. Hierher zu stellen ist auch das Verhalten der Stadt Eger, die unter dem Schutz eines Waffenstillstandes freundschaftliche Beziehungen mit dem benachbarten hussitischen Hauptmann Jakobell von Vřesovice unterhielt. Diese gingen so weit, dass die Egerer vor der Schlacht von Lipany einen Dolch, stählerne Beckenhauben (?) *und ander sach mer* an Jakobell lieferten, vgl. Chroniken, hg. Gradl 223, zu 1434, April 27, zusammen mit Polívka, Plzeň 331.

849 Vgl. dazu Šmahel, Hussitische Revolution 2, 1303–1306. Eine deutsche Version des Landtagsbeschlusses ediert in CDLS II,1, hg. Jecht 168–178, 1423, November 1, Prag.

850 Vgl. oben, Kap. 3.3.1.3 mit Anm. 589.

straßen *aus andern landen und in unser land* offen und frei passierbar seien und eventuelle Straßenräuber verfolgt würden, damit Händler und Kaufleute ungehindert ihrem Gewerbe nachgehen konnten[851]. Eben diese Passagen wurden im Folgejahr auch vom Zdicer Landtag übernommen und um den besonderen Schutz des Getreidegegenhandels ergänzt[852]. Auch wenn es sich bei diesen Klauseln um für Landfriedensverträge übliches Formelgut handelt, bezeugen sie doch, dass die Existenz von Handelsbeziehungen mit den benachbarten Territorien von beiden Seiten als selbstverständlich vorausgesetzt wurde, ebenso wie die Tätigkeit fremder Kaufleute innerhalb Böhmens.

Die Anwesenheit fremder Kaufleute in Böhmen wird indirekt etwa durch einen Brief des Nürnberger Rates an den Rat der Stadt Landsberg (am Lech?) vom Winter 1428 bestätigt, der ausführlich das Schicksal des Nürnberger Bürgers Eberhard Grefenberger schildert[853]. Grefenberger war im Sommer 1427 im Zuge des Vierten Kreuzzuges in hussitische Gefangenschaft geraten und nach Prag gebracht worden. Dort bat er eine „fromme Frau", d. h. wohl eine Prager Katholikin, für ihn Kontakt mit „Kaufleuten" und „Gästen" herzustellen, die helfen sollten, seine Freilassung zu arrangieren. Seine Fürsprecherin brachte Grefenberger in Kontakt mit dem sich damals in Prag aufhaltenden Landsberger Kaufmann Klaus *Port*, der sich bereit erklärte, für Grefenberger zu bürgen. Nach Grefenbergers Freilassung[854] reisten beide gemeinsam zurück nach Nürnberg, wo Grefenberger *Port* seinerseits in einer Schuldsache bei dem Nürnberger Bürger Heinrich Ketzel unterstützte. Offensichtlich entstanden anschließend Unklarheiten über *Ports* Bürgerstatus in Landsberg. Die Nürnberger Räte teilen ihren Landsberger Amtskollegen

---

851 CDLS II,1, hg. Jecht 168–178, hier 177, Landtagsbeschlussprotokoll, 1423, November 1, Prag: *Item ouch durch bewarunge der zukunftigen teuerunge unde vorwustunge disz landes wollen wir, dass alle lantstrassen, dy von alders her gewonlich gewest seyn aus andern landen unde in unser land, das die uffen und freye sein sollen, also das die kaufflute adir die, dy sich ubir land generen* [= ernähren], *ire kauffmanschaft unde handlunge treyben und furen mugen an alles hindernuss.*

852 Briefe 1, hg. Siegl Nr. 23, 51–56, hier 56, unbesiegelter Vertragsentwurf, 1424, ca. Oktober 16, Zdice: *Auch die tewerunge und das verwustunge unnsers lannds zuvermeyden, haben wir uns geeynnet, das alle stroße gemeinlichen in unnserm lannde sullen geoffent und gefreyet werden also, das die kawffleut und allerley betrager an hindernus ir war und narunge schicken und furen mochten.* Zum Getreidegegenhandel vgl. oben, Anm. 589.

853 StAN BB Nr. 8, fol. 3v, der Nürnberger Rat an den Rat der Stadt Landsberg (am Lech?), 1428, Jänner 10, Nürnberg. Möglicherweise hat man aber auch an Landsberg in Oberschlesien zu denken. Vgl. zu Eberhard Grefenberger auch oben, Kap. 3.2.1.

854 Möglicherweise ist Grefenberger ident mit dem in Urkundliche Beiträge 1, hg. Palacký Nr. 491, 563, Memorial über die Freilassung von Gefangenen, 1427, November 29, Prag, genannten „Erhard aus Nürnberg", der zusammen mit seinen Mitgefangenen geschworen hatte, die Kommunion in beiderlei Gestalt zu empfangen.

jedenfalls mit, ihre Bürger wüssten nichts von einem angeblichen Bürgerrecht *Ports* in Prag[855].

Der Fall zeichnet ein facettenreiches Panorama des alltäglichen Zusammenlebens von Katholiken und Hussiten in Böhmen: In der Hauptstadt des hussitischen Königreichs waren demnach Ende der 1420er-Jahre selbstverständlich „Kaufleute" und „Gäste" präsent, die für Eberhard Grefenberger als Mittelsleute agieren konnten[856]. Klaus *Port* konnte sich in der Stadt aufhalten und frei bewegen und anschließend ungehindert in Nürnberg seinen Geschäften nachgehen. Mehr noch, nach der Rückkehr in seine Heimatstadt scheint *Port* behauptet zu haben, das Prager Bürgerrecht erworben zu haben, mutmaßlich um Verpflichtungen in Landsberg zu entgehen, vielleicht aber auch aus anderen, hier nicht nachvollziehbaren Gründen. Diese Tatsache erregte bei den Landsbergern wiederum scheinbar nur insofern Anstoß, als sie sich nach der Richtigkeit von *Ports* Angaben erkundigten. Alle diese Gegebenheiten stehen in eklatantem Gegensatz zu den Bestimmungen des antihussitischen Handelsverbotes, waren jedoch offensichtlich allen Beteiligten völlig selbstverständlich.

Dasselbe Bild ergibt sich, betrachtet man die Ebene des Adels. Wie Robert Novotný argumentierte, standen während der Hussitenkriege sowohl für den hussitischen als auch für den katholischen Adel die gemeinsamen politischen und ständischen Interessen und Werthaltungen zumeist über dem Trennenden des religiösen Bekenntnisses[857]. Entsprechend interagierten etwa die Spitzen der Karlsteiner Burgbesatzung ganz selbstverständlich mit ihren hussitischen Standesgenossen[858]. Angehörige des böhmischen Adels fuhren während der Hussitenkriege fort, über konfessionelle Grenzen hinweg Eheverbindungen und Grundstückstransaktionen abzuwickeln[859]. Lediglich erinnert werden soll in diesem Zusammenhang an das Verhalten großer Teile des polnischen Adels und zeitweise des polnischen Königshofes selbst gegenüber den Hussiten[860].

---

855 StAN BB Nr. 8, fol. 3v: Heinrich Ketzel habe ausgesagt, Klaus *Port* hätte ihn gebeten, in seinem Namen an *Ports* Ehefrau und einen Geschäftsparter in Landsberg zu schreiben, *doch so hab in* [= Ketzel] *der Port nicht gehayssen, daz er in fur einen burger zu Prag schreiben sülle. So wisse er auch nicht dhein aygenschafft, ob er ein burger da gewesen sey oder nicht.*

856 Der Terminus „Gäste" bezeichnet üblicherweise fremde Kaufleute ohne Bürgerrecht. Bei den von Grefenberger erwähnten „Gästen" könnte es sich allerdings auch um einheimische deutsche Katholiken gehandelt haben, da den Prager Deutschen, die sich weigerten, das hussitische Bekenntnis anzunehmen, im Jahr 1421 das Prager Bürgerrecht abgesprochen worden war, und sie damit auf den Status von „Gästen" zurückgestuft worden waren, vgl. Šmahel, Hussitische Revolution 2, 1161.

857 Novotný, Konfessionalität; unter anderem Blickwinkel auch Beran, Válka, passim, bes. 333f.

858 Zu den diplomatischen Aktivitäten des Karlsteiner Burgrafen Zdeslav Tluksa von Buřenice zuletzt Kalhous, Outpost.

859 Zu solchen gemischtkonfessionellen Ehen vgl. zuletzt Beran, Moc 61–65.

860 Vgl. dazu im Vorangehenden, passim, bes. oben, Kap. 2.2.

Ein weiteres interessantes Beispiel für solche konfessionsübergreifende soziale Bindungen stellen jene Beziehungen dar, die einige Oberlausitzer Adelige in den frühen 1430er-Jahren mit dem hussitischen Besitzer der südlich von Zittau an einer strategischen Straßenverbindung gelegenen nordböhmischen Burg Grafenstein unterhielten. Der Burgherr Niklas von Keuschberg entstammte einer schlesischen Adelsfamilie und war mit der Schwester des ursprünglichen Besitzers der Burg, Heinrich von Dohna, verheiratet[861]. Keuschberg und seine Leute werden in den Görlitzer Quellen regelmäßig als „Ketzer" bezeichnet, was bedeutet, dass sie sich mit einiger Sicherheit zum hussitischen Glauben bekannten; auch operierten sie regelmäßig zusammen mit anderen hussitischen Verbänden[862]. Nach Rudolf Anděl gelangte Keuschberg vermutlich im Sommer 1430 in den Besitz des Grafensteins, der ab diesem Zeitpunkt in den Görlitzer Quellen als notorischer Unruheherd erscheint. Hussitische Truppen aus Nordböhmen nutzten die verkehrsgünstig gelegene Burg als Sammelpunkt für Züge in die Oberlausitz; Keuschberg selbst bzw. ihm zugerechnete Leute unternahmen eigenständige Beutezüge in das Land.

Dessen ungeachtet verkehrte offensichtlich zumindest ein Teil des Oberlausitzer Adels freundschaftlich mit Keuschberg. Ein *knecht*, d. h. ein Dienstmann des Oberlausitzer Adeligen Kasper von Nostiz auf Ullersdorf (nordwestlich von Görlitz)[863], wurde etwa im Sommer 1432 in Görlitz inhaftiert, weil er *by den keczern* [auf dem Grafenstein] *gwest was und fleisches mit in sulde gegessin haben*[864]. Die Gattin eines anderen lokalen Adeligen wiederum wurde beschuldigt, sie habe Keuschberg und seinen Männern zu trinken gegeben *us einem halben fuder bir, das uff einem wogin von hynne gefurt gelegen hat*, was wohl so zu verstehen ist, dass das Bier gestohlen war. Damit nicht genug habe die Beschuldigte Keuschburg anschließend sogar von ihrem „Hof" aus (mutmaßlich Küpper bei Seidenberg, südöstlich von Görlitz[865]) *beszer bir* geschickt[866]. Aus der Warte der Görlitzer, die den Grafenstein als hussitisches „Räubernest" und permanentes Sicher-

861 Zu Niklas von Keuschbergs Aktivitäten Jecht, Hussitenkrieg 2, 258, 275, 344f., 370, 387, 393; Anděl, Husitství 74, 78, 81, 84. Vgl. auch unten, Karte 5. Zu seiner Familie Soldbuch 2, hg. Ekdahl Nr. 261, 130f.; zu seiner Eheverbindung mit den Dohna auf Grafenstein Jecht, Hussitenkrieg 2, 344. Zu dem mit den Sechsstädten in gutem Einvernehmen stehenden Heinrich von Dohna vgl. oben, Kap. 3.3.1.3 mit Anm. 603.

862 Im Dezember 1433 agierte Keuschberg selbst als Hauptmann für die Waisen, vgl. Čornej, Dějiny 5, 542.

863 Knothe, Geschichte 385f.

864 CDLS II,2, hg. Jecht 391, Urfehde des Hans, *knecht* Kaspers von Nostiz auf Ullersdorf, für den Görlitzer Rat, 1432, Juli 5, Görlitz.

865 Vgl. Knothe, Geschichte 276.

866 CDLS II,2, hg. Jecht 395–397, hier 397, Bekenntnis Frenzels von Küpper und Schwarze Matthes', 1432, Juli 13–19, Görlitz. Bei der Beschuldigten handelt es sich um die Gattin Albrechts von Hohberg. Vgl. zum Problem von *hospitium* und Mahlgemeinschaft mit Hussiten auch im Folgenden, Kap. 4.1.1.

heitsrisiko betrachteten, gegen das sie mit auffälliger Härte vorgingen[867], schürte dieses Verhalten bereits vorhandene Befürchtungen über einen gegen die Stadt gerichteten Zusammenschluss zwischen dem lokalen Adel und den Hussiten[868]. Eine der Reaktionen des Rates auf diese Bedrohung war die umso energischere Durchsetzung des antihussitischen Handelsverbotes[869]. Auf adeliger Seite hingegen wurde das Verbot wohl nicht nur in diesem Fall von gemeinsamen politischen und ständischen Interessen überlagert.

Auch wenn es angesichts des hier Skizzierten überraschen mag, gibt es durchaus Nachrichten, die zeigen, dass die böhmischen Katholiken versuchten, das antihussitische Handelsverbot auch in der Praxis umzusetzen. Wie vor allem die im Briefbuch des Wenzel von Iglau zusammengestellten Olmützer Korrespondenzen zeigen, stießen sie bei diesen Versuchen allerdings auf nicht geringe praktische Hindernisse.

Ein erstes Problem stellte die Schwierigkeit dar, im alltäglichen Umgang zu unterscheiden, ob man einem Hussiten oder einem Katholiken gegenüberstand. Im Frühling 1427 etwa bat der Olmützer Rat seinen Stadtherrn, Herzog Albrecht V., einigermaßen ratlos um Anweisung, wie man sich gegenüber den Einwohnern des nahegelegenen Städtchens Mährisch Trübau verhalten solle[870]. Der (katholische!) Stadtherr[871] gestattete den Olmützern zufolge hussitischen Priestern, in der Stadt zu predigen, und erlaubte den „Feinden“, *aws und ein zur Tribaw etc. zu reiten und die ketczerei do* [zu] *halten*. Die Olmützer vermuteten zwar, dass ein Gutteil der Trübauer, mit denen sie bisher intensive Handelskontakte unterhalten hatten, *sulch ketczerei nicht mithalden sunder durch irer habe wille do* [in Mährisch Trübau, d. V.] *beharren mussen*, zögerten jedoch dennoch, die Genannten weiterhin in ihre Stadt einzulassen. In seiner ebenfalls überlieferten Antwort gestattete der Herzog den Olmützern zwar, mit den Trübauern zu handeln, aller-

867 Vgl. die Nachrichten bei Jecht, Hussitenkrieg 2, 345. Auffällig ist die Hinrichtung einer Magd Keuschbergs in Görlitz, CDLS II,2, hg. Jecht 345, Görlitzer Ratsrechnungen zum 10. August 1432; auch treten Anschuldigungen gegen angeblich im Auftrag der Grafensteiner Besatzung handelnde hussitische Verräter in den Verhörprotokollen dieser Jahre stark hervor. Beides illustriert die ausgeprägte Furcht der Görlitzer vor Spionen Keuschbergs.

868 Zum traditionell angespannten Verhältnis zwischen der Stadt Görlitz und dem landständischen Adel vgl. auch im Folgenden, Kap. 4.2.1.

869 Vgl. die Belege für die Verfolgung von Personen, die beschuldigt wurden, wirtschaftliche Beziehungen mit der Grafensteiner Besatzung zu unterhalten, im Vorangehenden, passim. Allgemein auch im Folgenden, Kap. 4.2.1 und 5.1.

870 SOkA Olomouc, Briefbuch fol. 14v; Urkundliche Beiträge 1, hg. Palacký Nr. 443, 512f., der Olmützer Rat an Albrecht V., vor 1427, Mai 14, Olmütz. Die Datierung ergibt sich aus RI XII Supp., Albrecht V. an den Rat der Stadt Olmütz, 1427, Mai 14, Wien. Vgl. dazu auch im Folgenden.

871 Dessen katholisches Bekenntnis ergibt sich aus SOkA Olomouc, Briefbuch fol. 14v: Der Stadtherr Boček habe nicht „entsagt“, lasse aber die Hussiten gewähren.

dings sollten sie sich zuvor versichern, dass es sich bei den Betreffenden um „fromme" Leute handele[872]. Hinter diesem Briefwechsel stehen zweifellos polizeiliche Erwägungen hinsichtlich der Sicherheit der Stadt Olmütz. Die Bestimmungen des antihussitischen Handelsverbotes spielten jedoch wohl ebenfalls eine Rolle.

Weitere Probleme für die praktische Umsetzung des Verbotes ergaben sich aus der Tatsache, dass zumindest die Olmützer durch die Kriegshandlungen vor teils massiven Problemen bei der Versorgung ihrer Stadt standen. Ein dramatischer Hilferuf an die Adresse Albrechts V. vom Februar 1425 schildert die durch die militärischen Maßnahmen der Hussiten ausgelöste kritische Versorgungslage etwa folgendermaßen[873]: Die hussitischen Mannschaften, die die Kartause Dolein vor den Toren der Stadt besetzt hielten, blockierten gezielt den Weg von Norden her in die Stadt, *das uns kein holcz, kolen, speis und notdurft nu nicht zugepracht wirt*. Sie ergriffen all jene, die Vorräte in die Stadt führen wollten, töteten oder verstümmelten sie an Händen und Füßen, und drohten in den unter ihrer Kontrolle stehenden Orten südlich und östlich von Olmütz durch öffentliche Ausrufer jedem den Tod an, der den Olmützern Vorräte liefere[874]. Dadurch sei die Stadt rundherum abgeschnitten, weshalb bereits großer Mangel herrsche[875].

Vor dem Hintergrund dieser Belagerung sah der Olmützer Rat sich bei mehr als einer Gelegenheit dazu gezwungen, das Wohlwollen oder sogar die direkte Hilfe des hussitischen Feindes zu erkaufen, um die Versorgung der Stadt mit Lebensmitteln sicherzustellen. Zum einen griffen die Ratsherren dabei auf die gezielte Anwerbung stadtfremder – und zum Teil wohl hussitischer – Fuhrleute zurück, von denen sie hofften, dass sie die feindlichen Posten einfacher passieren könnten[876]. Allerdings war diese Praxis nicht

872 RI XII Supp., Albrecht V. an den Rat der Stadt Olmütz, 1427, Mai 14, Wien: *ist[,] daß* […] *ir versteet, daß si* [die Trübauer, d. V.] *frume leut sein und daß ir vor in bewart seit, daß ir si denn in die stat ziehen und darinn mit den ewrn handeln lasset* (nach Reg.).

873 SOkA Olomouc, Briefbuch fol. 8r; Urkundliche Beiträge 1, hg. Palacký Nr. 321, 372–374, der Olmützer Rat an Albrecht V., 1425, Februar, Olmütz. Zur schwierigen militärischen Lage der Olmützer in diesem und den folgenden Jahren vgl. Kaňák, Město 189–191 zusammen mit oben, Karte 3.

874 SOkA Olomouc, Briefbuch fol. 8r: *[D]ie sie begreiffen, dy uns notdurft zufuren wollten, dy marden sie und stummeln an henden und an fusen. Dorczu so hat man nu mermolen zum Prostans* [= Proßnitz, südwestlich von Olmütz], *zur Leipnik* [= Leipnik, östlich von Olmütz], *etc. lassen offenwerlich ruffen und ruft noch an underlas, das uns nymant ichtes zufuren sal, bei verlust leibs und guts.*

875 Ebd.: […] *also das uns nu allenthalben die strassen umb uns dernydergelegt sein, das uns nichtes zukumpt und wir nu gar bruch an speis etc. und notdurt haben*. Auch zahlreiche andere Briefe der Olmützer aus diesen Jahren sind voll von Klagen über die kritische militärische Lage und die materiellen Nöte der Stadt, vgl. die in Urkundliche Beiträge, hg. Palacký, passim, edierten Korrespondenzen.

876 Vgl. SOkA Olomouc, Briefbuch fol. 16r; Urkundliche Beiträge 1, hg. Palacký Nr. 488, 558f., der Olmützer Rat an den Bischof von Breslau, um 1427, Mai 14, Olmütz: *So* [gestrichen: *haben wir leider iczund so grossen geprechen*] *sein wir iczund leider allenthalben mit veinden umbgeben, das wir*

ohne Fallstricke, wie die Verhaftung eben solcher Fuhrleute unter dem Verdacht des Hussitenhandels durch Amtsträger des Breslauer Bischofs im Frühling 1427 zeigt. Die Olmützer bürgten zwar dafür, dass es sich bei den Verhafteten um „fromme Christen" handelte, allerdings stießen die Amtsträger Bischof Konrads sich wohl an der Tatsache, dass die Fuhrleute auch einem hussitischen Dienstherrn verpflichtet waren[877].

Wie das hier im Folgenden noch ausführlicher zu besprechende Beispiel eines gewissen Blažek von Napajedl zeigt, stellte die Zugehörigkeit zu einem solchen hussitischen Dienstherrn offenbar generell kein Hindernis für die Indienstnahme durch eine katholische Stadt dar. Im Februar 1432 legitimierte der Landesherr, Herzog Albrecht V., diese Praxis schließlich sogar offiziell[878]: In einem Mandat an seine mährischen Amtsträger informierte er dieselben, seinen mährischen Städten auf deren Bitten hin gestattet zu haben, *daz sÿ ir speÿssung und nadturfft <u>mit der feindt furleÿtten</u> mugen vonn einner statt zw der anderen bringen*, da die städtischen Fuhrleute nicht mit der gleichen Sicherheit „durchkommen" konnten; auch hätten die Städte generell nicht ausreichend eigene Fuhrleute, um ihren Bedarf zu decken[879]. Aus dem Mandat geht weiters hervor, dass auch einige hussitische Herren diesen Verkehr offen billigten und unterstützten[880]. Die herzoglichen Amtsträger sollten daher aufhören, die genannten Fuhrleute zu „belästigen", solange sie sich an das von Albrecht verordnete System von Förderbriefen hielten und nicht versuchten, Schmuggelwaren für hussitische Empfänger zu transportieren[881].

Als zweites Mittel, um die Versorgung ihrer Stadt sicherzustellen, wählten die Olmützer den Abschluss von Separatfrieden und befristeten Geleitschutzregelungen mit einzelnen hussitischen Adeligen. Detaillierten Einblick in die praktischen Details solcher Arrangements bieten etwa zwei Briefe des Olmützer Rates an den Rat der Stadt Brünn

---

nyrent selbst awsmogen und notdurft nicht dann <u>durch andere lewte</u> bekumen mogen (Hervorhebung d. V.).

877 Ebd.: *Wir wissen auch nicht anders, dann das die furlewt, die sulch unserer mitburger gut gefurt haben, frume kristen sein, und hat ewre gnad mit <u>irem herrn</u> Paulen von Ewlenburg icht zu schaffen, das mag ewre grosmechtigkeit wol anders awstragen* (Hervorhebung d. V.). Bei dem Genannten handelte es sich um einen mit dem Bischof von Breslau in Fehde befindlichen hussitischen Herrn, der sich jedoch Albrecht V. unterworfen hatte, vgl. dazu im Folgenden, Kap. 4.2.3 mit Anm. 1086.

878 Elbel, Dohody Nr. 15, 100f., Albrecht V. an seine mährischen Amtsträger, 1432, Februar 13, Wien (Hervorhebung d. V.). Vgl. dazu auch oben, Kap. 3.4.1.

879 Ebd. 101: *wan ir furleytt nicht mügen sicher durchkhomen, darczw so habens* [!] *sÿ nicht alsovill furleÿtt, die in solich nadturfft genuegsamlich zuegefüren mugen.*

880 Ebd.: *Wier seindt auch unnderweÿsset worden, wie etleich in Merhern* [...] *offenwarleÿch wider unns unndt die unnsern nicht thuen, sonder ÿeren leÿten gonnen, nadturfft zw unnsern geslossern unnd stetten ze furen, daz den selben unnsern stetten woll zestatten khöme.*

881 Vgl. dazu oben, Kap. 3.4.1.

bzw. den Pohrlitzer Hauptmann vom Jänner 1426[882]. Wie die Absender berichten, war mit dem hussitischen Herrn Johann Tovačovský von Cimburg, einem der führenden Vertreter des Hussitentums in Mähren[883], eine Geleitsvereinbarung ausverhandelt worden, die es den Olmützern erlauben sollte, mit ihren Waren ungehindert nach Brünn und wieder zurück fahren zu können. Tovačovský erklärte sich außerdem bereit, den Olmützer Konvois *durch pesserer sicherheit* Bewaffnete beizustellen. Diese sollten die Wagen bis in die Stadt Brünn hinein begleiten, weshalb die Olmützer sich verpflichtet hatten, im Gegenzug ihrerseits Tovačovskýs *dienern* sicheres Geleit in Brünn zu verschaffen. Sie wandten sich daher nun an die Empfänger, um deren Garantien einzuholen, aber auch, um sie zu bitten, das Abkommen auch bei den beiden höchsten landesherrlichen Amtsträgern, dem Landeshauptmann und dem Unterkämmerer von Mähren, zu befürworten.

Neben diesen interessanten technischen Details geben diese beiden Briefe auch Einblick in die Strategien des Olmützer Rates zur Rechtfertigung dieses offenen Bündnisses mit dem hussitischen Feind. Zum einen wird mit den Vorteilen für die Stadt Brünn argumentiert, die auf diese Weise wieder den offensichtlich fehlenden Fisch und andere Waren aus Olmütz bekommen würde[884]. Zum anderen führen die Ratsherren Druck vonseiten der eigenen Bevölkerung ins Treffen. Angeblich hatte nämlich gar nicht der Rat, sondern die *mitvonunde[n] lewte* bzw. die *arme gemein*, d. h. wohl Handwerker und andere, nichtbürgerliche Gewerbetreibende, die Vereinbarung mit Tovačovský ausgehandelt, um auf diese Weise *ir war und gut* nach Brünn führen zu können[885]. Als Grund wird angegeben, dass die Betreffenden durch die hussitische Belagerung an ihren *handelungen und hantwerken* schwere Schäden erlitten hatten, da sie *irer arbeit und war, die sie haben, nicht awsfuren noch in der stat gelosen mogen*. Die Gemeinde habe sich darüber beim Rat beklagt, der daraufhin keine Wahl gehabt habe, als sich ihrer Not zu erbarmen und ihre Initiative zu unterstützen.

Angesichts der oben geschilderten militärischen Lage scheint es sehr wahrscheinlich, dass die hussitische Belagerung und die Unterbrechung der Handelswege nicht nur

882 SOkA Olomouc, Briefbuch fol. 170v; Urkundliche Beiträge 1, hg. Palacký Nrr. 379f., 428–430, der Olmützer Rat an den Rat der Stadt Brünn/Wilhelm Ebser, 1426, Jänner 22 bzw. 23, Olmütz.

883 Zu Johann Tovačovský vgl. etwa Jurok, Příčiny 113–116, 123f.

884 SOkA Olomouc, Briefbuch fol. 170v; Urkundliche Beiträge 1, hg. Palacký Nr. 379, 428f., der Olmützer Rat an den Rat der Stadt Brünn, 1426, Jänner 23, Olmütz: *dodurch auch ewern eren und den ewern visch und ander ware von uns zugefurt wirt* […]*, das, und ab Got wil, wir baiderseit mit unsern gemeinen gefudert* [= gefördert] *mogen werden.* So gegen die Lesung „gesudert" = „ausgekocht, gesondert" bei Palacký.

885 Nach Kohout, Rozkvet 148 bezieht sich der Terminus „Gemeinde" in Olmütz auf die Versammlung aller Vollbürger, die aus ihrer Mitte den Rat wählten. Die Qualifizierung als „arme Gemeinde" und die synonyme Verwendung des Ausdrucks „Mitwohner" legen allerdings nahe, dass hier die Rede von einer Gruppe ist, die den Ratsherren sozial nicht ebenbürtig war und vielleicht auch Personen umfasste, die nicht das volle Bürgerrecht besaßen. Vgl. im Gegensatz dazu unten, Anm. 1090, wo unter Bezugnahme auf einige Olmützer Kaufleute ausdrücklich von „unseren Bankgenossen und Mitbürgern" die Rede ist.

Auswirkungen auf die Lebensmittelversorgung, sondern auch auf das städtische Handwerk und Gewerbe hatten, was soziale Unruhe in der Stadt hervorzurufen drohte[886]. Die hier mitschwingende Vorstellung eines potentiellen Zusammenschlusses der städtischen Handwerker und anderer unterbürgerlicher Schichten mit den Hussiten gegen das Stadtregiment gehörte entsprechend auch zu den beständigen Albträumen städtischer Räte während der Hussitenzeit[887]. Die zitierten Schreiben erwecken allerdings den Eindruck, als versuchten die Verfasser gleichzeitig, sich von der politischen Verantwortung für das Abkommen mit Tovačovský zu distanzieren, indem sie die Gemeinde vorschoben. Wie im Folgenden in Kapitel 4.2.3 noch ausführlicher gezeigt wird, legten die Olmützer Ratsherren in ihren Korrespondenzen großen Wert darauf, sich und ihre Stadt als aufrechte Kämpfer gegen die hussitischen Häretiker zu präsentieren. Angesichts der harten antihussitischen Linie sowohl ihres Stadtherrn, Herzog Albrechts V., als auch ihres Bischofs, Johann „des Eisernen“ von Olmütz, hatten sie auch tatsächlich allen Grund, politische Schwierigkeiten zu befürchten[888]. Der offensichtlich durch das Abkommen schwer erboste Bischof Johann musste etwa wenige Wochen später mit einem separaten Schreiben beruhigt werden[889].

Angesichts dieses politischen Drucks war der Olmützer Rat gezwungen, das antihussitische Handelsverbot zumindest ansatzweise tatsächlich praktisch umzusetzen[890]. Bedingt

---

886 Tatsächlich kam es 1433 aufgrund eines Preisanstieges bei Lebensmitteln zu Unruhen, die sich gegen die städtischen Fleischhauer, Bäcker und Mälzer richteten, vgl. Kaňák, Město 191. Spannungen zwischen dem Olmützer Rat und (einzelnen) Handwerkern scheinen auch in einem Schreiben an den mährischen Unterkämmerer vom Winter 1430 (?) durch. Die Ratsherren berichten darin von angeblich aus *neid* und *poser meynung* in der Stadt aufgekommenen Gerüchten, Teile des Rates planten, die Stadt an die Hussiten zu übergeben. Als Urheber dieser Gerüchte wurden zwei Tuchmacher ausgeforscht, die sich anschließend gegenseitig der Aufrührerei bezichtigten. Die Ratsherren baten den Unterkämmerer um Rat, wie sie weiter vorgehen sollten, da sie offensichtlich befürchteten, Maßnahmen gegen die Verdächtigen könnten Unruhe in den [Handwerker-]Zechen hervorrufen, *doraus mer ubels und ungelimpfen kumen mocht*. Vgl. SOkA Olomouc, Briefbuch fol. 116v, der Olmützer Rat an den mährischen Unterkämmerer, 1430 (?), Jänner 20, Olmütz.

887 Vgl. dazu ausführlich im Folgenden, Kap. 4.2.1.

888 Zu Johann von Olmütz vgl. zuletzt Elbel, Olomoucký biskup.

889 SOkA Olomouc, Briefbuch fol. 113v; Urkundliche Beiträge 1, hg. Palacký Nr. 388, 434f., der Olmützer Rat an den Bischof von Olmütz und den Hauptmann des königlichen Heeres in Kremsier, 1426, Februar 28, Olmütz. Die Olmützer bestreiten in diesem Schreiben heftig, das Abkommen ohne Zustimmung *dominorum nostrorum* geschlossen zu haben, so wie den Empfängern von *sinistris oblocutoribus* eingeflüstert worden sei. Hussitische Verbände unter Beteiligung Tovačovskýs hatten den Bischof zuvor wochenlang in dessen Kremsierer Festung belagert, eine Notlage, aus der Johann sich nur durch königliche Hilfe wieder befreien konnte. Zur Identifizierung der Empfänger vgl. RI XI NB 1, Nr. 135.

890 Vermutlich handelt es sich bei der Tatsache, dass die *litterae* Acta 2, hg. Eršil Nr. 1515, 605, Martin V.

durch die geschilderte komplexe politische Gemengelage führten solche Versuche allerdings gerade in Mähren regelmäßig zu diplomatischen Verstimmungen innerhalb der katholischen Partei[891]. Ein solcher Fall, der ein detailreiches Bild der komplizierten und widersprüchlichen Kohabitation von Hussiten und Katholiken in Mähren und deren Rückwirkungen auf die praktische Umsetzung des antihussitischen Handelsverbotes zeichnet, soll hier zum Abschluss noch einmal in etwas größerem Detail dargestellt werden.

Die betreffende Auseinandersetzung nahm ihren Ausgang von der Beschlagnahme einer für den hussitischen Hauptmann Peter Holý bestimmten Weinfuhr durch Olmützer Söldner im April 1425. Offensichtlich kurz nach dem Vorfall benachrichtigte der Olmützer Rat Herzog Albrecht V. über die Beschlagnahme[892]. Wie die Ratsherren ausführen, waren bei den Männern, die die Lieferung begleiteten, Geleitbriefe Holýs sowie des hussitischen Herrn Dobeslav von Tworkau gefunden worden. Diese identifizierten den hussitischen Empfänger eindeutig; auch hatte Holý der Stadt wegen der Beschlagnahme inzwischen einen weiteren *czagbrief*, d. h. einen Geleitbrief, geschickt. Holý hielt zu diesem Zeitpunkt mehrere strategische Punkte rund um Olmütz besetzt, unter anderem war er Hauptmann in der schon erwähnten Kartause Dolein bei Olmütz[893]. Die Olmützer *gesellen* hätten daher die Fuhrleute als Feinde des Herzogs verhaftet und den Wein konfisziert. Allerdings habe man bereits gehört, dass die (katholische) Stadt Ungarisch Hradisch zusammen mit Nikolaus von Perín, einem von Sigismunds ungarischen Heerführern in Ostmähren, Fürsprache für den Anführer des Konvois, einen gewissen Blažek von Napajedl, halten wollten, weshalb die Olmützer Herzog Albrecht baten, ihnen mitzuteilen, *ab wir den gefangen sollen halden ader nicht*[894].

---

an den Bischof von Olmütz, 1426, Jänner 16, Rom, mit der Bischof Johann zur Umsetzung des antihussitischen Handelsverbotes in seiner Stadt und Diözese aufgefordert wird, genau aus dem Zeitraum des umstrittenen Abkommens mit Johann Tovačovský datiert, dennoch um einen Zufall. Die *litterae* Orig. SHStA, 10001 Ältere Urkunden, Nr. 6012, Martin V. an alle Gläubigen, 1426, Jänner 15, Rom, um deren Publikation es in dem Schreiben für Bischof Johann geht, stand nämlich im Zusammenhang mit den damaligen Vorbereitungen für die Entsendung des päpstlichen Legaten Giordano Orsini ins Reich (vgl. im Folgenden, Kap. 5.1.3) und ging parallel wenigstens auch an den Bischof von Meißen. Johann von Olmütz war jedoch in der böhmischen Frage einer der wichtigsten Ansprechpartner der Kurie überhaupt, weshalb es nicht ausgeschlossen scheint, dass man damals in Rom über konkrete Informationen über die politische Lage in Mähren und speziell in Olmütz verfügte.

891 Zu solchen durch umstrittene Konfiskationen ausgelöste Konflikte vgl. auch oben, Kap. 3.4.3.

892 SOkA Olomouc, Briefbuch fol. 10r; Urkundliche Beiträge 1, hg. Palacký Nr. 334, 390, der Olmützer Rat an Albrecht V., 1425, April 23, Olmütz.

893 Zu den involvierten Personen Šmahel, Hussitische Revolution 2, 1345f.; Jurok, Příčiny 113, 117, 210f.; Kaňák, Město 198f. Vgl. auch oben, Karte 3, die die prekäre militärische Lage der Olmützer im Frühling 1425 illustriert.

894 Jiří Jurok hält die schon von Rudolf Urbánek vorgeschlagene Identifizierung des Genannten mit dem

Wie die Olmützer vorhergesehen hatten, brachte die Angelegenheit sie im Folgenden tatsächlich in einige Verlegenheit. Drei Tage nach dem Brief an Albrecht mussten sie zu einem Schreiben Stellung nehmen, in dem Hauptmann und Rat von Ungarisch Hradisch offensichtlich die Freilassung des gefangenen Blažek forderten[895]. In ihrer Antwort rechtfertigen die Olmützer sich wortreich damit, dass bei Blažek ein Geleitbrief des hussitischen Herrn von Tworkau gefunden worden sei. Daher habe man den Genannten verhaftet, so wie es die vor Kurzem in der Diözese Olmütz publizierten päpstlichen *litterae* über das antihussitische Handelsverbot[896] und der entsprechende Befehl Herzog Albrechts[897] verlangten, die beide befahlen, gegen alle „Feinde des gekreuzigten Christus und aller rechtgläubiger Christen" vorzugehen, die man auf den Straßen antreffe. Den Empfängern zuliebe (*vestri amoris respectu*) habe man die Gefangenen jedoch inzwischen schon wieder freigelassen. Das Schreiben schließt mit der Beschwörung, die Empfänger sollten den Vorfall nicht falsch auffassen – man habe Blažek und dessen Leute nicht als *vestri homines* verhaftet, sondern als Unterstützer der gegnerischen Häretiker, welche denselben unter deren Geleitschutz Nahrungsmittel zugeführt hätten[898].

Der Brief an Ungarisch Hradisch vermittelt deutliches Unbehagen der Olmützer und ein intensives Bemühen, sich das Wohlwollen der Empfänger zu erhalten. So hat etwa

---

späteren hussitischen Hauptmann von Tyrnau, Blažek von Borotín, für möglich, vgl. Jurok, Příčiny 210f.; biografische Angaben zu Blažek von Borotín ebd. 211f. Aus den hier behandelten Olmützer Briefen geht nicht hervor, welchem Bekenntnis der gefangene Konvoiführer anhing; seine Fürsprecher waren in jedem Fall katholisch. Die Identifikation mit Blažek von Borotín erscheint nicht völlig gesichert, weshalb der Betreffende hier mit der in der Quelle verwendeten Herkunftsangabe „von Napajedl" bezeichnet wird. Ich danke Petr Elbel für Hinweise zur Identifizierung der genannten Personen.

895 SOkA Olomouc, Briefbuch fol. 163r; Urkundliche Beiträge 1, hg. Palacký Nr. 335, 391f., der Olmützer Rat an Hauptmann und Rat von Ungarisch Hradisch, 1425, April 26, Olmütz.

896 Ebd.: *[Vobis] significamus, quod auctoritate literarum apostolicarum* […] *exstat seriosissime mandatum, quatenus nullus audeat hereticis* […] *vinum, species, victualia, merces nec aliquid talium apportare; quinimo universi, qui ipsis hereticis solum favorem aut complacentiam seu fomentum prestant, noverint se* […] *anathema incursuros*. Offensichtlich lagen den Absendern die teils wörtlich übereinstimmenden *litterae* in Acta 2, hg. Eršil Nr. 1274, 515f., Martin V. an die Bischöfe von Regensburg, Passau, Olmütz, Meißen und Bamberg, 1424, November 24, Rom, vor, was die Publikation derselben in Stadt und Diözese Olmütz belegt. Zur Publikation des antihussitischen Handelsverbotes allgemein auch Kaar, Urkunden.

897 SOkA Olomouc, Briefbuch fol. 163r: *Similiter etiam illustris dux Austrie et marchio Moravie* […] *mandavit, ut omnes, qui ipsis Hussitis adducere conarentur, persequi debeamus, quos etiam omni sine gratia corrigere wellet* [!] *et punire*. Falls es eine schriftliche Fassung dieses Befehles gab, scheint sie nicht erhalten zu sein, jedenfalls kennen RI XII Supp. kein diesbezügliches Mandat Albrechts.

898 SOkA Olomouc, Briefbuch fol. 163r: *Petimus igitur vestras caritates confidenter id non egre ferre; nam non sicud vestri homines, sed tamquam contrarios hereticos sub inimicorum conductu foventes et victualia ministrantes exstant arestati.*

die ausführliche Berufung auf das antihussitische Handelsverbot in diesem Brief einen stark apologetischen Beigeschmack, der dem Brief an Albrecht V. völlig fehlt. Der Grund für die harsche Reaktion der Hradischer wird aus den vorhandenen Quellen allerdings nicht ganz deutlich. Mutmaßlich kam der beschlagnahmte Wein über bzw. aus Ungarisch Hradisch selbst, sodass Eigentumsrechte der Hradischer verletzt worden waren (was allerdings umgekehrt bedeuten würde, dass eine katholische Stadt offen Wein an einen bekannten Hussitenführer lieferte). Der Beiname des Konvoiführers weist weiters darauf hin, dass er Verbindungen zu dem nördlich von Ungarisch Hradisch gelegenenen Ort Napajedl hatte[899]. In den Olmützer Briefen wird Blažek als Dienstmann des Hussiten Dobeslav von Tworkau bezeichnet. Die Reaktion der Hradischer legt jedoch nahe, dass er auch in einem Dienstverhältnis zu Ungarisch Hradisch stand, welches sich durch seine Verhaftung entsprechend brüskiert fühlte.

Insgesamt scheint vor allem die Verletzung der Geleitbriefe, die die Verhafteten mit sich führten, durch die Olmützer Söldner ihren Dienstherren Kopfzerbrechen bereitet zu haben. Wie oben in Kapitel 3.4.1 ausgeführt wurde, waren Förderbriefe und die in denselben Zusammenhang gehörigen Geleitbriefe Bestandteile eines eingespielten Systems, das die Sicherheit von Händlern und Reisenden auf den mittelalterlichen Straßen garantierte. Gleichzeitig waren diese Schriftstücke unmittelbar mit der Ehre und Reputation ihrer Aussteller verknüpft; die Verletzung eines Geleit- oder Förderbriefes war daher auch ein Angriff auf die Ehre des Ausstellers. Die Olmützer beharrten bei anderer Gelegenheit selbst durchaus nachdrücklich auf der Respektierung ihrer eigenen Förderbriefe[900]; nur wenige Monate später wiederum nahmen sie selbst das Geleit des Hussiten Johann Tovačovský in Anspruch, womit sie selbst auf die Respektierung hussitischer Geleitbriefe durch die katholischen Amtsträger in Brünn angewiesen waren. Allgemein hatte die Verletzung solcher Geleitbriefe das Potential, das ohnehin instabile Machtgefüge im Land zusätzlich aus dem Gleichgewicht bringen, und das zu einem Zeitpunkt, als die Olmützer beileibe keine zusätzlichen Feinde gebrauchen konnten.

Wie schon bemerkt wurde, war die Stadt im Frühling 1425 permanentem militärischen Druck von Seiten der hussitischen Stützpunkte in ihrer unmittelbaren Umgebung ausgesetzt. Eine mögliche Auseinandersetzung mit dem eigentlich verbündeten Ungarisch Hradisch drohte, die ohnehin angespannte Versorgungslage noch weiter zu ver-

899 Vgl. oben, Anm. 894.

900 Vgl. den oben in Kap. 3.4.2 geschilderten Fall der Verhaftung von Olmützer Kaufleuten in Liegnitz. Die Olmützer scheinen damals vor allem auch an der Verletzung ihrer Förderbriefe Anstoß genommen zu haben, vgl. SOkA Olomouc, Briefbuch fol. 167v, der Olmützer Rat an den Rat von Liegnitz, 1426 (?), Olmütz: [Die Absender wundern sich,] *das unser brief und schreiben von ewr weisheit so klein gewegen würd, sintemolen wir ewern brieffen so kristlichen glawben wolden als ewer gegenwurtigen worten worten* (?).

schärfen. Die Olmützer Truppen hatten darüber hinaus just am Morgen jenes Tages, an dem der Brief an den Rat von Ungarisch Hradisch abgefasst wurde, bei einem hussitischen Überfall eine empfindliche Niederlage erlitten[901]. Unter den Angreifern wird auch die Doleiner Besatzung genannt, was bedeutet, dass der Empfänger des beschlagnahmten Weines, Peter Holý, an dem Überfall beteiligt war. Mutmaßlich hatte also der Angriff auf den Konvoi wenige Tage zuvor den hussitischen Hauptleuten einen durchaus willkommenen Anlass für einen Angriff auf Olmützer Besitzungen geboten[902]. Auch aus Angst vor ähnlichen Übergriffen seitens der Hradischer mussten die Olmützer daran interessiert sein, die Wogen zwischen ihrer Stadt und Ungarisch Hradisch möglichst schnell zu glätten.

Allerdings scheinen sie dabei – auch durch ihr eigenes Zutun – nicht besonders erfolgreich gewesen zu sein. Im August 1425 wurden Olmützer Bürgern bei ihrem Besuch auf dem Hradischer Jahrmarkt Güter beschlagnahmt, woraufhin der Olmützer Rat sich an den Rat von Ungarisch Hradisch wandte, um die Freigabe des beschlagnahmten Gutes zu verlangen[903]. Aus dem Schreiben geht hervor, dass der Anlass für diese Beschlagnahme kein anderer als die Affäre um Blažek von Napajedl war. Blažek und seine Leute waren nämlich zwar freigelassen worden, den beschlagnahmten Wein hatten die Olmützer allerdings einbehalten, angeblich um die Entscheidung des Königs über dessen Verbleib abzuwarten[904]. Die Hradischer reagierten darauf ihrerseits mit der Beschlagnahme von Olmützer Gütern in Ungarisch Hradisch. Die Angelegenheit zog sich im Anschluss noch etliche Monate hin, bis die Olmützer den Streit schließlich tatsächlich vor König Sigismund brachten, der zu ihren Gunsten entschied und befahl, die in Ungarisch Hradisch einbehaltenen Olmützer Güter freizugeben[905].

Im Hinblick auf die eingangs gestellte Frage nach den Schwierigkeiten für die praktische Umsetzung des antihussitischen Handelsverbotes ist nun zusammenfassend festzuhalten,

901 Vgl. den entsprechenden Bericht in SOkA Olomouc, Briefbuch fol. 10r; Urkundliche Beiträge 1, hg. Palacký Nr. 336, 392, der Olmützer Rat an Albrecht V., 1425, April 26, Olmütz.

902 Vgl. dazu etwa auch den Überfall Hynek Bočeks von Kunstadt auf das Zittauer Land Anfang 1424, der angeblich durch die Beschlagnahme einer Ladung Heringe motiviert war, vgl. oben, Kap. 3.3.1.3.

903 SOkA Olomouc, Briefbuch fol. 164v, der Olmützer Rat an den Rat von Ungarisch Hradisch, 1425, August 23, Olmütz.

904 Ebd.: [Die Beschlagnahme sei geschehen] *von der eynen sachen wegen, dorumb wir euch nu negst geschriben haben, begerende, das ir das in güten hett besten* [= stehen] *lassen. Desgleichen wold[en] wir mit des Blasken sachen auch getan haben, bis uff an unsers herren des koenigs genad in das land zukunft, vor des durchlewchtikeit wir mit euch vorkomen wolden.*

905 SOkA Olomouc, Briefbuch fol. 165r, der Olmützer Rat an den Rat von Ungarisch Hradisch, 1425, Oktober 4, Olmütz sowie ebd. fol. 165v, Dies. an Dens., 1425, Dezember 11, Olmütz.

dass die konfessionelle und machtpolitische Zersplitterung des Königreichs Böhmen und noch mehr der Markgrafschaft Mähren zweifellos das größte strukturelle Hindernis für den effizienten Einsatz des Handelsverbotes als instrumentelles Kriegsmittel darstellte. Den Kaufleuten aus den böhmischen Nachbarländern standen mit den böhmischen Katholiken dauerhaft kirchenrechtlich und politisch akzeptable Geschäftspartner zur Verfügung. Die böhmischen Katholiken wiederum waren durch die geschilderten Umstände zwangsläufig in ständigem Kontakt mit ihren hussitischen Nachbarn. Beide Seiten waren sich darüber hinaus zumindest im Prinzip über ihr geteiltes Interesse an einer gedeihlichen wirtschaftlichen Entwicklung einig. Diese Situation führte zu erstaunlichen Phänomenen friedlicher Kohabitation zwischen den Angehörigen der unterschiedlichen konfessionellen Lager. Die hier zusammengestellten Quellen über die wirtschaftliche Koexistenz von Hussiten und Katholiken zeichnen außerdem faszinierend lebendige Momentaufnahmen vom Alltagsleben der Bevölkerung im hussitischen Böhmen, die in dieser Form rar sind.

Allerdings sollte man keinesfalls der suggestiven Kraft dieser Nachrichten erliegen. Die alltägliche Praxis kollidierte nämlich scharf mit der Auffassung der katholischen Kirche vom antihussitischen Handelsverbot, ebenso wie mit den Vorstellungen, die etwa König Sigismund oder Herzog Albrecht V. von dessen Anwendung als instrumentelles Kriegsmittel hatten. Auch wenn es angesichts der innerböhmischen Realitäten zweifelhaft scheint, waren und blieben wirtschaftliche Kontakte mit den Hussiten für die Propagatoren des Handelsverbotes ein schweres Vergehen. Darüber hinaus war auch das Zusammenleben im hussitischen Böhmen mitnichten harmonisch, es herrschte keineswegs eine idyllische Atmosphäre religiöser Toleranz. Ganz abgesehen von den blutigen innerhussitischen Auseinandersetzungen war auch das Zusammenleben von Hussiten und Katholiken über weite Strecken von gegenseitigem Misstrauen und einer tief verwurzelten Angst vor Verrat geprägt[906]. Kaufleute aus Süddeutschland mochten im hussitischen Prag zwar friedlich ihren Geschäften nachgehen können, ihre alten Prager Geschäftspartner waren jedoch – soweit sie deutsch, katholisch und politisch exponiert gewesen waren – Opfer von Vertreibungen und Enteignungen durch die hussitische Partei geworden. Im scheinbar religiös so toleranten Kaaden kam es sowohl nach der Eroberung der Stadt durch den Prager Bund als auch im Zug der Rückeroberung der Stadt durch die Katholiken im Zweiten Kreuzzug zu Gewalttätigkeiten gegen die Anhänger des jeweils anderen Bekenntnisses[907]. Die Nachrichten aus Mähren wiederum spiegeln das heftige militärische Ringen zwischen Hussiten und Katholiken um die Hegemonie in der Markgrafschaft und die strategische Bedeutung, die wirtschaftlichen Zwangsmaß-

906 Vgl. im Folgenden, Kap. 4.2.1.

907 Vgl. Hlaváček, Beginnings 48–56.

nahmen dabei zukam. Nicht umsonst begegnen daher in den Olmützer Korrespondenzen nicht nur Katholiken, die Waren an Hussiten lieferten und damit dem antihussitischen Handelsverbot zuwider handelten, sondern auch Maßnahmen der katholischen Seite, die den wirtschaftlichen Verkehr zwischen ihren hussitischen Opponenten behindern sollten, bzw. umgekehrt taktische Maßnahmen der Hussiten gegen ihre katholischen Gegner.

Das hier nur kurz angerissene nervöse Lavieren des Olmützer Rates in allen Fragen, die unmittelbare ökonomische Kontakte mit Hussiten betrafen, zeigt schließlich auch, dass trotz der im Alltag gepflegten Kohabitation der Vorwurf, wirtschaftlichen Umgang mit dem hussitischen Gegner zu pflegen und ihn damit zu unterstützen, eine politische Gefahr für alle darstellte, gegen die dieser Vorwurf erhoben wurde. Ziel des folgenden zweiten Hauptteils dieser Arbeit ist, aufzuzeigen, warum dem so war.

4. DAS ANTIHUSSITISCHE HANDELSVERBOT ALS SYMBOLISCH-KOMMUNIKATIVER PROZESS

Der vorangehende erste Teil der Untersuchung konnte zeigen, wie die Propagatoren des antihussitischen Handelsverbotes versuchten, das Verbot als instrumentelles Kriegsmittel einzusetzen, um ihre hussitischen Opponenten wirtschaftlich zu schwächen und sie militärisch in die Knie zu zwingen. Der folgende zweite Hauptteil argumentiert, dass das Handelsverbot darüber hinaus auch noch unter einem zweiten Blickwinkel betrachtet werden kann: als ethisch-moralischer Diskurs über die Legitimität bzw. Illegitimität von wirtschaftlichen Beziehungen mit Nicht-Christen. Im Folgenden wird der Blick zunächst darauf gerichtet, auf welche Art und Weise Handel mit den hussitischen „Häretikern“ moralisch bewertet und als sündhaftes Verhalten disqualifiziert wurde. Danach wird untersucht, unter welchen Umständen der solcherart moralisch aufgeladene Vorwurf des Hussitenhandels erhoben wurde und wie die von diesem Vorwurf Betroffenen reagierten. Das letzte Teilkapitel wendet sich schließlich der Frage zu, wie und warum das antihussitische Handelsverbot gezielt als Mittel herrschaftslegitimierender Propaganda genutzt werden konnte.

4.1 Die moralische Bewertung von Hussitenhandel

4.1.1 Schädigung und Befleckung der Christenheit

Die nähere Betrachtung zeigt, dass bei der moralisch argumentierten Disqualifikation von Hussitenhandel als Sünde und ethisch verwerfliche Handlung verschiedene Argumentationsebenen ineinanderflossen. Zunächst einmal schädigten all jene, die den Hussiten moralischen, militärischen oder wirtschaftlichen Beistand leisteten, die Christenheit an sich. Als verurteilte Häretiker stellten die Hussiten die schlimmste Art von Feinden dar, denen sich die Christenheit gegenüber sah: Menschen, die sich bewusst vom Heilsweg abgewandt hatten. Wie die Forschung zur katholischen antihussitischen Propaganda schon mehrfach gezeigt hat, steht dieser häretische Charakter im Mittelpunkt der Rhetorik der katholischen Seite[908]. Er bildet sowohl im kurialen als auch im weltlichen Schrift-

908 Vgl. Studt, Verknüpfung, bes. 157–159; Bar, Propaganda; Ders., Protihusitská propaganda; dort differenziert auch zum Zusammenhang zwischen den Adressaten von Sigismunds Schreiben und der Stoßrichtung der jeweils vorgebrachten antihussitischen Argumentation.

tum den Ansatzpunkt für den Einsatz traditioneller antihäretischer Topoi und Argumentationsmuster zur Beschreibung und Verurteilung der Hussiten und ihrer Handlungen. Bei praktisch jeder sich bietenden Gelegenheit wurden die Anhänger der hussitischen Reformbewegung von den katholischen Propagandisten in traditionellen antihäretischen Stereotypen als Verfolger des christlichen Volkes gezeichnet, die sich neben der Verfälschung des wahren christlichen Glaubens zahlreicher weiterer grausamer Vergehen schuldig machten: Gotteslästerung, Profanierung von Reliquien und heiligen Gegenständen, Zerstörung von Kirchen und Klöstern, Brandstiftung, Ermordung und Verstümmelung von Geistlichen und Laien und vieles mehr. Diese emotive Sprache und die drastische Darstellung der Hussiten als raubende und mordende Feinde des Gottesvolkes verliehen dem Vorwurf, ausgerechnet mit einem solchen Feind zu kollaborieren, eine speziell negative Konnotation. Dieser Beigeschmack wurde nur noch weiter verschlimmert durch die Tatsache, dass, wie oben bereits dargelegt wurde, die Unterstützung von Häretikern selbst eine Häresie darstellte und die Täter sich als *falsi Christiani* eben jenen unmenschlichen Häretikern gleich machten[909].

Zusätzlich zum Vorwurf der Schädigung der Christenheit schwingt in einigen der untersuchten Quellen latent noch ein weiteres Element mit, das konstitutiv für die ursprüngliche Herausbildung des kirchlichen Kontaktverbotes zwischen Christen und Nicht-Christen war: die christliche Angst vor Verunreinigung durch wie auch immer geartete *communio* mit Andersgläubigen[910]. Diese Angst klingt unterschwellig etwa in den oben in Kapitel 3.3.3 bereits zitierten *litterae* Papst Martins V. durch, mit denen er allen Christen verbot, kirchliche Wertgegenstände, die aus dem Besitz von Kirchen und Klöstern stammten, von Hussiten zu kaufen[911]. Dem Papst ging es dabei wohl nicht nur auf einer instrumentellen Ebene darum, zu verhindern, dass den Hussiten durch den Verkauf von Beutegut neue Geldmittel zuflossen. Die Gläubigen sollten darüber hinaus einerseits vor der Sünde des Hussitenhandels bewahrt werden; andererseits versuchte der Papst auch

909 Vgl. oben, Kap. 1.3.2. Die Bezeichnung von Schwarzhändlern als *falsi Christiani* ist belegt etwa in MCG 1, Nr. 72, 139–142, hier 141, Johannes Nider an Johannes von Ragusa, 1432, Jänner 5, Nürnberg. Vgl. dazu im Folgenden, Anm. 929.

910 Zum Reinheitsgedanken im mittelalterlichen Christentum vgl. etwa ANGENENDT, Reinheit; LUTTERBACH, Mittelalter. Zur Notwendigkeit der Abgrenzung von Nicht-Christen um die Reinheit der *christianitas* zu wahren, speziell im Hinblick auf sexuelle *communio* mit Nicht-Christen z. B. MOORE, Persecuting Society 94f.; CONSTABLE, Clothing 279–284, 304–306.

911 Orig. SHStA, 10001 Ältere Urkunden, Nr. 6012; Acta 2, hg. ERŠIL Nr. 1514, 605, Martin V. an alle Gläubigen, 1426, Jänner 15, Rom; Monumenta 2, hg. THEINER Nr. 367, 209, Ders. an Dies., 1431, Jänner 9, Rom. Vgl. auch im Folgenden, Kap. 4.1.2 mit Anm. 925.

eine Antwort auf die heikle Frage zu geben, wie mit profanierten heiligen Gegenständen umzugehen sei[912].

Noch deutlicher kommt die Furcht vor der spirituellen und moralischen „Befleckung“ des Einzelnen durch die *communio* mit Häretikern in einer singulären justiziellen Quelle aus Breslau zum Ausdruck. Vermutlich irgendwann Anfang des Jahres 1431 gelobten darin zwei Bürgen für einen gewissen Martin aus dem südlich von Breslau gelegenen Dorf Kniegnitz vor dem Breslauer Rat, *dasz her sich von seinem weibe, die den ketczern zugetragen hat speisse und notorfft gen Nympcz* [= Nimptsch], *scheiden und sich mit ir nymme* [= niemals mehr wieder] *bekomern sal*[913]. Sollte der auf diese Bürgschaft hin aus der Haft Entlassene gegen diese Anordnung verstoßen, hatten die Bürgen dafür zu sorgen, dass er sich wieder stellte, *tot ader lebinde*, damit ihm *von sulchen sachen wegen, als recht ist* geschehen sollte. Der Breslauer Rat verlangte also nicht weniger als die rechtliche und physische Trennung zweier Eheleute. Der Umstand, dass dafür auf Bürgen zurückgegriffen wurde, die wahrscheinlich, wie bei solchen Bürgschaften üblich, aus dem persönlichen Umfeld des Betroffenen stammten und daher unmittelbaren sozialen Druck auf den Delinquenten ausüben konnten, zeigt, wie ernst es dem Breslauer Rat mit seiner Anordnung war. Bemerkenswert ist weiters, dass die namentlich nicht genannte Frau „lediglich“ des Schwarzhandels mit der hussitischen Besatzung in Nimptsch beschuldigt wird. Im Gegensatz zu anderen Eintragungen in derselben Quelle ist hier keine Rede davon, dass sie selbst „Ketzerin“ gewesen wäre, d. h. sich zum hussitischen Glauben bekannt hätte. Der Breslauer Rat scheint hier vielmehr das kirchenrechtliche Prinzip „Unterstützung von Häretikern ist gleich Häresie“ in ansonsten unüblich konsequenter Weise angewandt zu haben.

Der Fall des Martin von Kniegnitz und seiner Frau ist singulär im hier untersuchten Material und entsprechend schwierig zu interpretieren[914]. Die Hintergründe für die außergewöhnlich harte Bestrafung des Paares (Haft zumindest für den Mann und erzwun-

---

912 Zum spätmittelalterlichen Umgang mit erbeuteten liturgischen Gegenständen und Reliquien vgl. am Beispiel der Burgunderbeute JUCKER, Butin 128–131, der den Zwiespalt zwischen den ökonomischen Interessen der Sieger und dem symbolischen Wert der erbeuteten sakralen Gegenstände hervorhebt. Diesen musste ihre Sakralität, die sie durch die Behandlung als ordinäre „käufliche Güter“ im Zuge der Plünderung eingebüßt hatten, mittels öffentlicher Zeremonien und Prozessionen zurückgegeben werden. Zum Problem der Profanation vgl. allgemein auch z. B. CZOCK, Haus 167–170, sowie aus islamischer Perspektive HALEVI, Religion 53–61.

913 GRÜNHAGEN, Geschichtsquellen Nr. 138, 100, zu Anfang 1431.

914 Die von DOLEŽALOVÁ, Reflections 121–124 analysierten, in den Pönitentiarieregistern dokumentierten gemischtkonfessionellen Ehescheidungsfälle sind nur bedingt vergleichbar, da es sich bei ihnen – der Quelle entsprechend – vornehmlich um von Petenten gewünschte Scheidungen von hussitischen Ehefrauen handelt.

gene Scheidung der Ehe) bleiben unklar[915]. Außergewöhnlich deutlich wird an diesem Beispiel jedoch die moralisch-ethische Beurteilung von Hussitenhandel als Schädigung und „Befleckung" des christlichen Namens und als spirituelle Gefährdung des einzelnen Christen. Diese Beurteilung führte vielleicht nur in diesem einen Fall nachweislich zu einer erzwungenen Ehescheidung. Ihr ideeller Kern war jedoch im ideengeschichtlichen Hintergrund des antihussitischen Handelsverbotes ständig präsent.

An dieser Stelle ist schließlich auch kurz auf ein weiteres Thema einzugehen, das sowohl in engem Zusammenhang mit der Praxis mittelalterlicher Geschäftsbeziehungen stand als auch einen bedeutenden Kristallisationspunkt der als so gefährlich angesehenen *communio* zwischen Christen und Nicht-Christen darstellte: die Mahlgemeinschaft[916].

Dem gemeinsamen Mahl kamen in der mittelalterlichen Gesellschaft bekanntlich sowohl gemeinschaftsstiftende als auch rechtssichernde Funktionen zu[917]. Dies betrifft auch die Praxis wirtschaftlicher Beziehungen, zu deren vertrauens- und rechtssichernden Praktiken das gemeinsame Mahl der Geschäftspartner gehörte. Wenn in den hier untersuchten Quellen unzulässiges Essen und Trinken mit Hussiten thematisiert wird, kann man daher zumindest in einigen Fällen davon ausgehen, dass dabei auf Praktiken Bezug genommen wird, die im Zusammenhang mit geschäftlichen Beziehungen standen. In einer Petition an den Papst aus dem Dezember 1430 heißt es etwa, in den Diözesen Meißen, Prag und Breslau hätten sich viele Gläubige mit den hussitischen „Häretikern" gemein gemacht *mercando, commedendo, bibendo seu alias*[918]. Die syntaktische Verkettung der drei Verben legt das Ineinandergreifen der erwähnten Tätigkeiten auch im Alltagsleben nahe. Andere Quellen sprechen die Kombination von Handelstätigkeit und Mahlgemeinschaft auch direkt an. So wurden die hier bereits mehrfach genannten Pressburger Fischer 1434 ausdrücklich beschuldigt, sie hätten *gemainschaft mit den* [hussitischen] *feinten mit kauff und mit essen und mit trinken* gehabt[919]. In den aus den 1470er-Jahren stammenden Suppliken mit der Bitte um Absolution von der Sünde des Hussitenhandels heißt es schließlich mehrfach, der Petent habe seinen häretischen Ge-

915 Vgl. zur üblichen Strafpraxis oben, Kap. 3.4.3. Hingewiesen sei an dieser Stelle auf die zeitliche Stellung des Vorfalles, welche das außergewöhnlich harte Vorgehen des Breslauer Rates erklären könnte, vgl. im Folgenden, Kap. 5.1.2.

916 Vgl. hier JASER, Ecclesia 338, speziell zur sozialen Komponente der Problematik der Mahlgemeinschaft mit Exkommunizierten.

917 Vgl. dazu lediglich ALTHOFF, Charakter; BRAND, Mahl; SCHUBERT, Essen 268–272.

918 Acta 2, hg. ERŠIL Nr. 2227, 825f., Zitat ebd. 826, genehmigte Supplik Friedrichs und Sigismunds von Sachsen sowie König Sigismunds an Martin V., 1430, Dezember 21, Rom. Vgl. zu dieser Quelle auch im Folgenden, Kap. 4.1.3.

919 Orig. AMB, Urk. Nr. 1330, Georg von Rozgon an den Pressburger Rat, 1434, April 12, Karlburg.

schäftspartnern Gastfreundschaft (*hospitium*) gewährt und in diesem Zusammenhang mit ihnen *in pastu, potu et loquela* Gemeinschaft gehabt[920]. Es steht wohl außer Zweifel, dass Geschäfte zwischen katholischen und hussitischen Kaufleuten auch in der ersten Hälfte des 15. Jahrhunderts von solchen Praktiken begleitet waren. Aus dem Blickwinkel der katholischen Autoritäten mussten solche Akte der Vergemeinschaftung mit „Häretikern" in jedem Fall als Schädigung der christlichen Sache bekämpft werden, gleichgültig ob sie im Rahmen der Pflege von wirtschaftlichen oder anderen gesellschaftlichen Beziehungen stattfanden.

4.1.2 Gier

Eine weitere Ebene, auf der wirtschaftliche Beziehungen zu Hussiten als moralisches Fehlverhalten disqualifiziert wurden, ist die Verknüpfung von Hussitenhandel mit dem hochgradig negativ konnotierten Laster der Gier.

Nach der 1971 formulierten These Lester K. Littles spiegelt die im Mittelalter allgemein gängige Hierarchisierung der Todsünden soziale Realitäten und gesellschaftliche Wandlungsprozesse wider. Aus diesem Grund habe im Zuge der „commercial revolution" des 12. Jahrhunderts die städtisch-kaufmännische Sünde der Gier die bis dahin dominierende, feudal-adelige Sünde des Stolzes in der Wahrnehmung der Zeitgenossen als verwerflichste der Todsünden abgelöst[921]. Tatsächlich fand Gier als Beweggrund für Handel mit Feinden des christlichen Glaubens Eingang in die sich eben zu diesem Zeitpunkt herausbildende Ideenwelt des „papal embargo". Kanon 24 des 3. Laterankonzils von 1179 mit den Eingangsworten *Ita quorumdam* nennt *saeva cupiditas*[922] als Motiv jener Christen, die Waffen und andere kriegswichtige Materialien an „Sarazenen" verkauften bzw. sich auf deren Schiffen verdingten. Angetrieben von dieser Gier würden die Betreffenden sich den Sarazenen gleich machen und sie in ihrer Bosheit sogar noch übertreffen[923]. Wie oben in Kapitel 1.3.2 dargelegt wurde, stellt dieser Kanon einen der legislativen Ecksteine des „papal embargo" dar. Als solcher ging er in das Kirchenrecht ein und wurde von dessen Kommentatoren im Sinne eines kausalen Zusammenhangs zwischen Geldgier und Handel mit Nicht-Christen interpretiert[924].

920 RPG 6, Nrr. 2187 und 2747: Erhard Auer und dessen Ehefrau aus Nürnberg, 1472, Oktober 31 bzw. 1477, Mai 24; Nr. 2936: Thomas Dost aus Nürnberg, 1479, Mai 27. Zitat ebd. Nr. 2747.

921 Little, Pride.

922 Hier im Sinne von „materieller Gier" gebraucht, vgl. Mediae Latinitatis Lexicon Minus, hg. Niermeyer/Kieft.

923 COD, hg. Alberigo u. a. 223; X 5.6.6, CIC 2, hg. Friedberg Sp. 773: [...] *pares eis [Sarracenis] aut etiam superiores in malitia fiant*, siehe oben, Anm. 68.

924 Vgl. Stantchev, Spiritual Rationality 48f. und bes. 111–115 zur Entwicklung des Gedankens der Un-

Entsprechend nehmen auch einige normative Quellen zum antihussitischen Handelsverbot ausdrücklich das Thema „Gier“ auf. Aus dem Herbst 1424 datierende *litterae* Martins V. gehen ausführlich auf dieses Thema ein[925]. Nachdem in der Arenga die päpstliche Pflicht zitiert wird, irrende Gläubige zu ihrem eigenen Wohl zu strafen, führt das Schreiben aus, der Papst habe erfahren, dass viele Christen vom Teufel verführt uneingedenk ihres Seelenheils sich der Gier ergäben und den Hussiten aus Geldgier (*cupiditas lucrandi*) Vorräte liefern würden. Dadurch führten sie nicht nur sich selbst ins spirituelle Verderben, sondern würden auch ein Ärgernis und abstoßendes Beispiel für die ganze Christenheit darstellen[926]. Mutmaßlich diesem wiederholt gebrauchten päpstlichen Formular entlehnt ist die Narratio zweier (weitgehend) wortgleicher Mandate Sigismunds aus dem April 1431, welche das einzige bekannte Beispiel für eine ausdrückliche Thematisierung der Motive der Schwarzhändler in den Urkunden Sigismunds darstellt[927]. Es heißt dort, dem König sei vorgebracht worden, „viele Leute“ in der Oberlausitz bzw. in Schlesien hätten ohne Rücksicht auf ihr Seelenheil „schnöden weltlichen Gewinns wegen“ die Hussiten wirtschaftlich unterstützt, was ein Vergehen wider Gott, die Christenheit und alle Redlichkeit sei[928].

Abgesehen von diesen Beispielen spielt die Motivation jener Katholiken, die mit Hussiten Handel trieben, in den Quellen allerdings kaum eine Rolle. Dieser Befund erklärt

---

terscheidung in „gerechten“ und „ungerechten“ Gewinn im Zusammenhang mit der Entwicklung des „papal embargo“.

925 Urkundliche Beiträge 1, hg. Palacký Nr. 317, 367–369; Acta 2, hg. Eršil Nr. 1274, 515f., Martin V. an die Bischöfe von Regensburg, Passau, Olmütz, Meißen und Bamberg, 1424, November 24, Rom. Erneuert und erweitert in Orig. SHStA, 10001 Ältere Urkunden, Nr. 6012, Martin V. an alle Gläubigen, 1426, Jänner 15, Rom, wo Geldgier für den als hochgradig problematisch empfundenen Erwerb von sakralen Gegenständen aus den Händen von Hussiten verantwortlich gemacht wird, vgl. oben, Kap. 4.1.2.

926 Urkundliche Beiträge 1, hg. Palacký 367: [...] *nonnullos fideles proprie inmemores salutis ac in laqueum dyaboli incidentes, cupiditate lucrandi ad* [...] *hereticos* [...] *[victualia] ausu damnabili deferre in animarum suarum interitum, scandalum fidei et exemplum detestabile ceterorum* (Hervorhebung d. V.).

927 Urkundliche Beiträge 2, hg. Palacký Nr. 735, 208f.; Grünhagen, Geschichtsquellen Nr. 144, 103; RI XI, Nrr. 8454f., Sigismund an die Stadt Görlitz/Breslau, 1431, April 12, Nürnberg. Zitat: Orig. RAG, sub dato (262/210).

928 Orig. RAG, sub dato (262/210), Sigismund an die Stadt Görlitz, 1431, April 12, Nürnberg: *Wir haben vernomen, wie vil lute vorgessen des heils irer sel durich gewynnunge willen snodes werntlichen guts* [...] [den Hussiten zuführen], [...] *das wider Got, die kristenheit und alle redlickeit ist* [...]. Dieser Befund passt zu den Ergebnissen Přemysl Bars, der feststellt, dass sich die Rhetorik von Sigismunds antihussitischer Propaganda besonders in Urkunden, die an Empfänger aus den loyalen Kronländern Schlesien und Oberlausitz adressiert waren, nahe an die bellizistische antihäretische Rhetorik der Kurie anlehnte, da der König in diesen unmittelbar gefährdeten Regionen auf einen besonderen Mobilisierungseffekt antihussitischer Propaganda hoffen konnte, Bar, Propaganda.

sich möglicherweise aus einer selbstverständlichen, tief verwurzelten Assoziation zwischen illegitimem Handel, Wucher und ähnlichen Vergehen, der Todsünde der Gier und dem spirituellen Verderben. Dieser festgefügte Topos machte eine nähere Auseinandersetzung mit den Motiven der Schwarzhändler in den Augen der Verfasser mutmaßlich überflüssig[929].

Eine bezeichnende Ausnahme in dieser Hinsicht stellt ein im Folgenden etwas ausführlicher zu behandelndes undatiertes anonymes Schmählied aus dem thüringisch-sächsischen Raum dar[930]. Gegenstand dieser Polemik ist der thüringische Adelige Busso [II.] Vitzthum von Roßla-Apolda († 1437), der als Hofmeister lange Jahre eine bedeutende Stellung am kurfürstlich-wettinischen Hof einnahm und während der Hussitenkriege als Landvogt von Meißen fungierte[931]. Der Verfasser kritisiert Vitzthum und dessen nähere Umgebung scharf als gierig, korrupt und feige. Dabei wird einerseits hart mit Bussos Verhalten in der für die katholische Seite verhängnisvollen Schlacht von Aussig ins Gericht gegangen[932]. Als meißnischer Landvogt hatte Vitzthum jene sächsisch-meißnischen Truppen kommandiert, die am 16. Juni 1426 vor Aussig eine ungewöhnlich opferreiche Niederlage gegen die vereinigten hussitischen Heere erlitten. Vitzthum entkam der Schlacht lebend, was ihm der Verfasser zum Vorwurf macht: In dem Lied heißt es, Busso habe aus Feigheit Fahnenflucht begangen und sei schändlich aus der Schlacht geflohen, weswegen viele „gute Leute“ zu Tode gekommen seien[933].

Mindestens ebenso großes Augenmerk wie auf Vitzthums angebliche Feigheit vor dem Feind legt der Verfasser jedoch auf dessen Geldgier und Korruptheit. Busso und dessen Gesellen hätten sich bestechen lassen, ihrerseits Bestechungsgelder verlangt und *in hoffart und geierheit, in wucher und in unkeuschheit* gelebt[934]. Im vorliegenden Zusammenhang ist nun interessant, dass in der Invektive ausdrücklich auch wirtschaftliche Kontakte mit den Hussiten erwähnt werden: Der Landvogt habe sich aus Selbstsucht von den Ketzern bestechen lassen. Als Gegenleistung für ihre *gaben* habe Vitzthum die Hussiten verproviantiert (*gespeiset*) bzw. für die Zahlung eines Guldens pro [Maßeinheit] Wein zugelassen, dass Proviant nach Böhmen gelangt sei[935]. Der Verfasser fährt

---

929 Vgl. in diesem Zusammenhang etwa den lapidaren Kommentar Johannes Niders in MCG 1, Nr. 72, 139–142, hier 141, 1432, Jänner 5, Nürnberg: *victualia* [...] *habent [Hussitae]* [...], *quae eis per falsos Christianos adducuntur, qui se periculo perdendi omnia committunt.*

930 Volkslieder 1, hg. Liliencron Nr. 60, 292–294; englische Übersetzung Fudge, Crusade Nr. 116, 207–210, Schmählied auf Busso Vitzthum, nach 1426, Juni 16. Zur näheren Datierung vgl. im Folgenden.

931 Zu Busso Vitzthum vgl. etwa Rogge, Herrschaftsweitergabe 207f.

932 Zum ereignisgeschichtlichen Kontext vgl. oben, Kap. 2.2.

933 Volkslieder 1, hg. Liliencron Nr. 60, hier 293f., Schmählied auf Busso Vitzthum, nach 1426, Juni 16.

934 Ebd. 293.

935 Ebd.: *Auch hat er gespeiset die ketzer / wider got und die heilige ler / durch die gaben, die sie im haben*

fort, dass man aus diesem Verrat an der christlichen Sache um schnöden Geldes willen Vitzthums ganze Verdorbenheit erkennen könne, von der die Ereignisse bei Aussig nur ein weiteres Zeugnis ablegen würden[936].

Die Niederlage von Aussig wurde von den Zeitgenossen als katastrophal empfunden, wovon etwa der breite Widerhall zeugt, den sie in den Quellen, vor allem auch im Reich fand[937]. Es ist möglich, dass das hier besprochene Schmählied unter dem unmittelbaren Eindruck der Schlacht entstand und einen Versuch darstellt, die Ereignisse zu rationalisieren und Erklärungen für die Niederlage der katholischen Truppen zu finden[938]. Die stark auf Vitzthums Charakter und seine Ehre abzielende Natur der Invektive lässt darüber hinaus an ein persönliches Motiv des Verfassers denken. Dies kann ohne Weiteres zu einer Entstehung des Liedes in der zweiten Hälfte der 1420er-Jahre passen[939]. Denkbar ist unter diesem Gesichtspunkt allerdings auch noch eine weitere Möglichkeit. Busso Vitzthum war der Vater Apel [III.] Vitzthums von Roßla-Apolda († 1474), eines in den 1440er-Jahren, besonders während des sogenannten Sächsischen Bruderkrieges einflussreichen Rates Herzog Wilhelms III. von Sachsen. Apel Vitzthums Position war heftig umstrittenen, er selbst wurde in den Auseinandersetzungen stark angefeindet und persönlicher Habgier und unangemessener Einflussnahme auf den Herzog beschuldigt[940]. Einige Verse am Ende des Liedes, in denen vor der Verderblichkeit schlechter Räte gewarnt wird, könnten daher ein Indiz dafür sein, dass die Invektive aus der Zeit Apel Vitzthums stammt und dazu dienen sollte, den Sohn über den Vater zu diskreditieren[941].

---

gegeben / daß er desto baß in Türingen mochte leben. / Von einem waine einen gulden hat er genomen, / daß die speise in Behmen ist komen.

936 Ebd.: *Wer gute werke ritt / den glauben umb gabe also gibt, / ist ein zeichen, das man saget und list / daß er in seiner bosheit ein vollkomner schalk ist.*

937 Vgl. dazu Čornej, Bitva, bes. 52–55.

938 So auch die Interpretation Čornejs, Bitva 53f., der dort weitere deutsche Quellen zusammenstellt, die Vitzthum die Schuld an der Niederlage anlasten. Nach einer Version habe der Landvogt die Niederlage sogar absichtlich herbeigeführt um Friedrich von Sachsen und König Sigismund zu schaden, denen er die Schuld an der Hinrichtung eines seiner Brüder etliche Jahre zuvor gegeben habe.

939 Ebd. 53 weist Čornej etwa auf damalige politische Rivalitäten zwischen Thüringern und Sachsen hin.

940 Vgl. Rogge, Herrschaftsweitergabe, passim, bes. 170–173, 207–210.

941 Volkslieder 1, hg. Liliencron Nr. 60, 292–294, hier 294: *Drum beten wir all geliche / beide arm und riche / alle fursten und furstinne, / daß sie nehmen das zu sinne / und bedenken ihres selbst nutzen und fromen / daß ir land und leute nicht zu schaden komen / und sich laßen also bedeuten, / daß sie ir amt bestellen mit biderleuten.* Nach 1451 wandte sich der bis dahin an Apel Vitzthum festhaltende Wilhelm von Sachsen gegen seinen ehemaligen Rat und beschuldigte ihn u. a. der Fahnenflucht, vgl. Rogge, Herrschaftsweitergabe 209. Trifft die Spätdatierung zu, könnte eine Wiederaufnahme des weithin bekannten Themas der Flucht Busso Vitzthums vor Aussig auch eine Spitze in diese Richtung darstellen.

Gleichgültig vor welchem Hintergrund das Schmählied tatsächlich entstanden ist, zeigt es in jedem Fall deutlich die politische Sprengkraft des Vorwurfs, wirtschaftliche Beziehungen mit den Hussiten zu unterhalten. Angetrieben von der Todsünde der Gier begingen Hussitenhändler dieser Interpretation nach einen Akt des Verrates an der christlichen Sache, der gleichwertig neben anderen, sehr negativ konnotierten Vergehen wie Korruption und Fahnenflucht stand. Die Anschuldigung, die Hussiten wirtschaftlich zu unterstützen, konnte daher verwendet werden, um einen politischen Gegner herabzuwürdigen und in seiner Ehre zu treffen[942].

4.1.3 Hussitenhandel als Sünde

Einen weiteren Aspekt der diskursiven Konstruktion der moralisch-ethischen Verwerflichkeit wirtschaftlicher Beziehungen mit den hussitischen „Häretikern" stellt die Frage nach der Wahrnehmung von Hussitenhandel als Sünde dar. Die offenkundig kontinuierliche Umgehung des antihussitischen Handelsverbotes könnte gewisse Zweifel daran wecken, dass das Grundprinzip des „papal embargo" – Handel mit Nicht-Christen ist eine Sünde – im frühen 15. Jahrhundert im Bewusstsein der Bewohner der Nachbarländer Böhmens besonders tief verankert war. In diesem Fall wäre jedoch unverständlich, warum dem Vorwurf des Hussitenhandels jene Brisanz anhaftete, die ihn zu einer potentiell scharfen (politischen) Waffe machte. An dieser Stelle soll daher der Blick auf Quellen gerichtet werden, die ausdrücklich belegen, dass die Sündhaftigkeit von Hussitenhandel und die damit einhergehenden spirituellen Konsequenzen den Menschen, die das antihussitische Handelsverbot praktisch umsetzen sollten, durchaus bewusst waren.

Ein erstes Beispiel stammt aus der nach 1434 entstandenen Chronik des damaligen Provinzials der Franziskanerminoriten in Sachsen, Matthias Döring[943]. Es illustriert, dass es zumindest für den Verfasser und sein intendiertes Publikum selbstverständlich war, dass Handel mit Häretikern *ipso facto* zur Exkommunikation führte. Döring berichtet in seiner Chronik unter anderem über die eben erwähnte verheerende Niederlage sächsischer Truppen in der Schlacht vor Aussig am 16. Juni 1426[944]. Der Autor beendet die entsprechende Schilderung mit einem Bericht über die große Menge von Waffen, Wagen, Lebensmitteln und Pferden, die die siegreichen Hussiten nach der Schlacht erbeutet hätten[945]. Die Beute sei so groß gewesen, dass die hussitischen Hauptleute sich angeblich bemüßigt fühlten,

942 Vgl. in diesem Zusammenhang etwa auch die Anschuldigungen, die gegen den abtrünnigen Kaadener Priester Johannes *Meinel* erhoben wurden, oben, Kap. 3.3.3 und 3.4.4.2.

943 Zum Autor Ermisch, Geschichte 29f.; Döring, Matthias. *Rep. Font.*

944 Zur Ereignisgeschichte oben, Kap. 2.2, sowie hier im Vorangehenden, Kap. 4.1.2.

945 Chronik des Matthias Döring, ediert bei Ermisch, Geschichte Nr. XIV, 43f., hier 44.

dem sächsischen Herzog, Friedrich von Sachsen, in einem ironischen Brief dafür zu danken. In diesem von Döring zitierten Brief weisen die Absender Friedrich sarkastisch auf die Tatsache hin, dass er ab sofort exkommuniziert sei, da der Papst doch alle exkommuniziere, die die Hussiten mit Lebensmitteln und sonstigen Hilfsleistungen unterstützten, wie der Herzog es eben so großzügig getan habe[946]. Es ist höchst zweifelhaft, dass der Überlieferung bei Döring ein authentischer Brief zugrunde liegt[947]. Viel eher handelt es sich um eine literarische Fiktion des Chronisten, der damit den Siegern unchristlichen Hochmut unterstellt und gleichzeitig die Schmach der Verlierer unterstreicht. Diese Fiktion belegt jedoch, dass es für den Autor offensichtlich so selbstverständlich war, dass Hussitenhändler der Exkommunikation verfielen, dass er sogar der hussitischen Seite unterstellen konnte, sich dieser Tatsache zu propagandistischen Zwecken zu bedienen.

Eine solche *ipso facto*-Exkommunikation konnte nach dem Kirchenrecht nur der Papst aufheben, der das Prärogativ besaß, Schwarzhändler von den Kirchenstrafen zu absolvieren, die sie sich durch ihr Vergehen zugezogen hatten[948]. Dass auch dieser Aspekt des „papal embargo“ in den Nachbarländern Böhmens praktizierte Lebensrealität war, zeigen einige päpstliche *litterae*, mit denen zwischen 1429 und 1431 das Recht zur Absolution von Hussitenhändlern unabhängig voneinander an die Bischöfe von Passau, Meißen und Regensburg abgetreten wurde[949], ebenso wie zwei Briefe des Basler Dominikanerpriors und Gesandten des Basler Konzils, Johannes Nider, aus der ersten Hälfte des Jahres 1432, die die Absolution von Hussitenhändlern aus Nürnberg, Eger *et aliis ecclesiae* betreffen[950].

---

946 Ebd. 44: *Et fertur eos [Bohemos] duci Saxonum scripsisse: „Si excommunicacio pape tui ligat, qui excommunicat omnes adducentes nobis victualia et impercientes auxilia nobis, tunc tu es excommunitus, quia misisti nobis, tunc tu es excommunicatus, quod misisti nobis cibos in copia, equos, currus et arma. Vale.“*

947 So auch die Einschätzung Čornejs, Bitva 54. Da Döring nicht unmittelbar zeitgenössisch schrieb, muss er sich bei der Referenz auf das Handelsverbot weiters nicht unbedingt direkt auf die offensichtlich an den Bischof von Meißen zur Veröffentlichung gesandten päpstlichen *litterae* Orig. SHStA, 10001 Ältere Urkunden, Nr. 6012, Martin V. an alle Gläubigen, 1426, Jänner 15, Rom, beziehen, wie Ermisch, Geschichte 30 annimmt. Die zeitliche und örtliche Koinzidenz ist allerdings auffällig.

948 Vgl. oben, Kap. 1.3.2.

949 Orig. BHStA, Abt. I (Ältere Bestände), Hochstift Passau Urkunden, Nr. 1438, Martin V. für den Bischof von Passau, 1429, April 25, Rom; Acta 2, hg. Eršil Nr. 2227, 825f., genehmigte Supplik Friedrichs und Sigismunds von Sachsen sowie König Sigismunds zugunsten des Bischofs von Meißen an Dens., 1430, Dezember 21, Rom; Orig. BHStA, Abt. I (Ältere Bestände), Hochstift Regensburg Urkunden, Nr. 1020, Giuliano Cesarini für den Bischof von Regensburg, 1431, März 22. Die einzelnen Urkunden basieren nicht auf einem gemeinsamen Formular, stehen einander jedoch inhaltlich so nahe, dass sie hier gesammelt behandelt werden können.

950 MCG 1, Nr. 72, 139–142, hier 142, Johannes Nider an Johannes von Ragusa, 1432, Jänner 5, Nürnberg; ebd. Nr. 119, 216f., hier 217, Ders. an Dens., 1432, April 21, Nürnberg. Ich danke Dušan Coufal für diesen Hinweis.

Der Personenkreis, der in den genannten Quellen in Erscheinung tritt, steht im Einklang mit den geografischen Strukturen des Handels zwischen Böhmen und seinen Nachbarländern, die oben in Kapitel 3.1 herausgearbeitet wurden. Die auffällige zeitliche Konzentration am Beginn der 1430er-Jahre wiederum reflektiert einerseits den langen Zeitraum, den das Handelsverbot zum damaligen Zeitpunkt schon aufrecht war, und die Tatsache, dass dessen Ende immer noch nicht absehbar schien. Andererseits schlägt sich auch hier das hussitische Ausgreifen in die Nachbarländer seit der Mitte der 1420er-Jahre nieder[951]. Zusätzlich zu diesen beiden Faktoren besteht zumindest bei der vom päpstlichen Legaten Giuliano Cesarini im März 1431 ausgestellten Fakultät für den Bischof von Regensburg auch ein Zusammenhang mit den damals laufenden Vorbereitungen für den Fünften Kreuzzug. Im Zuge seiner Legatentätigkeit machte Cesarini von seinem Recht Gebrauch, zur Förderung des Seelenheils der Gläubigen ebenso wie seines Auftrages kirchliche Gnadengeschenke zu verteilen, wozu auch die Absolution reuiger Hussitenhändler gehörte[952]. An eben diese Sonderbefugnis des päpstlichen Legaten appellierte später auch Nider, der Cesarini um die Erteilung derselben Fakultät an bestimmte Nürnberger und Egerer Geistliche ersuchte[953].

Betrachtet man zunächst die überlieferten *litterae gratiae*, ist hinsichtlich des Inhalts als Erstes festzuhalten, dass die Kurie in allen drei Fällen auf an sie herangetragene Suppliken reagierte. Als Grund für die Bitte um die Erlaubnis, Hussitenhändler zu absolvieren, wird jeweils angegeben, die betreffende Diözese liege physisch nahe an Böhmen. Dadurch sei es quasi unvermeidlich, dass die Gläubigen in Kontakt mit den hussitischen „Häretikern“ kämen und mit ihnen Beziehungen unterschiedlichster Art unterhielten, darunter auch wirtschaftliche[954]. In allen drei Schreiben wird darüber hinaus ausdrücklich darauf hingewiesen, dass diese Interaktionen nicht immer freiwillig erfolgten, sondern manchmal auch unter Zwang und der Androhung von Gewalt[955]. Asymmetrie zwischen den an einer wirtschaftlichen Transaktion beteiligten Parteien wird in den anderen Quel-

---

951 Vgl. oben, Kap. 3.1.2.

952 Zur Ausstattung der päpstlichen Legaten mit vergleichbaren Vollmachten und deren Handhabung als Seelsorge- und Propagandamittel Studt, Martin V. 16, sowie hier im Folgenden, Kap. 5.1.3.

953 MCG 1, Nr. 72, 139–142, hier 142, Johannes Nider an Johannes von Ragusa, 1432, Jänner 5, Nürnberg; ebd. Nr. 119, 216f., hier 217, Ders. an Dens., 1432, April 21, Nürnberg.

954 Z. B. Orig. BHStA, Abt. I (Ältere Bestände), Hochstift Passau Urkunden, Nr. 1438, Martin V. für den Bischof von Passau, 1429, April 25, Rom: *Cum* […] *diverse tuarum civitatis et diocesis utriusque sexus persone* […] *[Boemis] victualia et alia mercimonia vendendo et illa ab eis emendo publice et occulte* […] *communicaverint* […].

955 Z. B. Acta 2, hg. Eršil Nr. 2227, 825f., genehmigte Supplik Friedrichs und Sigismunds von Sachsen sowie König Sigismunds zugunsten des Bischofs von Meißen an Martin V., 1430, Dezember 21, Rom, Zitat 826: […] *quidam videlicet ex eis [fidelibus]* […] *spontanea voluntate, alii vero ad hoc coacti* […] *in crimine heresis participaverunt.*

len zum antihussitischen Handelsverbot so gut wie nie thematisiert, obwohl solche unter Zwang erfolgten Handlungen im Zuge der innerböhmischen Auseinandersetzungen und des militärischen Ausgreifens der Hussiten in die Nachbarländer eine bedeutende Rolle gespielt haben müssen[956]. Dass in den besagten *litterae* ausnahmsweise auch den äußeren Umständen Rechnung getragen wird, unter denen es zu wirtschaftlichen Kontakten kam, ist sicher der Natur der Quelle geschuldet. Im seelsorgerischen Diskurs spielte die Intention eines Hussitenhändlers eine völlig andere Rolle als in Quellen obrigkeitlichen Ursprungs, die unterschiedslos gegen jede Form von Unterstützung für den hussitischen Feind vorgingen. Es sollte jedoch nicht übersehen werden, dass trotz dieser Differenzierung der Motive auch die unter Zwang erfolgte Unterstützung von Häretikern eine Sünde blieb, die der Absolution bedurfte.

Das Hauptaugenmerk der ausgewerteten Fakultäten liegt schließlich auf der seelsorgerischen Notwendigkeit, den Gläubigen Gelegenheit zur Rettung ihres Seelenheils zu geben[957]. Dazu müsse ihnen die Möglichkeit geboten werden, Vergebung für die Sünde des Hussitenhandels zu finden. Die *litterae* für den Bischof von Passau führen in diesem Zusammenhang an, dass viele Gläubige aufgrund der Entfernung und der Gefahren des Weges die Reise an die Kurie nicht selbst unternehmen könnten und daher auf die Absolution verzichten müssten, woraus schwere Gefahren für ihr Seelenheil erwüchsen[958]. Da es aber gerade die Aufgabe des Papsttums sei, Seelen zu retten, wird den Empfängern schließlich gestattet, das päpstliche Prärogativ der Absolution von der Sünde des Hussitenhandels auszuüben und reuige Gläubige wieder in den Schoß der Kirche aufzunehmen. Im Fall der Bischöfe von Passau und Regensburg scheint die Erlaubnis sich ausschließlich auf Angehörige ihrer jeweiligen Diözesen bezogen zu haben. Die von den beiden wettinischen Herzögen Friedrich und Sigismund von Sachsen gemeinsam

956 Die ausgewerteten justiziellen Quellen aus Breslau und Görlitz geben in ihrer Mehrzahl keine Auskunft über die Rechtfertigung der Delinquenten, es ist also unklar, welche Rolle das Thema „Zwang“ in diesem Zusammenhang spielte. Unter den für diese Arbeit ausgewerteten Quellennachrichten finden sich jedenfalls keine Versuche von angeblichen Hussitenhändlern, sich mit einer physischen Zwangslage zu rechtfertigen, vgl. im Folgenden, Kap. 4.2.2.

957 Derselbe Gedanke liegt auch den hier am besten vergleichbaren Fakultäten für die Absolvierung exkommunizierter Gläubiger, die die 1427 beschlossene reichsweite Hussitensteuer nicht bezahlt hatten, zugrunde, vgl. das Dossier von diesbezüglichen Dokumenten bei Andreas von Regensburg, DRTA 9, Nrr. 84–88, 117–119. Vgl. in diesem Zusammenhang auch Stantchev, Spiritual Rationality 155–162, bes. 156.

958 Orig. BHStA, Abt. I (Ältere Bestände), Hochstift Passau Urkunden, Nr. 1438, Martin V. für den Bischof von Passau, 1429, April 25, Rom: *Cum* […] *[personis] propter viarum distantiam et discrimina valde redderetur difficile pro absolutionis beneficio ab excommunicationis et aliis sententiis censuris et penis* […] *obtinendo ad dictam sedem habere recursum, unde diversa et gravia provenire formidantur pericula animarum* […].

mit König Sigismund eingereichte Supplik zugunsten des Bischofs von Meißen nimmt hingegen auch auf Gläubige aus den Diözesen Prag und Breslau Bezug, die der Meißner Bischof ebenfalls zu absolvieren berechtigt sein sollte, wenn sie sich an ihn wandten[959]. Dies bezeugt einerseits indirekt die Bedeutung der Diözese Meißen als Zufluchtsort für katholische Flüchtlinge aus Böhmen und offenbar auch aus Schlesien. Andererseits zeigt sich hier möglicherweise auch ein politisch motivierter Versuch der Petenten, die Rolle des Meißener Bischofs auf Kosten des vakanten Prager Erzbistums auszudehnen[960].

Bei den hier ausgewerteten päpstlichen *litterae* handelt es sich um stark formelhaftes Schriftgut. Aus den darin referierten Suppliken geht – abgesehen von der Supplik der sächsischen Herzöge und König Sigismunds zugunsten des Meißener Bischofs, mit der die drei weltlichen Petenten auch ihr eigenes Engagement in der *cura animarum* zum Ausdruck brachten – nicht hervor, ob die Initiative vom jeweiligen Bischof oder seinen Diözesanen ausging. Ein bemerkenswertes Licht auf eben diese Leerstelle werfen nun die erwähnten Passagen aus den Briefen Johannes Niders. Dieser hielt sich seit dem Winter 1431/32 als Gesandter des Basler Konzils in Nürnberg auf, von wo aus er dem Konzil Bericht über den Fortgang der Verhandlungen mit den Hussiten erstattete. Im Nachsatz zu einem Brief an einen der führenden Köpfe des Konzils, Johannes von Ragusa, von Anfang Jänner 1432 erwähnt Nider, vormals Prior des Nürnberger Dominikanerkonvents, sein Amtsnachfolger weigere sich ebenso wie andere Angehörige der städtischen Geistlichkeit, einem reuigen Hussitenhändler die Absolution zu erteilen[961].

---

959 Acta 2, hg. Eršil Nr. 2227, 825f., genehmigte Supplik Friedrichs und Sigismunds von Sachsen sowie König Sigismunds zugunsten des Bischofs von Meißen an Martin V., 1430, Dezember 21, Rom, Zitat 826: [...] *cum plerique Misnensium, Pragensium et Wratislaviensium civitatum et diocesum tam clerici quam laici ... cum hereticis* [...] *in crimine heresis participaverunt* [...] *supplicat* [...] *dictus episcopus, quatenus sibi, ut participantes ipsos ad eum super hiis recurrentes* [...] *a quibusvis sentenciis, quas* [...] *incurrerunt,* [...] *absolvere valeat* [...] *auctoritatem et facultatem concedere dignemini* [...].

960 Vgl. dazu auch ebd. Nr. 2229, 826, genehmigte Supplik Friedrichs und Sigismunds von Sachsen sowie König Sigismunds zugunsten des Bischofs von Meißen an Martin V., 1430, Dezember 21, Rom: Der Bischof von Meißen erhält die Erlaubnis, reuige Hussiten aus den Diözesen Prag, Meißen und Breslau, die in die Kirche zurückkehren wollen, zu absolvieren. Zu den wettinischen Expansionsbestrebungen im nordböhmischen Raum vgl. oben, Kap. 2.2.

961 MCG 1, Nr. 72, 139–142, hier 142, Johannes Nider an Johannes von Ragusa, 1432, Jänner 5, Nürnberg: *Quia quemdam, qui quibusdam videtur excommunicatus propter venditionem unius rei* [...] *Hussitis directam, prior noster et alii absolvere noluerunt, licet multum poeniteat reus*. Der Grund für diese Weigerung wird nicht ganz klar. Betrachtet man Niders folgende Versuche, eine päpstliche Fakultät für die Absolution reuiger Hussitenhändler zu erwirken, scheint es möglich, dass die Genannten sich scheuten, solche Absolutionen ohne Einwilligung des Papstes zu erteilen. Allerdings verhielten sich die Nürnberger Geistlichen in dieser Frage auch während des „zweiten" antihussitischen Handelsverbotes unnachgiebiger als die Kurie selbst, vgl. Schenk, Nürnberg 113. Möglicherweise bemühte sich der Nürnberger Rat aus diesem Grund nicht selbst um die Erteilung entsprechender Fakultäten; gleichzeitig

Offensichtlich bereitete diese Weigerung Nider einiges Unbehagen. In seinem Schreiben betont er den vermeintlich unerheblichen Wert der inkriminierten Waren sowie die Einmaligkeit des Vergehens[962] und spricht den Wunsch aus, dem angeblichen *pauper* und seinesgleichen zu helfen, indem er über Vermittlung Ragusas so schnell wie möglich vom päpstlichen Legaten, Kardinal Cesarini, eine entsprechende Fakultät für den Nürnberger Dominikanerprior erwirkte[963]. Dass es Nider mit dieser Bitte ernst war, belegt ein zweiter Brief an denselben Empfänger vom April 1432, in welchem er Ragusa an seine frühere Bitte und die dahinter liegende seelsorgerische Notwendigkeit erinnert[964]. Um dieser Bitte noch größeren Nachdruck zu verleihen und den Ernst der Situation zu illustrieren, fügt der Autor ein weiteres Beispiel aus der Region an: Drei Petenten aus Eger seien an ihn herangetreten, um eine päpstliche Fakultät für den Egerer Pfarrer zu erwirken, damit dieser sie von der Sünde des Hussitenhandels absolvieren und von der Exkommunikation befreien könne[965]. Der Autor schließt mit dem resignierten Seufzer, ähnliche Maßnahmen seien wohl an vielen Orten nötig[966], und tatsächlich sollten die Gesandten des Basler Konzils, die sich ein Jahr später zu Verhandlungen mit den Hussiten nach Prag begaben, auf ihrem Weg reuige Hussitenhändler absolvieren und diese Fakultät auch delegieren dürfen[967].

Wie in den eben analysierten *litterae* steht auch in Niders Berichten die seelsorgerische Komponente der Auswirkungen des antihussitischen Handelsverbotes im Vordergrund. Als Vertreter der Kirche geht es auch ihm vorrangig um die Gefahr, durch fehlende Möglichkeiten, Absolution zu erlangen, christliche Seelen zu „verlieren". Niders Bemerkungen illustrieren allerdings gleichzeitig auch, dass die stark stilisierte Argumentation der

---

sah er sich auch anderweitig erheblichem politischen Druck ausgesetzt, vgl. oben, Kap. 3.4.2.

962 Ebd.: [...] *unius rei, quae unum florenum valuit,* [...].

963 Ebd.: *[Q]uaeso mihi auctoritatem a D. Cardinali impetretis, ut juvem pauperem istum, et si occurreret aetiam alias. Et mihi de hoc responsum peto cito dirigatis.*

964 MCG 1, Nr. 119, 216f., hier 217, Johannes Nider an Johannes von Ragusa, 1432, April 21, Nürnberg: *Item dudum petivi a Vestra Paternitate priori Nurembergensi expressam impetrare auctoritatem a domino legato, absolvendi poenitentes, qui cum Hussitis mercimonia exercuerunt, necesse est.*

965 Ebd.: *Simili de causa tres personae sunt in Egra, qui similibus irretiti sunt casibus, plebano in Egra super se petiverunt impetrari auctoritatem absolvendi.*

966 Ebd.: *Scio, quod occupamus, est in aliis ecclesiae dei maxime necessariis; fiat, prout dominus inspiraverit.*

967 Vgl. ebd., Nr. 165, 378–380, hier 380, Instruktionen des Basler Konzils für dessen nach Böhmen abgeordnete Gesandten, 1433, April, Basel: *Item concedit [concilium] eisdem [legatibus], et eorum eciam cuilibet cum consensu aliorum, facultatem* [...] *absoluendi eciam illos, qui cum eis [hereticis] commercia contra prohibicionem ecclesie exercuerunt, in forma ecclesie* (Hervorhebung d. V.). Ich danke Dušan Coufal für diesen Hinweis.

päpstlichen Fakultäten durchaus einen Anker in der Realität besaß. Offensichtlich hatte die Bevölkerung der böhmischen Nachbarländer die Auffassung, Hussitenhandel sei eine Sünde, die göttlicher Vergebung bedürfe, sehr wohl internalisiert und unternahm nicht geringe Anstrengungen, um Vergebung für entsprechende Vergehen zu finden. Das böhmische Fallbeispiel stützt damit Stefan Stantchevs auf der Basis spätmittelalterlicher Beichtleitfäden und der umfänglichen Praxis päpstlicher Lizenzen für Handel mit den Muslimen des Mittelmeerraumes aufgestellte These, dass das Papsttum prinzipiell erfolgreich darin war, mittels des „papal embargo" seine Autorität hinsichtlich der moralischen Beurteilung der Legitimität bzw. Illegitimität von Handelsbeziehungen zu etablieren[968]. Wirtschaftliche Beziehungen mit den Hussiten zu unterhalten, war damit als zutiefst unchristliches, sündhaftes Verhalten kodiert, das das individuelle Seelenheil ebenso gefährdete wie die Christenheit an sich.

4.1.4 Exkurs: Juden und Hussiten

Im Zusammenhang mit der Frage nach den Mechanismen der Abwertung und moralischen Disqualifizierung wirtschaftlicher Beziehungen mit Hussiten lohnt es sich, an dieser Stelle abschließend noch einen Blick auf eine Konstellation zu werfen, in der dem Vorwurf des Hussitenhandels – möglicherweise – eine spezielle Rolle zukam: die vermeintliche Verbindung zwischen Juden und Hussiten[969].

Die katholischen Ängste vor einer Konspiration von Juden und Hussiten stellen eine von unzähligen Äußerungen des langlebigen Topos von der angeblichen umfassenden Verschwörung von Juden, Muslimen und Häretikern gegen die Christenheit dar[970]. Konkrete Manifestationen dieser Idee sind aus der Hussitenzeit nur sporadisch und nicht immer unmittelbar zeitgenössisch dokumentiert. Zusammengenommen sprechen die Zeugnisse dennoch für die Annahme, dass in den an Böhmen angrenzenden Ländern während der Hussitenkriege phasenweise ein gespanntes antijüdisches Klima herrschte, in dem der Vorwurf der Zusammenarbeit der Juden mit den Hussiten rasch bei der Hand gewesen sein dürfte.

Sehr deutlich äußert sich in dieser Hinsicht etwa eine Notiz vom Juni 1419, die in den Akten der Wiener Universität überliefert ist. Darin wird eine Sitzung der theologi-

968 Stantchev, Spiritual Rationality, passim, bes. 145–162.

969 Ich danke Iris Palenik, Petr Elbel, Wolfram Ziegler und Pavlína Cermanová für inhaltlichen Austausch zu diesem Kapitel und für die Zurverfügungstellung von Literatur.

970 Vgl. hier lediglich Moore, Persecuting Society, passim, bes. 59–61, 111–116; Barber, Lepers, bes. 11f.; Schubert, Gesera 542f. Zu den offenbar zeitweilig tatsächlich existenten prohussitisch-eschatologischen Hoffnungen auf jüdischer Seite Kestenberg, Hussitentum; Yuval, Juden.

schen Fakultät protokolliert, in der neben der Untersuchung der Rechtgläubigkeit einiger Predigten auch Beratungen auf dem Programm standen über die gestiegene Anzahl von Juden, über deren luxuriösen Lebensstil (*delicata vita*) und „verfluchte“ Bücher (*libri execrabiles*), vor allem aber *de confederacione Iudeorum et Hussitarum ac Waldensium*[971]. Ein weiteres unmittelbares Zeugnis für solche Verdächtigungen liegt aus dem mährischen Iglau vor. Zu einem nicht näher bestimmbaren Zeitpunkt zwischen 1424 und 1426 wurde die dortige jüdische Gemeinde vermutlich auf Initiative der Stadt vertrieben[972]. In einer Supplik, in der der Iglauer Rat im Februar 1427 die Kurie um die Erlaubnis bat, die ehemalige Synagoge in eine Fronleichnamskapelle umzuwandeln, wird das Motiv für die Vertreibung indirekt berührt. Es heißt dort, der städtische Pfandherr, Herzog Albrecht V., habe befürchtet, der Stadt könnte Schaden durch eine Verbindung der Juden mit den Hussiten entstehen, weshalb die jüdische Gemeinde vorsorglich ausgewiesen worden sei[973]. Schon der indirekte Vorwurf der potentiellen Zusammenarbeit mit dem hussitischen Feind scheint hier also ausgereicht zu haben, um die Vertreibung der ansässigen Juden nachträglich zu rechtfertigen. In den Görlitzer Quellen ist schließlich der Fall eines (namentlich nicht genannten) Juden dokumentiert, der in den frühen 1430er-Jahren im Zuge des Kampfes gegen vermeintliche hussitische Kollaborateure in die Hände der städtischen Strafverfolgung geriet[974].

Auch einige chronikalische Quellen spiegeln christliche Ängste vor einer jüdisch-hussitischen Zusammenarbeit wider. Der frühestens Ende der 1430er-Jahre schreibende Autor der sogenannten *Annales Claustroneoburgenses* berichtet anlässlich seiner Darstellung der Niederlage Sigismunds bei Kuttenberg und Deutsch Brod im Winter 1421/22 von einem Verbot des Königs, Sold bei den Hussiten zu nehmen. Dies habe jedoch nichts genutzt, alle „schlechten Christen“ und Juden seien zu den Hussiten geströmt (*confugerunt*) und hätten durch ihre schiere Anzahl deren Kampfkraft erhöht[975]. Eine aus

---

971 Uiblein, Akten 1, 37, 1419, Juni 9, Wien. Dazu zuletzt Traxler, Häresiebekämpfung 121–124.

972 So die Ergebnisse Kocmans, Ausweisung 281–284.

973 So meine Interpretation der Narratio in Acta 2, hg. Eršil Nr. 1710, 664f., genehmigte Supplik von Bürgermeister und Rat von Iglau an Martin V., 1427, Februar 1, Rom: *Alias illustris princeps dominus marchio Moravie considerans, quod per Judeos tunc in opido Yglavia Olomucensis diocesis habitantes et certam partem illius occupantes incolis et habitatoribus eiusdem opidi, maxime causantibus perfidis Hussitis hereticis, orthodoxe fidei emulis et christiani nominis persecutoribus ab ipso opido non longe distantibus, gravia possent dampna inferri et pericula, eosdem Judeos a prefato opido recedere compulit.*

974 CDLS II,2, hg. Jecht Nr. 37, 723, anonymer „Bekenntniszettel“, zu ca. 1430. In seiner Aussage beschuldigte „der Jude“ seinerseits eine Reihe von Dorfbewohnern aus der Umgebung von Görlitz, die Stadt den Hussiten in die Hände spielen zu wollen. Vgl. dazu auch oben, Kap. 3.1.2 und im Folgenden, Kap. 4.2.1.

975 Continuatio Claustroneoburgensis quinta, hg. Wattenbach 739, zum Jahr 1421: *Et postea fecit procla-*

dem 17. Jahrhundert stammende sächsische Chronik berichtet, die thüringischen und meißnischen Juden seien 1431 wegen angeblichen „Verrates“ an die Hussiten vertrieben worden[976]. Auch die offenkundige Furcht der jüdischen Bevölkerung vor christlichen Übergriffen bestätigt indirekt das zumindest phasenweise sehr angespannte Klima[977]. In dieser Atmosphäre der Hussitenfurcht dienten Juden als eine von mehreren möglichen Projektionsflächen zum einen für religiöse Ängste in Zeiten der bedrohten Kircheneinheit, zum anderen für existentielle Ängste angesichts der gesteigerten militärischen Bedrohung durch die Hussiten und anhaltender katholischer Misserfolge[978].

In keinem der bisher genannten Fälle ist – soweit nachvollziehbar – ausdrücklich von wirtschaftlicher Unterstützung der Hussiten durch die Juden die Rede. Angesichts der weiten Verbreitung von mit Gier und unlauteren Geschäftspraktiken zusammenhängenden antijüdischen Stereotypen im Mittelalter liegt es allerdings nahe, dass bei der nicht näher konkretisierten *confederatio* zwischen Juden und Hussiten auch an Handelsbeziehungen gedacht wurde[979]. Und tatsächlich tritt dieser Vorwurf in mindestens einem, möglicherweise sogar in zwei Fällen antijüdischer Verfolgung, die sich während der Hussitenkriege ereigneten, auch ausdrücklich in Erscheinung.

Zu nennen ist zunächst eine nicht unproblematische Nachricht des mehr oder weniger zeitgenössisch schreibenden Lübecker Chronisten Hermann Korner († 1438), der in einer Fassung seiner *Cronica novella* berichtet, ein bayerischer Herzog Friedrich habe die Juden seines Territoriums arrestieren lassen, da diese angeblich die Hussiten mit Waffen

mare rex, quod nullus reciperet monetam ipsorum, ut [Hussitas] non possent habere populum contra fideles; sed omnes mali christiani et Iudei [...] *confugerunt ad eos, ita quod nullus principum potuit ipsis resistere*. Zur zeitlichen Einordnung der Quelle vgl. ebd. zum Jahr 1430 die Bezeichnung Albrechts V. als Herzog und nachmaliger König. Daraus folgt, dass die Niederschrift wenigstens dieses Eintrages nach Albrechts Königswahl 1438 erfolgte. Uiblein, Quellen 96 datiert das Werk überhaupt erst in die späten 1450er-Jahre.

976 Vgl. Lämmerhirt, Juden 460. Die Nachricht lässt sich jedoch offenbar aus den zeitgenössischen Quellen nicht bestätigen.

977 Vgl. dazu Yuval, Juden, der auf antijüdische Übergriffe der Teilnehmer des zweiten Hussitenkreuzzuges und die damit einhergehenden massiven Befürchtungen der jüdischen Gemeinden im Rheinland, Bayern, Sachsen und Thüringen aufmerksam macht.

978 Vgl. dazu auch im Folgenden, Kap. 4.2.1.

979 Yuval, Jahr 34 zufolge tritt etwa die Beschuldigung, Juden hätten die Feinde der Christenheit mit Waffen und Lebensmitteln versorgt, schon zwei Jahrhunderte vor den Hussitenkriegen im Zusammenhang mit den Mongoleneinfällen auf. Zum Konnex zwischen Hussitenhandel und Gier vgl. auch oben, Kap. 4.1.2.

und Geld unterstützt hätten[980]. Ruth Kestenberg wies diese Nachricht ins Jahr 1422[981], allerdings regierte weder damals noch in einem anderen Jahr der Hussitenkriege ein Herzog dieses Namens in Bayern. Auch ist nicht gesichert, ob es im fraglichen Zeitraum tatsächlich zu einer Judenverfolgung in Bayern kam[982]. Der Quellenwert dieser Nachricht müsste daher noch einer sehr viel eingehenderen Überprüfung unterzogen werden, als dies hier erfolgen konnte[983]. Es scheint jedenfalls nicht ausgeschlossen, dass der in Norddeutschland schreibende Korner in Österreich vorgefallene Ereignisse irrtümlich nach Bayern wies[984].

Für Österreich ist nämlich für die Zeit der Hussitenkriege eine großangelegte Judenverfolgung zweifelsfrei belegt: die sogenannte Wiener Gesera[985]. Dabei handelt es sich um ein obrigkeitlich organisiertes Pogrom, in dessen Verlauf zwischen Mai 1420 und März 1421 auf Befehl Herzog Albrechts V. die in den österreichischen Ländern ansässigen Juden verhaftet und im Folgenden enteignet, vertrieben oder zur christlichen Taufe gezwungen wurden. Zumindest in Wien scheint weiters der wohlhabendere Teil der jüdischen Bevölkerung gezielt über einen längeren Zeitraum gefangen gehalten, gefoltert und schließlich auf dem Scheiterhaufen hingerichtet worden zu sein, wobei einige der Opfer diesem Schicksal durch Selbsttötung („Kiddusch ha-Schem", d. h. selbst herbeigeführtes Märtyrertum, um nicht unter Zwang den jüdischen Glauben aufgeben zu müssen[986]) zuvorkamen. Als Gründe für dieses massive Vorgehen gegen die jüdischen

980 Korner, Chronica, hg. ECKHART Sp. 1243: *Iudaei Ducatus Bayoarie Bohemorum haereticis clam arma diversa & pecunias in subsidium suae perfidiae & pertinaciae miserunt, contra Catholicos eos fortificantes. Fredericus Dux Bayoariae percipiens, captivavit omnes Judaeos sibi subjectos, & spolians eos bonis suis incarceravit* (Hervorhebung d. V.). Aus dieser oder einer verwandten Quelle schöpfte mutmaßlich zu Beginn des 16. Jahrhunderts der u. a. in Lübeck tätige Humanist Albert Krantz für seine *Saxonia* (vgl. KRANTZ, Saxonia, Buch 11, Kap. 7, zu ca. 1422). Zu Autor und Werk siehe lediglich Krantz, Albert. *Rep. Font.*

981 KESTENBERG, Hussitentum 18 mit Anm. 82 (Datierung wohl auf der Grundlage von Krantz). Ich danke Iris Palenik für diesen und andere weiterführende Literaturhinweise.

982 Andreas von Regensburg erwähnt in seinen chronikalischen Werken keinen derartigen Vorfall. Aus der jüngeren Handbuchliteratur kennen weder KIRMEIER, Aufnahme, noch AVNERI, Bavaria, für den Zeitraum der Hussitenkriege Vertreibungen in den bayerischen Herzogtümern.

983 Zur komplexen Textgeschichte der Cronica vgl. hier lediglich Korner, Cronica. *Rep. Font.*

984 Nach Ausweis des Registers bei Korner, Chronica, hg. ECKHART erscheint der besagte *Fridericus Dux Bavariae* lediglich an der zitierten Stelle, es erscheint daher wahrscheinlich, dass es sich zumindest bei dieser Identifizierung um einen Irrtum des Chronisten handelt.

985 Für den allgemeinen Kontext und die Quellen vgl. die Zusammenstellung bei LOHRMANN, Judenrecht 298–309. Eine umfängliche Neubetrachtung und -interpretation der Ereignisse versuchten ELBEL/ZIEGLER, Wiener Gesera, denen ich hier hauptsächlich folge. Vgl. für eine Zusammenstellung und Diskussion der Forschungsliteratur zur Wiener Gesera ebd. 211–224.

986 Vgl. KEIL, Gemeinde 119f.

Gemeinden Österreichs nennen die zeitgenössischen Quellen verschiedene, im Zusammenhang von Judenverfolgungen typischerweise vorgebrachte Motive[987]: In Albrechts Todesurteil gegen die im Frühling 1421 noch verbliebenen Juden wird ein Jahre zuvor angeblich im oberösterreichischen Enns vorgefallener Hostienfrevel angeführt. Andere Quellen legen den Fokus auf die erzwungene „Bekehrung“ der gefangenen Juden zum Christentum oder auf den Vermögensraub. Schließlich wird – singulär an einer einzigen Stelle – auch von den bereits erwähnten Verdächtigungen berichtet, die (Wiener) Juden hätten hochverräterische wirtschaftliche Verbindungen zu den Hussiten unterhalten. Auf diesen Vorwurf wird gleich noch näher einzugehen sein.

Die zur Verfügung stehenden Quellen erlauben es nicht, ein kohärentes und widerspruchfreies Bild zu zeichnen. Die Chronologie der Ereignisse scheint dennoch zumindest für Wien einigermaßen gesichert. Die Forschungsdebatte dreht sich daher in jüngster Zeit vor allem um die Motivation der an dem Pogrom Beteiligten und damit um dessen ideellen Hintergrund und unmittelbaren Auslöser. Petr Elbel und Wolfram Ziegler stellten dabei die These auf, Albrecht V. habe vor allem aus finanziellem und machtpolitischem Kalkül gehandelt, um an in der damaligen politischen Situation dringend benötigte Gelder für den ersten Hussitenkreuzzug und die aus der bevorstehenden Heirat mit der luxemburgischen Erbprinzessin Elisabeth resultierenden massiven Zahlungsverpflichtungen zu gelangen[988]. Ihnen zufolge bildeten die im Zusammenhang mit dem Pogrom vorgebrachten religiösen Argumentationen lediglich ein Feigenblatt für Albrechts fiskalische Interessen[989]. Martha Keil hingegen stellt die mit den Reformzielen der Wiener Universität und der sogenannten Melker Reform sowie mit Albrechts Selbstverständnis als *defensor ecclesiae* verbundenen theologisch-religionspolitischen Motivationen des Herzogs in den Vordergrund. Sie argumentiert u. a. auf der Grundlage der späteren wirtschaftlichen und sozialen Unterstützung Albrechts für Juden, die während der Wiener Gesera getauft worden waren, dass religiöse Motivationen gegenüber fiskalen Motiven überwogen[990].

---

987 Vgl. die Zusammenstellung bei Elbel/Ziegler, Wiener Gesera 204–210.

988 Vgl. zur Ereignisgeschichte oben, Kap. 2.2.

989 Bewusst zugespitzt etwa Elbel/Ziegler, Wiener Gesera 266: „Im herzoglichen Rat musste eine einfache[…] Lösung [für Albrechts Geldbedarf] gefunden worden sein […] – nämlich die flächendeckende Konfiskation des jüdischen Eigentums. Albrecht dürfte sich dazu entschlossen haben und die gesamte österreichische Judenschaft an einem Tag gefangennehmend habe [!] lassen. […] [Durch die Folterung der gefangengesetzten wohlhabenden Wiener Juden] stellte sich klar heraus, dass es [Albrecht] um das Geld und nicht um die Taufe [der Juden] ging.“

990 Ebenso zugespitzt Keil, New Christians 113: „[Albrecht's] friendly measures towards New Christians reveal the burning of Austrian Jews to have been even more drastically motivated by religion than scholarship has up until now assumed. Obviously, Albrecht V' primary motives were neither political nor

Die Auseinandersetzung um die Interpretation der Motive der Wiener Gesera kann an dieser Stelle nicht weiter verfolgt werden. Vielmehr soll hier die Aufmerksamkeit auf den Vorwurf des Hussitenhandels – genauer des Waffenhandels mit den Hussiten – gerichtet werden, der einer der Hauptquellen, der sogenannten „Wiener Geserah“[991] zufolge gegen die (Wiener) Juden erhoben wurde. Bei diesem hebräisch-deutschen Text, der nicht im Original, sondern lediglich in mehreren Fassungen des 16. und 17. Jahrhunderts überliefert ist, handelte es sich dem Editor Artur Goldmann zufolge wahrscheinlich ursprünglich um einen Bericht in Briefform (ein sogenanntes Sendschreiben), mit dem der anonyme Verfasser die Geschichte der Vernichtung der Wiener Judengemeinde unter anderen jüdischen Gemeinden verbreiten wollte[992]. Obwohl der Text stark hagiografische Züge aufweist, scheint es sich um eine zeitnahe und gut informierte, insgesamt zuverlässige Quelle zu handeln, die die Ereignisse aus jüdischer Perspektive darstellt[993]. Der Verfasser leitet seine Erzählung ein mit den Worten, Gott habe *vor zeiten* sein Volk in Österreich versuchen wollen, indem er einen mächtigen Herzog (Albrecht V.) gesandt habe, der ein großer Judenfeind gewesen sei. Unmittelbar im Anschluss daran heißt es, dieser Herzog habe angesichts des sich abzeichnenden ersten Hussitenkreuzzuges (im Text lediglich als „Krieg“ bezeichnet) den Verdacht gehegt (*da trachtet er*), die Juden hätten seine Feinde mit Waffen versorgt[994]. Daher habe er vor seinem Aufbruch alle jüdischen Gemeinden verhaften lassen und geschworen, sich an ihnen zu rächen, sollte er den „Krieg“ verlieren, was dann auch tatsächlich eingetreten sei[995].

Wie schon mehrfach festgehalten wurde, findet sich der Vorwurf des Waffenhandels mit den Hussiten nur in der „Wiener Geserah“[996]. Weder erscheint er in Albrechts Todesurteil gegen die Juden von 1421 noch in der übrigen auf die Gesera bezogenen Chro-

financial. He fought against Jews only as long as they persisted in their religious ‚error‘. Once they had become Christians, they stood under his personal protection.“ Ich danke Martha Keil und Philippe Buc für die Zurverfügungstellung von Literatur.

991 Ediert in „Wiener Geserah“, hg. GOLDMANN 125–131.

992 Ebd. 118.

993 So das bis heute offenbar grundsätzlich akzeptierte Urteil Goldmanns, ebd. 121. Zu den hagiografischen Tendenzen und der Topik des Textes, insbesondere im Hinblick auf das Motiv des „Kiddusch ha-Schem“, KEIL, Gemeinde 120.

994 „Wiener Geserah“, hg. GOLDMANN Kap. 2, 125: *Es war ein molt, da kam ein* מלחמה *(Krieg) auf den* דוכוס [Herzog, d. V.], *da trachtete er, wie di juden heten geschikt* כלי זיין *(Waffen) seinem feint zu der* מלחמה [Krieg, d. V.].

995 Ebd.: *Un e er zog in di* מלחמה [Krieg, d. V.], *so schwur er, wen er wurd di* מלחמה *verliren, so welt er sich* נוקם *sein (rächen) an den* יהודים *(Juden).* Die schmähliche Rückkehr Albrechts und die Folterung der gefangenen wohlhabenderen Juden als Rache ebd. Kap. 4, 127.

996 LOHRMANN, Fürsten 145; ELBEL/ZIEGLER, Wiener Gesera 205.

nistik[997]. Ausgehend von diesem Befund schätzen Elbel und Ziegler es als eher wenig wahrscheinlich ein, dass dieser Verdacht damals tatsächlich unter den österreichischen Christen zirkulierte[998]. In der Tat wirken die dem in der „Geserah" insgesamt sehr negativ gezeichneten Habsburger zugeschriebene Anschuldigung und sein Racheschwur im narrativen Kontext der Quelle eher wie ein Versuch des Verfassers, „rationale" Gründe für die anschließende Verfolgung zu finden. Dennoch halte ich es angesichts des oben Gesagten zumindest für möglich, dass unter der christlichen Bevölkerung Österreichs damals Vorstellungen von einer hochverräterischen wirtschaftlichen Unterstützung der Hussiten durch die Juden kursierten, selbst wenn sie abseits der „Wiener Geserah" keinen expliziten Eingang in die Quellen fanden. Dass solche Ideen in der Luft lagen, belegt – ihrem problematischen Quellenwert für eine eventuelle Judenverfolgung in Bayern zum Trotz – nicht zuletzt auch die zitierte Nachricht bei Korner[999]. Im Gegensatz zur Meinung Elbels und Zieglers, die davon ausgehen, dass sich erst ab dem Beginn der militärischen Offensiven der Hussiten in der Mitte der 1420er-Jahre „massive Befürchtungen eines zur realen Bedrohung werdenden Übergreifens des Hussitismus auf die Länder ob und unter der Enns"[1000] entwickelten, scheinen mir die Quellen eher dafür zu sprechen, dass die Stimmung bereits in den ersten Kriegsjahren sehr angespannt war. Zumindest die geistlichen und weltlichen Autoritäten rund um Böhmen lebten offenbar schon damals in permanenter Furcht vor hussitischen Sympathisanten[1001]. Unter diese Sympathisanten wurden ungeachtet der politischen oder theologischen Realität stereotyp

997 Auch die *Annales Claustroneoburgenses*, die zum Jahr 1421 explizit vom angeblichen Zustrom von Juden zu den Hussiten berichten, erwähnen in ihrem Eintrag zur Wiener Gesera den Hussitenhandelsvorwurf nicht, vgl. Continuatio Claustroneoburgensis quinta, hg. Wattenbach 739, irrig zum Jahr 1430, sowie oben, Anm. 975. Die Frage möglicher Verbindungen zwischen der zitierten Nachricht bei Korner und den Ereignissen der Wiener Gesera muss allerdings vorerst offenbleiben.

998 Vgl. Elbel/Ziegler, Wiener Gesera 205: „Sollte den Juden tatsächlich Unterstützung der Hussiten samt Waffenlieferungen an diese vorgeworfen worden sein, wäre dies ein gefährliches und wirkungsmächtiges Argument gewesen. Umso erstaunlicher wirkt daher die Tatsache, dass wir von der jüdisch-hussitischen Zusammenarbeit samt Waffenlieferungen ansonsten in keiner chronikalischen Quelle hören."

999 Vgl. oben, Anm. 980.

1000 Elbel/Ziegler, Wiener Gesera 263. Zu einer ähnlichen Einschätzung gelangte jüngst auch Christina Traxler, die argumentiert, dass das Hussitenproblem zumindest für die Wiener Universität anfänglich eine eher nachgeordnete Rolle spielte, vgl. Dies., Häretikerbekämpfung, passim, bes. das Fazit 483–492.

1001 Vgl. dazu neben dem Vorangehenden v. a. auch im Folgenden, Kap. 4.2.1, bes. die in Anm. 1006 und 1009 genannten Beispiele für die Angst vor hussitischen Emissären in Österreich 1418 bzw. die Verfolgung vermeintlicher hussitischer Sympathisanten in Wien und Krems in den Jahren 1420 und 1421. Eine ab ca. 1400 steigende Sensibilität für Häresie und ein zunehmendes „Klima der Verfolgung" diagnostiziert für Österreich auch Ubl, Verbrennung.

auch die einheimischen Juden gereiht. Dass es gerade auch dem jüdischen Verfasser der „Wiener Geserah“ innerhalb seiner Narration plausibel erschien, Herzog Albrecht den Vorwurf des Hussitenhandels in den Mund zu legen, um die tragischen Ereignisse des Pogroms einzuleiten, erscheint mir als bezeichnend für die Ubiquität dieses latenten Verdachtes und für dessen extrem negative Konnotation.

Fragt man schließlich nach dem faktischen Hintergrund der in Österreich oder anderswo – möglicherweise – zirkulierenden Gerüchte über jüdischen Hussitenhandel wird man auf Basis der hier ausgewerteten Quellen kaum ein Urteil darüber abgeben können. Im Fall der Wiener Gesera gehe ich davon aus, dass hinter der Beschuldigung des Waffenhandels eher kein faktischer Kern im Sinne von systematischem Landesverrat steckte. Dagegen spricht neben der topischen Natur des Vorwurfs und der kaum von der katholischen Haltung abweichenden Einstellung der Hussiten gegenüber den Juden, die eine theologisch-religiös motivierte hochverräterische Konspiration sehr unwahrscheinlich macht, auch die völlige Abwesenheit des Hussitenhandelsvorwurfs in den christlichen Quellen zur Gesera[1002]. Dass vor dem Sommer 1420 geschäftliche Beziehungen zwischen österreichischen Juden und Böhmen bestanden, sollte vielleicht dennoch nicht so kategorisch ausgeschlossen werden, wie Elbel und Ziegler es tun[1003]. Ich stimme den Autoren allerdings zu, dass diese Beziehungen – wenn sie denn existierten – wohl nicht den Auslöser für die Wiener Gesera darstellten.

Worauf es im vorliegenden Zusammenhang viel eher ankommt, ist die Tatsache, dass die hier zusammengestellten Nachrichten ein zusätzliches Licht auf jene christlich-katholische Ideenwelt werfen, innerhalb derer Hussitenhandel als lasterhafte, amoralische und verräterische Handlung konstruiert wurde. Wenn der Vorwurf des Hussitenhandels auch gegen Juden erhoben werden konnte, belegt dies nur noch mehr dessen Brisanz und die Unerhörtheit dieses Vergehens aus der Warte der katholisch-christlichen Moral.

4.2 Der Vorwurf des Hussitenhandels

Die im Vorangehenden herausgearbeitete besondere Signifikanz von Hussitenhandel innerhalb des gesellschaftlichen Wertesystems als verräterische und amoralische Tat erklärt, warum der Vorwurf, die Hussiten wirtschaftlich zu unterstützen, sowohl für den Einzelnen als auch für eine Gemeinschaft wie eine Stadt gefährlich war. Das folgende

1002 Vgl. die Argumentation bei Elbel/Ziegler, Wiener Gesera 261–264, der ich mich hier prinzipiell anschließe.

1003 Elbel/Ziegler, Wiener Gesera 263.

Unterkapitel beschäftigt sich mit der Frage, wann, von wem und warum solche Anschuldigungen erhoben wurden und wie die Betroffenen auf diese Vorwürfe reagierten.

4.2.1 Hussitenhandel und „Hussitenpanik“

Wie bereits in Kapitel 4.1.4 deutlich geworden ist, ist einer der Faktoren, die bei der Analyse des antihussitischen Handelsverbotes als symbolisch-kommunikativer Prozess in Rechnung gestellt werden müssen, die von der katholischen Propaganda angeheizte Furcht vor den böhmischen „Häretikern“, die während der Hussitenkriege unter den Katholiken in den an Böhmen angrenzenden Ländern und im Königreich selbst herrschte[1004]. Über die Dauer der gesamten Hussitenkriege hinweg berichten zahlreiche Quellen von der Verfolgung von Menschen, weil sie verdächtigt wurden, dem hussitischen Glauben anzuhängen oder mit dem hussitischen Feind zu kollaborieren; aus so gut wie allen katholischen Städten sowohl in Böhmen selbst als auch außerhalb liegen Nachrichten über die Verfolgung vermeintlicher Kollaborateure vor[1005]. Schon vor dem offenen Ausbruch der Revolution fürchteten die kirchlichen und weltlichen Obrigkeiten in den Nachbarländern die Ausbreitung der hussitischen „Irrlehre“ außerhalb Böhmens und verfolgten angebliche hussitische Missionare[1006]. Einen ersten Gipfel erreichen die Nachrichten über die Hussitenfurcht dann während der ersten Kriegsjahre. Damals wuchs angesichts der fortdauernden Niederlagen der katholischen Seite neben der Angst vor einer „Infektion“ mit der hussitischen „Häresie“ zunehmend auch die Furcht vor der militärischen Kampfkraft der hussitischen Truppen und vor Verrätern aus den eigenen Reihen. Der Breslauer Rat etwa verlangte von Fremden Zeugnisse über ihren guten Leumund und ihre Rechtgläubigkeit[1007]; in Österreich wurde nicht nur großflächig gegen die

1004 Zum Bild der Hussiten und zum Wiederhall hussitischer Lehren im Ausland sowie zu deren Verfolgung vgl. etwa Köpstein, Teilnahme; Machilek, Deutsche Hussiten; Šmahel, Hussitische Revolution 3, 1913–1966; Svátek, Pohled; Vodička, Obraz. Speziell zu den Auswirkungen der Hussitenkriege und der Verfolgung vermeintlicher Hussiten auf die Lebensbedingungen böhmischer Exilanten in den Nachbarländern Ders., Exulanti 40–53.

1005 Vgl. die in Anm. 1004 zusammengestellte Literatur sowie hier im Folgenden. Eine systematische Auflistung von Nachrichten über geglückte oder gescheiterte Versuche von Hussiten, sich (möglicherweise) mit Hilfe innerstädtischer Verschwörer mährischer Städte zu bemächtigen bei Válka, Hegemonie 104; weitere Beispiele aus Deutschland und Böhmen bei Köpstein, Teilnahme 126–128.

1006 Vgl. z. B. Orig. WStLA, Hauptarchiv – Urkunden Nr. 2092; Quellen, hg. Uhlirz Nr. 2092, Albrecht V. warnt alle seine Untertanen vor verdeckten hussitischen Missionaren, 1418, Juli 23, Wien. Ich danke Iris Palenik für diesen Hinweis.

1007 Stobbe, Mittheilungen 2, Nr. 95, 190, 1420, März 18, Breslau, Bürgschaft für Michael, *Holuberczen diner* aus Prag; ebd. Nr. 94, Bürgschaft für Michael *Przibel* aus Reichenau [möglicherweise Niwa oder Topola, beide in Schlesien] und Wenzel *Babynicz*, 1420, November 16, Breslau.

jüdische Bevölkerung vorgegangen[1008], sondern es wurden auch Christen eingesperrt, weil sie *unczimleiche* Fürsprache für Hussiten eingelegt hatten, verdächtigt wurden, für den Feind zu spionieren und Sabotageakte zu planen oder einfach aufgrund ihrer Herkunft Verdacht erregten[1009]; in Znaim und Brünn kam es zu Hinrichtungen von Anhängern des Hussitismus bzw. angeblichen Verschwörern[1010]. Gleichzeitig ging die Inquisition im Reich scharf gegen hussitische Glaubensabweichler vor[1011].

Dieses angespannte Klima spitzte sich Mitte der 1420er-Jahre weiter zu, als die Hussiten zunehmend in die Offensive gingen und zu einer realen militärischen Bedrohung für die umliegenden Länder wurden. Jeder neue Erfolg der Hussiten verstärkte dabei das Gefühl der drohenden Gefahr und führte zu Unterdrückungsmaßnahmen gegen vermeintliche Kollaborateure. So lassen sich beispielsweise in den Monaten nach dem

1008 Vgl. oben, Kap. 4.1.4.

1009 Bitte für Hussiten: Orig. WStLA Hauptarchiv – Urkunden Nr. 2152; Quellen, hg. Uhlirz Nr. 2152, Urfehde des Laurenz *Puerkgl* von *Brossas* und seiner Frau Margrethe für den Rat der Stadt Wien, 1421, März 1, Wien. Vodička, Exulanti 45, Anm. 203 vermutet als Herkunftsort der beiden das nordwestböhmische Brozany nad Ohří. Geplante Brandstiftung: Orig. StA Krems, Urkunde Nr. 199, Urfehde *Kunz'*, des *Peskn* Knecht von Humpoletz und *Jerachs* von Schönfeld für den Rat der Stadt Krems, 1420, Juni 8, Krems. Auffällig ist, dass zumindest einer der beiden Inhaftierten sicher aus Mähren stammte; der Herkunftsort des zweiten ist wahrscheinlich mit dem in der Nähe von Humpoletz gelegenen Ort Schönfeld zu identifizieren. Fürsprache für die beiden Gefangenen legten zwei bedeutende mährische Adelige ein, Johann von Neuhaus und Hartneid von Lichtenstein auf Nikolsburg. Ich danke Paul Herold für diesen Hinweis. Verkauf strategischer Güter an Hussiten: StA Salzburg, BU 6, pag. 248, Nr. 398f., der Salzburger Rat an Johann von Borek, 1421, März 31, Salzburg. Verhaftung von aus Prag kommenden Studenten durch den Wiener Stadtrichter: Traxler, Häresiebekämpfung 115 mit Anm. 129, Eintrag in den Akten der Wiener Artistenfakultät, 1420, Mai 1. Vgl. auch ebd. 113–118 zur seit Mai 1416 nachweisbaren Überprüfung der Rechtgläubigkeit neuankommender Prager Studenten.

1010 Verbrennung zweier Znaimer Bürger im Oktober 1421 *propter Hussonum perfidiam*: Nové prameny, hg. Neumann 160f. Aufdeckung einer angeblichen hussitischen Verschwörung in Brünn: Windeck, Denkwürdigkeiten, hg. Altmann § 135, 115, zu 1422. Vgl. dazu etwa Elbel, Brno 138–141. Die bei Windeck genannte Zahl von 500 hingerichteten Verschwörern ist zweifellos übertrieben. Der Wahrheitsgehalt seiner Schilderung ist insgesamt schwierig einzuschätzen, im vorliegenden Zusammenhang belegt sie jedoch die angespannte Stimmung und die Furcht vor hussitischen Verrätern. Wohl um einen verzerrten Reflex späterer Ereignisse in Bautzen (siehe im Folgenden, Anm. 1028) handelt es sich bei einer außerhalb der Oberlausitz chronikalisch überlieferten Nachricht über den Tod des Zittauer Bürgermeisters und die angebliche Hinrichtung von zwölf seiner Mitbürger wegen Unterstützung der Hussiten im Zuge des Einfalls des hussitischen Herrn Hynek Boček von Kunstadt auf Podiebrad in das Zittauer Land im Jänner/Februar 1424, Machilek, Deutsche Hussiten 274. Dagegen bereits Jecht, Hussitenkrieg 1, 77.

1011 Machilek, Deutsche Hussiten 274–277 (Hinrichtungen mutmaßlicher Hussiten 1416/17 in Jüterbog und Stralsund, 1420 in Magdeburg, 1421 und 1423 in Regensburg, 1425 in Heidelberg und Udenheim). Vgl. dazu auch hier im Folgenden.

Scheitern des Vierten Kreuzzuges im August 1427, als rund um Böhmen hochgradige Nervosität vor einem hussitischen Einfall herrschte, an verschiedenen Orten unabhängig voneinander intensivierte Verfolgungsmaßnahmen beobachten[1012]: Schon während der Kreuzzugsvorbereitungen befand sich ein Bürger der oberfränkischen Stadt Münchberg wegen angeblicher Unterstützung der Hussiten im Gefängnis Markgraf Friedrichs von Brandenburg[1013]. Der Rat der Stadt Pressburg wurde wiederholt (unter anderem von Königin Barbara und Herzog Albrecht V.) vor einem bevorstehenden Angriff der Hussiten und vor Verrätern in ihrer Stadt gewarnt und dringend aufgefordert, entsprechende Gegenmaßnahmen zu ergreifen[1014]. In Eger schritt man dahingehend offensichtlich tatsächlich zur Tat und verbrannte mehrere Männer, die angeblich beabsichtigt hatten, die Stadt zu verraten und den Hussiten auszuliefern[1015]. In der Oberlausitz wiederum war die Stimmung so angespannt, dass zwei mutmaßliche Exilanten, der Prager Bürger Peter von Saaz und seine Frau, zwei Wochen im Görlitzer Gefängnis verbringen mussten, bevor sie wieder freigelassen wurden[1016].

Die Quellen dokumentieren, dass das anhand des Beispiels 1427 herausgearbeitete Muster – verstärkte Verfolgung angeblicher Kollaborateure, sobald das Gefühl der unmittelbaren Bedrohung wuchs – auch in den folgenden Jahren regelmäßig eintrat, wenn ein hussitischer Zug entweder befürchtet wurde oder tatsächlich eintrat. Die Furcht vor den Hussiten hatte jedoch noch eine Reihe weiterer Komponenten, die dazu beitrugen, ein Klima der Angst und des Misstrauens zu schaffen, das sich nicht nur aus der unmittelbaren militärischen Bedrohung durch die Hussiten erklärt.

1012 Vgl. die Darstellung bei Šmahel, Hussitische Revolution 2, 1432f., die ich um weitere Zeugnisse ergänze. Zur damaligen Furcht, hussitische Ansichten könnten im Reich Anklang bei der Bevölkerung finden, vgl. etwa auch DRTA 9, Nr. 70, 81–85, hier 83, städtische Aufzeichnungen über Verhandlungen zwischen Fürsten und Städten, 1427, November 18 bis Dezember 1, Frankfurt: *Und waz die fursten rede an die stede: „lieben frůnde. iß ist viel und mancherlei rede in den landen und steden, do ezliche sint die villich den Hussen ir sache billichen und recht geben etc.* [...].“

1013 Orig. StAB, Brandenburger Urkunden (A 160) L. 579, Nr. 2487, Urfehde des Johannes *Reichel* von Münchberg für Friedrich von Brandenburg, 1427, April 23, Bamberg. *Reichel* musste sich verpflichten, *hinfure keinerley schriftlich noch müntlich botschaft* [...] *gen Beheim, die zeit und diser unglaube doselbst wert* zu schicken, *keinerley unglauben* [zu] *halten, stercken oder loben, das wider den heiligen christlichen glauben und die muter der heiligen christenheit wer*, und die ihm auferlegte Kirchenbuße zu halten.

1014 Varsik, Hnutie 27f., 186f. sowie Anhang Nrr. 1–3, 291–293; Petrin, Hussitenkrieg 12; Šmahel, Hussitische Revolution 3, 1951f.

1015 Kubů, Cheb 113, zu Ende November 1427, nach einer ungedruckten Egerer Chronik.

1016 CDLS II,1, hg. Jecht 479f., Urfehde Peters von Saaz und seiner Frau für den Görlitzer Rat, 1427, November 28, Görlitz. Vgl. zu diesem Fall auch hier im Folgenden.

Zum einen begannen die führenden politischen Schichten rasch, hinter jeder Art von innerstädtischen sozialen Konflikten bzw. bäuerlichen Unruhen Anhänger der böhmischen „Häresie“ zu erblicken. In den ersten Februartagen 1430 kam es beispielsweise im von den hussitischen Feldheeren bedrohten Bamberg zur Plünderung der von den vermögenden Bürgern und dem Domklerus verlassenen Häuser durch die zurückgebliebene Bevölkerung[1017]. Diese Vorgänge standen wahrscheinlich nicht in ursächlichem Zusammenhang mit der vorangehenden Tätigkeit hussitischer Missionare in der Gegend und der antiklerikalen hussitischen Propaganda, die den Winterzug des Jahres 1429/30 begleitete. In der Wahrnehmung der Zeitgenossen verstärkten die städtischen Unruhen und die hussitische Präsenz sich jedoch gegenseitig und steigerten die Furcht vor den als unbesiegbar wahrgenommenen Feldheeren noch weiter, sodass schließlich um praktisch jeden Preis Frieden mit ihnen gesucht wurde[1018]. Zwei Jahre später, im Februar 1432, wiederum kam es zu einem Bauernaufstand in der Nähe von Worms, der die reichsstädtischen Führungsschichten ebenso beunruhigte wie die am Basler Konzil tagenden Vertreter der Kirche. Beide brachten die Wormser Unruhen mit den religiösen Auseinandersetzungen in Böhmen in Verbindung und befürchteten, die Bauern in ganz Deutschland könnten sich massenhaft den Hussiten anschließen[1019]. Ähnliche Befürchtungen im Hinblick auf die einheimischen Bauern plagten zur selben Zeit auch eine französische Synode[1020]. Gerade von Angehörigen niedriger sozialer Schichten erwarteten die politischen Eliten auch Verrat an die Hussiten gegen Bezahlung. So kursierte etwa im Winter 1429 offenbar in weiten Teilen des Reichs das Gerücht, die Hussiten hätten eine Anzahl von Leinen-, Wollweber- und Kürschnerknechten ausgesandt *[i]n stede vnd lande anzulegen* (= Feuer zu legen, d. V.) *vnd vnglucke zu machen*[1021]. Angehörigen der

---

1017 Zum Bamberger „Aufstand“ Krzenck, Heerfahrt; Šmahel, Hussitische Revolution 2, 1477f.

1018 Vgl. Šmahel, Hussitische Revolution 2, 1479 zu den Abschlagszahlungen, zu denen sich die bedrohten fränkischen Fürsten und Städte verpflichteten, sowie zum sogenannten Beheimsteiner Vertrag.

1019 Vgl. die reichsstädtischen Korrespondenzen in DRTA 10, Nrr. 136–145, 237–250, 1432, Jänner 3 – Februar 11, sowie Urkundliche Beiträge 2, hg. Palacký Nr. 789, 268–270, hier 269, Pietro Brunetti an das Kapitel von Arras, 1432, Februar 9, Basel. Vgl. dazu und zum Folgenden Šmahel, Hussitische Revolution 3, 1539f.

1020 Urkundliche Beiträge 2, hg. Palacký Nr. 793, 271–273, Avisamenta der Synode von Bourges, 1432, Februar 27, Bourges. Vgl. Kejř, Otázka 121f., der die Nachrichten vom Frühling 1432 mit der damals besonders heiklen Lage des Basler Konzils in Verbindung bringt. Die Angst vor einem Umsturz der Gesellschaftsordnung durch die Hussiten ging jedoch schon früher um, vgl. etwa DRTA 8, Nr. 34, 38–41, hier 39, Gesandte der Stadt Straßburg an den Straßburger Rat, 1421, April 20, Nürnberg: [Der König sage, dass] *die sach den cristenglôben antreffende* […] *der allergrôsten sachen eine* [sei] *die ie kein man horte gedenken, denne die geburen in den landen* [= Böhmen] *sprechent den herren den edlen und den gewaltigen „brůder“.*

1021 Urkundliche Beiträge 2, hg. Palacký Nr. 616, 70f., hier 71, Heinrich Welder an den Rat der Stadt

verschiedenen Tuchmachergewerbe wurde zum einen traditionell eine gewisse Neigung zur Häresie nachgesagt. Andererseits waren sie in den Jahrzehnten davor häufig an innerstädtischen Aufstandsbewegungen beteiligt gewesen. Die Vorstellung, dass gerade Lohnarbeiter aus diesen Gewerben als hussitische Agenten agieren sollten, spiegelt tief verwurzelte Ängste der städtischen Führungsschichten vor einer Allianz der beiden die politische Ordnung gefährdenden Kräfte. Im April 1434 wiederum warnte der Pressburger Hauptmann den dortigen Rat im Zusammenhang mit den angeblichen wirtschaftlichen Beziehungen der städtischen Fischer mit durchziehenden Hussiten ausdrücklich, sich vor denselben Fischern in Acht zu nehmen, *wenn es mogt ein pöser und ein snöder mensch uber ein leichts gut ein ganczen rat und ein stat verraten, der söliche gemeinschaft* [= Schwarzhandel] *solt haben mit den hussen*[1022]. Der hochadelige Amtsträger unterstellt den Pressburger Fischern, die den Hussiten angeblich Lebensmittel und Getränke für aus seiner Sicht geringes Geld verkauften, also die Bereitschaft zu Verrat um einen vergleichbar geringen Preis, was nochmals die enge gedankliche Assoziation von „Schwarzhandel", „Verrat" und „Gier" illustriert[1023].

Die städtischen Räte fürchteten jedoch nicht nur eine Verbindung der sozialrevolutionären Züge des Hussitismus mit sozialen Konflikten innerhalb der Gemeinde bzw. bäuerlicher Unzufriedenheit. Einen weiteren Faktor, der die Hussitenfurcht anfachte, stellte die Gefahr dar, die von einer möglichen Verbindung der Hussiten mit lokalen machtpolitischen Auseinandersetzungen ausging. Im untersuchten Zeitraum schwelten in vielen Regionen des Reiches und der Böhmischen Kronländer langwierige Kleinkriege, die aus strukturellen Gegensätzen zwischen den Städten einerseits und dem höheren oder niedrigeren Adel andererseits herrührten. Vorbehalte des reichsstädtischen Bürgertums gegenüber den Fürsten klingen etwa in der Chronik des Mainzer Bürgers Eberhard Windeck an, in der er verschiedene Bischöfe, Fürsten und Adelige beschuldigt, ihre Städte bei der Konfrontation mit den Hussiten im Stich gelassen oder sich sogar gegen sie gewendet zu haben[1024]. Selbiges befürchteten Anfang 1429 auch die Breslauer Ratsherren,

Frankfurt, 1429, November 13, Regensburg. Der Frankfurter Gesandte berichtet, die Information stamme von einem gefolterten hussitischen Gefangenen, über dessen Geständnis der Herzog von Sachsen den Markgrafen von Brandenburg mittels eines Briefes informiert habe, der in Nürnberg öffentlich verlesen worden sei.

1022 Orig. AMB, Urk. Nr. 1330, Georg von Rozgon an den Pressburger Rat, 1434, April 12, Karlburg.

1023 Vgl. oben, Kap. 4.1.2.

1024 Windeck, Denkwürdigkeiten, hg. Altmann § 282, 235 (Flucht Herzog Ludwigs von Liegnitz-Brieg aus Brieg während der Belagerung der Stadt durch die Hussiten, zu 1426, tatsächlich jedoch 1428. Nach Windeck ging das Gerücht um, Ludwig habe die Stadt absichtlich den Hussiten preisgegeben, da er mit ihr im Streit lag.); ebd. § 284, 238f. (hussitische Überfälle als göttliche Strafe für die Streitsucht des hohen Klerus, namentlich die Fehde des Bischofs von Bamberg mit der Stadt Bamberg 1428); ebd.

die wenige Tage nach der Niederlage eines schlesischen Aufgebotes bei Glatz gegen die Hussiten ihren Abgesandten bei König Sigismund berichteten, der eigentlich mit ihnen verbündete Herzog Konrad Kanthner von Oels habe öffentlich gedroht, der Stadt in den Rücken zu fallen und sich beim nächsten hussitischen Einfall auf die Seite der Angreifer zu schlagen, weil die Breslauer eine Geldforderung des Herzogs nicht erfüllen konnten oder wollten[1025]. Diese Ängste hatten handfeste Hintergründe: Während des vorangegangenen großen Hussiteneinfalls hatte sich tatsächlich ein schlesischer Piast, Herzog Bolko von Oberglogau und Oppeln, den Hussiten angeschlossen. In den folgenden Jahren nutzte Bolko diese neue Position sodann weidlich aus, um sein Territorium auf Kosten seiner katholisch gebliebenen Nachbarn zu arrondieren[1026]. Blickt man weiter in die benachbarte Oberlausitz, ist es angesichts der traditionellen Konkurrenz zwischen dem dortigen landsässigen Adel und den Städten bezeichnend, dass der Hussitenführer Prokop der Kahle persönlich die Stadt Görlitz angeblich 1432 beschuldigte, sich nur deshalb zu weigern, mit den hussitischen Feldheeren einen Waffenstillstand zu schließen, um so den Adel des Landes in den finanziellen Ruin zu treiben und ihn besser aus seinen Gütern auskaufen zu können[1027]. Auch im prominentesten Fall von angeblichem Verrat, der sich während der Hussitenkriege in der Oberlausitz ereignete, dem versuchten Verrat des Bautzener Stadtschreibers Peter Preischwitz anlässlich der hussitischen Belagerung der Stadt im Jahr 1429 bzw. des Hussitenzuges von 1430, stellten Preischwitz' unter der Folter erzwungenen Aussagen nach eigentlich mehrere mit der Stadt verfeindete lokale Adelige die treibende Kraft dar[1028]. Diese arbeiteten teilweise offen mit den Hussiten gegen die Städte zusammen[1029]. Ähnliches spielte sich vermutlich auch im Egerland ab, wo sich hinter einigen Erfolgen der Hussiten eine Zusammenarbeit mit dem in Opposition zur Stadt Eger stehenden lokalen Adel vermuten lässt[1030]. Auch in Mähren setzte der

---

§ 318, 277 (Flucht des Adels aus den Städten während des hussitischen Winterzuges nach Franken 1429/30).

1025 CDLS II,2, hg. Jecht 72–74, hier 73, der Breslauer Rat an Peter Roth und Peter *Raster*, 1429, Jänner 2, Breslau.

1026 Wünsch, Krisenmanagement 183–187.

1027 Urkundliche Beiträge 2, hg. Palacký Nr. 829, 321f., hier 322, Albrecht von Colditz an den Rat der Stadt Görlitz, 1432, September 30, Schweidnitz.

1028 Vgl. Preischwitz' Aussagen in StA Bautzen, Bekenntnisse, vor 1431, Februar 3, Bautzen, ediert und übersetzt bei Ruske, Verrat 142–149. Zu den Ereignissen Jecht, Hussitenkrieg 1, 235–238; Ruske, Verrat 138–142.

1029 Vgl. etwa Ruske, Verrat 147, Art. 7: Sollte ein bestimmter, als Landschädiger betrachteter Adeliger mehr Männer zum Schutz seines Hofes [gegen die Städte?] bedürfen, habe Preischwitz versprochen, ihm „Ketzer" zuzuführen. Vgl. auch oben, Kap. 3.4.4.2 zu den offenen Beziehungen von Oberlausitzer Adeligen mit dem hussitischen Besitzer der von den Görlitzern heftig bekämpften Burg Grafenstein.

1030 Šmahel, Hussitische Revolution 2, 1432f.

Gegensatz zwischen den katholischen königlichen Städten und dem weitgehend hussitischen Adel auf Auseinandersetzungen in vorhussitischer Zeit auf. Die Befürchtungen der Städte, feindlich gesonnene lokale Adelige könnten sich zu ihrem Schaden mit den Hussiten verbinden, waren daher keineswegs aus der Luft gegriffen, was die Angst vor Verrätern aus den eigenen Reihen noch zusätzlich anheizte.

Abgesehen von diesen sozialen und machtpolitischen Komponenten besaß die Furcht vor den Hussiten schließlich auch ein dezidiert ethnisches Element. Das in militärischen Krisenzeiten selbstverständliche Misstrauen gegen (Stadt-)Fremde verband sich nur zu leicht mit der durch die kirchliche und weltliche Propaganda systematisch verbreiteten stereotypen Gleichsetzung von „Böhmen"/„Tschechen" und „Häretikern". Dadurch kam es mutmaßlich in den deutschsprachigen Nachbarländern Böhmens zu einem besonders gesteigerten Misstrauen gegen Menschen tschechischer bzw. allgemein slawischer Herkunft. So wurde etwa im November 1427 in den Görlitzer Ratsrechnungen über die Ausgaben für die Gefängnishaft des bereits mehrfach genannten Prager Bürgers Peter von Saaz und seiner Frau abgerechnet[1031]. Dabei heißt es ausdrücklich, dass Peter „Böhme" war, was unter Berücksichtigung des üblichen Sprachgebrauchs der Quelle darauf hinweist, dass er tschechischer Nationalität war. Im Herbst und Winter 1428 ließen sich mehrere mutmaßlich tschechische Pilsner Bürger von ihrem Stadtrat Förderbriefe für geschäftliche Reisen ins deutsche Eger ausstellen[1032]. Aus den Görlitzer Ratsrechnungen erfährt man weiter, dass im Juni 1429 zwei Polen in Görlitz inhaftiert wurden, da sie der Spionage verdächtigt wurden[1033]; dasselbe wiederfuhr auch zwei reisenden Franziskanerbrüdern aus Breslau bzw. Kalisch, die im selben Jahr im oberösterreichischen Linz in Verdacht gerieten, hussitische Spione zu sein[1034].

Die weit verbreiteten zeitgenössischen Vorstellungen einer gezielten hussitischen Unterwanderung der Nachbarländer, die hinter solchen Ereignissen stehen, scheinen aus heutiger Perspektive oft fantastisch[1035]. Sie spiegeln jedoch die feste Überzeugung der Katholiken, dass die Hussiten in ihrer Kriegsführung gezielt auf Saboteure und Agenten setzten[1036]. Deren Zutun machte man für die hussitischen Erfolge zumindest mitverant-

1031 CDLS II,1, hg. Jecht 406, zu 1427, November 30, Görlitz.

1032 Orig. SOkA Cheb, AM Cheb, Kart. 504, Fasz. 695, Nrr. A-2985/2, 3 und 5, der Pilsner Rat an den Rat der Stadt Eger, 1428, September 20 und 22 bzw. Dezember 7, Pilsen. Vgl. dazu oben, Kap. 3.4.1.

1033 CDLS II,2, hg. Jecht 43 und 45, zu 1429, Juni 26, Görlitz. Allerdings kamen die beiden Verhafteten aus Prag, d. h. die Verdächtigungen könnten auch von ihrem zweifelhaften Itinerar herrühren.

1034 Petrin, Hussitenkrieg 13, zu Oktober 1429.

1035 Vgl. den oben zitierten Bericht des Frankfurter Gesandten, demzufolge die Hussiten über 400 Handwerksknechte als Saboteure ausgesandt haben sollten, Urkundliche Beiträge 2, hg. Palacký Nr. 616, 70f., hier 71, Heinrich Welder an den Rat der Stadt Frankfurt, 1429, November 13, Regensburg.

1036 Vgl. nur als ein Beispiel von unzähligen die Furcht der österreichischen Stände vor als Salzhändler

wortlich; so konnte man sich die Eroberung von gut befestigten Burgen und Städten ohne Hilfe solcher Spione offenbar nur schwer erklären[1037]. Anlässlich des Falls der oberungarischen Stadt Tyrnau im Sommer 1432 berichtet Bartošek von Drahonitz etwa, dass dieser Erfolg das Werk von hussitischen Agenten gewesen sei, die sich als Kaufleute getarnt anlässlich des Jahrmarktes in die Stadt eingeschleust hatten[1038]. Auch wenn diese Ängste der katholischen Seite übersteigert gewesen sein mögen, entbehrten sie auch hier nicht einer faktischen Grundlage. Die erhalten gebliebenen städtischen Rechnungen aus Görlitz, Znaim, Iglau oder Pressburg sind voll von Ausgaben für Kundschafter und Spione; auch Fürsten und Adel unterhielten ein ausgedehntes Nachrichtensystem[1039]. Es verwundert nicht, dass dabei hin und wieder auch ein Spion der eigenen Seite irrtümlich für einen feindlichen Agenten gehalten wurde[1040]. Angesichts der Intensität der katholischen Spionagetätigkeit ist für die hussitische Seite wohl mit einem mindestens ebenso dichten Netz von Zuträgern und Agenten zu rechnen.

All die genannten Faktoren zusammen führten dazu, dass sich während der Hussitenkriege im katholischen Lager eine „Belagerungsmentalität" entwickelte, die phasenweise in regelrechte Panik umschlug. Es überrascht nicht, dass in diesem Klima der Angst regelmäßig auch Anschuldigungen erhoben wurden, die wirtschaftliche Kontakte mit den Hussiten betrafen.

Dieser Konnex wird besonders augenfällig am Beispiel der beiden bereits genannten mutmaßlichen Hussitenhändler Heinrich *Gresperger* aus Regensburg und Thomas *Zerar*

---

getarnten hussitischen Spionen, Stöller, Österreich 84–87, hier 86, Proposition der österreichischen Stände an Albrecht V., zu 1431, November 1. Vgl. oben, Kap. 3.3.1.1.

1037 Vgl. etwa eine Herzog Albrecht V. zugeschriebene Aussage, die Hussiten würden nur Städte angreifen, in denen sie Helfer besäßen, Varsik, Hnutie, Anhang Nr. 3, 293, Niklas *Altmanstarfer* und Linhard *Langwyser* an den Rat der Stadt Pressburg, 1428, Februar 10, Wien: *wen bo* [= wo] *se* [die Hussiten, d. V.] *nicht helfer haben in einer stat, do ziehen se nicht fuer.*

1038 Bartošek von Drahonitz, Kronika, hg. Goll 607, zu 1432, Juni 21: *[C]irca festum sancti Johannis civitatem Trnawa lucraverunt hostiliter; successive ad annale forum, ac si mercatores essent, in civitatem venerunt et, cum eorum exercitus prope civitatem advenit, extunc isti qui quasi mercatores diversi in civitatem Trnawa venerant, sencientes, suos complices iam circa civitatem in nocte esse, as valvas concurrerunt et valvas duas effregerunt et suos in civitatem inmiserunt et ipsam civitatem obsederunt* (Hervorhebung d. V.). Eberhard Windeck spricht in diesem Zusammenhang ebenfalls von Verrat, allerdings ohne nähere Details, Windeck, Denkwürdigkeiten, hg. Altmann § 364, 334.

1039 Zum Nachrichtenwesen der katholischen Seite während der Hussitenkriege vgl. lediglich Dvořáková, Bedeutung; Kaar, Mündlichkeit; Elbel, Posly (in diesem Vortrag präsentierte der Autor Materialien, die er in absehbarer Zukunft zu publizieren beabsichtigt).

1040 Vgl. die Beispiele bei Varsik, Hnutie 186 (Stibor von Stiborze an den Rat der Stadt Pressburg, 1428, Februar 28, Tyrnau), und Dvořáková, Bedeutung (der Burgvogt von Branč an Dies., zu 1434, März). Beide Male waren Späher der Aussteller in Pressburg als hussitische Spione eingekerkert worden.

aus Nürnberg, die im Frühling 1421 in Regensburg in Haft waren[1041]. In den Urfehdebriefen, die die beiden nach ihrer Entlassung ausstellten, heißt es, sie wären im Gefängnis gewesen *von ettwas wortz wegen, das auf mich* [den Aussteller, d. V.] *kömen was, wie ich verpotn war gein Peheym solt geschikt haben*[1042]. Beide waren also als Hussitenhändler denunziert worden, woraufhin der Regensburger Rat sie für einen – nicht näher genannten – Zeitraum arrestieren ließ.

Der Zeitpunkt von *Gresspergers* und *Zerars* Inhaftierung ist höchst signifikant. Angesichts des Scheiterns des Ersten Kreuzzuges und Sigismunds fortdauernder militärischer Erfolglosigkeit in Böhmen ergriffen die Kurfürsten, unterstützt vom päpstlichen Legaten Branda da Castiglione, im Frühling 1421 die Initiative zur Organisation eines neuen Kreuzzuges, um eine weitere Ausbreitung des Hussitismus zu verhindern[1043]. Unter anderem sollten alle Teilnehmer des zum Zweck der Ketzerbekämpfung initiierten Bündnisses ihren Untertanen einen Eid über ihre katholische Rechtgläubigkeit und ihre antihussitische Gesinnung auferlegen[1044]. Dank des Berichts des Andreas von Regensburg ist bekannt, dass der Regensburger Rat am 15. bzw. 22. Juni 1421 eine solche Eidesleistung anordnete[1045]. Die Stadt beteiligte sich weiters mit einem eigenen Kontingent am Zweiten Kreuzzug, das in eben jenen Frühlingswochen angeworben worden sein muss[1046]. Dieses kollektive öffentliche Bekenntnis zum antihussitischen Kreuzzug und zur katholischen Kirche hatte in Regensburg einen ganz besonderen Beigeschmack: Nur zweieinhalb Monate zuvor, am 31. März 1421, war dort der Priester Ulrich *Grünsleder* als Anhänger der hussitischen Lehre auf dem Scheiterhaufen verbrannt worden[1047]. Wie Franz Fuchs vor Kurzem nachweisen konnte, war *Grünsleder* kein einfaches Mitglied des städtischen Klerus gewesen. Vielmehr hatte er bis zu seiner Verhaftung das Amt

---

1041 Vgl. oben, Kap. 3.2.1.

1042 Orig. BHStA, Abt. I, Reichsstadt Regensburg Urkunden, Nr. 6373, Urfehde Heinrich *Gresspergers* d. J. für den Regensburger Rat. Wortgleich ebd. Nr. 6374, Urfehde Thomas *Zerars* für Dies., beide 1421, Juni 2, Regensburg.

1043 Vgl. oben, Kap. 2.2.

1044 DRTA 8, Nr. 29, 29–31, hier Art. 3, 30, Bündnis der vier rheinischen Kurfürsten zur Bekämpfung der Hussiten, 1421, April 23, Nürnberg. Der Eid schließt das Versprechen ein, mutmaßliche Hussiten zu denunzieren.

1045 Andreas von Regensburg, Sämtliche Werke, hg. LEIDINGER 362f. Jeder, der sich weigerte den Eid abzulegen, sollte gemeldet werden.

1046 Vgl. dazu POLÍVKA, Přípravy 257–265. Im Gegensatz dazu hatten die Regensburger sich offenbar am ersten Hussitenkreuzzug nicht beteiligt, was ein weiteres Indiz dafür darstellt, dass im Frühling 1421 die Atmosphäre in der Stadt besonders religiös aufgeheizt war.

1047 Über den Prozess gegen *Grünsleder* berichtet ausführlich Andreas von Regensburg, vgl. Ders., Sämtliche Werke, hg. LEIDINGER 133, 350–362, 403. Zu *Grünsleder* zuletzt mit neuen Erkenntnissen FUCHS, Grünsleder.

des Kaplans der Regensburger Rathauskapelle innegehabt und war als solcher in enger Verbindung mit der städtischen Führungsschicht gestanden. Der Rat hatte daher jeden Grund, sich in der Folgezeit besonders ostentativ als treuer Unterstützer des katholischen Glaubens zu präsentieren.

Andere Indizien weisen auf eine damals allgemein gesteigerte antihussitische Aktivität in der Region hin: Drei Wochen nach der Hinrichtung *Grünsleders* wurden in der Diözese Regensburg weitere Personen unter dem Verdacht des Hussitismus verhaftet[1048]. Der Salzburger Rat verhörte zur selben Zeit einen Delinquenten wegen des Verdachts, er habe strategische Güter an die Hussiten geliefert[1049]. Auch in Nürnberg fürchtete der Rat hussitische Unterwanderung, wie aus einem Brief vom Mai 1421 hervorgeht, in dem die Ratsherren den Bischof von Bamberg über die Verhaftung eines „böhmischen" Priesters informierten, der im oberfränkischen Gräfenberg und in Nürnberg Verdacht *cristlichen glawben antreffend* auf sich gezogen und sich *niht priesterlich noch wol gehalten* hatte und deshalb für weitere Untersuchungen nach Bamberg überstellt wurde[1050]. Verfolgungsmaßnahmen im Zusammenhang mit dem antihussitischen Eid lassen sich schließlich selbst in der verhältnismäßig weit von Böhmen entfernten Wetterau beobachten[1051].

Wie aus den Urfehdebriefen hervorgeht, die Heinrich *Gresperger* und Thomas *Zerar* ausstellten, hatten die beiden Männer wohl tatsächlich Waren nach Böhmen geliefert[1052]. Vor dem eben geschilderten Hintergrund erscheint es allerdings wahrscheinlich, dass die Anklage gegen sie wegen Hussitenhandels in erster Linie der im Frühling 1421 herrschenden Kombination aus gesteigerter Nervosität und demonstrativen antihussitischen Maßnahmen entsprang.

Eine ähnliche Dynamik zwischen „Hussitenpanik" und der Verfolgung von Schwarzhändlern lässt sich auch in anderen Fällen feststellen, auch wenn diese sich selten so gut kontextualisieren lassen wie im eben vorgestellten Fall. Hingewiesen sei etwa nochmals auf die Tatsache, dass es gerade während der oben skizzierten Welle der Hussitenfurcht Ende des Jahres 1427 zur Festnahme des mutmaßlichen Krämerehepaars Peter von Saaz und dessen Frau in Görlitz kam. Wie aus den dortigen Ratsrechnungen hervorgeht, han-

---

1048 Ebd. 233 nach den bischöflichen Vikariatsrechnungen.

1049 StA Salzburg, BU 6, pag. 248, Nr. 398f., der Salzburger Rat an Johann von Borek, 1421, März 31, Salzburg.

1050 StAN BB Nr. 5, fol. 133v; Urkundliche Beiträge 1, hg. Palacký Nr. 88, 90, der Nürnberger Rat an den Bischof von Bamberg, 1421, Mai 9, Nürnberg.

1051 Willershausen, Reichsstädte 59. Ich danke Andreas Willershausen für die Zurverfügungstellung von Literatur.

1052 Orig. BHStA, Abt. I, Reichsstadt Regensburg Urkunden, Nr. 6373, Urfehde Heinrich *Grespergers* d. J. für den Regensburger Rat. Wortgleich ebd. Nr. 6374, Urfehde Thomas *Zerars* für Dies., beide 1421, Juni 2, Regensburg. Vgl. auch im Folgenden, Anm. 1078.

delte der Rat auch in diesem Fall auf Basis einer anonymen Denunziation. Es heißt dort, die beiden seien eingekerkert worden *als von sage, das sie keczer weren und den keczern zugefurt haben*[1053]. Unter dem Eindruck des erwarteten hussitischen Einfalles verband sich hier offenbar der Vorwurf der Häresie mit dem Vorwurf des Hussitenhandels, wobei vielleicht auch eine Rolle spielte, dass es sich bei den beiden Verdächtigen, wie gezeigt wurde, wahrscheinlich um Tschechen handelte.

Eine vielleicht noch stärker ausgeprägte Nervosität als im Winter 1427 herrschte in Görlitz ab März 1431 angesichts der damaligen Einlagerung hussitischer Truppen im nahegelegenen Löbau. In den Görlitzer Rechnungen des ersten Halbjahres 1431 wird überdurchschnittlich oft über die Verköstigung, Folterung und Hinrichtung von Gefangenen und/oder Ketzern abgerechnet. Dabei ist auch auffällig oft die Rede von angeblichen Verrätern[1054]. Auch die überlieferten Verhörprotokolle aus dieser Zeit zeichnen das Bild einer massiven Angst des Rates vor dem Einsickern hussitischer Handlager[1055]. Aus eben diesem Kontext polizeilicher Maßnahmen gegen vermeintliche Kollaborateure stammen signifikanterweise dann auch die oben in Kapitel 3.1.2 und 3.2.2 ausgewerteten Nachrichten über wirtschaftliche Beziehungen zwischen der Bevölkerung und der hussitischen Garnison in Löbau[1056].

Ähnlich stellte sich die Lage schließlich auch im Frühling und Frühsommer 1434 in Pressburg dar, als dort auffällig erhöhte Alarmbereitschaft herrschte. Dieser fielen etwa antihussitische Spitzel des Burgvogtes von Branč zum Opfer[1057]. Die von Daniela Dvořáková ausgewerteten städtischen Rechnungen zeigen weiters, dass die Stadt auch eigene Spione aussandte und fremde Boten entlohnte, die Nachrichten über die Bewe-

---

1053 CDLS II,1, hg. Jecht 406, zu 1427, November 30, Görlitz.

1054 Vgl. z. B. CDLS II,2, hg. Jecht 222f., zu 1431, April 15 und 22, Görlitz (Verhaftung und Hinrichtung dreier Männer, die Feuer in Görlitz legen sollten), ebd. 224, zu 1431, April 22, Görlitz (Ausgaben für einen gefangenen „Verräter"), ebd. 241, zu 1431, August 5, Görlitz (Verbrennung eines Gefangenen, der in Leipzig Feuer legen sollte). Auch im benachbarten Schlesien herrschte damals eine vergleichbar angespannte Stimmung, die in die Verfolgung angeblicher Verräter resultierte, vgl. im Folgenden, Kap. 5.1.2.

1055 Vgl. z. B. das schon genannte Geständnis eines anonymen Juden, CDLS II,2, hg. Jecht Nr. 13, 723, zu ca. 1430. Der Gefangene bezichtigte eine Reihe von Personen, insbesondere Frauen, von den Hussiten in Löbau Geld bekommen zu haben, um in Görlitz Feuer zu legen. Vermutlich gehören auch eine Reihe der anderen undatierten „Bekenntniszettel" mit vergleichbarem Inhalt, die Jecht an dieser Stelle edierte, in denselben Zusammenhang. Vgl. dazu auch Ders., Hussitenkrieg 2, 307f.

1056 Vgl. CDLS II,2, hg. Jecht 286, 1431, Mai 18, Görlitz, Urfehde Gregor Steinhals' für den Görlitzer Rat; ebd. Nr. 44, 726, Bekenntnisse des Michael von Sohland, zu Sommer 1431; ebd. Nr. 49, 728, Bekenntnisse des Hans *Sneyder*, ohne Datierung.

1057 Vgl. Dvořáková, Bedeutung sowie oben, Anm. 1040. Das Schreiben des Burgvogtes von Branč trägt allerdings keine Jahresdatierung, daher ist unsicher, ob es tatsächlich in den März 1434 zu setzen ist.

gungen der Hussiten brachten. Der Brief, mit dem der Pressburger Hauptmann den dortigen Rat im April 1434 zum angeblich wiederholten Mal vor Kontakten der städtischen Fischer mit den Hussiten warnte, gehört zweifellos in diesen Kontext[1058]. Der Brief dokumentiert einmal mehr die besondere Sensibilität gegenüber wirtschaftlichen Beziehungen zwischen Katholiken und Hussiten in Zeiten gesteigerter Hussitenfurcht. Weitere Beispiele für dieses Phänomen ließen sich problemlos anfügen.

Die Einbettung der Nachrichten über die Verfolgung angeblicher Schwarzhändler in den weiteren Zusammenhang der allgemeinen Hussitenfurcht zeigt, dass die Zeugnisse für die Übertretung des antihussitischen Handelsverbotes nicht losgelöst von ihrem historischen und sozialen Hintergrund betrachtet werden dürfen, wie es bisher zumeist geschehen ist. Vielmehr stellen Maßnahmen gegen Schwarzhändler einen Teilaspekt der Verfolgung von mutmaßlichen Kollaborateuren durch städtische oder andere Autoritäten dar. Diese Verfolgung war eng verbunden mit Phasen intensivierter Furcht vor den Hussiten. Eine Zunahme von Nachrichten über angeblichen Schwarzhandel ist daher nicht unbedingt aussagekräftig dafür, dass zu diesem Zeitpunkt besonders ausgeprägte wirtschaftliche Kontakte zwischen Hussiten und Katholiken bestanden. Sie hängt vielmehr mit den Konjunkturen der „Hussitenpanik" zusammen[1059].

Die Umsetzung des antihussitischen Handelsverbotes mittels der Verfolgung von – angeblichen – Hussitenhändlern präsentiert sich unter diesem Blickwinkel als Teil eines kommunikativen Prozesses. Lokale Autoritäten bestraften Personen, die wirtschaftliche Kontakte mit dem Feind unterhielten, und versuchten mit diesen Maßnahmen andere potentielle Schwarzhändler abzuschrecken und das Allgemeinwohl zu garantieren[1060]. Denunzianten meldeten Schwarzhändler, zum Teil wohl unter dem Eindruck der hier skizzierten „Hussitenpanik" aus echter Angst, zum Teil aber sicher auch aus eigennützigen Motiven[1061]. Zu guter Letzt waren schließlich auch die vom Vorwurf des Hussiten-

---

1058 Orig. AMB, Urk. Nr. 1330, Georg von Rozgon an den Pressburger Rat, 1434, April 12, Karlburg. Vgl. dazu auch oben, Kap. 3.4.3.

1059 Vgl. in diesem Zusammenhang auch die Tatsache, dass Denunziationen als ebenso beweiskräftig galten wie die Ergreifung von Hussitenhändlern auf frischer Tat, vgl. etwa DRTA 9, Nr. 411, 540–543, hier 542, Sigismund an alle Reichsangehörigen, 1431, März 14, Nürnberg: Alle, die dem Handelsverbot zuwider handeln und *des kundlich uberwunden* [= durch Wissen überführt] *oder off frischer warhaftiger dat daruber gefunden* werden, sollen bestraft werden (Hervorhebung d. V.). Dies erleichterte es, den Vorwurf des Hussitenhandels zu erheben. Tatsächlich ist in den Quellen der Strafverfolgung hauptsächlich von Denunziationen als Anlass für Verhaftungen die Rede, vgl. die Beispiele hier im Vorangehenden.

1060 Vgl. dazu auch im Folgenden, Kap. 5.1.

1061 Vgl. dazu oben, Kap. 3.4.3.

handels Betroffenen Teil dieses Prozesses. Ihren kommunikativen Strategien widmen sich die beiden nächsten Unterkapitel.

4.2.2 Rechtfertigungsstrategien individueller Hussitenhändler

Sämtliche des Hussitenhandels Beschuldigte, über deren Reaktion die Quellen Auskunft geben, verteidigten sich gegen die gegen sie erhobenen Anschuldigungen auf ähnliche Art und Weise. Im Detail variieren die Verteidigungen der Einzelnen allerdings so weit, dass sich ein näherer Blick auf die verschiedenen Rechtfertigungsstrategien lohnt.

Soweit ihnen das möglich war, stellten die Betroffenen Kontakte mit den Hussiten rundweg in Abrede. Diese Strategie verfolgten beispielsweise die beiden schon erwähnten Nürnberger Bürger Jakob Granetel und Sebald Imhoff. Als Granetel 1421 wegen des angeblichen Verkaufs von Pulver an die Hussiten bei Saaz vor den Nürnberger Rat geladen wurde, beteuerte er seine Unschuld, versicherte, dass er das antihussitische Handelsverbot nie missachten würde, und verlangte, dass ihm ein Reinigungseid gestattet werde[1062]. Analog verhielt sich mehrere Jahre später in derselben Situation Sebald Imhoff, der Vater des des Hussitenhandels angeklagten Hans Imhoff[1063]. Konfrontiert mit der Anschuldigung, der jüngere Imhoff habe den Hussiten zugeführt, bestritt Sebald Imhoff jede Beteiligung an einem möglichen Fehlverhalten seines Sohnes. Vielmehr habe er demselben stets *heftiklich* verboten, sich mit den Hussiten einzulassen. Aufgrund dieses Verbotes vertraue er darauf, dass auch sein Sohn unschuldig sei und sich korrekt verhalten habe[1064].

Komplizierter stellte sich die Lage für die Betroffenen dar, wenn der Umgang mit Hussiten nicht so einfach abgestritten werden konnte. Vor dieses Problem sah sich ein gewisser Oswald gestellt, als er im Winter 1421 vor dem Salzburger Rat des Hussitenhandels beschuldigt wurde[1065]. Als Rechtfertigung brachte er eine persönliche Zwangs-

---

1062 StAN BB Nr. 5, fol. 167r–v; Urkundliche Beiträge 1, hg. Palacký Nr. 152, 163f., der Nürnberger Rat an Wilhelm von Meißen, 1421, Oktober 22, Nürnberg: *der* [= Granetel] *sich des vor uns verantwurt hat, daz er des gantz unschuldig sey, niht getan hab und auch ungern tun wölt, und bat und begert, seiner unschult ein weisung von im zu nemen.* Vgl. dazu und für das Folgende auch oben, Kap. 3.4.2.

1063 Vgl. dazu ausführlich im Folgenden, Kap. 4.2.4.

1064 StAN BB Nr. 7, fol. 108r; Urkundliche Beiträge 1, hg. Palacký Nr. 420, 475, der Nürnberger Rat an Hanusch von Kolowrat, 1426, Oktober 18, Nürnberg: [Sebald Imhoff] *hat uns geantwartt, daz er seins teils söllicher sache gancz unschuldig sey und* […] *seinen sune das nie geheissen, sunder allweg heftiklich verbotten hab. Er hoff und getraw auch, sein sune süll söllicher sache auch unschuldig seyn und sich darynnen niht verhandelt haben.*

1065 StA Salzburg, BU 6, pag. 248, Nr. 398f., der Salzburger Rat an Johann von Borek, 1421, März 31, Salzburg. Vgl. oben, Kap. 3.3.2.

lage vor: in hussitische Gefangenschaft geraten, habe er angeblich keine andere Wahl gehabt, um seine eigene Freilassung und diejenige seiner Mitgefangenen zu erreichen, als den Wünschen der Hussiten zu willfahren und zu versuchen, für sie strategische Güter zu beschaffen. Allerdings habe er aufgrund des antihussitischen Handelsverbotes ohnehin keinen Erfolg gehabt[1066]. In eine ähnliche Kerbe schlug zehn Jahre später auch die Rechtfertigung des Nürnberger Bürgers Lang Heinz Wagenmann. Als Ende August 1431 eines seiner Fuhrwerke aus nicht näher ausgeführten Gründen im westböhmischen Bischofteinitz festgesetzt wurde, ersuchten die Nürnberger Ratsherren auf seine Veranlassung um die Freigabe des Transports, der angeblich *zu unsern guten freunden nach Prate* (recte wohl *Prage*[1067]) unterwegs gewesen war[1068]. Unter diesen „guten Freunden" sind wohl in die böhmische Hauptstadt verbrachte Nürnberger Gefangene aus der Schlacht von Taus (14. August 1431) zu verstehen[1069], Wagenmann rechtfertigte seine Kontakte mit dem hussitischen Prag also mutmaßlich mit der Sorge für diese Gefangenen.

Ein dritter Weg, den die angeblichen Hussitenhändler beschritten, um sich zu rechtfertigen, war schließlich die Beteuerung, dass es sich bei ihren Geschäftspartnern nicht um Hussiten, sondern um Katholiken handle. Als beispielsweise die Korrespondenzen des Nürnberger Bürgers Prückler nach Pfraumberg und Pilsen im Winter 1425 den Argwohn der Amtsträger Pfalzgraf Johanns erweckten, die vermuteten, dass die Briefe *den hussen steen sölten*, rechtfertigte sich Prückler damit, dass er seinem in Pilsen lebenden Bruder geschäftlich geschrieben habe. Daran habe auch der Nürnberger Rat keine *ferlichkeit*[1070] gefunden[1071]. Als einem weiteren Nürnberger Bürger, Markward Scheffein, im Frühling 1430 in Neunburg vorm Wald Waren beschlagnahmt wurden *als ob die den hussen zugehorn und zugefurt werden sollten*, beteuerte dieser, die Ladung sei ausschließlich für seinen Geschäftspartner im bayerischen Zwiesel bestimmt gewesen *und keinem hussen*, worüber er dem Nürnberger Rat gegenüber auch einen Eid ablegte[1072]. Im Winter 1428 schließlich wurde, wie oben bereits mehrfach erwähnt wurde, ein aus Böhmen kommen-

1066 Vgl. oben, Anm. 647f.

1067 Weder in Böhmen noch im angrenzenden bayerisch-sächsischen Raum lässt sich ein Ort finden, der für eine andere Identifizierung in Frage kommt.

1068 StAN BB Nr. 9, fol. 142v, der Nürnberger Rat an Zdeněk von Drštka/den Rat der Stadt Bischofteinitz, 1431, August 25, Nürnberg.

1069 So gegen die Interpretation bei Polívka, Beziehungen 15f. Für Nürnberger Gefangene in Prag vgl. auch oben, Kap. 3.4.4.2.

1070 Hinterlist, Betrug, Gefahr, Gefährdung, vgl. Glosář, hg. Boková/Spáčilová.

1071 StAN BB Nr. 6, fol. 146r–v; Urkundliche Beiträge 1, hg. Palacký Nr. 326, 379f., der Nürnberger Rat an Johann von Pfalz-Neumarkt, 1425, Februar 12, Nürnberg.

1072 Ebd. Nr. 9, fol. 4r, der Nürnberger Rat an den Landschreiber zu Neunburg vorm Wald, 1430, Mai 5, Nürnberg.

der Nürnberger Konvoi bei der bayerischen Burg Wernberg beschlagnahmt und die Begleiter des Zuges inhaftiert. In der darauffolgenden Korrespondenz nahm der Nürnberger Rat Stellung zu dem von der Wernberger Burgbesatzung vorgebrachten Argument, *daz ewch fremd neme, daz unsere burger gut von Beheim heraus füren süllen, daz verpotten sey*. Die Ratsherren erklärten, dass die Geschädigten versichert hätten, *was sie da gefürt haben, daz sie das von und mit fromen cristen gekawft und gehandelt haben*, d. h. dass sie ausschließlich mit böhmischen Katholiken Geschäfte gemacht hätten[1073].

Dasselbe Argument hätte auch ein weiterer Nürnberger Bürger namens Hans Kalb vorbringen können, als er im Winter 1428 eine – angeblich – für Pilsen bestimmte Lieferung von Harnischen am pfalzgräflichen Zoll in Sulzbach verzollen wollte[1074]. Als der Landschreiber ihn darauf aufmerksam machte, *daz nymand keinen harnasch* [nach Böhmen] *hinein füren solt*, rechtfertigte Kalb sich allerdings mit angeblichem Unwissen: *Das hab ich niht gewißt, und hab mich auch davor* [dem Handel mit Böhmen] *nicht wissen ze huten*[1075]. Angesichts der Umstände sei er jedoch selbstverständlich bereit, die Harnische wieder zurück nach Nürnberg zu schicken. Auch wenn sein angebliches Unwissen unglaubwürdig erscheint[1076] – es sei denn man geht davon aus, dass der Handel mit Pilsen in Nürnberg als so selbstverständlich angesehen wurde, dass der Betroffene seine Fahrt tatsächlich nicht mit dem Handelsverbot in Zusammenhang brachte – versprach Kalb sich von diesem Argument offenbar mehr Erfolg als von der Berufung auf die Rechtgläubigkeit seiner Pilsner Geschäftspartner. Der pfälzische Landschreiber scheint nämlich den Standpunkt vertreten zu haben, dass *hinein*, d. h. Richtung Böhmen, überhaupt keine Waffen gehen sollten. So oder so blieb er jedenfalls von Kalbs Rechtfertigung unbeeindruckt und beschlagnahmte die Harnische.

Einen anderen Blickwinkel als die städtischen Korrespondenzen bieten schließlich die Urfehdebriefe inhaftierter Hussitenhändler, die quasi das Resultat gescheiterter Rechtfertigungsstrategien darstellen. Der 1424 angeblich auf frischer Tat beim Handel mit Hussiten ertappte ehemalige Chamer Bürger Ulrich *Kursner* gibt in seinem Urfehdebrief an, er habe sich ganz der Gnade seines Gerichtsherrn ergeben; von möglichen vorangehen-

1073 StAN BB Nr. 8, fol. 91r–v, der Nürnberger Rat an Heinrich Nothaft, 1428, November 26, Nürnberg. Vgl. dazu auch oben, Kap. 3.4.2.

1074 Ebd., fol. 93r, der Nürnberger Rat an Johann von Pfalz-Neumarkt/den Landschreiber zu Sulzbach, 1428, Dezember 2, Nürnberg. Vgl. zu diesem Fall auch oben, Kap. 3.3.2 und 3.4.1.

1075 Ursprünglich, jedoch gestrichen: *Das hab ich niht gewißt, waz den andern leuten recht ist, das sei mir auch recht*. Es stellt sich die interessante, aber in diesem Rahmen nicht zu beantwortende Frage, bis zu welchem Grad die in dem Brief wiedergegebene direkte Rede den Aussagen des Betroffenen entspricht bzw. inwiefern es sich um eine Stilisierung der Nürnberger Kanzlei handelt.

1076 Vgl. zur öffentlichen Publikation des antihussitischen Handelsverbotes in Nürnberg oben, Kap. 3.4.2.

den Versuchen, sich zu rechtfertigen, erfährt man nichts[1077]. Auch den oben in Kapitel 4.2.1 näher behandelten Heinrich *Gresperger* d. J. und Thomas *Zerar*, die 1421 wegen Schwarzhandels im Regensburger Gefängnis saßen, war es offenbar unmöglich, die Lieferung von Waren nach Böhmen entweder abzustreiten oder glaubhaft zu machen, dass es sich bei den Empfängern um Katholiken handelte. Nach Aussage ihrer Urfehdebriefe gelang es ihnen allerdings, den Regensburger Rat davon zu überzeugen, ohne böse Absicht gehandelt zu haben, weshalb auch sie *gnadiklich* entlassen wurden[1078].

4.2.3 Rechtfertigungsstrategien städtischer Räte und die Verteidigung der städtischen Ehre

Der Vorwurf des Hussitenhandels war jedoch nicht nur für den Einzelnen gefährlich. Die besondere Verurteilungswürdigkeit wirtschaftlicher Beziehungen mit dem hussitischen Feind machte entsprechende Vorwürfe zu tauglichen politischen Waffen. Diese hatten das Potential, eine ganze Gemeinschaft wie eine Stadt und insbesondere den diese Gemeinschaft repräsentierenden Rat in Misskredit zu bringen. Wie in Kapitel 3.4.2 herausgearbeitet wurde, trugen städtische Räte unmittelbare Verantwortung für das Wohlverhalten ihrer Bürger und Untertanen. Eine Verletzung des antihussitischen Handelsverbotes durch städtische Kaufleute bzw. die untertänige Landbevölkerung fiel daher auf den Rat als deren Obrigkeit zurück. Weiters gefährdeten Gerüchte über angeblichen Schwarzhandel den Ruf und damit auch den Leumund, d. h. die Geschäftsfähigkeit der gesamten Stadt[1079]. Aus beiden Gründen mussten städtische Räte energisch reagieren, sobald Verdächtigungen wegen Hussitenhandels erhoben wurden.

Wie schon mehrfach ausgeführt wurde, liegen aufgrund der Überlieferungslage vor allem aus Olmütz und aus Nürnberg ausführlichere Nachrichten über Anschuldigungen wegen Hussitenhandels vor. Wie in Kapitel 3.4.4.2 gezeigt wurde, war die Stadt Olmütz gezwungen, in einer schwierigen militärischen und politischen Lage einen *modus vivendi* mit ihren hussitischen Nachbarn zu finden. Möglicherweise gerade weil der städtische Rat dabei viele Kompromisse eingehen musste, ging er besonders energisch gegen

1077 Orig. Archiv HVOR, Urk. Nr. 194, Urfehde Ulrich *Kursners* für Johann von Pfalz-Neumarkt, 1424, Juli 8: *[M]ein genadiger her herzog Johanns* [hat] *angesehen erparmung und frumer leut pet, das mich sein genad aus der gevancknuss genadiklich hat chomen lassen.*

1078 Orig. BHStA, Abt. I, Reichsstadt Regensburg Urkunden, Nr. 6373, Urfehde Heinrich *Gresspergers* d. J. für den Regensburger Rat. Wortgleich ebd. Nr. 6374, Urfehde Thomas *Zerars* für Dies., beide 1421, Juni 2, Regensburg: *Nu haben sich mein egenant hern aigenleich* [= sicher] *erfarn, das ich di sach unfarleich* [= ohne böse Absicht] *gehanndelt hab, und habent mich aus der selbn vankchnüss genadiklich kömen lassen.*

1079 Ich danke Karel Hruza für diesen Hinweis.

jede Art von Gerüchten vor, die die Königstreue der Stadt in Frage stellten. So bestritten die Ratsherren beispielsweise im März 1426 Bischof Johann von Olmütz und dem Hauptmann des königlichen Heeres in Kremsier gegenüber leidenschaftlich Gerüchte, sie hätten das oben in Kapitel 3.4.4.2 näher diskutierte Geleitschutzabkommen mit dem benachbarten hussitischen Herrn Johann Tovačovský von Cimburg eigenmächtig und ohne Zustimmung ihres Stadtherrn geschlossen[1080]. Zwei Jahre später verwahrte der Rat sich heftig gegen das Gerücht, eine Olmützer Abordnung an den Stadtherren Albrecht V. habe zugegeben, dass es keinen Sinn habe, Truppen nach Olmütz zu legen, da die Stadt sich ohnehin früher oder später den Hussiten ergeben werde[1081]; im Winter 1430 wiederum gingen die Ratsherren gegen ähnliche Gerüchte innerhalb ihrer eigenen Stadtmauern vor[1082]. In diesen und ähnlichen Schreiben wird die Glaubenstreue und Opferbereitschaft der Gemeinde jeweils mit großer rhetorischer Emphase herausgestellt, die nicht einer gewissen Theatralik entbehrt.

In denselben Zusammenhang gehören auch jene Schreiben, mit denen sich der Olmützer Rat für Bürger einsetzte, gegen die der Verdacht des Hussitenhandels erhoben wurde. Wie bereits erwähnt, wurden vermutlich irgendwann im Lauf des Jahres 1426 im schlesischen Liegnitz Olmützer Kaufleute unter dem Verdacht des Hussitenhandels inhaftiert und ihre Waren beschlagnahmt[1083]. Die Olmützer Ratsherren wandten sich daraufhin an den Liegnitzer Rat, den dortigen Hauptmann sowie Herzog Ludwig von Liegnitz-Brieg und baten um die Freilassung der Inhaftierten. Neben einer Darstellung der Nachforschungen, die angeblich durchgeführt worden waren, um die Unhaltbarkeit der Anschuldigungen zu erweisen, verlangten die Ratsherren auch mit dem Argument Glauben, dass man nur *ungern* für Unterstützer der Ketzer bürge, sondern sie lieber mit ganzer Kraft „ächte“ und „hindere“. Zum Beweis berief der Rat sich darauf, dass vielen „frommen“ Leuten bekannt sei, wie oft die Olmützer schon unter großen Aufwendungen den Hussiten Widerstand geleistet hätten[1084]. Dem Liegnitzer Rat gegenüber wird

1080 SOkA Olomouc, Briefbuch fol. 113v; Urkundliche Beiträge 1, hg. Palacký Nr. 388, 434f., der Olmützer Rat an den Bischof von Olmütz und den Hauptmann des königlichen Heeres in Kremsier, 1426, Februar 28, Olmütz.

1081 SOkA Olomouc, Briefbuch fol. 17r; Urkundliche Beiträge 1, hg. Palacký Nr. 502, 591f., der Olmützer Rat an Albrecht V., 1428, Februar 21, Olmütz.

1082 SOkA Olomouc, Briefbuch fol. 116v, der Olmützer Rat an den mährischen Unterkämmerer, 1430 (?), Jänner 20, Olmütz. Siehe oben, Anm. 886.

1083 Ebd., fol. 14r und 167v; Grünhagen, Geschichtsquellen 45f., der Olmützer Rat an den Rat der Stadt Liegnitz/Ludwig von Liegnitz-Brieg, 1426 (?), Olmütz. Vgl. zu diesem Fall auch oben, Kap. 3.4.2.

1084 SOkA Olomouc, Briefbuch fol. 14r; Grünhagen, Geschichtsquellen 45f., der Olmützer Rat an Ludwig von Liegnitz-Brieg, 1426 (?), Olmütz: *das uns billichen gelawbt solt sein, wann wir, ab Got will, ungern vor solch lewte, die die ketczer furderten, schreiben ader reden wolten, sunder liber sie echten und hindern noch unserm ganczen vermogen, als das, ab Got will, vil frumen wissentlich ist, wie wir*

weiters ins Treffen geführt, dass die Hussiten kaum so mächtig geworden wären, wenn auch andere sich so konsequent geweigert hätten, sie zu unterstützen, wie die Olmützer selbst[1085]. Der Brief schließt mit der nachdrücklichen Bitte, die Empfänger mögen den Vorwürfen, *der wir unschuldig sein*, keinen Glauben schenken.

Angesichts der komplexen politischen Gemengelage in Mähren kam es auch vor, dass Kaufleute zwischen die Fronten der verschiedenen Fraktionen gerieten. Fuhrleute, die in den Diensten Olmützer Kaufleute standen, wurden etwa im Herbst 1425 von Amtsträgern Bischof Konrads von Breslau festgenommen, weil sie angeblich einem hussitischen Mitglied der Familie von Eulenburg zuführten[1086]. Zwei Jahre später kam es neuerlich zur Konfiskation von Olmützer Gütern, die die bischöflichen Amtsträger angeblich *bei der ketczer und veinde gut* fanden, und daher als Ketzergut beschlagnahmten[1087]. In beiden Fällen beriefen sich die Olmützer Ratsherren bei ihrem Versuch, die Rückstellung der Waren zu erreichen, einerseits auf die Rechtmäßigkeit ihres Vorgehens: Der betreffende Herr von Eulenburg habe sich ihrem Stadtherrn, Albrecht V., unterworfen und stehe mit ihm in freundschaftlichem Einvernehmen, Bischof Konrads „Krieg" mit dem Genannten betreffe sie also nicht[1088]. Andererseits werden die Mühen und die großen

---

mit Gotes hulfe wider die ketczer und ire forderer gestanden sein, leib und gut nicht sparunde, wider das, ob Got will, nymant mit der warheit gereden mag. Zum System der Förderbriefe, auf das die Olmützer sich hier beziehen, vgl. auch oben, Kap. 3.4.1.

1085 SOkA Olomouc, Briefbuch 167v, der Olmützer Rat an den Rat von Liegnitz, 1426 (?), Olmütz: *Und wolt Got, das yede* [gestrichen: *stat so kresteklichen*] *nu an sie* [die Hussiten, d. V.] *so wenig gefurdert hett als wir, wir hoften, sie hetten so uberswerklich nicht uberhant genomen.*

1086 Ebd., fol. 10v, der Olmützer Rat an den Bischof von Breslau, vor 1425, November 16, Olmütz. In Frage kommt von den damals der hussitischen Seite anhängenden Angehörigen der Familie am ehesten Paul von Eulenburg, da die Olmützer 1427 Bischof Konrad im selben Zusammenhang ausdrücklich schrieben, er möge sie aus seinem Konflikt mit Paul von Eulenburg heraushalten, vgl. im Folgenden, Anm. 1087. Zu den damaligen Beziehungen verschiedener Herren von Eulenburg mit Olmütz Papajík, Páni ze Sovince 95f.

1087 SOkA Olomouc, Briefbuch fol. 16r; Urkundliche Beiträge 1, hg. Palacký Nr. 488, 558f., der Olmützer Rat an den Bischof von Breslau, um 1427, Mai 14, Olmütz. Die Datierung ergibt sich aus SOkA Olomouc, Briefbuch fol. 14v; Urkundliche Beiträge 1, hg. Palacký, Nr. 443, 512f., der Olmützer Rat an Albrecht V., vor 1427, Mai 14, Olmütz sowie RI XII Supp., Albrecht V. an den Rat der Stadt Olmütz, 1427, Mai 14, Wien, in denen Übergriffe Konrads von Breslau gegen Paul von Eulenburg erwähnt werden, die dessen Einvernehmen mit Albrecht V. gefährdeten.

1088 SOkA Olomouc, Briefbuch fol. 10v, der Olmützer Rat an den Bischof von Breslau, vor 1425, November 16, Olmütz: *Sintemolen er* [der von Eulenburg, d. V.] *von unserm genedigen herren, herczogen Albrechten* [...], *als iczunt ein jar wirt ufgenomen* [= zu Gnaden angenommen] *ist worden, haben wir mit seiner gnaden wissen und wort also seit der versverung* [= Eidesleistung Eulenburgs an Albrecht] *zeit frid mit im und den seinen gehalden und noch halden bies mit uns anders geschaft wirt.* Ebd., fol. 16r; Urkundliche Beiträge 1, hg. Palacký Nr. 488, 558f., Dies. an Dens., um 1427, Mai 14, Olmütz: *das der egenante herr Paul* [von Eulenburg] *mit unsers herrn des margraffen gnad gancz verricht ist*

Schäden der Stadt im Kampf gegen die Hussiten als Argumente ins Treffen geführt. Im Herbst 1425 erinnerten die Olmützer den Empfänger daran, dass nicht nur er, sondern auch sie für den christlichen Glauben und die römische Kirche schwere Schäden erlitten hätten[1089]. Als sich Bischof Konrad zwei Jahre später bei der neuerlichen Beschlagnahme ausdrücklich auf das antihussitische Handelsverbot berief, sahen sich die Olmützer Ratsherren offensichtlich genötigt, in ihrem Beschwerdeschreiben noch größere rhetorische Emphase an den Tag zu legen. Zunächst verbürgen sie sich für die Rechtgläubigkeit und das Wohlverhalten der inkriminierten Kauf- und Fuhrleute[1090]. Anschließend werden die Versorgungsschwierigkeiten geschildert, mit denen die Stadt sich durch die hussitische Umklammerung nach wie vor konfrontiert sah[1091]. Diese sollten den Bischof eher zu väterlichem Erbarmen veranlassen als zu neuerlichen Schikanen[1092]. Um das Argument des Handelsverbotes zu entkräften, beteuern die Absender schließlich mit den folgenden Worten nochmals das eigene Wohlverhalten angesichts der immer gefährlicher werdenden Bedrohung und betonen ihre Unbeugsamkeit gegenüber den Hussiten, für die sie auch materielle Verluste in Kauf zu nehmen bereit waren: *Als dann ewre gnad auch berurt unsers heiligen vaters des babstes und unsers herrn des kunigs gnaden gepot, das nymant mit den ketczern mitsamkeit weder gemeynschaft haben sol etc. hoffen wir zu Got, das uns des nymant mit der warheit geczeihen mag, wann wir, ab Got wil, nye ein enige stund mit den veinden weder frid noch mitsamkeit weder gemeinschaft gehabt haben, sunder dorumb liber armen worden sein.*

---

und uns sein gnad als unser herr geboten hat, mit herrn Paulen nicht dann lib und gut zu schaffen zu haben, das wir also thun mussen, uns wurd dann anders von unsers herrn gnaden gepoten. Vgl. dazu auch oben, Kap. 3.4.4.2. Ich danke Petr Elbel für Anregungen zur Interpretation der zitieren Quellen.

1089 SOkA Olomouc, Briefbuch fol. 10v, der Olmützer Rat an den Bischof von Breslau, vor 1425, November 16, Olmütz: *Gelawben wir ewr erwürdikeit wol wissentlich sein, das wir, ab Got will, neben ouch demm heiligen kristenlichen gelawben neben der römischen kirchen vil und unzeliche scheden von dem von Ewlenburg, seinen helfern und andern feinden empfangen haben.*

1090 SOkA Olomouc, Briefbuch fol. 16r; Urkundliche Beiträge 1, hg. Palacký Nr. 488, 558f., der Olmützer Rat an den Bischof von Breslau, um 1427, Mai 14, Olmütz: *das sulch gnomen gut und habe unserer pankgenossen und mitburger ist, die, ab Got wil, nicht ketczer sunder glawbige kristen sein,* […] *als den die in allen diesen sweren und langwesundigen krigen den veinden nye stewer noch hanthabung sunder widerdruss getan haben noch unserm ganczen vermogen, das, ab Got wil, allen fursten und glawbgen wissentlich ist.* […] *Wir wissen auch nicht anders, dann das die furlewt, die sulch unserer mitburger gut gefurt haben, frume kristen sein.*

1091 Vgl. dazu auch oben, Kap. 3.4.4.2.

1092 SOkA Olomouc, Briefbuch fol. 16r; Urkundliche Beiträge 1, hg. Palacký Nr. 488, 558f., der Olmützer Rat an den Bischof von Breslau, um 1427, Mai 14, Olmütz: *das billichen alle glawbigen und nemlich ewre gnaden als einen geistlichen vater derparmen und uns arme lewte umb Gotes und des heiligen glawben willen liber furdern danne hempmen sold.*

Möglicherweise um eben diesen Vorfall handelt es sich auch bei jener Festsetzung von Olmützer Fuhrleuten in Breslau im Frühling 1427, über die sich der Olmützer Rat im April 1427 bei seinen Breslauer Amtskollegen deshalb beschwerte, weil mindestens einer der Festgenommenen in der Haft verstorben war[1093]. Auch hier wird die Unbescholtenheit der Inkriminierten hervorgehoben: Die Auftraggeber der inhaftierten Fuhrleute hätten sich nichts zuschulden kommen lassen, vielmehr könne der Rat das Wohlverhalten und die Rechtgläubigkeit des verstorbenen Olmützer Bürgers Paul *Hunt* und die Königstreue seines Geschäftspartners, des Herrn Beneš von Waldstein, *der alle diese krig nye an der keczer teil sunder an unser herrn des kunigs und des margraffen gnad teil gewessen ist*, bestätigen. Eine ähnlich empathische Darstellung der städtischen Notlage wie im vorangehenden Schreiben unterbleibt hier jedoch, vermutlich weil der Brief hauptsächlich das Erbe des/der Verstorbenen betrifft, welches die Breslauer sich herauszugeben weigerten.

Anders als Olmütz sah Nürnberg sich nicht unmittelbar einer militärischen Bedrohung durch die Hussiten und daraus resultierenden Zweifeln an seiner Königstreue ausgesetzt. Dennoch ging auch der dortige Rat nachdrücklich gegen Anschuldigungen vor, Nürnberger Bürger würden Handel mit den Hussiten treiben. Neben den bereits genannten Einzelfällen, in denen der Rat Bürger unterstützte, die im Grenzgebiet zu Böhmen oder in Böhmen selbst des Hussitenhandels bezichtigt wurden[1094], sind in den Nürnberger Quellen auch mehrere Fälle dokumentiert, in denen die Ratsherren sich gegen das Gerücht verwehrten, die städtischen Kaufleute im Allgemeinen würden den Hussiten zuführen. Solche Anschuldigungen zirkulierten offenbar zu unterschiedlichen Zeiten sowohl in der Umgebung von Nürnberg als auch an relativ weit entfernten Orten wie Köln und sogar Rom[1095]. Einige dieser Fälle sollen im Folgenden etwas ausführlicher nachgezeichnet werden.

1093 SOkA Olomouc, Briefbuch fol. 168v, der Olmützer Rat an den Rat der Stadt Breslau, 1427, April 14 (?), Olmütz.

1094 Vgl. oben, Kap. 3.2.1.

1095 Gerüchte am pfälzisch-mosbachschen Hof: StAN BB Nr. 6, fol. 122v; Urkundliche Beiträge 1, hg. Palacký Nr. 316, 366, der Nürnberger Rat an Otto von Pfalz-Mosbach, 1424, November 4, Nürnberg; StAN, Reichsstadt Nürnberg, Losungamt, Stadtrechnungen Nr. 179, fol. 256r, ein Nürnberger Gesandter zu Dems. *von einer antwurtt wegen* [...] *von des zufurens wegen den hussen gen Beheim*, zu 1425, März 28, Nürnberg (so gegen die Interpretation bei Polívka, Beziehungen 16). Gerüchte am königlichen Hof: StAN BB Nr. 5, fol. 214r–215r; Urkundliche Beiträge 1, hg. Palacký Nr. 176, 189f., der Nürnberger Rat an Sigismund/Albrecht von Colditz, 1422, April 17, Nürnberg. Gerüchte in Rom: StAN BB Nr. 7, fol. 37r; Urkundliche Beiträge 1, hg. Palacký Nr. 385, 432, Dies. an Gerlach von Triest, 1426, Februar 24, Nürnberg. Gerüchte in Köln: StAN BB Nr. 9, fol. 125r–126v; Urkundliche Beiträge 2, hg. Palacký Nr. 748, 225f., Dies. an den Rat der Stadt Köln/Niklas Mendel, 1431, Juli 5, Nürnberg.

Wie bereits erwähnt wurde, sah der Rat sich etwa im Frühling 1422 mit heftigen Vorwürfen König Sigismunds konfrontiert, Nürnberger Kaufleute würden das antihussitische Handelsverbot umgehen[1096]. Die Ratsherren beteuern in ihrem Antwortschreiben die Unschuld der städtischen Kaufleute. Im Gegenteil, man wünsche auf keinen Fall die Häretiker zu unterstützen und werde sofort gegen alle vorgehen, die sich eines solchen Vergehens schuldig machten[1097]. Bemerkenswert an diesem Fall ist der ausgeprägte Eifer, den die Nürnberger an den Tag legten, um ihren Namen am königlichen Hof reinzuwaschen. Wie bereits erwähnt wurde, folgt in den Briefbüchern auf das offizielle Antwortschreiben an die Adresse Sigismunds ein weiteres Schreiben gleichen Datums an den königlichen Kämmerer Albrecht von Colditz. Aus diesem Brief geht hervor, dass Nürnberger Abgesandte am Königshof Colditz bereits zuvor, unmittelbar nach Erhalt des königlichen Schreibens kontaktiert und ihn gebeten hatten, die Stadt dem König gegenüber zu verantworten[1098]. Colditz zählte zu Nürnbergs langjährigen Vertrauten unter Sigismunds Räten[1099]. Möglicherweise trat man abgesehen von ihm gleichzeitig auch noch an andere Gönner der Stadt am Königshof heran, um dieselben um Förderung und Hilfe in diesem Fall zu bitten. Allerdings scheint man diesen eher informellen Weg für nicht ausreichend befunden zu haben. Der Rat entschied nämlich, sich darüber hinaus auch noch schriftlich vor dem König zu verantworten[1100]. In dem Brief an Colditz erbitten die Ratsherren die Unterstützung des Kämmerers für ihren Boten, der das Rechtfertigungsschreiben überbringe. Colditz sollte insbesondere dafür sorgen, *daz derselbe unser brief in gegenwertik[eit] unsers gnedigisten herren des römischen künigs gelesen und verhört*

1096 StAN BB Nr. 5, fol. 214r–215r; Urkundliche Beiträge 1, hg. Palacký Nr. 176, 189f., der Nürnberger Rat an Sigismund/Albrecht von Colditz, 1422, April 17, Nürnberg. Vgl. zu diesen Schreiben oben, Kap. 3.4.2 sowie im Folgenden, Kap. 4.3.1.

1097 StAN BB Nr. 5, fol. 214r; Urkundliche Beiträge 1, hg. Palacký Nr. 176, 189f., der Nürnberger Rat an Sigismund, 1422, April 17, Nürnberg: *wan ewr küniglich maiestat sol und mag uns genczlich getrawen, dacz uns sölich sache, ob es die unsern getan hetten, laid und niht gemaint weren, und hetten wir das von in ye erfarn oder hinfür erfüren, wir wölten darczu getan haben und tun, als sich gepüret* […].

1098 StAN BB Nr. 5, fol. 214v–215r, der Nürnberger Rat an Albrecht von Colditz, 1422, April 17, Nürnberg: *Dieselben unsere frewnde [und ratgesellen] ewr edel darauf gepetten haben, uns und die unsern vor dem* […] *künig oder wa sich das gepüret zu dem besten darumb zu verantworten.*

1099 Vgl. oben, Anm. 771.

1100 StAN BB Nr. 5, fol. 214v–215r, der Nürnberger Rat an Albrecht von Colditz, 1422, April 17, Nürnberg: *Also lassen wir ewr gnade wissen, daz wir uns seid bedacht haben, uns gen unsern gnedigisten herrn dem römischen künig schriftlich darumb zu verantworten.* Der vorliegende Fall illustriert die in Kap. 2.6.2 thematisierte Quellenproblematik: Sowohl von Sigismunds Schreiben bezüglich des Handelsverbotes als auch von der Nürnberger Reaktion darauf wüssten wir nichts, hätten die Nürnberger sich nicht entschlossen, auch noch eine schriftliche Stellungnahme zu verfassen. Es ist unmöglich abzuschätzen, wie viele vergleichbare Vorfälle niemals Niederschlag in den schriftlichen Quellen gefunden haben.

werde. Die öffentliche Verlesung des Schreibens in Gegenwart Sigismunds sollte dabei einerseits sicherstellen, dass Nürnbergs Verteidigung nicht nur dem König, sondern auch einem weiteren Kreis von höfischen Entscheidungsträgern zu Ohren kam, unter ihnen möglicherweise auch jene Personen, welche ursprünglich dem König gegenüber die Anschuldigungen gegen Nürnberg erhoben hatten. Nürnbergs Versuch, die Gegenwart Sigismunds bei der Verlesung sicherzustellen, zeigt andererseits auch, wie ernst die Ratsherren den Vorwurf nahmen, städtische Kaufleute hätten das Handelsverbot gebrochen und damit die Hussiten gefördert. Um den Namen der Stadt von diesem Verdacht reinzuwaschen, erachteten sie es offensichtlich als nötig, die Gegenwart hochrangiger Zeugen sicherzustellen, zuvorderst des Königs selbst.

Im Frühling 1426 wiederum informierte der sich damals in Rom aufhaltende Pfarrer von Ochsenfurt den Nürnberger Rat, dass dort das Gerücht kursiere, Nürnberger Kaufleute hätten mit den Hussiten *in kawffen und verkawfen vil gemeynschaft*[1101]. Auch in diesem Fall bemühte der Rat sich mit unterschiedlichen Mitteln, gegen das Gerücht vorzugehen. Einerseits beteuerten die Ratsherren dem Absender gegenüber, man wisse nichts von solchen Vorfällen, andernfalls wäre man schon mit gebührender Härte gegen die Missetäter vorgegangen[1102]. Andererseits suchten sie den Rat eines im Dienst der Stadt stehenden Juristen, um sich besser gegen solche Verdächtigungen zu verteidigen[1103].

Ein letztes hier einschlägiges Beispiel stammt aus dem Sommer 1431. Damals liefen eben die Vorbereitungen für den Fünften Kreuzzug gegen die Hussiten auf Hochtouren. Deren wichtigster Proponent, der päpstliche Legat Giuliano Cesarini hielt sich zu diesem Zweck selbst in Nürnberg auf[1104]. Es ist bezeichnend, dass der Nürnberger Rat genau in dieser Zeit der reichsweiten Mobilmachung gegen die Hussiten energisch gegen in Köln aufgetauchte Gerüchte vorging, Nürnberger Bürger kooperierten mit den Hussiten. Über Vermittlung des sich in Köln aufhaltenden Nürnberger Bürgers Niklas Mendel intervenierte er sowohl beim Kölner Augustinerprior als auch beim Rat der Stadt Köln, diese mögen gegen einen ungenannten Augustinerbruder vorgehen, der bei seinen Predigten

---

1101 StAN BB Nr. 7, fol. 37r; Urkundliche Beiträge 1, hg. Palacký Nr. 385, 432, der Nürnberger Rat an Gerlach von Triest, 1426, Februar 24, Nürnberg.

1102 Ebd.: *wenn wir das bisher erfaren hetten oder erfüren, wir hetten die unsern sölliche straff und pusz darumb angelegt, dabey man versteen möcht und verstünde, das uns söllich sache gancz laid und wider were.*

1103 StAN BB Nr. 7, fol. 37v, der Nürnberger Rat an Konrad *Könnhofer, doctor omnium facultatum*, 1426, Februar 24, Nürnberg: *und bitten euch, uns ewern rate und anweysung in den dingen mitzutaylen, als wir euch getrawen, damit wir söllicher sache entschuldigt und verantwürt möchten werden, und uns das verschreybt, ob euch des not würd dunken.*

1104 Vgl. oben, Kap. 2.2.

die Nürnberger öffentlich beschuldigt hatte, dass *wir den hussen victualia und ander notdurft teten zufüren, dadurch sie gesterkt wurden etc.*[1105]. Wie schon in den anderen hier analysierten Schreiben beteuern die Nürnberger auch in ihren Briefen nach Köln, von keinem Bürger zu wissen, der sich eines solchen Vergehens schuldig gemacht habe, und betonen, dass sie andernfalls den Betreffenden bereits bestraft hätten. Zusätzlich beruft der Nürnberger Rat sich hier auch noch, ähnlich den Olmützern, auf die Aufwendungen und die angeblich allseits bekannte Opferbereitschaft der Stadt im Kampf gegen die Hussiten[1106]. Aus den Schreiben geht hervor, dass die Nürnberger Intervention erfolgreich war. Wie schon 1422 legten die Nürnberger dabei Wert darauf, dass die Rehabilitierung ihres Namens möglichst publikumswirksam geschah, nämlich explizit „öffentlich" und „von der Kanzel herab"[1107], was neuerlich illustriert, wie schädlich für den Ruf der Stadt die Anschuldigung des Hussitenhandels empfunden wurde. Dies wird auch belegt durch die Tatsache, dass die Nürnberger sich offenbar genötigt sahen, einige Tage später auch ein offizielles Schreiben an Kardinal Cesarini abzufassen[1108]. Darin baten sie den Legaten, er möge den Verleumdern nicht glauben, die behaupteten, Nürnberg lasse es an Eifer gegen die Hussiten fehlen, und schlossen diesen Beteuerungen eine ausführliche Aufzählung der Hilfsmaßnahmen an, die sie den böhmischen Katholiken in den bisherigen Kriegen bereits geleistet hatten.

Die erhaltenen Beispiele aus Olmütz und Nürnberg zeigen anschaulich die politische Brisanz des Vorwurfs der Geschäftemacherei mit den Hussiten. Genauso wie der Verdacht der Kollaboration mit den hussitischen „Häretikern" ganz allgemein wurde auch der spezifische Vorwurf des Hussitenhandels offenkundig als ausgesprochen schädlich für die Ehre und den Ruf einer städtischen Gemeinschaft empfunden[1109]. Die Sensibilität

---

1105 StAN BB Nr. 9, fol. 125r–126v; Urkundliche Beiträge 2, hg. Palacký Nr. 748, 225f., der Nürnberger Rat an den Rat der Stadt Köln/Niklas Mendel, 1431, Juli 5, Nürnberg.

1106 StAN BB Nr. 9, fol. 125r–v; Urkundliche Beiträge 2, hg. Palacký Nr. 748, 225f., der Nürnberger Rat an den Rat der Stadt Köln, 1431, Juli 5, Nürnberg: *Nu wie wol es lantkundig umb uns ist, daz wir vom anfang her unser leib und gut wider die hussen fürderlich dargelegt und niht gespart haben, also daz es uns grosz mercklich gut gekost hat und teglich kost, als wir hoffen, daz es ewr weisheit auch wissenlich süll seyn.*

1107 Ebd.: [Die Absender danken den Kölnern, dafür gesorgt zu haben,] *das sölliche wort öffentlich an der canczell nach unserer notdurft widerredt und auch sust gestraft seyn worden.*

1108 StAN BB Nr. 9, fol. 128v; Urkundliche Beiträge 2, hg. Palacký Nr. 749, 226f., der Nürnberger Rat an Giuliano Cesarini, 1431, Juli 15, Nürnberg.

1109 Wenn der Verdacht im Raum stand, Nürnberger Bürger würden mit den Hussiten in religiös-ideologischer Hinsicht oder durch die Weitergabe von Informationen kollaborieren, ging der Rat analog zum dargestellten Vorgehen bei Verdachtsfällen von Hussitenhandel vor, vgl. z. B. StAN BB Nr. 7, fol. 83v; Urkundliche Beiträge 1, hg. Palacký Nr. 412, 468, der Nürnberger Rat an Friedrich von Sachsen, 1426, Juli 23, Nürnberg: Dem Rat sei zu Ohren gekommen, dem Herzog seien nach der Schlacht von

zumindest des Nürnberger Rates für die politische Brisanz solcher Gerüchte muss allgemein bekannt gewesen sein, wandte sich doch etwa der genannte Ochsenfurter Pfarrer offensichtlich aus eigener Initiative von Rom aus an den Nürnberger Rat, um ihn über die dort umlaufenden Gerüchte zu informieren. Da sie für das Verhalten ihrer Bürger unmittelbar Verantwortung trugen, hatten Stadträte ein vitales Interesse daran, in Verdacht geratene Kaufleute zu unterstützen und deren Unschuld zu beteuern. Gleichzeitig nutzten sie die in diesem Zusammenhang verfassten Verteidigungsschreiben, um den Ruf ihrer Stadt zu festigen, indem sie die Rechtgläubigkeit, das Wohlverhalten und die Opferbereitschaft ihrer jeweiligen Gemeinden herausstellten, und das möglichst gegenüber einer großen Öffentlichkeit.

Die Olmützer legten unter dem Eindruck der permanenten Bedrohung ihrer Stadt und der volatilen politischen Situation in Mähren dabei besondere Emphase und eine exaltierte Rhetorik an den Tag[1110]. Auf diese Weise versuchten sie, die militärische und politische Unterstützung jener politischen Kräfte sicherzustellen, bei denen die städtischen Kaufleute in Verdacht geraten waren. Nicht unerheblich für dieses prononciert antihussitische Auftreten war dabei vielleicht auch die Tatsache, dass die Stadt sich unmittelbar dem politischen Druck eines besonders vehementen Gegners jeder Verständigung mit den Hussiten, des Olmützer Bischofs Johann „des Eisernen“, ausgesetzt sah[1111].

Die Nürnberger Ratsherren scheinen dagegen eher bemüht, die formale Korrektheit ihres eigenen Verhaltens herauszustellen. Sie betonen regelmäßig, dass ihnen kein Fehlverhalten ihrer Bürger bekannt sei, sie jedoch bereit wären, sich als gute Christen zu beweisen und mit harter Hand durchzugreifen, sobald handfeste Beweise vorlägen[1112]. Beiden gemein war das energische Bemühen, den Ruf ihrer städtischen Gemeinschaf-

---

Aussig Briefe bekannt geworden, die die Hussiten aus Bamberg und möglicherweise auch aus Nürnberg erhalten hätten. Er beteuert seine Unschuld und bittet um Aufklärung, von wem diese Briefe stammen, um die Schuldigen angemessen bestrafen zu können, *darynnen* [...] *wir uns halten und beweisen [wölten], als fromen Cristen und uns wol anstünde.*

1110 Zu bedenken ist allerdings, dass die aufwendige Rhetorik der hier behandelten Olmützer Schreiben vielleicht auch für deren Überlieferung im Briefbuch des Wenzel von Iglau verantwortlich und daher nicht repräsentativ für die Korrespondenz des Olmützer Rates an sich ist. Der Olmützer Kodex stellt kein durchgehendes Auslaufregister wie die Nürnberger Briefbücher dar, sondern eher eine Auswahlsammlung von politisch interessanten Briefen, die möglicherweise als stilistische Vorlage und Sammlung für ein historiografisches Werk gedacht waren. Vgl. dazu oben, Anm. 406 sowie ELBEL, Dohody 28 mit Anm. 57.

1111 Vgl. zu Johann von Olmütz oben, Kap. 3.4.4.2 mit Anm. 888. Dessen Rolle hebt etwa ELBEL, Dohody 149 hervor, der vermutet, dass u. a. Johanns Einfluss dafür verantwortlich war, dass es in Mähren erst ab einem relativ späten Zeitpunkt zum regelmäßigen Abschluss von Waffenstillständen zwischen Hussiten und Katholiken kam.

1112 Vgl. dazu auch oben, Kap. 3.4.2.

ten zu verteidigen, welcher durch die symbolisch-kommunikative Dimension, die dem antihussitischen Handelsverbot als Mittel des Häretikerkampfes innewohnte, in Gefahr geraten war.

4.2.4 Der Fall Hans Imhoff

Mehr oder weniger zwischen den Rechtfertigungsstrategien individueller Hussitenhändler und denjenigen städtischer Räte sind schließlich die Nachrichten zu einem außergewöhnlichen Fall angesiedelt, von dem in den vorangehenden Kapiteln schon wiederholt die Rede war: die Gefangenschaft des Nürnberger Bürgers Hans Imhoff, gegen den im Jahr 1426 der Vorwurf des Hussitenhandels erhoben wurde.

Die Forschung zum antihussitischen Handelsverbot hat Imhoffs Verhaftung und Gefangenschaft bereits mehrfach behandelt[1113]. Verantwortlich für diese Aufmerksamkeit ist die relative Prominenz der Beteiligten, vor allem aber die außergewöhnlich gute Dokumentation des Falles in den Nürnberger Briefbüchern. Im Folgenden sollen die bekannten Fakten nochmals zusammengestellt werden. Dabei wird das Augenmerk jedoch – anders als bisher üblich – vor allem auf der symbolisch-kommunikativen Komponente der gegen Imhoff erhobenen Vorwürfe liegen. Gleichzeitig werden die Details des Falles ausführlich wiedergegeben, um so das Bild, das in Kapitel 3.4 von der praktischen Umsetzung des antihussitischen Handelsverbotes gezeichnet wurde, anhand eines Fallbeispiels noch weiter zu schärfen.

Der angebliche Hussitenhändler Hans Imhoff entstammte einem Zweig der bekannten Nürnberger Kaufmannsfamilie, der in vorhussitischer Zeit stark im Handel mit Böhmen engagiert gewesen war[1114]. Vor 1420 agierte er als Vertreter der Firma seines Vaters Sebald Imhoff in Prag; nach dem Ende der Hussitenkriege kehrte er dorthin zurück und war 1437/38 offizieller Nürnberger Gesandter in Prag[1115]. Auch während der Hussitenkriege lassen sich verschiedentlich Kontakte Imhoffs nach Böhmen nachweisen: Im März 1426 hielt er sich in Pilsen auf und wickelte dort im Auftrag des Nürnberger Rates die Bezahlung von Söldnern ab, die die Nürnberger den Pilsnern zu Hilfe gesandt hatten[1116],

---

1113 Auf Basis der bei Palacký edierten Quellen beschäftigten sich mit den Fall bereits Janáček, Aussenhandel 46 und Schenk, Beziehungen 77–79. Umfangreiche neue Erkenntnisse aus den Nürnberger Briefbüchern ergänzte Polívka, Beziehungen 6–10. Ich folge hier den von Polívka zusammengestellten Nachrichten, da bisher keine neuen, zusätzlichen Quellen aufgefunden werden konnten, vgl. im Folgenden, Anm. 1135.

1114 Vgl. oben, Kap. 3.2.1 mit Anm. 423.

1115 Schenk, Nürnberg 67f., 78.

1116 StAN BB Nr. 7, fol. 43r, Paul Vorchtel an Dietrich *Leysen*, 1426, Februar 12, Nürnberg.

Anfang der 1430er-Jahre unterhielt er Kontakte mit der Stadt Eger[1117] und nach einer bei Zikmund Winter überlieferten Nachricht – deren Quelle allerdings heute verloren ist – trat er angeblich im Jahr 1433 (!) in einer Schuldsache vor dem Altstädter Rat auf[1118].

Imhoffs Ankläger wiederum, der auf der Burg Kraschau nordöstlich von Pilsen ansässige Herr Hanusch von Kolowrat, war ein prominenter böhmischer Parteigänger Sigismunds[1119]. Hanusch und dessen Bruder Friedrich waren Mitglieder des sogenannten Pilsner Landfriedens, in dem sie bis zu ihrem Übertritt ins hussitische Lager im Herbst 1430 politisch und militärisch sehr aktiv waren[1120]. Ihre umfänglichen Besitzungen machten sie zu wichtigen Stützen der katholischen Partei in einem zwischen Hussiten und Katholiken heftig umkämpften Gebiet östlich von Pilsen, durch welches bedeutende Verkehrsverbindungen zwischen verschiedenen königlichen bzw. hussitischen Burgen und Städten und weiter in Richtung Prag verliefen.

Höchstwahrscheinlich war Hans Imhoff im Herbst 1426 auf einer dieser Straßen unterwegs, als er von Leuten Kolowrats gefangen genommen wurde[1121]. Die erste Nachricht über diese Gefangenschaft stammt aus einer Serie von Briefen des Nürnberger Rates von Ende September 1426[1122]. Darin wandten die Ratsherren sich einerseits an

1117 Polívka, Beziehungen 10.

1118 Winter, Dějiny 894. Die von Winter zitierte Handschrift Nr. 2099 des Prager Stadtarchivs ist ein Kriegsverlust, vgl. Nový, Městecké knihy Nr. 956, 151. Polívka, Beziehungen 6f., Anm. 19 führt weiters Beziehungen Imhoffs zu einem gewissen Niklas von *Rawssendorff*, Hofrichter zu Bunzlau, ins Treffen, mit dem sich Imhoff im Sommer 1423 auf Vermittlung des Nürnberger Rates über Pfänder einigen sollte, die *Rawssendorff* bei ihm hinterlegt hatte. Polívka hält *Rawssendorff* für einen aus dem nordböhmischen Ratschendorf stammenden Adeligen, der Hofrichter im böhmischen Alt- oder Jung-Bunzlau gewesen sein soll. Ich gehe eher davon aus, dass es sich bei dem Genannten um einen Angehörigen der oberlausitzisch-schlesischen Familie Raussendorf handelt, der Hofrichter im schlesischen Bunzlau war. Zu den Raussendorf Knothe, Geschichte 441f.; vgl. auch die Registereinträge in RI XI zu „Rausdorf" bzw. „Raussendorf", die beide nach Schlesien weisen.

1119 Zu den politischen und militärischen Aktivitäten Hanusch von Kolowrats bis 1430 vgl. etwa Šmahel, Hussitische Revolution 2, 1251f., 1265f., 1276, 1330–1332, 1352, 1428, 1453, 1494f.

1120 Vgl. zum Pilsner Landfrieden oben, Kap. 2.2.

1121 Polívka, Beziehungen 6 nimmt an, dass Hans Imhoff auf der im Berauntal gelegenen Burg Kraschau eingekerkert wurde. Kraschau war der Stammsitz Kolowrats, allerdings gehörten ihm auch noch andere Burgen in der Region. In den Korrespondenzen wird der Ort von Imhoffs Gefangenschaft nicht angegeben, es lässt sich daher nicht mit Sicherheit sagen, wo genau auf Kolowrat'schem Territorium Imhoff verhaftet und eingekerkert wurde. Zur geografischen Situation vgl. auch oben, Karte 4.

1122 StAN BB Nr. 7, fol. 103v–104r, der Nürnberger Rat an Hanusch von Kolowrat/Zdeslav Tluksa von Buřenice/Johann [von Lestkov] auf Waldeck/Hynek Krušina von Schwanberg/den Pilsner Landfrieden/den Rat der Stadt Pilsen, 1426, September 27, Nürnberg. Bei den Genannten handelt es sich um den Burggrafen der Burg Karlstein, den böhmischen Unterkämmerer sowie den obersten Hauptmann des Pilsner Landfriedens.

Kolowrat, andererseits an eine Reihe anderer Mitglieder des Pilsner Landfriedens, da ihr Bürger Sebald Imhoff ihnen mitgeteilt habe, der Adressat habe seinen Sohn Hans verhaftet, weil er, Kolowrat, der Stadt „Feind" sei[1123]. Die Ratsherren verteidigen sich, Nürnberg habe mit Kolowrat nichts zu schicken *dann gut*, und weisen nachdrücklich darauf hin, dass eine Fehde zwischen der Stadt und den Kolowrat-Brüdern bereits vor Jahren gütlich beigelegt worden sei, worüber man auch *berichtigungsbrief* und *sünebrief* habe[1124]. Kolowrat wird daher aufgefordert, Hans Imhoff *gütlichen*, d. h. freiwillig und ohne Beiziehung eines Gerichts freizulassen, während die anderen Adressaten gebeten werden, in diesem Sinne auf ihn einzuwirken.

Erst im nächsten Schreiben des Nürnberger Rates in dieser Angelegenheit von Mitte Oktober 1426 ist erstmals die Rede vom Vorwurf des Hussitenhandels[1125]. Die Ratsherren beziehen sich in diesem Brief auf ein Schreiben Kolowrats, mit dem dieser auf den von Nürnberg aufgebauten Druck reagiert hatte. Bezeichnenderweise bestand diese Reaktion offensichtlich darin, seinen Gefangenen des Hussitenhandels zu bezichtigen[1126]. An die Stelle des selbstbewussten Auftretens des Rates in den Briefen vom September tritt daraufhin ein sehr dienstbeflissener, vorsichtiger Ton. Die Ratsherren versichern Kolowrat in den oben in Kapitel 4.2.3 bereits herausgearbeiteten üblichen Formeln, sie wüssten nicht, dass einer ihrer Bürger sich des Hussitenhandels schuldig gemacht habe und schildern ihre Nachforschungen bei Sebald Imhoff, welcher seine eigene Unschuld beschworen und nachdrücklich Zweifel an der Schuld seines Sohnes geäußert habe[1127]. Die Ratsherren bitten Kolowrat daher, nicht übereilt mit seinem Gefangenen zu verfahren, sondern weitere Nachforschungen anzustellen, so wie auch der Rat weiter nachfor-

1123 Dies geht aus einem späteren Brief in derselben Angelegenheit hervor, vgl. ebd., fol. 108r; Urkundliche Beiträge 1, hg. Palacký Nr. 420, 475, der Nürnberger Rat an Hanusch von Kolowrat, 1426, Oktober 18, Nürnberg: *Uns bracht unser burger Sebold Imm Hof nehst für, wie ewr edel seinen sune Hannsen Imm Hof gefangen hett. Und were im gesagt, ir hett zu wort, wie ir unser veynd wert.*

1124 StAN BB Nr. 7, fol. 103v–104r, der Nürnberger Rat an Hanusch von Kolowrat/Zdeslav Tluksa von Buřenice/Johann [von Lestkov] auf Waldeck/Hynek Krušina von Schwanberg/den Pilsner Landfrieden/den Rat der Stadt Pilsen, 1426, September 27, Nürnberg. Vgl. Polívka, Beziehungen 8, Anm. 26, der nachweist, dass es tatsächlich eine solche Fehde gab, die im Jahr 1419 gütlich beigelegt worden war.

1125 StAN BB Nr. 7, fol. 108r; Urkundliche Beiträge 1, hg. Palacký Nr. 420, 475, der Nürnberger Rat an Hanusch von Kolowrat, 1426, Oktober 18, Nürnberg.

1126 Ebd.: *[Wir haben] ewer edell desselben mals verschriben und der berichtigung zwischen ewr und unser erynnert und gebetten* […], *denselben Hannsen Imm Hof ledig zu lassen. Darauf hat uns ewr edel verschriben und geantwurt, wie derselb Hanns Imm Hof die veynd Gots, der ganzen cristenheit und unsers gnedigisten herren des römischen etc. künigs gesterckt, in kawffmanschaft, speczerey und andre dink zugefürt und geraicht sülle haben* (Hervorhebung d. V.).

1127 Vgl. dazu oben, Kap. 4.2.2 mit Anm. 774.

schen werde, da er nicht glauben könne, dass einer seiner Bürger ein solches Verbrechen begehen würde[1128].

Wenige Wochen später, Anfang November 1426, wandten sich die Nürnberger in einem weiteren Brief an Kolowrat, um ihm mitzuteilen, dass sie, wie angekündigt, Nachforschungen angestellt und von *frommen cristen* erfahren hätten, dass Hans Imhoff unschuldig sei, wie Kolowrat inzwischen zweifelsohne bei seinen eigenen Nachforschungen selbst erfahren habe[1129]. Man sei daher zuversichtlich, dass der Adressat seinen Gefangenen umgehend freilassen und ihm dessen Habe *on schaden* ausfolgern werde. Aus weiteren Briefen des Nürnberger Rates vom selben Tag erfährt man auch, wer für den jüngeren Imhoff bürgte. Sebald Imhoff hatte Schreiben organisiert, in denen der Rat der Stadt Pilsen sowie zwei bedeutende böhmische Adelige – der ehemalige böhmische Unterkämmerer und der Burggraf des Karlstein – vor dem Nürnberger Rat die Unschuld seines Sohnes bestätigten[1130]. Die Ratsherren danken den Genannten und ersuchen sie, Sebald Imhoff um ihretwillen weiterhin ihre freundliche Förderung zu gewähren, indem sie ihm *sölcher entschuldigung seins suns, die ir uns dann yeczund geschriben habt, fürbasmer an ewren offen besigelten brief mit sölchen treffenlichen worten* senden sollten. Mit diesen *briefen* würde Imhoff in der Lage sein, *desselben seins suns unschulde, wo sich das gebüren werde,* [zu] *beweisen und beczeugen* [...], *daz des darczu eyn genüge sey*. Diese Formulierung deutet darauf hin, dass Sebald Imhoff erwartete, seinem Sohn in einer Art von Gerichtsverfahren beistehen zu müssen. Allerdings gibt es keine weiteren Hinweise auf den Ort oder das Prozedere dieses Verfahrens.

Die Nürnberger Briefbücher zeigen, dass der Rat im folgenden Monat noch an weitere einflussreiche Mitglieder des Pilsner Landfriedens die Bitte richtete, sich bei ihrem Verbündeten Kolowrat für Hans Imhoff zu verwenden[1131]. Dieser verblieb nichtsdestotrotz in Kolowrats *fenknüss*, woraufhin der Rat sich im Frühling 1427 offensichtlich entschloss, den Fall zusammen mit Beschwerden gegen eine Reihe weiterer, seiner Ansicht

---

1128 StAN BB Nr. 7, fol. 108r; Urkundliche Beiträge 1, hg. Palacký Nr. 420, 475, der Nürnberger Rat an Hanusch von Kolowrat, 1426, Oktober 18, Nürnberg: *Darumb bitten und getrawen wir ewer edell, daz ir ewch an demselben Hannsen Imm Hof niht vergahen* [= übereilen], *sunder einr warheit der sache grüntlich erfaren wellet, so meynen wir uns darumb auch zu erfarn, wan uns ye kein söllichs von den unsern gemeynt were.*

1129 StAN BB Nr. 7, fol. 113r, der Nürnberger Rat an Hanusch von Kolowrat, 1426, November 9, Nürnberg.

1130 Ebd., fol. 114r; Urkundliche Beiträge 1, hg. Palacký Nr. 424, 477f., der Nürnberger Rat an den Rat der Stadt Pilsen/Johann von Lestkov [auf Waldeck]/Zdeslav Tluksa von Buřenice, 1426, November 9, Nürnberg.

1131 StAN BB Nr. 7, fol. 125v–126r, der Nürnberger Rat an Heinrich von Plauen/Hynek Krušina von Schwanberg/Zdeslav Tluksa von Buřenice, 1426, Dezember 16 bzw. 17, Nürnberg. Bei den Genannten handelt es sich um den Reichshofrichter, den obersten Hauptmann des Pilsner Landfriedens und den bereits früher in dieser Sache aktiven Karlsteiner Burggrafen.

nach ungerechtfertigter Beschlagnahmen durch einen Gesandten an den königlichen Hof zu bringen[1132]. Das überlieferte Beglaubigungsschreiben gibt eine kurze Beschreibung jener Fälle, welche die Beschlagnahme Nürnberger Güter wegen des Vorwurfs der Verletzung des königlichen Handelsverbotes gegen Venedig betrafen. Im Fall Imhoff wird hingegen bezeichnenderweise nicht auf den Grund für dessen Inhaftierung eingegangen. Vielmehr sollte der Gesandte selbst dem König die näheren Umstände vortragen. Dies wirft ein zusätzliches Licht auf die für den Nürnberger Rat diplomatisch heikle Natur von Imhoffs Haft.

Die Angelegenheit ging damit offensichtlich in die Hände König Sigismunds über, zumindest gibt es im Anschluss für geraume Zeit keine weiteren Schreiben des Nürnberger Rates in Sachen Hans Imhoff mehr[1133]. Die nächste Nachricht stammt erst aus dem Februar 1429, d. h. über zwei Jahre nach Imhoffs Verhaftung[1134]. Wie aus einem Schreiben des Nürnberger Rates an Sigismund hervorgeht, hatte der König tatsächlich bei Hanusch von Kolowrat zugunsten Hans Imhoffs interveniert, der daraufhin freigelassen worden war. Die Ratsherren empfehlen Sigismund ihren nun wieder auf freiem Fuß befindlichen Bürger, der an den königlichen Hof reisen wollte *und ewr kunigliche maiestat selber auch wol furczebringen maint*. Imhoff hielt es also für nötig (oder war dazu aufgefordert worden?), bei Hof zu erscheinen, mutmaßlich, um persönlich Rechenschaft über die gegen ihn erhobenen Anschuldigungen des Hussitenhandels abzulegen.

Mit diesem Brief enden die Nachrichten der Nürnberger Briefbücher zum „Fall Imhoff"[1135]. Daher lässt sich höchstens spekulieren, ob Sigismunds Intervention tatsächlich ausreichte, um Imhoffs Freilassung zu veranlassen. Wie aus den Korrespondenzen des Nürnberger Rates deutlich wird, waren Vater und Sohn Imhoff den führenden Kreisen des Pilsner Landfriedens gut bekannt. Hanusch von Kolowrat wusste daher zweifellos um den Wert seines Gefangenen, in politischer, aber sicherlich auch in finanzieller Hinsicht. Vor diesem Hintergrund erscheint es vielleicht nicht zu weit hergeholt zu mut-

---

1132 Ebd., fol. 154r–155r, der Nürnberger Rat an Sigismund/Bischof Johann von Agram/Michael von Břest/Kaspar Schlick, 1427, März 15, Nürnberg. Zur wichtigen Rolle Nürnberger Großfinanziers an Sigismunds Hof, die die Bitte um königliche Intervention überhaupt erst erfolgversprechend erscheinen ließ, vgl. neben oben, Anm. 134 auch Heinig, Reichsstädte 216–221, 237f.

1133 Dass Imhoff zumindest im Mai 1427 noch in Haft war, belegt ein Schreiben, auf welches Polívka, Beziehungen 9, Anm. 31 aufmerksam machte, StAN BB Nr. 7, fol. 170r, der Nürnberger Rat an Margarete *Fleckin*, 1427, Mai 5, Nürnberg: Die Adressatin möge sich wegen eines bei Hans Imhoff hinterlegten Pfandes an Sebald Imhoff wenden, da Hans nicht in Nürnberg sei.

1134 Ebd. Nr. 8, fol. 117r, der Nürnberger Rat an Sigismund, 1429, Februar 26, Nürnberg.

1135 Weder enthalten die bisher bearbeiteten Bände von RI XI NB neue Quellen zu Sigismunds Korrespondenz mit Hanusch von Kolowrat, noch konnten bei einer Durchsicht des Bestandes „Reichsstadt Nürnberg, XVIII Geschlechter und Familien, Imhoff" des Archivs des Germanischen Nationalmuseums Nürnberg zusätzliche Nachrichten gefunden werden.

maßen, dass zusätzlich zu der Intervention des Königs auch Imhoffs Familie eine Art von Lösegeld für seine Freilassung bezahlt haben könnte, etwa unter dem Titel einer Geldbuße für dessen Vergehen[1136].

Der „Fall Imhoff" ist auf mehreren Ebenen aufschlussreich für das Thema dieser Arbeit. Zunächst einmal werfen die Korrespondenzen der ersten Phase der Auseinandersetzung ein interessantes Licht auf die alltägliche Praxis der Verhaftung von Kaufleuten im Zuge mittelalterlicher Fehden. Die Selbstverständlichkeit, mit der die Nürnberger Ratsherren annahmen, dass der alte Rechtsstreit der Stadt mit den Gebrüdern Kolowrat den Grund für die Gefangennahme Hans Imhoffs bildete, ist dahingehend bezeichnend. Weiters ist der Kreis der Adressaten, an die die Ratsherren sich in ihrer ersten Stellungnahme wandten, vielsagend für die strategischen Überlegungen des Nürnberger Rates[1137]. Die Mitglieder eines Landfriedensbundes waren einander durch Eide und Beistandspakte verbunden, d. h. eine Fehde mit einem Mitglied des Bundes zog automatisch die Feindschaft aller seiner Verbündeten nach sich. Offenkundig sorgte der Nürnberger Rat sich, der eigentlich beigelegte Rechtsstreit mit den Kolowrat-Brüdern könnte die Sicherheit Nürnberger Bürger auf dem Territorium des gesamten Pilsner Landfriedens gefährden, weshalb er sofort und mit Nachdruck gegen die seiner Ansicht nach ungerechtfertigte „Feindschaft" Kolowrats auftrat. Dies bestätigt indirekt die oben in Kapitel 3.2.1 bereits herausgearbeitete Bedeutung, die Westböhmen auch während der Hussitenkriege für die Nürnberger Kaufleute besaß.

Gleichzeitig machen die Vorgänge um die Gefangenschaft Hans Imhoffs noch einmal deutlich, welch hohe politische Brisanz der Vorwurf des Hussitenhandels besaß. Die bisherige Auseinandersetzung der Forschung mit dem „Fall Imhoff" konzentrierte sich vorrangig auf die Frage, inwieweit der Nürnberger Rat über dessen Aktivitäten informiert war und sie vielleicht sogar insgeheim unterstützte, um eigene wirtschaftspolitische Ziele zu verfolgen[1138]. Unter Berücksichtigung der symbolisch-kommunikativen Dimension des Hussitenhandelsvorwurfes stellt sich das Verhalten der Nürnberger Ratsherren jedoch weniger als „scheinheilig", sondern vielmehr als der Schwere des Vorwurfs und der Verantwortung städtischer Räte für das Wohlverhalten ihrer Bürger angemessen dar. Der servile Tonfall des zweiten Schreibens an Kolowrat ebenso wie die Beschwörung,

---

1136 Vgl. auch SCHUBERT, Räuber 133 zu der hier ebenfalls mitzubedenkenden Praxis der „Atzung", d. h. des Kostenersatzes für die Verpflegung von Gefangenen. Zu den finanziellen Motivationen für die praktische Umsetzung des Handelsverbotes vgl. auch oben, Kap. 3.4.3.

1137 Vgl. oben, Anm. 1122.

1138 Vgl. JANÁČEK, Aussenhandel 46; in dieselbe Richtung argumentieren auch SCHENK, Nürnberg 78f. und POLÍVKA, Beziehungen 10.

bei der Bestrafung Imhoffs nichts zu überstürzen, erwecken den Eindruck, dass der Rat zu diesem Zeitpunkt ernsten Schaden für die Reputation der Stadt, vor allem wohl aber auch für Leben und Gesundheit des Gefangenen befürchtete[1139]. Auch in den weiteren Schreiben achteten die Ratsherren sorgfältig darauf, ihren eigenen Ruf und den ihrer Stadt zu verteidigen.

Hanusch von Kolowrats Verhalten wiederum macht deutlich, dass er eine recht gute Vorstellung davon besaß, wie der Vorwurf des Hussitenhandels als politische Waffe eingesetzt werden konnte. Von den Nürnbergern wegen einer angeblichen Rechtsverletzung unter Druck gesetzt, brachte er den Hussitenhandelsvorwurf ins Spiel, der auch tatsächlich sofortige und nachhaltige Wirkung zeitigte. Allerdings muss den Anschuldigungen gegen Imhoff durchaus auch eine gewisse Glaubwürdigkeit zugekommen sein. In anderen Fällen, in denen Nürnberger Bürger während der Hussitenkriege auf böhmischem Territorium festgesetzt wurden, hört man nämlich nichts von der Beschuldigung des Hussitenhandels[1140]. Hans Imhoffs eigenes Verhalten nach seiner Freilassung, d. h. seine Reise an den königlichen Hof, zeigt schließlich, dass sich der Makel des angeblichen Hussitenhandels nicht so leicht abstreifen ließ, unabhängig davon, ob der Vorwurf gegen ihn letztlich tatsächlich gerechtfertigt war oder nicht.

4.3 Das antihussitische Handelsverbot als Propagandamittel im politischen Wettbewerb

Das Handelsverbot gegen die Hussiten eignete sich allerdings nicht nur als Mittel der Propaganda *gegen* eine Person wie Busso Vitzthum, Hans Imhoff oder den Rat der Stadt Nürnberg. Gerade dank der in den vorangehenden Kapiteln herausgearbeiteten vielfältigen negativen Konnotationen, die der wirtschaftlichen Unterstützung von Häretikern anhafteten, waren die Kurie oder einzelne weltliche Herrscher in der Lage, die Propagierung des Handelsverbotes auch als Mittel der Propaganda zur Repräsentation und Legitimation ihrer jeweiligen Herrschaft zu nutzen und auf diese Weise politischen Krisen zu begegnen[1141]. Im Folgenden soll anhand ausgewählter Fallbeispiele untersucht werden, wie und warum Urkunden, die eine Umsetzung des antihussitischen Handelsverbotes anordneten, auf diese Weise einsetzbar waren.

1139 Vgl. dazu auch oben, Kap. 3.4.3.

1140 Vgl. dazu etwa oben, Anm. 374 zur Gefangenschaft des Nürnberger Bürgers Hans Tollinger auf der westböhmischen Burg Schwanberg.

1141 Für die herrschaftslegitimierende Funktion von Propaganda vgl. mit einer kritischen Diskussion der Begriffe Hruza, Propaganda 16 mit Anm. 30.

4.3.1 Der Nürnberger Tag (1422)

Einige der frühesten Nachrichten über eine ausdrückliche Einschärfung des Handelsverbotes durch König Sigismund, die bisher bekannt sind, stammen aus dem Frühling 1422. Im Februar dieses Jahres übersandte der Rat der Stadt Augsburg seinen Ulmer Amtskollegen Abschriften einiger königlicher Briefe, die die Augsburger über die Vermittlung Regensburgs erhalten hatten[1142]. Sigismund forderte darin von den Empfängern einerseits Hilfe im Kampf gegen die Hussiten. Andererseits befahl er, jegliche Hilfsleistungen an die hussitischen „Ketzer" einzustellen, insbesondere den Verkauf von Waffen und strategischen Gütern. Etwa zwei Monate später verlangte der König dann in dem bereits mehrfach erwähnten Schreiben an den Nürnberger Rat Aufklärung über angebliche wirtschaftliche Verbindungen Nürnberger Kaufleute mit den Hussiten, und befahl, solche Kontakte in Zukunft zu unterbinden[1143]. Aus denselben Wochen dürfte schließlich auch ein bei Windeck ohne Datum überliefertes Schreiben Sigismunds an alle Reichsstände stammen, in welchem der König die Bereitstellung von Truppen für seinen Kampf gegen die Hussiten verlangte[1144]. Im Gegenzug für ihre Hilfe sollten alle den Häretikern abgewonnenen Besitzungen in das Eigentum der Eroberer übergehen. Das Handelsverbot wird dabei insofern indirekt berührt, als es heißt, dass dies auch für Güter gelte, die denjenigen abgenommen würden, die die Hussiten unterstützten indem sie ihnen *kost zübringen, koufmanschaft mit in triben oder einiche ander gemeinschaft mit in haben wissentlich*[1145].

Nach bisherigem Kenntnisstand wandte Sigismund sich vor dem Frühling 1422 lediglich ein einziges Mal mit einem auf das antihussitische Handelsverbot bezogenen Mandat schriftlich an seine Untertanen[1146]. Ungefähr zur selben Zeit, d. h. im Frühling 1421, finden sich auch die ersten bisher bekannten Nachrichten über die praktische Exekution des Verbotes[1147]. Allerdings lässt sich argumentieren, dass schon mit der Proklamation

1142 DRTA 8, Nr. 99, 114f., der Augsburger Rat an den Rat der Stadt Ulm, 1422, Februar 12, Augsburg. Vgl. auch oben, Kap. 3.3.2.

1143 StAN BB Nr. 5, fol. 214r–215r; Urkundliche Beiträge 1, hg. Palacký Nr. 176, 189f., der Nürnberger Rat an Sigismund/Albrecht von Colditz, 1422, April 17, Nürnberg. Vgl. oben, Kap. 3.4.2 und 4.2.3.

1144 Windeck, Denkwürdigkeiten, hg. Altmann § 171, 145f., Sigismund an alle Reichsstände, 1422, um März 8.

1145 Ebd. 146.

1146 StA Salzburg, BU 6, pag. 248, Nr. 398, eidesstattliche Aussage eines gewissen Oswald, vor 1421, März 31, Salzburg. Vgl. dazu oben, Kap. 3.3.2 mit Anm. 627.

1147 Vgl. die oben, Kap. 3.3.2 erwähnte Untersuchung des Salzburger Rates gegen den angeblichen Hussitenhändler Oswald, sowie die oben, Kap. 4.2.1 behandelte Inhaftierung Heinrich *Grespergers* d. J. und Thomas *Zerars* in Regensburg. Beiseitegelassen wurden hier die nicht unproblematischen Nachrichten über mögliche Hussitenhandelsvorwürfe gegen die österreichischen Juden aus dem Sommer 1420, vgl. oben, Kap. 4.1.4.

des ersten antihussitischen Kreuzzuges im März 1420 das bereits zuvor gültige kanonische Handelsverbot mit den hussitischen „Häretikern“ auch faktisch als strategisch-taktisches Kriegsmittel aktiviert worden war[1148]. Wenn also das antihussitische Handelsverbot ebenso wie dessen Umgehung schon in den ersten beiden Kriegsjahren praktische Realität waren, warum dauerte es augenscheinlich bis zum Frühling 1422, bis der König dessen Propagierung nachhaltig intensivierte? Und was veranlasste ihn dazu, sich zu eben diesem Zeitpunkt gleich mehrfach auf das Verbot zu beziehen?

Im Frühling 1422 sah Sigismund sich mit einer Konstellation konfrontiert, die sich in ähnlicher Weise in späteren Jahren noch mehrfach wiederholen sollte[1149]: Nach dem Scheitern des Zweiten Kreuzzuges im Oktober 1421 und der vernichtenden Niederlage der königlichen Truppen Anfang Jänner 1422 bei Kuttenberg und Deutsch Brod sah Sigismund sich gezwungen, seine böhmischen Ambitionen zumindest vorübergehend aufgeben und sich vor dem litauischen Prätendenten Sigmund Korybut aus Böhmen zurückzuziehen. Die Unterwerfung Böhmens stellte jedoch weiterhin sein vorrangiges Ziel dar. Dazu war Sigismund dringend auf Hilfe aus dem Reich angewiesen, wo sich damals jedoch angesichts seiner fortdauernden Abwesenheit und der Erfolglosigkeit seiner antihussitischen Unternehmungen Widerstand gegen seine Politik formierte. Dazu kamen vermehrt auch Stimmen, die die Aufrichtigkeit seiner Bemühungen im Kampf gegen die „Ketzer“ anzweifelten[1150]. Möglicherweise stand sogar eine Absetzung Sigismunds als römischer König im Raum, wie sie ein gutes Vierteljahrhundert zuvor seinem Halbbruder Wenzel IV. widerfahren war[1151]. Auch die Kurie war offenbar bestrebt, eine politische Lösung in Böhmen unter Umgehung Sigismunds herbeizuführen, indem sie die polnisch-litauischen Jagiellonen als Vermittler zu gewinnen versuchte[1152]. Die Position des Königs war in der Folge so geschwächt, dass die Kurfürsten mit Rückendeckung des päpstlichen Legaten Branda da Castiglione etwa einen vom König auf ihr Drängen hin nach Regensburg einberufenen Tag eigenmächtig nach Nürnberg verlegen konnten, was Sigismund nach Eberhard Windecks Bericht zähneknirschend akzeptieren musste, um sich nicht noch weiteren Vorwürfen auszusetzen, er fördere durch sein Verhalten die Ketzer[1153].

1148 Vgl. oben, Kap. 2.6.3.

1149 Vgl. zur Ereignisgeschichte neben oben, Kap. 2.2 Hoensch, Sigismund 303f.; Wefers, System 92–95.

1150 Zum Druck von päpstlicher Seite vgl. DRTA 8, Nr. 106, 119–121, Martin V. an Sigismund, 1422, vor Juli, Rom (wahrscheinlich in den März 1422 zu setzen).

1151 So die Vermutung Hoenschs, Sigismund 303.

1152 Studt, Martin V. 520f.

1153 Windeck, Denkwürdigkeiten, hg. Altmann § 176, 151, zu Juli 1422: [Die königlichen Räte rieten Sigismund], *es were billicher, das sie* [die Kurfürsten, d. V.] *im nochzügent* [nach Regensburg], *do er hin*

Sigismund stand im Frühling 1422 also unter starkem politischen Druck, sich trotz seiner militärischen Misserfolge als entschiedener Kämpfer gegen die Hussiten zu präsentieren. Seine Reaktion legt nahe, dass er Mandate, die das Handelsverbot einschärften, als eines von mehreren Mitteln betrachtete, um öffentlichkeitswirksam gegen solche Vorwürfe aufzutreten und Tatkraft bei der Ketzerbekämpfung zu demonstrieren. Angesichts der vorangegangenen Niederlagen gegen die Hussiten und der eben in Vorbereitung befindlichen Reichsversammlung reagierten etwa die Nürnberger Ratsherren gerade in dieser Zeit mit dem oben beschriebenen Nachdruck auf die – von Sigismund vorgebrachte – Beschuldigung, Nürnberger Bürger pflegten wirtschaftlichen Umgang mit den Hussiten[1154]. Die Nürnberger Reaktion illustriert, wie politisch verfänglich solche Verdächtigungen im Frühling 1422 waren. Die Einschärfung des antihussitischen Handelsverbotes eignete sich daher umgekehrt besonders gut, um die eigene Bereitschaft, energisch gegen Häretiker und deren Förderer vorzugehen, zu demonstrieren.

4.3.2 Sigismund und Wladislaw Jagiello (1424)

In Kapitel 3.3.2 wurde ein Brief Sigismunds an Wladislaw Jagiello von März/April 1424 bereits ausführlich unter dem Blickwinkel der instrumentellen Dimension des antihussitischen Handelsverbotes erörtert[1155]. Für eine vollständige Interpretation bedarf es jedoch auch des Blickes auf die symbolisch-kommunikative Komponente dieses Schreibens, die eng verknüpft ist mit dessen politischem Hintergrund, d. h. dem damaligen Taktieren der beiden Herrscher und Großfürst Witolds von Litauen um Einfluss in Böhmen und die Frage eines von der Kurie gewünschten gemeinsamen antihussitischen Kreuzzuges[1156]. Im Jahr zuvor hatten Sigismund und Wladislaw ihre langwierigen Konflikte im sogenannten Käsmarker Abkommen vorübergehend beigelegt; beide Herrscher sagten in diesem Zusammenhang auch die Ausrüstung eines neuen Kreuzzuges zu[1157]. Dieser

---

wollte, aber umb daz, das man im die schult nit durft züleigen, daz er die Hußen domit sterken wolte, so solte er zü in [nach Nürnberg] *ziehen* (Hervorhebung d. V.).

1154 Vgl. oben, Kap. 4.2.3.

1155 Urkundliche Beiträge 1, hg. Palacký Nr. 290, 333f.; RI XI, Nr. 5835, 1424, März 31 bis Anfang April, Diósgyőr.

1156 Zur Ereignisgeschichte vgl. auch oben, Kap. 2.2.

1157 Hoensch, Sigismund 312–315; Šmahel, Hussitische Revolution 2, 1277f.; Kras, Church Reform 232. Vgl. zu den hochgesteckten Erwartungen des Papstes etwa Liber cancellariae 2, hg. Caro Nr. 103, 207f., hier 207, Martin V. an Witold von Litauen, 1423, kurz nach März 30: Der Tag des Abschlusses des Käsmarker Abkommens sei der schönste Tag seines Pontifikats und der nützlichste für die Sache der Christenheit, da nun endlich erfolgreich an die Niederwerfung der hussitischen Häresie gegangen werden könne.

Kreuzzug verzögerte sich allerdings zur Enttäuschung der Kurie nachhaltig. Trotz der Mahnungen Martins V. und Kardinal Brandas verstrichen alle avisierten Termine für die Sammlung von Truppen ungenutzt; Sigismund und die beiden Jagiellonen beklagten vielmehr wechselseitig die Nachlässigkeit der jeweils anderen Seite und nutzten dieselbe umgekehrt als Entschuldigung für die Nichteinhaltung ihrer eigenen Zusagen. In einem diffizilen diplomatischen Balanceakt versuchte Sigismund in den folgenden Monaten, den Druck sowohl der Kurie als auch der polnisch-litauischen Herrscher auszubalancieren, die mit dem böhmischen Konflikt ein sehr probates Mittel zur Hand hatten, ihrem luxemburgischen Konkurrenten Ungemach zu bereiten. Trotz gewisser Erfolge Sigismunds blieben die Beziehungen dennoch von dessen permanenten Misstrauen geprägt, Wladislaw oder dessen Vetter könnten ihn – möglicherweise im Zusammenspiel mit der Kurie – in der böhmischen Frage überspielen[1158].

Der Kern des hier interessierenden Briefes ist entsprechend weniger die in Kapitel 3.3.2 diskutierte Aufforderung an den polnischen König, in seinen Ländern das antihussitische Handelsverbot umzusetzen und den Verkauf von Blei an die Hussiten zu unterbinden. Vielmehr geht es um die komplexen diplomatischen Manöver, die den geplanten Kreuzzug begleiteten. Der Brief beginnt mit der Mitteilung Sigismunds, er übersende Wladislaw ein Schreiben des Papstes und der Kardinäle, das ursprünglich an ihn selbst adressiert gewesen sei. Der Papst habe ihn darin scharf getadelt und größeren Eifer im Kampf gegen die Hussiten eingemahnt, uneingedenk seines, Sigismunds, aufrechten Willens, so bald wie möglich gemeinsam mit Wladislaw gegen die Hussiten vorzugehen[1159]. Sigismund spielt im Folgenden den Ball weiter an Wladislaw und fordert ihn auf, sich seiner Versprechen zu erinnern und ihm schriftlich mitzuteilen, ob er selbst an dem Kriegszug teilnehmen und wie viele Bewaffnete er wann für den geplanten Kreuzzug bereitstellen werde[1160]. Damit wird Sigismunds Absicht offenbar, sich mittels dieses Schreibens vor der politischen Öffentlichkeit sowohl an seinem eigenen als auch am polnischen Hof von der Verantwortung für die Verzögerung des geplanten Kreuzzuges zu distanzieren und sich im Gegenteil als präsumtiver Kreuzfahrer und – im Gegensatz zu Wladislaw – aufrechter Kämpfer gegen die Hussiten zu stilisieren. Die Aufforderung an

1158 Vgl. dazu auch im Folgenden, Anm. 1173.

1159 Urkundliche Beiträge 1, hg. Palacký Nr. 290, 333f., hier 333: *Quamquam princeps serenissime, frater noster carissime, absque stimulo cordi nobis insit et cura vigilanti atque indefessa circa negocium contra dei et nostros infideles Bohemos hereticos hac estate totis viribus eciam vestro cum adiutorio prosequendum intendamus, verumptamen sanctissimus dominus summus pontifex ac* […] *cardinalium collegium litteras admodum inuectiuas et nos summe excitantes nobis direxerunt* (Hervorhebung d. V.). Wahrscheinlich handelt es sich um Annales ecclesiastici 28, hg. Baronius u. a. Nr. 8, 6f., 1424, Februar 2, Rom.

1160 Urkundliche Beiträge 1, hg. Palacký 334.

den Jagiellonen, das antihussitische Handelsverbot umzusetzen, die den Brief beschließt, erscheint damit auch weniger als ein instrumentell-taktisches Kriegsmittel zur Vorbereitung des angeblich geplanten Kreuzzuges. Eher wirkt sie wie ein zusätzliches Mittel, um päpstlichen Druck auf den polnischen König umzuleiten und ihn propagandistisch unter Druck zu setzen. Angesichts der herausgearbeiteten negativen Konnotationen von Hussitenhandel warf der implizite Vorwurf, Wladislaws Untertanen würden den hussitischen Feind – möglicherweise mit Wladislaws stillschweigender Duldung! – wirtschaftlich unterstützen und ihn noch dazu mit einem strategisch wichtigen Gut wie Blei beliefern, ein sehr unvorteilhaftes Licht auf Sigismunds Konkurrenten. Gleichzeitig verlieh der Kampf gegen eben diese Schwarzhändler seiner eigenen ostentativen Stilisierung als Kreuzfahrer zusätzlichen Glanz[1161].

4.3.3 Das Edikt von Welun (1424)

Wladislaw Jagiello selbst war das propagandistische Potential von Urkunden über das antihussitische Handelsverbot durchaus nicht fremd. Dies zeigt sich an einer im Vorangehenden bereits mehrfach erwähnten Quelle, dem sogenannten Edikt von Welun[1162]. Mit dieser Urkunde promulgierte Wladislaw im April 1424 die Beschlüsse einer polnischen Reichsversammlung, die die Durchführung von antihussitischen Maßnahmen im ganzen Königreich gebilligt hatte. Das Edikt markiert den damaligen offiziellen Kurs-

1161 Eine umfassende Studie zu Sigismunds Selbstverständnis und Selbststilisierung als Kreuzfahrer steht noch aus. Vgl. vorerst für sein Verständnis seines Kampfes gegen die Hussiten Bar, Propaganda, sowie für den Kampf gegen die Osmanen Erkens, Überlegungen, bes. 760f., zum Kreuzzug als Mittel der Selbstdarstellung und Propaganda. Ich danke Mark Whelan für Literaturhinweise. Einer sehr ähnlichen Situation wie der hier dargestellten entspringt auch das bereits mehrfach erwähnte Schreiben in Urkundliche Beiträge 2, hg. Palacký Nr. 737, 209–214, hier 213; RI XI NB 3, Nr. 138, Sigismund an Wladislaw Jagiello, 1431, zwischen Mai 27 und 30, Eger, in dem Sigismund sich darüber beschwert, dass Hussiten sorglos ihre Beute in Wladislaws Königreich verkauften und sich in Krakau mit Waffen, Pferden und allem anderen Notwendigen versorgten. Der Brief endet mit der folgenden giftigen Aufforderung an den polnischen König, seiner Ehre zuliebe diesem Treiben ein Ende zu bereiten: *et ipsi [haeretici] de tali assistentia quodammodo gloriantur coram aliis, de quo V[est]rae Frat[ernita]ti indubie in plerisque provinciis malus rumor succrevit; quod V[est]ra Frat[ernitas] velit pro honore vestro de medio tollere et super his causius providere* (Hervorhebung d. V.). Dies illustriert noch einmal das ehrenrührige Potential der Anschuldigung des Hussitenhandels und die propagandistische Funktion des Vorgehens dagegen. Zum politischen Kontext vgl. neben oben, Kap. 2.2 Hoensch, Sigismund 366–368; Šmahel, Hussitische Revolution 3, 1497–1500, 1509–1511.

1162 Liber cancellariae 1, hg Caro Nr. 9, 355–357; Urkundliche Beiträge 1, hg. Palacký Nr. 288, 331–333, 1424, April 9, Welun. Zum Edikt von Welun und dessen politischem Kontext vgl. neben oben, Kap. 2.2 Hoensch, Sigismund 316; Kras, Edykt; Ders., Husyci 234f.; Ders., Church Reform 232; Nikodem, Polska 350f.

wechsel des polnischen Hofes im Hinblick auf seine Haltung zu den böhmischen Hussiten. Nach langen Jahren des politischen Taktierens schwenkte Wladislaw unter dem Druck Sigismunds, der Kurie und des polnischen Klerus auf eine offiziell scharf antihussitische Haltung ein, die sich angesichts des für seine beiden Onkel politisch sehr verfänglichen zweiten, eigenmächtigen Zuges Sigmund Korybuts nach Böhmen einige Wochen nach dem Weluner Tag noch weiter verschärfte[1163].

Um diese neue antihäretische Politik herauszustellen, bedient sich das Edikt von Welun bewusst der Sprache und Ideenwelt der antihäretischen Gesetzgebung des Kaiserrechts, wie sie oben in Kapitel 1.3.2 skizziert worden ist[1164]. In der Arenga stellt Wladislaw seine Verpflichtung als König heraus, dafür zu sorgen, dass die verderblichen Irrtümer der Häresie sich nicht noch weiter verbreiteten zur Verachtung (*contemptio*) Gottes, zum Schaden (*detrimentum*) des christlichen Glaubens sowie zur Schwächung (*enervatio*) von *politia* und *res publica*. Vielmehr habe er uneingedenk persönlicher Gefahren die Häresie mit dem Schwert niederzuwerfen und aus seinem Königreich zu vertreiben, und diejenigen, die kirchliche Strafen nicht fürchteten, durch menschliche Härte (*humana severitas*) zu bestrafen. Im dispositiven Teil verpflichtet das Edikt dann alle weltlichen Amtsträger des Königreichs Polen, sich der Kirche bei ihrem Kampf gegen die hussitische Häresie als ausführende Organe zur Verfügung zu stellen. An konkreten antihäretischen Maßnahmen wird bestimmt, dass alle der Häresie Verdächtigen als Majestätsverbrecher (*velut regiae Majestatis offensor*) festzunehmen waren; alle Polen, die sich in Böhmen aufhielten, wurden ultimativ aufgefordert, in ihre Heimat zurückzukehren und sich einer Befragung durch die Inquisition zu stellen. Zuwiderhandelnde sollten als offenkundige Häretiker betrachtet werden, die Verbannung erleiden und als infam gelten; ihre Güter waren zugunsten der königlichen Kammer zu konfiszieren und ihre Erben sollten alle Titel und Erbansprüche verlieren. Die gleichen Strafen drohten weiters *omnibus mercatoribus et aliis hominibus cujuscunque conditionis*, die geschäftliche Beziehungen mit den Hussiten unterhielten[1165].

1163 Wie oben in Kap. 3.3.2 bereits erörtert wurde, ist es nicht möglich festzustellen, wie viel Einfluss Sigismunds Verlangen in dem oben, Kap. 4.3.2 analysierten Brief von Ende März/Anfang April 1424, Wladislaw möge das antihussitische Handelsverbot in seinem Königreich umsetzen, tatsächlich auf das Edikt von Welun hatte. Wladislaw könnte mit der Einschärfung des Handelsverbotes bewusst Entgegenkommen an Sigismund signalisiert haben. Allerdings tendiere ich eher zu der Annahme, dass die Formulierung des Edikts von Welun unabhängig von dieser konkreten Intervention Sigismunds erfolgte.

1164 Vgl. zu den Anklängen an das Kaiserrecht im Edikt von Welun auch Kras, Edykt, passim; Ders., Husyci 234f.

1165 Vgl. oben, Kap. 3.3.2.

Das vorangehende, jahrelange Taktieren hinsichtlich der Unterstützung für die Hussiten und einer möglichen Akzeptanz der böhmischen Krone hatte dem polnischen König viele politische Möglichkeiten eröffnet und ihn zu einer wichtigen Figur auf dem internationalen diplomatischen Parkett gemacht. Als Preis dafür wurde er jedoch, ganz ähnlich wie Sigismund, von seinen politischen Gegnern immer wieder in die Nähe der Häresie gerückt. Das Edikt von Welun mit seinen inhaltlichen und sprachlichen Entlehnungen aus dem Kaiserrecht war ein symbolisch-kommunikativer Akt, mit dem der König seinen neuen, antihussitischen Kurs öffentlich machte. Die Einschärfung des Handelsverbotes fügt sich dabei stimmig als ein weiterer Aspekt herrschaftslegitimierender Propaganda in die in dem Edikt propagierte Verfolgung von Hochverrat und Majestätsverbrechen. Darüber hinaus gab sie Wladislaw eine zusätzliche Gelegenheit, seine Entschlossenheit, den böhmischen „Häretikern" jedwede bisher gewährte Unterstützung zu entziehen, öffentlichkeitswirksam zu demonstrieren, sollten die Beschlüsse des Edikts von Welun doch in allen Städten, Märkten und Dörfern *et aliis quibuscunque locis publicis et privatis*, insbesondere dort, wo Recht gesprochen wurde und wo sich große Menschenmengen versammelten, durch lautes Ausrufen veröffentlicht werden, damit sich niemand auf Unkenntnis der königlichen Statuten berufen könne.

4.3.4 Der Binger Kurverein (1424)

Etwas mehr als einen Monat nach dem Weluner Tag und dem in Kapitel 4.3.3 erörterten Schreiben Sigismunds an Wladislaw Jagiello, am 17. Mai 1424, stellte der römische König – wenigstens – zwei wortgleiche Mandate aus, mit denen er einerseits allen Städten in Schlesien und andererseits der Stadt Regensburg die Umsetzung der Beschlüsse des Konzils von Pavia-Siena über das antihussitische Handelsverbot befahl[1166]. Der gezielte Einsatz von auf den Handel mit den Hussiten bezogenen Urkunden als Propagandamittel wird hier noch deutlicher fassbar als in den vorangehenden Beispielen, weshalb die politischen Zusammenhänge im Folgenden etwas ausführlicher dargestellt werden sollen[1167].

Im Frühling 1424 stand Sigismund nicht nur von Seiten der Kurie und der polnisch-litauischen Jagiellonen unter Druck. Ähnlich wie schon 1422 sah er sich im Reich neuerlich mit Opposition von Seiten der Kurfürsten konfrontiert[1168]. Angesichts der jahrelan-

---

1166 Orig. AP Wrocław, Fond Dokumenty miasta Wrocławia, sign. 1587; Urkundliche Beiträge 1, hg. Palacký Nrr. 294f., 339–341; RI XI, Nrr. 5847f., Sigismund an die schlesischen Städte/die Stadt Regensburg, 1424, Mai 17, Blindenburg. Vgl. zum Folgenden auch Kaar, Mittel 234.

1167 Zur Ereignisgeschichte vgl. auch oben, Kap. 2.2.

1168 Zum sogenannten Binger Kurverein vgl. Mathies, Kurfürstenbund 137–158; Wefers, System 120–122; Hoensch, Sigismund 318–322.

gen fruchtlosen Bemühungen, die Ketzerei in Böhmen zu bekämpfen, warfen die Kurfürsten ihm damals vor, beständig die Hilfe des Reichs für seine eigenen dynastischen Interessen zu fordern, ohne sich selbst ausreichend im Kampf gegen die Hussiten zu engagieren. Vielmehr gaben Pläne für ein Religionsgespräch, um das eine der gemäßigten hussitischen Parteien im Herbst 1423 gebeten hatte, den Verdächtigungen, Sigismund begünstige insgeheim die Ketzer, neue Nahrung[1169]. Mit Rückendeckung des Papstes, der mit Sigismunds Vorgehen ebenfalls unzufrieden war[1170], formalisierten die Kurfürsten ihre politische Opposition schließlich im Jänner 1424 in einer Einung zur Bekämpfung der hussitischen Ketzerei, die sich bewusst an den Bopparder Bund von 1399 anlehnte, der in der Absetzung Wenzels IV. gegipfelt hatte. Dieser sogenannte Binger Kurverein bildete eine der ernsthaftesten Bedrohungen, denen sich Sigismunds römisches Königtum je ausgesetzt sah[1171].

Der König wusste die kaum verhüllte Drohung richtig einzuordnen und reagierte darauf offensichtlich mit gezielten öffentlichen Maßnahmen. Als im April 1424 eine hochrangige Abordnung in Ungarn eintraf, um ihm die Beschwerden der Kurfürsten zu unterbreiten, nutzte Sigismund nach Eberhard Windecks Schilderung die Audienz für einen publikumswirksamen Zornausbruch[1172]. Der Chronist berichtet weiter von einer Rede, die der König einige Wochen später vor hochrangigen Gästen, einschließlich des päpstlichen Legaten Branda da Castiglione, und dem versammelten königlichen Hof inszenierte, um sich gekränkt gegen die beständigen Vorwürfe zu verwehren, er schütze die hussitischen Häretiker. Er wisse, so Sigismund, dass er beständig bezichtigt werde, *daz er ein Husse und ein ketzer were* und dass es seine Schuld sei, dass die Ketzerei sich bereits so lange in Böhmen halte. Zu seiner Verteidigung brachte der König – interessanterweise unter Anrufung zweier Nürnberger Bürger als Zeugen – vor, Gott wisse, wie leid ihm die hussitische Häresie sei[1173]. Bezeichnend für das bereits mehrfach thematisierte

---

1169 Zum geplanten Brünner Religionsgespräch Šmahel, Hussitische Revolution 2, 1306–1308; Studt, Martin V. 534–537; neu Coufal, Polemika 177–184; Traxler, Häretikerbekämpfung 453–472.

1170 Vgl. oben, Anm. 1159.

1171 Mathies, Kurfürstenbund 156 beurteilt Sigismunds Königtum im Frühling 1424 als „gefährdeter denn je". Etwas weniger dramatisch, aber im Grunde zustimmend Wefers, System 120; Hoensch, Sigismund 321.

1172 Windeck, Denkwürdigkeiten, hg. Altmann § 203, 176, nach April 23, Blindenburg: *do sie* [die kurfürstlichen Gesandten, d. V.] *ir botschaft hettent geworben, do was der Romsch konig gar zornig und schrei lute und gap in zorniclich antwurt und sprach: ‚hetten wir den korfürsten also hoch gesworn, als sie uns gethon haben, wir wolten wol anders mit in umbgon, danne sie mit uns thunt'*. Zum königlichen Zorn bei Windeck vgl. Schneider, Herrschererinnerung 438–448, bes. 442 für die hier behandelten Ereignisse; neu Engel, Herrschen.

1173 Windeck, Denkwürdigkeiten, hg. Altmann § 218, 186, 1424, Mai 31, Ofen: *Do hüp der Romsch konig Sigemont an zu reden und zu clagen, wie das ime oft und vil ze wissen wer, wie das er gezeigen wurde*

wechselvolle Verhältnis Sigismunds zu Wladislaw Jagiello ist schließlich die Tatsache, dass der Chronist diese Verteidigungsrede mit einer Invektive gegen den polnischen König enden lässt: Wäre dieser willig, sie zu bekämpfen, die böhmischen Ketzer wären längst nicht mehr so übermütig[1174].

Mutmaßlich gehören auch die beiden oben genannten Urkunden über das Handelsverbot zu dieser gezielten Demonstration von Entschlossenheit im Ketzerkampf[1175]. Dafür spricht vor allem die auffällige Tatsache, dass auch der am königlichen Hof weilende Branda da Castiglione damals Schreiben ausstellen ließ, die die Umsetzung der auf das Handelsverbot bezogenen Beschlüsse des Konzils von Pavia-Siena betrafen, und zwar nur einen Tag vor Sigismund[1176]. Beide Aussteller wandten sich dabei zumindest in einem Fall sogar parallel an denselben Adressatenkreis, nämlich an die Stadt Regensburg und den dortigen Bischof. Diese ostentative Kooperation zwischen dem König und dem päpstlichen Legaten unterstrich öffentlich deren Übereinstimmung und ihre zumindest nach außen hin enge Zusammenarbeit, und stärkte so Sigismund in der Machtprobe mit den Kurfürsten den Rücken[1177]. Es ist daher durchaus möglich, dass die Initiative für die damalige Propagation der Beschlüsse von Pavia-Siena nicht (ausschließlich) bei Kardinal Branda lag, wie Birgit Studt – ohne nähere Angabe von Gründen – annimmt[1178]. Vielmehr könnte Sigismund damals angesichts des kurfürstlichen Gegenwindes seinerseits nach Möglichkeiten gesucht haben, sich als aktiver Propagator der antihussitischen Bestimmungen des Konzils zu präsentieren[1179].

---

und geheissen werde, wie daz er ein Husse und ein ketzer were, und das die Hussigere und ketzerige also lange werte, das were sin schult. [...] [Sigismund schwört dagegen:] *‚der almechtige got von himel erkent alle herzen wol [er weiß], das uns* [Sigismund] *die ketzerige zu Behem recht leit ist'.*

1174 Ebd.: *also meint der Romsche konig Sigemont und sprach: ‚wolt unser brüder der konig zu Polant, so mochte dise ketzerige zu Behem nit so groß gesin'.*

1175 Zu einer ähnlichen Interpretation von Sigismunds Absichten kam auf der Basis der an Regensburg adressierten Schreiben bereits Bleicher, Herzogtum 132f.

1176 Urkundliche Beiträge 1, hg. Palacký Nr. 293, 336–338; Studt, Martin V. 536, Anm. 258, Branda da Castiglione an den Bischof von Regensburg/den Bischof von Meißen, 1424, Mai 16, Blindenburg.

1177 Die demonstrative öffentliche Zusammenarbeit der beiden zeigt sich etwa auch in der erwähnten Audienz für die kurfürstlichen Gesandten, bei der Branda (zusammen mit Erich von Dänemark) Windecks Schilderung zufolge schlichtend eingriff, Windeck, Denkwürdigkeiten, hg. Altmann § 203, 176, 1424, nach April 23, Blindenburg: *also griffent der konig von Danenmarg und Placentinus der cardinal unde ander herren darunder und stilten das* [Sigismunds Zornausbruch gegenüber den kurfürstlichen Gesandten, d. V.] *und gingent do zü rat.*

1178 Studt, Martin V. 536.

1179 Eine analoge Situation liegt etwa auch im Frühling 1431 vor, als Sigismund als Reaktion auf die seinen eigenen Vorstellungen zuwider verlaufenen Verhandlungen auf dem Nürnberger Tag, die in den Beschluss des Fünften Kreuzzuges mündeten, u. a. eine Serie von Mandaten ausstellen ließ, die das Handelsverbot einschärften, vgl. im Folgenden, Kap. 5.1.3. Zur Rolle des Hussitenkampfes als Argument

4.3.5 Sigismunds Selbstrepräsentation in seinen Urkunden über das Handelsverbot

Wie ich an anderer Stelle bereits argumentiert habe, nutzte insbesondere Sigismund Mandate über das Handelsverbot offenbar kalkuliert-planvoll als Mittel eines persönlichen, stark vom Kampf gegen die Hussiten geprägten „Herrschaftsstils“[1180]. Dies spiegelt sich auch in der Rhetorik seiner entsprechenden Mandate. Diese enthalten mehrere Argumentationslinien, die Přemysl Bar als charakteristisch für die antihussitische Propaganda Sigismunds identifiziert hat[1181]. Von großer Bedeutung ist zum einen das Thema der Treuepflicht gegenüber dem Reich und dem Herrscher, die mit der Treuepflicht gegenüber dem christlichen Glauben verknüpft ist[1182]. In diesem Zusammenhang griff Sigismund auch zumindest bei einer Gelegenheit auf die rhetorische Verknüpfung von Hussitenhandel und Gier zurück, die oben in Kapitel 4.1.2 analysiert wurde[1183]. Indem Sigismund den das Seelenheil seiner Untertanen gefährdenden Handel mit den Hussiten verbot, erfüllte er die pastorale Funktion des mittelalterlichen Königs, der nicht nur Verteidiger des Glaubens, sondern auch Hüter des spirituellen Wohlergehens seiner Untertanen zu sein hatte[1184].

Das zweite Element der Selbstdarstellung, das prominent in Erscheinung tritt, ist die Rolle des Königs als Schützer der „rechten Ordnung“. Das schon mehrfach erwähnte Mandat Sigismunds an die Stadt Regensburg vom Mai 1424 etwa hebt im ersten Satz hervor, dass es *von alders recht vnd ordenlich herkomen* [ist], […] *daz nyemand den keczern zu Behem* […] *kain fürdrung, hilff vnd rate* […] *tun* […] *solle*[1185]. Dieses alte Herkommen werde auch bestätigt durch die Beschlüsse des jüngst zu Ende gegangenen Konzils von Pavia-Siena, deren praktische Umsetzung der König nun verlangte. Sigismund tritt hier einerseits bewusst als Propagator kirchlicher Gesetzgebung auf. Andererseits kündigt er an, dass er verpflichtet sei, mit Zuwiderhandelnden *als ein Römischer*

---

in den machtpolitischen Auseinandersetzungen zwischen Sigismund und den Kurfürsten vgl. jüngst auch Soukup, Religion 40.

1180 Vgl. Kaar, Mittel 234–237. Für das antihussitische Handelsverbot als Ausdruck von Sigismunds „Herrschaftsstil“ ebd. 242.

1181 Bar, Propaganda, passim; Ders., Protihusitská propaganda, passim.

1182 Vgl. etwa Urkundliche Beiträge 1, hg. Palacký Nr. 294, 339f., hier 339, Sigismund an die Stadt Regensburg, 1424, Mai 17, Blindenburg: Die Empfänger sollen das Handelsverbot umsetzen *by trewen vnd eren, die ir der heyligen christenhait, vns vnd dem heyligen Reych von trewen vnd eyden pflichtig seyt* (Hervorhebung d. V.).

1183 Urkundliche Beiträge 2, hg. Palacký Nr. 735, 208f.; Grünhagen, Geschichtsquellen Nr. 144, 103; RI XI, Nrr. 8454f., Sigismund an die Stadt Görlitz/Breslau, 1431, April 12, Nürnberg.

1184 Vgl. dazu etwa Schubert, König 56.

1185 Urkundliche Beiträge 1, hg. Palacký Nr. 294, 339f., hier 339, Sigismund an die Stadt Regensburg, 1424, Mai 17, Blindenburg.

künig zu verfahren, *als billich vnd recht were*, sollten die Empfänger die kanonischen Strafen nicht selbst umsetzen[1186].

Derselbe Bezug auf die „rechte Ordnung“, das alte Herkommen und die rechtmäßige Bestrafung von Häretikern wird auch in den anderen Stücken regelmäßig hergestellt. Zusammen mit der Betonung der Treue spiegelt dieser Rekurs auf Ordnung und Recht Sigismunds Bewertung der Hussiten als Aufständische gegen ihren rechtmäßigen König wider. Er antwortete auf die gegen ihn gerichtete Bewegung, indem er sich in seinen Urkunden einerseits als legitimer Herrscher im Reich und in Böhmen stilisierte, der sich berechtigterweise auf die ihm zustehende Treue berufen konnte, und andererseits als Beschützer der Kirche, des Gemeinwohls und des Seelenheils seiner Untertanen.

Dieser Blick auf die rhetorische Ebene der Mandate, mit denen Sigismund das antihussitische Handelsverbot einschärfte, illustriert noch einmal den Charakter solcher Urkunden nicht nur als Mittel, sondern auch als Medium herrschaftslegitimierender Propaganda. Dieses Charakters bedienten sich auch die anderen Aussteller einschlägiger Urkunden zur Verfolgung ihrer jeweiligen propagandistischen Interessen, was nochmals den Charakter des antihussitischen Handelsverbotes auch als symbolisch-kommunikativer Prozess akzentuiert. Im folgenden dritten Hauptteil wird nun abschließend versucht, die beiden heuristischen Analysekonzepte „instrumentelle“ und „symbolisch-kommunikative Dimension“ zusammenzuführen, indem das antihussitische Handelsverbot als mittelalterliche Herrschaftspraxis beschrieben wird, in der komplexe Top-down- und Bottom-up-Prozesse zusammenwirkten. Diese Analyse soll exemplarisch das Zusammenspiel der Interessen von Herrschern und Beherrschten zeigen, in dessen Zuge die Akteure verschiedene instrumentelle wie auch symbolisch-kommunikative Elemente des antihussitischen Handelsverbotes abriefen. Die beiden Dimensionen des Verbotes griffen auf diese Weise bei dessen praktischer Umsetzung permanent ineinander.

1186 Ebd. Bemerkenswerterweise deckt sich das Mandat an die schlesischen Städte vom selben Tag hier wörtlich mit dem bei Andreas von Regensburg überlieferten Stück, während die Formel über die Treuepflicht den Empfängern entsprechend adaptiert wurde und die Berufung auf das Reich fehlt, vgl. Orig. AP Wrocław, Fond Dokumenty miasta Wrocławia, sign. 1587; Urkundliche Beiträge 1, hg. Palacký Nr. 295, 340f., Sigismund an die schlesischen Städte, 1424, Mai 17, Blindenburg.

5. DAS ANTIHUSSITISCHE HANDELSVERBOT ALS HERRSCHAFTSPRAXIS

Herrschaft und deren Umsetzung vor Ort stellt sich im späten Mittelalter als permanenter Aushandlungsprozess zwischen Herrscher und Beherrschten dar, da dem König- bzw. Papsttum keines der modernen staatlichen Machtmittel zur Verfügung stand, um eine normative Vorgabe tatsächlich durchzusetzen[1187]. Die Herrschenden waren vielmehr stets auf die Kooperation ihrer Untertanen angewiesen. Dies trifft in besonderer Weise auf ein Verbot wie das antihussitische Handelsverbot zu, von dem zu erwarten steht, dass es den Interessen derjenigen, die es umsetzen sollten, zumindest teilweise zuwiderlief. Im folgenden ersten Teilkapitel sollen daher die Motivationen jener Menschen, die das antihussitische Handelsverbot praktisch vor Ort umsetzen sollten, anhand von zwei Fallbeispielen näher beleuchtet werden. Dabei wird deutlich werden, wie speziell bei der Ausstellung von Urkunden, die dieses Verbot einschärften, komplexe Top-down- und Bottom-up-Prozesse ineinandergriffen. Das zweite Teilkapitel wird nochmals die beiden Analysekategorien „instrumentelles Kriegsmittel“ und „symbolisch-kommunikativer Prozess“ aufgreifen und deren Zusammenwirken in der praktischen Ausübung von Herrschaft durch König und Papst in den Mittelpunkt stellen. Dabei wird gezielt nach den Aussagemöglichkeiten und der Vereinbarkeit beider Blickwinkel gefragt, um deren Ertrag für die Erforschung des antihussitischen Handelsverbotes herauszuarbeiten.

5.1 Das antihussitische Handelsverbot als Top-down- und Bottom-up-Prozess

5.1.1 Zittau (1422)

Das erste hier zu besprechende Fallbeispiel bildet ein im Vorangehenden bereits mehrfach unter verschiedenen Blickwinkeln beleuchtetes Mandat Sigismunds vom November 1422 an den Rat der oberlausitzischen Stadt Zittau[1188]. Die Zittauer sollten *neue straßen und steige* sperren, die rund um die Stadt angelegt worden waren. Als Grund dafür wird angegeben, dass angeblich den hussitischen Feinden des Königs auf diesen „neuen Stra-

1187 Zum Thema mittelalterliche Herrschaftspraxis vgl. die oben in Anm. 288 genannte Literatur.

1188 Collectanea Lusatica 27, fol. 5v–6v; CDLS II,1, hg. Jecht 127; RI XI, Nr. 5366, 1422, November 6, Wien. Vgl. dazu auch oben, Kap. 3.3.1.1, sowie Kaar, Mittel 228–230.

ßen" Vorräte geliefert wurden[1189]. Zittau lag an der schon mehrfach genannten Zittauer Straße, die von Prag nach Norden in die Oberlausitz führte[1190]. Auf den ersten Blick könnte man es daher als wohlüberlegtes, strategisches Denken König Sigismunds interpretieren, für die Umsetzung des antihussitischen Handelsverbotes eben dort anzusetzen und den Zittauern die Kontrolle des Handelsverkehrs in dieser Grenzregion mit ihren Gebirgsübergängen nach Böhmen anzuvertrauen[1191].

Eine Analyse dieses Mandates wäre allerdings nicht vollständig, würde man die unmittelbar folgende Bestimmung übergehen. Dort heißt es: *[Wir] gebiethen* [...] *euch ernstlich und festiglich* [...], *daß ihr solche neue straßen, wege und steige niderlegen und wehren sollet* [...] *und daß* [ihr] *auff der straße darauff haltet, und es darzu bringet, daß die fuhrleuthe, kauffleuthe und andere, die die straßen bauen, die alten straßen reiten, gehen oder fahren, alß das von alters herkommen ist*[1192]. Der Kern des Mandates ist also weniger das Handelsverbot als vielmehr die Privilegierung der „alten Straße", d. h. der Zittauer Straße, die durch die Stadt führte, und der dazugehörigen Zölle, Niederlags- und Stapelrechte[1193].

Der privilegierte Straßenzug durch Zittau nach Prag war schon länger Gegenstand regionaler Auseinandersetzungen[1194]. Im vorliegenden Fall ging es jedoch wohl weniger um die alten Streitigkeiten mit dem benachbarten Görlitz um die Straßenführung von Böhmen nach Schlesien. Diese Vermutung ergibt sich aus der Tatsache, dass das Mandat Sigismunds mehrere Orte nennt, durch die die konkurrierenden neu angelegten Straßen führten, namentlich das zum Zittauer Weichbild gehörige Dorf Waltersdorf westlich von Zittau[1195] und das Städtchen Kratzau südöstlich von Zittau[1196]. Der dritte genannte Ort, *Wiegersdorff*[1197], ist entweder mit dem östlich von Zittau gelegenen, heute aufgelassenen Dorf Weigsdorf bei Reichenau zu identifizieren[1198] oder aber mit dem heutigen Weigsdorf-Köblitz südlich von Bautzen[1199]. Letzteres liegt an einem Straßenzug, der

1189 Collectanea Lusatica 27, fol. 6r: *dadurch den Wicleffen und ketzern gen Beheim fast speise, kost, nothdurfft und andere dinge zu ihrer auffhaltung zugeführet wird.*

1190 Zur Zittauer Straße vgl. die oben in Anm. 492 zusammengestellte Literatur.

1191 Vgl. zur Kontrollfunktion Zittaus im grenznahen Handel auch oben, Kap. 3.4.1.

1192 Collectanea Lusatica 27, fol. 6r.

1193 Zum königlichen Zoll Němec, Zollburg 64; zum Zittauer Salzstapel Stempel, Salz 44.

1194 Vgl. dazu lediglich Aurig, Auseinandersetzungen.

1195 Knothe, Geschichte 650.

1196 Holtz, Kratzau 295.

1197 So in Collectanea 27, fol. 6r und in den anderen Überlieferungen, falsch „Friedersdorf" in RI XI, Nr. 5366. Die Kollektaneen, Carpzovs Materialsammlung für dessen Analecta, stellen die älteste Überlieferung dar.

1198 Knothe, Geschichte 659f.

1199 Ebd. 583f.; Eichler/Walther, Ortsnamenbuch Nr. 885, 330.

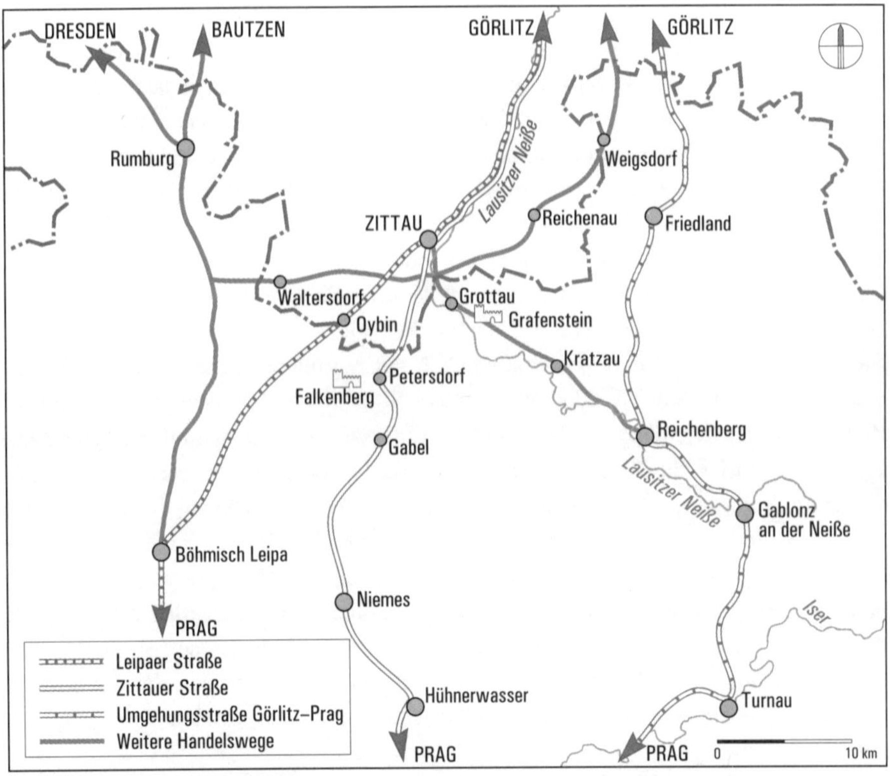

Karte 5: Handelswege von Zittau nach Prag im 15. Jahrhundert.
Karte eigener Entwurf nach Němec, Handel 53 (© Jaroslav Synek, Prag).

von Meißen kommend über Bautzen, Weigsdorf-Köblitz[1200], Rumburg und Waltersdorf nach Kratzau[1201] und weiter über Reichenberg Richtung Prag verlief und dabei Löbau

1200 Die im Folgenden zitierte Urkunde Wenzels IV. vom 16. März 1419 nennt bei der Beschreibung des verbotenen Straßenzuges einen Ort namens „Wiegandsdorff", der möglicherweise mit Weigsdorf-Köblitz zu identifizieren ist, Carpzov, Analecta 4, 147. Vgl. dazu im Folgenden Anm. 1203 und 1205. Weigsdorf-Köblitz liegt westlich von Löbau auf halbem Weg zwischen Bautzen und Rumburg, eine entsprechende Straßenführung erscheint daher plausibel.

1201 In der Urkunde Wenzels wird Kratzau bei der Beschreibung des verbotenen Straßenzuges nicht ausdrücklich genannt, vgl. Carpzov, Analecta 4, 147, sowie hier, Anm. 1203. Kratzau liegt auf dem Weg von Waltersdorf nach Reichenberg und wird in derselben Urkunde ausdrücklich mit Salzhandel in Zusammenhang gebracht, eine Straßenführung über Kratzau erscheint daher plausibel. Denselben Straßenverlauf rekonstruierten schon Feistner, Geschichte 150 und ihm folgend Jakubec, Transitland 139.

und Zittau westlich umging. Laut Ivan Jakubec gewann diese Straße gerade seit Anfang des 15. Jahrhunderts an Bedeutung, besonders für den Salztransport[1202]. Jedenfalls war ihre Benutzung am 16. März 1419 schon einmal von Wenzel IV. zugunsten der Zittauer Straße verboten worden. Dabei wird der Salzhandel ausdrücklich genannt; auch werden neu errichtete Wochen- und insbesondere Salzmärkte in Rumburg und Kratzau verboten[1203]. Die Identifikation von *Wiegersdorff* mit Weigsdorf-Köblitz erscheint daher aus Gründen der Straßenführung eigentlich schlüssig.

Gegen diese Identifikation spricht jedoch eine Reihe von Argumenten. Zunächst sind die überlieferten Namensformen zu nennen: Weigsdorf bei Reichenau ist 1429 als „Weigersdorf" belegt[1204], während für das heutige Weigsdorf-Köblitz lediglich Varianten der Namensform „Wigandsdorf" bezeugt sind[1205]. Noch größeres Gewicht für die Identifikation besitzt jedoch der Wortlaut der Urkunde Sigismunds: Einerseits folgt die dortige Reihenfolge der Orte Kratzau – Weigsdorf – Waltersdorf nicht dem Straßenverlauf Bautzen – Weigsdorf-Köblitz – Rumburg – Waltersdorf – Kratzau. Andererseits heißt es in der Urkunde vor der Aufzählung der inkriminierten Orte ausdrücklich, die Straßen seien angelegt worden *umb euch und in dem lande zur Zittau*[1206]. Weigsdorf-Köblitz gehörte zum Bautzener Land, während Weigsdorf bei Reichenau Bestandteil des Zittauer Weichbildes war. Es ist daher wahrscheinlicher, dass sich hinter dem *Wiegersdorff* der Urkunde das heute verschwundene polnische Weigsdorf verbirgt. Ob die „neuen Straßen" Zittau nun westlich oder östlich umgingen, sie schädigten in jedem Fall den Zittauer Salzstapel ebenso wie die königlichen und die städtischen Einnahmen aus den Durchgangszöllen[1207].

Zittau bemühte sich im frühen 15. Jahrhundert wohl ähnlich wie das nahe Görlitz um die Ausdehnung seiner städtischen Gerichts- und Territorialherrschaft[1208]. Dadurch geriet die Stadt zwangsläufig in Konkurrenz mit dem lokalen Adel[1209]. Von den in Si-

---

1202 Ebd.

1203 Carpzov, Analecta 4, 146f.; UB Zittau 1, hg. Prochno Nr. 1336, 281f., Wenzel IV. für Zittau, 1419, März 16, Prag.

1204 Knothe, Geschichte 659.

1205 Eichler–Walther, Ortsnamenbuch Nr. 885, 330.

1206 Collectanea Lusatica 27, fol. 6r.

1207 Vgl. dazu auch die Urkunde Wenzels, in der ausdrücklich von dem Schaden die Rede ist, den die königliche Kammer durch die neue Straße „an unserm Zolle und Ungelte" nehme, Carpzov, Analecta 4, 147; UB Zittau 1, hg. Prochno Nr. 1336, 281f., Wenzel IV. für Zittau, 1419, März 16, Prag.

1208 Zur Situation im quellenmäßig besser dokumentierten Görlitz vgl. den Überblick bei Behrisch, Obrigkeit 37–48. Vgl. in diesem Zusammenhang etwa das in Anm. 1213 genannte Privileg über das Zittauer Erbgericht.

1209 Vgl. zu diesen Spannungen auch oben, Kap. 3.4.4.2. Für eine Darstellung der strukturellen Gründe für diese langwierigen Auseinandersetzungen vgl. etwa Herrmann, Pönfall 97–99.

gismunds Mandat genannten Orten gehörte die Stadt Kratzau im Jahr 1422 dem oben schon erwähnten Heinrich von Dohna auf Grafenstein[1210]; auch Weigsdorf bei Reichenau war zum damaligen Zeitpunkt zumindest teilweise in adeligem Besitz[1211]. Vor diesem Hintergrund geht es vielleicht nicht zu weit, die eigentliche Urheberschaft des hier interessierenden Mandates weniger bei Sigismund als bei den Zittauern zu suchen. Mutmaßlich hatten eben sie dem König Informationen über Schwarzhandel mit den Hussiten unter Duldung ihrer adeligen Nachbarn – mögen diese Informationen richtig oder falsch gewesen sein – zugetragen, und sich erboten, für die Unterbindung dieses Handels zu sorgen[1212]. Dass am selben Tag wie das Mandat über die Straßen auch ein Privileg ausgestellt wurde, mit dem Sigismund der Stadt ein Drittel des städtischen Erbgerichtes verlieh, erhärtet diese Vermutung noch weiter[1213]. Dieses Privileg erwähnt Bitten der Empfänger, was darauf hinweist, dass sich damals eine Zittauer Gesandtschaft an Sigismunds Hof aufhielt. Diese könnte dem König leicht Nachrichten von der angeblichen Umgehung des Handelsverbotes durch die „neuen Straßen“ unterbreitet und das gegen diesen illegalen Handel gerichtete Mandat erwirkt haben.

5.1.2 Breslau (1431)

Ein vergleichbarer Hintergrund wie bei dem Beispiel aus Zittau lässt sich auch bei anderen Mandaten über das Handelsverbot vermuten. Anschaulich wird dieser etwa bei dem im Vorangehenden ebenfalls bereits mehrfach behandelten Mandat Sigismunds vom April 1431 an die Stadt Breslau[1214]. Den Hintergrund dieser Urkunde bildeten die damaligen wiederholten Züge hussitischer Heere nach Schlesien, vor allem aber die Etablierung einer Reihe von permanenten Stützpunkten, die vom Breslauer Rat als beständige Bedrohung empfunden wurden[1215]. Wie oben in Kapitel 3.1.2 herausgearbeitet wurde,

---

1210 Holtz, Kratzau 295. Die Stadt ging später als Mitgift von Heinrichs Schwester an den von den Görlitzern heftig bekämpften Hussiten Niklas von Keuschberg über, vgl. oben, Kap. 3.4.4.2.

1211 Knothe, Geschichte 660.

1212 Sigismunds Mandat beruft sich auf Hörensagen über die Vorgänge im Zittauer Land: *Wir hören, als wan in dem lande zur Zittaw* [...] *den Wicleffen* [...] *zugefühet wird* (Hervorhebung d. V.), Collectanea Lusatica 27, fol. 6r. Möglicherweise ist es kein Zufall, dass sich nach Jecht, Hussitenkrieg 1, 64 der Oberlausitzer Adel Anfang 1423 ausdrücklich bei Sigismund darüber beschwerte, dass die Städte sich, ohne den Adel zu benachrichtigen, hinter dessen Rücken an den König wenden würden.

1213 Carpzov, Analecta 2, 291; RI XI, Nr. 5367, Sigismund für Zittau, 1422, November 6, Wien.

1214 Orig. AP Wr, Dokumenty miasta Wrocławia, sign. 1866; Grünhagen, Geschichtsquellen Nr. 144, 103; RI XI, Nr. 8455, 1431, April 12, Nürnberg. Vgl. oben, Kap. 3.2.2 und 3.3.1.3, sowie Kaar, Mittel 231f.

1215 Vgl. Grünhagen, Hussitenkämpfe 189–217. Zum ereignisgeschichtlichen Kontext auch oben, Kap. 2.2 mit Karte 3.

ist es wahrscheinlich, dass die in der Urkunde aufgestellte Behauptung, weite Teile der lokalen Bevölkerung hätten damals in regem wirtschaftlichen Kontakt mit den Hussiten gestanden, im Großen und Ganzen den Tatsachen entspricht[1216]. Sigismund befiehlt den Breslauern daher mit diesem Mandat, alle, die die Hussiten wirtschaftlich unterstützten, zu ergreifen und angemessen zu bestrafen[1217].

Das Mandat beschränkt sich allerdings nicht auf diesen Punkt. Auf die Einschärfung des Handelsverbotes folgt ein zweiter, mit der Bekämpfung der angeblichen Kollaborateure inhaltlich eng verknüpfter Punkt. Nach Angabe der Urkunde hatten die Breslauer in der Stadt und den der städtischen Herrschaft unterstehenden Landgemeinden einen *anslag* zur Bekämpfung der Hussiten erlassen, d. h. wohl einen Feldzug ausgeschrieben und die Bereitstellung von Bewaffneten bzw. von Geldmitteln verlangt[1218]. Der König billigt dieses Vorgehen ausdrücklich als Gott und ihm selbst gefällig und gibt den Empfängern sehr weitreichende Vollmachten, um diesen „Anschlag" zu fördern: Sie sollten berechtigt sein, mit *swert und feuer* gegen „Herren, Städte, Mannen, Bauern und alle andere" vorzugehen, die Frieden mit den Hussiten geschlossen hatten, und sie zu zwingen, sich an dem militärischen Widerstand gegen die Ketzer zu beteiligen[1219].

Der Befehl, im Auftrag des Königs das antihussitische Handelsverbot durchzusetzen, war also eng mit Inhalten verknüpft, die einerseits die Stellung des Breslauer Rates im Gefüge der schlesischen Fürstentümer stärkten, andererseits dessen grundherrliche Rechte innerhalb des städtischen Territorialbesitzes unterstrichen. Die Urkunde trägt daher eigentlich eher den Charakter eines Privilegs. Zu diesem Befund passt, dass das Stück

---

1216 Vgl. AP Wr, Dokumenty miasta Wrocławia, sign. 1866: *Wir haben vernomen, wie vil leute* […] *den ketzern und ungeleubigen speyse, tranck, gezeug und andere noturft zufuren, in backen, breven und ander gemeinschaft mit kauffen und verkauffen mit in treiben und sie domit stercken.* In Frage kommt dabei besonders Kollaboration mit der hussitischen Besatzung im rund 50 km südlich von Breslau gelegenen Nimptsch.

1217 Ebd.: *Dorumb so befehlen wir euch* […] *wo ir sulche missetetige leut, die schuldig sein sulcher sach, begreiffet und ankomet, das ir sie als dann mit iren leiben und gut hindert, uffhaldet und antastet und in nach irem verdienen widerfaren lasset, als billich ist.*

1218 Ebd.: *Als ir euch yetzunt einen anslag in der stat und uff dem land bey euch, Got zu lob, der Cristenheyt zu trost und denselben landen zu hilff gen den ketzern gemacht habt, der uns wolgefellig und von euch zu danck ist* […]. Bei diesem „Anschlag" könnte es sich um Vorbereitungen für einen Ende Mai 1431 unternommenen Versuch schlesischer Truppen handeln, Nimptsch zu erobern, vgl. GRÜNHAGEN, Hussitenkämpfe 215.

1219 AP Wr, Dokumenty miasta Wrocławia, sign. 1866: *[Wir] befelhen* […] *euch,* […] *wer zu sulchem anslag und loblichen sachen nicht helffen wolt und villicht etlich weren an den grenitzen oder anderswo gesessen, heren, stet, mann, gebauern und ander inwoner, die sich mit den ketzern gesatzt, abgetedingt und gefriedet hetten und den ketzern furderung teten, das ir die mit dem swert und feuer dorzu bringet und notet, das sie nach dem obgenanten anslag wider die ketzer helffent und faren, als sich das geburen wirt.*

einen Registraturvermerk aufweist, also wohl in die heute verlorenen böhmischen Register der Kanzlei Sigismunds eingetragen wurde. Analog zu den Reichsregistern wurden in diese wahrscheinlich hauptsächlich Urkunden aufgenommen, die rechtssetzenden Charakter besaßen, kaum jedoch Mandate und Briefe[1220]. So wie im eben genannten Zittauer Fall gibt es darüber hinaus vom selben Tag noch weitere Urkunden für Breslau, mit denen Sigismund die Treue der Stadt belohnte, ihre zentrale Stellung innerhalb des Landes weiter ausbaute und darüber hinaus versuchte, ihr nach den vorangehenden hussitischen Feldzügen mit wirtschaftlichen Vergünstigungen unter die Arme zu greifen[1221].

Am selben Tag wie die Urkunde für Breslau erging weiters auch ein Mandat Sigismunds an die oberlausitzische Stadt Görlitz[1222]. Dieses stimmt in den auf das Handelsverbot bezogenen Passagen mit dem Breslauer Mandat wörtlich überein. In diesem Fall lässt sich anhand der Görlitzer Ratsrechnungen die Anwesenheit einer städtischen Gesandtschaft bei Sigismund in Nürnberg nachweisen[1223]. Mutmaßlich waren also die Görlitzer, die sich im Frühling 1431 durch die hussitische Besatzung in Löbau mit einer sehr ähnlichen militärischen Bedrohung wie die Breslauer konfrontiert sahen, am Zustandekommen des an ihre Stadt gerichteten Mandates über das Handelsverbot aktiv beteiligt[1224]. Angesichts dieses Befundes erscheint es umso wahrscheinlicher, dass die Breslauer an der Formulierung des an sie adressierten Mandates ebenfalls aktiv beteiligt waren, auch wenn nichts über Vertreter der Stadt auf dem Nürnberger Tag bekannt ist[1225].

5.1.3 Ergebnisse

Die Analyse der beiden Fallbeispiele zeigt verschiedene Motive auf, aus denen heraus Empfänger daran interessiert sein konnten, Mandate zu erhalten, die das antihussitische Handelsverbot einschärften.

1220 Zur Registrierungspraxis in der Reichskanzlei vgl. oben, Anm. 340.

1221 Vgl. RI XI, Nrr. 8456 (Verlegung lokaler Gerichte nach Breslau) und 8457 (Zollfreiheiten für Breslauer in den umliegenden schlesischen Städten), beide 1431, April 12, Nürnberg.

1222 Orig. RAG, sub dato (262/210); Urkundliche Beiträge 2, hg. Palacký Nr. 735, 208f.; RI XI, Nr. 8454, 1431, April 12, Nürnberg. Das Görlitzer Stück betrifft nur das Handelsverbot und trägt keinen Registraturvermerk. Vgl. zu solchen Serien von Urkundenausfertigungen auch im Folgenden, Kap. 5.1.3.

1223 Jecht, Hussitenkrieg 2, 309 mit den entsprechenden Belegen aus den Görlitzer Ratsrechnungen. Vgl. auch die zugehörige Görlitzer Bittschrift, CDLS II,2, hg. Jecht 279f., der Görlitzer Rat an Sigismund, 1431, März 28, Görlitz.

1224 Für die Situation in der Oberlausitz vgl. oben, Kap. 4.2.1.

1225 Bei Annas, Hoftag 2 findet sich kein Hinweis auf eine Breslauer Gesandtschaft auf dem Nürnberger Tag. Dies schließt jedoch nicht aus, dass sich eventuell doch Vertreter Breslaus dort aufgehalten haben könnten. Zumindest ein schlesischer Herzog und der Bischof von Breslau befanden sich sicher in Sigismunds Gefolge, vgl. ebd. 304f.

Im Fall des Mandates an Zittau aus dem Jahr 1422 ging es den Empfängern offensichtlich vor allem um den Schutz eigener wirtschaftlicher Interessen. Das Handelsverbot bot ihnen einen nachgerade idealen Anlass, um mit königlicher Sanktion gegen die Konkurrenz in ihrer Nachbarschaft vorzugehen. Ähnliche Motive wie in diesem Beispiel stehen wohl auch hinter anderen Urkunden, die den Empfängern auftrugen, Straßenverbindungen zu kontrollieren, um Schwarzhandel zu unterbinden. So spielten in dem System von Förderbriefen für den Handelsverkehr zwischen Südböhmen/Südmähren und Österreich, welches Albrecht V. im Herbst 1431 einzuführen versuchte, neben sicherheitspolizeilichen vielleicht auch ökonomische Erwägungen eine Rolle[1226]: Nur Inhabern von Förderbriefen der südböhmisch-mährischen Städte und Burgen Albrechts sollte es gestattet sein, in dessen österreichischen Städten ihren Geschäften nachzugehen. Kein anderer böhmischer Fuhr- oder Kaufmann durfte eingelassen werden, was indirekt einen vom Herzog verordneten Boykott zugunsten der ihm untertänigen böhmischen und mährischen Städte bedeutete. Gleiches gilt für Sigismunds Aufforderung an die Adresse Passaus vom Herbst 1434, illegale Geschäfte mit den Hussiten zu unterbinden, die auf dem „Goldenen Steig" getätigt wurden[1227]. Vermutlich hatten die Empfänger lebhaftes Interesse daran, den Verkehr auf dieser Handelsstraße zu überwachen und unliebsame Konkurrenz auszuschalten. Der kaiserliche Befehl kam ihnen dabei durchaus entgegen. Diese mutmaßliche aktive Beteiligung der Passauer an der Formulierung der diesbezüglichen Urkunde Sigismunds könnte auch erklären, weshalb, wie oben festgestellt, die Vorurkunde Wenzels IV. über die besonderen Vorrechte der Passauer auf dem „Goldenen Steig" beinahe unverändert übernommen wurde und sich darin insbesondere keine Beschränkungen hinsichtlich der Rechtgläubigkeit der Personen, von denen die Passauer in Böhmen Getreide kaufen durften, finden[1228]. Erst die Getreidegegenfracht garantierte, dass die Salzfahrten der Säumer kostendeckend durchgeführt werden konnten[1229]. Für die Passauer Salzunternehmer war es entsprechend wichtig, sich auf eine stetige Getreideversorgung aus Böhmen verlassen zu können. Die Empfänger hatten daher reges Interesse daran, Einschränkungen beim Getreidekauf in Böhmen durch das antihussitische Handelsverbot möglichst zu vermeiden. Möglicherweise trugen sie daher auch gezielt Sorge dafür, dass das Privileg Wenzels IV. bei der Bestätigung durch Sigismund möglichst nur geringfügige Änderungen erfuhr.

1226 Orig. SOkA České Budějovice, AM České Budějovice, Chronologische Reihe, sign. 1431/1; Urkundliche Beiträge 2, hg. Palacký Nr. 770, 248f., Albrecht V. an Budweis/an eine ungenannte österreichische Stadt (Freistadt?), 1431, November 8, Wien. Vgl. oben, Kap. 3.3.1.1.

1227 Orig. StA Passau, I. Urkunden, Nr. 496; RI XI, Nr. 10785, Sigismund für Passau, 1434, September 14, Regensburg. Vgl. oben, Kap. 3.3.1.1.

1228 Vgl. oben, Kap. 3.4.4.1.

1229 Vgl. oben, Kap. 2.1.

Im Fall der Mandate von 1431 an Breslau bzw. Görlitz ging es den Empfängern hingegen mutmaßlich um polizeiliche, aber auch machtpolitische Erwägungen. Einerseits verlieh ein schriftliches königliches Mandat den Bemühungen der städtischen Räte um ein militärisches Vorgehen gegen die Hussiten landesherrlich sanktionierten Nachdruck. Andererseits legitimierte der offizielle königliche Befehl harte Maßnahmen gegen Personen, die als Verräter und Bedrohung der eigenen Sicherheit eingestuft wurden. In beiden Ländern herrschte im Frühling 1431 große Furcht vor Kollaborateuren. Wie gezeigt wurde, erzwang beispielsweise der Breslauer Rat eben damals die Scheidung eines Ehepaares mit der Begründung, dass die Frau der hussitischen Besatzung in Nimptsch zugeführt hatte[1230]. Noch drastischer war die Strafe, die am 19. April 1431 – d. h. eine Woche nach der Ausstellung von Sigismunds Mandaten über das Handelsverbot – den ehemaligen Hauptmann der bischöflichen Burg Ottmachau, Nikolaus von Zedlitz, ereilte. Zedlitz wurde öffentlich auf dem prominentesten Platz der Stadt, dem Breslauer Ring, enthauptet, weil die Übergabevereinbarung, die er – in Übereinstimmung mit der bei Belagerungen üblichen zeitgenössischen Praxis – im Herbst 1430 mit dem Ottmachau belagernden hussitischen Heer geschlossen hatte, rückblickend als Verrat eingestuft wurde[1231]. Es ist unklar, ob diese spektakuläre Hinrichtung eines namhaften Adeligen auf Betreiben des Breslauer Rates oder aber von Zedlitz' ehemaligem Dienstherrn, dem Bischof von Breslau, der als oberster Hauptmann Sigismunds in Schlesien fungierte, erfolgte. Sie illustriert jedenfalls das kompromisslose Durchgreifen der katholischen Obrigkeiten gegen vermeintliche Kollaborateure, welches mit dem Mandat Sigismunds die offizielle Billigung des Herrschers erfuhr[1232].

Unter dieser Perspektive stellt sich das Handelsverbot weniger als Kriegsmittel gegen die Hussiten, denn als Herrschaftsmittel städtischer Räte dar. Wie gezeigt wurde, verfolgten die städtischen Autoritäten vor allem mutmaßliche wirtschaftliche Kontakte von Angehörigen unterbürgerlicher Schichten mit den Hussiten[1233]. Dabei spielten viele Faktoren zusammen: Einerseits kam es durch die physische Nähe hussitischer Truppen tatsächlich verstärkt zu solchen Kontakten. Andererseits führten, wie gezeigt wurde, vielschichtige Mechanismen dazu, dass die Bedrohung durch die Hussiten phasenweise als noch größer imaginiert wurde, als sie tatsächlich war[1234]. Eine der Komponenten dieser „Hussitenpanik" war die Furcht der städtischen Räte vor einer Solidarisierung ärme-

---

1230 Vgl. oben, Kap. 4.1.1.

1231 Grünhagen, Hussitenkämpfe 199; Šmahel, Hussitische Revolution 2, 1495.

1232 Vgl. in diesem Zusammenhang auch das oben, Kap. 3.4.3 ausführlich besprochene Privileg Grünhagen, Geschichtsquellen Nr. 217, 151f.; RI XI, Nr. 12071, Sigismund für seine Getreuen in Schlesien, namentlich die Stadt Breslau, 1437, September 7, Prag.

1233 Vgl. oben, Kap. 3.2.2.

1234 Vgl. oben, Kap. 4.2.1.

rer, ohnehin bereits der Opposition verdächtiger Schichten mit den böhmischen „Häretikern". Der traditionell von vermögenden Kaufleuten dominierte Breslauer Rat etwa war im Jahr 1418 mit einem großangelegten Aufstand der Zünfte konfrontiert gewesen, bei dem der damalige Rat gestürzt und einige Ratsherren ermordet worden waren. Während des Breslauer Tages vom Frühling 1420 setzte der neue Stadtherr Sigismund einen neuen, restaurativen Rat ein, in dem keine Handwerker mehr vertreten waren, und verhängte harte Urteile gegen die „Aufrührer" von 1418, von denen 23 auf dem Breslauer Ring öffentlich hingerichtet wurden[1235]. Der König wollte damit einerseits ein warnendes Signal an das aufständische Prag schicken. Andererseits wollte er sich aber wohl vor allem auch der Loyalität der Eliten der strategisch bedeutsamen schlesischen Metropole versichern. Dieser Akt vertiefte allerdings mutmaßlich die bestehenden Gräben innerhalb der städtischen Gemeinschaft eher, als sie zuzuschütten.

Angesichts seiner hier skizzierten prekären Stellung war der Breslauer Rat daher möglicherweise speziell empfänglich für Vorstellungen von Verrat an die Hussiten. Gleichzeitig scheint er die hussitische Bedrohung auch besonders gezielt genutzt zu haben, um seine innerstädtische Position zu festigen[1236]. Das antihussitische Handelsverbot konnte sich unter solchen Umständen in ein brauchbares Instrument zur Unterdrückung innerstädtischen Dissenses und zur Festigung der Herrschaft städtischer Eliten inner- und außerhalb der Stadt verwandeln, was erklärt, warum Urkunden über dasselbe von den Adressaten auch aktiv gesucht wurden[1237].

Unter diesem Blickwinkel stellt sich das antihussitische Handelsverbot als ein vielschichtiger Bottom-up-Prozess dar, im Zuge dessen die Menschen, die das Verbot umsetzen sollten, ihre eigenen politischen und sozialen Interessen einbrachten. Der Charakter des antihussitischen Handelsverbotes als Mittel bewusster Top-down-Politik soll damit jedoch nicht in Abrede gestellt werden. So reagierten Aussteller von Urkunden, die das Handelsverbot einschärften, üblicherweise nicht einfach auf illegale wirtschaftliche Aktivitäten ihrer Untertanen, auch wenn die Dokumente selbst möglicherweise anderes

---

1235 Zu Sigismunds Breslauer Strafgericht vgl. lediglich Čornej, Dějiny 5, 229; Šmahel, Hussitische Revolution 2, 1072; Čapský, Strategien.

1236 So die Einschätzung Čapskýs, Urban History 233. Vgl. auch Šmahel, Hussitische Revolution 3, 1724, der für die katholischen böhmischen Städte allgemein eine durch die äußere Bedrohung begünstigte „Stabilisierung des Regimes der vorrevolutionären Ratsschichten" konstatiert.

1237 Wie die in UB Krummau 2, hg. Schmidt/Picha auszugsweise in Übersetzung zusammengestellten Einträge im sogenannten Rosenberger Halsgerichtsbuch zeigen, bildete dieses Verhalten kein Spezifikum städtischer Autoritäten. Auch die Rosenberger Amtsträger gingen aus denselben Gründen mit harter Hand gegen angebliche Kollaborateure und Schwarzhändler vor.

behaupten[1238]. Vielmehr wurde bereits in Kapitel 4.3 gezeigt, dass Fürsten und die Kurie Urkunden über das Handelsverbot ausstellten, um in bestimmten machtpolitischen Konstellationen Propaganda in eigener Sache zu betreiben. Die beiden Mandate für Breslau und Görlitz vom April 1431, an deren Entstehung die Empfänger wahrscheinlich aktiv beteiligt waren, entsprangen also durchaus nicht allein den Wünschen der Breslauer und Görlitzer Ratsherren. Die Ausstellung mehrerer gleichlautender Mandate an die Adresse verschiedener Empfänger an einem Tag deutet vielmehr darauf hin, dass es sich um eine gezielte Maßnahme Sigismunds handelte, auch wenn die lokalen Obrigkeiten offenkundig willige Empfänger waren.

Die Mandate vom April 1431 stellen nicht das einzige Beispiel für eine solche Serie dar. Noch deutlicher fassbar wird die gezielte Verbreitung von Urkunden über das Handelsverbot anhand des oben in Kapitel 4.3.4 analysierten Fallbeispiels aus dem Mai 1424. Bei den vier – bislang – bekannten Urkunden, mit denen Branda da Castiglione und Sigismund damals dazu aufforderten, das antihussitische Dekret des Konzils von Pavia-Siena umzusetzen, handelt es sich nämlich wahrscheinlich lediglich um die Reste einer größeren Serie, die zur systematischen Verbreitung in den Nachbarländern Böhmens gedacht war. Dafür spricht neben dem eben genannten Vergleichsbeispiel vom Frühling 1431 zum einen, dass die Schreiben in unterschiedliche Regionen gesandt wurden, die zusammengenommen das Bild einer planvollen Abdeckung der böhmischen Nachbarländer von Bayern über Meißen nach Schlesien evozieren[1239]. Zum anderen sind drei der vier Stücke nur abschriftlich überliefert, davon gleich zwei bei Andreas von Regensburg, was ein bezeichnendes Schlaglicht auf die Zufälligkeit der Überlieferung wirft[1240]. Vor allem aber liegt eine Nachricht von dritter Seite vor, die belegt, dass zumindest Sigismunds Mandat an Regensburg für eine weiträumige Publikation vorgesehen war. Anfang Juni 1424 schrieb der Nürnberger Rat an seine Regensburger Amtskollegen mit der Bitte um eine Kopie von Sigismunds das Handelsverbot betreffendem Mandat an die Adresse Regensburgs[1241]. Das königliche Schreiben wird dabei ausdrücklich als

1238 Vgl. hier im Folgenden.

1239 Empfänger waren die Bischöfe von Meißen und Regensburg, die Stadt Regensburg sowie alle Städte in Schlesien. Vgl. in diesem Zusammenhang auch die Formulierungen Brandas hinsichtlich der Publikation der Sieneser Beschlüsse in allen Kirchen der von ihm angesprochenen Diözesen, insbesondere in denjenigen *vicinis et Bohemie et Morauie*, Urkundliche Beiträge 1, hg. Palacký Nr. 293, 336–338, hier 337, 1424, Mai 16, Blindenburg. Weder die Diözese Regensburg noch Meißen grenzen an Mähren, was andeuten könnte, dass es noch weitere Empfänger gab, deren Diözesen sehr wohl eine Grenze mit Mähren besaßen. Zur Publikation des antihussitischen Handelsverbotes allgemein auch Kaar, Urkunden.

1240 Vgl. dazu auch oben, Kap. 2.6.2.

1241 StAN BB Nr. 6, fol. 89r–v; Urkundliche Beiträge 1, hg. Palacký Nr. 297, 344, der Nürnberger Rat an den Rat der Stadt Regensburg, 1424, Juni 8, Nürnberg.

gemeine schrift bezeichnet, d. h. als offener Brief, der offenbar über die Vermittlung Regensburgs verbreitet werden sollte, so wie es zwei Jahre zuvor schon mit einem anderen Mandat Sigismunds über das antihussitische Handelsverbot geschehen war[1242]. Möglicherweise dokumentiert der Nürnberger Brief, dass der dortige Rat aus seinem offensichtlichen Versäumnis, sich im Frühling 1422 auf demselben Weg eine Abschrift von Sigismunds damaligem Mandat über das Handelsverbot zu besorgen, gewisse Lehren gezogen hatte[1243]. Jedenfalls belegt er eindeutig, dass es sich bei den königlichen Mandaten über das antihussitische Handelsverbot prinzipiell um Schriftstücke handelte, die für eine weitere Verbreitung gedacht waren, als heute anhand der schmalen Überlieferung sichtbar ist[1244].

Dasselbe Prinzip des gezielten Einsatzes von Urkunden über das antihussitische Handelsverbot als Mittel von Top-down-Politik lässt sich auch für die Schreiben kurialer Provenienz beobachten. Hier zeigt sich etwa eine deutliche Verbindung zwischen dem Ausstellungszeitpunkt von *litterae*, in denen das Handelsverbot eingeschärft wurde, und Aktivitäten zur Vorbereitung kurialer Kreuzzugsinitiativen. Das Schreiben, mit dem Martin V. am 15. Jänner 1426 einen älteren Aufruf an alle Gläubigen, das Handelsverbot zu respektieren, erneuerte, datiert nur einen Tag vor dem Kreuzzugsaufruf, den der päpstliche Legat Giordano Orsini in diesem Jahr in Ungarn, Böhmen, Mähren und Meißen verkünden sollte[1245]. Ähnliches gilt für die Bulle über das Handelsverbot vom 9. Jänner 1431, die in den Zusammenhang der Vorbereitungen für die ebenfalls auf einen neuen Kreuzzug abzielende Legation Giuliano Cesarinis gehört[1246]. In der Narratio heißt es dort zwar, Sigismund habe den Papst über Verletzungen des Handelsverbotes informiert und ihn gebeten, mit allen ihm zur Verfügung stehenden geistlichen Strafen

---

1242 DRTA 8, Nr. 99, 114f., der Augsburger Rat an den Rat der Stadt Ulm, 1422, Februar 12, Augsburg. Vgl. dazu oben, Kap. 4.3.1. Auch Sigismunds einschlägiges Mandat an den Erzbischof von Salzburg wird von einem Zeitgenossen als *usschreiben*, d. h. wohl als offener Brief bezeichnet, vgl. StA Salzburg, BU 6, pag. 248, Nr. 398, eidesstattliche Aussage eines gewissen Oswald, vor 1421, März 31, Salzburg, oben, Anm. 627.

1243 Vgl. oben, Kap. 4.2.3.

1244 Vgl. zu diesem Problem auch Kaar, Urkunden.

1245 Orig. SHStA, 10001 Ältere Urkunden, Nr. 6012, Martin V. an alle Gläubigen, 1426, Jänner 15, Rom. Zum Kontext und der von Orsini zu verkündenden Kreuzzugsbulle vgl. Studt, Martin V. 621. Die Kurie übersandte diese *litterae* an mindestens zwei Empfänger innerhalb von Orsinis Legationsprovinz, den Bischof von Olmütz und den Bischof von Meißen (?). Vgl. dazu auch oben, Anm. 765.

1246 Monumenta 2, hg. Theiner Nr. 367, 209; Acta 2, hg. Eršil Nr. 2236, 829f., Martin V. an alle Gläubigen, 1431, Jänner 9, Rom. In den vatikanischen Registern folgt unmittelbar auf dieses Stück eine Urkunde über die Erweiterung der Legation Cesarinis für Böhmen, Mähren und Meißen um Deutschland, Ungarn und Polen. Die von Cesarini zu verkündende Kreuzzugsbulle ebd. Nr. 2241, 831f., 1431, Jänner 11, Rom.

gegen Schwarzhändler vorzugehen. Auch wenn es durchaus möglich ist, dass es eine solche Bitte tatsächlich gab[1247], erscheint es angesichts des Ausstellungszeitpunktes eher unwahrscheinlich, dass Sigismunds Ersuchen tatsächlich der Grund dafür war, dass die Bulle zu eben diesem Zeitpunkt erlassen wurde. Vielmehr handelte es sich bei der Einschärfung des Handelsverbotes um eine gezielte Maßnahme der Kurie zur Vorbereitung und Propagierung ihrer neuen Kreuzzugsinitiative. *Litterae* über das Handelsverbot waren geeignete Medien zu diesem Zweck, da sie, analog zu den im selben Zusammenhang entstandenen Beauftragungsschreiben und Vollmachten für die Legaten Martins V. mutmaßlich „von vornherein für eine weite Verbreitung und starke Außenwirkung konzipiert worden sind“[1248]. Denselben Zweck verfolgte auch die päpstliche Abendmahlbulle, in die eben zu dem Zeitpunkt eine Spezialsentenz gegen Helfer und Unterstützer der Hussiten aufgenommen wurde, als das Basler Konzil begann, sich auf die gemäßigten Hussiten zuzubewegen[1249].

Die hier getrennt voneinander betrachteten Top-down- und Bottom-up-Prozesse griffen in der praktischen Umsetzung des antihussitischen Handelsverbotes unausgesetzt ineinander. So nahmen die Bürger von Passau möglicherweise gezielt Einfluss auf die wortwörtliche Bestätigung ihrer älteren Privilegen, die ihnen ungeachtet des antihussitischen Handelsverbotes freien Getreideimport aus Böhmen gestatteten. Die Hinzufügung der Klausel über das Verbot des Verkaufs von Gütern an die Hussiten hingegen entsprang mutmaßlich gezieltem strategischen Denken Sigismunds[1250]. Ungeachtet der Eigeninteressen der Empfänger im Einzelnen zeigt das oben diskutierte Zittauer Beispiel auch, wie die Propagatoren des Handelsverbotes die Kooperation ihrer Untertanen zu aktivieren und für sich selbst zu nutzen vermochten. Urkunden, die die Durchsetzung des Verbotes anordneten, konnten Empfängern einerseits Handlungsspielräume und Legitimationsmöglichkeiten öffnen, die deren Position in Situationen lokaler Konkurrenz stärkten,

---

1247 Vgl. dazu Sigismunds entsprechende Bitte an die Basler Konzilsväter DRTA 11, Nr. 139, 268, Sigismund an das Konzil von Basel, 1433, November 9, Basel. Vgl. oben, Kap. 3.3.1.1.

1248 Studt, Martin V. 16 (bezogen auf die von humanistisch geschulten päpstlichen Sekretären konzipierten Beauftragungsschreiben und Vollmachten). Vgl. dazu z. B. oben Anm. 765, 770 und 896 für Belege für die Publikation und Rezeption einzelner päpstlicher *litterae* über das Handelsverbot.

1249 Göller, Pönitentiarie 271, Abendmahlbulle Eugens IV., 1434, April 24, Rom. Ebd. 270f., Anm. 2 zufolge war die Formel möglicherweise schon 1433 in Verwendung. Dieser Zeitpunkt könnte auf eine bewusste Distanzierung Eugens IV. von der Politik der mit ihm in der böhmischen Frage konkurrierenden Basler Konzilsväter hindeuten, vgl. oben, Anm. 362. Nimmt man hingegen eine Datierung ins Jahr 1434 an, könnte es sich zumindest teilweise auch um eine Reaktion des Papstes auf die sich zuspitzende Situation rund um die Belagerung Pilsens handeln.

1250 Vgl. oben, Kap. 3.3.1.1.

und ihre Politik gegenüber den eigenen Untertanen rechtfertigten. Andererseits teilten Herrscher und Beherrschte vielfach sehr konkrete strategische Interessen, die das Handelsverbot für beide als instrumentelles Kriegsmittel zur Bekämpfung des hussitischen Gegners attraktiv machten. Aus all diesen Gründen kooperierten zumindest die lokalen politischen Führungsschichten zum überwiegenden Teil aktiv mit den Propagatoren des antihussitischen Handelsverbotes, obwohl das Verbot ihren Interessen und denjenigen ihrer Untertanen bis zu einem gewissen Grad zuwiderlaufen musste.

5.2 Das antihussitische Handelsverbot als Zusammenspiel von „instrumenteller" und „symbolischer" Ebene sozialen Handelns

Die Annahme, dass soziales Handeln wie die Verhängung und praktische Umsetzung eines Handelsverbotes neben „instrumentellen" stets auch „symbolische" Elemente enthält und dass sich dieses Handeln als kommunikativer Prozess beschreiben lässt, war eine der Prämissen dieser Arbeit. Wie eben angeklungen ist, griffen gerade auf der Ebene der Herrschaftspraxis diese beiden im Vorangehenden aus heuristischen Gründen getrennt voneinander analysierten Dimensionen eng ineinander. Im Folgenden soll abschließend versucht werden, das Zusammenspiel von „instrumenteller" und „symbolisch-kommunikativer" Ebene bei der praktischen Umsetzung des antihussitischen Handelsverbotes nochmals zu beschreiben und auszuloten, welchen Beitrag beide Zugänge zum Verständnis des Themas leisten konnten[1251].

Blickt man zunächst auf die instrumentelle Ebene, stellt man fest, dass diese wenig überraschend in den Quellen deutlich im Vordergrund steht und damit sehr viel leichter konkret fassbar ist als die kommunikativ-prozesshafte Komponente des Verbotes. Dabei ist als Erstes hervorzuheben, dass das antihussitische Handelsverbot nicht nur ein taktisches Kriegsmittel zur Bekämpfung der hussitischen Häretiker war, sondern vor allem auch ein Instrument der Seelenrettung. Zu diesem instrumentellen Zweck delegierte der Papst sein Prärogativ der Absolution von reuigen Hussitenhändlern an lokale Bischöfe[1252]; aus demselben Grund schärfte er auch immer wieder die Befolgung des Verbotes ein. Das antihussitische Handelsverbot war, wie es etwa in päpstlichen *litterae* vom November 1424 formuliert wird, nicht nur notwendig, um der Verstocktheit der Hussiten beizukommen, sondern auch, um den Verlust der Seelen unzähliger Schwarzhändler zu vermeiden[1253]. Unter dem Blickwinkel der Herrschaftspraxis illustrieren die Bitten von

1251 Ich danke Philippe Buc für Anregungen und Diskussionen zu diesem Kapitel.

1252 Vgl. oben, Kap. 4.1.3.

1253 Urkundliche Beiträge 1, hg. Palacký Nr. 317, 367–369, hier 367f.; Acta 2, hg. Eršil Nr. 1274, 515f.,

Gläubigen um Absolution von der Sünde des Hussitenhandels, die hinter solchen Fakultäten standen, weiters auch noch einmal das im vorangehenden Kapitel herausgestellte Zusammenwirken von Top-down- und Bottom-up-Prozessen bei der praktischen Umsetzung des antihussitischen Handelsverbotes[1254].

Hinsichtlich der Frage nach der Wahrnehmung des antihussitischen Handelsverbotes als taktisches Kriegsmittel lassen sich zum einen am praktischen Handeln der Propagatoren des Verbotes klare militärisch-strategische Rationalitäten ablesen. So verbieten etwa die ersten bekannten Mandate Sigismunds über das antihussitische Handelsverbot wohl nicht zufällig ausdrücklich gerade den Verkauf von Waffen und strategischen Gütern an die Feinde des Königs, entstanden sie doch als mehr oder weniger direkte Reaktion auf die Niederlagen der ersten Kriegsjahre. In Kapitel 3.3.2 konnte gezeigt werden, dass sich gerade Mandate, die den Handel mit Waffen verboten, üblicherweise an sehr spezifische Adressaten richteten (z. B. den Wiener Rat, die Oberlausitzer Sechsstädte oder den König von Polen), die schon zuvor im Handel mit strategischen Gütern nach Böhmen engagiert gewesen waren. Der Abfassungszeitpunkt dieser Mandate weist darüber hinaus typischerweise einen Zusammenhang mit konkreten militärischen Unternehmungen auf, etwa den Vorbereitungen für eine geplante oder den Nachwehen einer gescheiterten Kreuzzugsinitiative. Dieselbe strategisch-instrumentelle Herangehensweise wie bei Verboten bezüglich des Waffenhandels findet sich weiters auch bei der Implementierung von Maßnahmen, die verhindern sollten, dass hussitische Spione unter dem Deckmantel des Salzhandels die österreichischen Verteidigungsmaßnahmen ausspionierten[1255], oder bei der gezielten Besetzung von Grenzburgen und -städten während des Vierten Kreuzzuges, um zu verhindern, dass dem hussitischen Feind im Rücken der Kreuzfahrer Vorräte zugeführt wurden[1256]. Ganz allgemein lässt, wie oben in Kapitel 3.1.1 ausgeführt wurde, die räumliche Streuung der normativen Quellen über das antihussitische Handelsverbot taktische Erwägungen über eine systematische Einkreisung des hussitischen Böhmen erkennen.

Zum anderen reflektierten die Propagatoren des Verbotes auch regelmäßig ausdrücklich über dessen Potential als strategisches Kriegsmittel. Ein entsprechender Diskurs fin-

---

Martin V. an die Bischöfe von Regensburg, Passau, Olmütz, Meißen und Bamberg, 1424, November 24, Rom: *Nos igitur considerantes* […] *miserabilis dampnacio animarum sequitur eorum, qui talia [mercimonia] ad illos [hereticos] portare contra prohibiciones ecclesiasticas non formidant,* […] *statuimus nostris quoque, hoc est diuinis sentenciis eorum audaciam cohercere.* Vgl. für das Selbstverständnis des Papsttums, für das Seelenheil der Gläubigen mittels der Bekämpfung der Hussiten wirken zu müssen, auch oben, Kap. 1.3.2.

1254 Vgl. oben, Kap. 5.1.

1255 Vgl. oben, Kap. 3.3.1.1.

1256 DRTA 9, Nr. 31, 34–40, hier 38, § 27, allgemeine Heerzugsordnung, 1427, kurz vor Mai 4, Frankfurt.

det sich in einigen Schreiben aus dem Umfeld der Kurie, beispielsweise in dem Brief Kardinal Branda da Castigliones an den Bischof von Regensburg vom Mai 1424, in welchem der Kardinal den Bischof aufforderte, die antihussitischen Bestimmungen des Konzils von Pavia-Siena umzusetzen, um den Häretikern auf diese Weise sämtliche Unterstützung zu entziehen[1257], oder in *litterae* Martins V. vom November 1424, in denen es heißt, der Papst verbiete den bisher leider immer wieder vorkommenden Handel mit den Hussiten, da die Häretiker dadurch in ihrer *perfidia* gestärkt würden, von der sie bereits abgelassen hätten, würde nur genug Druck auf sie ausgeübt werden[1258]. Dieselbe Ratio findet sich auch in den Äußerungen weltlicher Aussteller. Ganz ähnlich wie Kardinal Branda argumentierten etwa im Herbst 1431 – wenige Monate nach der verheerenden Niederlage des Fünften Kreuzzuges vor Taus – die bayerischen Herzöge, die weitere Verletzungen des antihussitischen Handelsverbotes gemeinschaftlich unterbinden wollten, um auf diesem Weg die Hussiten zum Einlenken zu zwingen[1259].

Auch abseits der normativen Quellen findet man Nachrichten über vergleichbare strategisch-instrumentelle Überlegungen. Ein Beispiel stellt etwa eine etwas kryptische, jedoch offenkundig missmutige Aussage Sigismunds vom Sommer 1424 dar[1260]. Der König beklagte sich damals kurfürstlichen Gesandten gegenüber über die Weigerung ihrer Herren, ihm für einen Tag nach Wien entgegenzukommen, und hielt ihnen die Tatsache vor, dass im Reich an vielen Stellen Unfrieden herrsche, den er beilegen könnte, würden die Kurfürsten sich mit ihm einigen. Als Beispiel führt Sigismund dann die böhmische Ketzerei an, gegen die man bei einem gemeinsamen Vorgehen schnell Erfolg hätte. Vor allem müsse das Handelsverbot, anders als es aktuell geschehe, konsequent umgesetzt

---

1257 Urkundliche Beiträge 1, hg. Palacký Nr. 293, 336–338, hier 337, Branda da Castiglione an den Bischof von Regensburg, 1424, Mai 16, Blindenburg: [...] *ut ab ipsis perfidis hereticis omne auxilium, subsidium et commercium penitus subtrahere, predictum sancte synodi decretum uobis insinuare curauimus.*

1258 Ebd. Nr. 317, 367–369, hier 367; Acta 2, hg. Eršil Nr. 1274, 515f., Martin V. an die Bischöfe von Regensburg, Passau, Olmütz, Meißen und Bamberg, 1424, November 24, Rom: *Nos igitur considerantes, quod ex hac detestanda huiusmodi rerum portacione* [von Schwarzhandelsgütern, d. V.] [...] *prefati heretici in eorum perfidia pertinaciores sunt, dum viderint illa sibi subministrari, quibus si carerent forsan necessitate compulsi pertinaciam eorum deserere cogeretur.*

1259 Orig. StA Passau, I. Urkunden, Nr. 459, Ernst von Bayern an Passau, 1431, Oktober 31, Straubing: *[E]s ist wol müglich und glawblich, ob wir und all ander fursten, die an das lannd Beheim stossen, nicht anders noch mer darczu täten, dann das wir in* [den Hussiten, d. V.] *nichts liessen zufuren, sy solten dardnoch* [= dadurch] *genött und zu anderen sachen pracht werden.*

1260 DRTA 8, Nr. 311, 372–378, hier 376, § 14, Konrad zu Bickenbach und Meister Peter an die Kurfürsten, 1424, nach August 27. Zu den damaligen politischen Spannungen zwischen Sigismund und den Kurfürsten vgl. auch oben, Kap. 4.3.4.

werden[1261]. Täte man dies, so müssten die Hussiten von selbst von ihrem Aufstand ablassen und könnten nicht länger Widerstand leisten; vielmehr könnte man sie dann gemeinsam leicht besiegen[1262]. In eine ähnliche Richtung geht, um nur ein weiteres Beispiel zu nennen, auch der oben in Kapitel 3.3.1.1 besprochene Vorschlag, den Sigismund im Herbst 1433 den Basler Konzilsvätern unterbreitete und der eine gezielte Implementierung eines Salzembargos gegen die Hussiten propagierte, um so das belagerte Pilsen zu unterstützen[1263].

Fragt man weiter, was anhand einer Betrachtung des antihussitischen Handelsverbotes als Herrschaftspraxis über dessen Charakter als symbolisches Handeln und kommunikativer Prozess gesagt werden kann, muss man sich zunächst bewusst machen, dass sich – im Gegensatz zur instrumentellen Ebene – diese abstrakten theoretischen Konzepte in den Quellen kaum explizit fassen lassen. Im Vorangehenden wurden jedoch zahlreiche symbolisch-kommunikative Aspekte herausgearbeitet, welche dazu beitrugen, das antihussitische Handelsverbot zu jenem vielschichtigen Mittel der Interaktion zwischen Herrscher und Beherrschten zu machen, als das es in Kapitel 5.1 beschrieben wurde.

Wendet man sich etwa der Ebene der Herrschaftspraxis städtischer Autoritäten zu, eignete sich das antihussitische Handelsverbot nicht nur als Herrschaftsmittel zur Unterdrückung von Dissens. Aufgrund seiner gemeinschafts- und identitätsstiftenden Komponenten konnte das Verbot auch als Mittel zur bewussten Pflege eines innerstädtischen Gemeinschaftsgefühls gegen einen drohenden äußeren Feind eingesetzt werden. Wie oben ausgeführt wurde, schlägt Stefan Stanchev vor, die Umsetzung des „papal embargo" als performativen Akt zu interpretieren, durch welchen mittelalterliche Kaufleute und städtische Räte ihre Zugehörigkeit zur katholischen Kirche demonstrierten[1264]. Eine solche Lesart erweist sich als fruchtbar etwa für ein vertieftes Verständnis der oben in Kapitel 4.2.3 behandelten Beispiele für die Verteidigung der städtischen Ehre gegen den Vorwurf des Hussitenhandels durch die Stadträte von Olmütz und Nürnberg: Die Rats-

1261 Ebd.: *[W]anne wir bestelten das man ine* [die Hussiten, d. V.] *nichts zufüret oder ließ zůgeen, als wir wol wisen* [= weisen, offenlegen] *wollten was und wer ine zufuret etc.*

1262 So meine Interpretation von ebd.: *sie musten von ine selbst abelan und kunden es nit beharren; so ist ouch unser so vil umbe sie, weren sie gebraten, wir mochten sie essen.*

1263 Ebd. 11, Nr. 139, 268, Sigismund an das Konzil von Basel, 1433, November 9, Basel. Die taktisch-strategische Ratio solcher Vorschläge und Gebote fanden im Übrigen auch deren Adressaten nachvollziehbar, wie ein trockener Kommentar der Augsburger Ratsherren dokumentiert, die ihre Ulmer Amtskollegen davon unterrichteten, Sigismund habe verboten, den Hussiten Waffen und andere strategische Gütern zu verkaufen *als villeicht nit unbillichen ist*, ebd. 8, Nr. 99, 114f., hier 115, der Augsburger Rat an den Rat der Stadt Ulm, 1422, Februar 12, Augsburg.

1264 Stantchev, Spiritual Rationality, passim, bes. 153, 157–162. Vgl. oben, Kap. 2.4.2.

herren verliehen mit ihrem demonstrativen Auftreten gegen den Vorwurf des Hussitenhandels ihrem Verständnis der Stadt als Gemeinschaft, deren Ruf und guter Leumund kollektiv geschädigt worden war, Ausdruck. Gleichzeitig realisierten die Ratsherren im Namen ihrer Stadt mit diesen Maßnahmen ihre eigene Zugehörigkeit zur Gemeinschaft der Rechtgläubigen und demonstrierten diese Zugehörigkeit vor den das Handelsverbot propagierenden Autoritäten wie König Sigismund, Herzog Albrecht, den Bischöfen von Olmütz und Breslau oder dem päpstlichen Legaten.

Wie in Kapitel 4.3 gezeigt wurde, machte weiters die symbolisch-kommunikative Dimension des antihussitischen Handelsverbotes Urkunden, die dasselbe einschärften, für die Propagatoren des Verbotes zu zweckmäßigen Mitteln und Medien der herrscherlichen Selbstdarstellung und der Bekräftigung des eigenen Autoritätsanspruchs. Blickt man auf die Schreiben Papst Martins V. und seiner Legaten, wird deutlich, dass sie neben der Mobilisierung der Gläubigen und der Vorsorge für deren Seelenheil auch der Demonstration des Herrschaftsanspruches der durch die Kritik der Hussiten und die militärischen Niederlagen unter Druck stehenden Kirche dienten. Mittels der moralischen Abwertung und Unterdrückung wirtschaftlicher Beziehungen mit den Hussiten drückte das Papsttum seinen Anspruch auf Gefolgschaft gegen eben diese „Häretiker" aus und versuchte, alle rechtgläubigen Christen hinter sich zu einen.

Die Könige Sigismund und Wladislaw Jagiello hingegen nutzten Urkunden über das Handelsverbot u. a. dazu, um dem politisch hervorragend instrumentalisierbaren Vorwurf zu begegnen, die Bekämpfung der böhmischen Ketzer entweder nicht ernst genug zu nehmen, oder dieselben sogar zu fördern[1265]. Darüber hinaus erlaubte ihnen die Ausstellung solcher Urkunden ganz generell, gerade in politischen Krisensituationen die mit ihrem Königsamt verbundene Gesetzgebungskompetenz öffentlich zu demonstrieren und mittels des performativen Aktes der Urkundenausstellung Herrschaft überhaupt erst faktisch auszuüben. Umgekehrt erkannten die Empfänger, die, wie eben gezeigt wurde, durchaus auch aus eigener Initiative um Urkunden baten, die das antihussitische Handelsverbot einschärften, mit solchen Bitten die Herrschaftsansprüche der Aussteller an und machten so praktische Herrschaftsausübung eigentlich erst möglich. Wenn weiters, wie oben in Kapitel 5.1.3 unterstellt, die Zittauer im Herbst 1422 Sigismund manipulierten und seine antihussitische Politik ausnutzten, um gegen ihre lokalen Konkurrenten vorzugehen, ist dies nicht nur ein Beleg für die argumentative Nutzung des antihussitischen Handelsverbotes durch einen städtischen Rat, sondern gleichzeitig auch ein Beleg für den Erfolg der von Sigismund auch mittels des antihussitischen Handelsverbotes betriebenen herrschaftslegitimierenden Propaganda: Seine ostentative Selbstdarstellung

1265 Vgl. zum Folgenden auch Kaar, Mittel 241f.

als Kämpfer gegen die Häretiker lud vielleicht dazu ein, genau diese Saite anzuschlagen, wenn man als Bittsteller erfolgreich sein wollte.

Wie deutlich geworden ist, griffen im Kampf gegen die Hussiten in Böhmen „instrumentelle" und „symbolische" Elemente des antihussitischen Handelsverbotes unausgesetzt auf komplexe Weise ineinander. Das Verhältnis der beiden Anteile zueinander war aber kaum jemals völlig ausgewogen; einer der beiden Aspekte stand stets mehr oder weniger stark im Vordergrund. Entsprechend stellt sich die Frage, ob es im zeitlichen Verlauf der Hussitenkriege Phasen gab, in denen eher die instrumentelle Ebene des Handelsverbotes dominierte, und andere, in denen die symbolisch-kommunikative Dimension größere Bedeutung besaß. Von Interesse ist weiters, ob sich das Verständnis des Papstes vom antihussitischen Handelsverbot möglicherweise von der Auffassung Sigismunds und der anderen weltlichen Akteure unterschied und ob beide Seiten mit dem antihussitischen Handelsverbot unterschiedliche Ziele erreichen wollten.

Wendet man sich zunächst der zweiten Frage zu, könnte man angesichts des in Kapitel 4 skizzierten Charakters des antihussitischen Handelsverbotes als moralisch-ethischer Diskurs über die Legitimität von Handel mit Nicht-Christen vermuten, dass für die Kurie die symbolisch-kommunikative Ebene des Verbotes stärker im Vordergrund stand als für die weltlichen Herrscher. Tatsächlich finden sich jedoch, wie eben gezeigt wurde, in den kurialen Quellen regelmäßig dieselben Reflexionen über das antihussitische Handelsverbot als taktisches Kriegsmittel wie in den Urkunden weltlicher Aussteller. Umgekehrt weisen nicht nur die Urkunden der weltlichen Herrscher über das antihussitische Handelsverbot, sondern auch diejenigen der Kurie propagandistische und herrschaftslegitimierende Elemente auf. Für das Papsttum besaß weiters die instrumentelle Dimension des Handelsverbotes als Mittel zur Rettung christlicher Seelen verständlicherweise große Bedeutung. In Erfüllung der Erwartungen an das mittelalterliche Herrscheramt verfolgten allerdings auch die weltlichen politischen Akteure das Ziel, mittels der Einschärfung des Verbotes das Seelenheil ihrer Untertanen zu fördern[1266]. Ganz allgemein scheint es, dass die Nutzung des antihussitischen Handelsverbotes als strategisches Kriegsmittel bzw. als Instrument der herrscherlichen Propaganda weniger vom Hintergrund der Akteure als eher von der konkreten politischen Situation, in der sie sich befanden, und ihren jeweiligen individuellen Zielen bestimmt war. In der Auffassung von Charakter und Ziel des antihussitischen Handelsverbotes konnten keine signifikanten Unterschiede zwischen dem Papsttum und den weltlichen Herrschern festgestellt werden.

Hinsichtlich der Frage, ob die verschiedenen Ebenen des antihussitischen Handelsverbotes möglicherweise zu verschiedenen Zeiten unterschiedlich bedeutsam waren,

---

1266 Vgl. dazu etwa oben, Kap. 4.1.2.

scheint es – stark vereinfachend und vor allem auf die normativen Quellen bezogen –, als habe in den Anfangsjahren der Hussitenkriege zumindest zeitweise die symbolisch-kommunikative Ebene gegenüber der instrumentellen dominiert, insofern als Urkunden über das Verbot damals häufiger als Propagandamittel im politischen Wettbewerb zum Einsatz kamen als in späteren Jahren. Wie oben in Kapitel 4.3.1 gezeigt wurde, erklärt sich etwa die Ausstellung mehrerer Mandate über das antihussitische Handelsverbot durch Sigismund im Frühling 1422 vermutlich nur in zweiter Linie aus militärisch-strategischen Erwägungen. Für den König stand zu diesem Zeitpunkt eher die politische Notwendigkeit im Vordergrund, sich gegen die Kritik der Kurfürsten und der Kurie an seiner vermeintlichen Nachlässigkeit und seiner erfolglosen Kriegsführung in Böhmen zur Wehr zu setzen und die Verantwortung für die militärischen Niederlagen auf andere Schultern abzuwälzen. Selbiges gilt auch für die im Frühling 1424 ergangenen Urkunden unterschiedlicher Aussteller über das antihussitische Handelsverbot[1267]. Damals stand weder ein konkreter antihussitischer Feldzug bevor, noch war die militärische Bedrohung durch die „Herrlichen Feldzüge“ der späteren Jahre auch nur ansatzweise absehbar. Vielmehr ging es den politischen Akteuren vor allem um die „Signalling“-Funktion des Handelsverbotes als Mittel zur Demonstration ihres aufrechten Kampfes gegen die hussitischen „Häretiker“.

Aus diesem Befund lässt sich schließlich möglicherweise auch die ansonsten irritierende Tatsache erklären, dass sowohl Sigismund als auch die Kurie das Handelsverbot offenbar nicht sofort von Beginn des militärischen Kampfes gegen die Hussiten im Frühling 1420 an offensiv propagierten, sondern mutmaßlich erst nach den ersten herben Niederlagen des Jahres 1420 bzw. im Fall der Kurie sogar erst ab dem Herbst 1423[1268]. Erst der wachsende politische Druck, zusammen mit der Suche nach Schuldigen für die wiederholten militärischen Niederlagen, brachte das antihussitische Handelsverbot als Thema der politischen Kommunikation ins Spiel.

Umgekehrt könnte man – ebenso vereinfachend – sagen, je länger der Krieg andauerte und je realer die militärische Bedrohung durch die hussitischen Feldheere wurde, desto stärker trat der instrumentelle Charakter des antihussitischen Handelsverbotes als strategisches Kriegsmittel in den Vordergrund. Das Mandat Albrechts V. vom November 1425 an die Stadt Wien[1269] bzw. die Versuche des Herzogs vom Herbst/Winter 1431, ein System von Förderbriefen zur Kontrolle des böhmisch-österreichischen Handels

1267 Vgl. oben, Kap. 4.3.2, 4.3.3 und 4.3.4.

1268 Vgl. dazu oben, Kap. 2.6.3.

1269 Orig. WStLA, Hauptarchiv – Urkunden Nr. 2271, Albrecht V. an die Stadt Wien, 1425, November 28, Korneuburg. Vgl. dazu oben, Kap. 3.4.2.

einzuführen[1270], die verschiedenen Landesverteidigungsordnungen der späten 1420er- und der frühen 1430er-Jahre, die das antihussitische Handelsverbot thematisieren[1271], ebenso wie der diesbezügliche Passus in Sigismunds allgemeinem Landfriedensgebot vom März 1431[1272] oder seine entsprechenden Mandate aus dem April 1431 an die Adresse der Breslauer und Görlitzer Ratsherren[1273] haben alle eine eindeutig strategisch-instrumentelle Ausrichtung und verfolgen das Ziel, das antihussitische Handelsverbot als Kriegsmittel gegen die Hussiten zum Einsatz zu bringen. Die Durchsetzung des Handelsverbotes sollte die bessere Sicherheit des Landes garantieren, den bevorstehenden Kreuzzug fördern oder hochverräterische Beziehungen zwischen der Landbevölkerung und den Besatzungen der hussitischen Stützpunkte unterbinden.

Dessen ungeachtet waren aber selbstverständlich auch diese im engeren Sinne „instrumentellen" Maßnahmen in den beständigen kommunikativen Prozess eigebettet, mittels dessen Handel mit dem hussitischen Feind als Bedrohung des Allgemeinwohles, Verrat und moralisch verwerfliche Tat konstruiert wurde. Auch soll keineswegs in Abrede gestellt werden, dass auch in den späteren Jahren der Hussitenkriege mit der Ausstellung von Urkunden über das antihussitische Handelsverbot propagandistische und herrschaftslegitimierende Ziele verfolgt wurden[1274].

Abschließend ist nun festzuhalten, dass die analytische Scheidung in „instrumentelle" und „symbolisch-kommunikative" Elemente des antihussitischen Handelsverbotes sich bewährt hat und es durch dieses methodische Vorgehen tatsächlich möglich wurde, „Unterschiedliches am gleichen Gegenstand auf[zu]finden und [zu] unterscheiden"[1275]. Einzelne Aspekte des Themas, wie z. B. der Charakter der über das Handelsverbot ausgestellten Urkunden als Resultate eines Aushandlungsprozesses zwischen Herrscher und Beherrschten, wurden erst durch dieses Vorgehen überhaupt wahrnehmbar. Für andere Phänomene, etwa die Tatsache, dass die normativen Quellen über das Verbot erst mit einiger Verspätung einsetzen, konnte auf diese Weise erstmals eine Erklärung vorgeschlagen werden. Die Betrachtung des Handelsverbotes und seiner Umsetzung als Herrschaftspraxis hat damit gezeigt, dass sich die Aussagemöglichkeiten beider Konzepte

1270 Vgl. oben, Kap. 3.4.1.

1271 Vgl. etwa Beck, Heerwesen 24f., hier 25, Bündnisvertrag Johanns von Pfalz-Neumarkt mit Ernst und Wilhelm von Bayern, 1429, Oktober 21, Straubing; Stöller, Österreich 84–87, hier 86, Proposition der österreichischen Stände an Albrecht V., zu 1431, November 1; Orig. StA Passau, I. Urkunden, Nr. 459, Ernst von Bayern an Passau, 1431, Oktober 31, Straubing.

1272 DRTA 9, Nr. 411, 540–543, hier 542, Sigismund an alle Reichangehörigen, 1431, März 14, Nürnberg.

1273 Vgl. oben, Kap. 5.1.2.

1274 Vgl. dazu etwa oben, Kap. 4.3.2 mit Anm. 1161.

1275 Köhler, Strategie 31, vgl. oben, Kap. 2.4.2.

vereinen lassen, um gemeinsam ein neues, multidimensionales Bild des historischen Phänomens „antihussitisches Handelsverbot“ zu schaffen.

Im folgenden, letzten Kapitel werden nun die Ergebnisse, welche diese Arbeit erzielt hat, noch einmal gebündelt und in Relation zu den Ergebnissen der bisherigen Forschung gesetzt. Weiters wird ein Ausblick auf mögliche zukünftige vergleichende Forschungen geboten. Davor wird jedoch Stellung zu jener Frage zu beziehen sein, die die Kernfrage der Auseinandersetzung mit dem antihussitischen Handelsverbot in der bisherigen Forschung darstellte: die Frage nach Effizienz und Auswirkungen des Verbotes.

6. ERGEBNISSE UND AUSBLICK

6.1 Ergebnisse: „Hat das antihussitische Handelsverbot gewirkt?“[1276]

Die Frage ob, und wenn ja, welche Auswirkungen ein historisches Handelsverbot hatte, ist auf den ersten Blick die naheliegendste Frage, mit der man sich bei der Auseinandersetzung mit einem solchen Phänomen befassen kann. Dies gilt auch für das antihussitische Handelsverbot. Tatsächlich kreiste, wie oben in Kapitel 2.3 herausgearbeitet wurde, die Aufmerksamkeit der Forschung bislang sogar vorrangig um dieses Problem. Auch mir wurde im Laufe meiner Beschäftigung mit dem Thema die Frage nach den Auswirkungen des antihussitischen Handelsverbotes auf die Handelsbeziehungen Böhmens mit seinen Nachbarländern mit Abstand am häufigsten gestellt. Es überrascht daher kaum, dass dieses Problem ursprünglich auch am Beginn meiner Auseinandersetzung mit dem Thema „Handelsverbot“ stand. Am Ende dieser Untersuchung soll daher die Frage nach den Auswirkungen des antihussitischen Handelsverbotes noch einmal gezielt aufgegriffen werden, um zumindest den Versuch einer Bilanz zu unternehmen.

Wie im Verlauf dieser Untersuchung deutlich geworden ist, ist es beim derzeitigen Stand der Forschung nicht möglich, eine Antwort auf die scheinbar simple Frage nach Effizienz und Effekten des antihussitischen Handelsverbotes zu geben. Vielmehr scheint es zweifelhaft, ob diese Frage überhaupt jemals seriös beantwortet werden kann. Verantwortlich dafür sind einerseits die fragmentarische Quellenlage und die Natur der überlieferten Quellen[1277]. Zum anderen müssen für eine Einschätzung der Auswirkungen des antihussitischen Handelsverbotes sehr viele verschiedene Faktoren berücksichtigt werden, deren Effekte im Einzelnen schwierig zu gewichten sind: Welche langfristigen, makroökonomischen Veränderungen erlebte die mitteleuropäische Wirtschaft im 15. Jahrhundert und welche Auswirkungen hatten diese auf die böhmischen Handelsbeziehungen? Welche Rolle spielte die allgemeine Unsicherheit der Straßen aufgrund der lang andauernden Kriegshandlungen für den Handelsverkehr? Wie sind die „Herrlichen Feldzügen“ und die Etablierung hussitischer Stützpunkte in den böhmischen Nachbarländern unter wirtschaftlichen Gesichtspunkten zu interpretieren? Welche Rolle kam den böhmischen Katholiken im Handelsverkehr zwischen dem katholischen Ausland und dem hussitischen Binnenland konkret zu?

1276 Die Idee zu diesem Kapitel, ebenso wie dessen Titel, sind zum Teil dem Kapitel „Effect on Trade: Did the Embargo ‚Work‘?“ in Stantchev, Spiritual Rationality entlehnt. Ich danke Judit Majorossy und Sandra Weiss für Anregungen zu diesem Kapitel.

1277 Vgl. oben, Kap. 2.5 und 2.6.

Aufgrund der Komplexität und mangelnden Quantifizierbarkeit dieser Einflussfaktoren konnte die bisherige Forschung zu sehr unterschiedlichen Urteilen hinsichtlich der Effizienz und den Effekten des antihussitischen Handelsverbotes kommen. Die Einschätzungen reichen dabei, wie gezeigt wurde, von der Beurteilung des Verbotes als wichtigster Einzelfaktor zur Erklärung einer angeblichen Krise der böhmischen Wirtschaft vor der Schlacht von Lipany bis zur völligen Negation von dessen faktischer Existenz[1278].

Um diese Widersprüche klären zu können, müsste eine Untersuchung sehr viel breiter angelegt sein als die hier vorliegende. Zum einen wäre eine bedeutend größere Zeitspanne in den Blick zu nehmen: Neben der relativ kurzen Periode der Hussitenkriege hätte eine solche Untersuchung einerseits die wirtschaftlichen Verbindungen Böhmens mit seinen Nachbarländern im 14. Jahrhundert intensiver aufzuarbeiten, als dies hier geschehen ist. Andererseits müsste der Untersuchungszeitraum weit über das Jahr 1436 hinaus gezogen werden. Erst dann wäre es möglich, auf einer systematischen Ebene Veränderungen in den Handelsbeziehungen Böhmens mit seinen Nachbarländern während und nach den Hussitenkriegen zu beobachten. Entsprechend breiter müsste auch der geografische Rahmen der Untersuchung abgesteckt sein: Um Veränderungen in den internationalen Handelsbeziehungen beurteilen zu können, müssten auch die Entwicklungen in den Nachbarländern Böhmens berücksichtigt werden. Ganz allgemein wäre ein ganzes Bündel an Einflussfaktoren stärker zu berücksichtigen, als es hier getan wurde: Politische und militärische Auseinandersetzungen auch außerhalb Böhmens, die Veränderungen der europäischen Wirtschaft des 15. Jahrhunderts auf makroökonomischer Ebene, klimatische und demografische Entwicklungen und vieles andere mehr. Eine systematische Untersuchung der Effekte des antihussitischen Handelsverbotes müsste weiters vor allem einen quantitativen Ansatz verfolgen. Zu diesem Zweck wäre speziell auch nach neuen Quellen für die böhmische Handelsgeschichte zu suchen, die solche quantitativen Auswertungen erlauben. Allerdings müssten dafür viel weitergehende Quellen- und Archivrecherchen unternommen werden, als sie für diese Arbeit erfolgt sind, ohne dass eine Garantie bestünde, dass solche Recherchen von Erfolg gekrönt wären.

Die skizzierten Anforderungen gingen über das hinaus, was hier geleistet werden konnte. Vor allem aber stellte sich rasch heraus, dass diese Studie versuchen wollte, einen innovativen, neuen Blick auf das antihussitische Handelsverbot zu werfen, der ein anderes Erkenntnisinteresse verfolgte als die bisherige Forschung[1279]. An dieser Stelle kann daher die Frage nach der Effizienz und den Effekten des antihussitischen Handelsverbotes nicht beantwortet werden. Stattdessen sollen hier die in den vorangehenden Kapiteln erzielten Ergebnisse mit den Einschätzungen der bisherigen Forschung zu den

1278 Vgl. oben, Kap. 2.3.3.

1279 Vgl. dazu noch einmal zusammenfassend im Folgenden, Kap. 6.3.

Auswirkungen des Handelsverbotes zusammengebracht werden, um diese um neue Erkenntnisse zu ergänzen bzw. sie gegebenenfalls zu revidieren.

Zu behandeln ist hier zunächst die von Miloslav Polívka geäußerte These, das antihussitische Handelsverbot sei am Anfang der Hussitenkriege strenger gehandhabt worden als in den späteren Kriegsjahren, als die Macht des Faktischen dessen Bestimmungen immer mehr aufgeweicht habe[1280]. Möglicherweise war dem in der Praxis tatsächlich so. In den frühen 1430er-Jahren, auf die Polívka sich bezieht, dauerte der Konflikt bereits seit über einem Jahrzehnt an, ohne dass ein Ende in greifbarer Nähe schien. Der Böhmenhandel hatte sich mutmaßlich an die veränderten Umstände angepasst und neue Routinen entwickelt; die Prager Märkte waren jedenfalls Anfang 1432 voll mit Lebensmitteln, Wein, Tuch, Textilien und Salz, die von katholischen Kaufleuten nach Böhmen gebracht worden waren[1281]. Wie Polívka selbst nachwies, gelangte zur selben Zeit Kuttenberger Erz – welches mutmaßlich mit Hilfe importierten polnischen Bleis verarbeitet wurde – bis nach Nürnberg[1282]. Auch die oben in Kapitel 4.1.3 analysierten Korrespondenzen und päpstlichen *litterae* betreffend die Absolution von Hussitenhändlern aus den Nachbarländern Böhmens, welche indirekt die Existenz von Handelsbeziehungen belegen, stammen gerade aus den Jahren um 1430.

Dieser – möglichen – faktischen Lockerung des antihussitischen Handelsverbotes stand jedoch keinerlei Lockerung von Seiten der Politik gegenüber. Im Zusammenhang mit den Vorbereitungen für den Fünften Kreuzzug im Frühling 1431 wurden eine ganze Reihe von Urkunden ausgestellt, die das antihussitische Handelsverbot neuerlich einschärften[1283]. In den böhmischen Nachbarländern wurden mutmaßliche Hussitenhändler gerade in diesen Jahren mit besonderer Härte verfolgt[1284], während der Nürnberger Rat unvermindert energisch gegen den Vorwurf des Hussitenhandels kämpfte[1285]. Als das Basler Konzil bereits an einer politischen Verständigung mit den gemäßigten Hussiten arbeitete, ersuchte Sigismund im November 1433 die Konzilsväter, mit Kirchenstrafen gegen alle vorzugehen, die den böhmischen Häretikern Salz und andere Güter

1280 Polívka, K „černému obchodu" 33, vgl. oben, Anm. 276. Polívkas Schlussfolgerung an dieser Stelle scheint allerdings lediglich auf den ebd. untersuchten Rechnungen der städtischen Nürnberger Kupferschmelze zu basieren, die nur für die Jahre 1432 bis 1434 überliefert sind. Über die Jahre davor und danach lassen sich keine Aussagen treffen. Vgl. dazu auch oben, Anm. 662.

1281 MCG 1, Nr. 72, 139–142, hier 141, Johannes Nider an Johannes von Ragusa, 1432, Jänner 5, Nürnberg. Vgl. dazu oben, Kap. 3.3, passim, bes. Anm. 715.

1282 Polívka, K „černému obchodu". Vgl. oben, Kap. 3.3.2.

1283 Vgl. oben, Kap. 5.1.3.

1284 Vgl. oben, Kap. 4.2.1 und 5.1.2.

1285 Vgl. oben, Kap. 4.2.3.

verkauften[1286], und Papst Eugen IV. nahm eine umfängliche Spezialsentenz gegen Hussitenhändler in seine Abendmahlbullen auf[1287]. Die Hussiten selbst sahen sich umgekehrt dazu gezwungen, mit Polen über eine offizielle Aussetzung des Handelsverbotes zu verhandeln[1288]. Die eben erwähnten Fakultäten über das Recht, Hussitenhändler zu absolvieren, belegen schließlich, dass Hussitenhandel unvermindert als schwere Sünde betrachtet wurde, die das Seelenheil der Gläubigen gefährdete.

Das gesichtete Material legt nahe, dass es von Seiten der Politik erst seit dem Umschwung der innerböhmischen Kräfteverhältnisse nach der Schlacht von Lipany im Sommer 1434 und der zunehmenden Annäherung zwischen den Hussiten und dem Basler Konzil zu einer Lockerung des Handelsverbotes kam. Nach September 1434 gibt es kein Schreiben eines weltlichen Fürsten oder der Kurie mehr, in dem das antihussitische Handelsverbot ausdrücklich eingeschärft wird. Einerseits verloren mit dem damaligen Wegfall der permanenten Drohung eines Kreuzzuges Mandate über das Handelsverbot offenbar an Attraktivität als Propagandamittel im politischen Wettbewerb[1289]. Andererseits ließ im Zuge der Friedensverhandlungen auch die taktisch-strategische Motivation nach, wirtschaftlichen Druck auf die Hussiten auszuüben. Stimmig dazu ist auch der Befund, dass – zumindest soweit bisher bekannt – nach April 1434 keine Vorwürfe über angeblichen Hussitenhandel mehr in den Quellen erscheinen, was wohl auch dem allgemeinen Nachlassen der „Hussitenpanik" nach der Zerschlagung der gefürchteten Feldheere geschuldet ist.

In welchem Maße unter diesen Umständen damals dann auch der tatsächliche Handelsverkehr zwischen Hussiten und Katholiken (wieder?) zunahm, lässt sich hingegen nicht feststellen[1290]. Im November 1434 benötigte der mutmaßliche Hussit Heinrich jedenfalls noch eine besondere Genehmigung Herzog Albrechts V., um in Brünn Geschäfte

---

1286 DRTA 11, Nr. 139, 268, Sigismund an das Konzil von Basel, 1433, November 9, Basel. Vgl. oben, Kap. 3.3.1.1.

1287 Göller, Pönitentiarie 271, 1434, April 24, Rom (jedoch möglicherweise bereits 1433 in Verwendung). Vgl. oben, Kap. 5.1.3.

1288 Orig. GStA PK, XX. Hauptabteilung, Ordensbriefarchiv, Nr. 6355, Beilage, Marquard von Königsegg an den Hochmeister des Deutschen Ordens, 1433, Februar 9, Mainau. Vgl. oben, Kap. 3.2.2.

1289 Vgl. oben, Kap. 4.3.

1290 Vgl. in diesem Zusammenhang die bereits genannten vereinzelten Belege für Handelsbeziehungen zwischen Hussiten und Katholiken aus den Jahren 1434 bis 1436: Oben, Anm. 701 (Verkauf oberösterreichischer Textilien durch eine Budweiser Bürgerin nach Tabor zu einem unbestimmten Zeitpunkt im Jahr 1434); Anm. 438 (Unterstützung des Nürnberger Rates für die Forderungen eines Nürnberger Bürgers gegenüber zwei Prager Bürgern vor dem Altstädter Rat, März 1436). Weitere Nachrichten über vor dem Altstädter Rat verhandelte Rechtsangelegenheiten ausländischer Kaufleute aus den Jahren 1433 (!) bis 1436, die aufgrund von Kriegsverlusten nicht mehr überprüfbar sind, bei Winter, Dějiny 894.

abwickeln zu dürfen[1291], und ebenfalls im Herbst 1434 befahl Sigismund den Bürgern von Passau, den Handel auf dem „Goldenen Steig“ zu überwachen, damit seinen hussitischen Gegnern auf diesem Weg keine Waren zugeführt würden[1292]. Die Festlegung des „offiziellen“ Endpunktes des antihussitischen Handelsverbotes mit den Iglauer Kompaktaten von 1436 erscheint daher trotz der politischen Wende des Jahres 1434 gerechtfertigt.

Weiters müssen an dieser Stelle die einflussreichen Thesen Josef Janáčeks zum antihussitischen Handelsverbot und dessen Auswirkungen auf die Struktur des böhmischen Handels noch einmal einer kritischen Betrachtung unterzogen werden[1293].

Janáčeks Annahme, der internationale, auf Prag zentrierte Fernhandel sei während der Hussitenkriege deutlich zurückgegangen, scheint vor dem Hintergrund der Ergebnisse dieser Arbeit etwas zu relativieren zu sein. Wie im Vorangehenden gezeigt wurde, waren die Altstädter Ratsherren ebenso wie die Besatzung der Burg Karlstein in der Lage, sich im hussitischen Prag zu offensichtlich akzeptablen Preisen mit internationalen Fernhandelsgütern zu versorgen[1294]. Die Gäste des Altstädter Rates tranken im Jahr 1429/30 mit erstaunlicher Regelmäßigkeit Bier aus dem schlesischen Schweidnitz[1295]; österreichisches Salz konkurrierte in den 1420er-Jahren auf dem Prager Markt mit Salz aus Meißen[1296]. Der Pressburger Rat handelte in bestem nachbarschaftlichen Einvernehmen Getreide mit einem bekannten hussitischen Herrn[1297], in den Zoll- und Mautstationen entlang der Straßen nach Prag ließen sich Einnahmen generieren, mit denen königliche Schulden getilgt werden konnten[1298], und König Sigismund, ebenso wie die bayerischen Herzöge und Albrecht V. von Österreich, hatten Anlass, ihren jeweiligen Untertanen regelmäßig die Befolgung des antihussitischen Handelsverbotes einzuschärfen[1299]. Der Nürnberger Kaufmann Hans Imhoff schließlich war angeblich auf dem Weg eben nach Prag, um dort Gewürze zu verkaufen, als er als Hussitenhändler eingekerkert wurde[1300]. Dieser regelmäßigen Zufuhr von Fernhandelsgütern stehen umgekehrt Hin-

1291 Vgl. oben, Kap. 3.4.4.1.

1292 Orig. StA Passau, I. Urkunden, Nr. 496; RI XI, Nr. 10785, Sigismund für Passau, 1434, September 14, Regensburg. Vgl. bes. oben, Kap. 3.3.1.1.

1293 Vgl. oben, Kap. 2.3.2.

1294 Vgl. oben, Kap. 3.3, passim.

1295 Vgl. oben, Kap. 3.3.1.3.

1296 Vgl. oben, Kap. 3.3.1.1.

1297 Vgl. oben, Kap. 3.3.1.3.

1298 Vgl. oben, Kap.3.4.4.1.

1299 Vgl. oben, Kap. 3.1.1.

1300 Vgl. oben, Kap. 4.2.4.

weise auf böhmische Erz-, Tuch- und Getreideexporte gegenüber[1301]. Möglicherweise waren manche Waren wie Salz, Gewürze oder strategische Güter zeitweise in Böhmen tatsächlich nur eingeschränkt erhältlich[1302]. Insgesamt scheint sich allerdings das von Jaroslav Čechura postulierte Bild eines funktionierenden Marktes für Fernhandelswaren zu bestätigen[1303].

Wie genau diese Fernhandelsgüter nach Prag und in andere hussitische Zentren gelangten, konnte allerdings in Ermangelung neuer Quellen auch in dieser Untersuchung nicht geklärt werden[1304]. Die Unsicherheit der Straßen durch die bewaffneten Auseinandersetzungen schreckte jedenfalls nicht jeden ausländischen Kaufmann davon ab, persönlich seinen Geschäften in Böhmen nachzugehen. Nürnberger Kauf- und Fuhrleute hielten sich während der Kriegsjahre regelmäßig in Böhmen auf (wenn auch offenbar seltener als zur selben Zeit in der Oberlausitz und Schlesien)[1305]; möglicherweise spielten auch Regensburger und andere süddeutsche Kaufleute eine größere Rolle, als bisher in der Literatur angenommen[1306]. Trotz der Flucht bzw. Vertreibung von Teilen der deutschen Bevölkerung aus den hussitischen Städten konnten die Oberdeutschen bei diesen Geschäften offenbar auch immer noch zumindest teilweise auf ein etabliertes persönliches Netzwerk zurückgreifen[1307]. An dieser Stelle muss jedoch nochmals betont werden, wie stark dieses Bild von der Nürnberger Überlieferung geprägt ist. Wahrscheinlich gab es neben den bekannten oberdeutschen Kaufleuten auch viele individuelle Akteure aus anderen Regionen, die während der Hussitenkriege in Böhmen aktiv waren. So wickelte etwa ein Görlitzer Bürger in den besonders unruhigen ersten Kriegsjahren 1420/21 alltägliche Geschäfte in Kuttenberg ab, wo sich seinem Bericht zufolge damals auch eine Reihe weiterer ausländischer Kaufleute aufhielt[1308].

1301 Vgl. oben, Kap. 3.3, passim.

1302 Salz: Vgl. oben, Kap. 3.3.1.1. Gewürze: Vgl. oben, Kap. 3.3.3. Strategische Güter: Vgl. oben, Kap. 3.3.2.

1303 Vgl. oben, Kap. 2.3.3.

1304 Im Gegensatz zu Musílek, Handelskontakte 123 vermag ich in dem ebd., Anm. 36 zitierten Aufsatz Polívkas zu den Nürnberger Handelsbeziehungen mit dem hussitischen Böhmen keinen konkreten Beleg dafür zu finden, dass „Nürnberger Waren von Pilsner, Budweiser, Brüxer oder Egerer Kaufleuten angekauft, nach Prag geliefert und dort als heimische Waren ausgegeben wurden." Auch sonst ist mir kein konkreter Quellenbeleg bekannt, der die – nichtsdestotrotz sehr wahrscheinliche – Annahme, dass die einheimischen Katholiken als Zwischenhändler fungierten, ausdrücklich belegt.

1305 Vgl. oben, Kap. 3.2.1.

1306 Vgl. oben, Kap. 3.3.1.1, 3.4.4.2 und 4.2.1.

1307 Vgl. oben, Kap. 3.2.1 und 3.4.4.2.

1308 Neumann, Schöffensprüche Nr. 4, 124–126, der Magdeburger Schöffenstuhl an die Görlitzer Schöffen, 1421, Juni 7, Magdeburg. Vgl. oben, Anm. 142. Weitere Belege für Aufenthalte ausländischer Fernkaufleute in Böhmen oben in Kap. 3.2.1.

Allerdings spricht auch einiges für die von Janáček und anderen Autoren geäußerte Annahme, die böhmischen Katholiken hätten bei der Weitervermittlung von Waren ins hussitische Binnenland eine wichtigere Rolle als die ausländischen Kaufleute gespielt, was in weiterer Folge zu einem Bedeutungsanstieg der katholischen Grenzstädte auf Kosten Prags geführt habe[1309]. Deutlich bestätigt hat sich etwa die in der Literatur postulierte enge Verbindung zwischen Nürnberg und den westböhmischen Städten, insbesondere Pilsen und Eger. Des Hussitenhandels verdächtigte Nürnberger Kaufleute gaben regelmäßig an, ihre Waren seien für Pilsen bestimmt oder kämen von dort[1310]; Pilsner Kaufleute tätigten umgekehrt Geschäfte in Nürnberg[1311]. Der Nürnberger Rat wickelte Versorgungslieferungen für seine Söldner in Böhmen oder für befreundete Städte und Adelige über Eger ab[1312]; in Pilsen befindliche Kaufleute sandten anscheinend regelmäßig Waren von dort über Eger nach Nürnberg[1313]. In Eger versorgten sich auch Pilsner Krämer mit Bedarfsgütern[1314], während Egerer Kaufleute wiederum als Mittler zwischen Nürnberg und dem hussitischen Kuttenberg fungierten[1315].

Weder aus Eger noch aus Pilsen sind Mandate bekannt, die das antihussitische Handelsverbot einschärften, obwohl sich zumindest das Egerer Archiv durch eine außergewöhnlich gute Überlieferungslage auszeichnet, und obwohl es zumindest eine vereinzelte Nachricht über reuige Egerer Hussitenhändler gibt[1316]. Nimmt man an, dass königliche Mandate über das Handelsverbot zumindest teilweise auch dem Antrieb der Empfänger entsprangen[1317], könnte dies darauf hindeuten, dass die führenden Schichten in beiden Städten kein besonderes Interesse daran hatten, das antihussitische Handelsverbot als Mittel zur Festigung ihrer lokalen Herrschaft zu instrumentalisieren. Vielmehr entsteht der Eindruck, dass Pilsner und Egerer Kaufleute versuchten, von ihrer Mittlerlage zu profitieren, während die katholischen Autoritäten sie möglicherweise bis zu einem gewissen Grad sogar bewusst darin gewähren ließen, um nicht aus wirtschaftlichen Grün-

1309 Vgl. oben, Kap. 2.3.2.

1310 Vgl. oben, Kap. 4.2.2 und 4.2.4.

1311 Vgl. oben, Kap. 3.3.3.

1312 Vgl. lediglich als ein Beispiel von vielen StAN BB Nr. 5, fol. 159r; Urkundliche Beiträge 1, hg. Palacký Nr. 137, 146f., der Nürnberger Rat an Peter Volkamer, 1421, September 15, Nürnberg. Vgl. oben, Kap. 3.3.2.

1313 Vgl. oben, Kap. 3.3.1.3.

1314 Vgl. oben, Kap. 3.2.2.

1315 Vgl. oben, Kap. 3.2.1.

1316 Vgl. oben, Kap. 4.1.3.

1317 Vgl. oben, Kap. 5.1.

den diese beiden strategisch wichtigen katholischen Stützpunkte innerhalb Böhmens zu verlieren[1318].

Ein weiteres Beispiel für die von Janáček diagnostizierte zunehmende Bedeutung der Grenzstädte stellt das südböhmische Budweis dar. Die Stadt orientierte sich während der Hussitenzeit vorübergehend stark auf das benachbarte Österreich hin, was durch die Tatsache begünstigt wurde, dass sie zeitweise mit Albrecht V. demselben Herrn unterstand wie die Österreichischen Länder[1319]. Befördert wurde diese Ausrichtung jedoch auch durch die Konkurrenz eines mächtigen adeligen Nachbarn, Ulrichs von Rosenberg. Die königliche Stadt, der katholische Rosenberger und mehrere hussitische Lokalmächte konkurrierten, wie gezeigt wurde, während der Hussitenkriege um die führende Position im regionalen Salzhandel[1320]. Die Fronten verliefen dabei offensichtlich unabhängig von der jeweiligen konfessionellen Zugehörigkeit vorrangig entlang wirtschaftlicher Interessen. Dies illustriert die ungebrochene Bedeutung, die dem böhmischen Salzhandel auch während der Hussitenzeit zukam. Gerade bei diesem Handelszweig scheinen die wirtschaftlichen Interessen dauerhaft die Oberhand gegenüber dem militärisch-taktischen Potential eines Salzembargos behalten zu haben; jedenfalls spielt das Handelsverbot in den Quellen zum Salzhandel so gut wie keine Rolle.

Weitere mögliche Gewinner der Bedeutungszunahme der Grenzregionen waren schließlich die mährischen Städte. Zumindest Olmütz spielte offenbar eine ähnlich aktive Rolle im Handelsverkehr mit den mährischen Nachbarländern wie Pilsen oder Budweis im Königreich Böhmen. Aufgrund der ungewöhnlich guten Überlieferungslage konnte ein plastisches Bild von den inner- und außermährischen Handelsverbindungen dieser Stadt gezeichnet werden, das sich mutmaßlich auch auf die anderen großen mährischen Städte übertragen lässt[1321]. Ähnlich wie Budweis profitierten die katholischen mährischen Städte – trotz aller durch die Hussitenkriege verursachten wirtschaftlichen

---

1318 Bezeichnend ist in diesem Zusammenhang etwa das oben in Kap. 4.1.3. erörterte Verhalten Johannes Niders, der sich dafür aussprach, den Pfarrer von Eger mit der Befugnis, Hussitenhändler zu absolvieren, auszustatten, MCG 1, Nr. 119, 216f., Johannes Nider an Johannes von Ragusa, 1432, April 21, Nürnberg. Für den Autor standen mit Sicherheit seelsorgerische Erwägungen im Vordergrund, dennoch fällt die Gelassenheit des hohen kirchlichen Amtsträgers Nider angesichts der evidenten Umgehung des antihussitischen Handelsverbotes auf.

1319 Vgl. bes. oben, Kap. 3.3.1.2.

1320 Vgl. oben, Kap. 3.3.1.1.

1321 Vgl. oben passim, bes. Kap. 3.3.1.3, 3.4.4.2 und 4.2.3. Hingewiesen sei an dieser Stelle auch noch auf die Belege oben, Anm. 452 zu Brünn, sowie zwei Zollprivilegien Sigismunds, die die Fernhandelsaktivitäten mährischer Städte während der Hussitenkriege illustrieren: RI XI NB 1, Nr. 52f., 1421 April 23, Olmütz: Bestätigung der Zollfreiheiten der Bürger der nördlich von Olmütz gelegenen Stadt Littau; ebd. Nr. 95, 1422 April 26, Holitsch: Bestätigung der Zollfreiheiten der Bürger der Grenzstadt Göding in Ungarn.

Probleme – von der Tatsache, dass mit Albrecht V. wieder ein energischer Landesherr in mittelbarer Nähe residierte, an den sich die Städte auch bei Problemen wenden konnten, die sich aus der Umsetzung des antihussitischen Handelsverbotes ergaben[1322]. Die territoriale und konfessionelle Zersplitterung Mährens führte weiters dazu, dass gerade die dortigen Städte, gezwungen durch alltägliche Notwendigkeit, etwa beim Weinbau und -handel, dauerhaft in mehr oder weniger intensivem Kontakt mit ihren hussitischen Nachbarn standen, wodurch sie auch zu Mittlern zwischen ihnen und dem katholischen Ausland wurden.

Insgesamt hat die vorliegende Untersuchung das Bild eines prinzipiell durchlässigen Handelsverbotes, wie es ähnlich schon der Großteil der bisherigen Forschung gezeichnet hat, weiter bestätigt. Allen religiösen, nationalen und machtpolitischen Spannungen zwischen Hussiten und Katholiken zum Trotz gab es während der Hussitenkriege sowohl auf der Ebene des internationalen Fernhandels als auch der des nahräumlichen Kleinhandels einen illegalen Markt für Embargowaren, so wie es ihn in praktisch jedem anderen bewaffneten Konflikt gab und gibt. Die Behauptung des Basler Konzilsvaters Johannes von Segovia, die Zustellung des Einladungsbriefes des Konzils an die Hussiten vom Oktober 1431 sei beinahe daran gescheitert, dass niemand mit den Böhmen Kontakt haben wollte und es wegen des Verbotes keinen Handelsverkehr mit ihnen gegeben habe, ist wohl kaum mehr als eine rhetorische Figur[1323]. Vielmehr waren die Zeitgenossen sich vollkommen darüber im Klaren, dass das Handelsverbot selbst von politisch exponierten Akteuren, wie den Bürgern der polnischen Residenzstadt Krakau oder den Betreibern der städtischen Nürnberger Kupferschmelze, mehr oder weniger permanent umgangen wurde[1324]. Durch diese Kontakte blieb Böhmen auch während der Hussitenkriege auf vielfältige Weise wirtschaftlich mit seinen Nachbarländern verflochten; das Bild eines „Isolationismus“ des hussitischen Böhmen, wie es etwa Peter Moraw und Jörg Hoensch zeichneten[1325], trifft auf dieser Ebene zweifellos nicht zu.

1322 Vgl. oben, Kap. 3.4.4.2.

1323 MCG 2, 42 (zu 1431, Oktober 15): *Hec enim sollicitudo permaxima sancte synodo inerat, vt Bohemos adduceret in ouile catholice ecclesie in Basiliensi ciuitate legittime congregate, idque futurum sperebat, si epistola ad eorum noticiam peruenisset; sed difficile id putabatur eratque reuera. Nemo quippe audebat eorum appropinquare fores, nullo commercio prohibente ecclesia inuicem existente, illorumque ferocitate circumuicinis omnibus stupefactis.* Ich danke Dušan Coufal für diesen Hinweis.

1324 Vgl. unter vielen anderen, Großteils im Vorangehenden bereits im Detail analysierten Quellennachrichten, lediglich die oben, Anm. 966 zitierte resignierte Äußerung eines anderen Basler Konzilsvaters, Johannes Nider, über die weite Verbreitung des Problems des Hussitenhandels, MCG 1, Nr. 119, 216f., hier 217, Ders. an Johannes von Ragusa, 1432, April 21, Nürnberg.

1325 Vgl. oben, Kap. 2.3.3.

Unser Bild von der scheinbaren Ineffizienz des Handelsverbotes ist allerdings stark von den Aussagemöglichkeiten und -grenzen der Quellen bestimmt: Reibungslose Transaktionen ebenso wie die gezielte Unterlassung von Handel fanden naturgemäß weniger Niederschlag in den Quellen als strittige Fälle, in denen der Vorwurf des Hussitenhandels erhoben wurde. Ohne Kenntnis des Gesamtumfanges der wirtschaftlichen Transaktionen, die vor, während und nach den Hussitenkriegen zwischen Hussiten und Katholiken abgewickelt wurden, sind die Fälle von dokumentiertem – mutmaßlichen – Schwarzhandel daher im Wesentlichen ohne Aussagekraft für die Effizienz des Verbotes. Die Frage nach Effizienz und Effekten des antihussitischen Handelsverbotes wird daher weiterhin von der persönlichen Einschätzung des/der individuellen ForscherIn abhängig bleiben.

6.2 Ausblick: „Ist etwas Besonderes an dem antihussitischen Handelsverbot?"

Angesichts der Beobachtungen der vorangegangenen Kapitel zum antihussitischen Handelsverbot stellt sich naturgemäß die Frage, inwieweit es sich bei denselben um Spezifika des gewählten Fallbeispiels handelt, d. h. ob, und wenn ja, wodurch sich das Handelsverbot gegen die Hussiten von vergleichbaren historischen Phänomenen unterschied bzw. worin jeweils Gemeinsamkeiten lagen. Der breite Vergleich, der nötig wäre, um diese Frage zu beantworten, kann an dieser Stelle nicht geleistet werden. Im vorliegenden Kapitel sollen jedoch einige potentielle Vergleichsbeispiele benannt werden, anhand derer in Zukunft eine breitere historische und geistesgeschichtliche Einbettung des antihussitischen Handelsverbotes erfolgen könnte.

Verbote bezüglich des An- oder Verkaufs bestimmter Güter sind zum einen kein Spezifikum kriegerischer Auseinandersetzungen. Auch im Frieden gab es stets Handelsbeschränkungen und -regulationen, die einen selbstverständlichen Bestandteil des mittelalterlichen Alltagslebens bildeten. Tatsächlich betrifft ein großer Teil der überlieferten wirtschaftsgeschichtlichen Quellen Maßnahmen, deren Zweck die Steuerung von Handel und Verkehr zum Schutz ökonomischer Einzelinteressen oder des – wie auch immer verstandenen – Gemeinwohles war. Fürsten, Städte oder Interessensverbände versuchten durch Stapel- und Niederlagsrechte, Straßenzwänge, Messeprivilegien, Zölle und Geleitsrechte, Monopole, Ausfuhrverbote und Ähnliches, Einfluss auf den Warenverkehr zu nehmen. Entsprechend entwickelte sich eine weite Bandbreite von Maßnahmen zur Kontrolle und, wenn nötig, zur gewaltsamen Durchsetzung dieser Regulationen[1326]. Für

1326 Vgl. etwa oben, Kap. 3.3.1.1, zur Überwachung illegaler Salzstraßen durch die Freistädter oder das von

die Umsetzung des antihussitischen Handelsverbotes stand den Verantwortlichen daher eine Palette von etablierten Zwangs- und Kontrollmitteln zur Verfügung, auf die sie, unabhängig vom rechtlichen und ideellen Hintergrund des antihussitischen Handelsverbotes, zurückgreifen konnten.

Im Zuge der Untersuchung hat sich weiters gezeigt, dass für eine vergleichende Einordnung des antihussitischen Handelsverbotes auch die zeitgenössische Fehdepraxis von großer Bedeutung ist. Mittelalterliche Fehdeführende stellten permanent Kaufleute, die ihrem Gegner untertänig waren oder die sie verdächtigten, denselben durch die Zuführung von Gütern materiell zu begünstigen, unter Arrest und beschlagnahmten deren Waren. Die Nürnberger Briefbücher etwa sind voll von Beispielen für die Verhaftung städtischer Kaufleute durch Adelige, die in irgendeiner Form Ansprüche an die Stadt oder ihre Verbündeten erhoben[1327]. Wie gezeigt werden konnte, hingen auch einige der Fälle von Beschlagnahmen, die mit dem antihussitischen Handelsverbot in Zusammenhang standen, direkt oder indirekt mit solchen Auseinandersetzungen innerhalb der katholischen Partei zusammen[1328].

Bei dem antihussitischen Handelsverbot handelte es sich allerdings um eine wirtschaftliche Zwangsmaßnahme, welche als instrumentelles Mittel in einem Krieg diente. Als Manifestation des „papal embargo“ besaß es weiters sehr spezifische spirituelle und moralische Konnotationen. Ein Vergleich muss daher auf einer anderen Ebene ansetzen als auf jener des wirtschaftlichen Alltagslebens oder der Fehde. Eher sind Beispiele von historischen Handelsverboten heranzuziehen, die in einem ähnlichen politisch-militärischen oder ideologisch-rechtlichen Kontext verhängt wurden. Besonders drei Beispiele erscheinen dabei naheliegend: Das parallel zu den Hussitenkriegen betriebene Handelsverbot König Sigismunds gegen die Republik Venedig, die Maßnahmen der Hussiten gegen ihre katholischen Gegner in Böhmen während des „Ersten Hussitenkrieges“ und das erneute antihussitische Handelsverbot während des „Zweiten Hussitenkrieges“ unter König Georg von Podiebrad.

Zwischen 1412 und 1433 ging Sigismund, der als ungarischer König in Dalmatien und als römisch-deutscher König in den norditalienischen Reichsgebieten in langwierige kriegerische Auseinandersetzungen mit der Republik Venedig verwickelt war, unter anderem mit einer großangelegten Handelssperre gegen die Serenissima vor. In der For-

---

den Budweisern geforderte System von Förderbriefen für Salzkäufer, die sich verpflichten sollten, die privilegierten Straßen einzuhalten.

1327 Vgl. dazu aktuell die Dissertation Benjamin Popes, der eine Reihe von Nürnberger Fallbeispielen aus den 1440ern untersucht, Pope, Relations.

1328 Vgl. oben, Kap. 3.3.1.3, 3.4.4.2 und 4.2.4.

schung erscheint dieses antivenezianische Handelsverbot vorrangig als streng zweckrationales, militärisch-strategisches Kriegsmittel, das den venezianischen Lebensnerv, den Fernhandel, schwächen sollte, um so die Republik zur Aufgabe ihrer expansiven Politik zu zwingen[1329]. Wie ich an anderer Stelle bereits argumentiert habe, könnte eine stärkere Berücksichtigung des kommunikativ-symbolischen Aspekts von Handelsverboten diese ausschließlich wirtschafts- und diplomatiegeschichtliche Sichtweise auf das antivenezianische Handelsverbot bereichern[1330]. So bedienen sich etwa Sigismunds Urkunden über das Handelsverbot gegen Venedig einer Rhetorik von Verrat, geschuldeter Treue und herrscherlicher Verpflichtung zum Schutz des Reichs- und Gemeinwohles gegen einen unchristlich und wider das Recht agierenden Gegner, die an die Urkunden über das antihussitische Handelsverbot und deren Nutzung als Propagandamittel im politischen Wettbewerb denken lässt[1331]. Angesichts dieser Beobachtung hätte ein Vergleich etwa zu untersuchen, ob in einer machtpolitischen Auseinandersetzung wie dem Krieg zwischen Sigismund und Venedig, in dem die Verteidigung des Glaubens keine legitimatorische Rolle spielte, die symbolisch-kommunikative Komponente von Handelsverboten tatsächlich weniger bedeutungsvoll war als bei einer religiös legitimierten Auseinandersetzung wie den Hussitenkriegen.

Ein naheliegendes zweites Beispiel für einen Vergleich mit dem antihussitischen Handelsverbot stellen die wirtschaftlichen Zwangsmaßnahmen der Hussiten gegen ihre innerböhmischen Gegner dar. Wie oben in Kapitel 3.4.4.2 kurz angeklungen ist, wandten die Hussiten gezielt militärisch-strategische Kriegsmittel, wie die Blockade von Straßen und die Einschüchterung von potentiellen Lieferanten, an, um ihr katholisches Gegenüber von der Zufuhr von Lebensmitteln und strategischen Gütern abzuschneiden. Diese Aktivitäten scheinen vorrangig einer instrumentellen Logik gehorcht zu haben, die darauf abzielte, den Gegner militärisch unter Druck zu setzen. Angesichts des in dieser Arbeit herausgearbeiteten Potentials eines Handelsverbotes, als Mittel der symbolisch-kommunikativen Abgrenzung vom religiös „Anderen“ und der Selbstversicherung der eigenen Rechtgläubigkeit und Untadeligkeit zu dienen, stellt sich allerdings die Frage, ob im hussitischen Lager nicht zumindest in Ansätzen ein Diskurs vorhanden war, der

1329 Vgl. dazu die oben in Anm. 28 zusammengestellte Literatur.

1330 Kaar, Mittel 240.

1331 Vgl. z. B. das emphatische Privileg Kanzlei, hg. Caro Nr. 26, 84–86, hier 85; RI XI Nr. 423, Sigismund für Andreas und Imperialis *de Lomellino*, 1413, Jänner 25, im Feld vor Koper: Erlaubt den Genannten, im Kampf gegen alle seine Feinde und insbesondere gegen die Venezianer, die sowohl seine als auch des Reichs und des Königreichs Ungarn Feinde sind (*presertim Venetos nostros et sacri imperii ac corone regni nostri Hungarie publicos rebellesque hostes*, Hervorhebung d. V.) das Reichspanier zu führen und den Venezianern, wo auch immer sie können, Schaden zuzufügen und ihre Güter zu beschlagnahmen. Vgl. dazu auch Kaar, Mittel 235.

der moralischen Abwertung von Hussitenhandel durch die Katholiken ähnelte. Bei der Bewertung von wirtschaftlichen Kontakten mit Katholiken konnte die hussitische Seite naturgemäß nicht auf die Ebene des Ketzer-Diskurses mit all seinen negativen Konnotationen zurückgreifen. Möglicherweise könnte jedoch unter Berufung auf das Gemeinwohl, das durch Handel mit dem Feind gefährdet wurde, die Treuepflicht gegenüber der nationalen oder der hussitischen Sache oder die Verwerflichkeit von Profiten, die durch Geschäfte mit Mangelwaren erzielt wurden, eine ähnliche moralische Abwertung von Handel mit Katholiken/Deutschen kommunikativ konstruiert worden sein[1332]. Eine nähere Untersuchung der hussitischen Seite könnte somit sowohl das Bild der instrumentellen als auch der symbolisch-kommunikativen Dimension des antihussitischen Handelsverbotes zusätzlich schärfen.

Am besten für einen Vergleich mit dem antihussitischen Handelsverbot geeignet erscheinen allerdings die Ereignisse des „Zweiten Hussitenkrieges" unter Georg von Podiebrad[1333]. Nach der Kündigung der Basler Kompaktaten durch Papst Pius II. im März 1462 verschärfte sich damals die politische Auseinandersetzung zwischen dem Papsttum und dem utraquistischen böhmischen König so weit, dass die Kurie Georg im Dezember 1466 exkommunizierte, mit dem Bann belegte und seines Königtums für verlustig erklärte. Gleichzeitig wurde ein neuer Kreuzzug gegen die „hussitischen" Böhmen propagiert. In diesem Zusammenhang wurde naturgemäß auch das antihussitische Handelsverbot, von dem das Papsttum nie offiziell abgerückt war, neuerlich aktualisiert[1334]. Für Nürnberg hat Hans Schenk dieses „zweite" antihussitische Handelsverbot und die rechtlichen und diplomatischen Probleme, vor die sich der Nürnberger Rat bei dessen Umsetzung gestellt sah, anhand der dortigen Quellen bereits überblicksartig nachgezeichnet[1335]. Ausgehend von dem Nürnberger Befund ist damit zu rechnen, dass eine Untersuchung dieses „zweiten" antihussitischen Handelsverbotes von einer erheblich breiteren Quellenbasis ausgehen könnte als im Fall des „ersten" antihussitischen Handelsverbotes[1336]. Die Nachrichten aus der zweiten Hälfte des 15. Jahrhunderts bieten

1332 Vgl. in diesem Zusammenhang die – allerdings nicht mit Quellen belegte – Vermutung Čornejs, dass dank des Einflusses radikaler Prediger die Preise für Lebensmittel im hussitischen Teil Böhmens eine Zeitlang künstlich stabil blieben, Čornej, Křižovatka 59.

1333 Vgl. dazu die Bemerkungen in Kaar, Embargoing, sowie Dies., Urkunden, wo erste Beobachtungen hinsichtlich des potentiell lohnenden Vergleichs zwischen „erstem" und „zweitem" antihussitischen Handelsverbot publiziert wurden.

1334 Zum ereignisgeschichtlichen Kontext vgl. lediglich die Überblicksdarstellung bei Seibt, Zeit 546–554. Zur Wiederaufnahme des Handelsverbotes siehe oben, Kap. 2.6.3, Anm. 362.

1335 Schenk, Nürnberg 107–121. Vgl. auch schon Kraus, Stadt 25–27.

1336 Vgl. dazu etwa auch die von Arnold Esch ausgewerteten Nachrichten zu diesem Thema aus den Poenitentiarie-Registern, oben, Anm. 315.

daher potentiell wertvolle Ergänzungen zu dem hier gezeichneten Bild. Vor allem aber hätte ein Vergleich – angesichts der nicht unwesentlich veränderten politischen und ideellen Voraussetzungen des „Zweiten Hussitenkrieges" – gezielt nach Konstanten und Veränderungen zu fragen, die sich in der Auffassung, die die Zeitgenossen von dem antihussitischen Handelsverbot hatten, vollzogen hatten[1337].

Nach diesem Ausblick auf das Potential einer möglichen vergleichenden Erforschung des antihussitischen Handelsverbotes ist an dieser Stelle abschließend Bilanz über die wichtigsten Ergebnisse dieser Arbeit zu ziehen.

6.3 Konklusio: Das antihussitische Handelsverbot zwischen politischer, Wirtschafts-, Alltags- und Kulturgeschichte

Gegenstand dieser Monografie ist das katholische Verbot jedweden Handels mit den böhmischen Hussiten, mittels dessen die Kurie im Zusammenspiel mit der weltlichen Macht versuchte, im Zuge der Hussitenkriege Druck auf die als Häretiker angesehenen Anhänger der böhmischen Reformbewegung auszuüben.

Im Gegensatz zu der bisher die einschlägige Forschung dominierenden Auffassung war dieses antihussitische Handelsverbot keine anlassbezogene, speziell auf die Bekämpfung der böhmischen Häresie abgestimmte zweckrationale Maßnahme. Vielmehr stellt das antihussitische Handelsverbot eine Manifestation der im 12. Jahrhundert einsetzenden Tradition kirchlicher Verbote von wirtschaftlichen Kontakten zwischen Christen und Nicht-Christen im Allgemeinen dar. Wie Stefan Stantchev überzeugend argumentierte, war dieses „papal embargo" eine umfassende „kulturelle Praxis", mittels derer das mittelalterliche Papsttum sowohl konkrete außen- und innenpolitische Ziele verfolgte als auch danach strebte, die Seelen der ihm anvertrauten Gläubigen zu retten, welche Gefahr liefen, durch sündhaften Handel mit muslimischen, jüdischen oder häretischen Geschäftspartnern ihr Seelenheil zu verlieren.

Die Ansätze Stantchevs wurden in dieser Arbeit auf das konkrete Fallbeispiel „antihussitisches Handelsverbot" übertragen und mit dem bewährten Forschungsparadigma der sogenannten „symbolischen Kommunikation" kombiniert. Die Propagierung und Umsetzung des antihussitischen Handelsverbotes wurde dabei als soziales Handeln aufgefasst, in welchem permanent zwei verschiedene Ebenen ineinandergriffen: ein „instru-

1337 Vgl. hier lediglich die auffällige Tatsache, dass für die Zeit des „Ersten Hussitenkrieges" bisher kein einziges Ansuchen um eine päpstliche Lizenz für den Handel mit Böhmen gefunden werden konnte, während es für den „Zweiten Hussitenkrieg" aus Nürnberg eine Reihe entsprechender päpstlicher Indulgenzen gibt.

mentelles“ Element, das auf die Erreichung eines Zweckes gerichtet war, der außerhalb der Handlung selbst lag, und ein „symbolisches“ Element, bei dem die Handlung selbst den Zweck darstellte, zu dem sie verrichtet wurde. Konkret wurde das antihussitische Handelsverbot einerseits als strategisch-taktisches Kriegsmittel betrachtet, dessen Ziel es war, die böhmischen Hussiten wirtschaftlich zu schwächen um sie leichter militärisch besiegen zu können, und andererseits als symbolisch-kommunikativer Prozess, durch den die das Verbot umsetzenden Akteure ihre Zugehörigkeit zur römisch-katholischen Kirche praktisch verwirklichten, sich ihrer eigenen Rechtgläubigkeit versicherten und sich aktiv vom religiös „Anderen“, d. h. den hussitischen „Häretikern“ abgrenzten.

Mit dieser methodischen Herangehensweise setzt diese Monografie nachdrücklich neue Akzente. Bis dato konzentrierten sich die an das antihussitische Handelsverbot herangetragenen Fragestellungen so gut wie ausschließlich auf dessen instrumentelle Dimension, wobei vor allem nach der Effizienz des Verbotes und dessen Auswirkungen auf den Verlauf der Hussitenkriege gefragt wurde. Angesichts des Mangels an quantitativ auswertbaren seriellen Quellen zur böhmischen Handelsgeschichte der Hussitenzeit und angesichts der methodischen Probleme, die mit der Erforschung einer normativen Maßnahme im Allgemeinen einhergehen, wird es jedoch wahrscheinlich nie möglich sein, diese Frage seriös zu beantworten. Das antihussitische Handelsverbot wurde daher stattdessen einer möglichst ganzheitlichen Analyse unterzogen, die auf eine qualitative statt quantitative Beschreibung dieses komplexen wirtschafts- und kulturgeschichtlichen Phänomens abzielte.

Zu diesem Zweck wurde ein Quellenkorpus gebildet, das eine große Anzahl verschiedener Quellengattungen umfasst, in denen sich Nachrichten zum antihussitischen Handelsverbot finden: Neben den schon bisher hauptsächlich herangezogenen normativen Quellen kurialer und weltlicher Provenienz wurden Nachrichten aus städtischen und herrscherlichen Korrespondenzen berücksichtigt, ebenso wie chronikalische Quellen, Rechnungen und Quellen der mittelalterlichen Strafverfolgung. Durch die Berücksichtigung von Nachrichten aus einem geografisch weitgespannten Raum (herangezogen wurden Materialien aus dem Königreich Böhmen, der Markgrafschaft Mähren sowie den einzelnen, an Böhmen angrenzenden Territorien), die einer Vielzahl von unterschiedlichen Kontexten und Gattungen entstammen, wurde es möglich, dem Mangel an seriellen Quellen zur böhmischen Handelsgeschichte im frühen 15. Jahrhundert zu begegnen. Gleichzeitig konnte durch dieses Vorgehen ein facettenreicheres Bild des Untersuchungsgegenstandes gezeichnet werden, als wenn nur einer einzelnen „Leitquelle“ gefolgt worden wäre. Die heuristische Scheidung in eine getrennte Analyse von „instrumenteller“ und „symbolisch-kommunikativer Dimension“ des Handelsverbotes ermöglichte weiters, die gesammelten Quellen jeweils unter verschiedenen Blickwinkeln zu betrachten, wodurch aus einem einzelnen Dokument (etwa dem antihussitischen Dekret des Konzils von Pavia-Siena oder der Bestätigung der Passauer Handelsprivilegien auf dem „Goldenen Steig“ durch Kaiser Sigismund) eine Vielzahl unterschiedlicher Aussagen gewonnen werden konnten.

Im ersten Hauptteil wurde dieses Quellenkorpus ausgewertet, um die instrumentelle Dimension des antihussitischen Handelsverbotes zu beleuchten. Dabei standen wirtschaftsgeschichtlich orientierte Fragestellungen im Vordergrund. Die Quellennachrichten zum antihussitischen Handelsverbot wurden herangezogen, um auf indirektem Weg neue Aussagen über die zwischen Böhmen und seinen Nachbarländern gehandelten Waren, die räumliche Dimension dieses Handels und die beteiligten Akteure zu gewinnen.

Im Hinblick auf die Geografie der Handelsbeziehungen konnten die Beobachtungen der bisherigen Forschung zur Intensität des bayerisch-böhmischen und des österreichisch-böhmischen Handels bestätigt und um neue Quellennachrichten ergänzt werden. Dabei zeigte sich, dass neben den schon bisher im Fokus der Forschung stehenden Nürnberger Großunternehmern auch Kaufleute aus anderen süddeutschen Städten, etwa Regensburg und Passau, aber auch aus böhmischen Städten wie Pilsen und Budweis aktiv am internationalen Fern- und Großhandel mit Böhmen beteiligt waren. Auch der Handel mit Meißen und Polen wurde verstärkt betrachtet. Dies war insofern erforderlich, als vor allem der polnisch-litauischen Union dank der von politisch-taktischen Erwägungen bestimmten, ambiguen Haltung der jagiellonischen Herrscher gegenüber der hussitischen Bewegung bei der Versorgung Böhmens mit strategischen Gütern große Bedeutung zukam, wie etwa anhand des polnischen Bleiexports nach Böhmen herausgearbeitet werden konnte.

Als Akteure dieses Fernhandels traten vor allem Personen hervor, die einem auf Nürnberg konzentrierten oberdeutschen Personenverband zugeordnet werden können, der bereits vor Ausbruch der Hussitenkriege intensive Kontakte nach Böhmen unterhalten hatte. Während des antihussitischen Handelsverbotes versuchten diese Akteure, ihre wirtschaftlichen Interessen in Böhmen so gut wie möglich weiterzupflegen, wovon vor allem die gerade aufgrund der politischen Umstände intensivierten Verbindungen zwischen Nürnberg, Eger und Pilsen Zeugnis ablegen. Dieses vor allem auf Basis der reichen Nürnberger Überlieferung gewonnene Bild konnte um weitere Nachrichten zu Fernhändlern aus Mähren, der Oberlausitz, Schlesien und Ungarn ergänzt werden, die zeigen, dass auch abseits der bekannten „Oberdeutschen Hochfinanz“ ein lebendiges Interesse am Fern- und Großhandel mit Böhmen bestand. Vermutlich bedeutender als dieser internationale Fernhandel war allerdings der lokale Nah- und Einzelhandel, der die Einwohner Böhmens auch während der Hussitenkriege eng mit ihren katholischen Nachbarn verband. Speziell im Bereich des Salzhandels und des an denselben gekoppelten Getreidegegenhandels blieben die etablierten Handelsbeziehungen Böhmens mit den bayerischen, österreichischen und meißnischen Salzexporteuren vermutlich beinahe ungebrochen aufrecht.

Dank der gegenüber der bisherigen Forschung erweiterten Definition des Untersuchungsgegenstandes als „antihussitisches Handelsverbot" statt als „Blockade" konnten auch jene wirtschaftlichen Beziehungen in den Blick genommen werden, die zwischen den Besatzungen der seit Ende der 1420er-Jahre in den böhmischen Nachbarländern errichteten, dauerhaften hussitischen Stützpunkte und der lokalen Landbevölkerung bestanden. Die hussitischen Garnisonen und die durchziehenden Heere schufen einen okkasionellen Verbrauchsgütermarkt in den Nachbarländern Böhmens, der von einer sozialen Schicht getragen wurde, die nicht der erwähnten internationalen Fernhändlerelite angehörte und von sich aus kaum in Kontakt mit Hussiten getreten wäre. Durch die Berücksichtigung dieses bisher weitgehend vernachlässigten lokalen Kleinhandels gelang es, Einblicke in die Sozial- und Alltagsgeschichte unterbürgerlicher bzw. dörflicher Schichten zu gewinnen, die ansonsten nur schwer für die Forschung zu greifen sind.

Im Hinblick auf die zwischen Hussiten und Katholiken gehandelten Waren zeigte sich, dass strategischen Gütern und Waffen – anders als man es vielleicht erwarten würde – zumindest in den hier untersuchten Quellen weniger Bedeutung zukam als dem Handel mit Lebensmitteln und Verbrauchsgütern. Verantwortlich dafür ist einerseits die vergleichsweise gute Überlieferung zum Salz- und Weinhandel im bayerisch-böhmisch-österreichischen Raum bzw. in Mähren, andererseits der erwähnte Versorgungscharakter des nahräumlichen Kleinhandels zwischen den hussitischen Stützpunkten und der lokalen katholischen Bevölkerung. Dieses auffällige Hervortreten des Handels mit Verbrauchsgütern bildet jedoch auch ein Spezifikum des mittelalterlichen Böhmenhandels an sich ab: Im Gegensatz zu König Sigismunds Handelsembargo gegen Venedig spielten nicht ersetzbare Lebensmittel und Verbrauchsgüter wie Salz und Getreide im Handel zwischen Böhmen und seinen Nachbarterritorien schon immer eine bedeutende Rolle. Obwohl die politischen Akteure auf katholischer Seite sich sehr wohl des taktisch-strategischen Potentials eines Handelsverbotes bzw. der militärischen Gefahren bewusst waren, die mit dem Besuch fremder Kaufleute in ihren Ländern und Städten einhergingen, konnte keine der beiden Seiten tatsächlich auf den lange eingespielten, traditionellen Austausch dieser Güter verzichten. Dieser bestand daher faktisch offenbar so gut wie unbeeinflusst vom antihussitischen Handelsverbot fort.

Erst an zweiter Stelle nach den Lebensmitteln erscheinen Waffen und strategische Güter in den Quellen zum antihussitischen Handelsverbot. Für diese Waren lassen sich gezielte Bemühungen der politischen Akteure feststellen, das Handelsverbot bei den Hauptproduzenten und -exporteuren für strategische Güter im mitteleuropäischen Raum durchzusetzen. Prominent in Erscheinung treten dabei die oberdeutschen Städte, insbesondere Nürnberg, die Wiener Kaufleute sowie der polnische Hof, der eng mit dem Export von Blei aus den Minen Kleinpolens verbunden war.

Die Auswertung der Nachrichten zum antihussitischen Handelsverbot offenbarte schließlich noch eine dritte, eher atypische Kategorie von Waren, die während der Hussitenkriege zwischen Hussiten und Katholiken gehandelt wurden: Kunstgegenstände und Bücher. Die religiösen und politischen Umstände der Hussitischen Revolution führten zur Ausbildung eines bis dahin ungekannten Marktes für sakrale Kunstgegenstände, auf dem sich Anhänger beider Konfessionen als Käufer und Verkäufer begegneten. Der Blick auf die Bemühungen der katholischen Autoritäten, diesen Kunstgütermarkt zu unterbinden, leistete auch einen kleinen Beitrag zur Kunstgeschichte des hussitischen Böhmen und der Frage nach dem Schicksal der zahlreichen, von der Hussitischen Revolution entwurzelten sakralen Kunstgegenstände.

Nach dieser Analyse von Akteuren, Warenströmen und Handelsgütern fokussierte die Untersuchung noch einmal auf die instrumentelle Dimension des antihussitischen Handelsverbotes, indem sie nach dessen praktischer Umsetzung vor Ort fragte. Dabei wurden sowohl theoretische Vorstellungen als auch alltägliche Realitäten der praktischen Umsetzung eines Handelsverbotes unter den Bedingungen vormoderner Herrschaft sichtbar gemacht. Praktisch stand den Propagatoren des antihussitischen Handelsverbotes für die Kontrolle des Handelsverkehrs zwischen Hussiten und Katholiken eine Vielzahl von bewährten Instrumenten zur Verfügung, von denen sie zielgerichteten Gebrauch machten. Dazu gehörte die Überwachung von Handelsstraßen mittels Zoll- und Mautstationen, die Kontrolle von Kaufleuten durch städtische Räte sowie die Adaptierung der im Mittelalter weit verbreiteten Förder- und Geleitbriefe für sicherheitspolizeiliche Zwecke. Da es sich bei all diesen Mitteln um Instrumente handelt, die auch im alltäglichen Handelsverkehr zum Einsatz kamen, besitzen die im Zusammenhang mit dem antihussitischen Handelsverbot erzielten Beobachtungen auch Aussagekraft für die Alltagsgeschichte des mitteleuropäischen Handelsverkehrs in Friedenszeiten.

Untersucht wurde weiters die Strafpraxis gegenüber vermeintlichen Hussitenhändlern. Aus dem breiten Katalog der materiell-repressiven, sozial-repressiven und physischen Strafen, die theoretisch zur Verfügung standen, um die als Helfer und Förderer von Häretikern eingestuften Schwarzhändler zu bestrafen, kamen – sozial abgestuft – vor allem zwei Arten von Sanktionen praktisch zur Anwendung: Gefängnisstrafen und Güterkonfiskationen. Erstere zielten vermutlich bereits auf eine Buß- und Besserungsfunktion ab, bei der auch die moralisch-spirituelle Komponente des antihussitischen Handelsverbotes eine Rolle spielte, von der im Folgenden noch ausführlicher zu sprechen sein wird. Letztere stellten eine Mischung aus Strafe für den Täter und Anreiz für den Ankläger dar. Die nähere Analyse der Praxis der Güterkonfiskation erwies sich daher als besonders fruchtbar für das Verständnis des praktischen Funktionierens des antihussitischen Handelsverbotes vor Ort. Gleichzeitig zeigte sie vor allem aber auch die Grenzen auf, an die die Umsetzung des Verbotes unter den Bedingungen vormoderner Herrschaft stoßen musste: Wie etwa am Beispiel der umstrittenen Beschlagnahme einer Weinfuhre aus der katholischen mährischen Stadt Ungarisch Hradisch durch Söldner des ebenso katholischen Olmütz im Frühling 1425 nachgezeichnet wurde, führten Güterkonfiskationen nicht selten zu Auseinandersetzungen zwischen Anhängern der katholischen Partei, die einen effizienten Einsatz des antihussitischen Handelsverbotes als taktisches Kriegsmittel unterliefen.

Diese Beobachtung führt zum letzten Themenkreis, der analysiert wurde, um die instrumentelle Dimension des antihussitischen Handelsverbotes näher zu beschreiben: die Schwierigkeiten, auf die dessen praktische Umsetzung stieß. Als eines von zwei Haupthindernissen kristallisierte sich die Tatsache heraus, dass die Propagatoren des Verbotes kein geschlossenes Programm zu dessen stringenter Umsetzung verfolgten. Unter dem Eindruck tagesaktueller Probleme und Einflussnahmen konterkarierten sie das Verbot nicht selten durch Privilegien, die dessen Prinzip – zumindest in den Augen des modernen Betrachters – geradezu diametral entgegenstanden. So verschrieb König Sigismund seinen Schuldnern Mauteinnahmen, die einen funktionierenden Handelsverkehr zwischen Bayern und Prag voraussetzten, oder wies den Stadtrat von Brünn an, mutmaßlich unter dem Verdacht des Hussitenhandels beschlagnahmte Güter wieder freizugeben. Der Charakter spätmittelalterlicher Herrschaft als Kompromiss zwischen herrscherlichen und individuellen Interessen wird hier deutlich sichtbar. Letztere konnten sich mit den strategisch-langfristigen Plänen des Königtums decken, mussten dies jedoch nicht unbedingt, was zu widersprüchlichen Privilegien führte.

Ein noch weit erheblicheres Hindernis für die effiziente Umsetzung des antihussitischen Handelsverbotes als strategisches Kriegsmittel stellte allerdings die unbehagliche, jedoch nichtsdestotrotz alltägliche Kohabitation zwischen Hussiten und Katholiken im konfessionell geteilten Böhmen dar. Die überlieferten Korrespondenzen des Olmützer Rates erlaubten es, ein detailreiches Bild dieses Gegen- und Miteinanders von Hussiten und Katholiken zu zeichnen. Die Angehörigen der beiden Parteien standen – bedingt durch die starke machtpolitische und konfessionelle Zersplitterung Mährens – zwangsläufig in beständigem Kontakt und mussten nicht nur beim Weinbau und -handel allen religiösen, ethnischen und machtpolitischen Gegensätzen zum Trotz einen *modus vivendi* finden. Dieser schlug sich speziell auf der Ebene der wirtschaftlichen Beziehungen nieder, etwa in der Anwerbung hussitischer Fuhrleute durch den katholischen Olmützer Stadtrat, oder in Separatfrieden mit benachbarten hussitischen Herren, um den Olmützer Handwerkern und Gewerbetreibenden den offenbar unverzichtbaren Austausch mit der Landeshauptstadt Brünn zu ermöglichen.

Der zweite Hauptteil der Monografie legte den Fokus auf die symbolisch-kommunikative Dimension des antihussitischen Handelsverbotes. Dieser Blickwinkel ermöglichte, in einem ersten Schritt zunächst zu verfolgen, auf welche Weise die Pflege geschäftlicher Beziehungen mit den hussitischen „Häretikern" als sündhaftes und amoralisches Vergehen gegen die Christenheit konstruiert wurde. Hussitenhandel wurde dabei etwa eng mit der Todsünde der Gier assoziiert, wodurch angebliche Schwarzhändler wie der umstrittene meißnische Landvogt Busso Vizthum als eigensüchtige Schädiger der christlichen Sache denunziert werden konnten. Die Ängste vor einer Verunreinigung und Befleckung des christlichen Glaubens durch wirtschaftliche *communio* mit Häretikern wiederum, die in einigen Quellen zum antihussitischen Handelsverbot mitschwingen, erklären sich aus dem ideengeschichtlichen Ursprung des „papal embargo" in der Etablierung einer akkuraten Trennlinie zwischen Christen und Nicht-Christen. Um diese Trennlinie aufrechtzuerhalten, bekämpften die katholischen Autoritäten die im Mittelalter zur Routine von Geschäftsabschlüssen gehörende Mahlgemeinschaft zwischen Hussiten und Katholiken oder erzwangen in einem besonders radikalen Fall sogar die Scheidung eines Ehepaares wegen Hussitenhandels.

Die extrem negative Konnotation von Handel mit dem hussitischen Feind wird zusätzlich durch die zumindest im Fall der Wiener Gesera mitschwingende Assoziation von Juden mit Hussitenhandel unterstrichen. Wie oben dargelegt, wird es aufgrund der Quellenlage wohl nie möglich sein, im Detail zu klären, ob im Zuge dieses Pogroms von christlicher Seite tatsächlich explizit der Vorwurf erhoben wurde, die österreichischen Juden hätten den Hussiten vor dem ersten Hussitenkreuzzug Waffen verkauft. Auch wenn es sich bei der Nachricht über diesen Vorwurf lediglich um ein erzählerisches Mittel des jüdischen Chronisten der Gesera handeln sollte, ergab dieser Vorwurf in jedem Fall kulturell „Sinn" – im damals herrschenden Klima der Hussitenfurcht und der ubiquitären Angst vor Verrätern lag es nur all zu nahe, eine schon unter normalen Umständen wegen ihrer wirtschaftlichen Praktiken angefeindete und unter permanentem religiösen Verdacht stehende Minderheit mit dem hochverräterischen Akt des Hussitenhandels in Zusammenhang zu bringen.

Dass die katholischen Gläubigen in den böhmischen Nachbarländern die auf diese Weise konstruierte Auffassung von Hussitenhandel als schwere Sünde tatsächlich internalisiert hatten, konnte anhand einiger *litterae* über die Delegation des päpstlichen Prärogativs der Absolution von reuigen Hussitenhändlern an Bischöfe aus den rund um Böhmen gelegenen Diözesen gezeigt werden. Die diesen Gnadenerweisen zugrunde liegenden Suppliken belegen einerseits indirekt die Existenz illegaler Handelsbeziehungen zwischen Gläubigen aus den betreffenden Diözesen und den Hussiten. Andererseits bestätigen diese Vorgänge Stantchevs Beobachtungen zur erfolgreichen Implementierung des „papal embargo" als Mittel der Seelsorge durch das mittelalterliche Papsttum. Bei der Bitte um Absolution von der Sünde des Hussitenhandels handelte es sich nämlich um einen freiwilligen Akt, mit dem die um ihr Seelenheil besorgten Hussitenhändler gleichzeitig auch den Anspruch des Papsttums auf Kontrolle und moralische Bewertung von Handel mit Nicht-Christen aktiv akzeptierten.

In einem weiteren Untersuchungsschritt wandte sich die Arbeit anschließend der bereits angesprochenen, phasenweise geradezu panikartige Ausmaße annehmenden Hussitenfurcht zu. Die Berücksichtigung dieser „Hussitenpanik" und ihrer Konjunkturen spielt eine entscheidende Rolle für ein vertieftes Verständnis des antihussitischen Handelsverbotes. Die Kontextualisierung der Nachrichten über angeblichen Hussitenhandel zeigte, dass die Massierung solcher Nachrichten zu bestimmten Zeitpunkten oder an bestimmten Orten wie z. B. im Frühling 1421 in und um Regensburg nicht unbedingt bedeutet, dass es dort damals zu besonders intensiven wirtschaftlichen Kontakten zwischen Hussiten und Katholiken kam. Die Einbeziehung des bisher üblicherweise unberücksichtigt gebliebenen chronologischen und sozialen Kontextes zeigte vielmehr, dass die Verfolgung angeblicher Hussitenhändler häufig mit Phasen gesteigerter Hussitenfurcht korrelierte, in denen städtische und grundherrliche Autoritäten massive Befürchtungen vor Verrat hegten und daher mit harter Hand gegen alle vorgingen, die sie als Gefährdung der öffentlichen Sicherheit und des Gemeinwohles wahrnahmen.

Der Vorwurf, illegale Geschäfte mit Hussiten zu tätigen, stellte entsprechend eine potentiell gefährliche politische Waffe gegen einzelne Individuen, aber auch gegen eine größere Gemeinschaft wie eine mittelalterliche Stadt dar. In einem nächsten Schritt wurden daher die Rechtfertigungsstrategien angeblicher Hussitenhändler einer eingehenden Analyse unterzogen. Anders als in der Forschung bisher üblich, wurden die Argumente der Beschuldigten dabei weniger als Manifestationen angeblicher Doppelmoral aufgefasst, sondern vielmehr als kommunikatives Mittel, mit dem die Betroffenen versuchten, den Vorwurf des Hussitenhandels möglichst öffentlichkeitswirksam zurückzuweisen, um ihre Ehre und Geschäftsfähigkeit zu schützen und sich von dem äußerst schwerwiegenden Makel des Hussitenhandels zu reinigen. In den Reaktionen städtischer Räte auf Vorwürfe gegen ihre Bürger wurde das antihussitische Handelsverbot auch als gemeinschaftsstiftendes Mittel greifbar, mittels dessen Stadträte ihr Verständnis der von ihnen vertretenen Stadt als Gemeinschaft, die kollektiv in ihrer Ehre getroffen war, zum Ausdruck brachten. Mit dem performativen Akt der Verteidigung gegen den Vorwurf des Hussitenhandels schrieben sie darüber hinaus sich selbst und ihre Stadt demonstrativ in die Gemeinschaft der rechtgläubigen Christen ein.

Das antihussitische Handelsverbot eignete sich allerdings nicht nur als Propagandamittel *gegen* einzelne Individuen oder städtische Räte. Gerade aufgrund der skizzierten moralisch-spirituellen Dimension des Verbotes stellten Urkunden, die dessen Befolgung einschärften, auch ein probates Mittel der herrschaftslegitimierenden Propaganda *für* dessen Propagatoren dar. Wie gezeigt werden konnte, nutzten etwa die Könige Sigismund und Wladislaw Jagiello das antihussitische Handelsverbot gezielt zur Selbstdarstellung als aufrechte Kämpfer gegen die hussitischen „Häretiker". Insbesondere Sigismund scheint das propagandistische Potential von Urkunden über das antihussitische Handelsverbot ganz bewusst zum Einsatz gebracht zu haben. Dafür spricht etwa, dass es wahrscheinlich um einiges mehr an königlichen Mandaten über das Handelsverbot gab, als die dünne Überlieferung erkennen lässt, oder dass sich deutliche zeitliche Zusammenhänge zwischen der Ausstellung solcher Mandate und Phasen, in denen der König von den Kurfürsten oder der Kurie politisch unter Druck gesetzt wurde, feststellen lassen.

Der dritte Hauptteil führte schließlich die beiden zuvor aus heuristischen Gründen getrennt betrachteten Blickwinkel auf das antihussitische Handelsverbot zusammen. Zu diesem Zweck wurde das Handelsverbot als mittelalterliche Herrschaftspraxis beschrieben, in der instrumentelle und symbolisch-kommunikative Elemente unausgesetzt zusammenwirkten. Anhand zweier Urkunden Sigismunds, die dem Rat der oberlausitzischen Grenzstadt Zittau bzw. dem Rat der schlesischen Metropole Breslau die Umsetzung des Handelsverbotes in ihren jeweiligen städtischen Territorien befahlen, wurde gezeigt, dass die Adressaten solcher Mandate teilweise aktiv an deren Zustandekommen beteiligt waren. Im Zittauer Fall brachte der städtische Rat das Argument des Handelsverbotes wahrscheinlich vor, um auf diesem Weg königlichen Rückhalt gegenüber den politischen und wirtschaftlichen Konkurrenten der Stadt in der Region zu mobilisieren. Der Breslauer Rat wiederum versicherte sich mutmaßlich der Rückendeckung des Königs, um das antihussitische Handelsverbot gezielt als Mittel der Herrschaftsausübung gegenüber den städtischen Unterschichten und der Landbevölkerung zum Einsatz bringen zu können und damit gleichzeitig seine eigene Position innerhalb des Machtgefüges der schlesischen Fürstentümer zu festigen.

Ungeachtet der Motivationen der Empfänger im Einzelnen handelten dieselben gleichzeitig auch im Interesse des Königs. Auf der instrumentellen Ebene wollte Sigismund seine hussitischen Gegner mittels der so angestoßenen praktischen Umsetzung des antihussitischen Handelsverbotes schwächen, um sie militärisch leichter besiegen zu können. Auf der symbolisch-kommunikativen Ebene stellten die geschilderten Interaktionsprozesse ein aktives Akzeptieren seiner Herrschaftsansprüche durch seine Untertanen dar. Erst durch dieses Zusammenwirken von Top-down- und Bottom-up-Prozessen wurde praktische Herrschaftsausübung für einen mittelalterlichen Herrscher wie Sigismund, der sich weit entfernt vom Ort des Geschehens aufhielt und über keine modernen staatlichen Zwangsmittel verfügte, um seinen Willen durchzusetzen, überhaupt erst möglich.

Im Gegensatz zu jenen Stimmen in der bisherigen Forschung, die das antihussitische Handelsverbot mehr oder weniger als Verzweiflungsmaßnahme von begrenzter Sinnhaftigkeit ansahen[1338], argumentiert diese Monografie daher, dass die beständige Umgehung des Verbotes – die unter den Voraussetzungen vormoderner Herrschaft kaum zu verhindern war – dasselbe als Herrschaftsmittel und „kulturelle Praxis" keineswegs entwertete. Im Gegensatz zu gegenwärtigen politischen Akteuren, die bei der praktischen Umsetzung eines Embargos scheitern, wirkte sich dieses Versagen nämlich nicht negativ für den Ruf der Propagatoren des antihussitischen Handelsverbotes aus. Aufgrund der ideengeschichtlichen Tradition des „papal embargo" gelang es den politischen Akteuren vielmehr, Hussitenhandel zu einem moralischen und spirituellen Problem für die mutmaßlichen Schwarzhändler zu machen und sich selbst erfolgreich als Beschützer des Seelenheils ihrer Untertanen zu präsentieren.

Durch die skizzierte Vorgehensweise erbrachte diese Studie neue Ergebnisse sowohl für die politische als auch für die Wirtschafts-, Alltags- und Kulturgeschichte des mitteleuropäischen Raumes der Hussitenzeit. Die Analyse des antihussitischen Handelsverbotes erlaubte detaillierte Aussagen über Strukturen und Akteure sowohl des internationalen Fern- als auch des lokalen Nahhandels in und rund um Böhmen. Es gelang darüber hinaus, diesen Handel auf einer alltags- und kulturgeschichtlichen Ebene näher zu beleuchten, die weit über die bisher im Vordergrund stehende politik- und wirtschaftsgeschichtliche Betrachtungsweise des Handelsverbotes hinausging. Dabei konnten lebendige Einblicke in Lebensalltag und Mentalitäten mittelalterlicher Menschen aus unterschiedlichen sozialen Schichten erzielt werden. Durch intensive Textkritik und eine methodisch reflektierte Berücksichtigung von Aussagemöglichkeiten und -grenzen der ausgewerteten Quellen wurde es darüber hinaus möglich, Einschätzungen der bisherigen Forschung zum antihussitischen Handelsverbot zu korrigieren und um neue Aspekte zu ergänzen. Die methodische Scheidung in „instrumentelle" und „symbolisch-kommunikative" Elemente des antihussitischen Handelsverbotes ermöglichte es schließlich, (Nicht-)Handel zwischen Hussiten und Katholiken erstmals als soziales Handeln und „kulturelle Praxis" greifbar zu machen. Mittels dieser komplexen Interpretation konnten Widersprüche der

1338 Vgl. als ein Beispiel von vielen hier abschließend lediglich die – von weiten Teilen der bisherigen Forschung mehr oder weniger implizit geteilte – abfällige Wertung Walter Brandmüllers in dessen 1968 erschienener Monografie über das Konzil von Pavia-Siena, Ders., Konzil 1, 146: „Daß man [die Konzilsväter, d. V.] zu einer Maßnahme seine Zuflucht nahm, deren Durchführung ausschließlich vom guten Willen und der Gewissenhaftigkeit von Tausenden abhing, zeigt, wie weit man schon gekommen, wie sehr man schon am Ende seiner Möglichkeiten war. Der allgemeine Aufruf, unverzüglich an die Ausrottung der Häresie zu gehen, wollte man göttlicher und menschlicher Strafe entrinnen, war nicht mehr als eine Formel."

bisher häufig „doppelgleisigen“ Argumentation der Forschung (das Handelsverbot führte zur Unterbrechung von Handelsbeziehungen, während es gleichzeitig permanent umgangen wurde) überwunden, und ein neues, holistisches Bild des historischen Phänomens „antihussitisches Handelsverbot“ gezeichnet werden.

An dieser Stelle muss abschließend nochmals betont werden, dass beide Elemente in der historischen Realität beständig ineinandergriffen und lediglich zwei Blickwinkel auf ein und dasselbe Phänomen darstellen. Instrumentelle und symbolisch-kommunikative Aspekte zusammen sorgten für die Akzeptanz des antihussitischen Handelsverbotes durch diejenigen, die es praktisch umsetzen sollten, und machten das Verbot zugleich für die politischen Akteure, die es propagierten, zu einem vorzüglichen Mittel, sowohl der praktischen Machtpolitik als auch zur Rettung des Seelenheils ihrer Untertanen.

ORTSNAMENKONKORDANZ

Deutsch	*Tschechisch/Polnisch/Slowakisch/Ungarisch*
Alt-Bunzlau	Stará Boleslav
Altsohl	Zvolen
Auspitz	Hustopeče
Aussig an der Elbe	Ústí nad Labem
Aussig an der Lainsitz	Ústí nad Lužnicí
Austerlitz	Slavkov u Brna
Beraun	Beroun
Bergreichenstein	Kašperské Hory
Bettlern (Burg)	Žebrák
Beuthen	Bytom
Bischofteinitz	Horšovský Týn
Bitschin	Bycina
Blindenburg	Visegrád
Böhmisch Leipa	Česká Lípa
Bolkenhain	Bolków
Boskowitz	Boskovice
Breslau	Wrocław
Brieg	Brzeg
Bromberg	Bydgoszcz
Brünn	Brno
Brüx	Most
Budweis	České Budějovice
Bunzlau	Bolesławiec
Danzig	Gdańsk
Deutsch Brod	Havlíčkův Brod
Dolein	Dolany u Olomouce
Drasow	Drásov
Eger	Cheb
Eibenschütz	Ivančice
Falkenberg (Burg)	Falkenberk
Friedland	Frýdlant
Gabel	Jablonné v Podještědí

Gablonz an der Neiße	Jablonec nad Nisou
Geibsdorf	Siekierczyn
Glatz	Kłodzko
Gleiwitz	Gliwice
Glogau	Głogów
Gnesen	Gniezno
Göding	Hodonín
Goldberg in Schlesien	Złotoryja
Grafenstein (Burg)	Grabštejn
Gran	Esztergom
Grottau	Hrádek nad Nisou
Grottkau	Grodków
Hammerstein (Burg)	Hamrštejn
Hochwald (Burg)	Hukvaldy
Holitsch	Holíč
Hühnerwasser	Kuřívody
Hummel (Burg)	Homole
Humpoletz	Humpolec
Iglau	Jihlava
Jaispitz	Jevišovice
Jamnitz	Jemenice
Jung-Bunzlau	Mladá Boleslav
Kaaden	Kadaň
Kalisch	Kalisz
Karlburg	Rusovce
Karlsbad	Karlovy Vary
Karlstein (Burg)	Karlštejn
Käsmark	Kežmarok
Klattau	Klatovy
Kniegnitz	Księginice
Kolberg	Kołobrzeg
Komotau	Chomutov
Konitz	Chojnice
Konstadt	Wołczyn
Krakau	Kraków
Kraschau (Burg)	Krašov
Kratzau	Chrastava
Kremnitz	Kremnica

Kremsier	Kroměříž
Kreuzburg	Kluczbork
Krumau	Český Krumlov
Küpper	Miedziane
Kuttenberg	Kutná Hora
Landsberg in Oberschlesien	Gorzów Śląski
Lauban	Lubań
Laun	Louny
Lednitz	Lednica
Leipnik	Lipník nad Bečvou
Leitmeritz	Litoměřice
Leutschau	Levoča
Liegnitz	Legnica
Littau	Litovel
Lundenburg	Břeclav
Mährisch Kromau	Moravský Krumlov
Mährisch Neustadt	Uničov
Mährisch Trübau	Moravská Třebová
Mährisch Weißkirchen	Hranice na Moravě
Marienburg	Malbork
Märzdorf (bei Grottkau)	Żelazna (Grodków)
Mies	Stříbro
Münsterberg	Ziębice
Napajedl	Napajedla
Neuern	Nýrsko
Neuhaus	Jindřichův Hradec
Neumarkt (Polen)	Nowy Targ
Neustadt in Oberschlesien	Prudnik
Neutra	Nitra
Neisse	Nysa
Nieder-Schönbrunn	Studniska Dolne
Niemes	Mimoň
Nikolsburg	Mikulov
Nimptsch	Niemcza
Oberglogau	Głogówek
Odrau	Odry
Oels	Oleśnica
Ofen	Buda

Olmütz	Olomouc
Oppeln	Opole
Ostrau	Ostrava
Ottmachau	Otmuchów
Pardubitz	Pardubice
Petersdorf	Petrovice
Pfraumberg	Přimda
Pilgram	Pelhřimov
Pilsen	Plzeň
Pisek	Písek
Plozk	Płock
Podiebrad	Poděbrady
Pohrlitz	Pohořelice
Posen	Poznań
Prachatitz	Prachatice
Prag	Praha
Prerau	Přerov
Pressburg	Bratislava
Proßnitz	Prostějov
Pürstein (Burg)	Perštejn
Ratibor	Racibórz
Ratschendorf	Radčice
Reichenau	Bogatynia
Reichenberg	Liberec
Rosenberg an der Moldau	Rožmberk nad Vltavou
Rosenberg (Slowakei)	Ružomberok
Rumburg	Rumburk
Saaz	Žatec
Sagan	Żagań
Schlan	Slaný
Schönfeld	Žižkovo Pole
Schwanberg (Burg)	Krasíkov
Schweidnitz	Świdnica
Seidenberg in der Oberlausitz	Sulików
Sillein	Žilina
Skalitz	Skalica
Sobieslau	Soběslav
Sonnberg	Žumberk (abgegangener Ort bei

	Rosenberg/Moldau?)
Spielberg (Burg)	Špilberk
Sternberg	Šternberk
Stettin	Szczecin
Strakonitz	Strakonice
Straßnitz	Strážnice
Stuhlweissenburg	Székesfehérvár
Tabor	Tábor
Tachau	Tachov
Taus	Domažlice
Teschen	Cieszyn/Český Těšín
Thorn	Toruń
Tobitschau	Tovačov
Topoltschan	Topoľčany
Trebitsch	Třebíč
Trentschin	Trenčín
Troppau	Opava
Tschenstochau	Częstochowa
Turnau	Turnov
Tworkau	Tworków
Tyrnau	Trnava
Ungarisch Brod	Uherský Brod
Ungarisch Hradisch	Uherské Hradiště
Ungarisch Ostra	Uherský Ostroh
Waldeck (Burg)	Valdek
Wansen	Wiązów
Warschau	Warszawa
Weigsdorf	Wigancice Żytawskie
Weißwasser	Bělá pod Bezdězem
Welun	Wieluń
Wesseli an der Lainsitz	Veselí nad Lužnicí
Winterberg	Vimperk
Wittingau	Třeboň
Würben	Wierzbna
Zlabings	Slavonice
Znaim	Znojmo
Zobten	Sobótka

BIBLIOGRAFIE

Archivalische Quellen

CWB Zittau, Altbestand, Sign. A 245a = Christian Weise-Bibliothek Zittau, Altbestand, Sign. A 245a, sogenannte *Annales Gorlicenses* 1131–1549. Die Görlitzer Annalen des Bartholomäus Scultetus. Urkunden und Briefe, kopiert von Moritz Oskar Sauppe.

SOkA Olomouc, Briefbuch = SOkA Olomouc, AM Olomouc, Knihy, Sign. 677, Inv. č. 95a, sogenanntes Briefbuch des Wenzel von Iglau.

StA Bautzen, Bekenntnisse = StA Bautzen, Älteste Stadtgerichtsbücher, Stadtgerichtsbuch III, fol. 1r–5r, sogenannte Bekenntnisse des Peter Preischwitz.

StA Löbau, Collectanea Lusatica 27 = StA Löbau, Repositorium XXXIV, Nr. 21, Collectanea Lusatica. Sammlung Lausitzer Schriften und Akten, gesammelt von Johann Benedict Carpzov/Gottfried Mönch, Bd. 27, Localia Zittaviensia.

StA Salzburg, BU 6 = StA Salzburg, Buchförmige Archivalien Nr. 6, sogenanntes Sandbriefbuch.

StAN BB Nr. 5–12 = StAN, Reichsstadt Nürnberg, Briefbücher des Inneren Rates, Nr. 5–12.

StAN Stadtrechnungen = StAN, Reichsstadt Nürnberg, Losungamt, Stadtrechnungen.

Gedruckte Quellen

AČ = Archiv český, čili staré písemné památky české i moravské, sebrané z archivů domácích i cizích [Böhmisches Archiv oder alte Schriftdenkmäler aus Böhmen und Mähren, zusammengestellt aus einheimischen und ausländischen Archiven], I–XL/2, hg. von František Palacký u. a. (Praha 1840–2004).

Acta 1–3, hg. Eršil = Acta Martini V. pontificis romani 1417–1431, 1–3, hg. von Jarolav Eršil (Monumenta Vaticana res gestas Bohemicas illustrantia 7, Praha 1996–2001).

Andreas von Regensburg, Sämtliche Werke, hg. Leidinger = Andreas von Regensburg, Sämtliche Werke, hg. von Georg Leidinger (Quellen und Erörterungen zur bayerischen und deutschen Geschichte N. F. 1, München 1903).

Annales ecclesiastici, hg. Baronius u. a. = Annales ecclesiastici denuo excusi et ad nostra usque tempora perducti 1–37, hg. von Caesar Baronius u. a. (Paris 1864–1883).

Bartošek von Drahonitz, Kronika, hg. Goll = Kronika Bartoška z Drahonic, in: FRB V, hg. von Jaroslav Goll (Praha 1893) 589–628.

Beiträge 1–4, hg. Gradl = Aus dem Egerer Archive. Beiträge zur Geschichte Böhmens und des Reiches unter Karl, Wenzel und Sigmund, hg. von Heinrich Gradl. *MVGDB*, Teil 1: Bd. 28 (1890) 180–192, 384–391; Teil 2: Bd. 29 (1891) 73–79, 376–386; Teil 3: Bd. 30 (1892) 74–89; Teil 4: Bd. 31 (1893) 42–53.

Brandmüller, Konzil 2 = Walter Brandmüller, Das Konzil von Pavia-Siena (1423–1424). Bd. 2: Quellen (Vorreformationsgeschichtliche Forschungen 16,2, Münster 1974).

Briefe 1–2, hg. SIEGL = Briefe und Urkunden zur Geschichte der Hussitenkriege. Aus dem Egerer Stadtarchive, hg. von Karl SIEGL. *Zeitschrift des deutschen Vereines für die Geschichte Mährens und Schlesiens*, Teil 1: Bd. 22 (1918) 15–58, 167–196; Teil 2: Bd. 23 (1919) 1–38.

Bullarium Poloniae 4–5, hg. SUŁKOWSKA-KURÁS u. a. = Bullarium Poloniae. Litteras apostolicas aliaque monumenta Poloniae Vaticana continens. Bd. 4: 1417–1431; Bd. 5: 1431–1449, hg. von Irena SUŁKOWSKA-KURÁS/Stanislaus KURÁS/Hubertus WAJS (Rom/Lublin 1992–1995).

CARPZOV, Analecta 1–4 = Johann Benedikt CARPZOV, Analecta Fastorum Zittaviensium Oder Historischer Schauplatz der Löblichen Alten Sechs-Stadt des Marggraffthums Ober-Lausitz 1–4 (Leipzig 1716).

CDLS II,1–2, hg. JECHT = Codex Diplomaticus Lusatiae Superioris II. Urkunden des Oberlausitzer Hussitenkrieges und der gleichzeitigen die Sechslande angehenden Fehden. Bd. 1: 1419–1428; Bd. 2: 1429–1437, hg. von Richard JECHT (Görlitz 1896–1903).

Chroniken, hg. GRADL = Die Chroniken der Stadt Eger, hg. von Heinrich GRADL (Deutsche Chroniken aus Böhmen 3, Prag 1884).

CIC 2, hg. FRIEDBERG = Corpus Iuris Canonici. Editio Lipsiensis Secunda 2. Decretalium Collectiones, hg. von Aemilius FRIEDBERG (Leipzig 1879, unveränderter ND Graz 1955).

CIC 1, hg. KRÜGER/MOMMSEN = Corpus Iuris Civilis 1. Institutiones, Digesta, hg. von Paul KRÜGER/Theodor MOMMSEN (Berlin 1877).

CIC 2, hg. KRÜGER = Corpus Iuris Civilis 2. Codex Iustinianus, hg. von Paul KRÜGER (Berlin 1877).

CIM 1–4, hg. ČELAKOVSKÝ/FRIEDRICH/HAAS = Codex iuris municipalis regni Bohemiae 1–4, hg. von Jaromír ČELAKOVSKÝ/Gustav FRIEDRICH/Antonín HAAS (Praha 1886–1961).

COD, hg. ALBERIGO u. a. = Conciliorum oecumenicorum decreta, hg. von Joseph ALBERIGO u. a. (Bologna ^{3}1972).

Continuatio Claustroneoburgensis quinta, hg. WATTENBACH = Continuatio Claustroneoburgensis quinta, hg. von Wilhelm WATTENBACH, in: MGH Scriptorum 9. Chronica et annales aevi Salici, hg. von Georg Heinrich PERTZ (Hannover 1851) 735–742.

Dekrete, hg. WOLMUTH u. a. = Dekrete der ökumenischen Konzilien. Bd. 2: Konzilien des Mittelalters vom Ersten Laterankonzil (1123) bis zum Fünften Laterankonzil (1512–1517), hg. von Josef WOLMUTH u. a. (Paderborn/München/Wien/Zürich 2000).

DRTA 7–12 = Deutsche Reichstagsakten 7–12. Deutsche Reichstagsakten unter Kaiser Sigmund, hg. von Dietrich KERLER/Hermann HERRE/Gustav BECKMANN (München/Gotha/Göttingen 1878–1901).

ERMISCH, Geschichte = Hubert ERMISCH, Zur Geschichte der Schlacht bei Aussig. *NASG* 47 (1926) 5–45.

FINK, Korrespondenz = Karl August FINK, Die politische Korrespondenz Martins V. nach den Brevenregistern. *QFIAB* 26 (1935/36) 172–244.

FUDGE, Crusade = Thomas A. FUDGE, The Crusade against Heretics in Bohemia (1418–1437) (Crusade Texts in Translation 9, Aldershot 2002).

Geschichtsquellen, hg. GRÜNHAGEN = Geschichtsquellen der Hussitenkriege, hg. von Colmar GRÜNHAGEN (Scriptores Rerum Silesiacarum 6, Breslau 1871).

Kanzlei, hg. Caro = Aus der Kanzlei Kaiser Sigismunds. Urkundliche Beiträge zur Geschichte des Konstanzer Konzils, hg. von J. Caro. *AÖG* 59 (1880) 1–175.

Krantz, Saxonia = Saxonia Alberti Krantz (Köln [Johann Soter] 1520), online unter: http://data.onb.ac.at/rec/AC10033039 (letzter Zugriff: 05.08.2019).

Korner, Chronica, hg. Eckhart = Hermann Korner, Chronica novella, in: Corpus historicum medii aevi. Scriptores res in orbe universo, praecipue in Germania, a temporibus maxime Caroli M. imperatoris usque ad finem seculi post C. N. XV, 2, hg. von Johann Georg von Eckhart (Leipzig 1743) Sp. 431–1344.

Laurentius von Březová, Hussiten, hg. Bujnoch = Die Hussiten. Die Chronik des Laurentius von Březová 1414–1421, hg. von Josef Bujnoch (Slavische Geschichtsschreiber 11, Graz/Wien/Köln 1988).

Laurentius von Březová, Kronika Husitská, hg. Goll = Vavřince z Březové Kronika Husitská, in: FRB V, hg. von Jaroslav Goll (Praha 1893) 327–541.

Liber cancellariae 1–2, hg. Caro = Liber cancellariae Stanislai Ciołek. Ein Formelbuch der polnischen Königskanzlei aus der Zeit der hussitischen Bewegung, hg. von J. Caro. *AÖG*, Teil 1: Bd. 45 (1871) 319–545; Teil 2: Bd. 52 (1875) 1–273.

LOR I, hg. Rynešová = Listář a listinář Oldřicha z Rožmberka [Brief- und Urkundenbuch Ulrichs von Rosenberg] I, hg. von Blažena Rynešová (Praha 1929).

MCG 1–4 = Monumenta conciliorum generalium seculi decimi quinti. Concilium Basilieense. Scriptorum 1–4, hg. von Ernst Birk/Rudolf Beer/František Palacký (Wien/Basel 1857–1935).

MGH Capit. 1 = MGH Capitularia regum Francorum 1, hg. von Alfred Boretius (Hannover 1883).

MGH Capit. 2 = MGH Capitularia regum Francorum 2, hg. von Alfred Boretius/Victor Krause (Hannover 1897).

MGH Capit. N. S. 1 = MGH Capitularia regum Francorum Nova Series 1. Die Kapitulariensammlung des Ansegis, hg. von Gerhard Schmitz (Hannover 1996).

MGH Const. 2 = MGH Constitutiones et acta publica imperatorum et regum inde ab a. MCXCVIII usque ad a. MCCLXXII, hg. von Ludwig Weiland (Hannover 1896).

MGH Const. 2, suppl. = MGH Constitutiones et acta publica imperatorum et regum 2, Supplementum. Die Konstitutionen Friedrichs II. für das Königreich Sizilien, hg. von Wolfgang Stürner (Hannover 1996).

MGH DD F I,4 = MGH Diplomata regum et imperatorum Germaniae 10. Die Urkunden Friedrichs I., Teil 4 (1181–1190), hg. von Heinrich Appelt (Hannover 1990).

Monumenta 2, hg. Theiner = Vetera monumenta historica Hungariam sacram illustrantia 2. Ab Innocentio PP. VI. usque ad Clementem PP. VII., 1352–1526, hg. von Augustin Theiner (Rom 1870).

Neumann, Schöffensprüche = Theodor Neumann, Magdeburger Schöffensprüche im Rathsarchive zu Görlitz, in: *NLM* N. F. 28 (1851) 105–361.

Nové prameny, hg. Neumann = Nové prameny k dějinám Husitství na Moravě [Neue Quellen zur Geschichte des Hussitentums in Mähren], hg. von Augustin Neumann (Olomouc 1930).

Nový, Doplňky = Rostislav Nový, Doplňky k „Účtům hradu Karlštejna z let 1423–1434“ [Ergänzungen zu „Die Rechnungen der Burg Karlstein aus den Jahren 1423–1434“]. *FHB* 10 (1986) 193–203.

Pátková, Berní knihy = Hana Pátková, Berní knihy Starého Města pražského 1427–1434 [Die Losungsbücher der Prager Altstadt 1427–1434] (Documenta Pragensia Monographia 2, Praha 1996).

Pelikán, Účty = Josef Pelikán, Účty hradu Karlštejna z let 1423–1434 [Die Rechnungen der Burg Karlstein aus den Jahren 1423–1434] (Praha 1948).

Popravčí kniha, hg. Mareš = Popravčí kniha pánův z Rožmberka [Das Halsgerichtsbuch der Herren von Rosenberg], hg. von František Mareš (Praha 1878).

Quellen, hg. Biebinger/Neukam = Quellen zur Handelsgeschichte der Stadt Nürnberg seit 1400. Bd. 1, H. 1: 1400–1405, hg. von Wilhelm Biebinger/Wilhelm Georg Neukam (Erlangen 1934).

Quellen, hg. Uhlirz = Quellen zur Geschichte der Stadt Wien, Abt. 2. Bd. 2. Verzeichnis der Originalurkunden des städtischen Archives 1412–1457, hg. von Karl Uhlirz (Wien 1900).

Regesty, hg. Barciak/Müller = Regesty dokumentów przechowywanych na Górnym Śląsku II: 1401–1450 [Regesten der in Oberschlesien aufbewahrten Dokumente II: 1401–1450], hg. von Anton Barciak/Karl Müller (Wrocław u. a. 2011).

Rep. Germ., hg. Arnold = Repertorium Germanicum. Regesten aus den päpstlichen Archiven zur Geschichte des Deutschen Reichs und seiner Territorien im XIV. und XV. Jahrhundert. Pontificat Eugens IV. (1431–1447) 1, hg. von Robert Arnold (Berlin 1897).

Rep. Germ. 4, hg. Fink = Repertorium Germanicum. Verzeichnis der in den päpstlichen Registern und Kameralakten vorkommenden Personen, Kirchen und Orte des Deutschen Reiches, seiner Diözesen und Territorien vom Beginn des Schismas bis zur Reformation. Bd. 4: Martin V. (1417–1431), hg. von Karl August Fink (Berlin 1941–1958).

RI IV,4,4,2 = J. F. Böhmer, Regesta Imperii IV. Lothar III. und ältere Staufer 1125–1197. 4. Abt.: Papstregesten 1124–1198, Teil 4, Lieferung 2: 1184–1185, bearb. von Katrin Baaken/Ulrich Schmidt (Köln/Weimar/Wien 2006).

RI XI = J. F. Böhmer, Regesta Imperii XI. Die Urkunden Kaiser Sigmunds (1410–1437), bearb. von Wilhelm Altmann (Innsbruck 1896–1900).

RI XI NB 1 = J. F. Böhmer, Regesta Imperii XI. Regesten Kaiser Sigismunds (1410–1437) nach Archiven und Bibliotheken geordnet, hg. von Karel Hruza. Bd. 1: Die Urkunden und Briefe aus den Archiven und Bibliotheken Mährens und Tschechisch-Schlesiens, bearb. von Petr Elbel (Wien/Köln/Weimar 2012).

RI XI NB 2 = J. F. Böhmer, Regesta Imperii XI. Regesten Kaiser Sigismunds (1410–1437) nach Archiven und Bibliotheken geordnet, hg. von Karel Hruza. Bd. 2: Die Urkunden und Briefe aus den Archiven und Bibliotheken West-, Nord- und Ostböhmens, bearb. von Petr Elbel/Stanislav Bárta/Přemysl Bar/Lukáš Reitinger (Wien/Köln/Weimar 2015).

RI XI NB 3 = J. F. Böhmer, Regesta Imperii XI. Regesten Kaiser Sigismunds (1410–1437) nach Archiven und Bibliotheken geordnet, hg. von Karel Hruza. Bd. 3: Die Urkunden und Briefe aus den Archiven und Bibliotheken Südböhmens, bearb. von Petr Elbel/Stanislav Bárta/Přemysl Bar/Lukáš Reitinger (Wien/Köln/Weimar 2016).

RI XI NB 4 = J. F. Böhmer, Regesta Imperii XI. Regesten Kaiser Sigismunds (1410–1437) nach

Archiven und Bibliotheken geordnet, hg. von Peter ELBEL/Karel HRUZA/Andreas ZAJIC. Bd. 4: Die Urkunden und Briefe aus den Archiven und Bibliotheken der Stadt Prag und Mittelböhmens (1410–1421), bearb. von Petr ELBEL/Stanislav BÁRTA/Ludmila LUŇÁKOVÁ (in Vorbereitung).

RI XI NB 5 = J. F. Böhmer, Regesta Imperii XI. Regesten Kaiser Sigismunds (1410–1437) nach Archiven und Bibliotheken geordnet, hg. von Peter ELBEL/Karel HRUZA/Andreas ZAJIC. Bd. 5: Die Urkunden und Briefe aus den Archiven und Bibliotheken der Stadt Prag und Mittelböhmens (1422–1435), bearb. von Petr ELBEL/Stanislav BÁRTA/Ludmila LUŇÁKOVÁ (in Vorbereitung).

RI XI NB 6 = J. F. Böhmer, Regesta Imperii XI. Regesten Kaiser Sigismunds (1410–1437) nach Archiven und Bibliotheken geordnet, hg. von Peter ELBEL/Karel HRUZA/Andreas ZAJIC. Bd. 6: Die Urkunden und Briefe aus den Archiven und Bibliotheken der Stadt Prag und Mittelböhmens (1436–1437), bearb. von Petr ELBEL/Stanislav BÁRTA/Přemysl BAR/Ludmila LUŇÁKOVÁ/ Lukáš REITINGER/Ondřej Vodička (in Vorbereitung).

RI XII Supp. = Supplement zu J. F. Böhmer, Regesta Imperii XII. Albrecht II. (1438–1439). Regesten der Urkunden Herzog Albrechts V. vor seiner Wahl zum römischen König, bearb. von Petr ELBEL (in Vorbereitung).

RPG 6, hg. SCHMUGGE u. a. = Repertorium Poenitentiariae Germanicum. Bd. 6: Verzeichnis der in den Supplikenregistern der Pönitentiarie Sixtus IV. vorkommenden Personen, Kirchen und Orte des Deutschen Reiches (1471–1484), hg. von Ludwig SCHMUGGE/Alexandra MOSCIATTI/ Michael MARSCH (Tübingen 2005).

Runtingerbuch, hg. BASTIAN = Das Runtingerbuch 1383–1407 und verwandtes Material zum Regensburger südostdeutschen Handel und Münzwesen 1–3, hg. von Franz BASTIAN (Regensburg 1935–1943).

RUSKE, Verrat = Michael RUSKE, Verrat an den Feind? Die Bekenntnisse des Peter Preischwitz (1430/31), in: Eide, Statuten und Prozesse. Ein Quellen- und Lesebuch zur Stadtgeschichte von Bautzen (14.–19. Jahrhundert), hg. von Gerd SCHWERHOFF/Marion VÖLKER/Stadt Bautzen (Bautzen 2002) 138–149.

SRL N. F. 1 = Scriptores rerum Lusaticarum oder Sammlung ober- und niederlausitzischer Geschichtsschreiber N. F. Bd. 1: Jahrbuecher des Zittauischen Stadtschreibers Johannes von Guben und einiger seiner Amtsnachfolger, bearb. von Ernst Friedrich HAUPT (Görlitz 1839) 1–213.

StA Cham, hg. FRANK = Stadtarchiv Cham. Bd. 1: Urkunden, hg. von Hans FRANK (Bayerische Archivinventare 25, Reihe Oberpfalz 3, München 1964).

Staří letopisové čeští, hg. PALACKÝ = Staří letopisové čeští od roku 1378 do 1527 čili pokračování v kronikách Přibíka Pulkavy a Beneše z Hořovic z rukopisů starých vydané [Die älteren böhmischen Annalen vom Jahre 1378 bis 1527, also die Fortsetzer der Chronik des Pribik von Pulkau und des Benesch von Horschowitz aus alten Handschriften herausgegeben], hg. von František PALACKÝ, 2. Auflage in: Dílo Františka Palackého 2, hg. von Jaroslav CHARVÁT (Praha ^{2}1941).

STOBBE, Mitteilungen 1–3 = Otto STOBBE, Mitteilungen aus den Breslauer Signaturbüchern. *Zeitschrift des Vereins für Geschichte und Alterthum Schlesiens*, Teil 1: Bd. 6 (1864) 335–356; Teil 2: Bd. 7 (1866) 176–191, 344–362; Teil 3: Bd. 8 (1867) 151–166, 438–453.

UB Krummau 2, hg. SCHMIDT/PICHA = Urkundenbuch der Stadt Krummau in Böhmen. Bd. 2:

1420–1480, hg. von Valentin SCHMIDT/Alois PICHA (Städte- und Urkundenbücher aus Böhmen 6, Prag 1910).
UB Pilsen 1, hg. STRNAD = Listář královského města Plzně a druhdy poddaných osad [Urkundenbuch der königlichen Stadt Pilsen sowie der einst untertänigen Ortschaften]. Bd. 1: 1300–1450, hg. von Josef STRNAD (Plzeň 1891).
UB Schlägl, hg. PICHLER = Urkundenbuch des Stiftes Schlägl. Die Rechts- und Geschichtsquellen der Cisterce Slage und des Prämonstratenserchorherrenstiftes Schlägl von den Anfängen bis zum Jahr 1600, hg. von Isfried Hermann PICHLER (Aigen i. M. 2003).
UB Zittau 1, hg. PROCHNO = Zittauer Urkundenbuch 1. Regesten zur Geschichte der Stadt und des Landes Zittau (1234–1437), hg. von Joachim PROCHNO (Mitteilungen des Zittauer Geschichts- und Museumsvereins 19/20, Zittau 1939).
UIBLEIN, Akten 1–2 = Paul UIBLEIN, Die Akten der theologischen Fakultät der Universität Wien (1396–1508) 1–2 (Wien 1978).
Urkundliche Beiträge 1–2, hg. PALACKÝ = Urkundliche Beiträge zur Geschichte der Hussitenkriege in Böhmen vom Jahre 1419 an 1–2, hg. von Franz PALACKÝ (Prag 1873).
Volkslieder 1, hg. LILIENCRON = Die historischen Volkslieder der Deutschen vom 13. bis 16. Jahrhundert 1, gesammelt und erläutert von Rochus von LILIENCRON (Leipzig 1865).
„Wiener Geserah“, hg. GOLDMANN = Die „Wiener Geserah“ und die Urteils-Verkündigungen vom Jahre 1421, in: Das Judenbuch der Scheffstrasse zu Wien (1389–1420) mit einer Schriftprobe, hg. von Artur GOLDMANN (Quellen und Forschungen zur Geschichte der Juden in Deutsch-Österreich 1, Wien/Leipzig 1908) 112–133.
Windeck, Denkwürdigkeiten, hg. ALTMANN = Eberhard Windeckes Denkwürdigkeiten zur Geschichte des Zeitalters Kaiser Sigmunds, hg. von Wilhelm ALTMANN (Berlin 1893).
WIRMSBERGER, Regesten = Ferdinand WIRMSBERGER, Regesten aus dem Archive von Freistadt in Österreich ob der Enns. *AÖG* 31 (1864) 273–376.

Onlinedatenbanken und -Quellensammlungen

Monasterium = Monasterium. Virtuelles Urkundenarchiv, ICARUS – International Centre for Archival Research, www.monasterium.net.
RG Online = Repertorium Germanicum Online, Deutsches Historisches Institut in Rom, www.romana-repertoria.net/993.html.

Lexika, Handbücher und Nachschlagewerke

AVNERI, Bavaria = Zvi AVNERI, Art. Bavaria. *Encyclopaedia Judaica* 3, hg. von Michael BERENBAUM/Fred SKOLNIK (Detroit ²2007) 228f., online unter Gale Virtual Reference Library, go.galegroup.com/ps/i.do?p=GVRL&sw=w&u=43wien&v=2.1&id=GALE%7CCX2587502211&it=r&asid=1ff6843a1c3774c847617cb0aff8b063 (letzter Zugriff: 05.08.2019).

Blockade. *Brockhaus* = Art. Blockade (Recht). *Die Brockhaus Enzyklopädie Online*, online unter https://uni-vienna.brockhaus-wissensservice.com/sites/brockhaus-wissensservice.com/files/pdfpermlink/blockade-recht-58b2fc9a.pdf (letzter Zugriff 19.03.2015).

Blockieren. *Etymologisches Wörterbuch* = Art. blockieren. *Etymologisches Wörterbuch der deutschen Sprache* (2012), online unter http://www.degruyter.com/view/Kluge/kluge.1353 (letzter Zugriff: 05.08.2019).

Boykott. *Brockhaus* = Art. Boykott. *Die Brockhaus Enzyklopädie Online*, online unter https://uni-vienna.brockhaus-wissensservice.com/sites/brockhaus-wissensservice.com/files/pdfpermlink/boykott-e8f4eb39.pdf (letzter Zugriff: 19.03.2015).

Boykott. *Etymologisches Wörterbuch* = Art. Boykott. *Etymologisches Wörterbuch der deutschen Sprache* (2012), online unter http://www.degruyter.com/view/Kluge/kluge.1466 (letzter Zugriff: 05.08.2019).

Brand, Mahl = Jürgen Brand, Art. Mahl und Trunk. *HRG* 3 (²2016) Sp. 1153–1155.

Cavanna, Majestätsverbrechen = Adriano Cavanna, Art. Majestätsverbrechen. *LMA* 6 (1993) Sp. 148–150.

Diefenbacher, Waffenhandel = Michael Diefenbacher, Art. Waffenhandel, in: Stadtlexikon Nürnberg, hg. von Dems./Rudolf Endres (Nürnberg 2000), online unter http://online-service2.nuernberg.de/stadtarchiv/zeig.FAU?sid=AB34725659&dm=2&ind=1&ipos=Waffenhandel (letzter Zugriff: 05.08.2019).

Döring, Matthias. *Rep. Font.* = Art. Döring, Matthias. *Rep. Font.*, online unter http://www.geschichtsquellen.de/repPers_100964664.html (letzter Zugriff: 05.08.2019).

Dudík, Bibliothek = Beda Franziskus Dudík, Bibliothek und Archiv im fürsterzbischöflichen Schlosse zu Kremsier (Wien 1870).

Eichler/Walther, Ortsnamenbuch = Ernst Eichler/Hans Walther, Ortsnamenbuch der Oberlausitz. Studien zur Toponymie der Kreise Bautzen, Bischofswerda, Görlitz, Hoyerswerda, Kamenz, Löbau, Niesky, Senftenberg, Weißwasser und Zittau. Bd. 1: Namenbuch (Berlin 1975).

Embargo. *Brockhaus* = Art. Embargo (Staats-). *Die Brockhaus Enzyklopädie Online*, online unter https://uni-vienna.brockhaus-wissensservice.com/sites/brockhaus-wissensservice.com/files/pdfpermlink/embargo-staats-8296b5b9.pdf (letzter Zugriff 19. 03.2015).

Embargo. *Etymologisches Wörterbuch* = Art. Embargo. *Etymologisches Wörterbuch der deutschen Sprache* (2012), online unter http://www.degruyter.com/view/Kluge/kluge.2508 (letzter Zugriff: 05.08.2019).

Fahl, Blockade = Gundolf Fahl, Art. Blockade. *HRG* 1 (²2008) Sp. 617f.

Förderbrief. *DRW* = Art. Förderbrief. *Deutsches Rechtswörterbuch*, online unter http://drw-www.adw.uni-heidelberg.de/drw-cgi/zeige?index=lemmata&term=foerderbrief&lastterm=foerderung (letzter Zugriff: 05.08.2019).

Förderungsbrief. *DRW* = Art. Förderungsbrief. *Deutsches Rechtswörterbuch*, online unter http://drw-www.adw.uni-heidelberg.de/drw-cgi/zeige?index=lemmata&term=Foerderungbrief#F%C3%B6rderungbrief-a (letzter Zugriff: 05.08.2019).

Glosář, hg. Boková/Spáčilová = Stručný raně novohornoněmecký glosář k pramenům z Českých Zemí [Kurzes frühneuhochdeutsches Glossar zu Quellen aus den Böhmischen Ländern], hg. von Hildegard Bobková/Libuše Spáčilová (Olomouc 2003).

Goetze, Blockade = Jochen Goetze, Art. Blockade. *LMA* 2 (1983) Sp. 280f.

Goetze, Embargo = Jochen Goetze, Art. Embargo. *LMA* 3 (1986) Sp. 1875f.

Holtz, Kratzau = Eberhard Holtz, Art. Kratzau, in: Handbuch der historischen Stätten. Böhmen und Mähren, hg. von Joachim Bahlcke/Winfried Eberhard/Miloslav Polívka (Stuttgart 1998) 295.

Irsiegler, Boykott = Franz Irsiegler, Art. Boykott. *LMA* 2 (1983) Sp. 525f.

Itinerar, hg. Hoensch u. a. = Itinerar König und Kaiser Sigismunds von Luxemburg 1368–1437, hg. von Jörg K. Hoensch unter Mitarbeit von Thomas Kees/Ulrich Niess/Petra Roscheck (Studia Luxemburgica 6, Warendorf 1995).

Itineraria, hg. Engel/C. Tóth = Itineraria regum et reginarum Hungariae (1382–1438). Itineraria Sigismundi regis imperatorisque (1382–1437), Mariae (1382–1395) et Barbarae (1405–1438) reginarum consortum eiusdem, nec non Elizabeth reginae (1382–1386), relictae Ludovici I regis, hg. von Pál Engel †/Norbert C. Tóth (Subsidia ad historiam medii aevi Hungariae inquirendam 1, Budapest 2005).

Kéry, Ketzer = Lotte Kéry, Art. Ketzer, Ketzerei. *HRG* 2 (^{2}2012) Sp. 1720–1726.

Krantz, Albert. *Rep. Font.* = Art. Krantz, Albert. *Rep. Font.* 6, 651, online unter http://www.geschichtsquellen.de/repOpus_03136.html (letzter Zugriff: 05.08.2019).

Köbler, Polizei = Gerhard Köbler, Art. Polizei III. *LMA* 7 (1995) Sp. 65.

Korner, Cronica. *Rep. Font.* = Art. Korner, Hermann, Cronica novella. *Rep. Font.* 6, 641, online unter http://www.geschichtsquellen.de/repOpus_03129.html (letzter Zugriff: 05.08.2019).

Künstlerlexikon, hg. Grieb = Nürnberger Künstlerlexikon. Bildende Künstler, Kunsthandwerker, Gelehrte, Sammler, Kulturschaffende und Mäzene vom 12. bis zur Mitte des 20. Jahrhunderts 1–4, hg. von Manfred H. Grieb (München 2007).

Mediae Latinitatis Lexicon Minus, hg. Niermeyer/Kieft = Mediae Latinitatis Lexicon Minus, hg. von J. F. Niermeyer/C. van de Kieft, bearb. von J. W. J. Burgers, online unter http://dictionaries.brillonline.com (letzter Zugriff: 05.08.2019).

Nový, Městké knihy = Rostislav Nový, Městké knihy v Čechách a na Moravě 1310–1526. Katalog [Stadtbücher in Böhmen und Mähren 1310–1526. Katalog] (Praha 1963).

Profous, Místní jména = Antonín Profous, Místní jména v Čechách, jejich vznik, původní význam a změny [Ortsnamen in Böhmen, ihre Entstehung, ihre ursprüngliche Bedeutung und ihr Wandel] 1 (Praha 1947).

Roth, Majestätsverbrechen = Andreas Roth, Art. Majestätsverbrechen. *RGA* 19 (2001) 178–180.

Schindler, Häresie = Alfred Schindler, Art. Häresie II. *TRE* 14 (1985) 318–341.

Soldbuch 2, hg. Ekdahl = Das Soldbuch des Deutschen Ordens 1410/1411. Teil 2: Indices mit personengeschichtlichen Kommentaren, hg. von Sven Ekdahl (Veröffentlichungen aus den Archiven Preußischer Kulturbesitz 23,2, Köln/Wien/Weimar 2010).

Suhling, Verhüttung = Lothar Suhling, Verhüttung silberhaltiger Kupfererze, in: Europäische Technik im Mittelalter 800–1400. Tradition und Innovation. Ein Handbuch, hg. von Uta Lindgren (Berlin 1996) 269–276.

Weitzel, Hochverrat = Jürgen Weitzel, Art. Hochverrat. *RGA* 15 (2000) 16–18.

Darstellungen

Abdullahi, Goldmünze = Johannes Abdullahi, Die erste Goldmünze Böhmens. Die Münzpolitik Johanns des Blinden zwischen Kapitalbedarf und repräsentativem Herrschaftsstil, in: Heilige, hg. Bauch u. a. 149–173.

Alles nur symbolisch, hg. Stollberg-Rilinger/Neu/Brauner = Alles nur symbolisch? Bilanz und Perspektiven der Erforschung symbolischer Kommunikation, hg. von Barbara Stollberg-Rilinger/Tim Neu/Christina Brauner (Symbolische Kommunikation in der Vormoderne, Köln/Weimar/Wien 2013).

Alte Spuren, hg. OÖ Landesregierung = Alte Spuren – Neue Wege. OÖ Landesausstellung 2013: Beiträge (Katalog zur Oberösterreichischen Landesausstellung 2013), hg. vom Amt der Oberösterreichischen Landesregierung, Direktion Kultur (Linz 2013).

Althoff, Charakter = Gerd Althoff, Der frieden-, bündnis- und gemeinschaftsstiftende Charakter des Mahles im früheren Mittelalter, in: Essen und Trinken in Mittelalter und Neuzeit. Vorträge eines interdisziplinären Symposions vom 10. bis 13. Juni an der Justus-Liebig-Universität Gießen, hg. von Irmgard Bitsch/Trude Ehlert/Xenja von Ertzdorff (Sigmaringen 1987) 13–25.

Anděl, Husitství = Rudolf Anděl, Husitství v severních Čechách [Das Hussitentum in Nordböhmen] (Liberec 1961).

Angenendt, Reinheit = Arnold Angenendt, Reinheit und Unreinheit. Anmerkungen zu „Purity and Danger", in: Reinheit, hg. Burschel/Marx 47–74.

Annas, Hoftag 2 = Gabriele Annas, Hoftag – Gemeiner Tag – Reichstag. Studien zur strukturellen Entwicklung deutscher Reichsversammlungen des späten Mittelalters (1349–1471). Bd. 2: Verzeichnis deutscher Reichsversammlungen des späten Mittelalters (1349 bis 1471) (Schriftenreihe der Historischen Kommission bei der Bayerischen Akademie der Wissenschaften 68, Köln 2004).

Aubin, Wirtschaft = Hermann Aubin, Die Wirtschaft im Mittelalter, in: Geschichte Schlesiens. Bd. 1: Von der Urzeit bis zum Jahre 1526, hg. von Ludwig Petry/Josef Joachim Menzel/Winfried Irgang (6., unveränd. Auflage, Stuttgart 2000) 314–377.

Aurig, Auseinandersetzungen = Rainer Aurig, Auseinandersetzungen zwischen den Städten Görlitz und Zittau in Fragen der Verkehrsführung und des Handels im späten Mittelalter und die Stellung des Landesherren dazu, in: 650 Jahre Oberlausitzer Sechsstädtebund (1346–1996), hg. von Gunter Oettel/Volker Dudeck (Mitteilungen des Zittauer Geschichts- und Museumsvereins 25, Bad Muskau 1997) 68–80.

Avigor, hg. Teufel/Kocman/Řepa = Avigdor, Benesch, Gitl. Juden in Böhmen, Mähren und Schlesien im Mittelalter. Samuel Steinherz zum Gedenken (1857 Güssing–1942 Theresienstadt), hg. von Helmut Teufel/Pavel Kocman/Milan Řepa (Brünn/Prag/Essen 2016).

Bahlcke, Stellung = Joachim Bahlcke, Die Stellung der Oberlausitz im politischen System der Böhmischen Krone. *Zittauer Geschichtsblätter. Heimatgeschichte, Kultur und Naturkunde des Zittauer Landes* N. F. 9,1 (2002) 8–20.

Baldwin, Sanctions Debate = David A. Baldwin, The Sanctions Debate and the Logic of Choice. *International Security* 24,3 (1999–2000) 80–107.

BALETKA, Páni z Kravař = Tomáš BALETKA, Páni z Kravař. Z Moravy až na konec světa [Die Herren von Krawarn. Von Mähren bis ans Ende der Welt] (Šlechtické rody Čech, Moravy a Slezska, Praha 2004).

BAR, Path = Přemysl BAR, A Tortuous Path to Reconciliation and Justice. Sigismund of Luxembourg as Arbiter in the Dispute between the Teutonic Knights and Poland (1412–1420). *ZfO* 66,1 (2017) 3–40.

BAR, Propaganda = Přemysl BAR, Antihussitische Propaganda König Sigismunds während des ersten und zweiten Hussitenkreuzzuges, in: Feinde, hg. ELBEL u. a.

BAR, Protihusitská propaganda = Přemysl BAR, Protihusitská propaganda v písemnostech Zikmunda Lucemburského. Definice – dochování – texty [Antihussitische Propaganda in den Schreiben Sigismunds von Luxemburg. Definition – Überlieferung – Texte]. *ČČH* 114 (2016) 614–651.

BARBER, Lepers = Malcolm C. BARBER, Lepers, Jews and Moslems. The Plot to Overthrow Christendom in 1321. *History. The Journal of the Historical Association* 66 (1981) 1–17, wiederabgedr. in: DERS., Crusaders and Heretics. 12th to 14th Centuries (Variorum Collected Studies Series 498, Aldershot 1995), Teil IV.

BÁRTA, Sigismund = Stanislav BÁRTA, Sigismund of Luxemburg's Pledge Policy in Bohemia (1420–1437), in: Composite Monarchies, hg. MILJAN u. a.

BAUCH u. a., Heilige = Martin BAUCH/Julia BURKHARDT/Tomáš GAUDEK/Paul TÖBELMANN/Václav ŽŮREK, Heilige – Helden – Wüteriche. Eine konzeptionelle Skizze zu ‚Herrschaftsstilen' im langen Jahrhundert der Luxemburger, in: Heilige, hg. BAUCH u. a. 11–27.

BAUMBAUER/FAJT, Nürnberg = Benno BAUMBAUER/Jiří FAJT, Nürnberg. Die Metropole wird karolinisch, in: Karl IV., hg. FAJT/HÖRSCH 111–120.

BECK, Heerwesen = Wilhelm BECK, Bayerisches Heerwesen und Mobilmachung im 15. Jahrhundert. *Archivalische Zeitschrift* N. F. (1911) 1–232.

BEHRISCH, Obrigkeit = Lars BEHRISCH, Städtische Obrigkeit und soziale Kontrolle. Görlitz 1450–1600 (Frühneuzeit-Forschungen 13, Epfendorf/Neckar 2005).

BERAN, Moc = Zdeněk BERAN, Moc a bezmoc šlechtičen v husitských Čechách [Macht und Ohnmacht adeliger Frauen im hussitischen Böhmen]. *Studia Medievalia Bohemica* 9 (2017) 47–69.

BERAN, Válka = Zdeněk BERAN, Válka a násilí jako sociální kód české pozdně středověké šlechty [Krieg und Gewalt als sozialer Code des spätmittelalterlichen böhmischen Adels]. *ČČH* 115,2 (2017) 319–345.

BEZOLD, Sigmund 1–3 = Friedrich von BEZOLD, König Sigmund und die Reichskriege gegen die Husiten 1–3 (München 1872–1877, ND Hildesheim/New York 1976).

BIEDERMAN, Vojenství = Jan BIEDERMAN, Vojenství husitského století [Das Kriegswesen des hussitischen Jahrhunderts], in: Husitské století, hg. CERMANOVÁ u. a. 333–351.

BLEICHER, Herzogtum = Michaela BLEICHER, Das Herzogtum Niederbayern-Straubing in den Hussitenkriegen. Kriegsalltag und Kriegsführung im Spiegel der Landschreiberrechnungen (ungedr. Diss., Universität Regensburg 2006, online unter https://epub.uni-regensburg.de/10414/, letzter Zugriff 13.09.2019).

BOROVSKÝ u. a., Hospodářství = Tomáš BOROVSKÝ u. a., Hospodářství [Die Wirtschaft], in: Dějiny Brna, hg. JAN 457–507.

Brandmüller, Konzil 1 = Walter Brandmüller, Das Konzil von Pavia-Siena 1423–1424. Bd. 1: Darstellung (Vorreformationsgeschichtliche Forschungen 16,1, Münster 1968).

Burghardt/Vaněk, Bergbau = Ivonne Burghardt/Vojtěch Vaněk, Bergbau und Fernhandel, in: Karl IV., hg. Fajt/Hörsch 227–233.

Bystrický, Západní Čechy = Vladimír Bystrický, Západní Čechy v husitských válkách [Westböhmen in den Hussitenkriegen] (České Budějovice 2013).

Čáda, Kodex = František Čáda, Olomoucký kodex Václava z Jihlavy [Der Olmützer Codex des Wenzel von Iglau]. *Studie o rukopisech* 2 (1963) 77–155.

Camenisch u. a., The 1430s = Chantal Camenisch u. a., The 1430s. A Cold Period of Extraordinary Internal Climate Variability during the Early Spörer Minimum with Social and Economic Impacts in North-Western and Central Europe. *Climate of the Past* 12 (2016) 2107–2126, doi: 10.5194/cp-12-2107-2016 (letzter Zugriff: 09.08.2019).

Čapský, Postavení = Martin Čapský, K postavení Vratislavi v českých korunních zemích v pozdním středověku [Zur Stellung Breslaus im Verband der Böhmischen Kronländer im späten Mittelalter]. *ČČH* 115,2 (2017) 346–383.

Čapský, Strategien = Martin Čapský, Kommunikative Strategien Sigismunds von Luxemburg rund um die Ausrufung des ersten Hussitenkreuzzuges, in: Feinde, hg. Elbel u. a.

Čapský, Urban History = Martin Čapský, Urban History between Cultural Transfer and Historical Comparison. On the Formation of Late Medieval Urban Identities in Prague and Wrocław from the Perspective of *Histoire croisée*, in: Processes of Cultural Exchange in Central Europe, 1200–1800, hg. von Veronika Čapská/Robert Antonín/Dems. (Opava 2014) 209–239.

Čapský, Vévodství = Martin Čapský, Opavské vévodství v roli brány obchodu se solí. Poznámky k úloze opavských měšťanů v dálkovém obchodu s Polskem [Das Herzogtum Troppau als Salzhandelspforte. Überlegungen zur Rolle der Stadt Troppau im Fernhandel mit Polen], in: Korunní země v dějinách českého státu 1. Integrační a partikulární rysy českého státu v pozdním středověku, hg. von Lenka Bobková (Praha 2003) 77–95.

Čapský, Význam = Martin Čapský, Obchodní význam města Vratislavi ve 14. a 15. století [Die wirtschaftliche Bedeutung Breslaus im 14. und 15. Jahrhundert]. *Studia mediaevalia Bohemica* 1,1 (2009) 99–105.

Čapský/Prix, Slezsko = Martin Čapský/Dalibor Prix, Slezsko v pozdním středověku (do roku 1490) [Schlesien im Spätmittelalter (bis zum Jahr 1490)], in: Slezsko v dějinách českého státu. 1: Od pravěku do roku 1490, hg. von Zdeňka Jiráska u. a. (Opava 2012) 261–576.

Carr, Boundaries = Mike Carr, Crossing Boundaries in the Mediterranean. Papal Trade Licences from the Registra Supplicationum of Pope Clement VI (1342–52). *Journal of Medieval History* 41,1 (2015) 107–129, doi: 10.1080/03044181.2014.986869 (letzter Zugriff: 09.08.2019).

Carr, Crusaders = Mike Carr, Merchant Crusaders in the Aegean, 1291–1352 (Woodbridge 2015).

Carter, Trade = Francis W. Carter, Trade and Urban Development in Poland. An Economic Geography of Cracow, from its Origins to 1795 (Cambridge Studies in Historical Geography 20, Cambridge/New York/Melbourne 1994).

Čechura, Konsumniveau = Jaroslav Čechura, Zum Konsumniveau in Ostmittel- und Westmitteleuropa in der ersten Hälfte des 15. Jahrhunderts, in: Westmitteleuropa, Ostmitteleuropa. Vergleiche und Beziehungen. Festschrift für Ferdinand Seibt zum 65. Geburtstag, hg. von Winfried Eberhard/Hans Lemberg/Heinz-Dieter Heimann/Robert R. Luft (München 1992) 175–184.

Čechura, Länder = Jaroslav Čechura, Böhmische Länder zwischen Hussitismus und Gegenreformation. Eine historische Reflexion zum Forschungsstand der sozioökonomischen Entwicklung von 1400 bis 1650, in: Ostmitteleuropa im 14.–17. Jahrhundert. Eine Region oder Region der Regionen?, hg. von Marian Dygo/Sławomir Gawlas/Hieronim Grala (Zentrum für ostmitteleuropäische Geschichte des Historischen Instituts der Universität Warschau Colloquia 3, Warszawa 2003) 51–60.

Čechura, Mor = Jaroslav Čechura, Mor, krize a husitská revoluce [Die Pest, die Krise und die Hussitische Revolution]. *ČČH* 92 (1994) 286–303.

Chiffoleau, Crime = Jacques Chiffoleau, Sur le Crime de Majesté Médiéval, in: Genèse de l'État Moderne en Méditerranée. Approches Historique et Anthropologique des Pratiques et des Représentations. Actes des Tables Rondes Internationales Tenues à Paris les 24, 25 et 26 Septembre 1987 et 18 et 19 Mars 1988 (Collection de l'École Française de Rome 168, Rome 1993) 183–213.

Composite Monarchies, hg. Miljan u. a. = Ruling Composite Monarchies. Sigismund of Luxemburg (1368–1437), hg. von Suzana Miljan/Alexandra Kaar/Christopher Nicholson (in Vorbereitung).

Constable, Clothing = Olivia Remie Constable, Clothing, Iron, and Timber. The Growth of Christian Anxiety about Islam in the Long Twelfth Century, in: European Transformations. The Long Twelfth Century. Papers from a Conference Hosted by the Medieval Institute of the University of Notre Dame, October 26–28, 2006, hg. von Thomas F. X. Noble/John H. Van Engen (Notre Dame, Ind. 2012) 279–313.

Contact, hg. Chrissis/Carr = Contact and Conflict in Frankish Greece and the Aegean, 1204–1453. Crusade, Religion and Trade between Latins, Greeks and Turks, hg. von Nikolaos G. Chrissis/Mike Carr (Farnham u. a. 2014).

Čornej, Bitva = Petr Čornej, Bitva před Ústím nad Labem ve starší české a německé tradici [Die Schlacht bei Aussig in der älteren tschechischen und deutschen Tradition]. *Acta Universitatis Carolinae. Philosophica et Historica* 5, 1995. *Studia historica* 43. *Problémy dějin historiografie* 7 (1999) 9–64.

Čornej, Epidemie = Petr Čornej, Epidemie a kalamity v letech 1419–1471 očima českých kronikářů [Die Epidemien und anderen Katastrophen der Jahre 1419–1471, gesehen durch die Augen böhmischer Chronisten]. *Documenta Pragensia* 7 (1987) 193–224.

Čornej, Dějiny 5 = Petr Čornej, Velké dějiny zemí Koruny české [Große Geschichte der Länder der Böhmischen Krone]. Bd. 5: 1402–1437 (Praha/Litomyšl 2000).

Čornej, Kreuzzüge = Petr Čornej, Kreuz-, Feld- und Beutezüge. Die böhmisch-mährisch-österreichische Grenze in der Zeit der hussitischen Revolution, in: Kulturen an der Grenze. Waldviertel – Weinviertel – Südböhmen – Südmähren, hg. von Andrea Komlosy/Václav Bůžek/František Svátek (Wien 1995) 46–50.

Čornej, Křižovatka = Petr Čornej, Lipanská křižovatka. Příčiny, průběh a historický význam jedné bitvy [Die Kreuzung von Lipany. Ursachen, Verlauf und historische Bedeutung einer Schlacht] (Praha 1992).

ČORNEJ, Světla = Petr ČORNEJ, Světla a stíny husitství (události – osobnosti – texty – tradice). Výběr z úvah a studií [Licht und Schatten des Hussitentums (Ereignisse – Persönlichkeiten – Texte – Traditionen). Ausgewählte Aufsätze und Studien] (Praha 2011).

ČORNEJ/BARTLOVÁ, Dějiny 6 = Petr ČORNEJ/Milena BARTLOVÁ, Velké dějiny zemí Koruny české [Große Geschichte der Länder der Böhmischen Krone]. Bd. 6: 1437–1526 (Praha/Litomyšl 2007).

COUFAL, Polemika = Dušan COUFAL, Polemika o kalich mezi teologií a politikou 1414–1431. Předpoklady basilejské disputace o prvním z pražských artikulů [Die Polemik um den Laienkelch zwischen Theologie und Politik 1414–1431. Die Voraussetzungen der Basler Disputation über den ersten der Prager Artikel] (Praha 2012).

COUFAL, Turnaj = Dušan COUFAL, Turnaj víry. Polemika o kalich na basilejském koncilu 1431–1433 [Das Turnier des Glaubens. Die Polemik um den Laienkelch auf dem Basler Konzil 1431–1433] (in Vorbereitung).

CZECHOWICZ, Dvě centra = Bogusław CZECHOWICZ, Dvě centra v Koruně. Čechy a Slezsko na cestách integrace a rozkolu v kontextu ideologie, politiky a umění (1348–1458) [Die zwei Zentren der Krone. Böhmens und Schlesiens Weg zu Integration und Spaltung im Spiegel von Ideologie, Politik und Kunst] (České Budějovice 2011).

CZOCK, Haus = Miriam CZOCK, Gottes Haus. Untersuchungen zur Kirche als heiligem Raum von der Spätantike bis ins Frühmittelalter (Millenium-Studien 38, Berlin 2012).

Dějiny Brna, hg. JAN = Dějiny Brna. 2: Středověké město [Geschichte Brünns. 2: Die mittelalterliche Stadt], hg. von Libor JAN (Brno 2013).

Dějiny Olomouce, hg. SCHULZ = Dějiny Olomouce [Geschichte von Olmütz] 1, hg. von Jindřich SCHULZ (Olomouc 2009)

DIEHL, Ad abolendam = Peter D. DIEHL, „Ad abolendam“ (X 5.7.9) and Imperial Legislation against Heresy. *Bulletin of Medieval Canon Law Ser. N. S.* 19 (1989) 1–12.

DOBIÁŠ, Dějiny 2,1 = Josef DOBIÁŠ, Dějiny královského města Pelhřimova a jeho okolí [Geschichte der königlichen Stadt Pilgram und ihrer Umgebung]. Teil 2, Bd. 1: Doba reformační [Das Reformationszeitalter] (Pelhřimov 1936).

DOLEŽALOVÁ, Reflections = Lucie DOLEŽALOVÁ, „But if you marry me“. Reflections of the Hussite Movement in the Penitentiary (1438–1483), in: The Long Arm of Papal Authority. Late Medieval Christian Peripheries and their Communication with the Holy See, hg. von Gerhard JARITZ/Torstein JØRGENSEN/Kirsi SALONEN (CEU Medievalia 8, Budapest 2005) 113–125.

DRABINA, Kontakty = Jan DRABINA, Kontakty listowne papieża Marcina V z królem Władysławem Jagiełła [Die Korrespondenz Papst Martins V. mit König Wladislaw Jagiello]. *Studia historyczne* 45 (2002) 3–16.

DVOŘÁK, Císař 1–2 = Miloš DVOŘÁK, Císař Karel IV. a pražský zahraniční obchod [Kaiser Karl IV. und der Prager Außenhandel]. *Pražský Sborník Historický*, Teil 1: Bd. 34 (2006) 7–91; Teil 2: Bd. 35 (2007) 7–61.

DVOŘÁKOVÁ, Bedeutung = Daniela DVOŘÁKOVÁ, Die Bedeutung der Spionage im mittelalterlichen Ungarn, in: Feinde, hg. ELBEL u. a.

EBERHARD, Weg = Winfried EBERHARD, Der Weg zur Koexistenz. Kaiser Sigmund und das Ende der hussitischen Revolution. *Bohemia* 33 (1992) 1–43.

ELBEL, Brno = Petr ELBEL, Brno mezi katolickými pevnostmi husitské Moravy [Brünn als eine der katholischen Hochburgen im hussitischen Mähren], in: Dějiny Brna, hg. JAN 119–184.

ELBEL, Dohody = Petr ELBEL, *Pravé, věrné a křesťanské příměřie* ... Dohody o příměří mezi husity a stranou markraběte Albrechta na jižní Moravě [*Ein echter, treuer und christlicher Waffenstillstand* ... Waffenstillstandsverträge zwischen den Hussiten und der Partei Markgraf Albrechts in Südmähren] (Brno 2016).

ELBEL, Morava = Petr ELBEL, Morava [Mähren], in: Husitské století, hg. CERMANOVÁ u. a. 189–223.

ELBEL, Nobility = Petr ELBEL, The Bohemian and Moravian Nobility at the Court of Emperor Sigismund, in: Composite Monarchies, hg. MILJAN u. a.

ELBEL, Olomoucký biskup = Petr ELBEL, Olomoucký biskup Jan Železný a Zikmund Lucemburský. Příspěvek k poznání Zikmundovy spojenecké sítě v českých zemích a jeho dvorských struktur [Der Olmützer Bischof Johann der Eiserne. Ein Beitrag zur Erforschung von Sigismunds Gefolgschaft in den Böhmischen Ländern und seiner Hofstrukturen]. *Studia mediaevalia Bohemica* 6,1 (2014) 17–68.

ELBEL, Posly = Petr ELBEL, O poslech, zvědech a špiónech měst Znojma a Jihlavy za husitské revoluce [Über die Boten, Kundschafter und Spione der Städte Znaim und Iglau während der Hussitischen Revolution], ungedr. Vortrag im Rahmen der XII. Letní škola medievistických studií, Sázava, 3. September 2016.

ELBEL, Prag = Petr ELBEL, Prag und Ofen als Kaiserresidenzen. Die Verlagerung des Reichsschwerpunkts nach Osten unter den Luxemburgern und deren Folgen für das Reich, in: Rom 1312. Die Kaiserkrönung Heinrichs VII. und die Folgen. Die Luxemburger als Herrscherdynastie von gesamteuropäischer Bedeutung, hg. von Sabine PENTH/Peter THORAU (Forschungen zur Kaiser- und Papstgeschichte des Mittelalters Beihefte zu J. F. Böhmer, Regesta Imperii 40, Köln/Weimar/Wien 2016) 259–330.

ELBEL, Velbloud = Petr ELBEL, Velbloud Plzeňský. Osudy jednoho velblouda uprostřed husitských válek a otázka znakového privilegia císaře Zikmunda pro Plzeň [Das Pilsner Kamel. Das Schicksal eines Kamels inmitten der Hussitenkriege und die Frage des Wappenbriefes Kaiser Sigismunds für Pilsen], in: Človek a svet zvierat v stredoveku, hg. von Daniela DVOŘÁKOVÁ u. a. (Bratislava 2015) 342–370.

ELBEL, Waffenstillstand = Petr ELBEL, Der Waffenstillstand als integrales Instrument des spätmittelalterlichen Krieges. Das Beispiel des Hussitenkrieges, in: Feinde, hg. DERS. u. a.

ELBEL/BÁRTA/ZIEGLER, Heirat = Petr ELBEL/Stanislav BÁRTA/Wolfram ZIEGLER, Die Heirat zwischen Elisabeth von Luxemburg und Herzog Albrecht V. von Österreich. Rechtliche, finanzielle und machtpolitische Zusammenhänge (mit einem Quellenanhang), in: Manželství v pozdním středověku. Rituály a obyčeje, hg. von Paweł KRAS/Martin NODL (Colloquia mediaevalia Pragensia 14, Praha 2014) 79–152.

ELBEL/ZIEGLER, Wiener Gesera = Petr ELBEL/Wolfram ZIEGLER, *Am schwarczen suntag mardert man dieselben juden, all die zaigten vill guets an under der erden* ... Die Wiener Gesera. Eine Neubetrachtung, in: Avigdor, hg. TEUFEL/KOCMAN/ŘEPA 201–268.

ENGEL, Herrschen = Annabell ENGEL, Herrschen mit Emotionen. Zorn als Herrschaftsinstrument Sigismunds von Luxemburg auf dem Konstanzer Konzil, in: Heilige, hg. BAUCH u. a. 245–259.

ERBEN, Kriegswesen = Wilhelm ERBEN, Zur Geschichte des österreichischen Kriegswesens im

15. Jahrhundert. *Mitteilungen des k. k. Heeresmuseums im Artillerie-Arsenal Wien* 2 (1903) 1–29.

ERKENS, Überlegungen = Franz-Reiner ERKENS, ... *Und wil ein grosse Reise do tun*. Überlegungen zur Balkan- und Orientpolitik Sigismunds von Luxemburg, in: Studien zum 15. Jahrhundert. Festschrift für Erich Meuthen 2, hg. von Johannes HELMRATH/Heribert MÜLLER/Helmut WOLFF (München 1994) 739–762.

ERMISCH, Dresden = Hubert ERMISCH, Dresden und die Hussitenkriege. *Mitteilungen des Vereins für Geschichte Dresdens* 28 (1920) 41–90.

ESCH, Geschichten = Arnold ESCH, Wahre Geschichten aus dem Mittelalter. Kleine Schicksale selbst erzählt in Schreiben an den Papst (München 2012).

ESCH, Handel = Arnold ESCH, Der Handel zwischen Christen und Muslimen im Mittelmeer-Raum. Verstöße gegen das päpstliche Embargo geschildert in den Gesuchen an die Apostolische Pönitentiarie (1439–1483). *QFIAB* 92 (2012) 85–140.

ESCH, Überlieferungs-Chance = Arnold ESCH, Überlieferungs-Chance und Überlieferungs-Zufall als methodisches Problem des Historikers. *HZ* 240 (1985) 529–570.

FALTENBACHER, Eger = Heike FALTENBACHER, Eger als antihussitisches Zentrum und als Verhandlungsort während des Basler Konzils, in: Hussitische Revolution, hg. MACHILEK 143–162.

Feinde, hg. ELBEL u. a. = Zwischen Feinden und Freunden. Kommunikation im spätmittelalterlichen Krieg, hg. von Petr ELBEL/Alexandra KAAR/Robert NOVOTNÝ (in Vorbereitung).

FEISTNER, Geschichte = Wilhelm FEISTNER, Zur Geschichte der Zittau-Prager Straße, in: *MVGDB* 18 (1880) 146–154.

FISCHER, Hochfinanz = Klaus FISCHER, Regensburger Hochfinanz. Die Krise einer europäischen Metropole an der Wende zur Neuzeit (Regensburger Studien und Quellen zur Kulturgeschichte 14, Regensburg 2003).

FØRLAND, ‚Economic Warfare' = Tor Egil FØRLAND, ‚Economic Warfare' and ‚Strategic Goods'. A Conceptual Framework for Analyzing COCOM. *Journal of Peace Research* 28,2 (1991) 191–204.

FØRLAND, History = Tor Egil FØRLAND, The History of Economic Warfare. International Law, Effectiveness, Strategies. *Journal of Peace Research* 30,2 (1993) 151–162.

FORNECK, Einwohnerschaft = Christian FORNECK, Die Regensburger Einwohnerschaft im 15. Jahrhundert. Studien zur Bevölkerungsstruktur und Sozialtopographie einer deutschen Großstadt des Spätmittelalters (Regensburger Studien 3, Regensburg 2000).

FREITAG, Markt = Werner FREITAG, Städtischer Markt und symbolische Kommunikation, in: Alles nur symbolisch, hg. STOLLBERG-RILINGER/NEU/BRAUNER 379–399.

FUCHS, Alltag = Franz FUCHS, Dörflicher Alltag in der Hussitenzeit. Aus den Aufzeichnungen eines Oberpfälzer Landpfarrers (1419–1436), in: Der Pfälzer Löwe in Bayern. Zur Geschichte der Oberpfalz in der kurpfälzischen Epoche, hg. von Hans-Jürgen BECKER (Schriftenreihe der Universität Regensburg 24, Regensburg 1997) 37–55.

FUCHS, Grünsleder = Franz FUCHS, Ulrich Grünsleder aus Vohenstrauß († 1421). Ein „deutscher Hussit" in Regensburg, in: Hussitische Revolution, hg. MACHILEK 223–233.

FUDGE, Magificent Ride = Thomas A. FUDGE, The Magnificent Ride. The First Reformation in Hussite Bohemia (Aldershot u. a. 1998).

FUDGE, Trial = Thomas A. FUDGE, The Trial of Jan Hus. Medieval Heresy and Criminal Procedure (Oxford/New York 2013).

GARKISCH, Běžný život = Miloš GARKISCH, Běžný život na hradě Karlštejně za husitských válek ve světle hradních účtů [Das Alltagsleben auf Burg Karlstein während der Hussitenkriege im Licht der dortigen Rechnungen], in: Sborník k poctě Evy a Karla Waskových, západočeských archivářů, hg. von Marie WASKOVÁ (Plzeň 2011) 77–89.

GIUMELLI, Coercing = Francesco GIUMELLI, Coercing, Constraining and Signalling. Explaining UN and EU Sanctions after the Cold War (Colchester 2011).

GIVEN, Inquisitors = James GIVEN, The Inquisitors of Languedoc and the Medieval Technology of Power. *The American Historical Review* 94,2 (1989) 336–359.

GÖLLER, Pönitentiarie = Emil GÖLLER, Die päpstliche Pönitentiarie von ihrem Ursprung bis zu ihrer Umgestaltung unter Pius V. Bd. 1. Teil 1: Die päpstliche Pönitentiarie bis Eugen IV. Darstellung (Bibliothek des Königlich Preussischen Historischen Instituts in Rom 3, Rom 1907).

GÖTZ, Coercing = Roland GÖTZ, Coercing, Constraining, Signalling. Wirtschaftssanktionen gegen Russland. *Osteuropa* 64,7 (2014) 21–30.

GRAUS, Handelsbeziehungen = František GRAUS, Die Handelsbeziehungen Böhmens zu Deutschland und Österreich im 14. und zu Beginn des 15. Jahrhunderts. Eine Skizze. *Historica* 2 (1960) 77–110.

GRAUS, Obchod = František GRAUS, Český obchod se suknem ve 14. a počátkem 15. století. Na otázce významu středověkého obchodu [Der böhmische Tuchhandel im 14. und zu Beginn des 15. Jahrhunderts. Zur Frage nach der Bedeutung des mittelalterlichen Handels] (Praha 1950).

GRUBER, Raittung = Elisabeth GRUBER, *Raittung und außgab zum gepew*. Kommunale Rechnungspraxis im oberösterreichischen Freistadt. Edition und Kommentar der Stadtgrabenrechnung (1389–1392) (Quelleneditionen des Instituts für Österreichische Geschichtsforschung 14, Wien 2015).

GRUBER, Verkehrswege = Elisabeth GRUBER, Verkehrswege und Handelsbeziehungen zwischen Oberösterreich und Südböhmen, in: Alte Wege, hg. OÖ Landesregierung 81–89.

GRÜNHAGEN, Hussitenkämpfe = Colmar GRÜNHAGEN, Die Hussitenkämpfe der Schlesier 1420–1435 (Breslau 1872).

HAGENEDER, Studien = Othmar HAGENEDER, Studien zur Dekretale „Vergentis“ (X V.7.10). *Zeitschrift der Savigny-Stiftung für Rechtsgeschichte. Kanonistische Abteilung* 49 (1963) 138–173.

HAIDER, Passau = Siegfried HAIDER, Passau und der Salzhandel nach Österreich, in: Weißes Gold, hg. WURSTER u. a. 221–226.

HALEVI, Religion = Leor HALEVI, Religion and Cross-Cultural Trade. A Framework for Interdisciplinary Inquiry, in: Religion and Trade. Cross-Cultural Exchanges in World History, 1000–1900, hg. von Francesca TRIVELLATO/DERS./Catia ANTUNES (Oxford u. a. 2014) 24–61.

HALL, Weapons = Bert S. HALL, Weapons and Warfare in Renaissance Europe. Gunpowder, Technology and Tactics (Johns Hopkins Studies in the History of Technology, Baltimore 1997).

HARDY, Account = Duncan HARDY, An Alsatian Nobleman's Account of the Second Crusade against the Hussites in 1421. New Edition, Translation, and Interpretation. *Crusades* 15 (2017) 199–221.

Heilige, hg. BAUCH u. a. = Heilige – Helden – Wüteriche. Herrschaftsstile der Luxemburger

(1308–1437), hg. von Martin BAUCH/Julia BURKHARDT/Tomáš GAUDEK/Paul TÖBELMANN/ Václav ŽŮREK (Forschungen zur Kaiser- und Papstgeschichte des Mittelalters Beihefte zu J. F. Böhmer, Regesta Imperii 41, Köln/Weimar/Wien 2017).

HEIMPEL, Handelspolitik = Hermann HEIMPEL, Zur Handelspolitik Kaiser Sigismunds. *VSWG* 23 (1930) 145–156.

HEINIG, Reichsstädte = Paul-Joachim HEINIG, Reichsstädte, Freie Städte und Königtum 1389–1450. Ein Beitrag zur deutschen Verfassungsgeschichte (Beiträge zur Sozial- und Verfassungsgeschichte des Alten Reiches 3, Wiesbaden 1983).

HERRMANN, Pönfall = Matthias HERRMANN, Der Pönfall der oberlausitzischen Sechsstädte und seine überregionale Einordnung, in: Welt – Macht – Geist. Das Haus Habsburg und die Oberlausitz 1526–1635, hg. von Joachim BAHLCKE/Volker DUDECK (Görlitz/Zittau 2002) 97–110.

HEYMANN, Crusades = Frederick G. HEYMANN, The Crusades against the Hussites, in: A History of the Crusades. Bd. 3: The Fourteenth and Fifteenth Centuries, hg. von Harry W. HAZARD/ Kenneth M. SETTON (Madison 1975) 586–647.

HILL, Edict = Brian E. HILL, Charles the Bald's ‚Edict of Pitres' (864). A Translation and Commentary (ungedr. Masterarbeit, University of Minnesota 2013, online unter http://conservancy.umn.edu/bitstream/handle/11299/152270/Hill_umn_0130M_13627.pdf?sequence=1&isAllowed=y, letzter Zugriff: 09.08.2019).

HIRSCHMANN, Salzhandel = Norbert HIRSCHMANN, Salzhandel in der Oberpfalz bis zum 30-jährigen Krieg unter besonderer Berücksichtigung der Residenzstadt Amberg, in: Salz, hg. HOCQUET/PALME 127–134.

HLAVÁČEK, Hospodářská válka = Ivan HLAVÁČEK, Hospodářská válka České koruny a Rakouska v druhé polovine 80. let 14. století [Ein Wirtschaftskrieg zwischen der Böhmischen Krone und Österreich in der zweiten Hälfte der achtziger Jahre des 14. Jahrhunderts]. *Časopis Národního muzea, řada historická* 151,3–4 (1982) 121–128.

HLAVÁČEK, Beginnings = Petr HLAVÁČEK, Beginnings of Bohemian Reformation in the Northwest. The Waldensians and the Reformers in the Deanery of Kadaň at the Turn of the Fourteenth Century, in: The Bohemian Reformation and Religious Practice 4, hg. von Zdeněk V. DAVID/David R. HOLETON (Papers from the IV. International Symposium Prague 2000, Prague 2002) 43–56.

HOENSCH, Böhmen = Jörg K. HOENSCH, Geschichte Böhmens. Von der slavischen Landnahme bis zur Gegenwart (München [3]1997).

HOENSCH, König/Kaiser Sigismund = Jörg K. HOENSCH, König/Kaiser Sigismund, der Deutsche Orden und Polen-Litauen. Stationen einer problembeladenen Beziehung. *ZfO* 46 (1997) 1–44.

HOENSCH, Sigismund = Jörg K. HOENSCH, Kaiser Sigismund. Herrscher an der Schwelle zur Neuzeit 1368–1437 (München 1996).

HOUSLEY, Avignon Papacy = Norman HOUSLEY, The Avignon Papacy and the Crusades, 1305–1378 (Oxford 1986).

HOUSLEY, Later Crusades = Norman HOUSLEY, The Later Crusades, 1274–1580. From Lyons to Alcazar (Oxford/New York/Toronto 1992).

HOUSLEY, Religious Warfare = Norman HOUSLEY, Religious Warfare in Europe, 1400–1536 (Oxford 2002).

HRUZA, Hussitische Manifeste = Karel HRUZA, *Audite et cum speciali diligencia attendite verba litere huius*. Hussitische Manifeste. Objekt – Methode – Definition, in: Text – Schrift – Codex. Quellenkundliche Arbeiten aus dem Institut für Österreichische Geschichtsforschung, hg. von Christoph EGGER/Herwig WEIGL (*MIÖG* Erg.-Bd. 35, Wien/Köln/Weimar 1999) 345–384.

HRUZA, Propaganda = Karel HRUZA, Propaganda, Kommunikation und Öffentlichkeit im Mittelalter, in: Propaganda, hg. DERS. 9–25.

Husitské století, hg. CERMANOVÁ u. a. = Husitské století [Das hussitische Jahrhundert], hg. von Pavlína CERMANOVÁ/Robert NOVOTNÝ/Pavel SOUKUP (Praha 2014).

Hussitische Revolution, hg. MACHILEK = Die hussitische Revolution. Religiöse, politische und regionale Aspekte, hg. von Franz MACHILEK (Forschungen und Quellen zur Kirchen- und Kulturgeschichte Ostdeutschlands 44, Köln/Weimar/Wien 2012).

IMC 2016 Sessions = International Medieval Congress 2016, Universität Leeds, Sessions 1537–1736, Crossing Cultural and Religious Boundaries I–III, https://www.leeds.ac.uk/ims/imc/imc2016.html (letzter Zugriff: 09.08.2019).

JAKUBEC, Transitland = Ivan JAKUBEC, Transitland Lausitz (Ober- und Niederlausitz). Zur Problematik der Handels- und Verkehrswege vom Mittelalter zur Gegenwart, in: 650 Jahre Oberlausitzer Sechsstädtebund (1346–1996), hg. von Gunter OETTEL/Volker DUDECK (Mitteilungen des Zittauer Geschichts- und Museumsvereins 25, Bad Muskau 1997) 137–165.

JANÁČEK, Aussenhandel = Josef JANÁČEK, Der böhmische Aussenhandel [!] in der Hälfte [!] des 15. Jahrhunderts. *Historica* 4 (1962) 39–58.

JANÁČEK, Dějiny = Josef JANÁČEK, Dějiny obchodu v předbělohorské Praze [Geschichte des Prager Handels in der Zeit vor der Schlacht am Weißen Berg] (Praha 1955).

JANÁČEK u. a., České země = Josef JANÁČEK/Jaroslav ERŠIL/Jiří SPĚVÁČEK/František ŠMAHEL/Dušan TŘEŠTÍK, České země v době Husitské (1419–1471) [Die Böhmischen Länder in der Hussitenzeit], in: Přehled dějin Československa do roku 1526, 1,1, hg. von Jaroslav PURŠ/Miroslav KROPILÁK (Praha 1980) 419–520.

JÁNSKÝ, Kronika 1–2 = Jiří JÁNSKÝ, Kronika česko-bavorské hranice Bd. 1: 1400–1426. Od války Václava IV. s Ruprechtem Falckým k počátkům husitské ofenzivy/Chronik der böhmisch-bayerischen Grenze. Bd. 1: 1400–1426. Vom Krieg Königs [!] Wenzels mit Ruprecht von der Pfalz bis zu den Anfängen der hussitischen Offensive (Domažlice 2001); Bd. 2: 1427–1437. Od bouří velkých bitev a spanilých jízd k bazilejským kompaktátům/Von den Stürmen der Großen Schlachten und Heerfahrt [!] zu den Basler Kompaktaten (Domažlice 2003).

JARITZ, Augenblick = Gerhard JARITZ, Zwischen Augenblick und Ewigkeit. Einführung in die Alltagsgeschichte des Mittelalters (Wien/Köln 1989).

JASER, Ecclesia = Christian JASER, *Ecclesia maledicens*. Rituelle und zeremonielle Exkommunikationsformen im Mittelalter (Spätmittelalter – Humanismus – Reformation 75, Tübingen 2013).

JECHT, Hussitenkrieg 1–2 = Richard JECHT, Der Oberlausitzer Hussitenkrieg und das Land der Sechsstädte unter Kaiser Sigmund 1–2 (Görlitz 1911).

JOHANEK, Handel = Peter JOHANEK, Der fränkische Handel der Karolingerzeit im Spiegel der Schriftquellen, in: Untersuchungen zu Handel und Verkehr der vor- und frühgeschichtlichen Zeit in Mittel- und Nordeuropa. Bd. IV: Der Handel der Karolinger- und Wikingerzeit, hg. von Klaus DÜWEL u. a. (Göttingen 1987) 7–68.

JUCKER, Butin = Michael JUCKER, Le Butin de Guerre au Moyen Âge. Aspects Symboliques et Économiques. *Francia* 36 (2009) 113–134.

JUROK, Příčiny = Jiří JUROK, Příčiny, struktury a osobnosti husitské revoluce [Ursachen, Strukturen und Persönlichkeiten der Hussitischen Revolution] (Ceské Budějovice 2006).

KAAR, Business = Alexandra KAAR, Business as usual? Sigismund's Trade Privileges for the Royal Towns of Bohemia. *Husitský Tábor* 22 (2018) 34–53.

KAAR, Embargoing = Alexandra KAAR, Embargoing „Heretics" in Fifteenth-Century Central Europe. The Case of Hussite Bohemia. *Journal of Medieval History* 46 (2020) (im Druck).

KAAR, Granatäpfel = Alexandra KAAR, Granatäpfel, Pfeffer und ein Braukessel für die Ketzer. Zum Handel mit Waren des gehobenen Bedarfs zwischen Böhmen und seinen Nachbarländern in den Hussitenkriegen. *MIÖG* 126 (2018) 354–360.

KAAR, Mittel = Alexandra KAAR, Neue Mittel der Kriegsführung? König/Kaiser Sigismund und das Handelsverbot gegen die Hussiten in Böhmen, in: Heilige, hg. BAUCH u. a. 223–242.

KAAR, Mündlichkeit = Alexandra KAAR, Mündlichkeit und Schriftlichkeit der Nachrichtenübermittlung in der Oberlausitz während der Hussitenkriege, in: Feinde, hg. ELBEL u. a.

KAAR, Kaiser Sigismund = Alexandra KAAR, Kaiser Sigismund von Luxemburg und die Sechsstädte der Oberlausitz (ungedr. Magisterarbeit der Universität Wien, Wien 2010, online unter http://othes.univie.ac.at/8525/, letzter Zugriff: 09.08.2019).

KAAR, Rezension = Alexandra KAAR, Rezension zu Stefan K. Stantchev, Spiritual Rationality. Papal Embargo as Cultural Practice. *MIÖG* 123 (2015) 484–486.

KAAR, Stadt = Alexandra KAAR, *Die stadt* [...] *viel privilegirt, aber wenig ergötzt*. Sigismunds Herrschaftspraxis und seine Urkunden für die „katholischen" königlichen Städte Böhmens, in: Sigismund, hg. HRUZA/DIES. 267–300.

KAAR, Sigismund = Alexandra KAAR, Sigismund von Luxemburg und die Sechsstädte der Oberlausitz unter besonderer Berücksichtigung der Stadt Bautzen. *NLM* N. F. 14 (2011) 21–40.

KAAR, Urkunden = Alexandra KAAR, Urkunden und Briefe über das antihussitische Handelsverbot. *Studia historica Brunensia* 66 (2019) (im Druck).

KALHOUS, Outpost = David KALHOUS, Distant Outpost of Royal Power? Karlštejn and its Relations with the Court of King Sigismund during the Hussite Revolution, in: Tagungsband „Hof und Kanzlei", hg. ELBEL.

KAMINSKY, Hussite Revolution = Howard KAMINSKY, A History of the Hussite Revolution (Berkeley, CA/Los Angeles/London 1967).

KAŇÁK, Město = Bohdan KAŇÁK, Město a husitství [Die Stadt und der Hussitismus], in: Dějiny Olomouce, hg. SCHULZ 187–193.

KAPLAN, Faith = Benjamin K. KAPLAN, Divided by Faith. Religious Conflict and the Practice of Toleration in Early Modern Europe (Cambridge, MA/London 2007).

Karl IV., hg. FAJT/HÖRSCH = Karl IV. 1316–2016. Katalog zur ersten Bayerisch-Tschechischen Landesausstellung, hg. von Jiří FAJT/Markus HÖRSCH (Prag 2016).

Karl IV., hg. SEIBT = Kaiser Karl IV. Staatsmann und Mäzen, hg. von Ferdinand SEIBT (München ^{2}1978).

KASKA, Analyse = Johannes KASKA, Analyse ausgewählter Urfehdebriefe des österreichischen Raumes im Spätmittelalter (ungedr. Diplomarbeit der Universität Wien, Wien 2013).

KASKA, Urfehdebriefe = Johannes KASKA, Die Urfehdebriefe des Wiener Stadtrichters Mert Enthaimer (1466–1472). *MIÖG* 124 (2016) 53–81.

KEIL, Gemeinde = Martha KEIL, Gemeinde und Kultur. Die mittelalterlichen Grundlagen jüdischen Lebens in Österreich, in: Geschichte der Juden in Österreich, hg. von Eveline BRUGGER u. a. (Wien 2013) 15–122.

KEIL, New Christians = Martha KEIL, What happened to the ‚New Christians'? The ‚Viennese Geserah' of 1420/21 and the Forced Baptism of the Jews, in: Jews and Christians in Medieval Europe. The Historiographical Legacy of Bernhard Blumenkranz, hg. von Philippe BUC/DERS./John TOLAN (Religion and Law in Medieval Christian and Muslim Societies 7, Turnhout 2016) 97–114.

KEJŘ, Husité = Jiří KEJŘ, Husité [Die Hussiten] (Praha 1984).

KEJŘ, Otázka = Jiří KEJŘ, Česká otázka na basilejském koncilu [Die böhmische Frage auf dem Basler Konzil]. *Husitský Tábor* 8 (1985) 107–132.

KEJŘ, Právní život = Jiří KEJŘ, Právní život v husitské Kutné Hoře [Das Rechtsleben im hussitischen Kuttenberg] (Praha 1958).

KEJŘ, Städte = Jiří KEJŘ, Die mittelalterlichen Städte in den Böhmischen Ländern. Gründung – Verfassung – Entwicklung (Städteforschung Reihe A: Darstellungen 78, Köln/Weimar/Wien 2009).

KESTENBERG, Hussitentum = Ruth KESTENBERG, Hussitentum und Judentum. *Jahrbuch der Gesellschaft für Geschichte der Juden in der Čechoslovakischen Republik* 8 (1936) 1–26.

KIRMEIER, Aufnahme = Josef KIRMEIER, Aufnahme, Verfolgung und Vertreibung. Zur Judenpolitik bayerischer Herzöge im Mittelalter, in: Geschichte und Kultur der Juden in Bayern. Aufsätze, hg. von Manfred TREML/Josef KIRMEIER (Veröffentlichungen zur Bayerischen Geschichte und Kultur 17/88, München/New York/London/Paris 1988) 95–104.

KLASSEN, Hus = John KLASSEN, Hus, the Hussites and Bohemia, in: The New Cambridge Medieval History. Bd. 7: C. 1415–c. 1500, hg. von Christopher ALLMAND (Cambridge 1998) 367–391.

KNITTLER, Salzniederlagen = Herbert KNITTLER, Salz- und Eisenniederlagen. Rechtliche Grundlagen und wirtschaftliche Funktion, in: Österreichisches Montanwesen, hg. von Michael MITTERAUER (Sozial- und wirtschaftshistorische Studien 6, Wien 1974) 199–233.

KNOTHE, Geschichte = Hermann KNOTHE, Geschichte des Oberlausitzer Adels und seiner Güter vom XIII. bis gegen Ende des XVI. Jahrhunderts (Leipzig 1879).

KOCMAN, Ausweisung = Pavel KOCMAN, Die Ausweisung der Juden aus den mährischen königlichen Städten 1426–1514, in: Avigdor, hg. TEUFEL/DERS./ŘEPA 201–268.

KÖHLER, Strategie = Matthias KÖHLER, Strategie und Symbolik. Verhandeln auf dem Kongress von Nimwegen (Externa. Geschichte der Außenbeziehungen in neuen Perspektiven 3, Köln/Weimar/Wien 2011).

KOHOUT, Rozkvet = Štepán KOHOUT, Rozkvet mesta [Das Aufblühen der Stadt], in: Dějiny Olomouce, hg. SCHULZ 126–165.

KONDOR, Fox = Márta KONDOR, The Ginger Fox's Two Crowns. Central Administration and Government in Sigismund of Luxembourg's Realms 1410–1419 (ungedr. Diss., Central European University, Budapest 2017).

KÖPSTEIN, Teilnahme = Horst KÖPSTEIN, Über die Teilnahme von Deutschen an der hussitischen revolutionären Bewegung – speziell in Böhmen. *Zeitschrift für Geschichtswissenschaft* 11 (1963) 116–145.

KRAS, Church Reform = Paweł KRAS, Church Reform and the Hussite Revolution in the Diplomacy of Wladislaw II Jagiello, in: Hofkultur der Jagiellonendynastie und verwandter Fürstenhäuser, hg. von Urszula BORKOWSKA/Markus HÖRSCH (Studia Jagellonica Lipsiensia 6, Ostfildern 2010) 227–236.

KRAS, Edykt = Paweł KRAS, Edykt wieluński z 1424 roku i udział *brachium saeculare* w walce z husytyzmem w XV-wiecznej Polsce [Das Edikt von Welun des Jahres 1424 und die Beteiligung des *brachium saeculare* am Kampf gegen die Hussiten im Polen des 15. Jahrhunderts]. *Summarium. Sprawozdania Towarzystwa Naukowego Katolickego Uniwersytetu Lubelskiego* 26–27 (1997/98) 63–77.

KRAS, Husyci = Paweł KRAS, Husyci w piętnastowiecznej Polsce [Hussiten im Polen des 15. Jahrhunderts] (Towarzystwo Naukowe Katolickiego Uniwersytetu Lubelskiego. Źródła i monografie 174, Lublin 1998).

KRAUS, Stadt = Joseph KRAUS, Die Stadt Nürnberg in ihren Beziehungen zur römischen Kurie während des Mittelalters. *MVGN* 41 (1950) 1–154.

Krone, hg. WINZELER = Für Krone, Salz und Kelch. Wege von Prag nach Zittau, hg. von Marius WINZELER (Zittauer Geschichtsblätter 45, Görlitz 2011).

KRZENCK, Heerfahrt = Thomas KRZENCK, Die große Heerfahrt der Hussiten 1429–1430 und der Bamberger Aufstand im Februar 1430. *Mediaevalia historica Bohemica* 2 (1992) 119–141.

KUBŮ, Cheb = František KUBŮ, Cheb v době husitské [Eger in der Hussitenzeit], in: Soudce smluvený v Chebu. Sborník příspěvků přednesených na symposiu k 550. výročí (Cheb 1982) 105–129.

KUBŮ, Sigismund = František KUBŮ, Sigismund von Luxemburg und der Stadtstaat Eger, in: Sigismund, hg. MACEK u. a. 165–170.

KUBŮ/ZAVŘEL, Forschungen = František KUBŮ/Petr ZAVŘEL, Tschechische Forschungen zum Goldenen Steig und zum Salzhandel Passau – Böhmen, in: Weißes Gold, hg. WURSTER u. a. 237–244.

KUBŮ/ZAVŘEL, Zlatá stezka 1–4 = František KUBŮ/Petr ZAVŘEL, Zlatá stezka. Historický a archeologický výzkum významné středověké obchodní cesty [Der Goldene Steig. Historische und archäologische Erforschung eines bedeutenden mittelalterlichen Handelsweges] 1–4 (České Budějovice 2007–2015).

LAMBERT, Häresie = Malcolm LAMBERT, Häresie im Mittelalter. Von den Katharern bis zu den Hussiten (Darmstadt 2001).

LÄMMERHIRT, Juden = Maike LÄMMERHIRT, Juden in den wettinischen Herrschaftsgebieten. Recht, Verwaltung und Wirtschaft im Spätmittelalter (Veröffentlichungen der Historischen Kommission für Thüringen. Kleine Reihe 21, Köln/Weimar/Wien 2007).

LANGE, Excommunication = Tyler LANGE, Excommunication for Debt in Late Medieval France. The Business of Salvation (Cambridge 2016).

LINDER, Raising Arms = Amnon LINDER, Raising Arms. Liturgy in the Struggle to Liberate Jerusalem in the Late Middle Ages (Cultural Encounters in Late Antiquity and the Middle Ages 2, Turnhout 2003).

Little, Pride = Lester K. Little, Pride goes before Avarice. Social Change and the Vices in Latin Christendom. *The American Historical Review* 76 (1971) 16–49.

Lohrmann, Fürsten = Klaus Lohrmann, Fürsten zwischen Recht und Raub. Zu den finanziellen Aspekten von Judenvertreibungen im Mittelalter und in der frühen Neuzeit. *Österreich in Geschichte und Literatur* 46,3 (2002) 142–151.

Lohrmann, Judenrecht = Klaus Lohrmann, Judenrecht und Judenpolitik im mittelalterlichen Österreich (Handbuch zur Geschichte der Juden in Österreich Reihe B, Bd. 1, Wien/Köln 1990).

Loibl, Korn = Richard Loibl, Korn um Salz. Der Passauer Salzhandel im 15. und 16. Jahrhundert, in: Weißes Gold, hg. Wurster u. a. 191–208.

Loibl, Stadt = Richard Loibl, Die Stadt im späten Mittelalter. Wirtschaftskraft und Verfassungsstreit, in: Geschichte der Stadt Passau, hg. von Egon Boshof u. a. (Regensburg ²2003) 97–130.

Lutterbach, Mittelalter = Hubertus Lutterbach, Das Mittelalter – Ein „Pollutio-Ridden System"? Zur Prägekraft des kultischen (Un-)Reinheitsparadigmas, in: Reinheit, hg. Burschel/Marx 157–176.

Lysý, Husitská revolúcia = Miroslav Lysý, Husitská revolúcia a Uhorsko [Die Hussitische Revolution und Ungarn] (Bratislava 2016).

Macek, Hus = Josef Macek, Jean Hus et les Traditions Hussites (XVe–XIXe siècles) (Civilisations et Mentalités, Paris 1973).

Machilek, Deutsche Hussiten = Franz Machilek, Deutsche Hussiten, in: Jan Hus. Zwischen Zeiten, Völkern, Konfessionen, hg. von Ferdinand Seibt (Veröffentlichungen des Collegium Carolinum 85, München 1997) 267–282.

Machilek, Hus = Franz Machilek, Jan Hus und die Hussiten in der Oberpfalz, in: Hussitische Revolution, hg. Ders. 181–222.

Machilek, Schlesien = Franz Machilek, Schlesien, Hus und die Hussiten, in: Hussitische Revolution, hg. Ders. 109–141.

Majer, Konjunkturen = Jiří Majer, Konjunkturen und Krisen im böhmischen Silberbergbau des Spätmittelalters und der Frühen Neuzeit. Zu ihren Ursachen und Folgen, in: Konjunkturen im europäischen Bergbau in vorindustrieller Zeit. Festschrift für Ekkehard Westermann zum 60. Geburtstag, hg. von Christoph Bartels/Markus A. Denzel (*VSWG* Beihefte 155, Stuttgart 2000) 73–83.

Mathies, Kurfürstenbund = Christiane Mathies, Kurfürstenbund und Königtum in der Zeit der Hussitenkriege. Die kurfürstliche Politik gegen Sigmund im Kraftzentrum Mittelrhein (Quellen und Abhandlungen zur mittelrheinischen Kirchengeschichte 32, Mainz 1978).

Menache, Attempts = Sophia Menache, Papal Attempts at a Commercial Boycott of the Muslims in the Crusader Period. *Journal of Ecclesiastical History* 63,2 (2012) 236–259.

Messner, Prachatitz = Josef Messner, Prachatitz. Ein Städtebild mit besonderer Berücksichtigung der noch erhaltenen Baudenkmäler (Pilsen ²1899).

Metzig, Korrespondenz = Gregor M. Metzig, Die Korrespondenz mit dem König. Sigismund I. und der Oberlausitzer Sechsstädtebund (1419–1437), in: Geschichte – Erinnerung – Selbstidentifikation. Die schriftliche Kultur in den Ländern der Böhmischen Krone im 14.–18. Jahrhundert, hg. von Lenka Boboková/Jan Zdychinec (Die Kronländer in der Geschichte des böhmischen Staates 5, Praha 2011) 124–146.

Molenda, Bleibergbau = Danuta Molenda, Der polnische Bleibergbau und seine Bedeutung für den europäischen Bleimarkt vom 12. bis 17. Jahrhundert, in: Montanwirtschaft Mitteleuropas vom 12. bis 17. Jahrhundert. Stand, Wege und Aufgaben der Forschung, hg. von Werner Kroker/Ekkehard Westermann (Montanhistorische Zeitschrift Der Anschnitt. Beiheft 2, Bochum 1984) 187–198.

Molenda, Kontakty = Danuta Molenda, Czesko-polskie kontakty w górnictwie kruszcowym w XV i XVI wieku [Tschechisch-polnische Beziehungen im Erzbergbau im 15. und 16. Jahrhundert], in: Dolováni v Jáchymově 1566–1966, hg. von Jiří Majer (Rozpravy Národního technického muzea v Praze 26, Praha 1967) 150–166.

Moraw, Mittelalter = Peter Moraw, Das Mittelalter, in: Deutsche Geschichte im Osten Europas. Böhmen und Mähren, hg. von Friedrich Prinz (Berlin 1993) 24–178.

Moraw, Monarchie = Peter Moraw, Monarchie und Bürgertum, in: Karl IV., hg. Seibt 43–63, 438f.

Moraw, Räte = Peter Moraw, Räte und Kanzlei, in: Karl IV., hg. Seibt 285–292, 460.

Moore, Persecuting Society = Robert Ian Moore, The Formation of a Persecuting Society. Authority and Deviance in Western Europe 950–1250 (Malden/Oxford/Carlton ^{2}2015).

Müller, Reichspolitik = Helmut Müller, Die Reichspolitik Nürnbergs im Zeitalter der luxemburgischen Herrscher 1346–1437. *MVGN* 58 (1971) 1–101.

Musílek, Handelskontakte = Martin Musílek, Die Handelskontakte der Prager Bürger in der Zeit um 1400, in: Die Prager Pietà in Bern, hg. von Susan Marti/Richard Němec/Marius Winzeler (Schriften des Bernischen Historischen Museums 14, Prag 2018) 115–125.

Musílek, Města = Martin Musílek, Města [Die Städte], in: Husitské století, hg. Cermanová u. a. 317–332.

Myśliwski, Venice = Grzegorz Myśliwski, Venice and Wrocław in the Later Middle Ages, in: Central and Eastern Europe in the Middle Ages. A Cultural History. Essays in Honour of Paul W. Knoll, hg. von Piotr Górecki/Nancy van Deusen (International Library of Historical Studies 51, London u. a. 2009) 100–115, 250–261.

Myśliwski, Wirtschaftsleben = Grzegorz Myśliwski, Wirtschaftsleben an der Hohen Straße. Zu den wirtschaftlichen Kontakten Breslaus mit Krakau und anderen kleinpolnischen Städten, in: Breslau und Krakau im Hohen und Späten Mittelalter. Stadtgestalt – Wohnraum – Lebensstil, hg. von Eduard Mühle (Städteforschung Reihe A: Darstellungen 87, Köln/Weimar/Wien 2014) 173–218.

Nachtmann, Handelsbeziehungen = Erich Nachtmann, Die Handelsbeziehungen Egers zu Nürnberg im Mittelalter (ungedr. Diss., Deutsche Universität Prag, Prag 1931).

Nelson, Images = Janet L. Nelson, Translating Images of Authority. The Christian Roman Emperors in the Carolingian World, in: Dies., The Frankish World 750–900 (London/Rio Grande 1996) 89–98 (Erstabdruck 1989).

Němec, Handel = Richard Němec, Handel – Territorium – Architektur. Die Bedeutung der Handelswege im Zittauer Gebirge für die Territorialpolitik Karls IV. und den Aufbau der Burg- und Klosteranlage Oybin, in: Krone, hg. WINZELER 52–61.

NĚMEC, Zollburg = Richard NĚMEC, *halden vnd bekostigen*. Die Zollburg und Landvogt-Residenz Karlsfried in der Burgenpolitik Karls IV. im Zittauer Land, in: Krone, hg. WINZELER 64–71.

NEU, Symbolische Kommunikation = Tim NEU, Symbolische Kommunikation und wirtschaftliches Handeln. Theoretische Perspektiven, in: Alles nur symbolisch, hg. STOLLBERG-RILINGER/DERS./BRAUNER 401–418.

NEUKAM, Einbruch = Wilhelm Georg NEUKAM, Ein Einbruch in das burggräfliche Geleite in der Nähe Egers durch den Landgrafen von Leuchtenberg und seine Helfer 1413. *MGVN* 42 (1951) 98–144.

NEUKAM, Plattenlieferung = Wilhelm Georg NEUKAM, Eine Nürnberg-Sulzbacher Plattenlieferung für Karl IV. in den Jahren 1362–1363. *MGVN* 47 (1956) 124–159.

NIKODEM, Polska = Jarosław NIKODEM, Polska i Litwa wobec husyckich Czech w latach 1420–1433. Studium o polityce dynastycznej Władysława Jagiełły i Witolda Kiejstutowicza [Polen und Litauen gegenüber den böhmischen Hussiten, 1420–1433. Eine Studie zur dynastischen Politik Wladislaw Jagiellos und Witold Kiejstutowicz'] (Oświęcim ²2015).

NOETHLICHS, Revolution = Karl Leo NOETHLICHS, Revolution from the Top? „Orthodoxy" and the Persecution of Heretics in Imperial Legislation from Constantine to Justinian, in: Religion and Law in Classical and Christian Rome, hg. von Sarah BLAKE/Mihaela HOLBAN (Potsdamer Altertumswissenschaftliche Beiträge 15, Stuttgart 2006) 115–125.

NOVOTNÝ, Allies = Robert NOVOTNÝ, Unreliable Allies. Sigismund's Party in Hussite Bohemia, in: Composite Monarchies, hg. MILJAN u. a.

NOVOTNÝ, Konfessionalität = Robert NOVOTNÝ, Die Konfessionalität des böhmischen und mährischen Adels in der Zeit der Regierung Sigismunds von Luxemburg, in: Sigismund, hg. HRUZA/KAAR 57–74.

NOVOTNÝ, Oldřich = Robert NOVOTNÝ, Oldřich II. z Rožmberka [Ulrich II. von Rosenberg], in: Husitské století, hg. CERMANOVÁ u. a. 311.

NOVOTNÝ, Šlechta = Robert NOVOTNÝ, Šlechta [Der Adel], in: Husitské století, hg. CERMANOVÁ u. a. 290–316.

NOWAK, Siegmund = Zenon Hubert NOWAK, Kaiser Siegmund und die polnische Monarchie. *ZHF* 15 (1988) 423–436.

PAPAJÍK, Páni ze Sovince = David PAPAJÍK, Páni ze Sovince. Dějiny rodu moravských sudích [Die Herren von Eulenburg. Geschichte eines mährischen Geschlechts] (Šlechtické rody Čech, Moravy a Slezska 4, Praha 2005).

PETRIN, Hussitenkrieg = Silvia PETRIN, Der österreichische Hussitenkrieg 1420–1434 (Militärhistorische Schriftenreihe 44, Wien 1982).

PJECHA, God's Law = Martin PJECHA, From Protecting God's Law to Spreading Faith and Vengeance. Human Agency and the Shift towards Offensive Warfare in the Hussite Discourse (ungedr. MA-Arbeit, Central European University Budapest, Budapest 2012).

POHANKA, Career = Viktor POHANKA, The Career of Albrecht of Koldice in the Service of Sigismund of Luxembourg, in: Tagungsband „Hof und Kanzlei", hg. ELBEL.

POLÍVKA, Beziehungen = Miloslav POLÍVKA, Wirtschaftliche Beziehungen Nürnbergs mit den

„böhmischen Ketzern“ in den Jahren 1419 bis 1434. Haben die Nürnberger mit den Hussiten Handel betrieben? *MGVN* 86 (1999) 1–19, wiederabgedr. als: Die Handelsbeziehungen zwischen Nürnberg und den böhmischen Ländern währen der hussitischen Revolution (1419–1434), in: Hussitische Revolution, hg. Machilek 163–180.

Polívka, Böhmen = Miloslav Polívka, Böhmen in der Endphase der hussitischen Revolution und internationale Aspekte seiner Entwicklung. *Historica* 29 (1989) 161–224.

Polívka, Fehde = Miloslav Polívka, Friedrich III. und Nürnberg im Konflikt mit dem böhmischen Adel und seinem Recht. Nürnbergs Fehde mit Alesch von Sternberg, in: Kaiser Friedrich III. (1440–1493) in seiner Zeit. Studien anläßlich des 500. Todestags am 19. August 1493/1993, hg. von Paul-Joachim Heinig (Forschungen zur Kaiser- und Papstgeschichte des Mittelalters Beihefte zu J. F. Böhmer, Regesta Imperii 12, Köln/Weimar/Wien 1993) 257–277.

Polívka, K „černému obchodu“ = Miloslav Polívka, K „černému obchodu“ s kutnohorskou mědí v husitské době [Zum „Schmuggelgeschäft“ mit Kuttenberger Kupfer in der Hussitenzeit]. *ČMM* 113 (1994) 25–34.

Polívka, Nachrichtenzentrum = Miloslav Polívka, Nürnberg als Nachrichtenzentrum in der ersten Hälfte des 15. Jahrhunderts, in: Kommunikationspraxis und Korrespondenzwesen im Mittelalter und in der Renaissance, hg. von Heinz-Dieter Heimann/Ivan Hlaváček (Paderborn 1998) 165–177.

Polívka, Nürnberg = Miloslav Polívka, Nürnberg und die böhmischen Städte in der Hussitenzeit. *Medievalia Historica Bohemica* 2 (1992) 101–118.

Polívka, Plzeň = Miloslav Polívka, Plzeň v závěru husitské revoluce [Pilsen am Ende der Hussitischen Revolution], in: Plzeň v husitské revoluci. Hilaria Litoměřického „Historie města Plzně“, její edice a historický rozbor, hg. von Josef Hejnic/Dems. (Monographia Historia Bohemica 3, Praha 1987) 217–384.

Polívka, Přípravy = Miloslav Polívka, Přípravy vojenských kontingentů města Řezna na tažení do Čech proti husitům [Die Vorbereitungen der Kontingente der Stadt Regensburg für die Züge gegen die böhmischen Hussiten]. *Medievalia Historica Bohemica* 3 (1993) 253–266.

Polívka, Sebeuvědomění = Miloslav Polívka, Sebeuvědomění české šlechty na pozadí česko-německých vztahů na skonku doby husitské. Záští Aleše ze Šternberka a Hynka Krušiny ze Švamberka s říšským městem Norimberkem ve 30. a 40. letech 15. století [Das Selbstverständnis des böhmischen Adels vor dem Hintergrund der böhmisch-deutschen Beziehungen am Ende des hussitischen Zeitalters. Die Fehden Aleš' von Sternbergs und Hynek Krušinas von Schwanberg mit der Reichsstadt Nürnberg in den 30er und 40er Jahren des 15. Jahrhunderts]. *ČČH* 93 (1995) 426–450.

Polívka, Sigismund = Miloslav Polívka, König Sigismund und die katholischen königlichen Städte in Böhmen während der hussitischen Revolution, in: Sigismund, hg. Macek u. a. 157–164.

Polívka, Waffenhandwerke = Miloslav Polívka, Prager Waffenhandwerke des 14. und 15. Jahrhunderts. Zum Stand und zu den Veränderungen in der Hussitenzeit, in: Das Andere Wahrnehmen. Beiträge zur europäischen Geschichte. August Nitschke zum 65. Geburtstag, hg. von Martin Kintzinger/Wolfgang Stürner/Johannes Zahlten (Köln/Weimar/Wien 1991) 309–322.

Polívka, Znovu = Miloslav Polívka, Znovu *ad fontes*. Husitské Čechy v norimberských pramenech [Wieder *ad fontes*. Das hussitische Böhmen in den Nürnberger Quellen]. *ČČH* 97 (1999) 19–36.

Pope, Relations = Benjamin John Pope, Relations between Townspeople and Rural Nobles in Late Medieval Germany. A Study of Nuremberg in the 1440s (ungedr. Diss., Durham University, Durham 2015, online unter http://etheses.dur.ac.uk/11492/, letzter Zugriff: 09.08.2019).

Praxl, Goldener Steig = Paul Praxl, Der Goldene Steig (Grafenau 1983).

Projektbericht „Der ferne Kaiser" = Projektbericht „Der ferne Kaiser. Herrschaftspraxis, Netzwerke und Kommunikation Sigismunds von Luxemburg (1368–1437) als Kaiser und König der drei Reiche Deutschland, Ungarn und Böhmen", FWF-Projekt (2008–2012), Institut für Mittelalterforschung der ÖAW, https://m.pf.fwf.ac.at/project_pdfs/pdf_final_reports/p21198d.pdf (letzter Zugriff: 09.08.2019).

Projektbeschreibung „Herrschaft im Angesicht hussitischer Wagenburgen" = Projektbeschreibung „Herrschaft im Angesicht hussitischer Wagenburgen. Der österreichische Herzog und römische König Albrecht V. (II.) in den Böhmischen Ländern (1421–1439)", FWF-Projekt (2010–2016), Institut für Mittelalterforschung der ÖAW, https://www.oeaw.ac.at/imafo/forschung/editions-unternehmen-quellenforschungmir/regesta-imperii-wien/projekte/albrecht-ii/ (letzter Zugriff: 09.08.2019).

Projektbeschreibung „Zikmundova strana v husitských Čechách" = Projektbeschreibung „Zikmundova strana v husitských Čechách" [Die Sigismund-Partei im hussitischen Böhmen], Projekt der Grantová agentura ČR (2015–2017), Regesta Imperii Branch Office, Department of Auxiliary Historical Sciences and Archive Studies, Masaryk Universität Brünn, https://www.muni.cz/vyzkum/projekty/30384 (letzter Zugriff: 09.08.2019).

Propaganda, hg. Hruza = Propaganda, Kommunikation und Öffentlichkeit (11.–16. Jahrhundert), hg. von Karel Hruza (Forschungen zur Geschichte des Mittelalters 6, Wien 2002).

Ragg, Ketzer = Sascha Ragg, Ketzer und Recht. Die weltliche Ketzergesetzgebung des Hochmittelalters unter dem Einfluß des römischen und kanonischen Rechts (MGH Studien und Texte 37, Hannover 2006).

Reinheit, hg. Burschel/Marx = Reinheit, hg. von Peter Burschel/Christoph Marx (Veröffentlichungen des Instituts für Historische Anthropologie 12, Wien/Köln/Weimar 2011).

Reitemeier, Handelsverbot = Arnd Reitemeier, Das Handelsverbot der Hanse gegen Schottland (1412–1415/18). *Hansische Geschichtsblätter* 112 (1994) 161–236.

Rogge, Herrschaftsweitergabe = Jörg Rogge, Herrschaftsweitergabe, Konfliktregelung und Familienorganisation im fürstlichen Hochadel. Das Beispiel der Wettiner von der Mitte des 13. bis zum Beginn des 16. Jahrhunderts (Monographien zur Geschichte des Mittelalters 49, Stuttgart 2002).

Roon-Bassermann, Handelssperre = Elisabeth von Roon-Bassermann, Die Handelssperre Englands gegen Flandern 1270–1274 und die lizensierte englische Wollausfuhr. *VSWG* 50 (1963) 71–82.

Rosenblieh, Limiter = Émilie Rosenblieh, Limiter la Contagion de l'Excommunication. La Vaine Tentative de Réformer les Peines Canoniques Encourues *ipso facto* à l'Époque du Concile de Bâle (1431–1449), in: Normes Juridiques et Pratiques Judiciaires du Moyen Âge à l'Époque Contemporaine, hg. von Benoît Garnot (Dijon 2007) 61–69.

ROUBÍK, Spory = František ROUBÍK, Spory jihočeských měst o směr obchodních cest ve 14. až 17. století [Streitigkeiten der südböhmischen Städte über die Führung der Handelswege im 14. bis 17. Jahrhundert]. *Jihočeský Sborník Historický* 40 (1970) 1–18.

Salz, hg. HOCQUET/PALME = Das Salz in der Rechts- und Handelsgeschichte. Internationaler Salzgeschichtekongreß 26. September bis 1. Oktober 1990, Hall in Tirol. Kongreßakten, hg. von Jean Claude HOCQUET/Rudolf PALME (Schwaz 1991).

SCHÄFFER, Geschwindigkeit = Roland SCHÄFFER, Zur Geschwindigkeit des „staatlichen" Nachrichtenverkehrs im Spätmittelalter. *Zeitschrift des Historischen Vereins für Steiermark* 76 (1985) 101–119.

SCHEIN, Fideles crucis = Sylvia SCHEIN, *Fideles crucis*. The Papacy, the West, and the Recovery of the Holy Land 1274–1314 (Oxford 1991).

SCHENK, Nürnberg = Hans SCHENK, Nürnberg und Prag. Ein Beitrag zur Geschichte der Handelsbeziehungen im 14. und 15. Jahrhundert (Gießener Abhandlungen zur Agrar- und Wirtschaftsforschung des europäischen Ostens 46, Wiesbaden 1969).

SCHENK, Problematik = Hans SCHENK, Zur Problematik der mittelalterlichen Handelsgeschichte Böhmens, in: Agrar-, Wirtschafts- und Sozialprobleme Mittel- und Osteuropas in Geschichte und Gegenwart, hg. von Herbert LUDAT (Gießener Abhandlungen zur Agrar- und Wirtschaftsordnung des europäischen Ostens 32, Wiesbaden 1965) 417–442.

SCHMIDT, Handelswege = Valentin SCHMIDT, Handelswege und Handelscentren in Südböhmen (Programm der deutschen k. k. Staats-Realschule in Budweis, Budweis 1901) 1–29.

SCHMIDT, Waffenembargo = Tilmann SCHMIDT, Waffenembargo und Handelskrieg im Mittelalter. *VSWG* 93 (2006) 23–33.

SCHMIDTCHEN, Karrenbüchse = Volker SCHMIDTCHEN, Karrenbüchse und Wagenburg. Hussitische Innovationen zur Technik und Taktik des Kriegswesens im späten Mittelalter, in: Wirtschaft, Technik und Geschichte. Beiträge zur Erforschung der Kulturbeziehungen in Deutschland und Osteuropa. Festschrift für Albrecht Timm zum 65. Geburtstag, hg. von DEMS./Eckhard JÄGER (Schriften des Nordostdeutschen Kulturwerks Lüneburg, Berlin 1980) 83–108.

SCHNEIDER, Herrschererinnerung = Joachim SCHNEIDER, Herrschererinnerung und symbolische Kommunikation am Hof König Sigismunds. Das Zeugnis der Chronik des Eberhard Windeck, in: Sigismund, hg. HRUZA/KAAR 429–448.

SCHUBERT, Essen = Ernst SCHUBERT, Essen und Trinken im Mittelalter (Darmstadt ^{3}2016).

SCHUBERT, König = Ernst SCHUBERT, König und Reich. Studien zur spätmittelalterlichen deutschen Verfassungsgeschichte (Veröffentlichungen des Max-Planck-Instituts für Geschichte 63, Göttingen 1979).

SCHUBERT, Räuber = Ernst SCHUBERT, Räuber, Henker, arme Sünder. Verbrechen und Strafe im Mittelalter (Darmstadt 2007).

SCHUBERT, Gesera = Kurt SCHUBERT, Die Wiener Gesera und der Freitod von Wiener Juden zur „Heiligung Gottes", in: Memoria. Wege jüdischen Erinnerns. Festschrift für Michael Brocke zum 65. Geburtstag, hg. von Birgit E. KLEIN/Christiane E. MÜLLER (Berlin 2005) 541–551.

SCHUCHARD, Regestenwerk = Christiane SCHUCHARD, Ein neues Regestenwerk aus dem Vatikanischen Archiv. Das Repertorium Poenitentiariae Germanicum. *Blätter für deutsche Landesgeschichte N. F.* 133 (1997) 23–36.

SCHWINEKÖPER, Pertinenzformeln = Berent SCHWINEKÖPER, *Cum aquis aquarumve decursibus*. Zu den Pertinenzformeln der Herrscherurkunden bis zur Zeit Ottos I., in: Festschrift für Helmut Beumann zum 65. Geburtstag, hg. von Kurt-Ulrich JÄSCHKE/Reinhard WENSKUS (Sigmaringen 1977) 22–56.

SEIBT, Zeit = Ferdinand SEIBT, Die Zeit der Luxemburger und die hussitische Revolution, in: Handbuch der Geschichte der Böhmischen Länder. Bd. 1: Die Böhmischen Länder von der archaischen Zeit bis zum Ausgang der Hussitischen Revolution, hg. von Karl BOSL (Stuttgart 1967) 351–568.

SEIDL, Stadt = Johannes SEIDL, Stadt und Landesfürst im frühen 15. Jahrhundert. Studien zur Städtepolitik Herzog Albrechts V. von Österreich (als deutscher König Albrecht II.) 1411–1439 (Forschungen zur Geschichte der Städte und Märkte Österreichs 5, Linz 1997).

SIEBER, Zinnbergbau = Siegfried SIEBER, Der böhmische Zinnbergbau in seinen Beziehungen zum sächsischen Zinnbergbau. *Bohemia* 5 (1964) 137–160.

Sigismund, hg. HRUZA/KAAR = Kaiser Sigismund (1368–1437). Zur Herrschaftspraxis eines europäischen Monarchen, hg. von Karel HRUZA/Alexandra KAAR (Forschungen zur Kaiser- und Papstgeschichte des Mittelalters Beihefte zu J. F. Böhmer, Regesta Imperii 31, Wien/Köln/Weimar 2012).

Sigismund, hg. MACEK u. a. = Sigismund von Luxemburg. Kaiser und König in Mitteleuropa 1387–1437, hg. von Josef MACEK/Ernö MAROSI/Ferdinand SEIBT (Studien zu den Luxemburgern und ihrer Zeit 5, Warendorf 1994).

Sigismund, hg. PAULY/REINERT = Sigismund von Luxemburg. Ein Kaiser in Europa, hg. von Michel PAULY/François REINERT (Tagungsband des internationalen historischen und kunsthistorischen Kongresses in Luxemburg, 8.–10. Juni 2005, Mainz 2006).

Sigismundus, hg. TAKÁCZ u. a. = Sigismundus Rex et Imperator. Kunst und Kultur zur Zeit Sigismunds von Luxemburg 1387–1437. Ausstellungskatalog, hg. von Imre TAKÁCS u. a. (Mainz 2006).

ŠIMEČEK, Eisen = Zdeněk ŠIMEČEK, Eisen im Handel der oberösterreichischen Kaufleute nach Böhmen im 15. und 16. Jahrhundert, in: Stadt und Eisen, hg. Ferdinand OPLL (Beiträge zur Geschichte der Städte Mitteleuropas 11, Linz 1992) 207–218.

ŠIMEČEK, Monopolní obchod = Zdeněk ŠIMEČEK, Monopolní obchod s vínem v Českých Budějovicích 1424–1434 [Das Weinhandelsmonopol in Budweis 1424–1434]. *Sborník Historický* 11 (1963) 7–65.

ŠIMEČEK, Obchod = Zdeněk ŠIMEČEK, Obchod jižních Čech s Rakousky v 2. polovině 15. a na počátku 16. století [Der Handel Südböhmens mit Österreich in der 2. Hälfte des 15. und zu Beginn des 16. Jahrhunderts]. *ČČH* 19 (1971) 683–710.

ŠIMEČEK, Salz = Zdeněk ŠIMEČEK, Salz aus dem Alpenraum in Konkurrenz mit dem Salz aus dem Norden in den böhmischen Ländern, in: Salz, hg. HOCQUET/PALME 135–145.

ŠIMŮNEK, Jan Smil z Křemže = Robert ŠIMŮNEK, Jan Smil z Křemže. K postavení nižší šlechty v jižních Čechách v první polovině 15. století [Johann Smil von Krems. Zur Stellung des Niederadels in Südböhmen in der ersten Hälfte des 15. Jahrhunderts], *Jihočeský Sborník Historický* 61–62 (1997–1998) 3–12.

ŠIMŮNEK, Siedlungsentwicklung = Robert ŠIMŮNEK, Die Siedlungsentwicklung in Südböhmen, in: Alte Spuren, hg. OÖ Landesregierung 73–79.

ŠIMŮNEK, Tolerance = Robert ŠIMŮNEK, „Táboři versus Rožmberkové." Konfesní tolerance z nutnosti? [„Taboriten gegen Rosenberger." Konfessionelle Toleranz aus Notwendigkeit?], in: Zrození mýtu. Dva životy husitské epochy, hg. von Robert NOVOTNÝ u. a. (Praha/Litomyšl 2011) 90–104.

ŠMAHEL, Basilejská kompaktáta = František ŠMAHEL, Basilejská kompaktáta. Příběh deseti listin [Die Basler Kompaktaten. Die Geschichte von zehn Urkunden] (Praha 2011).

ŠMAHEL, Ceny = František ŠMAHEL, Ceny rukopisných knih v Čechách do roku 1500 [Die Preise für Handschriften in Böhmen bis 1500]. *Sborník Historický* 14 (1966) 5–48.

ŠMAHEL, Hus = František ŠMAHEL, Jan Hus. Život a dílo [Jan Hus. Leben und Werk] (Edice Ecce homo 19, Praha 2013).

ŠMAHEL, Husitská revoluce = František ŠMAHEL, Husitská revoluce [Die Hussitische Revolution] 1–4 (Praha 1993).

ŠMAHEL, Hussitische Revolution = František ŠMAHEL, Die Hussitische Revolution 1–3 (Schriften der MGH 43, Hannover 2002).

ŠMAHEL, Idea národa = František ŠMAHEL, Idea národa v husitských Čechach [Die Idee der „Nation" im hussitischen Böhmen] (Praha 2000) = überarbeitete und ergänzte Neuauflage von DERS., The Idea of the „Nation" in Hussite Bohemia. *Historica*, Teil 1: Bd. 16 (1969) 143–247; Teil 2: Bd. 17 (1969) 93–197.

SOUKUP, Hus = Pavel SOUKUP, Jan Hus. Prediger – Reformator – Märtyrer (Stuttgart 2014).

SOUKUP, Maßnahmen = Pavel SOUKUP, Die Maßnahmen des Konzils gegen die Hussiten, in: Das Konstanzer Konzil 1414–1418, Weltereignis des Mittelalters. Essays, hg. von Karl-Heinz BRAUN u. a. (Stuttgart 2013) 92–96.

SOUKUP, Preaching = Pavel SOUKUP, Preaching the Cross against the Hussites, 1420–1431, in: Partir en Croisade à la Fin du Moyen Âge. Financement et Logistique, hg. von Daniel BALOUP/ Manuel SÁNCHEZ MARTÍNEZ (Croisades tardives 4, Toulouse 2015) 195–212.

SOUKUP, Predigten = Pavel SOUKUP, Die Wiener Predigten Oswald Reinleins als Quelle zur Geschichte der Hussitenkriege, in: Feinde, hg. ELBEL u. a.

SOUKUP, Religion = Pavel SOUKUP, Religion and Violence in the Hussite Wars, in: The European Wars of Religion. An Interdisciplinary Reassessment of Sources, Interpretations, and Myths, hg. von Wolfgang PALAVER/Harriet RUDOLPH/Dietmar REGENSBURGER (Farnham/Burlington 2016) 19–44.

SPENGLER, Nürnberger Tag = Hartmut SPENGLER, Der Nürnberger Tag von 1431 und der Beschluss des letzten Hussitenfeldzuges. *MVGN* 101 (2014) 39–78.

SPĚVÁČEK, Václav IV. = Jiří SPĚVÁČEK, Václav IV., 1361–1419. K předpokladům husitské revoluce [Wenzel IV., 1361–1419. Zu den Voraussetzungen der Hussitischen Revolution] (Praha 1986).

SPUFFORD, Money = Peter SPUFFORD, Money and its Use in Medieval Europe (Cambridge/New York/Oakleigh [4]1993).

STANTCHEV, Conflict = Stefan K. STANTCHEV, Inevitable Conflict or Opportunity to Explore?

The Mechanics of Venice's Embargo against Mehmed II and the Problem of Western-Ottoman Trade after 1453. *Mediaevalia* 32 (2011) 155–196.

STANTCHEV, Embargo = Stefan K. STANTCHEV, Embargo. The Origins of an Idea and the Implications of a Policy in Europe and the Mediterranean, ca. 1100–ca. 1500 (ungedr. Diss., University of Michigan 2009), online unter http://deepblue.lib.umich.edu/bitstream/handle/2027.42/63734/stancevs_1.pdf?sequence=1 (letzter Zugriff: 09.08.2019).

STANTCHEV, Muslims = Stefan STANTCHEV, *Apply to Muslims what was said of the Jews*. Popes and Canonists between a Taxonomy of Otherness and *infidelitas*. *Law and History Review* 32,1 (2014) 65–96.

STANTCHEV, Origins = Stefan K. STANTCHEV, The Medieval Origins of Embargo as a Policy Tool. *History of Political Thought* 33,3 (2012) 373–399.

STANTCHEV, Spiritual Rationality = Stefan K. STANTCHEV, Spiritual Rationality. Papal Embargo as Cultural Practice (Oxford 2014).

STARÝ, Prachatice = Václav STARÝ, Prachatice městem husitským [Prachatitz, Stadt der Hussiten]. *Výběr z prací členů Historického klubu při Jihočeském muzeu v Českých Budějovicích* 11 (1974) 225–229.

ŠTEFÁNIK, Obchodná vojna = Martin ŠTEFÁNIK, Obchodná vojna kráľa Žigmunda proti Benátkam. Stredoveký boj o trhy medzi uhorsko-nemeckým kráľom a Republikou svätého Marka [König Sigismunds Handelskrieg gegen Venedig. Ein mittelalterlicher Wirtschaftskrieg zwischen dem ungarisch-deutschen König und der Markusrepublik] (Bratislava 2004).

ŠTEFÁNIK, King = Martin ŠTEFÁNIK, King Sigismund's Trade War against Venice, in: Composite Monarchies, hg. MILJAN u. a.

STEMPEL, Salz = Cornelius STEMPEL, Das Salz, der Salzhandel und die Bedeutung des „Weißen Goldes" für die Stadt Zittau, in: Krone, hg. WINZELER 40–45.

STOLLBERG-RILINGER/NEU, Einleitung = Barbara STOLLBERG-RILINGER/Tim NEU, Einleitung, in: Alles nur symbolisch, hg. DIES./BRAUNER 11–31.

STOLLBERG-RILINGER, Symbolische Kommunikation = Barbara STOLLBERG-RILINGER, Symbolische Kommunikation in der Vormoderne. Begriffe, Thesen, Forschungsperspektiven. *ZHF* 31 (2004) 489–527.

STÖLLER, Österreich = Ferdinand STÖLLER, Österreich im Kriege gegen die Hussiten (1420–1436). *Jahrbuch für Landeskunde von Niederösterreich* N. F. 22 (1929) 1–87.

STROMER, Handelsgesellschaft = Wolfgang von STROMER, Die Nürnberger Handelsgesellschaft Gruber-Podmer-Stromer im 15. Jahrhundert (Nürnberger Forschungen 7, Nürnberg 1963).

STROMER, Hochfinanz 1–3 = Wolfgang von STROMER, Oberdeutsche Hochfinanz 1350–1450, 1–3 (*VSWG* Beihefte 55–57, Wiesbaden 1970).

STROMER, Kaufmann = Wolfgang von STROMER, Der kaiserliche Kaufmann. Wirtschaftspolitik unter Karl IV., in: Karl IV., hg. SEIBT 63–73, 439f.

STROMER, Kontinentalsperre = Wolfgang von STROMER, Die Kontinentalsperre Kaiser Sigismunds gegen Venedig 1412–1413, 1418–1433 und die Verlagerung der transkontinentalen Transportwege, in: Trasporti e sviluppo economico, secoli XIII–XVIII. Atti della „Quinta Settimana di Studio" (4–10 maggio 1973), hg. von Anna VANNINI MARX (Istituto Internazionale di Storia Economica F. Datini Prato 2,5, 1986) 61–84.

STROMER, Landmacht = Wolfgang von STROMER, Landmacht gegen Seemacht. Kaiser Sigismunds Kontinentalsperre gegen Venedig 1412–1433. *ZHF* 22 (1995) 145–189.

STROMER, Wirtschaftsbeziehungen = Wolfgang von STROMER, Nürnberg-Breslauer Wirtschaftsbeziehungen im Spätmittelalter. *Jahrbuch für fränkische Landesforschung* 34–35 (1975) 1079–1100.

STUDT, Martin V. = Birgit STUDT, Papst Martin V. (1417–1431) und die Kirchenreform in Deutschland (Forschungen zur Kaiser- und Papstgeschichte des Mittelalters. Beihefte zu J. F. Böhmer, Regesta Imperii 23, Köln/Weimar/Wien 2004).

STUDT, Kurfürsten = Birgit STUDT, Zwischen Kurfürsten, Kurie und Konzil. Die Hussitenpolitik König Sigismunds, in: Sigismund, hg. PAULY/REINERT 113–125.

STUDT, Verknüpfung = Birgit STUDT, ... *den boesen unglauben gantz vertilgen?* Zur Verknüpfung der *causa fidei* und der *causa reformationis* in der antihussitischen Propaganda von Papsttum und Konzil, in: Propaganda, hg. HRUZA 153–168.

SVÁTEK, Pohled = Jaroslav SVÁTEK, Pohled zvnějšku. Husité a cizina [Der Blick von außen. Die Hussiten und das Ausland], in: Husitské století, hg. CERMANOVÁ u. a. 377–400.

Tagungsband „Hof und Kanzlei", hg. ELBEL = Tagungsband zu „Hof und Kanzlei Kaiser Sigismunds als politisches Zentrum und soziales System", Internationale Konferenz, Masaryk Universität Brünn, 18.–21. November 2015, hg. von Petr ELBEL (in Vorbereitung).

Tagungsbericht „Spörer Minimum" = Melanie SALVISBERG, Tagungsbericht zu „The Coldest Decade of the Millennium? The Spörer Minimum, the Climate during the 1430s, and its Economic, Social and Cultural Impact", 04.12.2014–05.12.2014, Bern, in: H-Soz-Kult 19.03.2016, www.hsozkult.de/conferencereport/id/tagungsberichte-6454 (letzter Zugriff: 09.08.2019).

TEUSCHER, Herrschaft = Simon TEUSCHER, Zuerst die Herrschaft und dann der Markt? Kommentar zur Sektion „Symbolische Kommunikation und wirtschaftliches Handeln", in: Alles nur symbolisch, hg. STOLLBERG-RILINGER/NEU/BRAUNER 419–425.

Themenheft „Konfession". *Bohemia* = Themenheft „Konfession in Text und Politik". *Bohemia. Zeitschrift für Geschichte und Kultur der Böhmischen Länder* 58,2 (2018).

THEUERKAUF, Brandenburg = Gerhard THEUERKAUF, Brandenburg, Böhmen und die Elbregion. Zur Handelsgeschichte des späten Mittelalters, in: Die Hanse und der deutsche Osten, hg. von Norbert ANGERMANN (Lüneburg 1990) 67–78.

TRAXLER, Häresiebekämpfung = Christina TRAXLER, *Firmiter velitis resistere*. Zwischen Häresiebekämpfung und Konsensbemühung. Die Auseinandersetzung der Wiener Universität mit dem Hussitismus vom Konstanzer Konzil (1414–1418) bis zum Beginn des Basler Konzils (1431–1449) (Schriften des Archivs der Universität Wien 27, Wien 2019).

UBL, Verbrennung = Karl UBL, Die Verbrennung Johannes Grießers am 9. September 1411. Zur Entstehung eines Klimas der Verfolgung im spätmittelalterlichen Österreich. *MIÖG* 119 (2011) 60–90.

UIBLEIN, Quellen = Paul UIBLEIN, Die Quellen des Spätmittelalters, in: Die Quellen der Geschichte Österreichs, hg. von Erich ZÖLLNER (Schriften des Instituts für Österreichkunde 40, Wien 1982) 50–113.

VÁLKA, Hegemonie = Josef VÁLKA, Hegemonie husitů na Moravě (1426–1434) [Die Hegemonie der Hussiten in Mähren], in: DERS., Husitství na Moravě – Náboženská snášenlivost – Jan Amos Komenský (Brno 2005) 91–115 (Erstabdruck 1987).

VARSIK, Hnutie = Branislav VARSIK, Husitské revolučné hnutie a Slovensko [Die hussitische revolutionäre Bewegung und die Slowakei] (Publikácie Slovenskej historickej spoločnosti pri Slovenskej akadémii vied 9, Bratislava 1965).

VODIČKA, Exil = Ondřej VODIČKA, Exil českého a moravského duchovenstva za husitských válek [Das Exil des böhmischen und mährischen Klerus in den Hussitenkriegen] Praha 2019.

VODIČKA, Exulanti = Ondřej VODIČKA, Katoličtí exulanti ze zemí Koruny české v době Husitské (1419–1436) [Katholische Exilanten aus den Ländern der Böhmischen Krone in der Hussitenzeit] (ungedr. Diss., Masaryk Univerität Brünn, Brno 2015).

VODIČKA, Obraz = Ondřej VODIČKA, „Co Čech, to kacíř." Obraz Čechů v kronikách německých měst v době husitské [„Wer ein Böhme, der ein Ketzer". Das Bild der Böhmen in deutschen Stadtchroniken der Hussitenzeit], in: Kacíři, barbaři, nepřátelé. Odlišnost a stereotypy v pozdním středověku, hg. von Vojtěch BAŽANT/Věra VEJRYCHOVÁ (Praha 2016) 135–156.

VOLF, Příspěvky 1–2 = Miloslav VOLF, Příspěvky k historii obchodních styků s cizinou ve středověku. Obchod solí [Beiträge zur Geschichte der Handelsbeziehungen mit dem Ausland im Mittelalter. Der Salzhandel]. *Časopis Společnosti přátel starožitností československých v Praze*, Teil 1: Bd. 43 (1935) 97–102, 163–177; Teil 2: Bd. 44 (1936) 30–38, 69–78, 125–131.

WAGNER, Beiträge 1–3 = Adolf WAGNER, Beiträge zu einer Geschichte des Salzhandels von Linz nach Böhmen 1–3. *Historisches Jahrbuch der Stadt Linz*, Teil 1: (1961) 31–56; Teil 2: (1962) 85–104; Teil 3: (1963) 11–42.

WEFERS, System = Sabine WEFERS, Das politische System Kaiser Sigmunds (Beiträge zur Sozial- und Verfassungsgeschichte des Alten Reiches 10, Stuttgart 1989).

WEFERS, Wirkung = Sabine WEFERS, Die Wirkung des Hussitenproblems auf den politischen Zusammenhang von König und Reich im Zeitalter Sigismunds, in: Sigismund, hg. MACEK u. a. 96–108.

Weißes Gold, hg. WURSTER u. a. = Weißes Gold. Passau. Vom Reichtum einer europäischen Stadt, hg. von Herbert WURSTER u. a. (Passau 1995).

WERNICKE, Schlagen = Steffen WERNICKE, Von Schlagen, Schmähen und Unendlichkeit. Die Regensburger Urfehdebriefe im 15. Jahrhundert, in: Kriminalitätsgeschichte. Beiträge zur Sozial- und Kulturgeschichte der Vormoderne, hg. von Andreas BLAUERT/Gerd SCHWERHOFF (Konflikte und Kultur: Historische Perspektiven 1, Konstanz 2000) 379–404.

WHELAN, Papacy = Mark WHELAN, Between Papacy and Empire. Cardinal Henry Beaufort, the House of Lancaster, and the Hussite Crusades. *English Historical Review* 133 (2018) 1–31.

WHELAN, Walter of Schwarzenberg = Mark WHELAN, Walter of Schwarzenberg and the Fifth Hussite Crusade Reconsidered (1431). *MIÖG* 122 (2014) 322–335.

WIDMANN, Geschichte = Hans WIDMANN, Geschichte Salzburgs. 2: Von 1270 bis 1519 (Allgemeine Staatengeschichte 9. Abteilung 3: Deutsche Landesgeschichten, Gotha 1909).

WILLERSHAUSEN, Reichsstädte = Andreas WILLERSHAUSEN, Die Reichsstädte der Wetterau im Zeitalter der Hussitenkriege (1419–1431). Religiöse und militärische Aspekte, in: Reichsstadt im Religionskonflikt, hg. von Thomas LAU/Helge WITTMANN (Studien zur Reichsstadtgeschichte 4, Petersberg 2017) 43–76.

WINTER, Dějiny = Zikmund WINTER, Dějiny řemesel a obchodu v Čechách v 14. a 15. století [Geschichte des Handwerks und des Handels in Böhmen im 14. und 15. Jahrhundert] (Praha 1906).

WÜNSCH, Krisenmanagement = Thomas WÜNSCH, Mittelalterliches Krisenmanagement im Widerstreit von Politik und Religion. Oberschlesische Städte in der Hussitenzeit, in: Stadtgeschichte Oberschlesiens. Studien zur städtischen Entwicklung und Kultur einer ostmitteleuropäischen Region vom Mittelalter bis zum Vorabend der Industrialisierung, hg. von DEMS. (Berlin 1995) 171–194.

WUTKE, Versorgung = Konrad WUTKE, Die Versorgung Schlesiens mit Salz während des Mittelalters. *Zeitschrift des Vereins für Geschichte und Alterthum Schlesiens* 27 (1893) 238–290.

YUVAL, Jahr = Israel Jakob YUVAL, Das Jahr 1240. Das Ende eines jüdischen Millenniums, in: Kulturtransfer und Hofgesellschaft im Mittelalter. Wissenskultur am sizilianischen und kastilischen Hof im 13. Jahrhundert, hg. von Gundula GREBNER/Johannes FRIED (Wissenskultur und gesellschaftlicher Wandel 15, Berlin 2008) 13–40.

YUVAL, Juden = Israel Jacob YUVAL, Juden, Hussiten und Deutsche. Nach einer hebräischen Chronik, in: Juden in der christlichen Umwelt während des späten Mittelalters, hg. von Alfred HAVERKAMP/Franz-Josef ZIWES (*ZHF* Beiheft 13, Berlin 1992) 59–102.

ZAORAL, Nálezy = Roman ZAORAL, Nálezy zlatých mincí grošového období na území Čech. Příspěvek k oběhu uherských dukátů v Čechách [Goldmünzenfunde aus der Groschenepoche in Böhmen. Ein Beitrag zum Umlauf des ungarischen Gulden in Böhmen]. *Slovenská numizmatika* 11 (1990) 113–134.

ABKÜRZUNGEN

Abt.	Abteilung
AM	Archiv města
AMB	Archív hlavného mesta SR Bratislavy
AÖG	Archiv für österreichische Geschichte
AP Wrocław	Archiwum państwowe we Wrocławiu
Art.	Artikel
Bd.	Band
bes.	besonders
BHStA	Bayerisches Hauptstaatsarchiv München
ČČH	Československý Časopis Historický/Český Časopis Historický
ČMM	Časopis Matice Moravské
Ders.	Derselbe
Dies.	Dieselbe/n
DRW	Deutsches Rechtswörterbuch
d. V.	die Verfasserin
Erg.-Bd.	Ergänzungsband
Extravag. Comm.	Extravagantes Communes
FHB	Folia Historica Bohemica
fol.	Folio
FRB	Fontes Rerum Bohemicarum
GStA PK	Geheimes Staatsarchiv Preußischer Kulturbesitz
H.	Heft
Historica	Historica. Les sciences historiques en Tchécoslovaquie
HRG	Handwörterbuch zur deutschen Rechtsgeschichte
HVOR	Historischer Verein für Oberpfalz und Regensburg
HZ	Historische Zeitschrift
Hzgt.	Herzogtum
Kgr.	Königreich
LMA	Lexikon des Mittelalters
Mgft.	Markgraftum
MGH	Monumenta Germaniae Historica
MIÖG	Mitteilungen des Instituts für Österreichische Geschichtsforschung
MVGDB	Mittheilungen des Vereins für Geschichte der Deutschen in Böhmen
MVGN	Mitteilungen des Vereins für Geschichte der Stadt Nürnberg
NASG	Neues Archiv für Sächsische Geschichte und Altertumskunde
ND	Nachdruck
N. F.	Neue Folge(n)
NLM	Neues Lausitzisches Magazin

Nr.	Nummer
Orig.	Original
Osteuropa	Osteuropa. Interdisziplinäre Monatszeitschrift zur Analyse von Politik, Wirtschaft, Gesellschaft, Kultur und Zeitgeschichte in Osteuropa, Ostmitteleuropa und Südosteuropa
pag.	Pagina
QFIAB	Quellen und Forschungen aus italienischen Archiven und Bibliotheken
RAG	Ratsarchiv Görlitz
Rep. Font.	Repertorium fontium Medii Aevi
RGA	Reallexikon der Germanischen Altertumskunde
RPG	Repertorium Poenitentiariae Germanicum
SHStA	Sächsisches Hauptstaatsarchiv Dresden
SOkA	Státní okresní archiv
Sp.	Spalte
StA	Stadtarchiv
StAA	Staatsarchiv Amberg
StAB	Staatsarchiv Bamberg
StAN	Staatsarchiv Nürnberg
Supp.	Supplementum
TRE	Theologische Realenzyklopädie
UB	Urkundenbuch
Urk.	Urkunde
VSWG	Vierteljahrschrift für Sozial- und Wirtschaftsgeschichte
WStLA	Wiener Stadt- und Landesarchiv
X	Decretales Gregorii IX = *Liber extra*
ZfO	Zeitschrift für Ostmitteleuropa-Forschung
ZHF	Zeitschrift für Historische Forschung

VERZEICHNIS DER KARTEN

PERSONEN-, ORTS- UND SACHREGISTER

Prosopografische Informationen stellen eine wichtige Quelle für die Erforschung mittelalterlicher Handelsbeziehungen dar. Aus diesem Grund wurde entschieden, alle in dieser Arbeit vorkommenden historischen Personen möglichst umfassend zu verzeichnen. Daher wird, soweit möglich, auch auf implizite Erwähnungen von Personen verwiesen, selbst wenn deren Name an der konkreten Textstelle nicht explizit genannt wird. Aus demselben Grund wurde das Register an ausgewählten Stellen um Namen ergänzt, die sich aus dem gesammelten Quellenmaterial ergaben, im Text selbst jedoch keine Erwähnung gefunden haben. Eindeutig nachgewiesene Ämter und Berufe werden angegeben; fehlt eine explizite Angabe, ist bei den meisten Genannten bürgerlichen Standes davon auszugehen, dass sie im Handel tätig waren. Im Text genannte HistorikerInnen wurden hingegen nur dann aufgenommen, wenn im Lauf der Arbeit eine explizite Auseinandersetzung mit ihren Thesen erfolgt. Keinen eigenen Registereintrag erhielten die Lemmata „Handel“, „Handelsverbot“, „Hussiten“, „Häretiker“ und „Schwarzhandel“. Nicht gesondert ausgewiesen werden auch die Ausstellungsorte der im Text oder in den Anmerkungen zitierten Urkunden und Briefe. Wird ein Lemma auf einer Seite ausschließlich in den Anmerkungen erwähnt, steht *.

Abkürzungen

* = Anmerkung
austral. = australisch
bayer. = bayerisch
Bf. = Bischof
böhm. = böhmisch
dt. = deutsch
elsäss. = elsässisch
f. = folgend
Fam. = Familie
fränk. = fränkisch
Großf. = Großfürst
hist. = historisch
huss. = hussitisch
Hzg. = Herzog
Hzgt. = Herzogtum
israel. = israelisch
ital. = italienisch
K. = Kaiser
kat. = katalanisch
Kg. = König
kgl. = königlich
Mgf. = Markgraf
Mgft. = Markgraftum
niederlaus. = niederlausitzisch
oberlaus. = oberlausitzisch
österr. = österreichisch
päpstl. = päpstlich
poln. = polnisch
röm. = römisch
s. = siehe
sächs. = sächsisch
schles. = schlesisch
schwäb. = schwäbisch
slowak. = slowakisch

thüring. = thüringisch
tschech. = tschechisch
ung. = ungarisch
US-amerik. = US-amerikanisch
v. = von

Personen- und Ortsregister

Sachregister